500만 독자 여러분께 감사드립니다!

세상이 아무리 바쁘게 돌아가더라도
책까지 아무렇게나 빨리 만들 수는 없습니다.

길벗은 독자 여러분이
가장 쉽게, 가장 빨리 배울 수 있는 책을
한 권 한 권 정성을 다해 만들겠습니다.

독자의 1초를 아껴주는
정성을 만나보세요.

미리 책을 읽고 따라해 본 2만 베타테스터 여러분과
무따기 체험단, 길벗스쿨 엄마 2% 기획단,
시나공 평가단, 토익 배틀, 대학생 기자단까지!
믿을 수 있는 책을 함께 만들어주신 독자 여러분께 감사드립니다.

홈페이지의 '독자광장'에 오시면 책을 함께 만들 수 있습니다.

(주)도서출판 길벗 **www.gilbut.co.kr**
길벗 이지톡 **www.eztok.co.kr**
길벗 스쿨 **www.gilbutschool.co.kr**

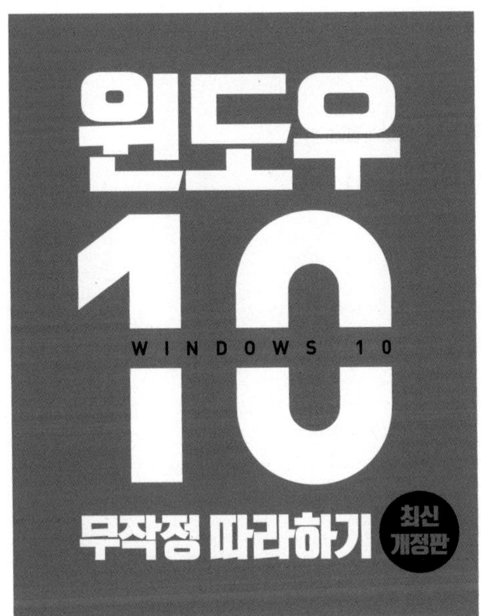

고경희 지음

윈도우 10 무작정 따라하기 최신개정판

The Cakewalk Series – Windows 10

초판 발행 · 2018년 8월 10일
초판 6쇄 발행 · 2021년 9월 8일

지은이 · 고경희
발행인 · 이종원
발행처 · (주)도서출판 길벗
출판사 등록일 · 1990년 12월 24일
주소 · 서울시 마포구 월드컵로 10길 56(서교동)
대표 전화 · 02)332-0931 | **팩스** · 02)323-0586
홈페이지 · www.gilbut.co.kr | **이메일** · gilbut@gilbut.co.kr

기획 · 박슬기 | **책임 편집** · 최동원(cdw8282@gilbut.co.kr)
디자인 · 장기춘 | **제작** · 이준호, 손일순, 이진혁 | **영업마케팅** · 임태호, 전선하, 차명환
웹마케팅 · 조승모, 지하영 | **영업관리** · 김명자 | **독자지원** · 송혜란, 윤정아

전산편집 · 예다움 | **CTP 출력 및 인쇄** · 벽호 | **제본** · 벽호

ISBN 979-11-6050-530-6 03000
(길벗도서번호 007041)

정가 21,000원

이 책은 2018년 봄에 출시된 'Windows 10 April 2018 Update'를 기준으로 하고 있습니다. Windows의 정기적인 업데이트로 일부 메뉴와 화면 구성이 다를 수 있지만 책의 내용을 따라하는데 큰 문제가 없습니다.

머리말

새로 구입한 컴퓨터에 윈도우 10이 설치되어 있어서 난감한 적이 있을 것입니다. 분명 윈도우 7에서 사용했던 기능인데 윈도우 10에서는 어디에 있는지 헷갈리곤 하죠. 예전 윈도우 버전과 비슷한 것 같으면서 달라진 것도 많고, 처음 보는 프로그램은 사용할 엄두가 안 난다면 이 책의 목차를 한번 훑어보세요. 여러분이 찾던 윈도우 10 기능들과 프로그램 사용법을 바로 찾게 될 것입니다.

윈도우 10은 마지막 윈도우입니다.

윈도우 10은 그동안 많은 사용자들에게 좋은 평가를 받았던 윈도우 7의 편리한 기능들을 그대로 가져오면서 모바일 시대에 맞는 기능들을 추가한 운영체제입니다. 마이크로소프트에서는 윈도우 10 이후의 버전은 더 이상 개발하지 않는다고 공식 발표했습니다. 일단 윈도우 10을 설치한 후에는 자동 업데이트를 통해 스스로 새로운 기능과 변경된 기능을 추가하기 때문입니다. 윈도우 10이 설치되어 있다면 새 기능이 포함된 윈도우 10을 따로 구입해서 설치하지 않아도 항상 최신 윈도우를 사용하게 되는 것이죠.

윈도우 10의 최신 기능과 앱에 대한 설명을 담고 있습니다.

윈도우 10은 오류 수정이나 보안 기능을 추가해야 할 경우 자동으로 업데이트를 실행해서 필요한 기능을 추가합니다. 그리고 봄과 가을에는 정기적인 기능 업데이트가 있는데, 기존 앱의 기능을 더 확장하기도 하고 새로운 앱이 생겨나기도 하죠. 이 책은 2018년 봄에 발표된 'Windows 10 April 2018 Update'를 기준으로 설명하고 있습니다. 어디에서도 찾을 수 없던 윈도우 10의 최신 기능과 앱에 대한 설명을 담고 있습니다.

꼭 필요한 기능만 모았습니다.

윈도우 10에는 기존 윈도우 7에서 사용하던 기능뿐만 아니라 새로운 기능들이 많이 추가되었습니다. 윈도우 10을 설치하고도 윈도우 7에서 썼던 기능만 사용하고 있나요? 이 책은 윈도우 10의 수많은 기능 중 자주 쓰는 기능, 알아두면 편리한 기능들만 모았습니다.

윈도우 10 설치에 대해 완벽히 정리했습니다.

윈도우 7에 윈도우 10을 설치하려고 할 때, 아니면 사용하던 윈도우 10을 싹 지우고 다시 설치하려고 할 때 무엇부터 시작할지 난감했었나요? 이 책의 부록에는 윈도우 10을 설치하고 초기화하는 다양한 방법이 소개되어 있습니다. 물론 MacOS에 윈도우 10을 설치하는 방법도요.

'윈도우 XP 무작정 따라하기'에서부터 '윈도우 10 무작정 따라하기'까지 관심을 가져주신 분들이 많았습니다. 그런 독자분들에게 윈도우 10의 최신 기능을 빠르게 전해 드리기 위해 저와 길벗출판사 편집 팀이 부지런히 준비했습니다. 이 책이 나오는 동안 많은 애를 쓰신 길벗출판사의 최동원 과장님과 박슬기 차장님께 감사를 전합니다. 특히 제주에 콕 박혀 원고만 쓰는 저에게 많은 편의를 봐 주셔서 감사해요.

고경희 (funcom@gmail.com)

책 미리보기

살펴보기

윈도우 7에는 익숙하지만 윈도우 10은 아직 낯선가요? 설정이나 메뉴를 연신 클릭하며 찾아 헤매지 말고 [살펴보기]부터 펼쳐 보세요. 각종 설정이나 앱의 구성 화면 하나하나를 친절하게 설명합니다.

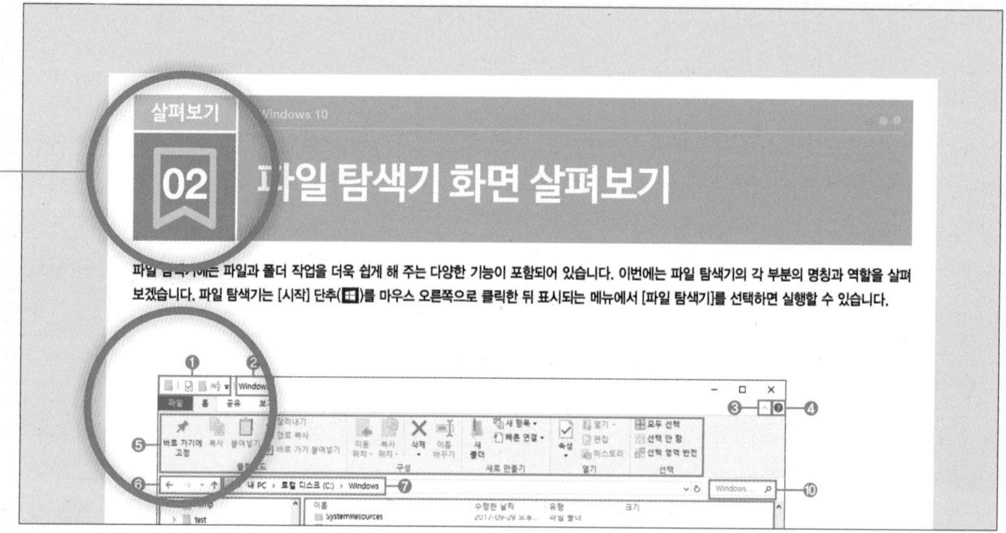

살펴보기 Windows 10

02 파일 탐색기 화면 살펴보기

파일 탐색기에는 파일과 폴더 작업을 더욱 쉽게 해 주는 다양한 기능이 포함되어 있습니다. 이번에는 파일 탐색기의 각 부분의 명칭과 역할을 살펴보겠습니다. 파일 탐색기는 [시작] 단추(⊞)를 마우스 오른쪽으로 클릭한 뒤 표시되는 메뉴에서 [파일 탐색기]를 선택하면 실행할 수 있습니다.

주요

라이브러리? 가상 데스크톱? 유용하지만 아직은 생소한 윈도우 10의 주요 기능을 친절하게 설명합니다. 최종 진화한 윈도우 10의 주요 기능을 만나보세요!

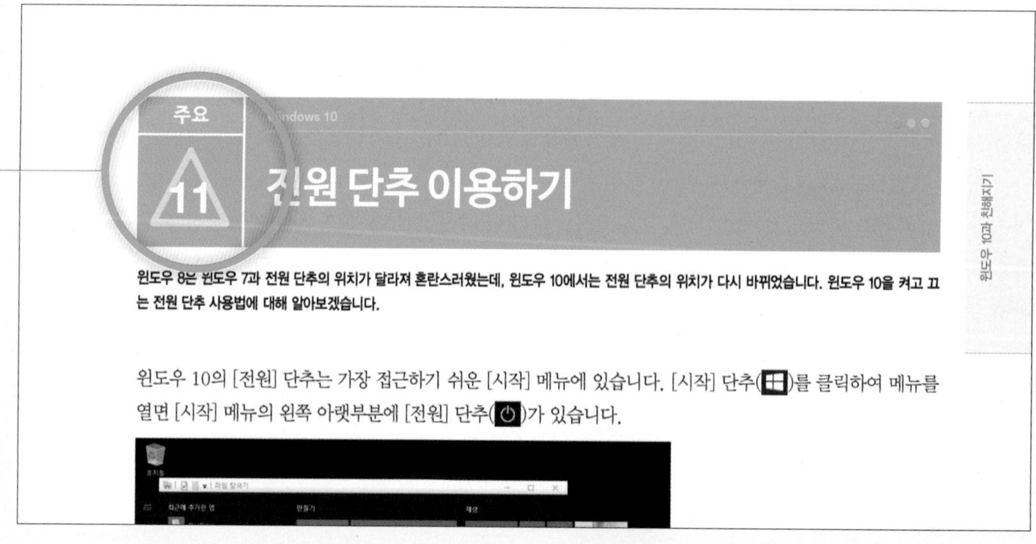

주요 Windows 10

11 전원 단추 이용하기

윈도우 8은 윈도우 7과 전원 단추의 위치가 달라져 혼란스러웠는데, 윈도우 10에서는 전원 단추의 위치가 다시 바뀌었습니다. 윈도우 10을 켜고 끄는 전원 단추 사용법에 대해 알아보겠습니다.

윈도우 10의 [전원] 단추는 가장 접근하기 쉬운 [시작] 메뉴에 있습니다. [시작] 단추(⊞)를 클릭하여 메뉴를 열면 [시작] 메뉴의 왼쪽 아랫부분에 [전원] 단추(⏻)가 있습니다.

윈도우 10과 친해지기

윈도우 10 무작정 따라하기에는 살펴보기, 주요, 무따기 세 개의 코너가 마련되어 있습니다. 윈도우 10을 설치한 지 얼마 되지 않았다면 살펴보기부터, 윈도우 10의 새로운 기능이나 주요 기능이 궁금하다면 주요를, 윈도우 10만의 새로운 앱 사용 방법이나 설정 변경 방법이 궁금하다면 무따기를 펼쳐 보세요.

무따기

윈도우 10만의 새로운 앱 사용 방법이나 윈도우 7과는 달라진 설정 방법이 궁금하다면 순서대로 따라해 보세요. 데이터 공유부터 보안까지 윈도우 10 고급 기능도 쉽게 따라할 수 있습니다.

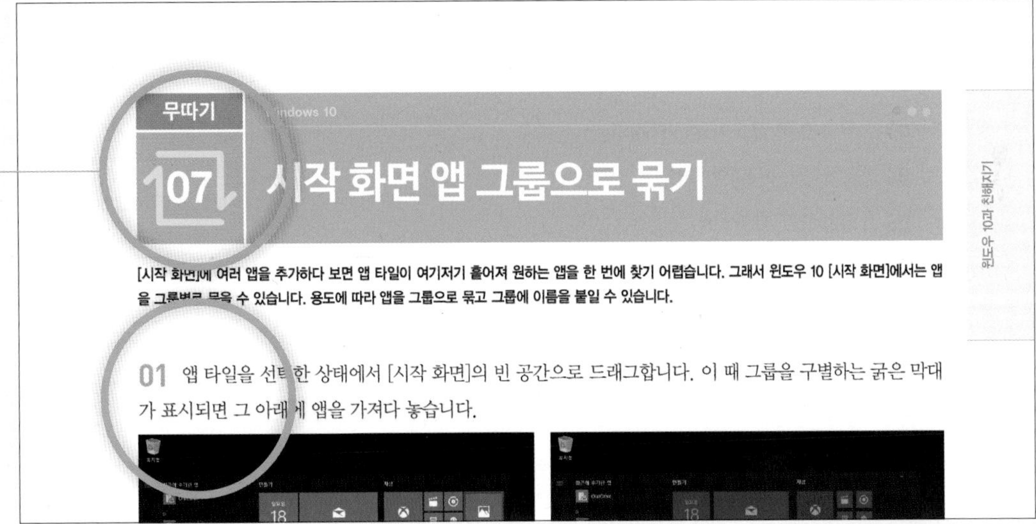

잠깐만요

각종 앱이나 설정을 실행하는 다양한 방법은 물론, 놓치고 지나치기 쉬운 내용이나 추가로 알아두면 좋은 팁을 알려줍니다.

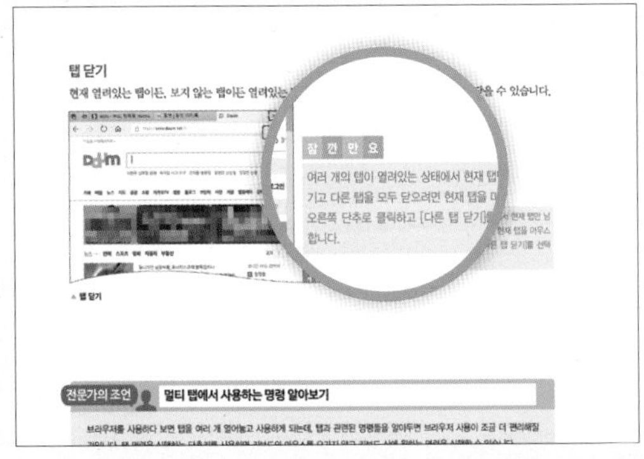

전문가의 조언

다양한 앱이나 각종 설정을 언제, 어떻게 사용하는지, 또 어떻게 활용하면 더 좋은지 마이크로소프트 최고 전문가 MVP의 조언을 참고하세요!

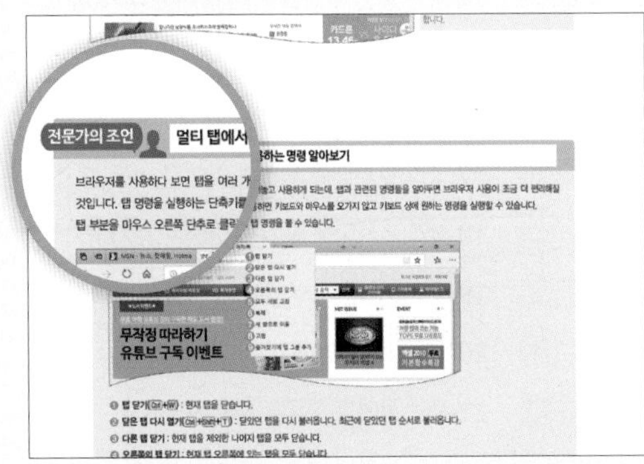

목차 

: 첫째마당 : 윈도우 10과 친해지기

01장 윈도우의 시작은 [시작] 메뉴에서

02장 윈도우의 기본, 바탕 화면 살펴보기

살펴보기 달라진 설정 화면과 앱 화면 살펴보기
주요 최신 기능과 꼭 알아야 할 주요 기능
무따기 설정 변경과 앱 사용법 무작정 따라하기

: 둘째마당 : 인터넷 활용하기

03장 윈도우 10의 기본 브라우저, 마이크로소프트 엣지

04장 아직은 필요한 브라우저, 인터넷 익스플로러

목차

05장 가장 많이 사용하는 브라우저, 크롬

살펴보기 달라진 설정 화면과 앱 화면 살펴보기
주요 최신 기능과 꼭 알아야 할 주요 기능
무따기 설정 변경과 앱 사용법 무작정 따라하기

: 셋째마당 : 윈도우 파일 탐색기

06장 파일과 폴더 관리하기

07장 파일 탐색기 활용하기

목차 

: 넷째마당 : 윈도우 10 기본 앱 사용하기

08장 사진 앱으로 사진 관리하기

09장 사진과 음악을 이용해 비디오 만들기

10장 음악/동영상 재생하기

11장 윈도우 앱 관리하기

: 다섯째마당 : 윈도우 10 업무에 활용하기

12장 메일 앱에서 메일 관리하기

13장 일정 관리하기

 달라진 설정 화면과 앱 화면 살펴보기
 최신 기능과 꼭 알아야 할 주요 기능
무따기 설정 변경과 앱 사용법 무작정 따라하기

14장 업무의 달인으로 만들어 주는 기능들

베타테스터는 최초의 '무작정 따라하기' 시리즈인 《인터넷 무작정 따라하기》를 만들 때 시행한 제도로, 도서가 출간되기 전 원고를 먼저 읽어보고, 오류나 개선 사항 등을 알려주거나 제목 및 표지 등의 설문 조사에 참여하는 활동을 말합니다.

여러분도 길벗의 베타테스터에 참여해 보세요!

길벗출판사는 독자의 소리와 평가를 바탕으로 더 나은 책을 만들려고 합니다. 원고를 미리 따라 해보면서 잘못된 부분은 없는지, 더 쉬운 방법은 없는지 길벗과 함께 책을 만들어 보면서 여러분의 소중한 의견을 전달해 주세요.

참여 방법

길벗 홈페이지(www.gilbut.co.kr) **회원 가입 후 로그인하기**  **독자 광장 – 베타테스터**  **베타테스터 모집 공고 확인**

목차 

: 여섯째마당 : 나에게 꼭 맞는 시스템 만들기

15장 윈도우 10 업데이트

16장 컴퓨터 설정 관리하기

17장 사용자 계정 관리하기

살펴보기 달라진 설정 화면과 앱 화면 살펴보기
주요 최신 기능과 꼭 알아야 할 주요 기능
무따기 설정 변경과 앱 사용법 무작정 따라하기

: 일곱째마당 : 이 정도면 나도 파워유저

18장 하드 디스크 관리 및 시스템 복구하기

19장 네트워크 및 보안 유지하기

목차

살펴보기 달라진 설정 화면과 앱 화면 살펴보기
주요 최신 기능과 꼭 알아야 할 주요 기능
무따기 설정 변경과 앱 사용법 무작정 따라하기

20장 문제 해결 및 백업과 복구

: 부록 : 윈도우 10 설치, 어렵지 않아요

부록 윈도우 10 설치 무작정 따라하기

길벗출판사 홈페이지 소개 

길벗출판사에서 운영하는 홈페이지(www.gilbut.co.kr)에서는 출간한 도서에 대한 정보뿐만 아니라 부록 파일 및 동영상 등 학습에 필요한 자료도 제공하고 있습니다. 또한 책을 읽다 모르는 내용이 있다면 언제든지 독자 지원 게시판에 문의글을 남겨주세요. 독자 A/S 전담팀과 저자가 신속하고 정확하게 질문을 해결해 드립니다.

❶ **회원가입** : 길벗출판사 홈페이지에서 제공하는 모든 자료를 이용하기 위해서는 회원 가입이 필요합니다. 주민등록번호를 요구하지 않으니 안심하고 가입하세요. 가입할 때 입력한 이메일로 길벗출판사의 소식도 받아볼 수 있어요.

❷ **이벤트** : 길벗출판사에서 독자들을 위해 준비한 선물꾸러미입니다. 이벤트에 도전해 보고 상품도 받아가세요.

❸ **도서소개** : 방금 출간된 따끈따끈한 새 책 소개부터 독자들의 많은 사랑을 받고 있는 인기 도서까지 길벗출판사의 주력 도서들을 만나보세요.

❹ **추천 강의** : 길벗출판사에서 출간한 도서를 더욱 알차게 학습할 수 있는 강의를 소개합니다. 어학 시험을 준비중이거나 자격증 취득이 꼭 필요하다면 추천 강의를 놓치지 말고 꼭 들어보세요.

❺ **웹진** : '북:소리', '이슈&트렌드', '길벗 느낌' 등 다양하고 재미있는 주제의 글이 업데이트됩니다. 계절별 추천 여행지, 맛집 소개 등 검색엔진 못지않은 꿀팁이 가득 들어있어요.

❻ **온 에어** : 동영상으로 만나보는 길벗의 책 소식, 저자 직강도 포함되어 있어 매우 알찹니다.

❼ **공지사항** : 길벗출판사의 채용 공고 및 휴무 안내 등 중요 사항을 안내합니다.

❽ **부록/학습자료** : 구입한 책의 CD가 분실되었거나 누락 파일이 있다면 책을 검색하여 해당 파일을 직접 다운로드할 수 있어요.

무엇이든 물어보세요

책을 읽다 막히는 부분이 있으면 **'길벗 홈페이지(www.gilbut.co.kr)' 회원으로 가입**하고 **'독자지원/자료실' → '자료/문의/요청'** 게시판에 질문을 올리세요. 지은이와 길벗 독자지원센터에서 친절하게 답해 드립니다.

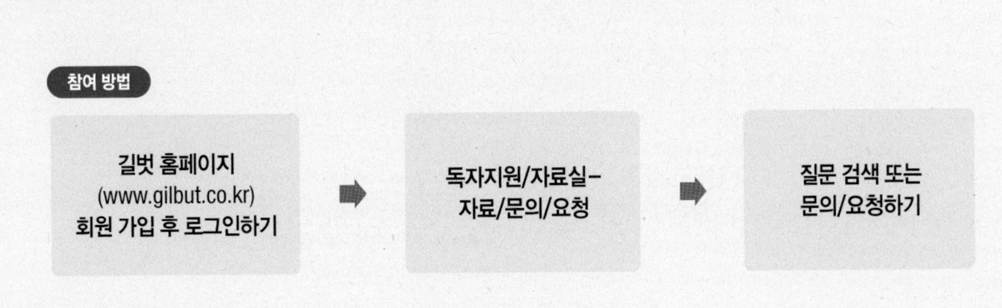

첫째 마당

윈도우 10과 친해지기

달라진 윈도우 10을 사용해 보겠습니다. 윈도우 10의 여러 기능 중에서도 [시작] 메뉴는 기존의 윈도우 7과 많이 달라진 부분입니다. 그리고 '바탕 화면'은 윈도우 7에서와 많이 달라지진 않았지만 바탕 화면을 사용자에 맞게 설정하는 부분은 새롭게 바뀌었기 때문에 이 부분도 한번씩 훑어봐야겠죠? 윈도우 10을 실행하면 가장 먼저 만나게 되는 윈도우 10 [시작] 메뉴와 '바탕 화면'에 대해 알아 보겠습니다.

Windows 10

1장 윈도우의 시작은 [시작] 메뉴에서

2장 윈도우의 기본, 바탕 화면 살펴보기

1장

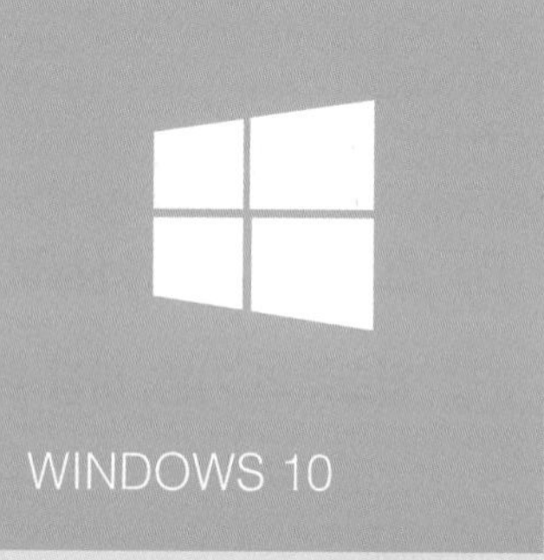

윈도우의 시작은 [시작] 메뉴에서

윈도우 7에 있던 [시작] 메뉴는 윈도우 8로 넘어오면서 사라져 버려 많은 사용자들을 아쉽게 했었는데, 윈도우 10에는 다시 [시작] 메뉴가 포함되었습니다. 윈도우 10을 사용할 때 가장 많이 사용하게 될 윈도우 10 [시작] 메뉴! 과연 [시작] 메뉴가 어떤 모습으로 되돌아왔는지 살펴볼까요?

[시작] 메뉴 살펴보기

윈도우 10의 [시작] 메뉴는 단순히 앱 목록을 나열하는 곳이 아니라 윈도우의 모든 기능에 접근하기 위한 출발점입니다. 보기에는 하나의 화면이지만 여러 영역으로 나뉘어 있고 각 영역마다 역할이 다릅니다. [시작] 메뉴만 완벽하게 익혀도 윈도우 10을 훨씬 쉽게 사용할 수 있습니다.

❶ **확장** : [시작] 메뉴를 확장합니다.

❷ **앱 목록** : 설치된 앱들이 알파벳이나 가나다순으로 표시됩니다. 목록 맨 위에는 최근에 추가한 앱이나 자주 사용하는 앱이 표시됩니다.

❸ **사용자 계정** : 현재 로그인 중인 사용자의 프로필 사진이 표시됩니다.

❹ **설정** : 시스템과 관련된 여러 사항을 설정할 수 있는 '설정' 앱을 실행합니다.

❺ **전원** : 시스템을 재시작하거나 끌 수 있습니다.

❻ **시작 화면** : 자주 사용하는 앱이 타일 형식으로 표시됩니다. 원하는 앱을 추가하거나 더 이상 필요하지 않은 앱은 [시작 화면]에서 제거할 수 있습니다.

무따기 Windows 10

02 [시작] 메뉴에 자주 사용하는 폴더 추가하기

[시작] 메뉴의 왼쪽 부분에는 사용자 계정과 설정, 전원 등의 아이콘이 표시되어 있습니다. 여기에 자주 사용하는 폴더를 추가하면 [시작] 메뉴에서 바로 접근할 수 있습니다.

01 [시작] 단추(⊞)를 클릭한 후 [시작] 메뉴 왼쪽에 있는 [설정] 아이콘(⚙)을 클릭합니다.

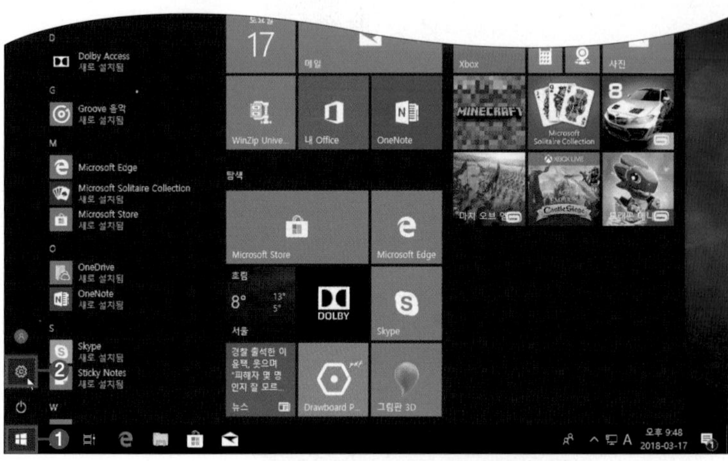

02 '설정' 창이 나타나면 [개인 설정]을 클릭합니다.

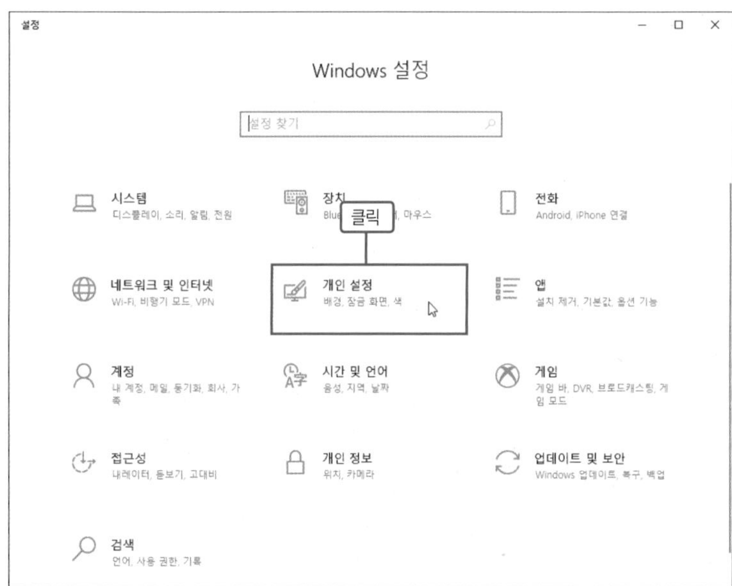

03 창의 왼쪽 목록에서 [시작]을 클릭하면 화면 오른쪽 시작 메뉴와 관련된 여러 항목이 표시됩니다. 이 중에서 [시작 메뉴에 표시할 폴더 선택]을 클릭합니다.

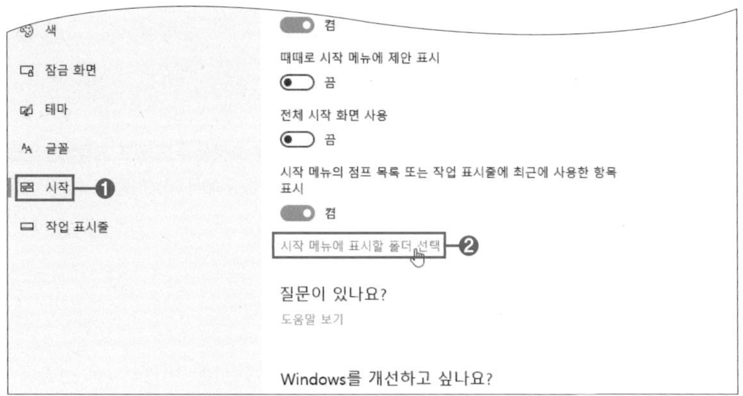

04 자주 사용하는 '파일 탐색기'나 '문서' 등의 폴더를 선택할 수 있고, 이외에도 여러분이 필요로 하는 폴더가 있다면 선택하세요. 따로 저장을 누르지 않아도 됩니다.

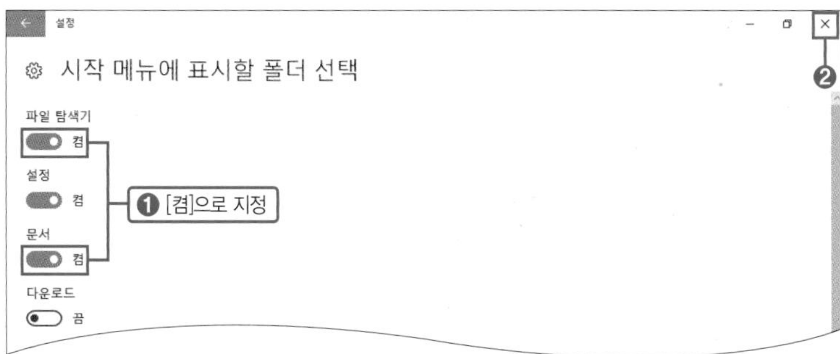

05 [시작] 단추(⊞)를 클릭해 다시 [시작] 메뉴를 열어보세요. [시작] 메뉴 왼쪽에 방금 선택한 폴더들이 추가되었습니다.

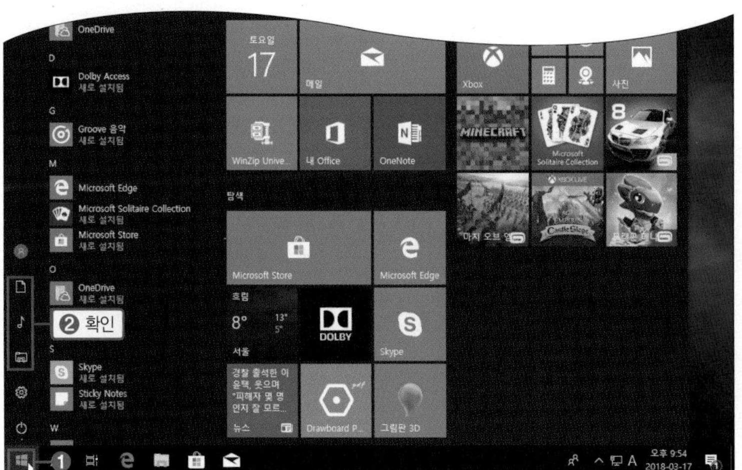

03 [시작 화면]에 앱 고정 및 제거하기

윈도우 10 [시작 화면]에는 여러 가지 앱이 타일 형태로 표시되어 있습니다. 여기에는 필요할 때마다 원하는 앱을 고정할 수도 있고 고정했던 앱을 [시작 화면]에서 제거할 수도 있습니다. 새롭게 추가된 윈도우 10의 기본 앱인 [그림판 3D] 대신 이전 버전의 윈도우에서 사용하던 [그림판] 앱을 [시작 화면]에 고정해 보겠습니다.

앱 고정하기

01 [시작] 단추(⊞)를 클릭하고, 앱 목록에서 [Windows 보조프로그램] – [그림판]을 마우스 오른쪽 단추로 클릭한 후 [시작 화면에 고정]을 선택합니다. 이렇게 하면 [시작 화면]의 빈 공간에 [그림판] 앱이 추가됩니다.

앱 제거하기

[시작 화면]에서 제거하려고 하는 앱 타일을 마우스 오른쪽 단추로 클릭한 후 [시작 화면에서 제거]를 선택합니다.

잠깐만요

일부 앱에서는 마우스 오른쪽 단추를 클릭했을 때 '시작 화면에서 제거' 외에 '제거'라는 명령이 나타나기도 합니다. 이 때 '제거'를 선택하면 컴퓨터에서 해당 앱과 정보를 제거할 수 있습니다.

앱을 실행하는 다양한 방법

윈도우 10에서는 기존의 '프로그램(program)'이라는 용어를 모두 '앱(app)'으로 바꿔 부르는데, 윈도우 10에 있는 앱뿐만 아니라 윈도우 스토어를 통해서도 앱을 다운로드해서 설치할 수 있습니다. 이번에는 윈도우 10에서 앱을 실행하는 다양한 방법에 대해 알아보겠습니다.

방법 1 [시작 화면]에서 실행하기

[시작] 메뉴에서 가장 눈에 띄는 부분은 바로 [시작 화면]의 앱 타일입니다. 자주 사용하는 앱을 [시작 화면]에 등록해 놓고 [시작 화면]에서 클릭하기만 하면 곧바로 실행할 수 있습니다. 만약 [날씨] 앱을 실행하려면 [날씨] 앱 타일을 클릭하세요.

▲ 시작 화면에서 앱 실행하기

잠깐만요

태블릿 모드일 경우 왼쪽의 앱 목록은 감춰져 있기 때문에 [시작 화면]에서 앱을 실행하는 것이 더욱 편리합니다.

방법 2 앱 목록에서 실행하기

[시작] 메뉴의 왼쪽에 표시된 앱 목록에는 현재 컴퓨터에 설치된 앱이 나열되어 있어 여기에서 원하는 앱을 클릭하면 됩니다. 앱 목록 중 폴더 아이콘이 표시된 것은 여러 개의 앱이 하나의 그룹으로 묶여있다는 의미입니다. 폴더 아이콘이 붙은 이름을 클릭하면 하위 앱들이 표시되므로 그 중에서 앱을 선택해서 실행할 수 있습니다. [그림판] 앱을 실행하려면 [Windows 보조프로그램]을 클릭한 후 [그림판]을 선택합니다.

▲ 앱 목록에서 앱 실행하기

방법 3 앱 목록 색인 이용하기

앱 목록이 길어지면 목록에서 앱을 찾아 실행하기가 쉽지 않습니다. 이럴 경우 앱 이름을 이용해 쉽게 앱을 찾을 수 있습니다. 앱 목록에서 알파벳이나 표제어(ㄱ, ㄴ, ㄷ 등)와 같이 색인이 있는 부분을 클릭하면 색인 화면으로 이동합니다. 예를 들어, '계산기' 앱을 실행하려면 'ㄱ'을 선택해 즉시 'ㄱ'으로 시작하는 앱 목록으로 이동할 수 있습니다.

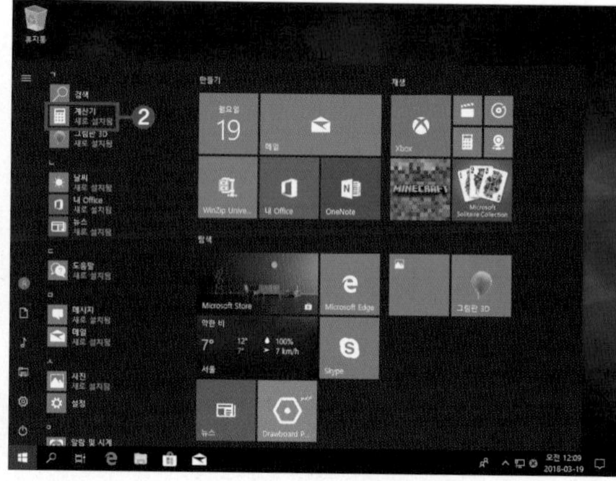

▲ 표제어를 찾아 앱 실행하기

방법 4 검색해서 실행하기

컴퓨터에 설치된 앱이 많아서 앱 목록에서 찾아보는 것이 번거롭다면 [검색 상자]에서 앱을 검색하세요. 'Windows 검색' 단추를 클릭한 후 입력 상자에 '알람'을 입력하면 검색 결과 중 가장 윗부분에 '알람'이라는 단어가 들어간 앱이 검색되고 해당 결과를 클릭하면 앱을 곧바로 실행할 수 있습니다.

▲ 검색해서 앱 실행하기

주요 Windows 10

05 앱 타일 크기 조절하기

[시작 화면]에 있는 앱 타일은 서로 다른 크기로 구성되어 있습니다. 이 상태에서 클릭하기 쉽게 또는 실시간 정보를 확인하기 좋게 타일의 크기를 조절할 수 있습니다. 또는 비슷한 종류의 앱을 작게 만들어서 한 곳에 모아둘 수도 있습니다.

크기를 바꾸려는 타일에서 마우스 오른쪽 단추를 클릭하고 [크기 조정] 위로 마우스 포인터를 가져가면 선택할 수 있는 네 가지 크기가 나타납니다.

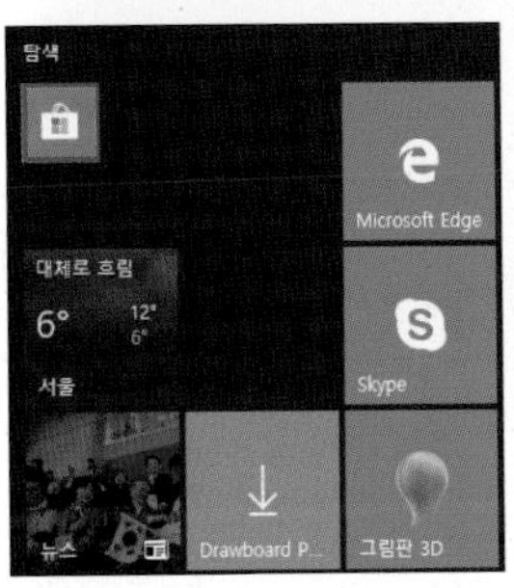
▲ 작게

▲ 보통

▲ 넓게

▲ 크게

작게 : 가장 작은 크기로 타일을 표시합니다.

보통 : '작게'의 타일을 두 배 크게 표시합니다.

넓게 : '보통'의 타일을 가로로 두 배 크게 표시합니다.

크게 : '넓게'의 타일을 세로로 두 배 크게 표시합니다.

무따기

Windows 10

06 앱 타일 위치 옮기기

[시작 화면]에 표시하는 타일의 크기를 조절하다 보면 타일의 크기가 다양하기 때문에 타일 사이에 빈 공간이 생깁니다. 또한 자주 사용하는 앱은 선택하기 쉬운 위치로 옮겨야 할 경우도 있죠. 이번에는 [시작 화면]에서 앱을 원하는 위치로 옮기는 방법에 대해 알아보겠습니다.

01 옮기려고 하는 앱 타일을 클릭한 후 빈 공간으로 드래그합니다.

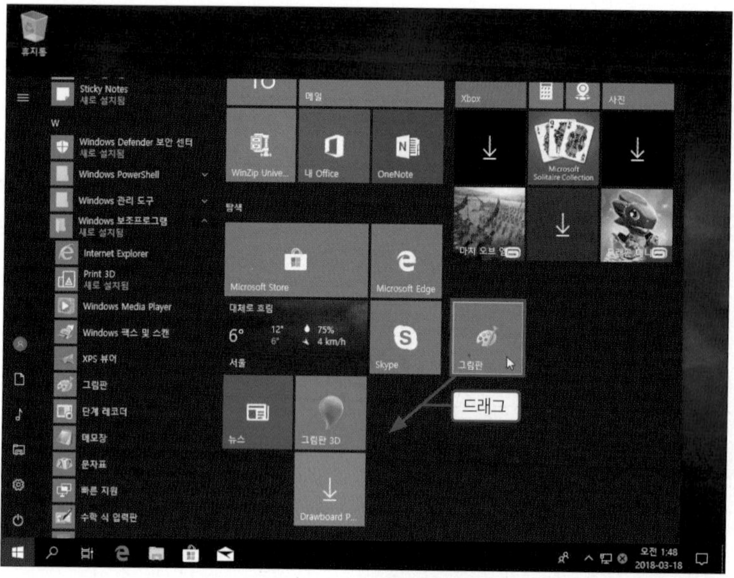

02 마우스 단추에서 손을 떼면 드래그한 타일이 해당 위치로 옮겨집니다.

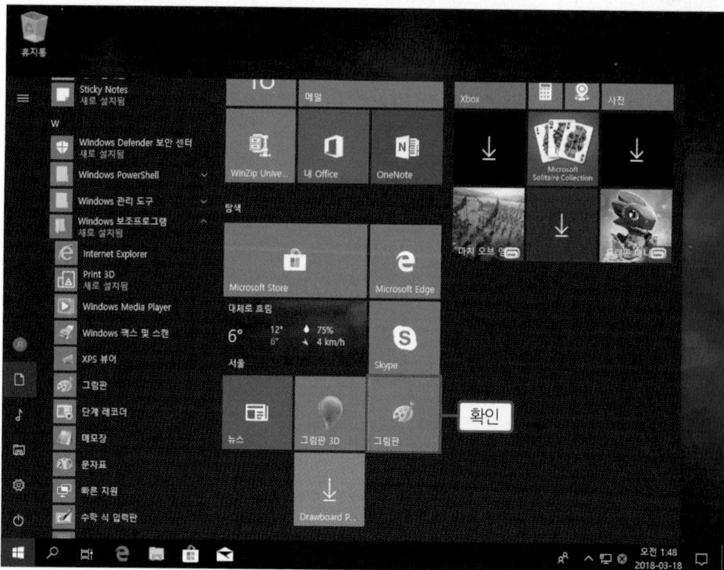

무따기 Windows 10

107 [시작 화면]에서 앱 그룹으로 묶기

[시작 화면]에 여러 앱을 추가하다 보면 앱 타일이 여기저기 흩어져 원하는 앱을 한 번에 찾기 어렵습니다. 그래서 윈도우 10 [시작 화면]에서는 앱을 그룹별로 묶을 수 있습니다. 용도에 따라 앱을 그룹으로 묶고 그룹에 이름을 붙일 수 있습니다.

01 앱 타일을 선택한 상태에서 [시작 화면]의 빈 공간으로 드래그합니다. 이 때 그룹을 구별하는 굵은 막대가 표시되면 그 아래에 앱을 가져다 놓습니다.

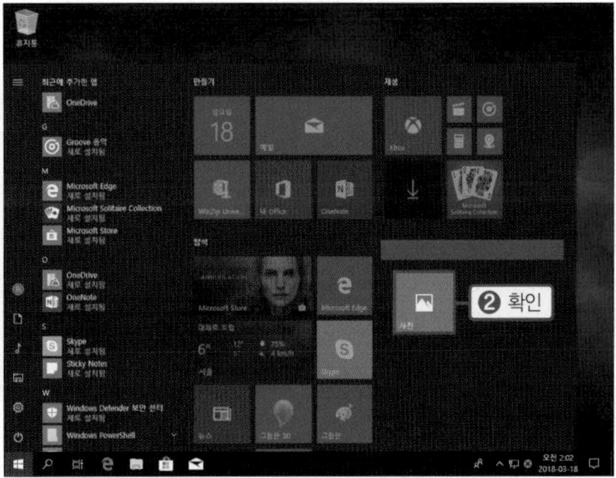

02 이렇게 여러 앱을 한 곳에 모으면 하나의 그룹이 됩니다. 그룹을 구별할 수 있도록 이름을 붙이려면 '그룹 이름 지정'이라고 표시된 부분을 클릭한 후 그룹 이름을 입력하고 Enter를 누릅니다.

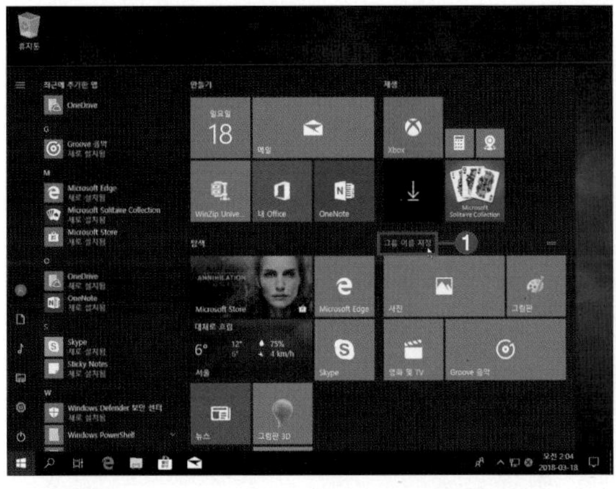

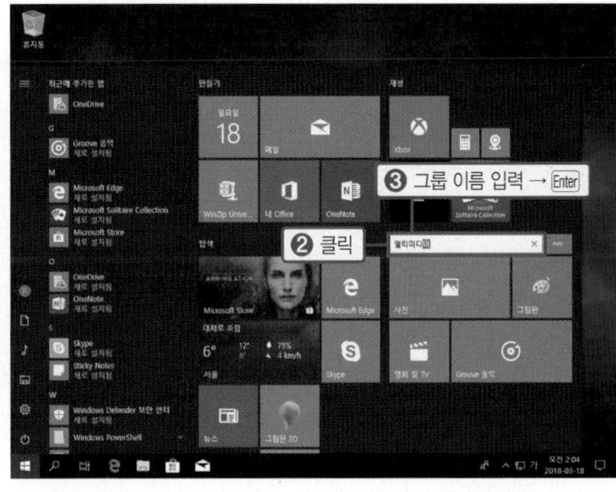

잠깐만요 이미 정해져 있는 그룹 이름도 그룹 이름 부분을 클릭하면 수정할 수 있습니다.

[시작 화면]에서 앱 폴더로 묶기

[시작 화면]에 여러 앱을 추가하다 보면 너무 많은 앱 타일이 화면에 가득 차게 됩니다. 이럴 때에는 관련 있는 앱끼리 묶거나 용도에 따라 앱을 묶을 수 있습니다. 하나의 폴더 안에 앱을 묶어서 화면을 보기 좋게 정리하는 방법에 대해 알아보겠습니다.

폴더로 묶기

01 앱 타일을 드래그해서 폴더로 묶을 다른 앱 타일 위로 올려놓습니다.

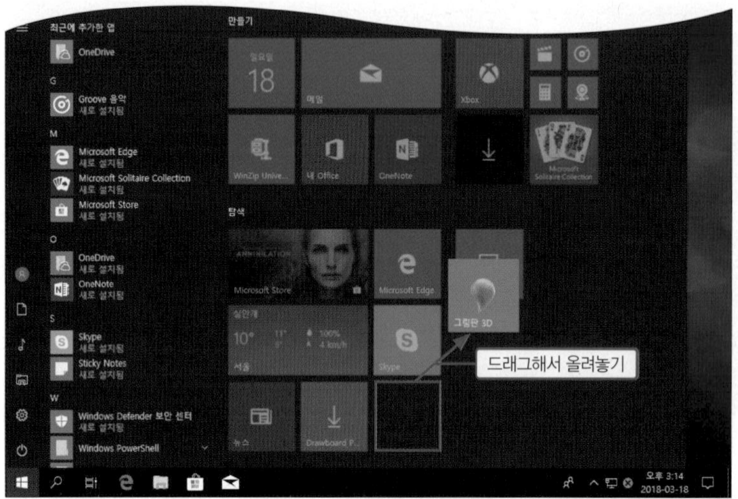

02 앱 타일이 폴더로 묶이면 그림과 같이 화살표 모양의 폴더 타일 아래로 폴더 안의 앱 타일이 표시됩니다. 화살표를 클릭하면 하나의 폴더 안에 여러 앱이 포함된 것을 볼 수 있습니다. 폴더 안의 앱을 보고 싶다면 언제든 폴더 타일을 클릭하면 됩니다.

폴더에서 꺼내기

01 폴더로 묶었던 앱 타일을 폴더 밖으로 꺼낼 수도 있습니다. 폴더 타일을 클릭하면 가로선 아래로 폴더 안에 있는 앱 타일이 시작 화면에 표시됩니다. 그 상태에서 빼낼 앱 타일을 가로선 밖으로 드래그합니다.

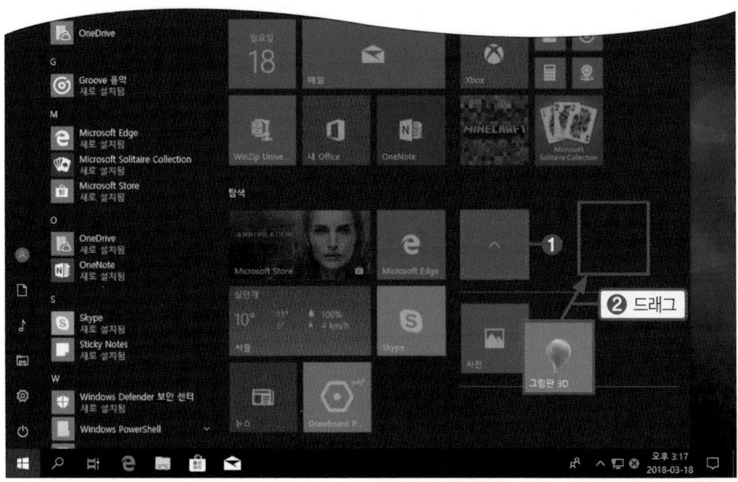

02 폴더 안에 있던 앱 타일이 폴더 밖에 표시됩니다.

잠깐만요

폴더 타일을 삭제하려면 폴더 안의 앱을 모두 꺼내면 됩니다.

전문가의 조언 **앱 타일 '그룹'으로 묶기와 '폴더'로 묶기의 차이는?**

앱 타일을 '그룹'으로 묶을 경우, 앱 타일의 크기가 '보통'이면, [시작 화면] 한 줄에 4개, 앱 타일 크키가 '작게'면 한 줄에 8개까지 표시할 수 있습니다. 앱 타일을 '폴더'로 묶을 경우, 한 폴더에 많은 앱 타일을 넣을 수 있지만 폴더를 열고 앱을 선택해야 하기 때문에 폴더를 열지 않으면 앱을 바로 실행할 수 없습니다. [시작 화면]에 앱 타일이 많아지면 [시작 화면]에서도 스크롤 막대를 움직이며 살펴봐야 하니 비슷한 기능의 앱이나 사용 빈도 등에 따라 편한 방법으로 [시작 화면]을 깔끔하게 관리하세요.

라이브 타일 기능 켜고 끄기

'뉴스' 앱이나 '날씨' 앱은 앱 타일에 실시간 정보를 표시할 수 있는데, 이를 '라이브 타일(live tile)'이라고 합니다. 라이브 타일은 앱을 실행하지 않고도 주요 정보를 [시작 화면]에서 바로 확인할 수 있기 때문에 편리합니다. 태블릿에서 윈도우 10을 사용할 경우 라이브 타일 기능 때문에 예상하지 못한 데이터 접속 요금이 발생할 수 있으므로 필요에 따라 라이브 타일 기능을 켜거나 끄는 방법도 알아두면 좋겠죠?

라이브 타일 기능 끄기

[시작 화면]을 열고 실시간 정보가 표시되는 앱을 마우스 오른쪽 단추로 클릭한 뒤, [자세히] – [라이브 타일 끄기]를 선택합니다.

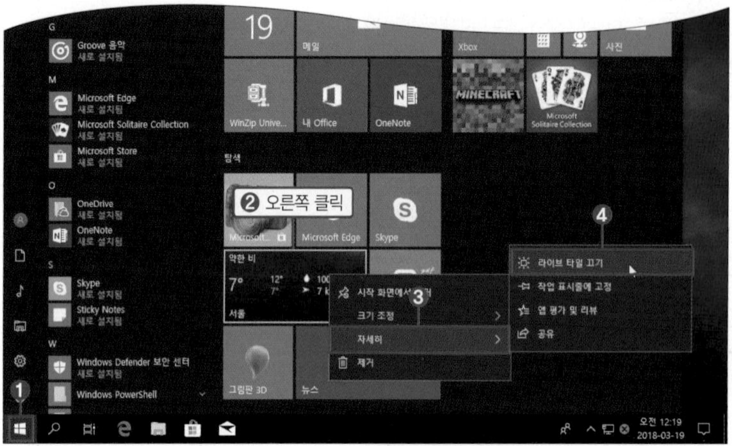

▲ '날씨' 앱의 라이브 타일 기능 끄기

라이브 타일 기능 켜기

앱 타일을 마우스 오른쪽 단추로 클릭하고 [자세히] – [라이브 타일 켜기]를 선택합니다.

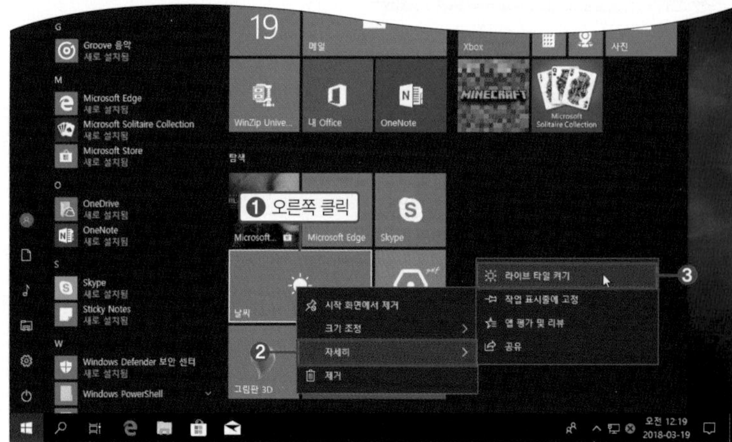

▲ '날씨' 앱의 라이브 타일 기능 켜기

잠깐만요

바로 가기 메뉴에 [라이브 타일 켜기]가 없다면 라이브 타일 기능을 사용할 수 없는 앱입니다.

무따기 Windows 10

10 [시작 화면] 크기 조절하기

윈도우 10을 사용하다 보면 [시작 화면]에 앱 타일과 그룹이 많아지는데, [시작 화면]의 크기를 조절해 좀더 편리하게 사용할 수 있습니다. [시작 화면] 더 크게 사용하고 싶다면 [시작 화면]을 전체 화면으로 표시할 수도 있습니다.

방법 1 마우스로 시작 화면 크기 조절하기

01 [시작 화면]의 위쪽 가장자리나 오른쪽 가장자리에 마우스 포인터를 올려놓고 마우스 포인터의 모양이 ⇔ 으로 변경되었을 때 클릭하여 [시작 화면] 크기를 조절할 방향으로 드래그합니다.

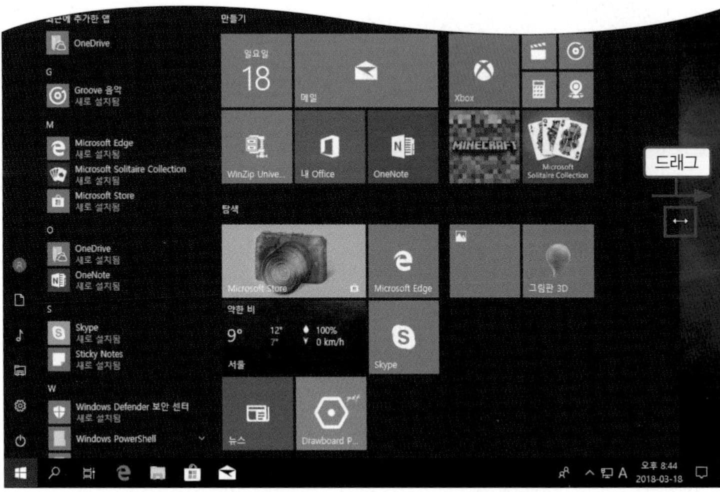

02 드래그한 방향으로 [시작 화면]의 크기가 줄어들거나 늘어납니다.

방법 2 [시작 화면]을 전체 화면으로 표시하기

01 [시작] 단추(⊞)를 클릭한 후 시작 메뉴 왼쪽에 있는 [설정] 단추(⚙)을 클릭합니다.

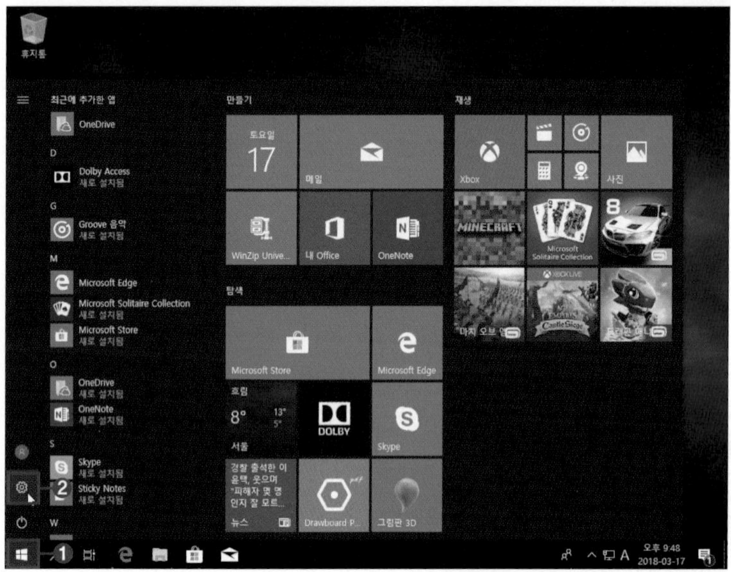

02 '설정' 창이 나타나면 [개인 설정]을 클릭합니다.

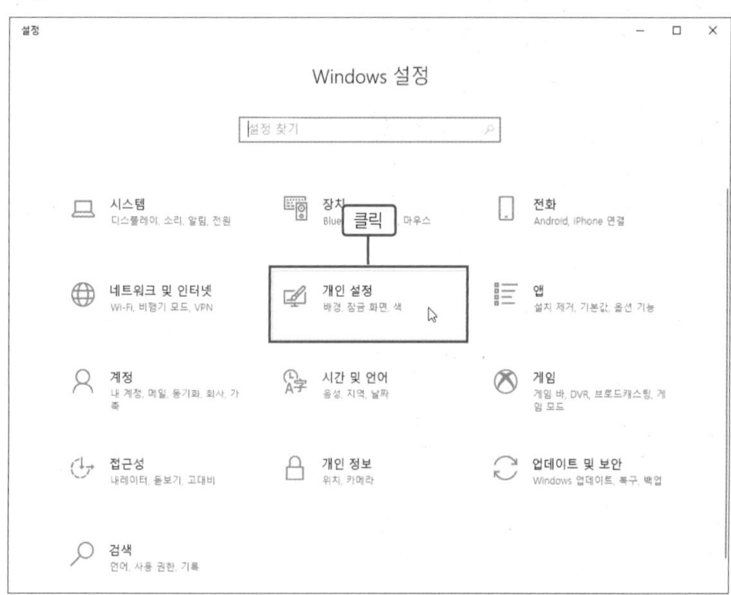

03 창의 왼쪽 목록에서 [시작]을 클릭하면 화면 오른쪽에 [시작] 메뉴와 관련된 여러 항목이 표시됩니다. 이 중에서 [전체 시작 화면 사용]을 켭니다.

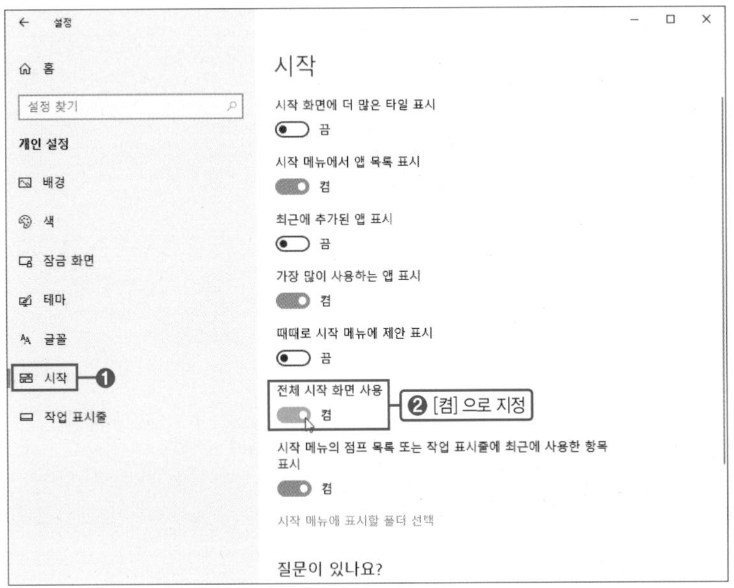

04 '설정' 창을 닫고 [시작] 단추()를 클릭하면 [시작 화면]이 전체 화면으로 표시됩니다.

05 전체 화면으로 표시된 상태에서 앱 목록을 나타내고 싶다면 [시작 화면] 왼쪽 위에 있는 [모든 앱] 단추(☰)를 클릭합니다.

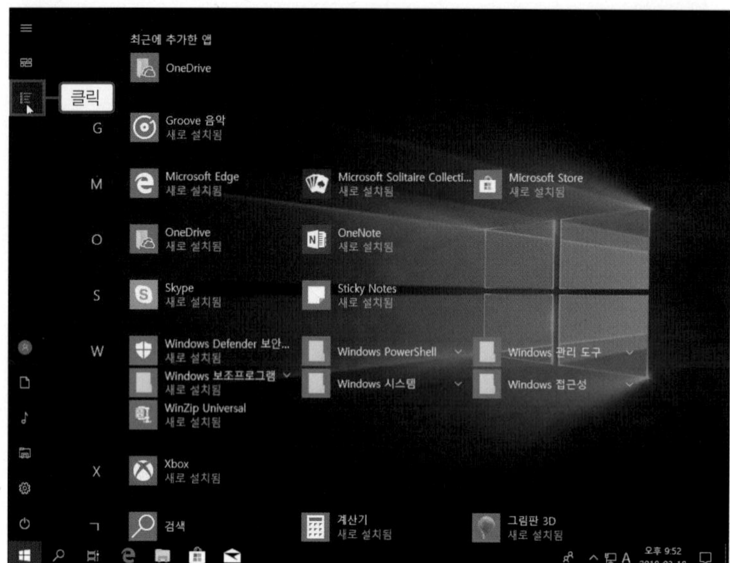

잠깐만요

[시작 화면]을 원래 상태로 되돌리려면 [설정] – [개인 설정] – [시작]을 차례로 선택한 뒤 [전체 시작 화면 사용]을 끄면 됩니다.

전문가의 조언 '설정' 창의 [개인 설정] – [시작]에 있는 항목 살펴보기

① 시작 화면에 더 많은 타일 표시
켬
② 시작 메뉴에서 앱 목록 표시
켬
③ 최근에 추가된 앱 표시
켬
④ 가장 많이 사용하는 앱 표시
켬
⑤ 때때로 시작 메뉴에 제안 표시
켬
⑥ 전체 시작 화면 사용
끔
⑦ 시작 메뉴의 점프 목록 또는 작업 표시줄에 최근에 사용한 항목 표시
끔
⑧ 시작 메뉴에 표시할 폴더 선택

① **시작 화면에 더 많은 타일 표시** : [시작 화면]을 좀더 넓게 표시합니다.
② **시작 메뉴에서 앱 목록 표시** : [시작] 메뉴에 앱 목록을 표시합니다.
③ **최근에 추가된 앱 표시** : 앱 목록에 새로 추가한 앱을 찾기 쉬워집니다.
④ **가장 많이 사용하는 앱 표시** : 앱 목록에 '자주 사용되는 앱' 목록을 표시합니다. 자주 사용하는 앱을 선택하기 편리합니다.
⑤ **때때로 시작 메뉴에 제안 표시** : 가끔 앱 목록에 추천 앱이 표시됩니다.
⑥ **전체 시작 화면 사용** : [시작 화면]이 전체 화면으로 표시됩니다.
⑦ **시작 메뉴의 점프 목록 또는 작업 표시줄에 최근에 사용한 항목 표시** : 작업 표시줄에 고정된 아이콘을 마우스 오른쪽 단추로 클릭하면 최근에 사용했던 기록을 표시합니다.
⑧ **시작 메뉴에 표시할 폴더 선택** : [시작] 메뉴의 왼쪽 부분에 표시될 폴더를 선택합니다.

주요

Windows 10

전원 단추 이용하기

윈도우 8은 윈도우 7과 전원 단추의 위치가 달라져 혼란스러웠는데, 윈도우 10에서는 전원 단추의 위치가 다시 바뀌었습니다. 윈도우 10을 켜고 끄는 전원 단추 사용법에 대해 알아보겠습니다.

윈도우 10의 [전원] 단추는 가장 접근하기 쉬운 [시작] 메뉴에 있습니다. [시작] 단추()를 클릭하여 메뉴를 열면 [시작] 메뉴의 왼쪽 아랫부분에 [전원] 단추()가 있습니다.

[전원] 단추를 선택하면 세 가지 항목이 나타납니다.

❶ **절전** : 윈도우는 종료되지만, 컴퓨터를 완전히 끄지 않고 사용 전력을 최소로 하며 현재 상태를 유지합니다. 절전 상태에서는 윈도우를 다시 시작하면 현재 작업 환경으로 빨리 복구할 수 있습니다. 절전 상태일 때 마우스를 움직이거나 키보드의 아무 키나 눌러 곧바로 윈도우를 켤 수 있습니다.

❷ **시스템 종료** : 윈도우를 종료하고 시스템 전원을 차단합니다.

❸ **다시 시작** : 시스템을 종료한 후 자동으로 시스템을 다시 켜서 윈도우를 재부팅합니다

2장

윈도우의 기본, 바탕 화면 살펴보기

윈도우의 대부분 작업은 바탕 화면에서 이루어집니다. 바탕 화면에는 자주 사용하는 앱 아이콘을 등록할 수 있고, 앱 창을 열 수도 있습니다. 그리고 바탕 화면의 작업 표시줄은 좁은 공간이지만 현재 진행 중인 작업 상태와 시스템의 다양한 정보를 알려주는 곳입니다. 윈도우 10의 바탕 화면은 윈도우 7이나 윈도우 8의 바탕 화면과 크게 다르지 않기 때문에, 이번 장에서는 윈도우 10에서 달라진 바탕 화면 기능을 중심으로 살펴보겠습니다.

12 바탕 화면 살펴보기

윈도우 10의 바탕 화면은 윈도우 7이나 윈도우 8.1의 바탕 화면보다 단순하게 구성되어 있습니다. 윈도우 화면 어디에서든 ⊞+D를 누르면 바탕 화면만 표시할 수 있습니다.

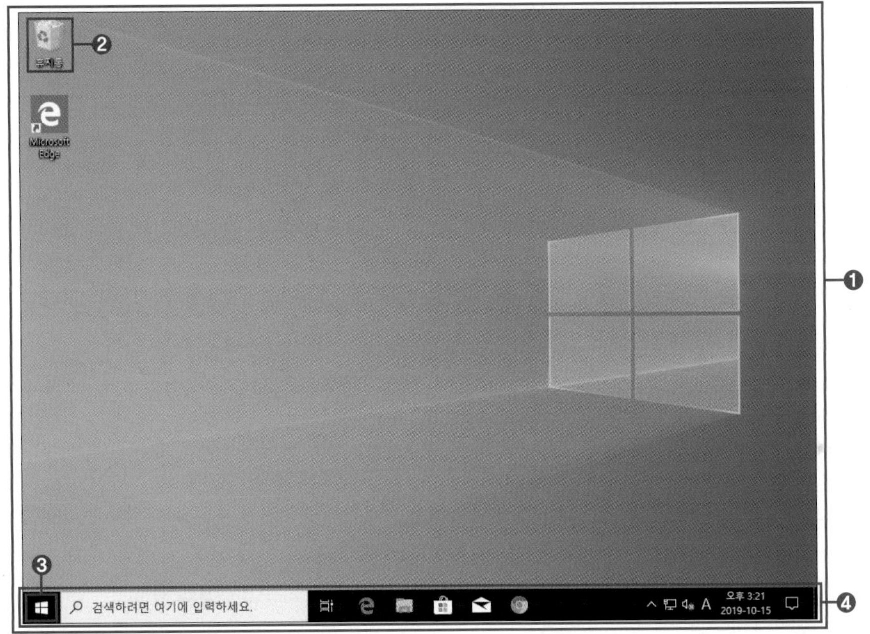

▲ 윈도우 10 바탕 화면

❶ **바탕 화면** : 시스템에 설치된 앱 아이콘이 표시됩니다. 바탕 화면의 아이콘을 더블클릭하면 앱이 실행됩니다.

❷ **휴지통** : 윈도우 10을 설치하면 바탕 화면에 기본적으로 표시되는 아이콘입니다. 삭제한 파일이나 앱이 임시로 보관되는 곳으로, 실수로 앱을 삭제했을 경우에는 이곳에서 복원할 수 있습니다.

❸ **[시작] 단추** : 클릭하면 [시작] 메뉴가 열리면서 앱 목록과 [시작 화면]을 볼 수 있습니다.

❹ **작업 표시줄** : 자주 사용하는 앱 아이콘을 등록해서 사용할 수 있고 현재 실행 중인 앱 아이콘이 표시됩니다. 작업 표시줄의 오른쪽 끝에는 시스템 정보와 관련된 아이콘들이 표시됩니다.

윈도우 10에서 제공하는 음성비서 코타나(Cortana) 관련 기능은 아직까지 국내에서 사용할 수 없습니다.

작업 표시줄 살펴보기

바탕 화면의 아랫부분에 있는 작업 표시줄은 윈도우에서 매우 유용하고 다양하게 사용하는 부분입니다. 작업 표시줄 영역은 좁은 공간이지만 검색 상자와 앱 아이콘, 알림 영역, 날짜 및 시간 등 다양한 정보들이 표시되는 부분입니다.

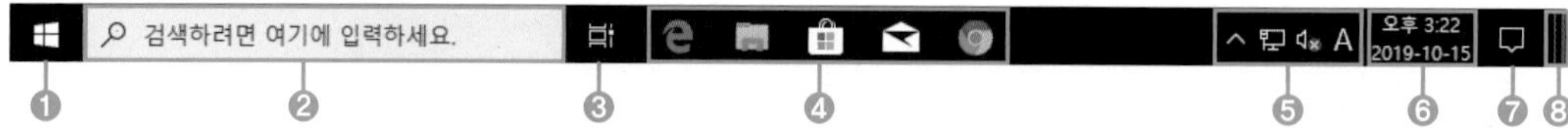

❶ **[시작] 단추** : [시작] 메뉴를 열 수 있습니다. [시작] 메뉴에 대해서는 21쪽을 참고하세요.

❷ **검색 상자** : 시스템에 있는 파일이나 앱을 검색할 수 있습니다. [검색 상자]에 대해서는 50쪽을 참고하세요.

❸ **작업 보기** : 현재 실행 중인 모든 앱을 한눈에 볼 수 있고 새로운 데스크톱을 추가할 수 있습니다. [작업 보기]에 대해서는 257쪽을 참고하세요.

❹ **앱 아이콘** : 작업 표시줄에 추가된 앱 아이콘이나 현재 실행 중인 앱 아이콘이 표시됩니다. 작업 표시줄에 있는 앱 아이콘을 클릭하면 즉시 앱을 실행할 수 있기 때문에 자주 쓰는 앱을 고정해 두면 편리하게 사용할 수 있습니다.

❺ **시스템 아이콘** : 윈도우에서 기본으로 표시하는 시스템 아이콘입니다. 여기에 표시할 시스템 아이콘은 사용자가 켜거나 끌 수 있습니다. 자세한 내용은 46쪽을 참고하세요.

❻ **날짜와 시간** : 현재 지역을 기준으로 날짜와 시간이 표시됩니다.

❼ **알림 센터** : 앱의 알림을 표시하거나 바로 가기를 선택할 수 있습니다. 알림 센터의 바로 가기 설정 방법에 대해서는 61쪽을 참고하세요.

❽ **바탕 화면 보기** : 눈에 쉽게 띄지는 않지만 작업 표시줄의 가장 오른쪽에 있는 [바탕 화면 보기] 단추(▌)를 클릭하면 열려있던 창이 한꺼번에 최소화 되고 즉시 바탕 화면을 볼 수 있습니다.

무따기 Windows 10

14 바탕 화면에 바로 가기 아이콘 추가하기

윈도우 10에서는 [시작] 메뉴의 앱 목록에서도 앱을 실행할 수 있지만 [시작] 단추를 누르고 나서야 앱을 실행할 수 있어 번거로울 수 있습니다. 이런 번거로움을 해소하기 위해 윈도우 10의 바탕 화면에 원하는 앱의 바로 가기 아이콘을 추가하는 방법에 대해 알아보겠습니다.

01 '그림판' 앱을 바탕 화면에 추가해 보겠습니다. [시작] 단추(⊞)를 클릭한 후 앱 목록에서 [Windows 보조프로그램] - [그림판]을 마우스 오른쪽 단추로 클릭한 뒤, [자세히] - [파일 위치 열기]를 선택합니다.

02 파일 탐색기가 자동으로 실행되고 선택한 앱의 실행 파일이 표시됩니다. 실행 파일을 마우스 오른쪽 단추로 클릭하고 [보내기] - [바탕 화면에 바로 가기 만들기]를 선택합니다.

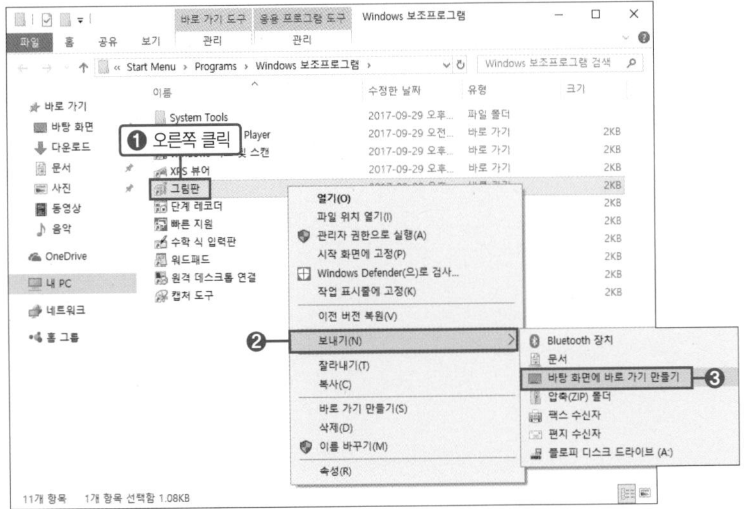

03 ⊞+D를 눌러 바탕 화면으로 돌아가 보면 방금 추가한 그림판의 바로 가기 아이콘을 확인할 수 있습니다.

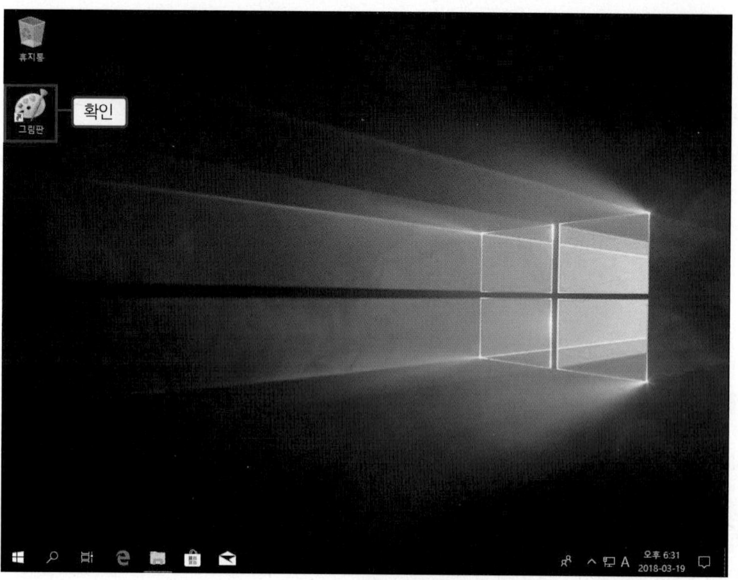

잠깐만요 [시작 화면]에 있는 앱 타일을 바탕 화면으로 끌어 옮겨서 아이콘을 추가할 수도 있습니다.

무따기 Windows 10

15 작업 표시줄 자동 숨기기

작업 표시줄은 바탕 화면 아래쪽에 고정으로 표시되어 있어서 항상 화면의 일부를 차지합니다. 그래서 화면을 좀더 넓게 쓸 수 있도록 작업 표시줄을 숨겨두었다가 필요할 때만 나타나도록 지정할 수 있습니다. 작업 표시줄의 자동 숨기기 기능에 대해 알아보겠습니다.

01 작업 표시줄의 빈 공간을 마우스 오른쪽 단추로 클릭한 후 [작업 표시줄 설정]을 선택합니다.

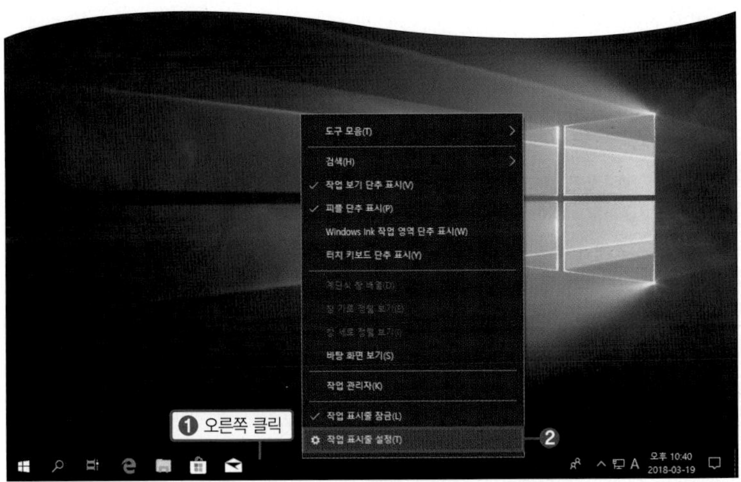

02 화면 오른쪽의 '데스크톱 모드에서 작업 표시줄 자동으로 숨기기'를 [켬]으로 바꾸면 화면 아래쪽의 작업 표시줄이 즉시 사라집니다. 평소에는 작업 표시줄이 보이지 않지만 바탕 화면 아래쪽으로 마우스 포인터를 가져가면 작업 표시줄이 나타납니다.

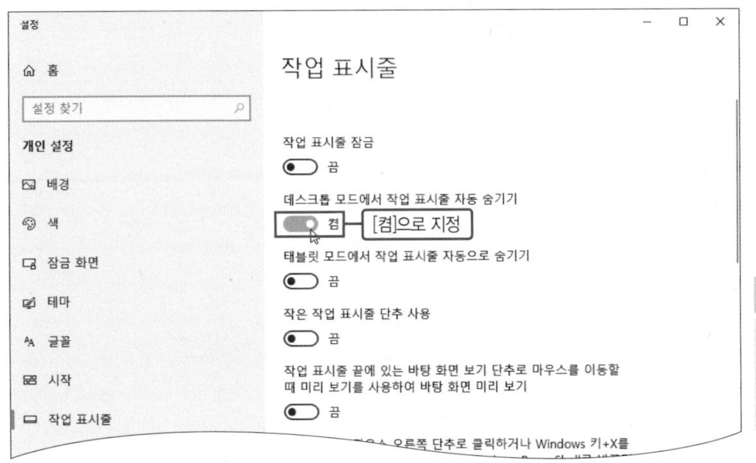

잠깐만요

작업 표시줄을 원래대로 되돌리려면 '데스크톱 모드에서 작업 표시줄 자동으로 숨기기'를 [끔]으로 바꿉니다.

주요

Windows 10

16 작업 표시줄을 원하는 위치로 옮기기

작업 표시줄은 기본적으로 바탕 화면 아래쪽에 나타나지만 사용자의 작업 환경에 따라 바탕 화면의 왼쪽이나 오른쪽에 배치하는 것이 편리한 경우가 있습니다. 작업 표시줄의 위치를 바꾸는 방법에 대해 알아보겠습니다.

방법 1 마우스로 드래그하기

작업 표시줄의 빈 공간을 마우스로 클릭한 상태에서 왼쪽이나 오른쪽, 원하는 방향으로 드래그하면 드래그한 위치로 작업 표시줄이 옮겨집니다. 작업 표시줄을 원래 있던 위치로 옮기려면 작업 표시줄의 빈 공간을 클릭한 상태에서 아래쪽으로 드래그합니다.

▲ 작업 표시줄을 오른쪽 위로 드래그

잠깐만요

작업 표시줄의 빈 공간을 마우스 오른쪽 단추로 클릭한 후 '작업 표시줄 잠금' 항목 앞에 체크가 되어 있는지 확인하세요. 이 항목을 선택해서 체크를 해제해야 작업 표시줄을 이동할 수 있습니다.

▲ 화면 오른쪽으로 배치된 작업 표시줄

방법 2 속성 창에서 조절하기

작업 표시줄의 빈 공간을 마우스 오른쪽 단추로 클릭한 후 [작업 표시줄 설정]을 선택하면 '설정' 창이 나타납니다.

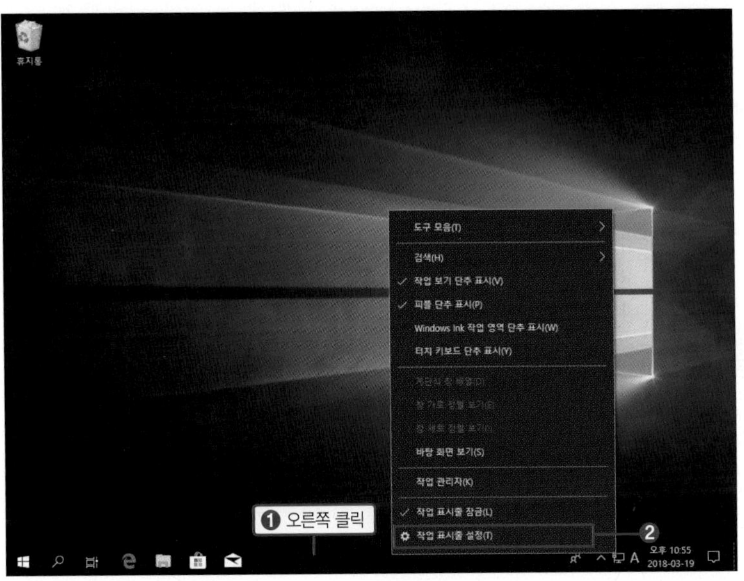

여기에서 '화면에서의 작업 표시줄 위치' 목록을 펼친 후 원하는 작업 표시줄 위치를 선택합니다.

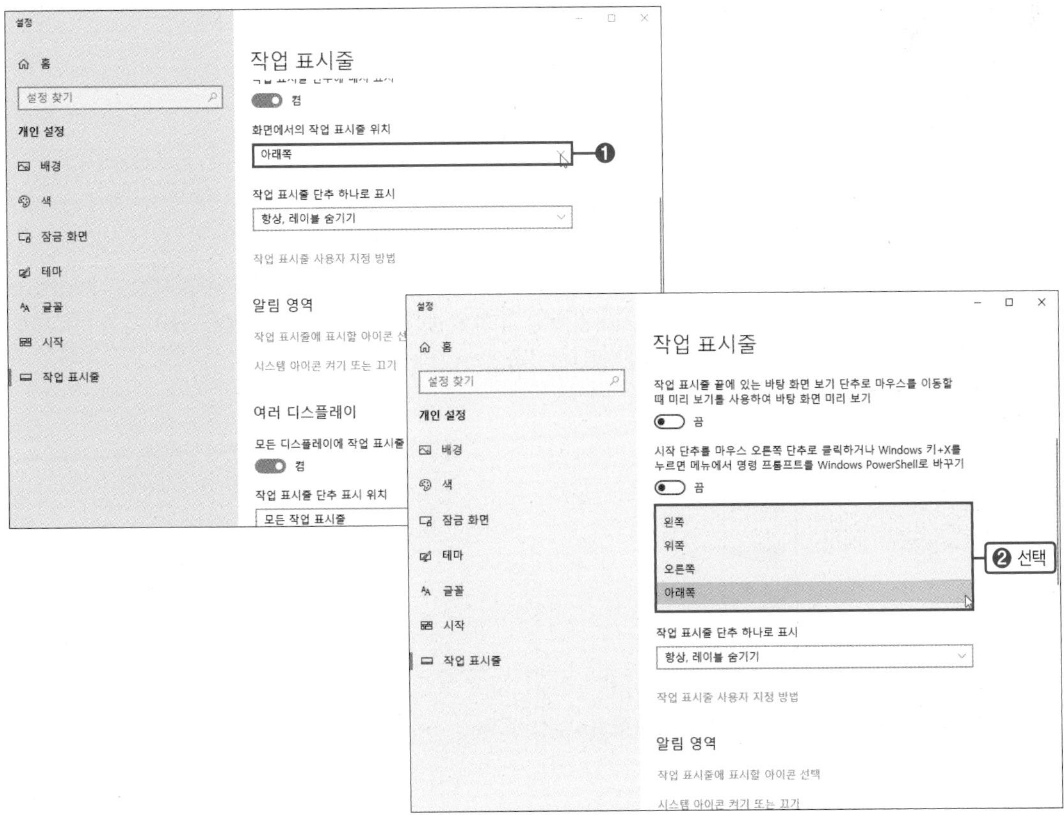

주요

Windows 10

작업 표시줄의 시스템 아이콘 켜고 끄기

윈도우 10에서는 네트워크 상태나 오디오 볼륨과 같이 자주 확인하는 시스템 아이콘을 작업 표시줄에 표시합니다. 여기서는 작업 상황에 맞게 시스템 아이콘을 켜거나 끄는 방법을 알아보겠습니다.

작업 표시줄의 오른쪽 끝에는 시스템 정보를 알려주는 시스템 아이콘들이 표시됩니다.

◀ **시스템 아이콘**

작업 표시줄의 빈 공간을 마우스 오른쪽 단추로 클릭한 후 [작업 표시줄 설정]을 선택하고, [시스템 아이콘 켜기 또는 끄기]를 클릭합니다.

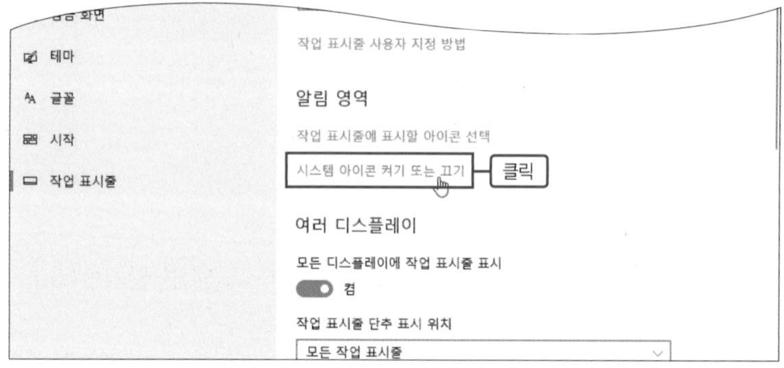

시스템 환경에 맞춰 자동으로 아이콘이 켜져 있는데 작업 표시줄에서 확인하고 싶지 않은 아이콘은 [끔]으로 변경합니다. 반대로 켜고 싶은 아이콘이 있다면 [켬]으로 변경합니다.

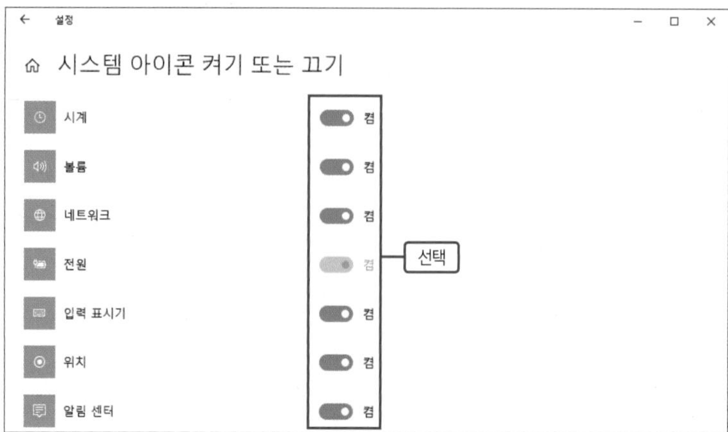

무따기 Windows 10

18 작업 표시줄에 숨겨진 아이콘 표시하기

작업 표시줄에는 시스템 정보를 나타내는 아이콘과 함께 현재 실행 중인 프로그램 아이콘이 표시됩니다. 그런데 아이콘의 개수가 많을 경우에는 일부만 작업 표시줄에 표시되고 나머지는 숨겨져 있습니다. 작업 표시줄에 숨겨진 아이콘을 표시하는 방법에 대해 알아보겠습니다.

01 작업 표시줄의 빈 공간을 마우스 오른쪽 단추로 클릭한 후 [작업 표시줄 설정]을 선택합니다.

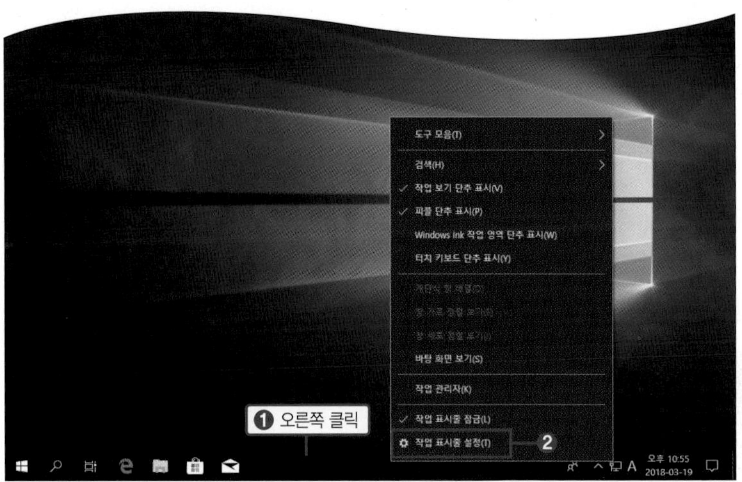

02 '작업 표시줄' 설정 창이 나타나면 오른쪽 화면에서 [작업 표시줄에 표시할 아이콘 선택]을 클릭합니다.

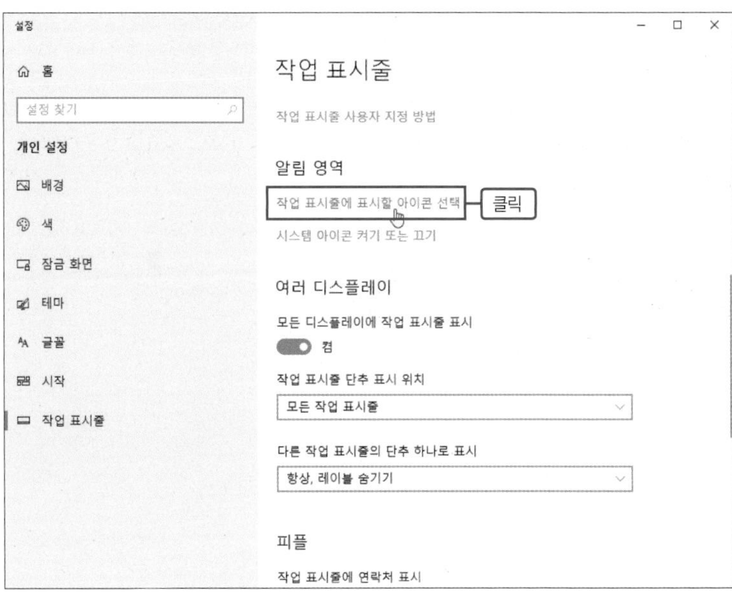

03 작업 표시줄에 표시할 아이콘은 [켬]으로, 숨길 아이콘은 [끔]으로 설정합니다.

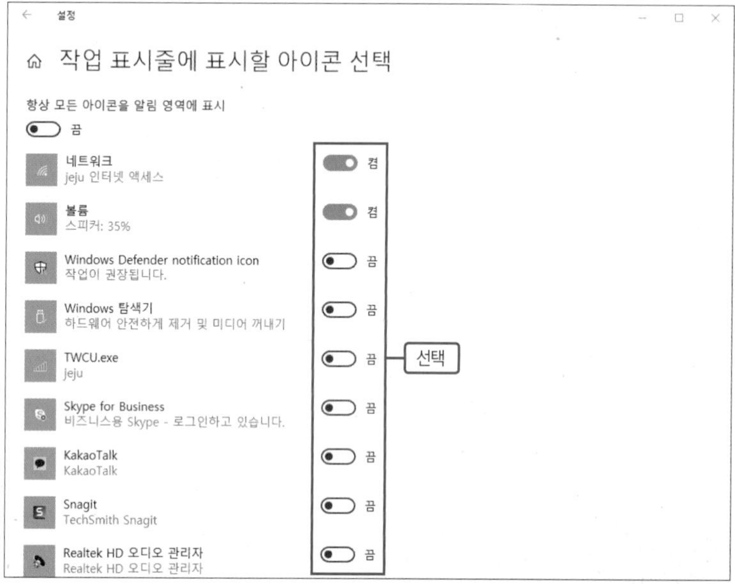

04 [켬]으로 지정한 아이콘들이 모두 작업 표시줄에 표시됩니다.

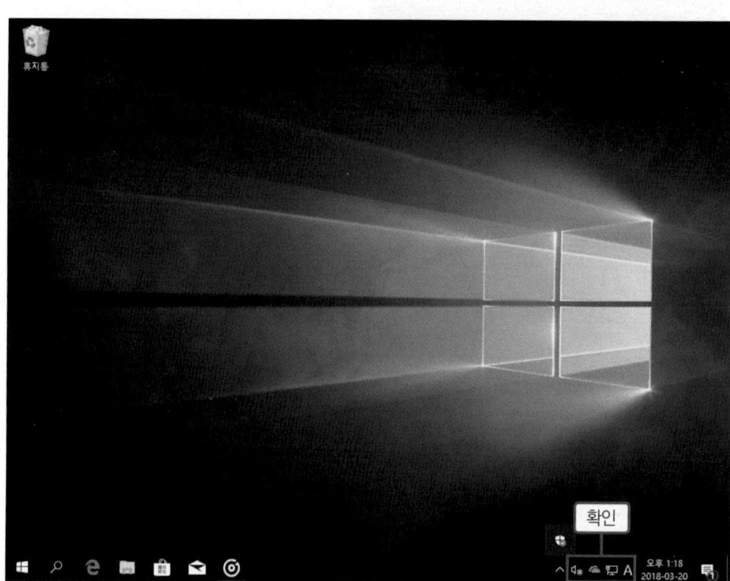

잠깐만요

작업 표시줄에서 앱 아이콘의 오른쪽에 있는 '숨겨진 아이콘 표시' 아이콘 ^을 클릭하면 숨겨진 아이콘을 확인할 수 있습니다.

19 Windows 검색 상자 표시하기

작업 표시줄 [시작]( ) 단추 오른쪽에는 기본적으로 검색 상자가 표시되어 작업 표시줄 공간을 넓게 차지합니다. 이 검색 상자는 작업 표시줄에서 감추거나 검색 상자 대신 검색 아이콘으로 표시할 수 있습니다.

작업 표시줄의 빈 공간을 마우스 오른쪽 단추로 클릭한 후 [검색] - [검색 상자 표시]를 선택합니다.

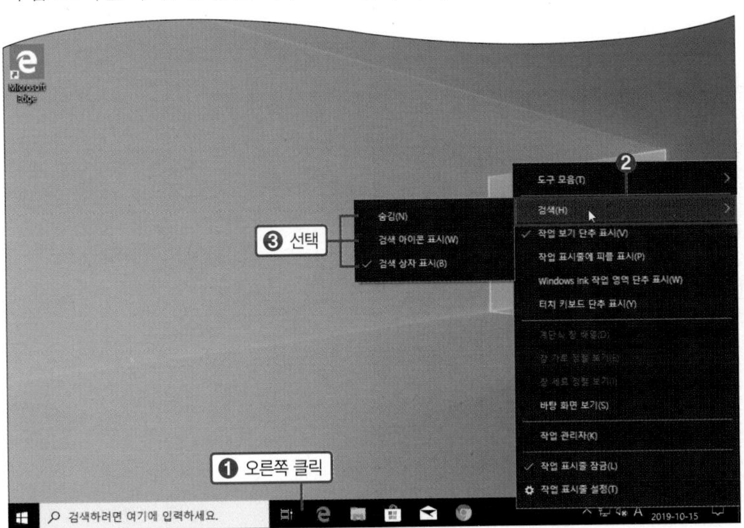

숨김 : 작업 표시줄에서 검색 상자를 숨겨 표시하지 않습니다.

검색 아이콘 표시 : 검색 상자 대신 검색 아이콘을 표시합니다. 검색 아이콘을 클릭하면 검색 상자를 사용할 수 있습니다.

검색 상자 표시 : 작업 표시줄에 항상 검색 상자를 표시합니다.

작업 표시줄을 마우스 오른쪽 단추로 클릭한 후 작업 보기나 피플, 잉크 등 작업 표시줄에 있는 여러 아이콘을 표시하거나 감출 수 있습니다.

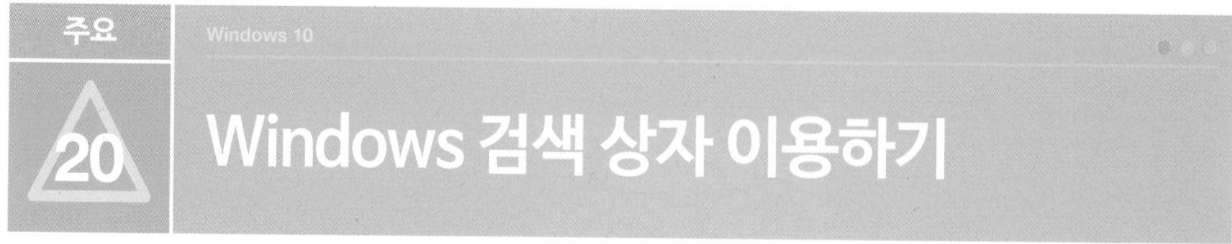

Windows 검색 상자 이용하기

윈도우 10의 '검색 상자'를 사용하면 앱뿐만 아니라 문서, 설정 등 윈도우 10에 저장된 모든 정보를 검색할 수 있습니다. 또한 검색어와 관련된 인터넷 검색 결과까지 보여주기 때문에 손쉽게 원하는 정보를 찾을 수 있습니다.

검색 상자를 클릭하면 최근에 사용한 앱과 함께 최근 활동이 표시되어 자주 사용하는 앱을 검색 상자에서 바로 선택할 수 있습니다.

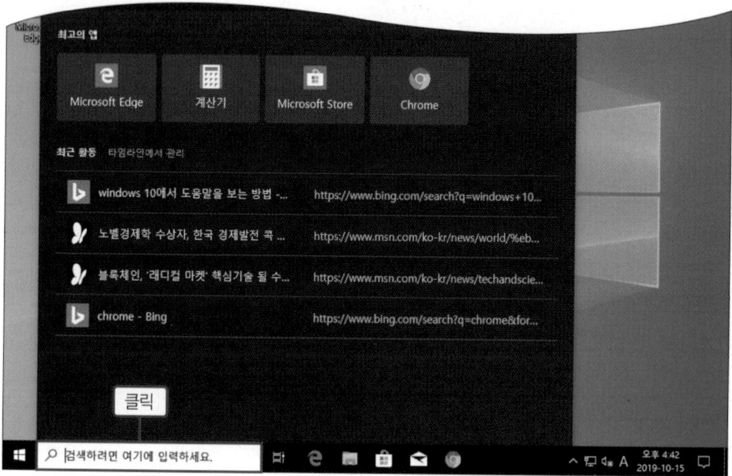

검색어로 검색하기

검색 상자에 검색어를 입력하면 검색어와 일치하는 여러 자료들을 검색할 수 있습니다. 예를 들어 '작업'을 입력하면 '작업'과 관련된 검색 결과가 표시됩니다. 만일 앱을 찾고 있었다면 앱 이름을 클릭하거나 오른쪽 창의 '열기'를 클릭해서 실행할 수 있습니다.

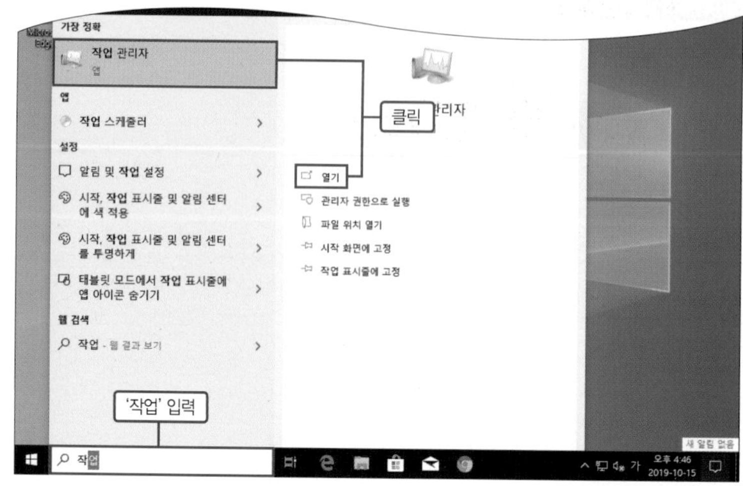

잠깐만요

검색어를 입력한 뒤 Enter을 누르면 검색 결과 중 가장 위에 있는 항목이 바로 선택되기 때문에 Enter을 누르지 말고 검색어만 입력하세요.

검색 탭 활용하기

앱을 검색하려면 검색 결과 창 위의 [앱] 탭을 클릭합니다. '앱'을 클릭하면 검색 상자에 입력한 검색어 앞에 '앱: '이 표시되고 검색어와 관련된 앱이 검색됩니다.

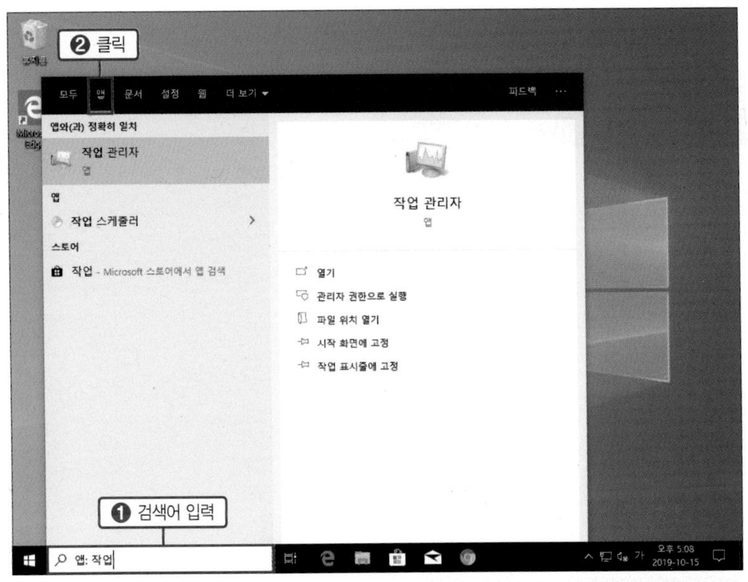

검색 결과 창 위의 [문서] 탭을 클릭하면 검색 상자에 입력한 검색어 앞에 '문서: '가 표시되고 검색어와 관련된 문서파일이 검색됩니다. 검색 결과의 [열기]를 클릭하면 해당 문서 파일을 바로 열 수 있고 [파일 위치 열기]를 클릭하면 파일 탐색기에 해당 문서 파일이 있는 폴더를 보여줍니다.

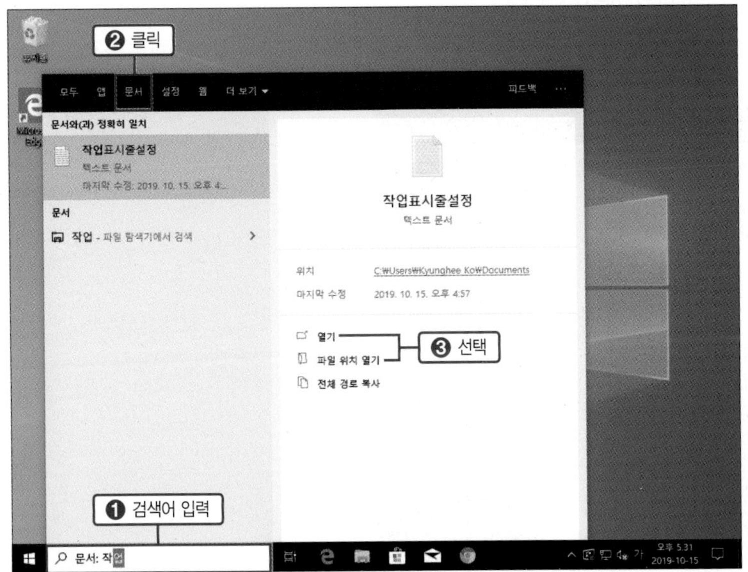

잠깐만요

문서 파일의 이름뿐만 아니라 문서 파일의 내용 중 검색어가 포함된 문서도 검색할 수 있습니다.

Windows 10은 워낙 다양한 설정 항목이 있기 때문에 원하는 설정 항목을 찾기 위해 어떤 카테고리를 선택해야 할지 난감할 때가 있습니다. 만약 바탕 화면의 배경과 관련된 설정을 변경하고 싶다면 검색 상자에 '배경'을 입력한 후 검색 결과 창 위의 [설정] 탭을 클릭해보세요. 바로 검색어가 포함된 설정 항목이 표시되어 관련 설정을 변경할 수 있습니다.

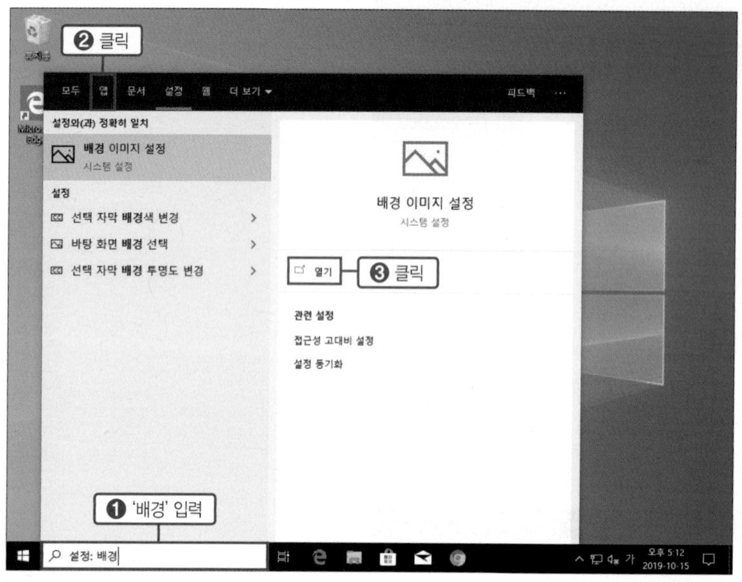

검색 상자를 사용하면 사진이나 동영상, 음악 등 입력한 검색어와 관련된 다양한 파일을 쉽게 검색할 수 있습니다. 검색 상자에 원하는 검색어를 입력한 뒤 검색 결과 창 위의 [더 보기]–[사진]을 클릭하면 어디에 저장했는지 기억하지 못하는 사진 파일도 쉽게 검색할 수 있습니다.

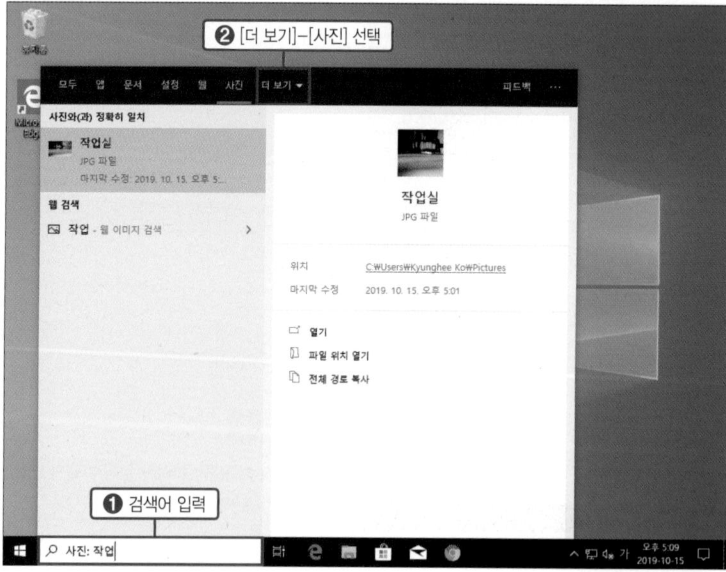

무따기 Windows 10

21 작업 화면을 좌우로 분할하기

두 개의 앱을 오가면서 작업해야 할 경우 앱 화면을 왔다갔다 하는 것보다 화면에 좌우로 나란히 놓고 사용하는 것이 편리합니다. 이 때 앱 창의 크기를 정확히 절반씩 나누기가 쉽지 않죠. 화면을 반으로 나누어 사용하는 간단한 방법을 알아보겠습니다.

01 여러 개의 앱을 실행한 뒤, 왼쪽이나 오른쪽에 배치할 앱 창의 제목 표시줄을 클릭한 상태에서 바탕화면의 왼쪽 가장자리나 오른쪽 가장자리로 드래그합니다. 앱 창의 뒤쪽으로 화면 크기 반 정도의 투명한 창이 표시되면 마우스 단추에서 손을 뗍니다.

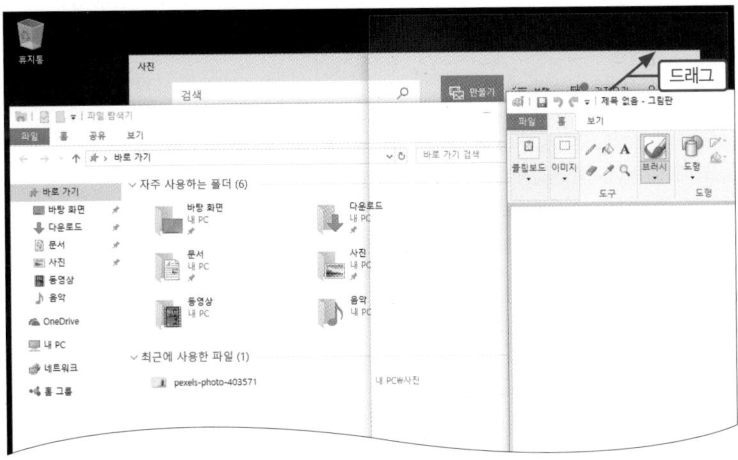

02 선택한 앱 창이 화면의 반을 차지하면서 나머지 앱 창이 작게 표시되면 화면의 나머지 반에 표시할 앱 화면을 클릭합니다.

03 두 번째 앱 창이 화면의 나머지 절반을 채우면서 표시됩니다

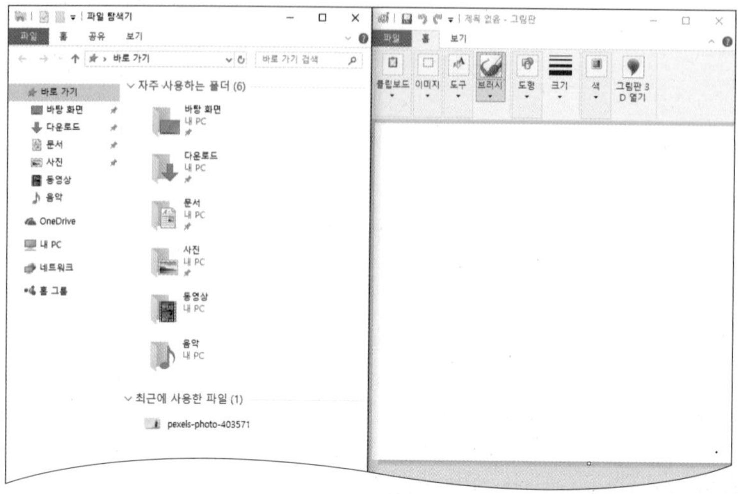

04 좌우로 배치된 앱 창의 너비도 조절할 수 있습니다. 두 앱 창을 구분하는 수직선 부분을 마우스 왼쪽 단추로 클릭한 후 왼쪽이나 오른쪽으로 드래그하면 한 쪽은 넓게, 한 쪽은 좁게 표시됩니다.

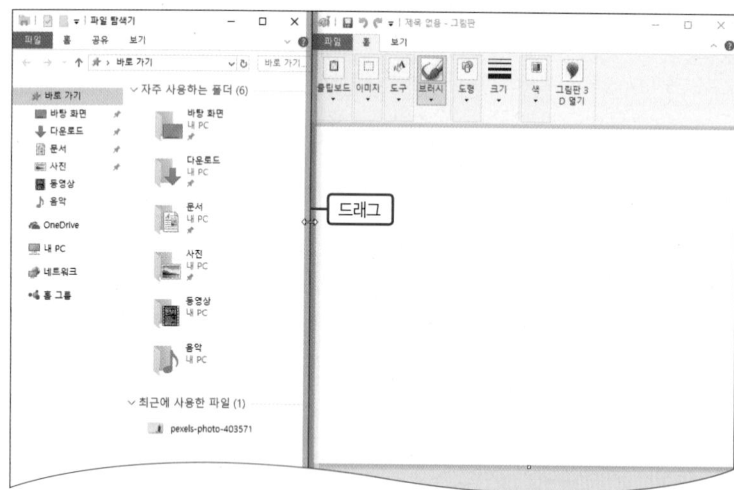

무따기 Windows 10

22 바탕 화면의 배경 바꾸기

바탕 화면은 윈도우 10을 사용하면서 가장 많이 보게 되는 화면입니다. 그래서 바탕 화면 배경을 직접 찍은 사진이나 좋아하는 사진으로 꾸미곤 하죠. 여기에서는 윈도우 10 바탕 화면의 배경을 지정하는 방법에 대해 알아보겠습니다. 배경으로 사용할 사진이나 이미지를 준비한 후 따라해 보세요.

01 바탕 화면의 빈 공간을 마우스 오른쪽 단추로 클릭하고 [개인 설정]을 선택합니다.

▲ '개인 설정' 선택하기

잠깐만요

작업 표시줄의 알림 센터 아이콘(■)을 클릭하고 [모든 설정] - [개인 설정]을 차례대로 클릭해도 됩니다.

02 '설정' 창이 나타나면 첫 번째 항목인 '배경'에서 [사진]을 선택한 뒤 [찾아보기]를 클릭합니다.

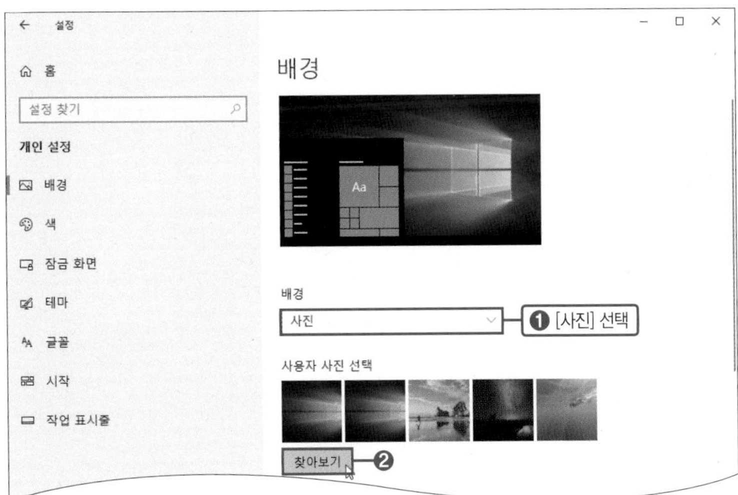

03 '열기' 창이 나타나면 배경으로 사용할 사진을 선택하고 [사진 선택]을 클릭합니다.

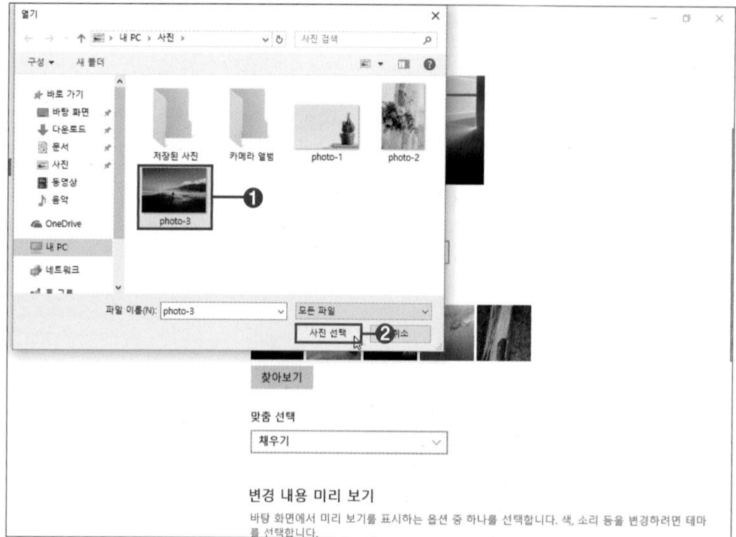

04 '설정' 창의 '배경' 미리보기 화면에 선택한 사진이 나타납니다.

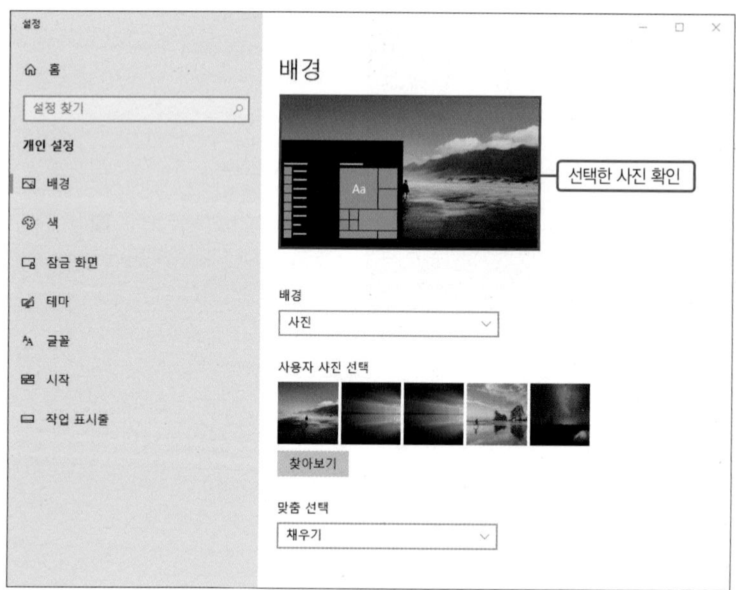

05 ⊞+D를 눌러 바탕 화면을 표시하면 선택한 사진이 배경으로 지정된 것을 확인할 수 있습니다.

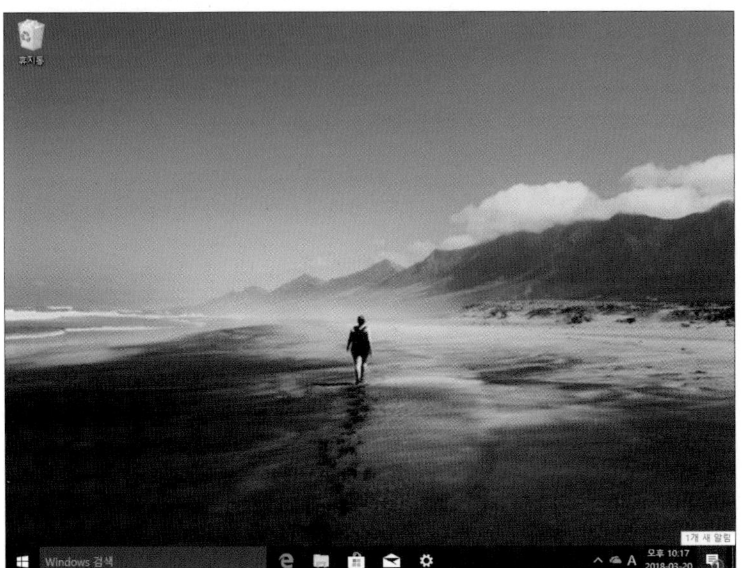

무따기 Windows 10

23 기본 앱 모드 변경하기

윈도우의 화면은 기본적으로 밝은 바탕색에 짙은 색의 글씨로 표시되기 때문에 오래 보고 있으면 눈이 쉽게 피로해집니다. 기본 앱 모드를 변경하면 좀 더 화면에 집중할 수 있고 눈의 피로도 줄일 수 있습니다.

01 바탕 화면에서 마우스 오른쪽 단추를 클릭하고 [개인 설정]을 선택한 후, 설정 창의 왼쪽 목록에서 [색]을 선택합니다. 오른쪽의 '기본 앱 모드 선택'에는 기본적으로 '밝게'로 선택되어 있습니다. 이 항목에서 [어둡게]를 클릭해 보세요.

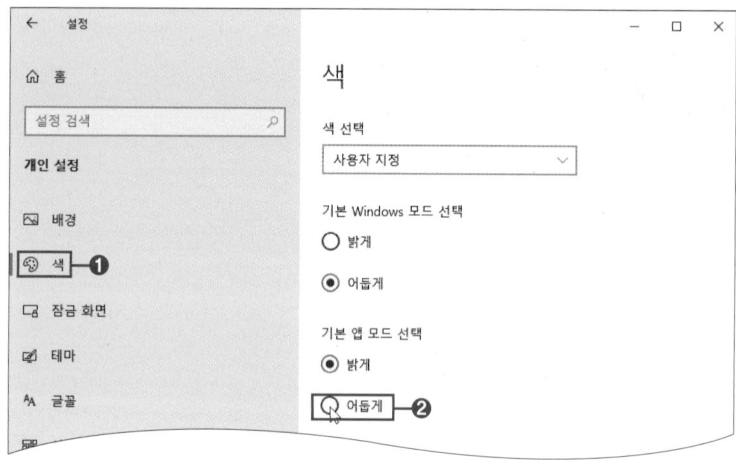

02 바로 설정 창의 화면이 어둡게 바뀝니다. '기본 앱 모드'의 [어둡게]를 선택하면 모든 윈도우 화면을 어둡게 표시할 수 있습니다.

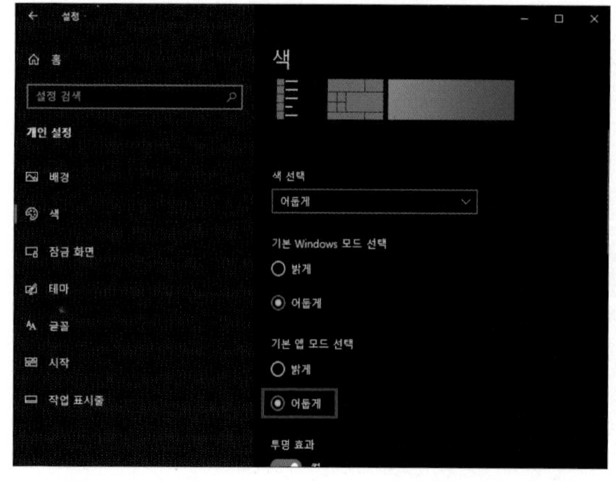

▲ 설정 앱

▲ Microsoft Store 앱

24 잠금 화면의 배경 그림 바꾸기

윈도우 10이 설치된 컴퓨터를 켰을 때 제일 먼저 나타나는 화면을 '잠금 화면'이라고 합니다. 잠시 자리를 비워 절전 모드가 되었을 때도 잠금 화면이 나타나죠. 잠금 화면의 배경도 원하는 이미지로 바꿀 수 있습니다.

01 '개인 설정' 창의 왼쪽 목록에서 [잠금 화면]을 선택하면 현재 사용 중인 잠금 화면이 표시됩니다. '배경'에서 [사진]을 선택하고 '사용자 사진 선택' 항목에 있는 [찾아보기]를 클릭합니다.

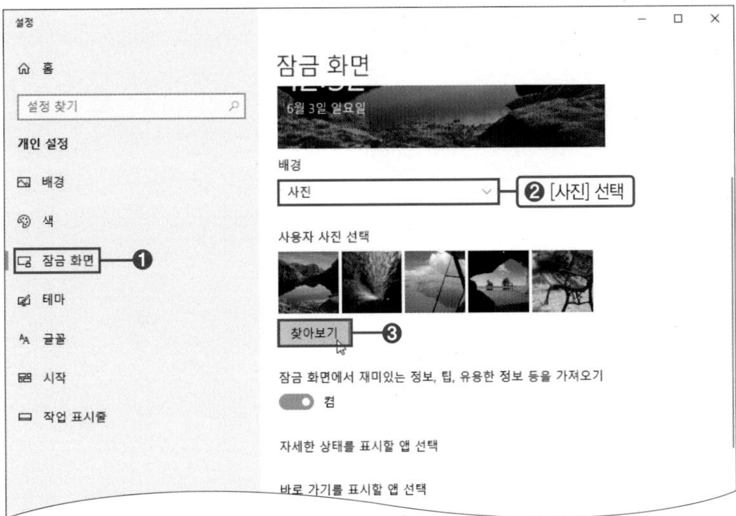

02 잠금 화면으로 사용할 사진이 있는 폴더로 이동하여 사진을 선택하고 [사진 선택]을 클릭합니다.

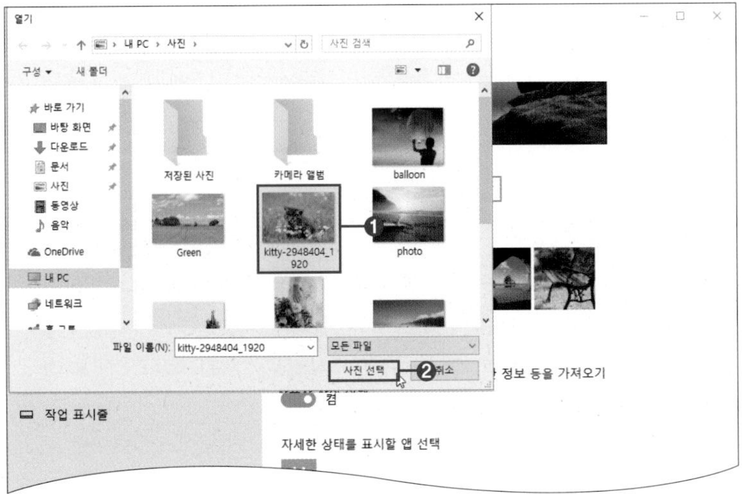

03 ⊞+L을 눌러 즉시 잠금 화면을 확인할 수도 있고, 나중에 윈도우를 다시 시작할 때 로그인 화면에서 바뀐 잠금 화면 사진을 확인할 수도 있습니다.

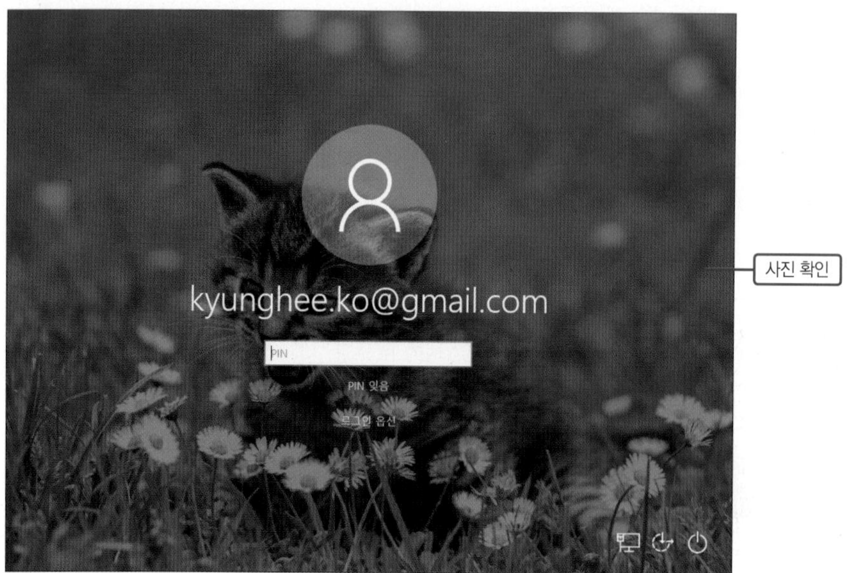

전문가의 조언

잠금 화면 전환으로 컴퓨터 잠그기

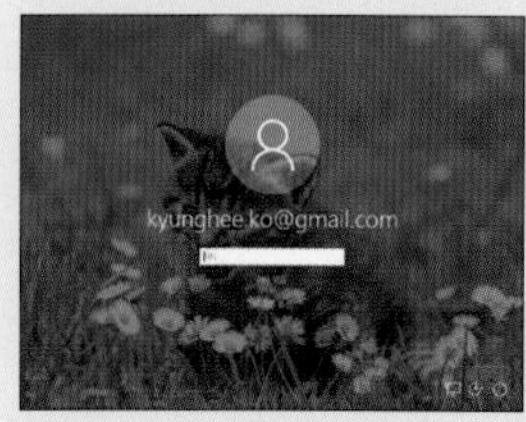

컴퓨터를 켜 놓은 상태에서 자리를 비울 때 ⊞+L을 누르면 다른 사람이 컴퓨터를 사용할 수 없게 화면을 잠글 수 있습니다. 잠금 화면 상태에서 컴퓨터를 사용하려면 PIN 번호나 사용자 암호를 입력해야만 화면이 전환됩니다.

살펴보기 25 Windows 10

알림 센터 살펴보기

'알림 센터'는 윈도우 10의 새로운 기능 중 하나입니다. 윈도우와 각종 앱과 관련된 알림을 한 곳에 모아 표시해 두는 곳이죠. 또한 알림 센터에서는 자주 사용하는 설정으로 바로 접근할 수 있는 단추도 함께 제공합니다.

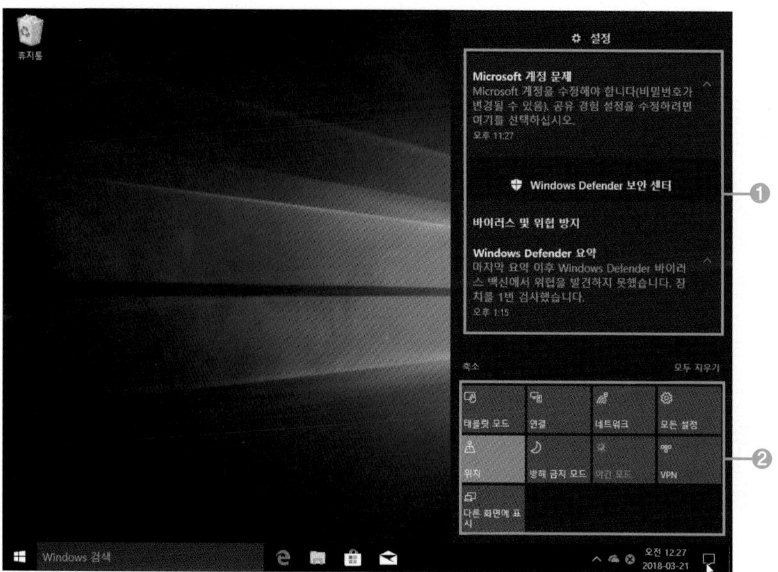

잠깐만요 작업 표시줄 오른쪽 끝에 있는 알림 센터 단추(🗨)를 클릭하면 바탕 화면 오른쪽으로 알림 센터가 표시됩니다.

❶ **알림** : 윈도우의 앱에서 보내는 알림 내용이 표시됩니다. 읽지 않은 알림 내용이 있을 경우에는 알림 센터 단추 위에 숫자가 표시됩니다.

❷ **바로 가기** : 자주 사용하는 기능을 단추로 표시합니다. 바로 가기 단추는 위치를 옮기거나 사용하지 않는 기능은 꺼둘 수 있습니다. 바로 가기 목록 위에 있는 [축소]를 누르면 바로 가기 메뉴가 축소되어 한 줄만 표시됩니다.

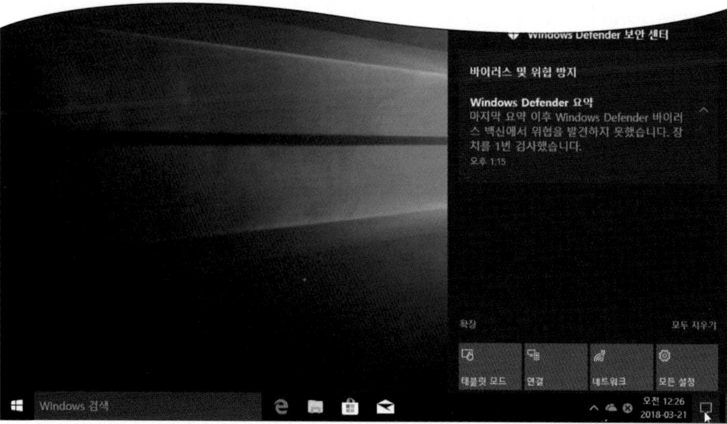

▲ 바로 가기가 축소된 화면

무따기 Windows 10

126 알림 센터 바로 가기 설정하기

알림 센터에는 여러 알림과 함께 자주 사용하는 기능들이 바로 가기로 표시됩니다. 여기에 표시된 바로 가기 중에서 사용하지 않는 것들이 있다면 바로 가기 목록에서 제거할 수도 있고, 추가할 수도 있습니다. 그리고 알림 센터에 표시된 바로 가기의 순서도 변경할 수 있죠. 알림 센터의 바로 가기를 설정하는 방법에 대해 알아보겠습니다.

01 작업 표시줄 오른쪽 끝에 있는 알림 센터 단추(□)를 클릭한 후 [모든 설정] - [시스템]을 선택합니다.

02 '시스템' 창의 왼쪽 목록에서 [알림 및 작업]을 선택합니다. 오른쪽 목록의 '바로 가기' 항목들은 알림 센터 아래쪽에 표시되는 바로 가기와 동일합니다. 바로 가기 항목 아래 있는 [바로 가기 추가 또는 제거]를 선택합니다.

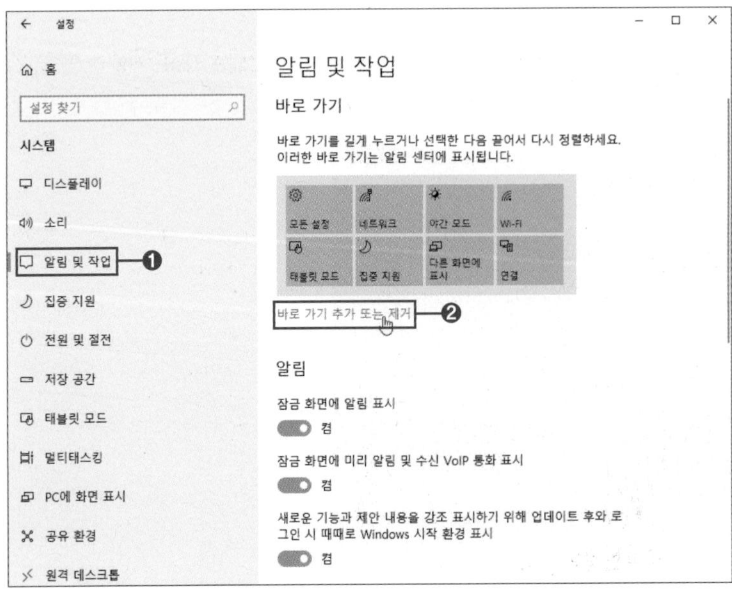

03 알림 센터에 표시할 바로 가기 항목들이 표시됩니다. 필요한 항목은 [켬]으로, 필요하지 않은 항목은 [끔]으로 지정한 뒤, 화면 왼쪽 위의 '뒤로' 단추 ← 를 클릭합니다.

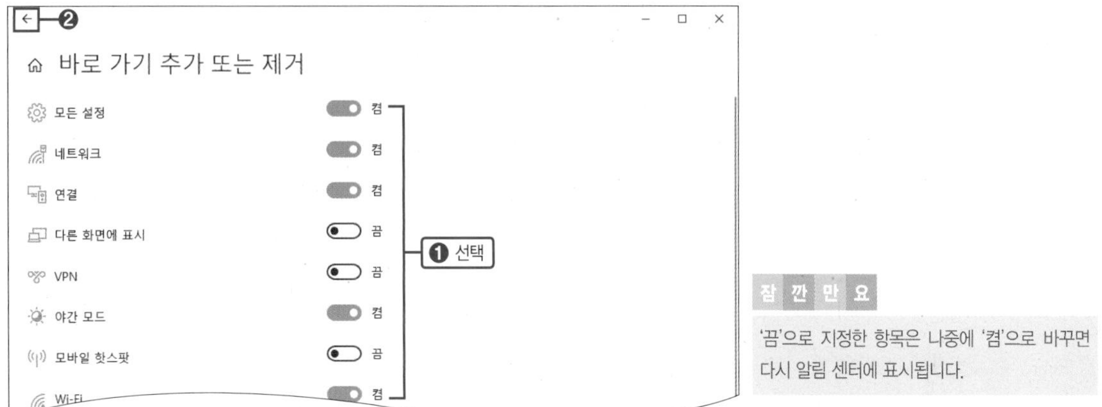

잠깐만요

'끔'으로 지정한 항목은 나중에 '켬'으로 바꾸면 다시 알림 센터에 표시됩니다.

04 선택한 바로 가기 항목들만 나열됩니다. 바로 가기 위치를 조절하려면 사각형으로 표시된 바로 가기 항목을 클릭해서 원하는 위치로 드래그하여 옮깁니다.

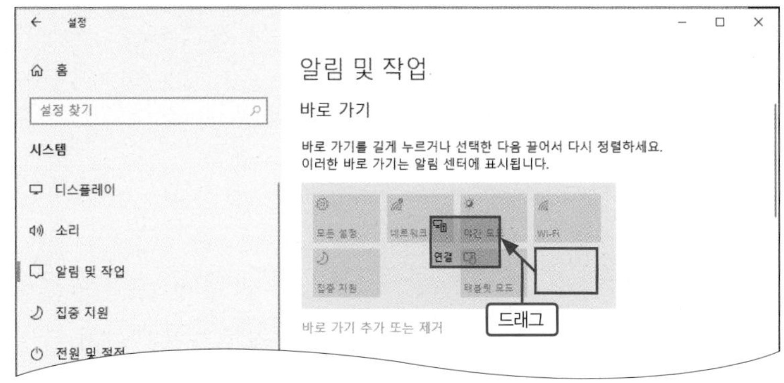

05 이제 작업 표시줄의 알림 센터 단추(□)를 클릭하면 '바로 가기 추가 또는 제거' 창에서 켜놓은 바로 가기만 표시된 것을 확인할 수 있습니다.

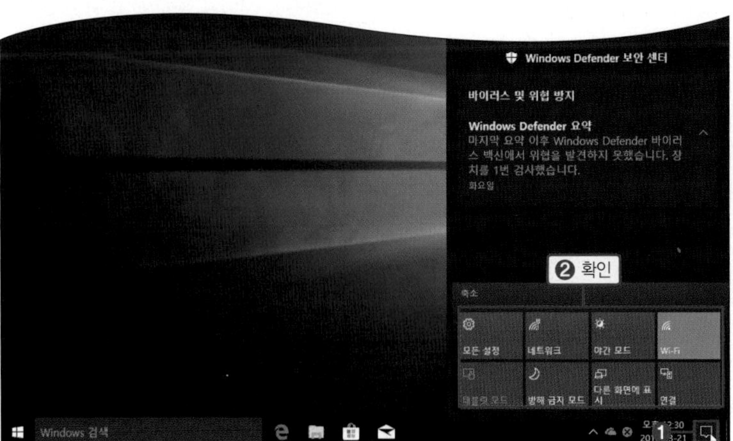

둘째 마당

인터넷 활용하기

인터넷의 웹 사이트를 둘러볼 때 사용하는 웹 브라우저는 인터넷을 사용할 때 가장 중요한 역할을 합니다. 이번 마당에서는 윈도우 10에서 새로 발표한 '마이크로소프트 엣지' 브라우저의 주요 기능을 살펴보고 아직까지 국내에서 많이 사용할 수밖에 없는 '인터넷 익스플로러 11'도 함께 알아보겠습니다. 그리고 최근에 많이 사용하는 '크롬' 브라우저에 대해서도 살펴보겠습니다.

Windows 10

3장 윈도우 10의 기본 브라우저, 마이크로소프트 엣지

4장 아직은 필요한 브라우저, 인터넷 익스플로러

5장 가장 많이 사용하는 브라우저, 크롬

3장

윈도우 10의 기본 브라우저, 마이크로소프트 엣지

마이크로소프트 엣지(Microsoft Edge)는 윈도우 10과 함께 발표된 새로운 웹 브라우저로, 최신 웹 표준 기술을 지원하기 때문에 스마트폰이나 PC, 웨어러블 컴퓨터 등 거의 모든 스마트 기기에서 사용할 수 있지만 아쉽게도 마이크로소프트 엣지로 사용할 수 없는 사이트들도 있습니다. 이 경우에는 인터넷 익스플로러를 사용해야 합니다.

주요 Windows 10

마이크로소프트 엣지 브라우저 이해하기

윈도우 10에는 '마이크로소프트 엣지(Microsoft Edge)'라는 새로운 웹 브라우저가 포함되어 있습니다. 마이크로소프트 엣지(이하 '엣지') 브라우저가 필요한 이유와 엣지 브라우저를 실행하는 방법에 대해 알아봅니다.

엣지 브라우저가 필요한 이유

'윈도우(Windows)'라고 하면 '인터넷 익스플로러' 브라우저가 떠오를 정도로 지금까지 윈도우 환경에서 웹 사이트를 사용할 때는 인터넷 익스플로러를 사용해 왔습니다. 하지만 이전과 달리 스마트폰이나 태블릿, 게임기기, 스마트 TV 등 웹 사이트에 접속할 수 있는 기기가 많아졌고, 앞으로도 더 많은 새로운 기기가 출시될 것입니다. 이런 상황에서 PC용으로 설계된 인터넷 익스플로러로는 인터넷을 사용하는 데 한계가 있고 점점 많은 사용자들이 크롬(Chrome)이나 파이어폭스(Firefox) 같은 다른 브라우저로 이동하고 있습니다.

결국 마이크로소프트에서는 인터넷 익스플로러를 더 이상 업그레이드하지 않겠다고 공식적으로 발표했습니다. 이것은 현재 상태로 한동안 익스플로러를 사용하다가 언젠가는 종료시킨다는 의미죠. 대신 현재의 웹 환경에 맞는 새로운 브라우저를 출시했는데, 그것이 바로 '엣지 브라우저'입니다.

엣지 브라우저는 최신 웹 환경을 반영한 브라우저이기 때문에 그 안에 포함된 기능도 단순히 웹을 둘러보는 것에서 멈추지 않습니다. 엣지 브라우저에는 필요한 부분을 저장 및 메모했다가 이동하는 도중에 스마트폰이나 태블릿 같은 모바일기기에서 손쉽게 살펴볼 수 있는 기능까지 포함되어 있습니다.

방법 1 작업 표시줄에서 실행하기

윈도우 10의 바탕 화면에 있는 작업 표시줄을 보면 기본적으로 고정되어 있는 앱 아이콘이 있습니다. 이 중에서 엣지 브라우저(e) 아이콘을 클릭해서 엣지 브라우저를 실행할 수 있습니다.

방법 2 시작 화면에서 실행하기

엣지 브라우저는 윈도우 10의 기본 브라우저이기 때문에 [시작] 단추( )를 클릭한 뒤, [시작 화면]에 있는 [Microsoft Edge] 앱 타일을 클릭해서 엣지 브라우저를 실행할 수 있습니다.

살펴보기 Windows 10

02 엣지 브라우저 살펴보기

엣지 브라우저는 [시작 화면]이나 작업 표시줄에서 쉽게 실행할 수 있습니다. 그리고 지금까지 사용하던 인터넷 익스플로러와 화면과 사용법이 많이 다릅니다.

❶ **[보관된 탭] 단추( )** : 보관한 탭들을 나열해 보여줍니다.

❷ **[이러한 탭 보관] 단추( )** : 현재 보고 있는 탭을 보관합니다.

❸ **제목 표시줄** : 현재 탭에 표시된 사이트의 제목이 표시됩니다.

❹ **[새 탭] 단추(+)** : 현재 창에 새로운 탭을 추가해 다른 사이트를 살펴볼 수 있습니다.

❺ **[탭 미리 보기 표시] 단추( )** : 열려있는 여러 탭의 미리 보기 화면을 보여줍니다.

❻ **[뒤로] / [앞으로] 단추(← →)** : 이전 페이지나 다음 페이지로 이동합니다.

❼ **[새로 고침] 단추( )** : 현재 사이트를 다시 불러옵니다.

❽ **[홈] 단추( )** : 홈페이지로 지정한 사이트로 이동합니다.

❾ **주소 표시줄** : 현재 탭에 표시된 사이트의 주소가 표시됩니다. 이곳에 사이트 주소를 입력해 다른 사이트로 이동할 수 있습니다.

❿ **[읽기용 보기] 단추( )** : 현재 탭에서 광고나 불필요한 배너를 제거한 후 읽기 편한 상태로 표시합니다.

⓫ **[즐겨찾기 또는 읽기 목록에 추가] 단추(☆)** : 현재 사이트를 즐겨찾기나 읽기 목록에 추가할 수 있습니다.

⓬ **[허브] 단추( )** : 즐겨찾기 목록과 읽기 목록, 검색 기록, 다운로드 기록 등을 한 곳에서 확인할 수 있습니다.

⓭ **[메모 추가] 단추( )** : 현재 보고 있는 화면에 설명 그림이나 설명을 추가하거나 원노트에 저장할 수 있습니다.

⓮ **[공유] 단추( )** : 현재 사이트를 원노트나 SNS에 공유합니다.

⓯ **[설정 등] 단추(···)** : 엣지 브라우저를 사용하기 위한 다양한 기능이 표시됩니다.

주요

03 엣지 브라우저에서 탭 사용하기

엣지 브라우저를 비롯해 최신 브라우저들은 새 브라우저 창을 여는 대신 하나의 창에서 여러 개의 탭을 여는 '탭 브라우징' 방식을 사용합니다. 엣지 브라우저에서 탭 브라우징을 사용하는 방법에 대해 알아보겠습니다.

탭 추가하기

현재 보고 있는 창 외의 다른 창을 추가하려면 현재 탭의 오른쪽에 있는 [새 탭] 단추(+)를 클릭하여 새로운 탭을 추가합니다.

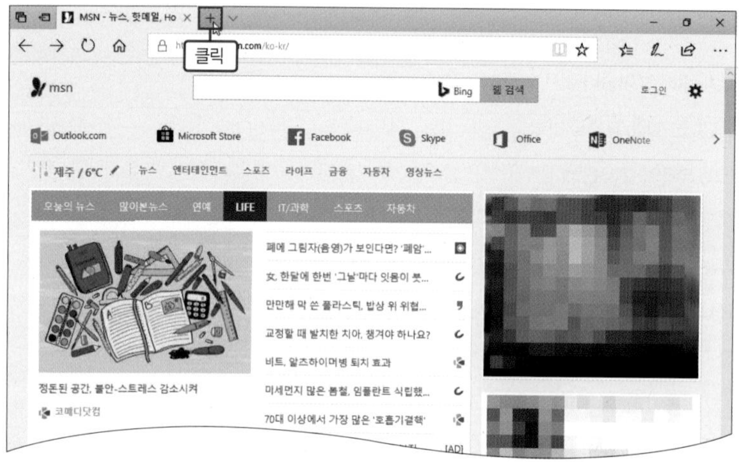

▲ 새 탭 열기

새로운 탭이 열리면서 빈 페이지가 나타나면 화면의 가운데에 있는 주소 표시줄에 이동하려는 사이트 주소를 입력하여 원하는 사이트로 이동할 수 있습니다.

▲ 새 탭에서 사이트 열기

탭 미리 보기

탭 미리 보기를 이용하면 창을 전환하지 않아도 한 화면에서 여러 사이트를 살펴볼 수 있습니다. 여러 탭이 열려있을 경우 탭에 표시된 사이트의 제목을 보고 선택할 수도 있지만 탭 위로 마우스 포인터를 가져갔을 때 그 아래 표시되는 미리 보기 이미지를 보고 선택할 수도 있습니다.

▲ 탭 미리 보기

잠깐만요

탭 미리보기는 화면에 표시되지 않은 탭을 선택했을 때만 표시됩니다.

현재 열려 있는 모든 탭의 미리 보기를 보고 싶다면 [탭 미리 보기 표시] 단추(∨)를 클릭합니다. 탭 미리 보기 화면에서 전환하고 싶은 사이트를 클릭하면 클릭한 사이트로 탭이 전환됩니다. [탭 미리 보기 숨기기] 단추(∧)를 클릭하면 탭 미리 보기를 닫을 수 있습니다.

▲ 탭 미리 보기 표시

탭 닫기

현재 열려있는 탭이든, 보지 않는 탭이든 열려있는 탭은 [탭 닫기] 단추(×)를 클릭하여 탭을 닫을 수 있습니다.

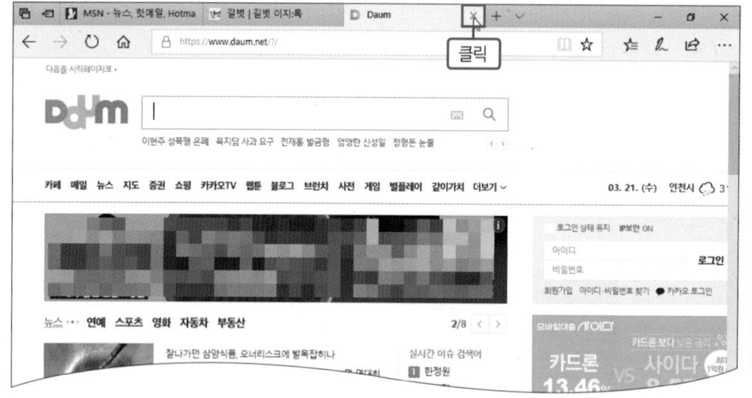

▲ 탭 닫기

잠 깐 만 요

여러 개의 탭이 열려있는 상태에서 현재 탭만 남기고 다른 탭을 모두 닫으려면 현재 탭을 마우스 오른쪽 단추로 클릭하고 [다른 탭 닫기]를 선택합니다.

전문가의 조언 **멀티 탭에서 사용하는 명령 알아보기**

엣지 브라우저를 사용하다 보면 탭을 여러 개 열어놓고 사용하게 되는데, 탭과 관련된 명령들을 알아두면 엣지 브라우저 사용이 조금 더 편리해질 것입니다. 탭 명령을 실행하는 단축키를 사용하면 키보드와 마우스를 오가지 않고 키보드 상에 원하는 명령을 실행할 수 있습니다. 탭 부분을 마우스 오른쪽 단추로 클릭하면 탭 명령을 볼 수 있습니다.

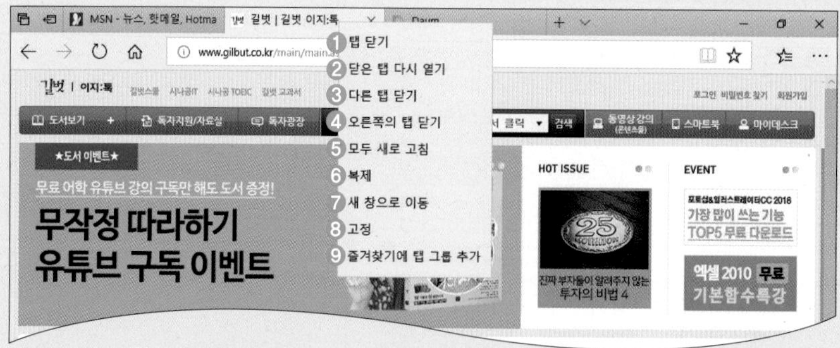

❶ **탭 닫기**(Ctrl+W) : 현재 탭을 닫습니다.
❷ **닫은 탭 다시 열기**(Ctrl+Shift+T) : 닫았던 탭을 다시 불러옵니다. 최근에 닫았던 탭 순서로 불러옵니다.
❸ **다른 탭 닫기** : 현재 탭을 제외한 나머지 탭을 모두 닫습니다.
❹ **오른쪽의 탭 닫기** : 현재 탭 오른쪽에 있는 탭을 모두 닫습니다.
❺ **모두 새로 고침** : 열려있는 탭을 모두 새로 고칩니다.
❻ **복제**(Ctrl+K) : 현재 탭과 같은 탭을 열고 그 탭으로 이동합니다.
❼ **새 창으로 이동** : 현재 탭을 새로운 브라우저 창으로 복제합니다.
❽ **고정** : 현재 탭을 고정합니다. 고정 탭은 탭의 맨 왼쪽에 항상 표시됩니다.
❾ **즐겨찾기에 그룹 추가** : 현재 열려 있는 탭을 한꺼번에 즐겨찾기에 추가합니다.

104 엣지 브라우저 홈페이지 설정하기

엣지 브라우저를 실행했을 때 가장 먼저 나타나는 페이지를 '홈페이지' 또는 '시작 페이지'라고 합니다. 엣지 브라우저에서는 MSN 포털 사이트를 기본 페이지를 사용하지만 원하는 사이트를 홈페이지로 설정할 수 있습니다. 여기에서는 포털 사이트를 시작 페이지로 지정하는 방법에 대해 알아 보겠습니다.

01 주소 표시줄 끝에 있는 [설정 등] 단추(⋯)를 클릭한 후 가장 아래쪽에 있는 [설정]을 선택합니다.

02 '다음 프로그램으로 Microsoft Edge 열기' 목록을 펼치고 [특정 페이지]를 선택합니다.

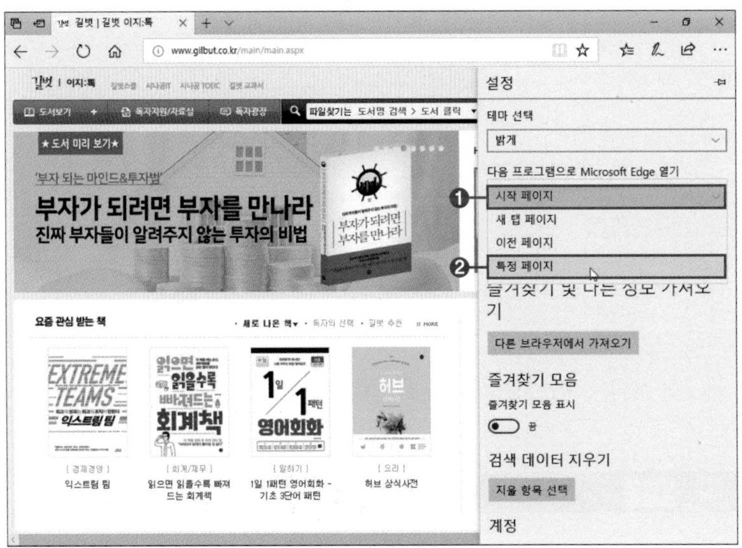

03 '특정 페이지'를 선택하면 바로 아래로 'URL 입력'란이 활성화됩니다. 여기에 시작 페이지로 사용할 사이트 주소를 입력하고 Enter키를 누르거나 바로 옆의 [저장] 단추( )를 클릭합니다. 이제 엣지를 종료하고 다시 실행하면 방금 홈페이지로 지정한 사이트가 열릴 것입니다.

전문가의 조언 작업 표시줄에 사이트 고정하기

자주 방문하는 사이트를 홈페이지로 지정하는 방법 외에 사이트 자체를 작업 표시줄에 고정할 수 있습니다. 작업 표시줄에 고정할 사이트에 접속한 상태에서 [설정 등] 단추(…)를 클릭하고 [작업 표시줄에 이 페이지를 고정시킵니다.]를 선택합니다.

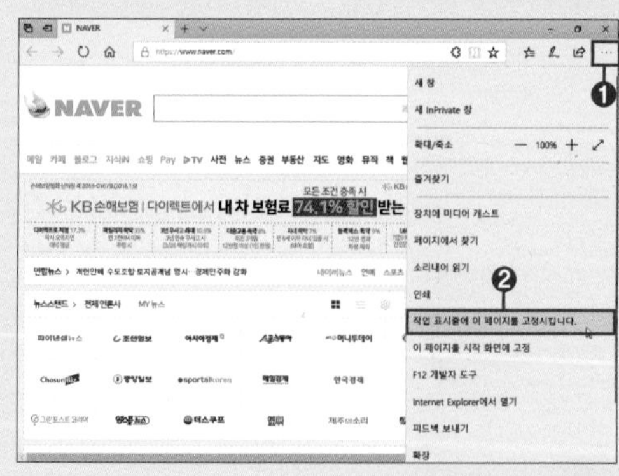

사이트에서 제공하는 사이트 아이콘이 있을 경우 해당 아이콘이 작업 표시줄에 표시되어, 언제든지 그 아이콘만 클릭하면 엣지 브라우저가 실행되면서 해당 사이트가 열립니다.

105 다른 브라우저의 즐겨찾기 가져오기

윈도우 7이나 윈도우 8을 사용하다 윈도우 10으로 업그레이드 했을 경우, 이전에 사용하던 웹 브라우저의 즐겨찾기를 엣지 브라우저로 가져올 수 있습니다. 즐겨찾기 때문에 브라우저를 바꿀 수 없었다면 이 방법을 이용해 보세요.

01 [설정 등] 단추(…)를 클릭한 후 [설정]을 선택합니다. '즐겨찾기 및 다른 정보 가져오기' 항목에서 [다른 브라우저에서 가져오기]를 선택합니다. 현재 시스템에 설치된 브라우저가 모두 표시됩니다. 즐겨찾기를 가져올 브라우저를 선택하고 [가져오기]를 클릭합니다.

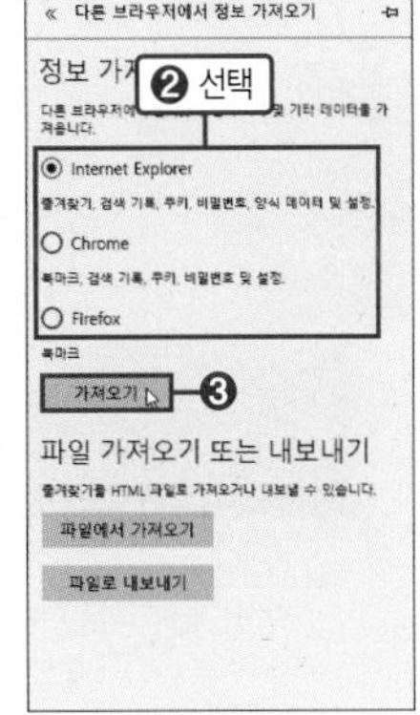

02 도구 모음 중 허브 단추(☆≡)를 클릭해서 즐겨찾기를 열어보면 인터넷 익스플로러에서 가져온 즐겨찾기가 엣지 브라우저의 즐겨찾기 목록에 그대로 표시됩니다.

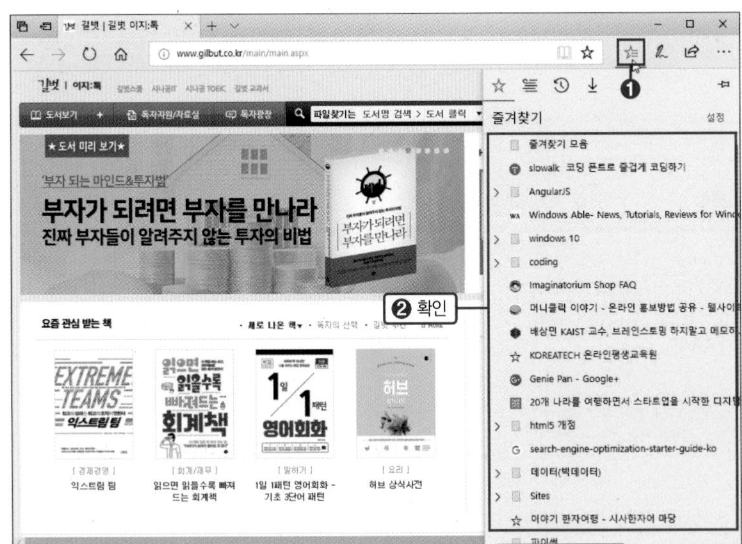

잠깐만요

인터넷 익스플로러 외의 다른 브라우저의 즐겨찾기는 즐겨찾기 목록 중 [즐겨찾기 모음]에 포함되어 있습니다.

무따기 Windows 10

06 읽기용 보기 사용하기

웹 사이트에서 정보를 찾다 보면 수많은 광고 이미지 때문에 필요한 내용을 알아보기 힘들 때가 많습니다. 어떤 경우에는 링크를 잘못 클릭해서 엉뚱한 사이트로 연결되기도 하지요. 엣지 브라우저의 '읽기용 보기' 기능을 이용하면 불필요한 광고와 사이트 메뉴를 감추고 웹 사이트의 실제 본문 내용만 볼 수 있습니다.

01 포털 사이트나 신문 사이트 등 링크와 광고 때문에 내용을 읽기 어려운 페이지가 있다면 [읽기용 보기] 단추(📖)를 클릭합니다.

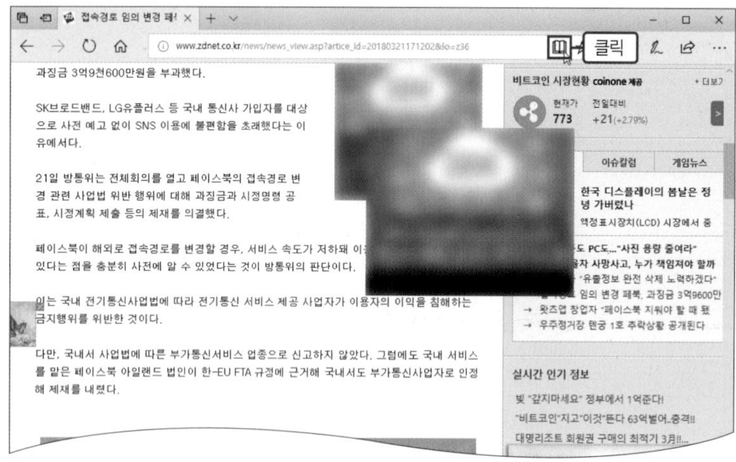

02 불필요한 링크와 광고가 없어지고 본문 내용만 읽기 편하게 표시됩니다. [읽기용 보기] 단추가 📖로 바뀌어 현재 읽기용으로 보고 있음을 알려줍니다. 원래 화면으로 되돌아가려면 [읽기용 보기] 단추(📖)를 클릭합니다.

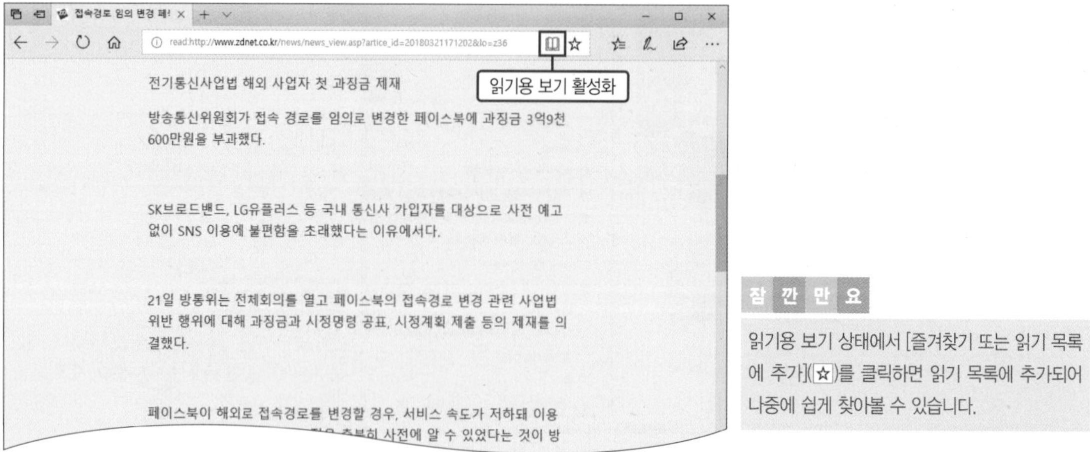

잠깐만요

읽기용 보기 상태에서 [즐겨찾기 또는 읽기 목록에 추가](☆)를 클릭하면 읽기 목록에 추가되어 나중에 쉽게 찾아볼 수 있습니다.

주요

Windows 10

웹 사이트에 메모하고 저장하기

엣지 브라우저의 주요 기능 중 하나는 사이트 화면에 메모를 하고 저장해 두거나 다른 사람과 공유할 수 있는 '웹 메모'입니다. '웹 메모' 기능으로 화면에 표시한 내용은 그대로 원노트(OneNote)에 저장할 수 있습니다.

메모하려는 웹 사이트에서 [메모 추가] 단추( )를 클릭하면 웹 사이트 위쪽에 메모용 도구 모음이 나타납니다.

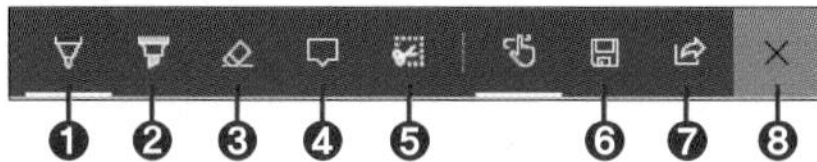

❶ **볼펜** : 펜으로 선을 그을 수 있습니다. 이 단추를 한 번 더 클릭하면 색상을 선택할 수 있습니다.

❷ **형광펜** : 형광펜으로 색칠할 수 있습니다. 이 단추를 한 번 더 클릭하면 색상을 선택할 수 있습니다.

❸ **지우개** : 볼펜이나 형광펜으로 그렸던 내용을 삭제할 수 있습니다.

❹ **메모** : 웹 화면에 메모를 추가할 수 있습니다.

❺ **잘라내기** : 웹 화면에서 선택한 영역만 이미지로 복사할 수 있습니다. 복사한 이미지는 클립보드에 저장되며 붙여 넣고 싶은 앱에 Ctrl+V를 누르면 바로 붙여 넣어집니다.

❻ **웹 메모 저장** : 메모가 추가된 사이트를 원노트(Onenote) 프로그램에 저장하거나 즐겨찾기, 읽기 목록으로 저장할 수 있습니다.

❼ **웹 메모 공유** : 현재 화면을 메일이나 다른 앱으로 공유할 수 있습니다.

❽ **끝내기** : 메모를 끝냅니다.

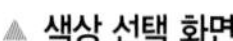

▲ 색상 선택 화면

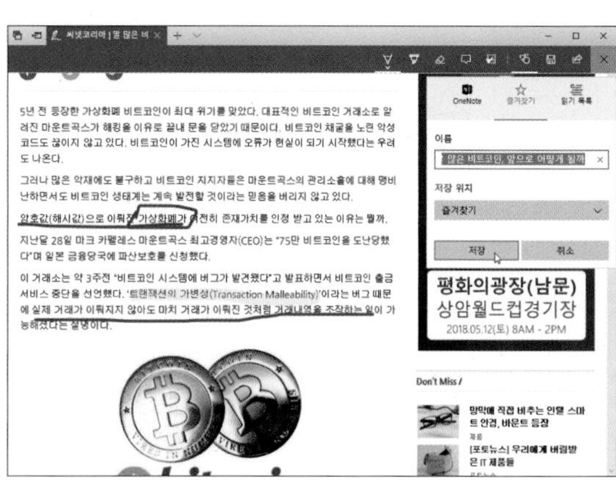

▲ 메모를 즐겨찾기로 저장

주요 Windows 10

08 인프라이빗(InPrivate) 브라우징

인프라이빗(InPrivate) 브라우징를 사용하면 여러 사람들이 함께 사용하는 컴퓨터에서 웹 사이트의 사용 기록을 남기지 않고 웹 사이트를 사용할 수 있습니다.

인프라이빗 브라우징을 시작하려면 [설정 등] 단추(…)를 클릭하고 [새 Inprivate 창]을 선택합니다.

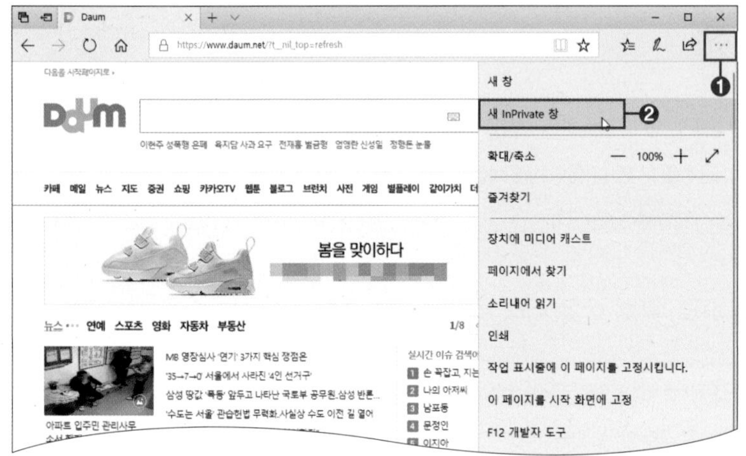

▲ [새 Inprivate 창] 선택하기

인프라이빗 창이 탭이 아닌 새로운 브라우저 창으로 나타납니다. 이 창의 왼쪽 위에는 인프라이빗 상태임을 알려주는 로고(InPrivate)가 표시되어 있습니다. 이제부터 살펴보는 웹 페이지는 방문 기록이나 검색 창에 입력하는 정보, 로그인 정보가 저장되지 않습니다. 또한 사이트를 돌아다닐 때 생성되는 임시 인터넷 파일도 인프라이빗 창을 닫는 순간에 삭제되기 때문에 안전합니다.

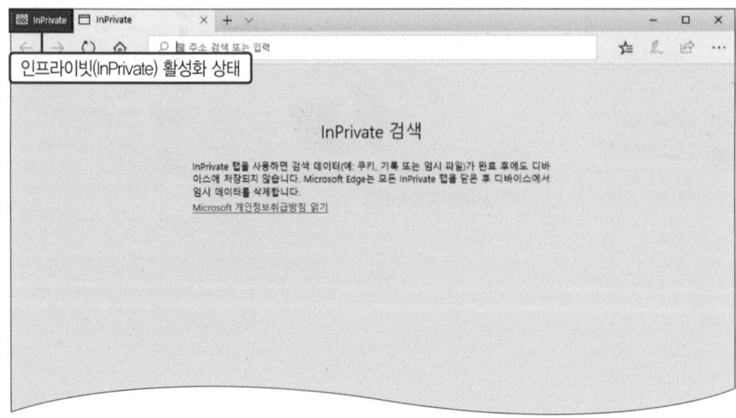

▲ 인프라이빗 창

09 방문했던 사이트 기록 관리하기

엣지 브라우저에서 여러 사이트를 돌아다니고 나면 '검색 기록'에 자동으로 흔적이 저장됩니다. 이 기록은 날짜별로 찾아볼 수 있어서 이전에 방문했던 사이트를 다시 찾아갈 때 도움이 됩니다. 하지만 공용 컴퓨터에 방문 기록을 남기고 싶지 않으면 삭제할 수 있습니다.

검색 기록 확인하기

[허브] 단추(☆≡)를 클릭하고 [기록] 단추(🕓)를 클릭하면 최근에 둘러본 사이트 이름과 주소, 시간이 표시됩니다. 날짜별로 정리되어 있으므로 날짜를 클릭하면 해당 날짜의 검색 기록을 확인할 수 있습니다.

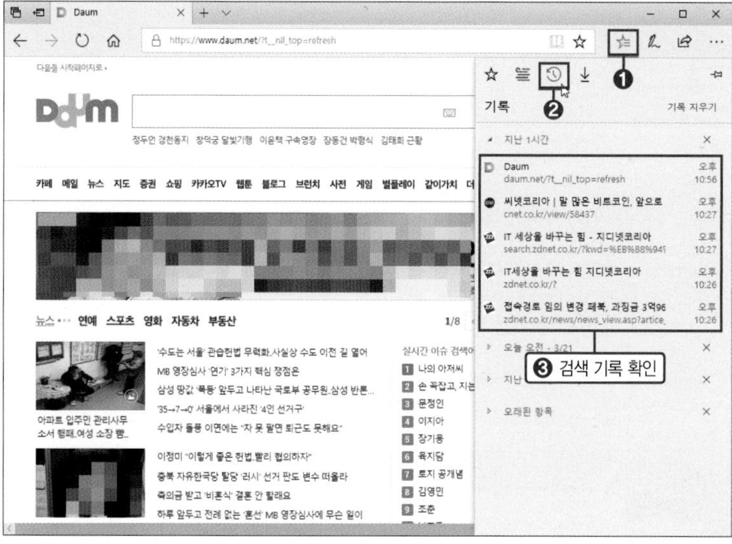

▲ 검색 기록 확인하기

검색 기록 지우기

방문했던 사이트나 개인 검색 데이터를 삭제하려면 검색 기록 오른쪽 위에 있는 [기록 지우기]를 클릭합니다.

검색 기록 중 일부만 삭제하려면 목록의 × 를 클릭하면 됩니다.

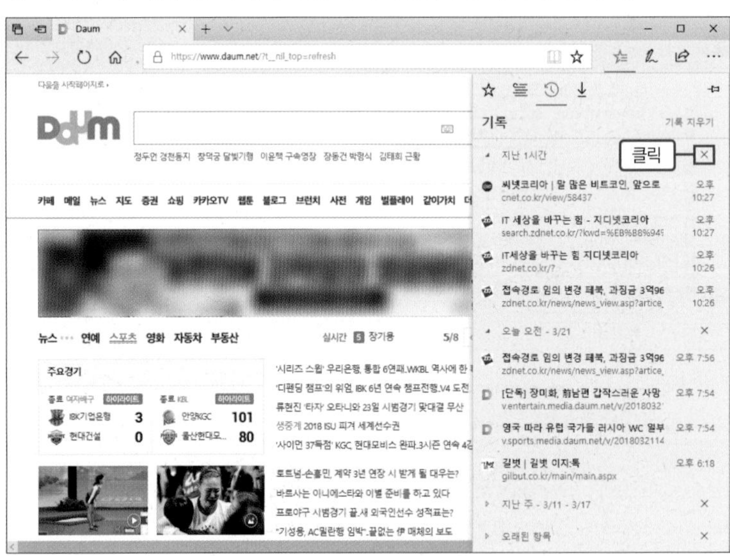

삭제할 데이터 항목을 선택하고 [지우기]를 클릭하면 해당 항목을 삭제할 수 있습니다.

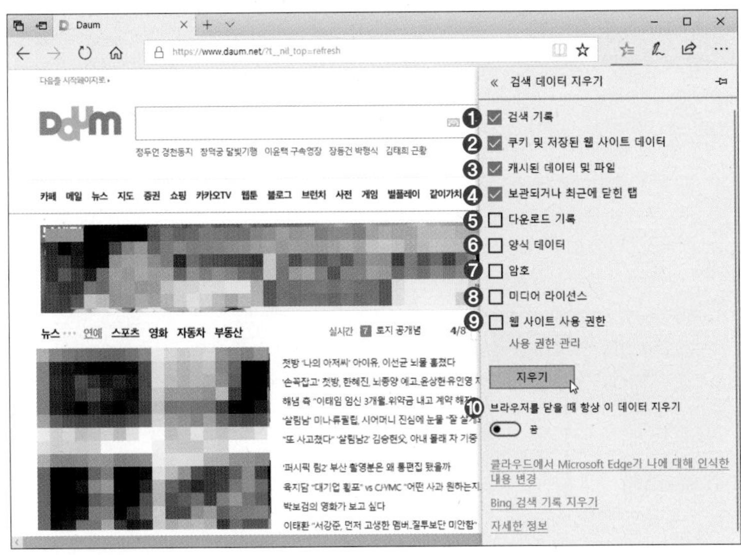

▲ 삭제할 항목 선택하기

❶ **검색 기록** : 둘러본 사이트 주소가 저장된 목록

❷ **쿠키 및 저장된 웹 사이트 데이터** : 방문 횟수나 팝업 창 일주일 동안 끄기 등 사이트와 관련해 저장해 둔 사용자 정보

❸ **캐시된 데이터 및 파일** : 같은 사이트를 다시 방문할 때 빠르게 접속할 수 있도록 저장해 둔 사이트 자료

❹ **보관되거나 최근에 닫힌 탭** : 보관한 탭이나 최근에 닫았던 탭

❺ **다운로드 기록** : 다운로드한 날짜나 저장 위치 등 웹 사이트에서 다운로드한 파일의 관련 정보

❻ **양식 데이터** : 회원 가입이나 주문 정보에서 사용자가 입력했던 정보

❼ **암호** : 자동 로그인할 수 있도록 저장해 둔 암호

❽ **미디어 라이선스** : 디지털 권한 관리 콘텐츠 라이선스

❾ **웹 사이트 사용 권한** : 웹 사이트에서 지정한 사용 권한

❿ **브라우저를 닫을 때 항상 이 데이터 지우기** : 브라우저를 안전하게 사용하기 위해 브라우저를 닫을 때마다 선택한 항목들을 삭제

4장

아직은 필요한 브라우저, 인터넷 익스플로러

윈도우 10에는 최신 웹 경향을 반영한 마이크로소프트 엣지(Microsoft Edge)가 기본 브라우저로 채택되었지만 국내 인터넷 환경에서는 아직 인터넷 익스플로러를 사용해야 할 경우가 있습니다. 윈도우 10에 포함된 인터넷 익스플로러는 더 이상 업그레이드되지 않기 때문에 꼭 필요한 경우에만 사용하는 것이 좋습니다.

무따기 10 Windows 10

인터넷 익스플로러 실행하기

윈도우 10의 기본 브라우저는 '마이크로소프트 엣지'이기 때문에 '인터넷 익스플로러'는 [시작 화면]이나 바탕 화면, 작업 표시줄의 어디에서도 실행 아이콘을 볼 수 없습니다. 하지만 국내에서는 인터넷 익스플로러를 사용해야 할 경우가 많으므로 인터넷 익스플로러를 실행하는 방법을 알아 보겠습니다.

01 [시작] 단추(⊞)를 클릭하고 앱 목록에서 [Windows 보조프로그램] – [Internet Explorer]를 선택합니다.

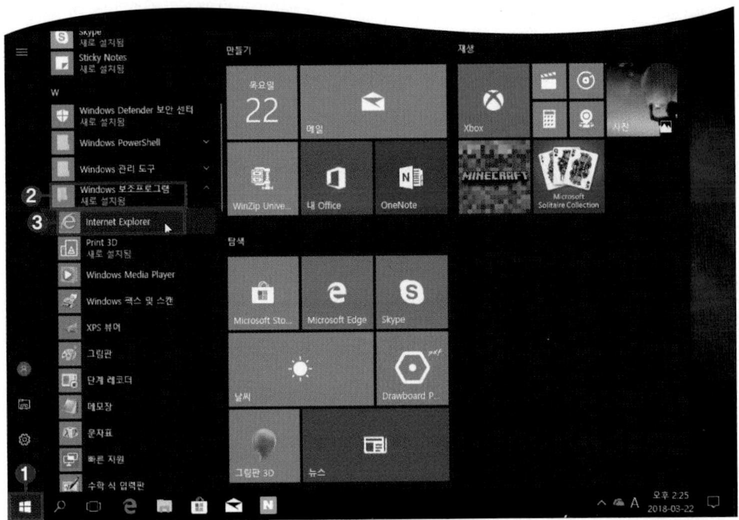

02 인터넷 익스플로러 11이 실행됩니다. [시작] 메뉴를 통해 인터넷 익스플로러를 실행하는 것이 번거롭다면 작업 표시줄이나 시작 화면에 인터넷 익스플로러를 추가하여 사용할 수 있습니다.

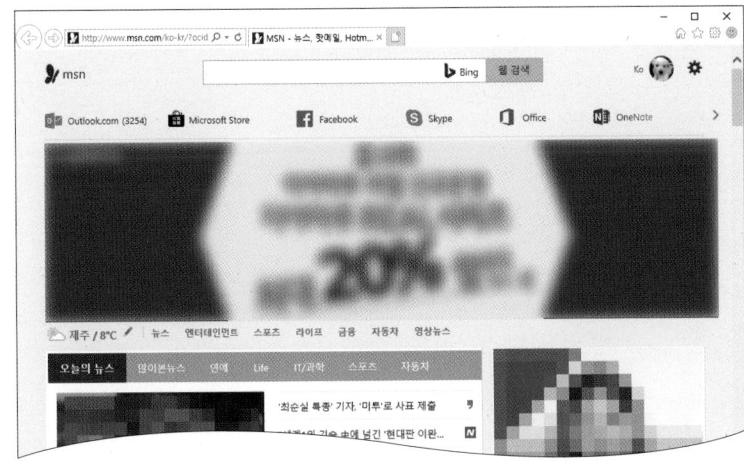

▲ 인터넷 익스플로러 실행 화면

잠깐만요

[시작] 메뉴에 인터넷 익스플로러 앱을 추가하는 방법은 24쪽을 참고하세요.

인터넷 익스플로러 살펴보기

인터넷 익스플로러 11은 전체적으로 디자인이 단순해진 것만 제외하면 기존의 윈도우에서 사용하던 인터넷 익스플로러 화면과 거의 비슷합니다.

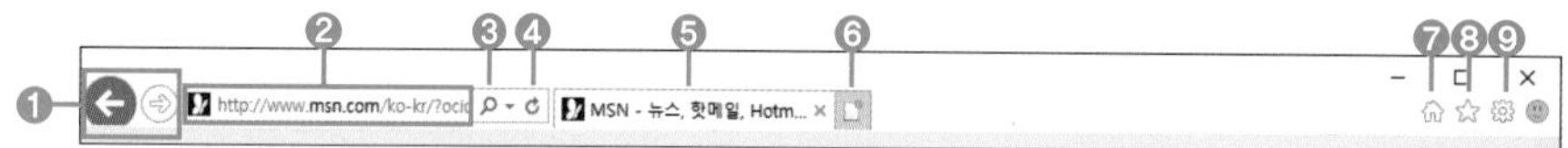

❶ **[뒤로]/[앞으로] 단추( )** : 인터넷 익스플로러를 실행한 후 살펴보았던 웹 페이지를 한 페이지씩 앞이나 뒤로 이동할 수 있습니다.

❷ **주소 표시줄** : 현재 화면에 표시된 웹 페이지의 주소가 표시되고 웹 사이트를 찾아가기 위해 사용자가 직접 주소를 입력할 수 있습니다.

❸ **[검색] 단추( )** : 이 단추를 클릭하면 주소 표시줄에서 검색어를 입력해 검색할 수 있습니다. 기본 검색 공급자인 Bing를 네이버로 바꾸는 방법은 86쪽을 참고하세요.

❹ **[새로 고침] 단추( )** : 현재 웹 페이지를 다시 사용자의 컴퓨터로 전송하거나, 현재 페이지의 전송을 멈출 때 클릭합니다.

❺ **제목 표시줄** : 현재 창에서 표시하고 있는 다양한 웹 페이지를 탭으로 나타낸 것으로, 각 탭에는 각 페이지의 제목이 표시되어 구분하기 쉽습니다.

❻ **[새 탭] 단추( )** : 현재 창에 새로운 탭을 열어 다른 사이트를 살펴볼 수 있습니다.

❼ **[홈] 단추( )** : 홈페이지가 표시됩니다.

❽ **[즐겨찾기] 단추( )** : 즐겨찾기 목록을 펼쳐보거나 즐겨찾기에 추가할 수 있습니다.

❾ **[도구] 단추( )** : 인터넷 익스플로러를 사용할 때 필요한 주요 기능을 설정할 수 있는 메뉴가 나타납니다.

잠깐만요 홈페이지란, 인터넷 익스플로러를 실행했을 때 가장 먼저 나타나는 사이트입니다.

필요할 때만 팝업 창 열기

웹 사이트에 방문했을 때 여러 개의 광고창이 동시에 열리는 경우가 있는데, 이런 창을 '팝업 창'이라고 합니다. 인터넷 익스플로러에서는 이런 팝업 창이 나타나지 않도록 기본으로 '팝업 차단'이 되어 있습니다.

팝업 창 사용하기

인터넷 익스플로러에서는 기본적으로 팝업이 차단되기 때문에, 팝업 창이 사용된 사이트로 접속하면 화면의 아래쪽에 팝업을 차단했다는 메시지가 표시됩니다.

[한 번 허용]을 클릭하면 팝업 창을 한 번만 사용할 수 있는 반면, [항상 허용]을 선택하면 해당 사이트에서는 항상 팝업 창을 사용할 수 있습니다.

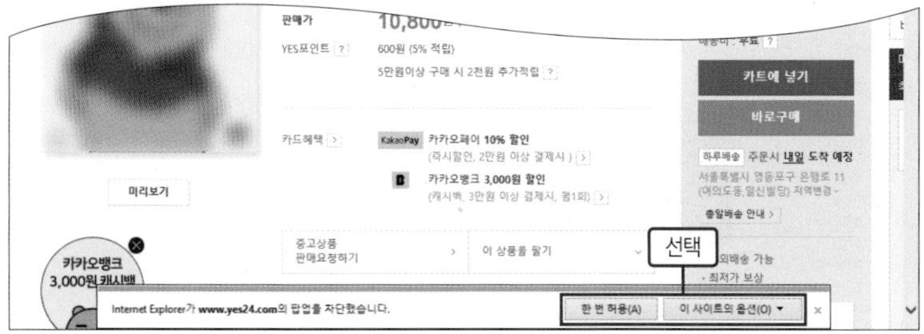

▲ 팝업 차단 메시지

팝업 차단 기능 끄기

오른쪽 위에 있는 [도구] 단추(⚙)를 클릭하고 [인터넷 옵션]을 선택합니다. '인터넷 옵션' 대화상자가 나타나면 [개인 정보] 탭에서 [팝업 차단 사용]에 체크하고 [확인]을 클릭합니다.

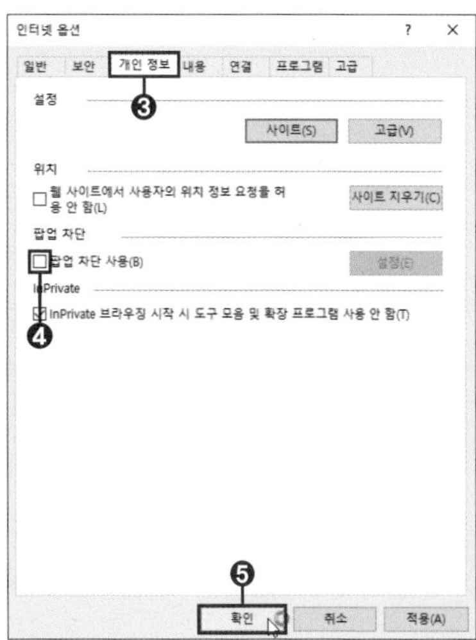

▲ 팝업 차단 기능 끄기

무따기 Windows 10

13 검색 공급자를 네이버로 바꾸기

인터넷 익스플로러에서는 주소 표시줄에 검색어를 입력하면 '마이크로소프트'의 검색 엔진인 'Bing'의 검색 결과가 나타납니다. Bing 검색 사이트에 익숙하지 않다면 주소 표시줄에서 검색했을 때 '네이버'나 '다음' 같은 국내 검색 사이트를 검색 공급자로 바꾸는 방법에 대해 알아보겠습니다.

01 주소 표시줄에서 검색 단추 오른쪽에 있는 ▾를 클릭하고 [추가]를 클릭합니다.

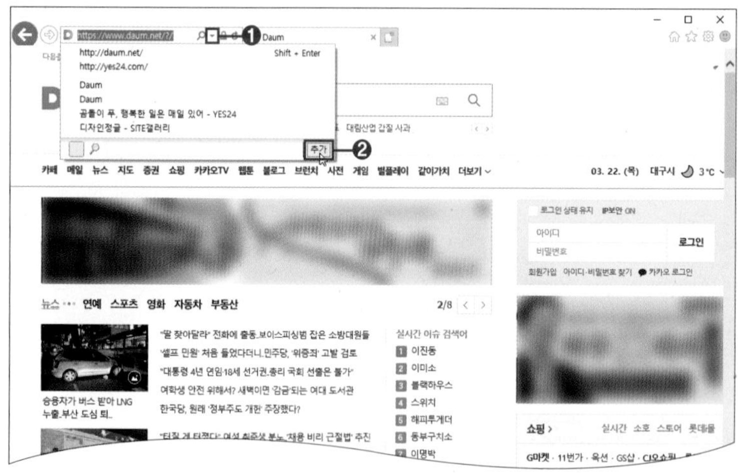

02 새 탭이 열리고, 'Internet Explorer 갤러리' 페이지가 나타납니다. [추가 기능] 항목에서 인터넷 익스플로러에서 추가할 수 있는 사이트가 표시되면 '네이버 빠른 검색'에 있는 [추가]를 클릭합니다.

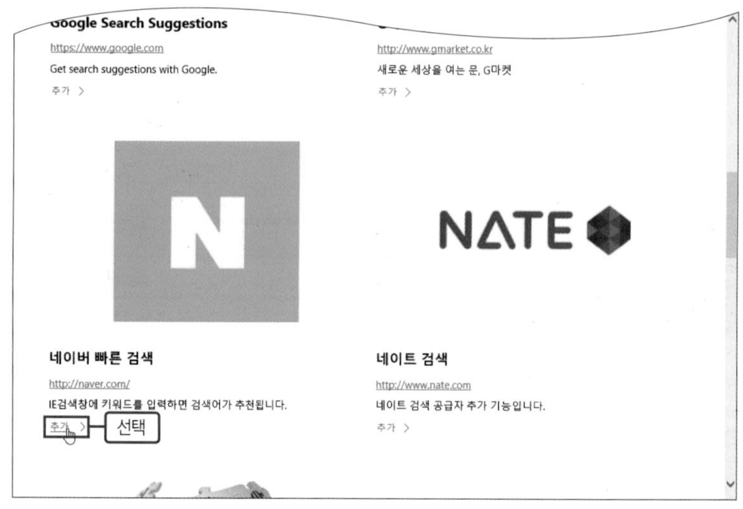

잠깐만요

'네이버' 외에도 다른 사이트를 검색 공급자로 추가할 수 있습니다.

03 '검색 공급자 추가' 창이 나타나면 [추가]를 클릭합니다.

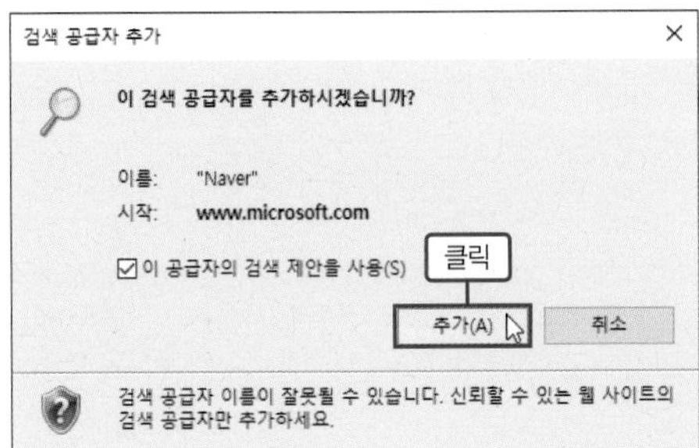

04 주소 표시줄에 '윈도우10'을 입력한 후 주소 표시줄 아래에 표시되는 '네이버' 단추(N)를 눌러보세요.

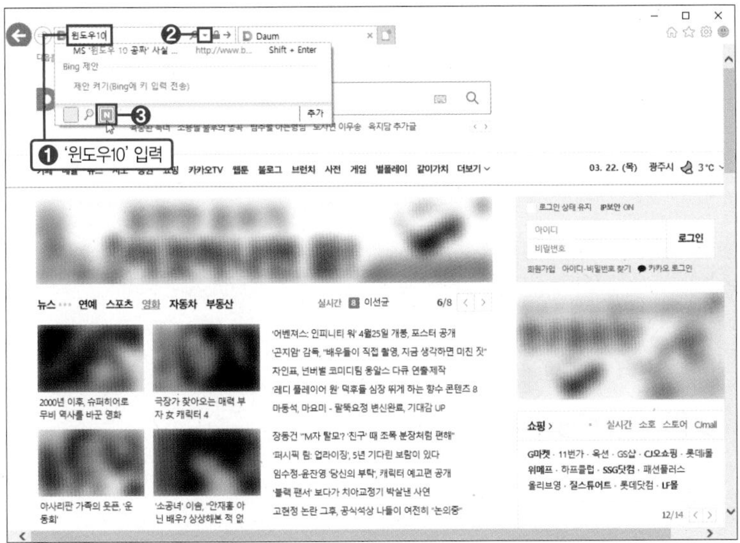

05 '네이버' 사이트가 열리면서 검색 결과가 표시됩니다.

5장

가장 많이 사용하는 브라우저, 크롬

윈도우 10에서는 최신 웹 표준에 맞춘 새로운 웹 브라우저인 '마이크로소프트 엣지'를 기본 브라우저로 사용합니다. 하지만 아직까지는 사용자가 많지 않죠. 그러면, 가장 많은 사용하는 브라우저는 무엇일까요? 바로 구글에서 개발한 '크롬(Chrome)'입니다. 이 장에서는 크롬 브라우저를 설치하는 방법부터 사용하는 방법, 그리고 확장 프로그램을 이용해 조금 더 많은 기능을 사용하는 방법에 대해 알아보겠습니다.

무따기 Windows 10

14 크롬 브라우저 설치하기

크롬 브라우저는 윈도우 10에 기본으로 포함되어 있지 않기 때문에 직접 다운로드해서 설치해야 합니다. 크롬 브라우저 설치는 간단하고 쉬워서 누구나 따라할 수 있습니다.

01 엣지 브라우저나 인터넷 익스플로러의 주소 표시줄에 'www.google.co.kr/chrome'을 입력해서 이동합니다. 화면 중앙에 있는 [Chrome 다운로드]를 클릭하세요.

잠깐만요

[Chrome 다운로드] 단추 아래 부분에 접속한 사용자의 컴퓨터 환경에 맞는 크롬 브라우저가 자동으로 선택되어 있습니다. 다른 컴퓨터에 설치할 파일을 다운로드 받으려면 '다른 플랫폼용 Chrome 다운로드'를 클릭해서 원하는 버전의 파일을 선택하세요.

02 Chrome 서비스 약관이 나타나면 [동의 및 설치]를 클릭하세요. 화면 아래쪽에 다운로드 메시지 창이 나타납니다. 다운로드가 완료되면 [실행]을 클릭하세요.

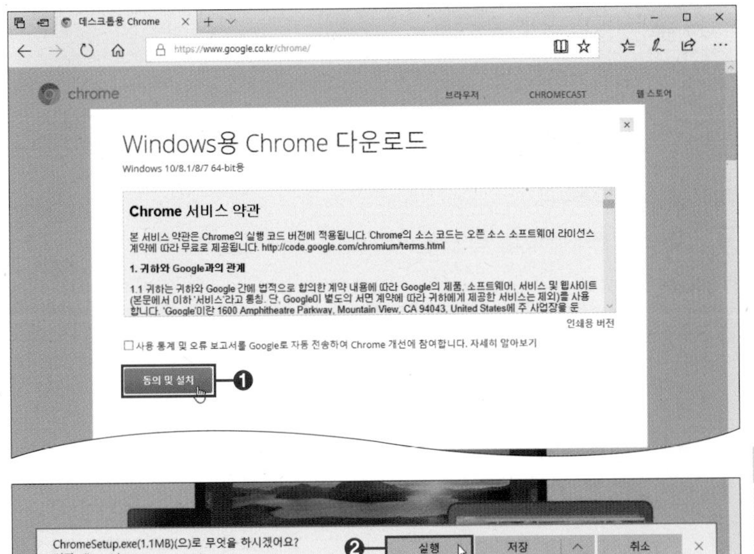

잠깐만요

사용자 계정 컨트롤 창이 나타나면 [예]를 클릭해야 설치를 진행할 수 있습니다.

15 크롬 브라우저 살펴보기

익숙하면서도 새로운 크롬 브라우저의 화면에 어떤 정보들이 포함되어 있는지 살펴보겠습니다.

❶ **제목 표시줄** : 현재 보고 있는 사이트의 제목이 표시됩니다.

❷ **[새 탭] 단추( )** : 클릭하면 새로운 탭이 열리면서 다른 사이트를 둘러볼 수 있습니다.

❸ **주소 표시줄** : 현재 사이트의 주소가 표시됩니다.

❹ **[뒤로] / [앞으로] 단추(← →)** : 클릭하면 이전 페이지나 다음 페이지로 이동합니다. 단추를 오래 누르고 있으면 이전 페이지나 다음 페이지가 목록으로 나타납니다.

❺ **[페이지 새로 고침] 단추(C)** : 현재 사이트를 다시 불러옵니다.

❻ **[현재 페이지를 북마크에 추가] 단추(☆)** : 클릭하면 현재 페이지를 북마크(즐겨찾기)에 추가할 수 있습니다.

❼ **사용자** : 크롬 브라우저의 사용자가 표시됩니다.

❽ **[Chrome 맞춤설정 및 제어] 단추(⋮)** : 크롬과 관련된 다양한 설정을 할 수 있는 '설정' 페이지로 이동합니다.

주요 Windows 10

16 크롬 브라우저의 바로 가기 관리하기

크롬 브라우저를 자주 사용하다 크롬 브라우저의 새 탭을 열면 화면에 '바로 가기' 아이콘이 표시됩니다. 굳이 주소를 주소 표시줄에 입력하거나 북마크를 열지 않더라도 자주 가는 사이트에 쉽게 접속할 수 있어서 편리한 기능입니다. 크롬 브라우저에 '바로 가기'를 추가하거나 삭제하는 방법을 알아봅니다.

바로 가기 추가하기

크롬 브라우저의 바로 가기 아이콘은 사용자가 크롬 브라우저를 통해 자주 접속하는 사이트를 자동으로 보여주지만 사용자가 직접 원하는 사이트를 추가할 수도 있습니다. 바로 가기 아이콘 중 가장 오른쪽에 있는 [바로 가기 추가]를 클릭합니다.

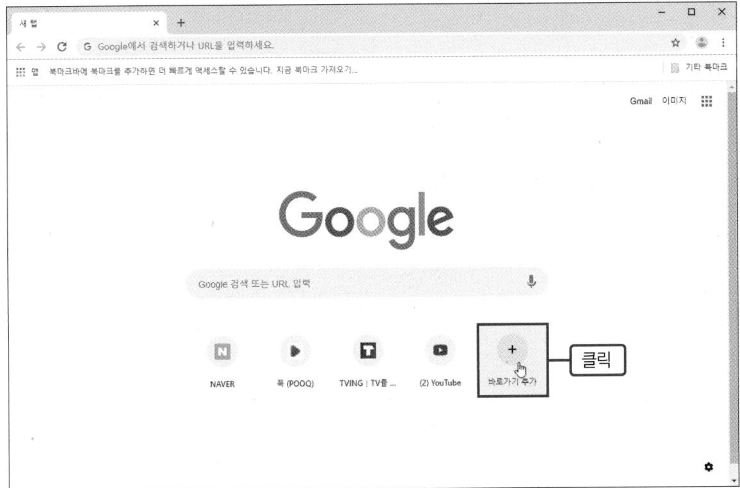

추가하려는 사이트의 이름과 사이트 주소를 입력하고 [완료]를 클릭하면 즉시 바로 가기에 추가됩니다.

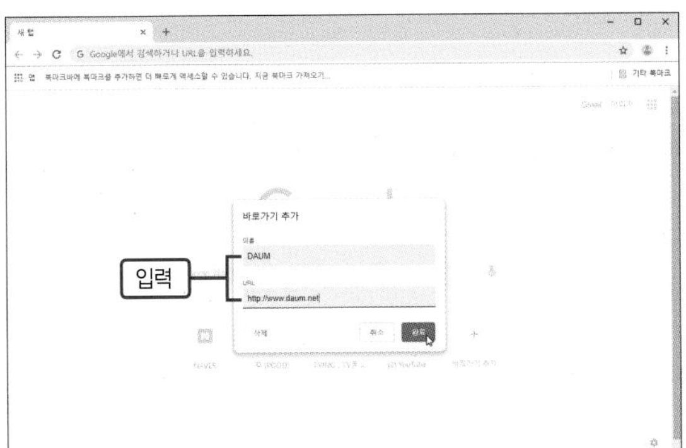

바로 가기 삭제하기

크롬 브라우저의 새 탭에는 바로 가기가 10개까지만 표시되므로 자주 사용하지 않는 바로 가기 아이콘은 화면에서 지워야 다른 바로 가기를 추가할 수 있습니다.

잠 깐 만 요 사용자가 추가한 바로 가기만 삭제할 수 있습니다.

새 탭에서 바로 가기를 삭제하려면 삭제할 바로 가기 아이콘 위로 마우스 커서를 올린 후 아이콘 오른쪽 위의 ⋮를 클릭합니다.

삭제할 바로 가기의 이름과 주소를 확인한 뒤 [삭제]를 클릭합니다. 만약 바로 가기를 잘못 삭제했을 경우 삭제 직후 나타나는 [실행 취소]를 클릭하면 됩니다.

크롬 브라우저에서 플래시 사용하기

얼마 전까지만 해도 웹 사이트에서 동영상을 재생할 때는 '플래시 플레이어'를 사용했지만, 최신 웹 기술이 사용되면서 크롬 브라우저에서는 플래시 플레이어를 기본적으로 차단하고 있습니다. 하지만 동영상을 제공하는 사이트 중에는 아직 플래시 플레이어를 사용하는 곳이 있기 때문에 이런 사이트에서는 플래시를 허용해 주어야 합니다.

플래시가 사용된 사이트에 접속하면 플래시를 허용해야 동영상을 볼 수 있다는 메시지가 나타납니다. 아래와 같은 화면이라면 'Adobe Flash Player을(를) 사용하려면 클릭하세요' 부분을 클릭합니다.

[확인]을 클릭한 뒤, 플래시 실행의 권한을 요청하는 창이 나타나면 [허용]을 클릭합니다.

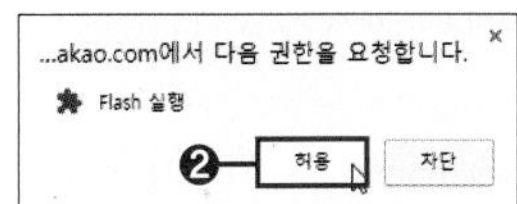

허용을 선택한 사이트에서는 계속 플래시를 사용할 수 있습니다.

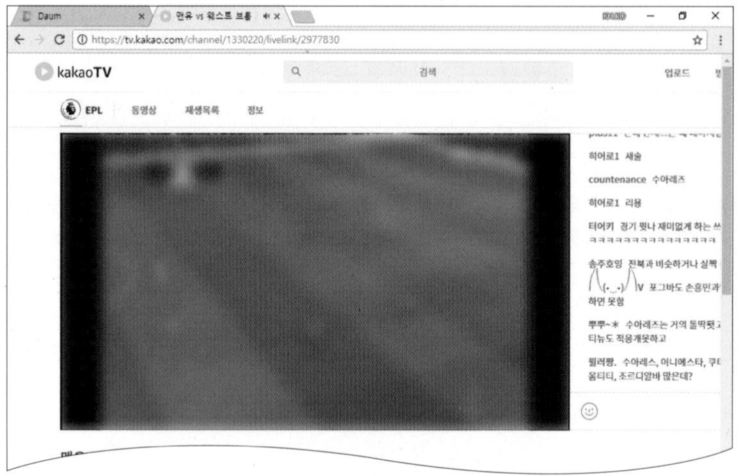

플래시 관리하기

플래시가 일시적으로 허용되었거나 차단된 사이트에는 주소 표시줄 오른쪽 끝에 [아이콘]과 같은 아이콘이 표시됩니다. [아이콘]를 클릭한 후 [관리]를 선택하면 플래시 관리 화면으로 이동할 수 있습니다.

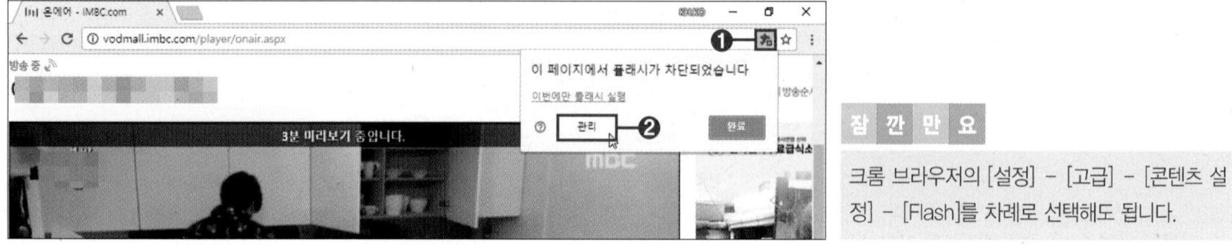

잠깐만요

크롬 브라우저의 [설정] - [고급] - [콘텐츠 설정] - [Flash]를 차례로 선택해도 됩니다.

플래시를 차단하거나 허용할 사이트가 있다면 '차단'이나 '허용' 항목에 직접 사이트 주소를 추가할 수 있습니다.

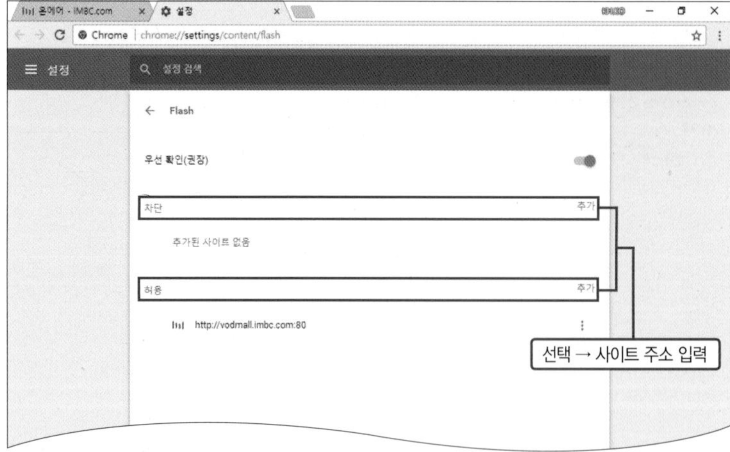

무따기 Windows 10

18 크롬 브라우저에 북마크 추가하기

'북마크(bookmark)'란 자주 가는 사이트의 주소를 모아놓은 것으로 엣지 브라우저나 인터넷 익스플로러에서는 '즐겨찾기'라고 하죠. 크롬 브라우저에서 원하는 사이트를 북마크에 추가하는 방법에 대해 알아보겠습니다.

01 북마크에 추가하고 싶은 사이트로 이동한 후 주소 표시줄 오른쪽 끝에 있는 [현재 페이지를 북마크에 추가] 단추(☆) 를 클릭합니다. '북마크 추가됨' 창이 나타나면서 '이름'에 현재 보고 있는 페이지의 제목과 저장되는 폴더에 '북마크바'가 자동으로 입력됩니다.

02 저장된 북마크를 확인하려면 [Chrome 맞춤설정 및 제어] 단추(⋮)를 클릭한 후 [북마크]를 선택하세요. 북마크된 사이트들이 모두 표시됩니다.

잠깐만요

[북마크바 표시](★)를 선택해서 브라우저 창 위쪽에 항상 북마크바를 표시할 수도 있습니다.

주요

크롬 브라우저 북마크 관리하기

북마크는 계속 추가하기만 하는 것이 아니라 추가한 후에 이름이나 저장 폴더를 바꿀 수도 있고 더 이상 필요하지 않을 경우 삭제할 수도 있습니다. 저장한 북마크를 관리하는 방법에 대해 알아보겠습니다.

북마크 편집/삭제하기

북마크에 추가된 사이트는 [현재 페이지를 북마크에 추가] 단추(☆)가 ★로 바뀝니다. ★를 클릭한 후 이름을 바꾸거나 저장 폴더를 바꿀 수도 있고 [삭제]를 눌러 북마크를 삭제할 수도 있습니다.

북마크 관리자

[Chrome 맞춤설정 및 제어] 단추(⋮)를 클릭한 후 [북마크] – [북마크 관리자]를 선택하면 새 탭이 열리면서 북마크에 추가된 사이트가 표시됩니다. 북마크 관리자의 각 항목을 클릭하면 바로 옆에 사이트 주소가 표시되고, 항목 끝에 있는 [추가 작업] 단추(⋮)를 클릭하면 편집이나 삭제뿐만 아니라 다양한 작업을 할 수 있습니다.

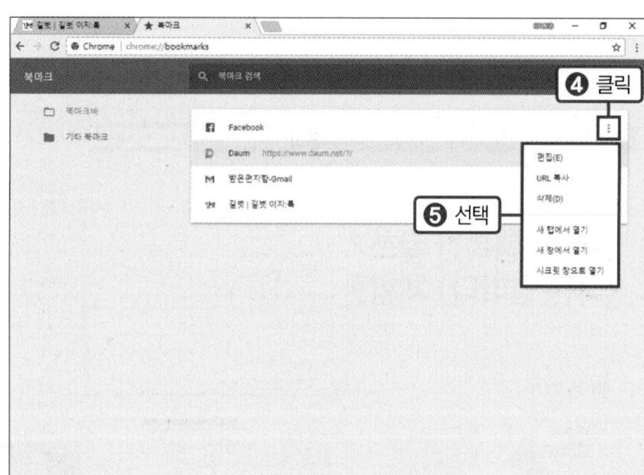

무따기 Windows 10

20 크롬 브라우저 시작 그룹 지정하기

브라우저를 시작했을 때 처음 열리는 화면을 '홈페이지'나 '시작 페이지'라고 하는데 크롬에서는 '시작 그룹'이라고 합니다. 시작 그룹은 특정한 사이트로 지정할 수도 있고 여러 사이트를 한꺼번에 지정할 수도 있습니다. 크롬에서 특정 사이트를 시작 그룹으로 만드는 방법을 알아보겠습니다.

01 [Chrome 맞춤설정 및 제어] 단추(⋮)를 클릭한 후 [설정]을 선택합니다. '설정' 화면에서 아래로 내려가면 '시작 그룹'이라는 항목이 있는데, 기본적으로 '새 탭 페이지 열기'가 선택되어 있습니다. [특정 페이지 또는 페이지 모음 열기]를 선택한 뒤, 아래의 [새 페이지 추가]를 선택합니다.

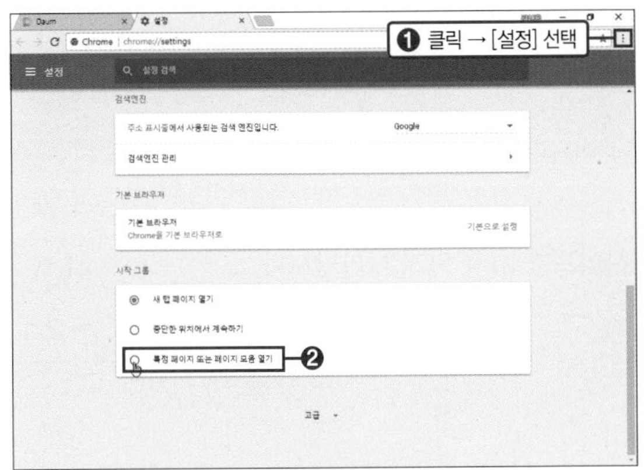

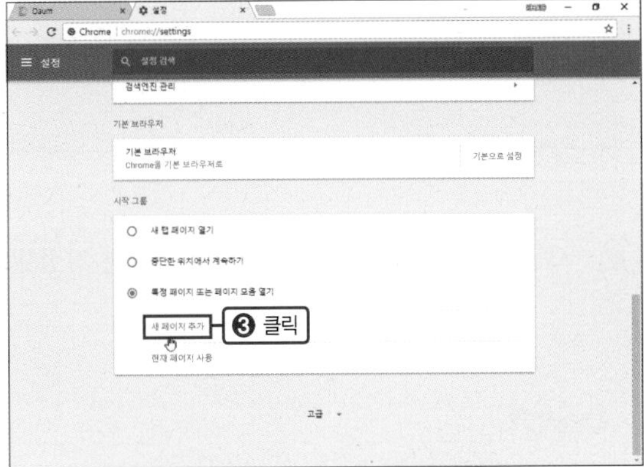

잠깐만요 현재 열려있는 사이트를 시작 그룹으로 사용하려면 [현재 페이지 사용]을 클릭합니다.

02 시작 그룹으로 사용할 사이트 주소를 입력하고 [추가]를 클릭합니다.

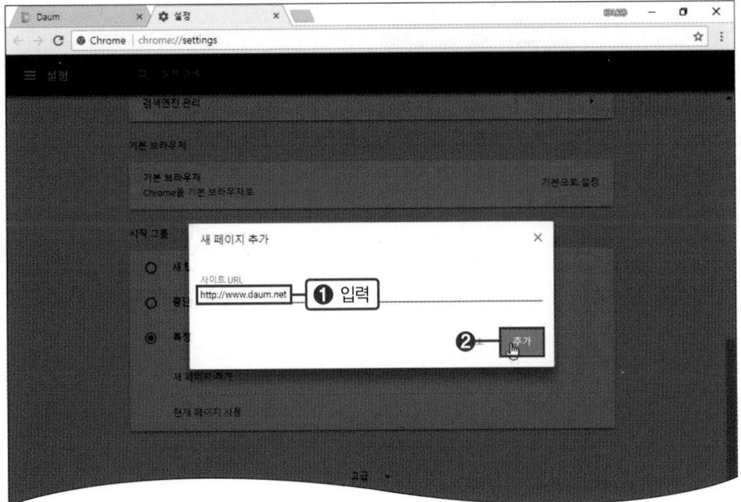

03 지정한 사이트 주소가 추가됩니다. 수정한 내용은 따로 저장하지 않아도 자동으로 저장됩니다. 페이지가 추가된 것을 확인한 후 창을 닫습니다.

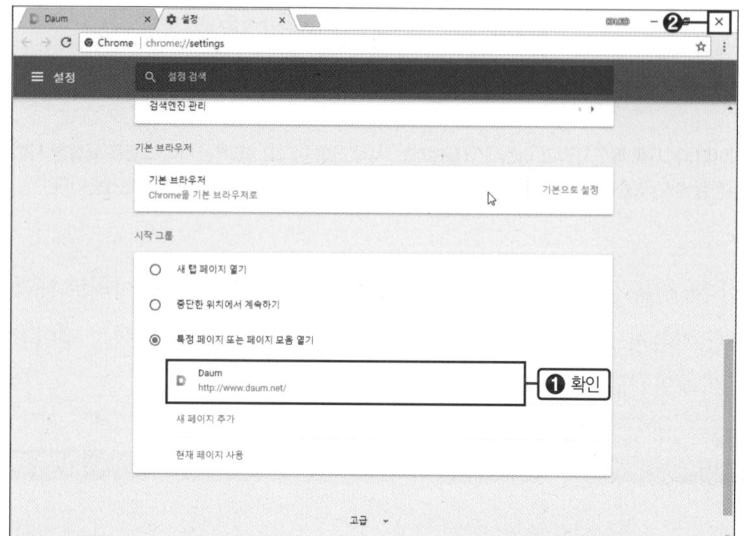

잠깐만요

[새 페이지 추가]를 선택하면 다른 사이트를 더 추가할 수 있습니다.

04 크롬 브라우저를 종료 후 다시 시작하면 지정했던 사이트가 가장 먼저 나타납니다.

21 다른 브라우저의 즐겨찾기 가져오기

그동안 사용하던 엣지 브라우저나 인터넷 익스플로러에서 저장해 둔 즐겨찾기 때문에 크롬 브라우저 사용을 주저했었나요? 그렇다면 엣지 브라우저나 인터넷 익스플로러의 즐겨찾기를 크롬 브라우저로 가져와서 사용해 보세요.

01 [Chrome 맞춤설정 및 제어] 단추(⋮)를 클릭한 후 [북마크] – [북마크 및 설정 가져오기]를 선택합니다.

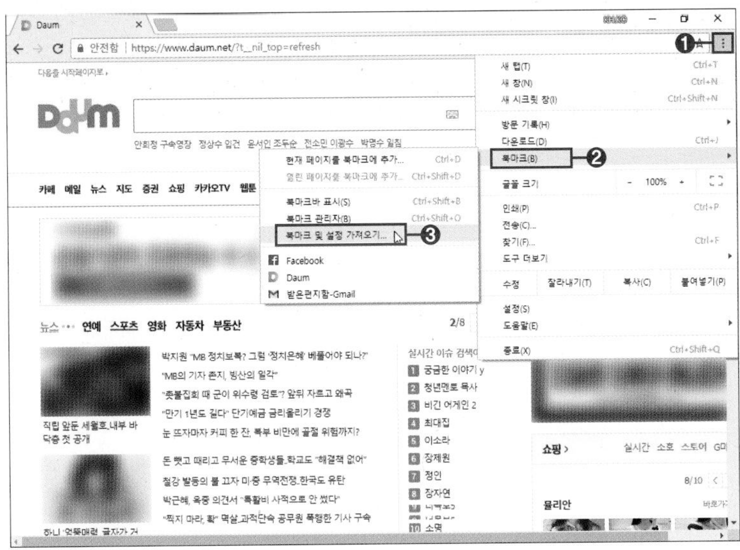

02 현재 컴퓨터에 설치된 다른 브라우저들이 표시됩니다. 이 중에서 즐겨찾기를 가져올 브라우저를 선택합니다.

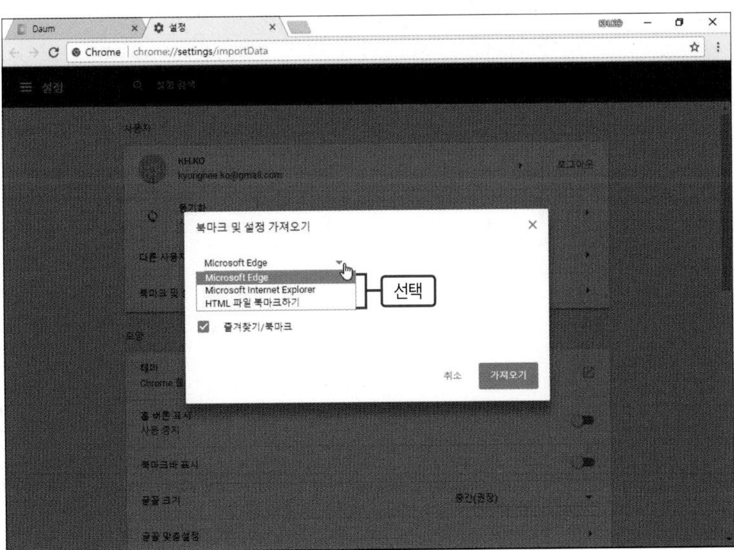

03 선택한 브라우저에서 가져올 수 있는 항목들이 나타납니다. 기본적으로 모든 항목이 선택되어 있지만 필요한 항목만 선택해서 가져올 수도 있습니다. 필요한 항목을 선택한 뒤, [가져오기]를 클릭합니다. 북마크 가져오기가 끝났다는 메시지가 나타나면 [완료]를 클릭합니다.

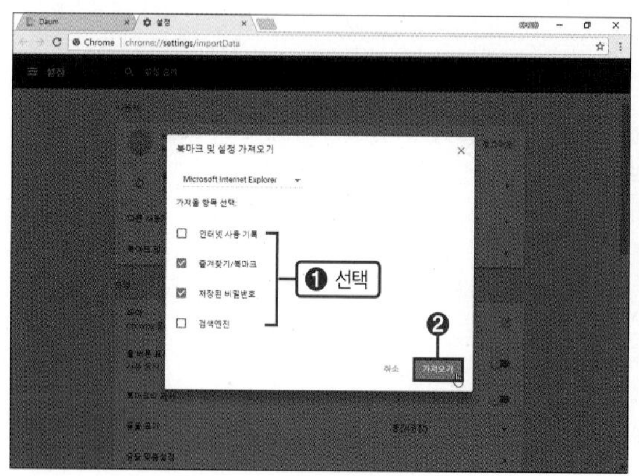

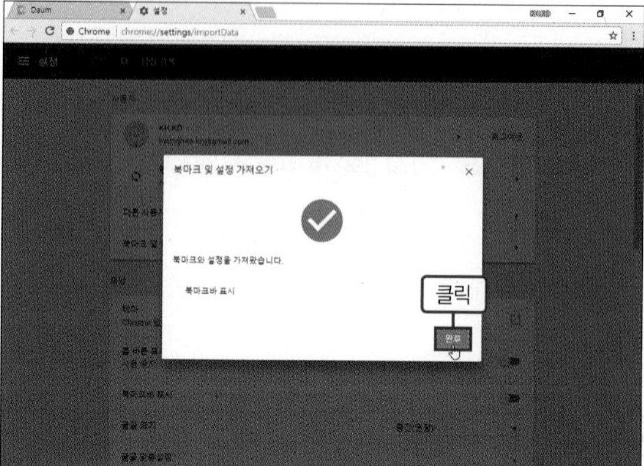

04 [Chrome 맞춤설정 및 제어] 단추(⋮)를 클릭한 후 [북마크]를 선택하면 북마크 목록 아래에 'OOO에서 가져온 북마크'와 같은 폴더가 추가되고 그 안에 가져온 북마크가 저장됩니다.

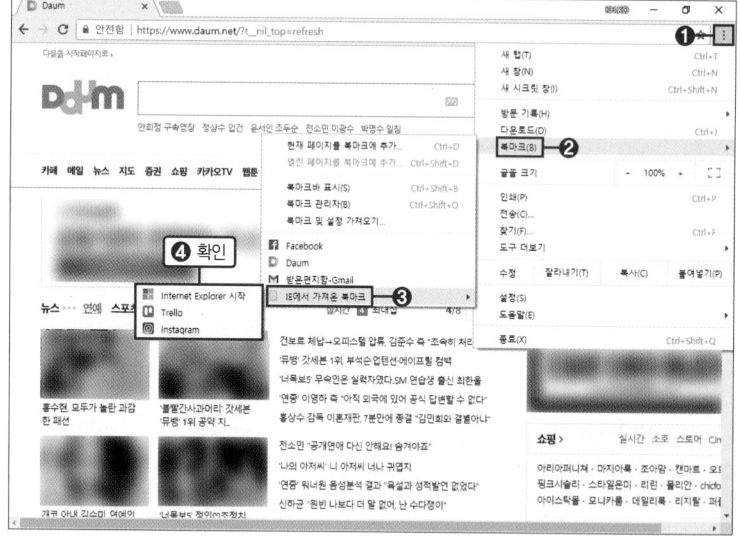

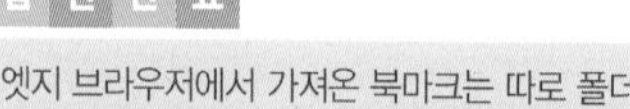

엣지 브라우저에서 가져온 북마크는 따로 폴더가 추가되지 않고 크롬 북마크와 함께 표시됩니다.

무따기 Windows 10

122 크롬 브라우저 검색엔진 바꾸기

크롬 브라우저의 주소 표시줄에 검색할 단어를 입력하고 Enter를 누르면 기본적으로 구글(Google) 사이트에서 검색한 검색 결과를 보여줍니다. 검색 결과가 만족스럽지 않거나 국내 검색 사이트에서 검색한 결과를 보고 싶다면 구글의 검색엔진을 바꿀 수 있습니다.

01 주소 표시줄에 '웹브라우저'라고 입력한 후 Enter키를 눌러보세요.

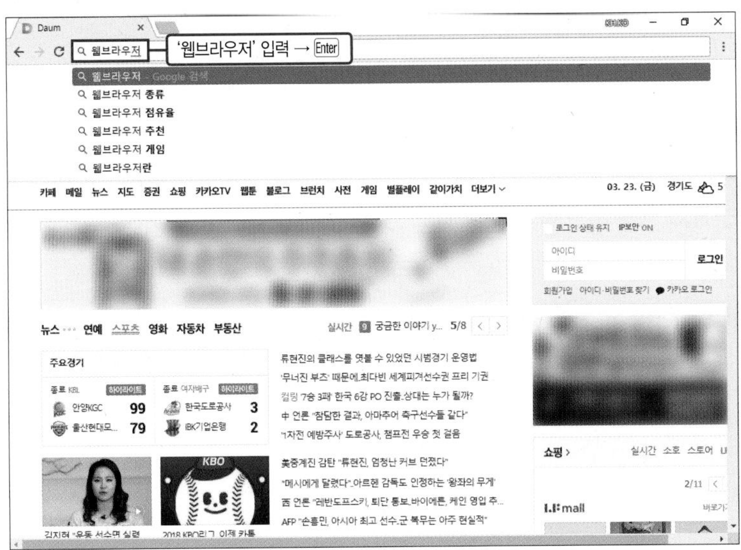

02 구글 검색 사이트로 연결되면서 검색 결과가 표시됩니다.

03 [Chrome 맞춤설정 및 제어] 단추(⋮)를 클릭한 후 [설정]을 선택합니다. 설정 창의 '검색엔진' 항목에 기본적으로 'Google'이 선택되어 있습니다. 목록에서 '네이버'와 'Daum' 중에서 원하는 사이트를 선택해 보세요. 설정 값은 따로 저장하지 않아도 됩니다.

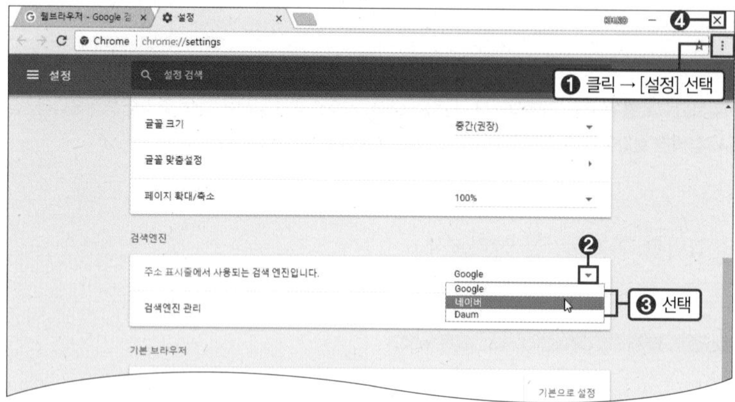

04 다시 한번 주소 표시줄에 '웹브라우저'라고 입력한 후 Enter 키를 누릅니다.

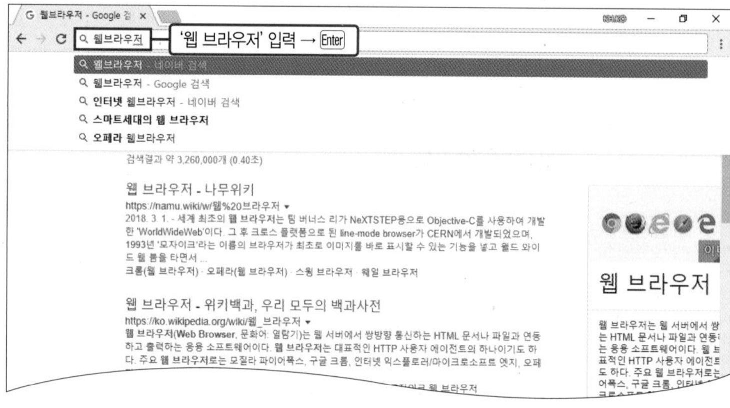

05 방금 선택한 국내 검색 사이트의 검색 결과가 나타납니다.

주요 23 Windows 10

팝업 창 허용/차단하기

웹 사이트의 팝업 창은 중요한 공지사항이 있는 경우도 있지만 대부분 사이트의 광고일 경우가 많습니다. 무분별하게 나타나는 팝업 창 때문에 대부분의 브라우저에서는 기본으로 팝업 창을 차단하고 있습니다. 필요에 따라 팝업 창을 허용하거나 차단하는 방법을 알아보겠습니다.

특정 사이트에서만 팝업 허용하기

사이트에 따라 팝업 창을 열어야만 결제를 하거나 중요한 내용을 볼 수 있는 경우가 있는데, 이럴 경우에는 팝업 창 차단을 해제해야 합니다. 예를 들어, 팝업 창 차단이 활성화되어 있으면 온라인 서점의 [미리보기] 단추를 클릭하면 주소 표시줄 끝에 '팝업 차단됨'이라는 메시지가 나타나면서 원하는 내용을 볼 수 없습니다.

▲ 미리보기 창의 팝업이 차단된 화면

이럴 경우에는 주소 표시줄에 있는 팝업 차단 단추(아이콘)를 클릭한 후 [http://…..의 팝업을 항상 허용]을 선택하고 [완료]를 클릭합니다. 다른 사이트에서는 팝업이 차단되고 팝업을 항상 허용한 현재 사이트에서는 팝업 창을 사용할 수 있습니다.

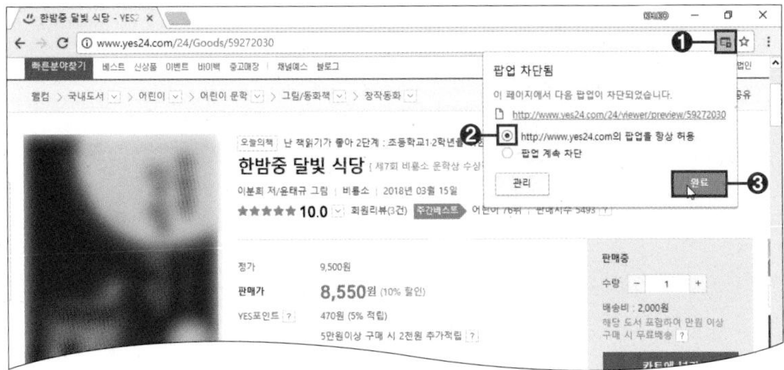

팝업 창 허용하기

팝업 창 차단 기능이 불편하다면 항상 팝업 창을 허용하도록 설정을 바꿀 수 있습니다.

[Chrome 맞춤설정 및 제어] 단추(⋮)를 클릭한 후 [설정]을 선택합니다. 설정 창 제일 아래쪽에 있는 고급 ▾ 를 클릭하면 고급 설정 항목들이 표시됩니다. 고급 설정 항목 중 '개인정보 및 보안'에 있는 [콘텐츠 설정] - [팝업]을 차례로 선택합니다.

팝업 창은 기본으로 차단된 상태이므로 [토글 꺼짐] 처럼 표시되는데, 팝업 창을 허용하려면 [토글 꺼짐] 를 클릭해서 [토글 켜짐] 로 바꾸면 됩니다.

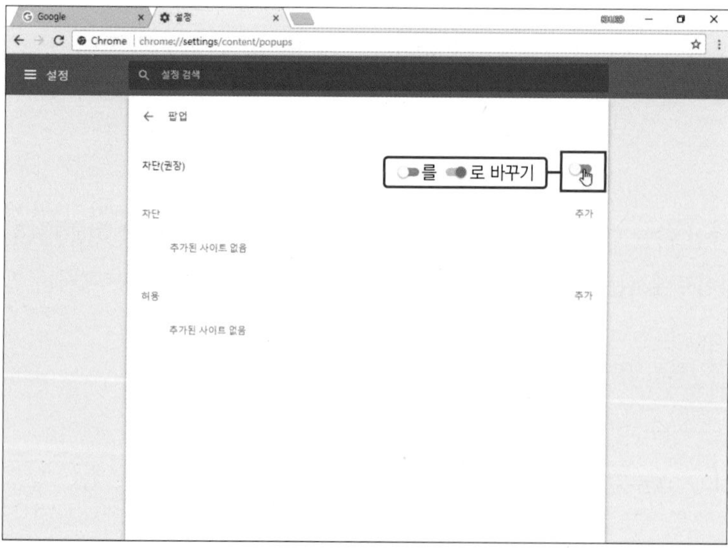

무따기 Windows 10

24 자동 입력한 비밀번호를 잊어버렸다면

로그인이 필요한 사이트에 접속할 때 매번 비밀번호를 입력하는 것이 번거로워 비밀번호를 저장한 후 자동 로그인하는 경우가 많을 것입니다. 그런데 갑자기 비밀번호가 떠오르지 않을 때가 있죠? 크롬 브라우저에서는 자동으로 저장해 놓은 비밀번호를 확인할 수 있습니다.

01 포털 사이트나 쇼핑몰 사이트에서 로그인하고 나면 비밀번호를 저장할 것인지 묻는 창이 나타납니다. 여기에서 [저장]을 클릭하면 해당 사이트에서 자동 로그인할 수 있도록 로그인 정보가 저장됩니다.

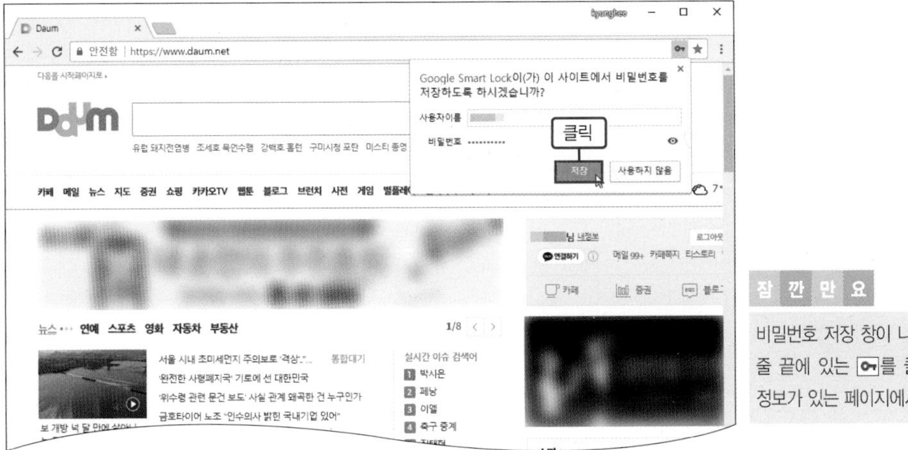

잠깐만요

비밀번호 저장 창이 나타나지 않으면 주소 표시줄 끝에 있는 [key]를 클릭합니다. [key]는 로그인 정보가 있는 페이지에서만 표시됩니다.

02 자동 로그인이 설정된 사이트에 접속하면 주소 표시줄 끝 부분에 [비밀번호 관리] 단추([key])가 표시됩니다. 이 단추를 클릭하고 [비밀번호 관리]를 클릭합니다.

잠깐만요

[Chrome 맞춤설정 및 제어] 단추([⋮]) – [설정] – [고급] – [비밀번호 관리]를 선택해도 됩니다.

03 자동 로그인을 설정한 사이트와 사용자 이름이 표시되는데 비밀번호를 감춘 상태라 비밀번호는 점으로만 표시되어 있습니다. 비밀번호를 확인하기 위해 [비밀번호 표시] 단추()를 클릭합니다.

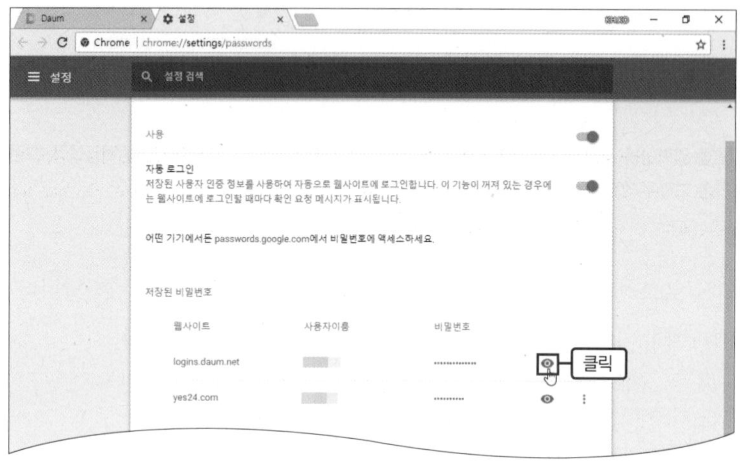

04 비밀번호를 확인하려면 인증된 컴퓨터 사용자인지를 확인해야겠죠? 윈도우 10에 접속할 때 사용한 계정과 비밀번호를 입력한 후 [확인]을 클릭합니다.

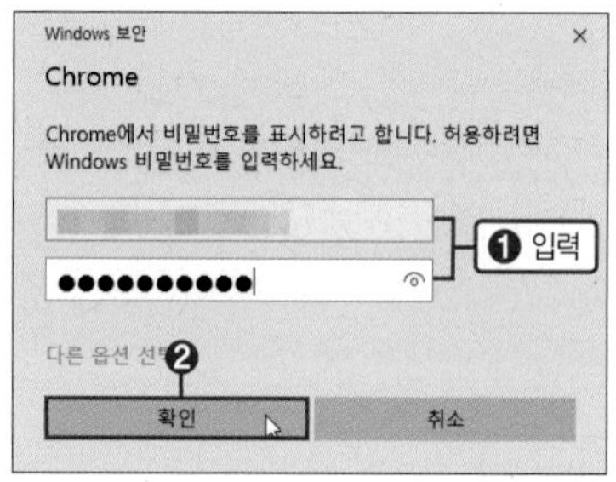

사용자 이름을 잊어버렸다면 '다른 옵션 선택'을 클릭해서 사용자 확인에 사용할 계정을 선택할 수 있습니다. 윈도우 계정에 대한 내용은 308쪽을 참고하세요.

05 [비밀번호 표시] 단추()가 [비밀번호 감추기] 단추()로 바뀌고 비밀번호가 표시됩니다. 비밀번호를 확인한 후에는 [비밀번호 감추기] 단추()를 클릭해서 비밀번호를 표시하지 않는 것이 좋습니다.

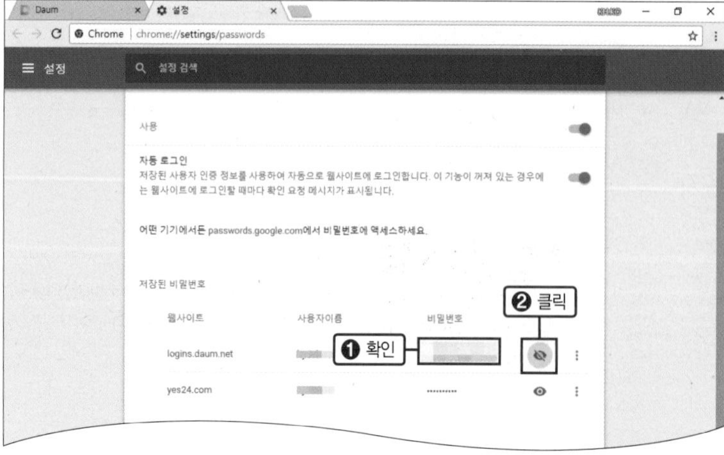

주요

확장 프로그램으로 광고 차단하기

크롬 브라우저의 뛰어난 기능 중 하나는 '확장 프로그램'입니다. 브라우저에서 지원하지 않는 기능을 보완할 수 있도록 다운로드해서 설치하는 프로그램을 확장 프로그램이라고 하는데, 크롬 브라우저에는 다양한 확장 프로그램들이 있어 원하는 것을 골라서 설치하고 사용할 수 있습니다. 'Adblock Plus'라는 확장 프로그램을 설치해 광고가 많은 사이트에서 광고를 제거해 보겠습니다.

확장 프로그램 추가하기

크롬 브라우저의 확장 프로그램은 크롬 '웹 스토어'에서 설치할 수 있습니다. 크롬 브라우저에서 [새 탭] 단추( )를 클릭해 새 탭을 연 후 북마크바의 [앱 표시] 단추를 클릭하고 [웹 스토어]를 선택합니다.

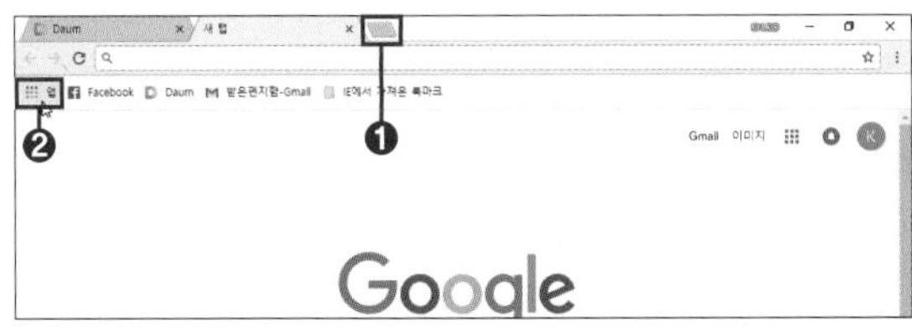

▲ 크롬 웹 스토어 찾아가기

'웹 스토어' 검색 창에 찾으려고 하는 확장 프로그램 이름을 입력하고 Enter키를 누릅니다. 여기에서는 'adblock'이라고 입력하겠습니다. 오른쪽 창에 나타난 검색 결과 중 'Adblock Plus' 항목의 [Chrome에 추가]를 클릭합니다.

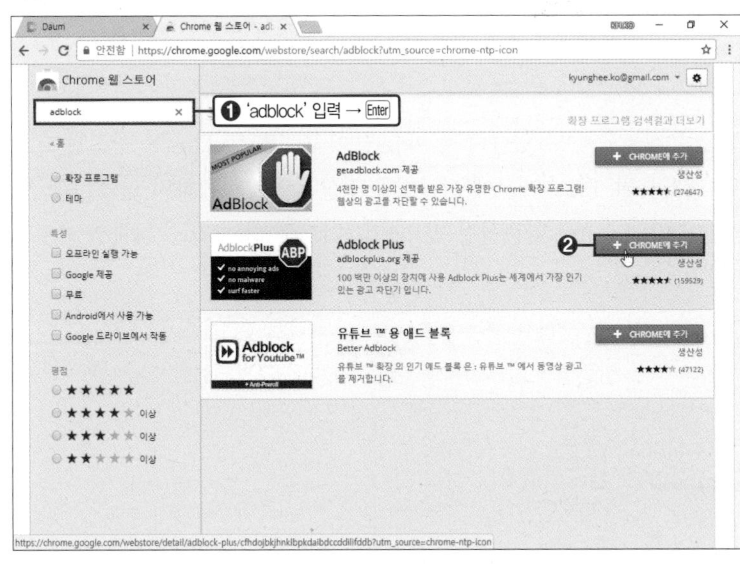

▲ 확장 프로그램 검색하기

잠깐만요

확장 프로그램 이름을 클릭해서 해당 프로그램에 대한 설명을 확인하고 같은 화면에 있는 [Chrome에 추가]를 클릭해도 됩니다.

확장 프로그램을 설치할 것인지 묻는 창이 나타나면 [확장 프로그램 추가]를 클릭합니다.

◀ 크롬에 확장 프로그램 추가하기

확장 프로그램이 추가되면 주소 표시줄 오른쪽에 확장 프로그램 단추가 표시됩니다. 'Adblock Plus'가 추가된 후에는 광고가 많은 사이트에 접속했을 때 화면에 있던 광고가 사라져 안보이게 되고, 'Adblock Plus' 단추에는 몇 개의 광고가 차단되었는지 표시됩니다.

◀ 광고가 차단된 후

잠깐만요

숫자가 표시된 'Adblock Plus' 단추를 클릭하면 차단된 광고에 대한 설명을 볼 수 있습니다.

확장 프로그램 동작 정지하기

확장 프로그램은 필요에 따라 잠시 동작을 꺼놓을 수도 있습니다. 예를 들어 'Adblock Plus'는 광고를 효과적으로 차단하지만 일부 사이트에서는 'Adblock Plus' 때문에 사이트가 정상적으로 동작하지 않을 수도 있습니다. 확장 프로그램 동작을 꺼 놓으려면 [Chrome 맞춤설정 및 제어] – [도구 더 보기] – [확장 프로그램]을 차례로 클릭합니다.

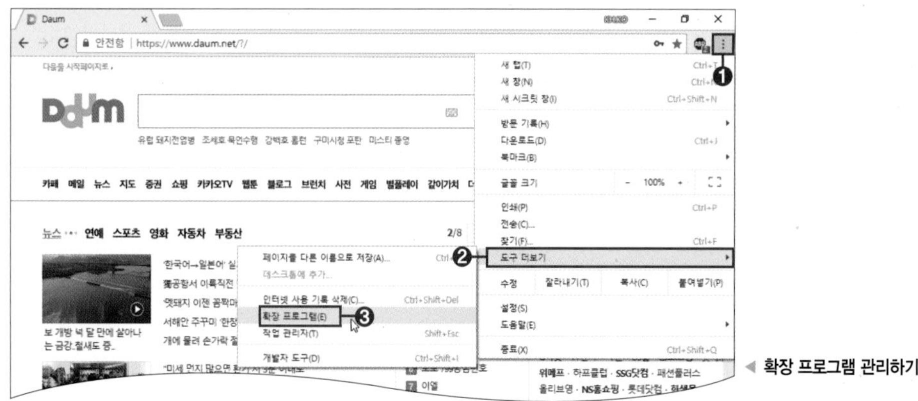

◀ 확장 프로그램 관리하기

크롬 브라우저에 설치된 확장 프로그램들이 표시되는데 [토글 켜짐]이 표시되어 있는 것은 현재 사용 중인 확장 프로그램이란 뜻입니다. 확장 프로그램을 끄려면 [토글 켜짐]을 클릭해 [토글 꺼짐]로 바꿉니다. 사용을 중지하면 주소 표시줄 옆의 확장 프로그램 단추가 사라집니다.

▲ **확장 프로그램 동작 끄기**

확장 프로그램 제거하기

확장 프로그램이 많이 추가되어 있으면 크롬 브라우저를 실행할 때 컴퓨터의 메모리를 많이 사용하게 됩니다. 그래서 추가한 확장 프로그램이 생각한 것과 다르게 동작하거나 더 이상 사용하지 않는 확장 프로그램은 삭제하는 것이 좋습니다.

주소 표시줄 오른쪽에 있는 확장 프로그램 단추를 마우스 오른쪽 단추로 클릭하고 [Chrome에서 삭제]를 선택합니다. 확장 프로그램을 삭제할 것인지 묻는 창이 나타나면 [삭제]를 클릭합니다.

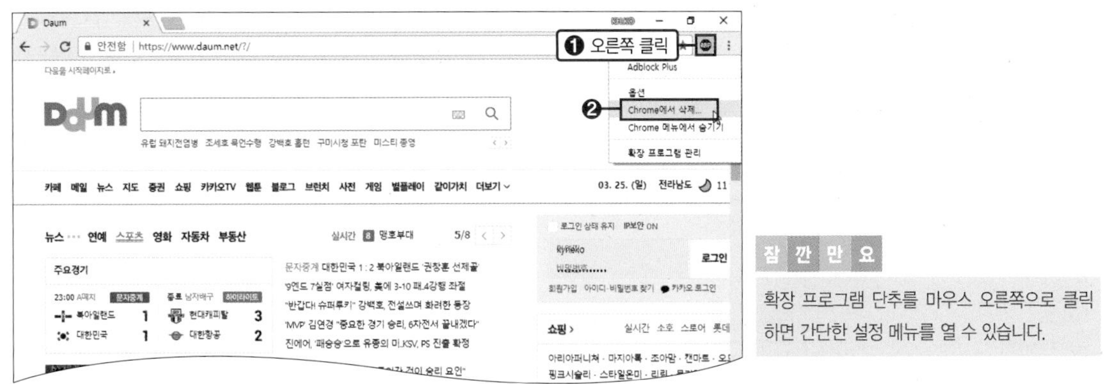

▲ **확장 프로그램 삭제하기**

잠 깐 만 요

확장 프로그램 단추를 마우스 오른쪽으로 클릭하면 간단한 설정 메뉴를 열 수 있습니다.

주요 Windows 10

26 인터넷 사용 정보 삭제하기

한 대의 컴퓨터를 다른 사람과 함께 사용해야 한다거나 다른 사람의 컴퓨터에서 사용한 인터넷 기록을 남기고 싶지 않다면 저장된 인터넷 사용 정보를 삭제할 수 있습니다.

[Chrome 맞춤설정 및 제어] 단추(⋮)를 클릭한 후 [설정]을 선택합니다. 설정 창 아래에 있는 고급 ▾ 를 클릭해 고급 설정 항목을 표시하고 [인터넷 사용 기록 삭제]를 클릭합니다.

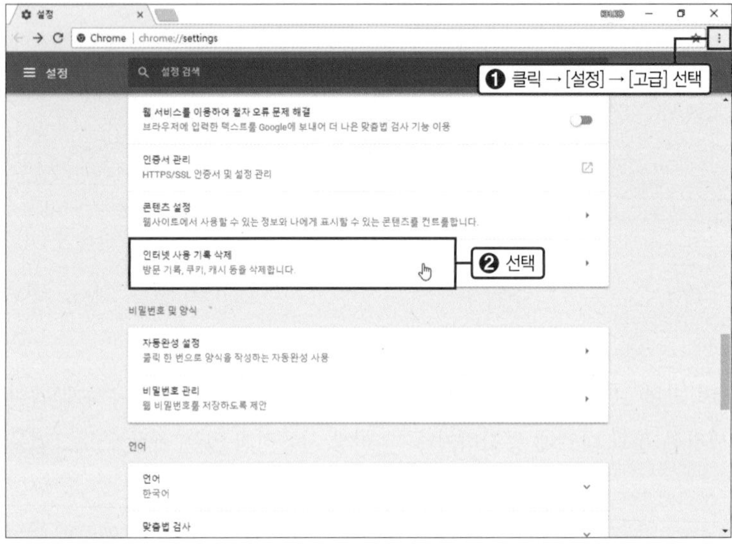

'인터넷 사용 기록 삭제' 대화상자에서는 삭제할 기간과 항목을 선택할 수도 있습니다. [고급] 탭을 클릭하면 삭제할 수 있는 더 많은 항목을 선택할 수 있습니다. 삭제할 기간과 항목을 선택한 후 [인터넷 사용 기록 삭제] 단추를 클릭합니다.

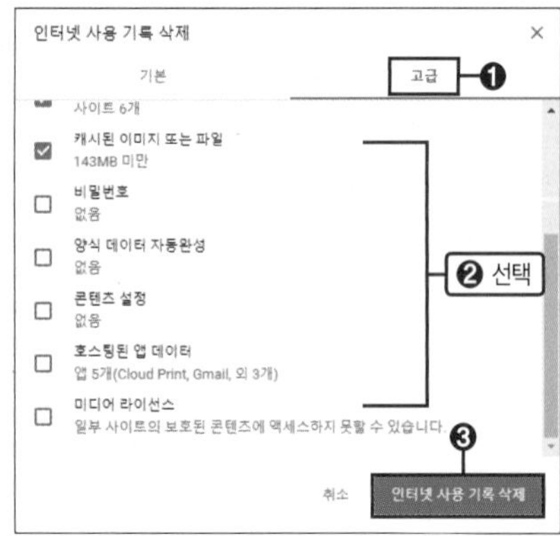

27 크롬을 기본 브라우저로 지정하기

윈도우 10의 기본 브라우저는 엣지 브라우저입니다. 어느 정도 크롬 브라우저를 사용한 후 크롬 브라우저가 더 편리하다고 생각된다면 크롬 브라우저를 기본 브라우저로 설정할 수 있습니다. 기본 브라우저로 설정하면 SNS나 메일의 링크를 클릭했을 때 크롬 브라우저에서 클린한 링크의 사이트가 표시됩니다.

01 [Chrome 맞춤설정 및 제어] 단추(⋮)를 클릭한 후 [설정]을 선택합니다. 설정 창의 '기본 브라우저' 항목에 있는 [기본으로 설정]을 클릭합니다.

02 윈도우 10의 '설정' 창이 열리고 기본 앱을 바꿀 수 있는 화면이 표시됩니다. '웹 브라우저'의 기본 앱이 마이크로소프트 엣지로 지정되어 있습니다.

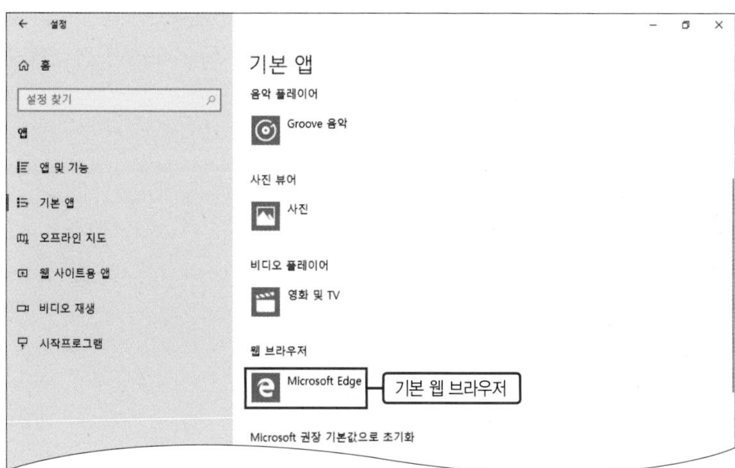

03 [Microsoft Edge] 아이콘( )을 클릭하면 현재 컴퓨터에 설치된 웹 브라우저들이 표시됩니다. 앱 선택 목록에서 [Chrome]( )을 선택합니다.

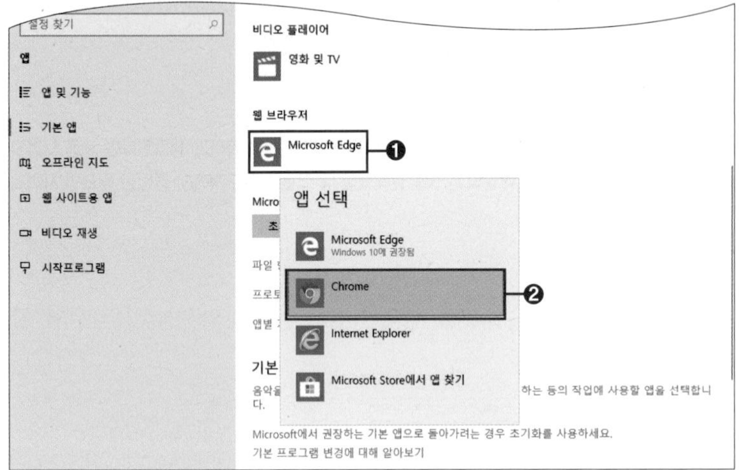

04 기본 브라우저를 바꿀 것인지 확인하는 창이 나타나면 [전환하기]를 클릭합니다.

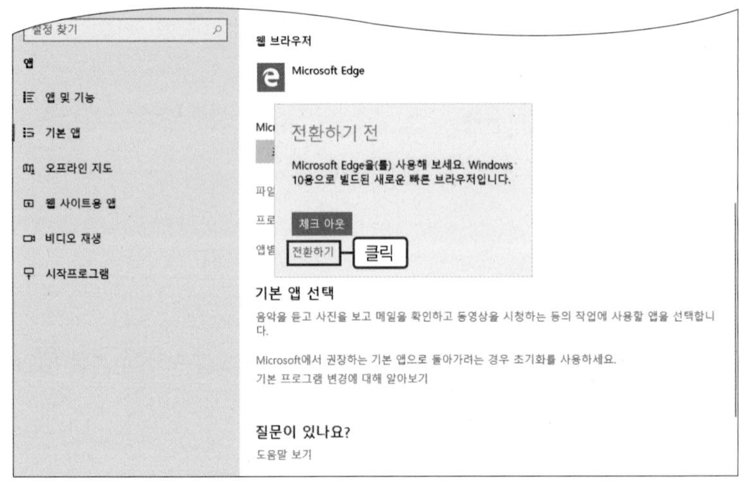

05 '웹 브라우저' 항목의 기본 앱이 Chrome으로 변경 되었습니다.

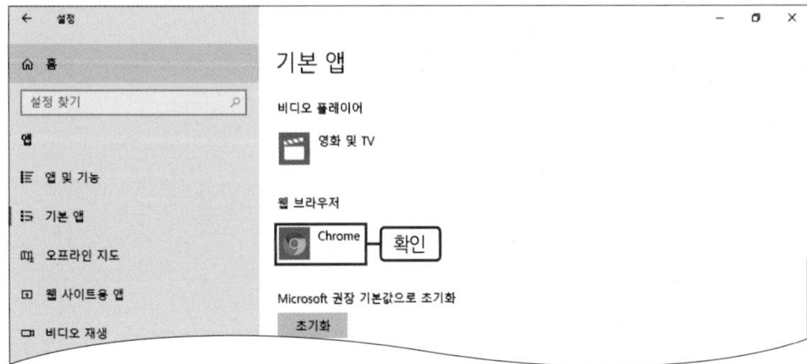

주요 Windows 10

28 외국 사이트 번역해서 보기

인터넷을 사용하다 보면 외국 사이트에 접속해야 할 경우가 있습니다. 필요한 내용이 있는데 외국어에 익숙하지 않다면 크롬 브라우저의 '번역' 기능를 이용해 보세요. 완벽한 번역은 아니지만 어떤 내용인지 이해하는데 도움이 될 것입니다. 일본어 사이트의 경우에는 번역이 잘 되는 편이지만 영문 사이트의 경우에는 어색한 곳이 많다는 것도 기억해 두세요.

크롬 브라우저의 [설정] - [고급] - [언어] 항목을 차례로 선택한 후 '이 언어로 된 페이지에 대한 번역 옵션 제공' 항목을 켜놓습니다.

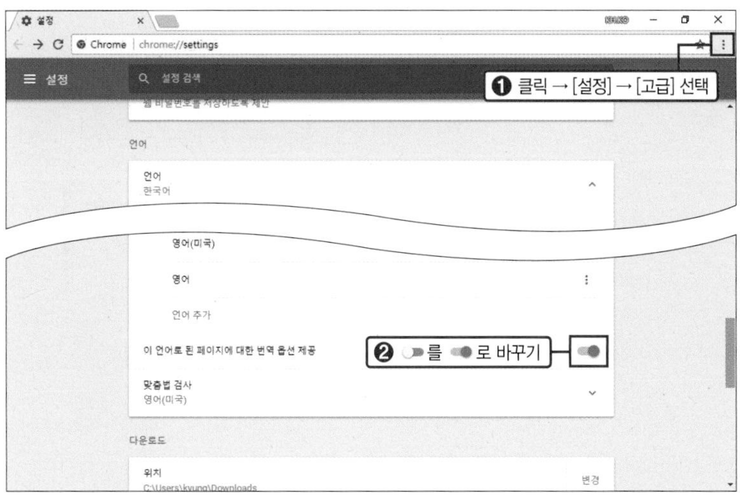

외국어로 된 사이트에 접속하면 주소 표시줄에 아이콘이 표시되면서 페이지를 번역할 것인지 묻는 창이 나타납니다. 이 때 [번역]을 선택하면 해당 페이지를 한국어로 번역해서 보여줍니다. 간혹 아이콘이 표시되지 않는 사이트가 있는데 이럴 경우에는 페이지의 빈 공간을 마우스 오른쪽 단추로 클릭하고 [한국어(으)로 번역]을 선택합니다.

▲ 작업 표시줄 아이콘으로 번역하기

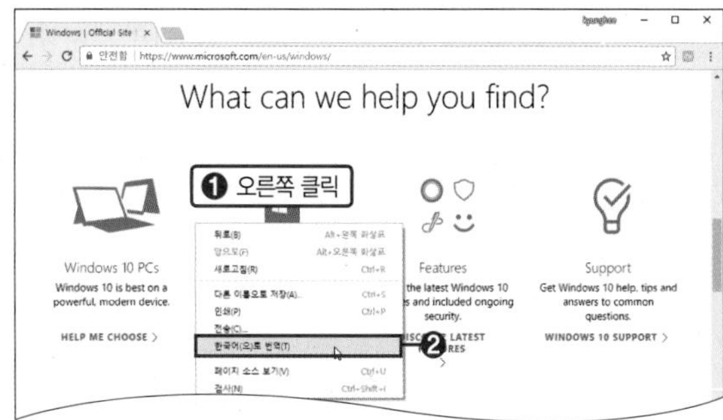

▲ 바로 가기 메뉴를 이용해 번역하기

잠깐만요 원래 언어로 보고 싶다면 아이콘을 클릭한 후 [원본 보기]를 클릭합니다.

셋째 마당

윈도우 파일 탐색기

'파일 탐색기'는 윈도우에서 가장 많이 사용하는 기능 중 하나입니다. 파일 탐색기는 컴퓨터의 파일들을 정리하고 검색하며 윈도우를 편리하게 사용하는 여러 기능들이 모여 있는 곳이죠. 파일 탐색기의 기본 사용법부터 파일 탐색기를 활용해서 파일을 유용하게 관리하는 방법에 대해 알아보겠습니다.

Windows 10

6장

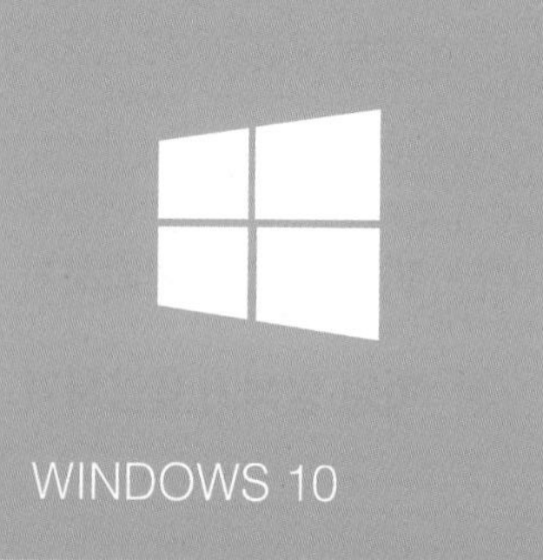

파일과 폴더 관리하기

윈도우 10의 파일 관리는 파일 탐색기에서 이루어집니다. 인터넷이나 휴대폰에서 다운로드한 음악이나 이미지, 컴퓨터에서 직접 만든 문서에 이르기까지 모든 내용은 파일로 저장되므로 윈도우에서 파일을 다루는 것은 가장 기본적이고 중요한 작업입니다. 이번 장에서는 기본적인 파일과 폴더의 개념을 살펴보고 파일 탐색기의 구조와 사용법을 알아보겠습니다.

파일과 폴더 이해하기

컴퓨터를 잘 다루려면 가장 먼저 '파일(file)'과 '폴더(folder)'의 개념을 이해해야 합니다. 파일과 폴더를 얼마나 잘 다루느냐에 따라 같은 작업을 해도 효율성이 크게 다릅니다.

파일은 정보를 저장하는 최소 단위

엑셀 프로그램을 이용하여 주소록을 만든 뒤, 이 주소록을 컴퓨터에 저장하지 않으면 엑셀 프로그램을 종료하는 순간 이제까지 애써 작성한 주소록은 사라져버립니다. 하지만 주소록을 파일로 저장해 두면 다시 불러와 인쇄할 수도 있고 수정된 내용을 다시 입력할 수도 있습니다.

이렇게 작업한 내용을 컴퓨터에 보관하면 그 내용은 '파일' 형태로 저장됩니다. 예를 들어 엑셀 프로그램에서 작성한 주소록을 '주소록'이라는 이름으로 저장하면 '주소록.xlsx'라는 파일로 저장됩니다.

새로 만들어 저장한 파일 외에도 컴퓨터에는 이미 다양한 종류의 파일이 저장되어 있습니다. 텍스트 문서뿐만 아니라 디지털카메라로 찍은 사진과 음악도 각각 하나의 파일이고 윈도우 10이나 엑셀 같은 프로그램을 실행할 때도 수십 개의 실행 파일이 필요합니다.

파일명과 확장명

컴퓨터에 저장된 파일은 수백 개에서 수천 개에 이르기까지 아주 많습니다. 그렇다면 어떤 파일은 엑셀 프로그램으로 만든 문서이고, 어떤 파일은 포토샵 프로그램으로 만든 문서인지 구분할 수 있을까요?

바로 파일명을 통해서입니다. 파일명은 '파일명.확장명'의 형식으로 구성됩니다.

주소록.xlsx

❶ ❷ ❸

❶ **파일명** : 파일을 열어보지 않고도 쉽게 해당 내용을 짐작할 수 있는 이름으로 지정합니다. 한글, 영문, 숫자, -, _를 포함해서 파일명을 지정할 수 있습니다.

❷ **구분점** : 파일명과 확장명을 구분하는 점입니다.

❸ **확장명** : 어떤 형식의 파일인지 나타냅니다.

잠깐만요

기본적으로 파일 탐색기에서는 파일 확장명이 표시되지 않습니다. 파일 탐색기에 확장명을 표시하는 방법에 대해서는 120쪽을 참고하세요.

폴더는 파일을 정리해 담아 두는 서랍

컴퓨터 파일에는 서로 다른 정보가 들어있고 같은 프로그램을 구성하는 파일이라도 정보의 종류에 따라 다양하게 구분할 수 있습니다. 이렇게 다양한 파일을 종류별로 묶거나 관련 있는 것끼리 모아서 정리해 두면 매우 편리합니다.

윈도우에서는 저장된 파일을 종류별로 또는 관련 있는 것끼리 모아서 '폴더'라는 가상 공간에 담아 보관하고 각 폴더 마다 구분하기 쉽게 이름을 붙여 놓습니다.

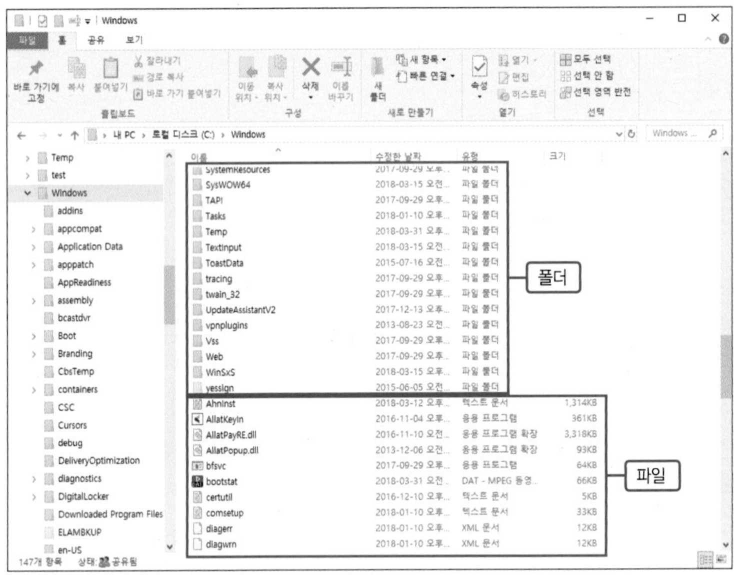

파일 탐색기의 왼쪽 창에는 폴더 목록이 표시되는데 폴더 아이콘 왼쪽에 [>]이 있다면 그 폴더에는 하위 폴더가 있다는 뜻입니다. [>]을 클릭하면 [∨]으로 바뀌면서 하위 폴더가 나타납니다.

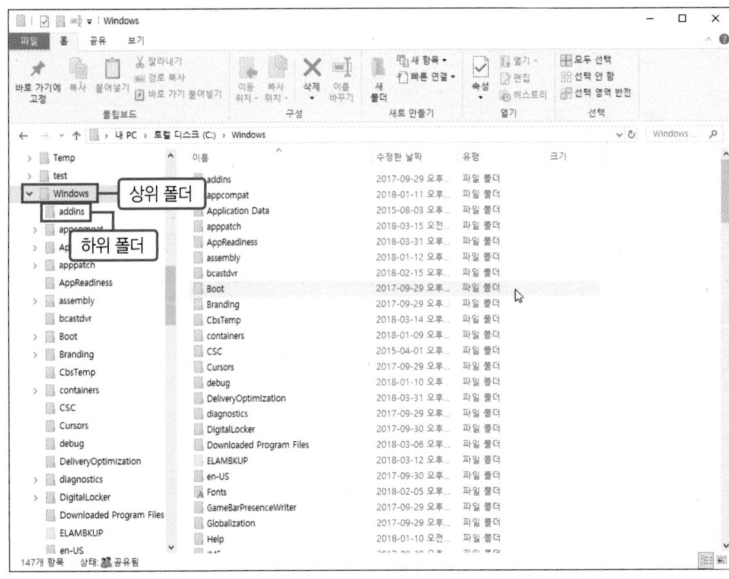

02 파일 탐색기 살펴보기

파일 탐색기에는 파일과 폴더 작업을 더욱 쉽게 해 주는 다양한 기능이 포함되어 있습니다. 이번에는 파일 탐색기의 각 부분의 명칭과 역할을 살펴 보겠습니다. 파일 탐색기는 [시작] 단추(⊞)를 마우스 오른쪽으로 클릭한 뒤 표시되는 메뉴에서 [파일 탐색기]를 선택하면 실행할 수 있습니다.

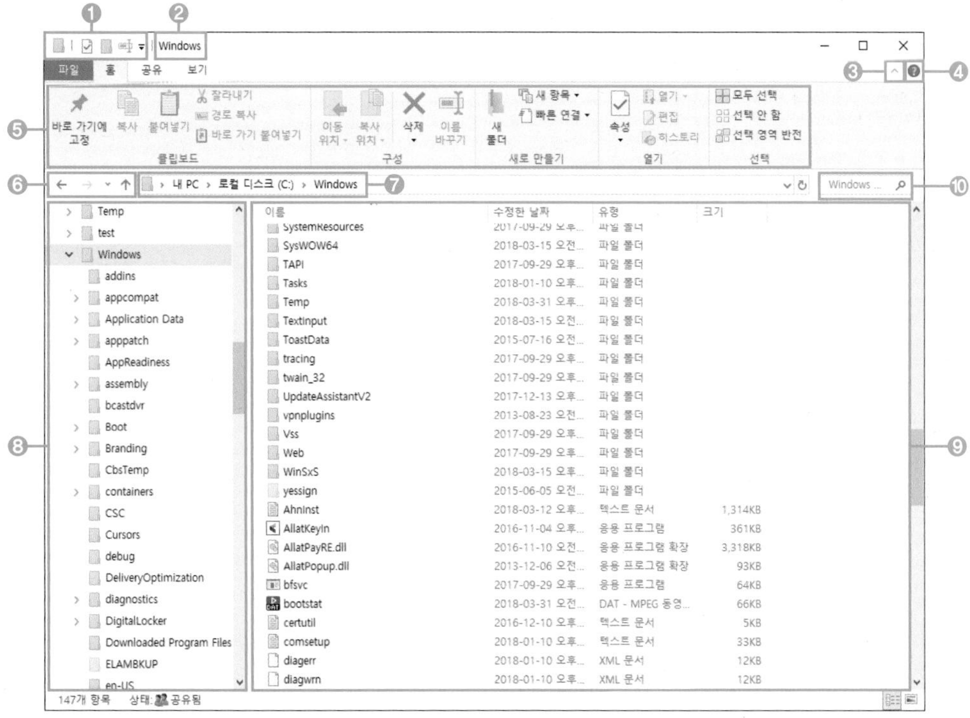

❶ **빠른 실행 도구 모음** : 좀 더 빠른 작업을 도와주기 위해 자주 사용하는 파일 탐색기 명령을 모아놓은 도구 모음입니다.

❷ **제목 표시줄** : 현재 파일 목록 창에 내용이 나타나고 있는 폴더의 이름이 표시됩니다.

❸ **[리본 최소화] 단추(^)** : 클릭할 때마다 리본 메뉴를 화면에서 감추거나 표시합니다.

❹ **[도움말] 단추(?)** : 파일 탐색기 도움말을 검색해서 보여줍니다.

❺ **리본 메뉴** : 각 주제별로 다양한 명령을 묶어놓은 것으로, 탭을 클릭할 때마다 해당 주제와 관련된 명령이 표시됩니다. 현재 선택한 파일의 종류에 따라 리본에 표시되는 작업이 달라집니다.

❻ **[뒤로], [앞으로], [위로] 단추(← → ˅ ↑)** : [뒤로] 단추(←)는 이전 화면으로, [앞으로] 단추(→)는 다음 화면으로, [위로] 단추(↑)는 현재 폴더의 상위 폴더로 이동합니다.

❼ **주소 표시줄** : 현재 파일의 경로가 표시됩니다.

❽ **탐색 창** : 폴더나 라이브러리, PC의 드라이브 등을 쉽게 찾아갈 수 있습니다.

❾ **파일 목록** : 탐색 창에서 폴더를 선택하면 해당 폴더의 내용을 표시합니다.

❿ **검색 상자** : 검색어를 입력해서 현재 폴더에 저장된 파일이나 하위 폴더에서 파일을 검색합니다.

무따기

Windows 10

003 파일 확장명 표시 및 감추기

파일의 확장명을 보면 파일의 종류를 쉽게 알 수 있지만, 파일 탐색기에서 확장명 없이 파일명만 표시된 경우가 있습니다. 이것은 윈도우의 환경을 설정할 때 파일 확장명이 보이지 않게 지정했기 때문입니다. 보이지 않는 파일 확장명을 표시하는 방법에 대해 알아보겠습니다.

01 파일 탐색기에서는 기본적으로 파일 유형을 함께 표시하지 않습니다. 하지만 파일 목록 '유형' 열에 있는 파일 유형을 보면 어떤 프로그램과 연결된 파일인지 알아볼 수 있습니다.

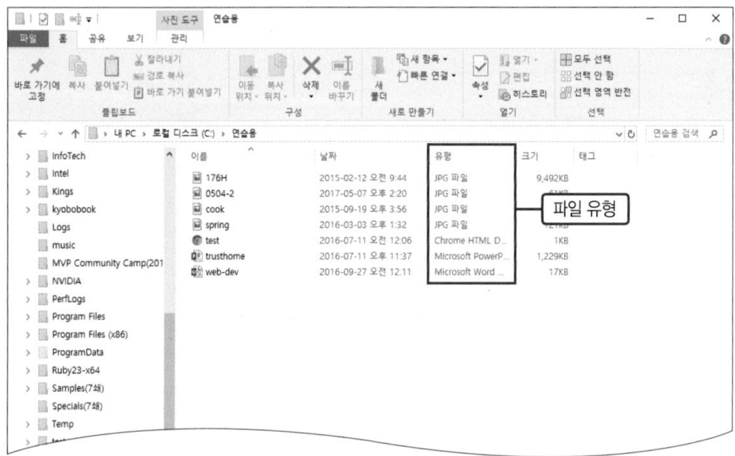

02 파일 확장명을 표시하려면 [보기] 탭 – [표시/숨기기] 그룹에서 [파일 확장명]을 클릭해서 체크 표시합니다. 한 번 더 클릭해서 체크 표시를 없애면 확장명이 표시되지 않습니다.

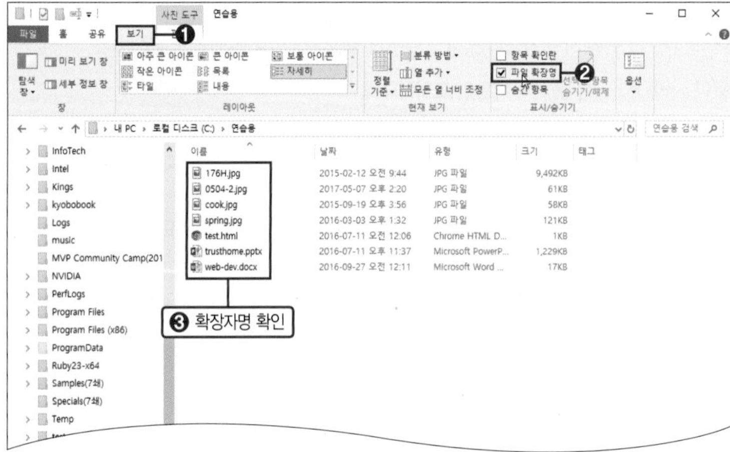

살펴보기 Windows 10

리본 메뉴 살펴보기

리본 메뉴는 윈도우 10뿐만 아니라 MS 오피스 제품군에서도 똑같이 사용하는 메뉴 형식입니다. 선택하는 파일에 따라 해당 파일에 가장 적합한 메뉴가 표시되기 때문에 파일 작업을 하기 위해 메뉴를 일일이 찾지 않아도 됩니다.

탭과 그룹

리본 메뉴는 여러 개의 '탭'으로 이루어져 있습니다. 각 탭은 세부 작업을 설정하는 '그룹'으로 구성되어 있고 각 그룹마다 해당 작업을 위한 명령 단추와 옵션으로 이루어져 있습니다. 그리고 파일 탐색기에서 선택한 파일에 맞게 사용할 수 있는 탭들이 달라집니다.

❶ **리본 메뉴 탭** : 작업 유형별로 메뉴를 모아놓은 것으로 파일을 선택할 때마다 해당 유형의 파일과 관련된 리본 메뉴가 활성화되어 나타납니다.

❷ **명령 단추** : 클릭하면 해당 명령을 실행합니다.

❸ **그룹** : 리본 메뉴의 명령을 그룹으로 묶어놓은 것입니다.

리본 메뉴 축소 및 확장하기

파일 탐색기를 열면 기본적으로 리본 메뉴가 표시되지만, 리본 메뉴를 사용하지 않거나 화면을 넓게 쓰기 위해 리본 메뉴를 축소할 수 있습니다. 리본 메뉴가 보이는 상태에서 리본 메뉴를 감추려면 화면의 오른쪽 위에 있는 [리본 최소화] 단추(^)를 클릭합니다. 리본 메뉴를 표시하려면 [리본 확장] 단추(∨)를 클릭합니다.

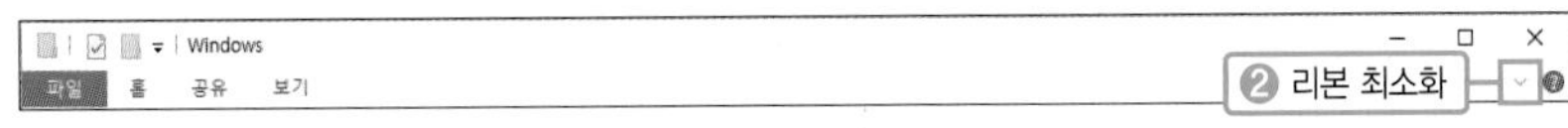

잠깐만요 리본 메뉴 탭을 더블 클릭하면 [리본 최소화] 단추를 누른 것 같이 메뉴를 최소화 하거나 확장할 수 있습니다.

무따기

Windows 10

105 빠른 실행 도구 모음에 도구 추가하기

리본 메뉴에 있는 '빠른 실행 도구 모음'은 윈도우를 빠르고 편리하게 사용하는 방법 중 하나입니다. 자주 사용하는 기능들을 모아 리본 메뉴 맨 위에 배치해 놓았기 때문에 리본 메뉴가 어떻게 바뀌든 자주 사용하는 도구를 쉽게 선택할 수 있습니다. 빠른 실행 도구 모음에 도구를 추가하는 방법에 대해 알아보겠습니다.

01 '빠른 실행 도구 모음' 오른쪽에 있는 [빠른 실행 도구 모음 사용자 지정] 단추(▾)를 클릭하면 선택할 수 있는 여러 도구들이 표시됩니다. 이 중에서 추가할 도구를 선택합니다. 여기에서는 [실행 취소] 도구를 선택했습니다.

잠깐만요

이미 빠른 실행 도구 모음에 추가된 도구들은 도구 이름 왼쪽에 체크 표시(✔)가 되어 있습니다.

02 빠른 실행 도구 모음에 방금 선택한 도구가 추가됩니다. 빠른 실행 도구 모음에서 도구를 삭제하려면 추가할 때와 똑같은 방법으로 삭제할 도구를 선택하면 됩니다.

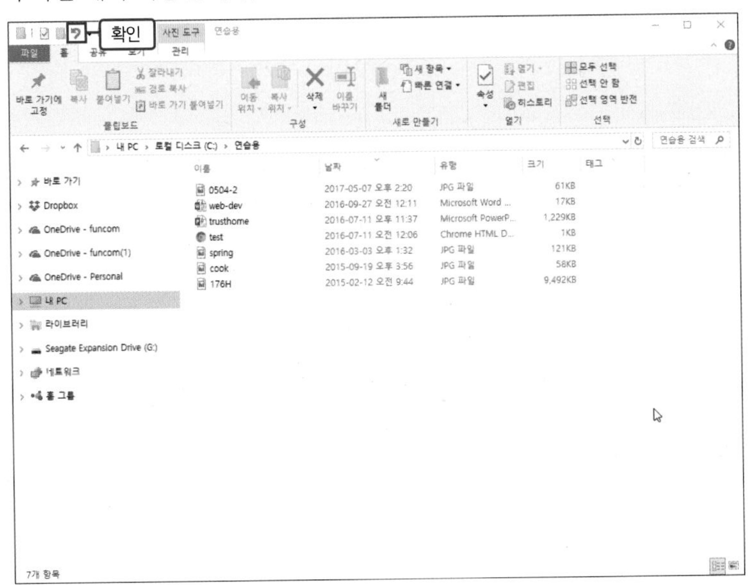

전문가의 조언 빠른 실행 도구 모음 사용자 지정 단추에 없는 도구 추가하기

빠른 실행 도구 모음 사용자 지정 목록에 없는 도구도 빠른 실행 도구 모음에 추가할 수 있습니다. 도구 모음의 명령 단추 중 원하는 명령 단추를 마우스 오른쪽으로 클릭한 뒤 [빠른 도구 모음에 추가]를 선택하면 빠른 실행 도구 모음에 추가할 수 있습니다. 추가한 명령 단추를 제거하려면 빠른 실행 도구 모음에서 제거하려는 명령 단추를 마우스 오른쪽으로 클릭한 뒤 [빠른 실행 도구 모음에서 제거]를 선택하면 됩니다.

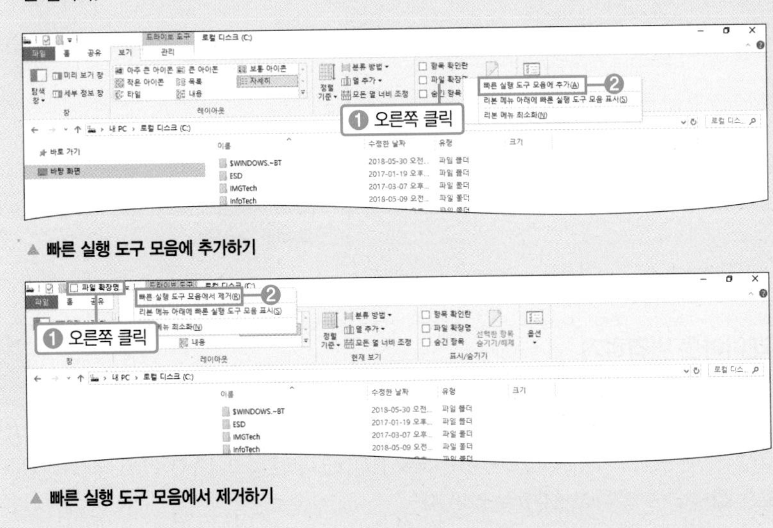

▲ 빠른 실행 도구 모음에 추가하기

▲ 빠른 실행 도구 모음에서 제거하기

주요 Windows 10

파일 탐색기의 보기 레이아웃 바꾸기

파일 탐색기는 파일을 편리하게 관리할 수 있도록 다양한 조건에 맞는 여러 가지 보기 방법이 제공됩니다. 파일 작성일과 수정일까지 함께 보는 '자세히' 레이아웃부터 파일을 실행하지 않고 이미지를 미리 보여주는 '아주 큰 아이콘' 레이아웃 등 다양한 레이아웃을 선택하는 방법에 대해 알아보겠습니다.

파일 탐색기 레이아웃 바꾸기

[보기] 탭 – [레이아웃] 그룹에 있는 각 레이아웃의 위에 마우스 포인터를 올려놓으면 어떤 형태의 레이아웃으로 표시되는지 미리 볼 수 있습니다. 마음에 드는 레이아웃을 발견했으면 해당 레이아웃 항목을 클릭합니다.

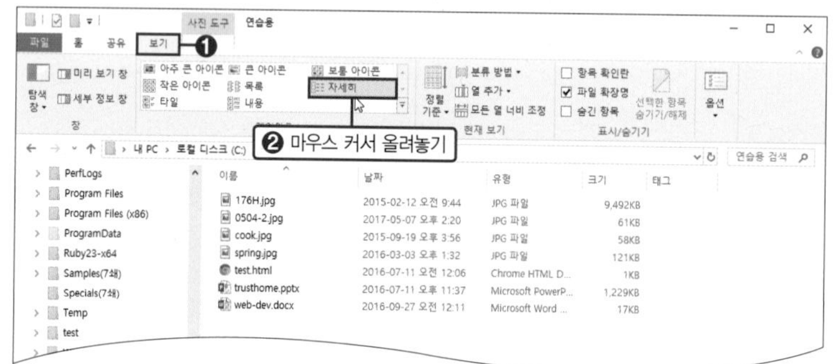

잠깐만요

자세히, 타일, 목록 레이아웃은 파일 정보가 표시되지만 이외의 레이아웃은 파일 정보가 표시되지 않습니다.

파일 탐색기 창에서 이미지 미리보기

레이아웃 중에서 '보통 아이콘'이나 '큰 아이콘', '아주 큰 아이콘'을 선택하면, 그림판이나 포토샵 같은 프로그램을 실행하지 않고도 탐색기 창에서 이미지를 미리볼 수 있습니다.

잠깐만요

파일 탐색기 창 오른쪽 아래에 있는 아이콘을 클릭해서 '자세히'나 '큰 아이콘' 레이아웃으로 바꿀 수 있습니다.

전문가의 조언

마우스로 레이아웃 변경하기

[보기] 탭의 레이아웃을 클릭하지 않고도 Ctrl을 누른 상태에서 마우스의 휠을 위, 아래로 움직이면 레이아웃을 변경할 수 있습니다. Ctrl을 누른 상태에서 마우스 휠을 위로 움직이면 아이콘의 크기가 단계별로 커지고 아래로 움직이면 아이콘의 크기가 단계별로 작아집니다. 또한 [보기] 탭의 레이아웃에서 선택할 수 없는 아이콘 크기까지 선택할 수 있습니다.

주요 Windows 10

07

파일 정렬 방법 바꾸기

파일 탐색기의 화면에 폴더와 파일이 함께 있다면 기본적으로 폴더, 파일 순으로 표시되고 다시, 폴더명과 파일명을 기준으로 오름차순으로 표시됩니다. 오름차순은 이름을 기준으로 했을 때, 기호, 영문 알파벳, 한글 가나다 순으로 나열되는 것입니다. 이번에는 파일을 정렬하는 방법에 대해서 알아보겠습니다.

보기 레이아웃이 '자세히'로 선택된 상태에서 파일 목록 창의 파일 목록 윗부분을 보면 '이름'과 '날짜', '유형', '크기' 등으로 나뉘어 있는데, 이렇게 나뉜 영역을 '열(column)'이라고 합니다. 파일 목록은 기본적으로 파일 이름을 기준으로 정렬되어 있는데, 날짜나 파일 유형, 크기 등을 기준으로 정렬할 수도 있습니다.

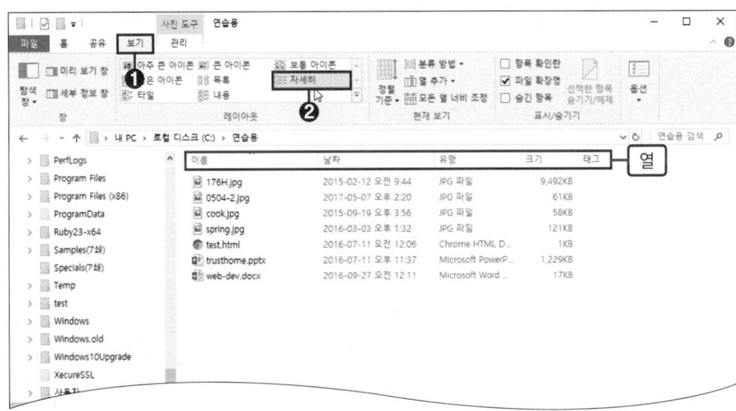

파일 탐색기의 [보기] 탭 – [현재 보기] 그룹에 있는 '정렬 기준' 도구( )를 클릭하면 정렬 기준과 정렬 순서를 '오름차순'과 '내림차순' 중에서 선택할 수 있습니다. 정렬 기준을 '크기'로 지정하고 '내림차순'을 선택하면, 파일 크기가 큰 것부터 작은 것 순으로 정렬할 수 있습니다.

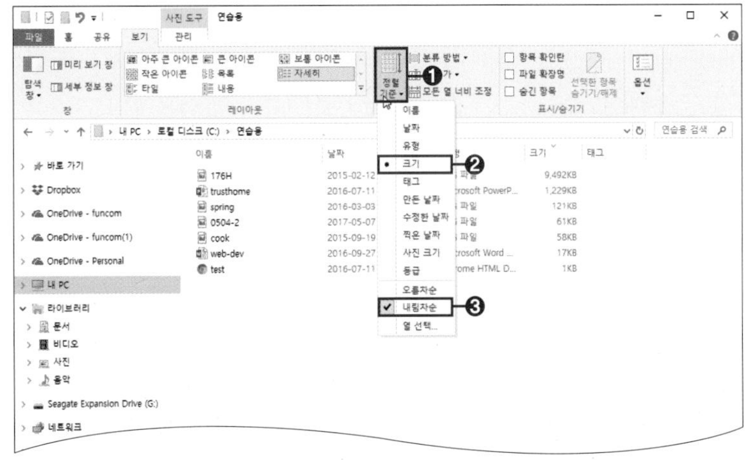

주요 Windows 10

자세히 레이아웃에 열 추가하기

파일 탐색기 레이아웃을 '자세히'로 지정하면 '이름'과 '날짜', '유형', '크기' 등 파일 정보를 보여주는 여러 개의 열이 표시됩니다. 필요하다면 더 많은 열을 표시할 수도 있고 중요하지 않은 열은 파일 탐색기 화면에서 감출 수도 있습니다.

'자세히' 레이아웃을 선택하면 [보기] 탭 – [현재 보기] 그룹의 '열 추가'가 활성화됩니다.[열 추가]를 클릭하면 열 목록이 나타나는데, 현재 표시된 열 왼쪽에는 체크 표시되어 있습니다. 목록에서 추가하고 싶은 열을 선택하면 해당 열이 탐색기에 표시됩니다. 열을 감추려면 같은 방법으로 열을 선택해서 체크 표시를 해제합니다.

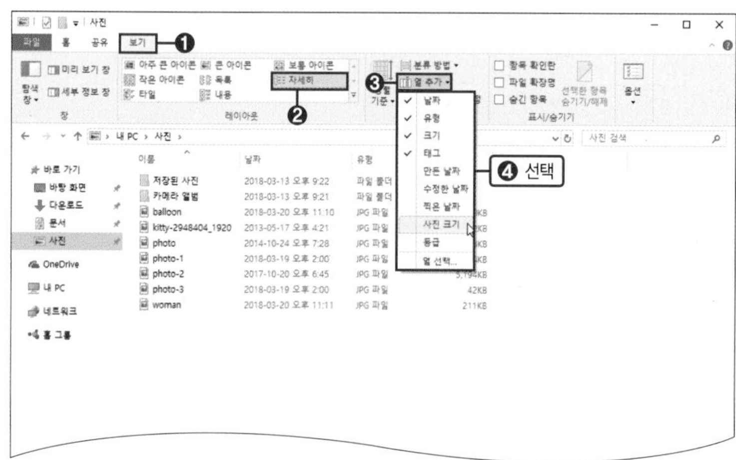

잠깐만요

열 이름을 클릭해서 드래그하면 열의 순서를 바꿀 수 있습니다. 열 정보가 가려져 보이지 않을 경우에는 열의 구분선을 드래그해서 열 너비를 조절하면 됩니다.

리본 메뉴에서 [열 추가]를 클릭했을 때 나타나는 열 이름은 현재 폴더에 있는 파일에 따라 달라집니다. 사진 파일이 있는 폴더라면 [찍은 날짜]나 [사진 크기] 등을 선택할 수 있고, [내 PC] 폴더라면 시스템과 관련된 항목들을 선택할 수 있습니다.

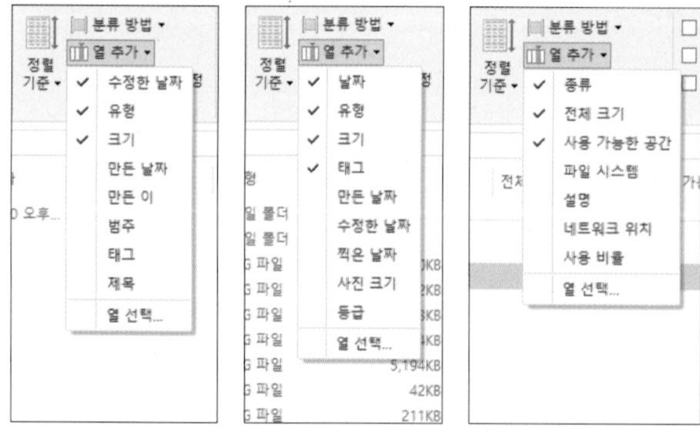

▲ '문서' 폴더일 경우 ▲ '사진' 폴더일 경우 ▲ '내 PC' 폴더일 경우

무따기

Windows 10

109 실수로 지운 파일 복원하기

파일 탐색기에서 파일을 삭제할 때 [완전히 삭제]를 선택하지 않았으면 삭제한 파일은 '휴지통' 폴더에 저장됩니다. 만약 실수로 중요한 파일을 삭제했어도 완전 삭제하지 않았으면 휴지통 폴더에서 해당 파일을 찾아 원래대로 복원할 수 있습니다.

01 파일 탐색기에서 연습용 폴더를 만들고 파일 몇 개를 복사합니다. 그리고 복사한 파일 중에서 아무 파일이나 삭제해 보세요. 방금 삭제한 파일은 '휴지통' 폴더로 이동됩니다.

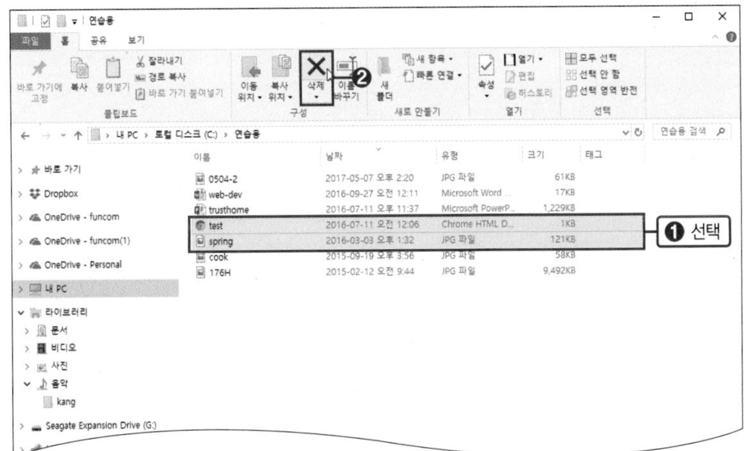

잠깐만요

삭제할 파일이나 폴더를 선택한 뒤 키보드의 Delete를 눌러도 됩니다.

02 윈도우의 바탕 화면에 있는 [휴지통]아이콘( )을 더블클릭하세요.

03 휴지통에는 그 동안 삭제된 파일이 많이 저장되었기 때문에 방금 삭제한 파일을 찾기가 어렵습니다. 가장 최근에 삭제된 파일을 쉽게 찾기 위해 [삭제된 날짜] 열 이름을 클릭합니다. 최근에 삭제된 파일 중 복원할 파일을 찾아 선택하고 [휴지통 도구]의 [관리] 탭 – [복원] 그룹에서 [선택한 항목 복원]을 클릭합니다.

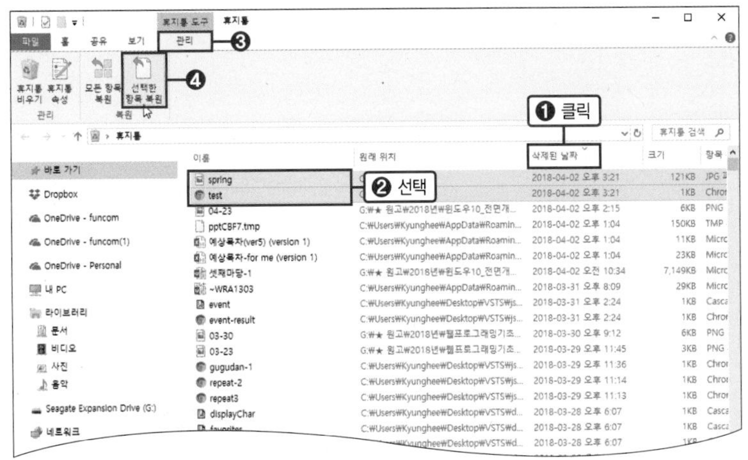

7장

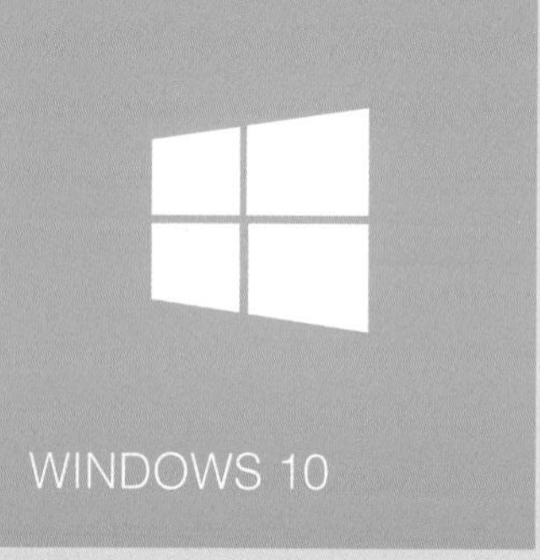

파일 탐색기 활용하기

윈도우 10의 파일 탐색기는 폴더와 파일 정보를 보여주는 것 외에도 파일을 검색하고, 여러 파일을 묶어 압축하는 등 여러 가지 기능들이 포함되어 있습니다. 또한 '라이브러리'나 '바로 가기' 기능을 이용하면 자주 사용하는 파일에 접근하기도 편하고 관리도 쉬워집니다. 이 장에서는 파일 탐색기를 사용하면서 도움이 될만한 여러 가지 정보를 모아놓았습니다.

무따기 Windows 10

10 파일 탐색기 처음 화면 변경하기

파일 탐색기의 처음 화면에는 '자주 사용하는 폴더'와 '최근에 사용한 파일'이 표시되어 이전 작업을 빠르게 다시 실행할 수 있어서 편리합니다. 하지만 여러 사람이 함께 사용하는 컴퓨터에 최근에 사용한 파일을 표시하고 싶지 않을 수도 있겠죠? 파일 탐색기의 처음 화면에 '최근에 사용한 파일' 목록이 표시되지 않도록 파일 탐색기의 시작 화면을 변경하는 방법에 대해 알아보겠습니다.

최근에 사용한 파일 목록 감추기

01 파일 탐색기를 실행한 후 [보기] 탭의 [옵션] 단추( )를 클릭합니다.

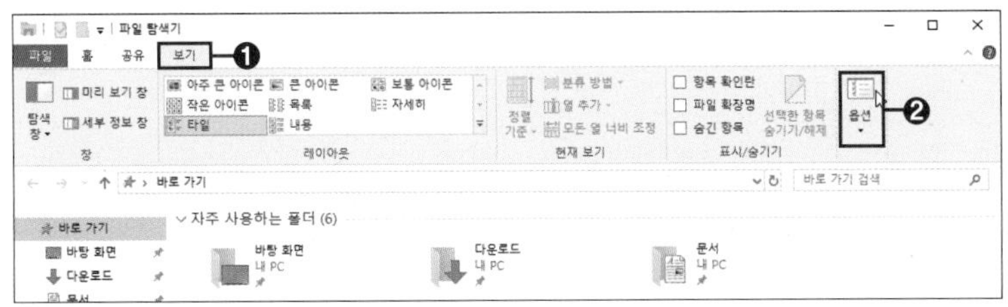

02 '폴더 옵션' 창이 나타나면 [빠른 실행에 최근 사용된 파일 표시] 항목과 [빠른 실행에 최근에 사용된 폴더 표시] 항목의 체크를 해제하고 [확인]을 클릭합니다.

파일 탐색기에 처음 화면 변경하기

01 파일 탐색기를 실행한 후 [보기] 탭의 [옵션] 단추( )를 클릭합니다.

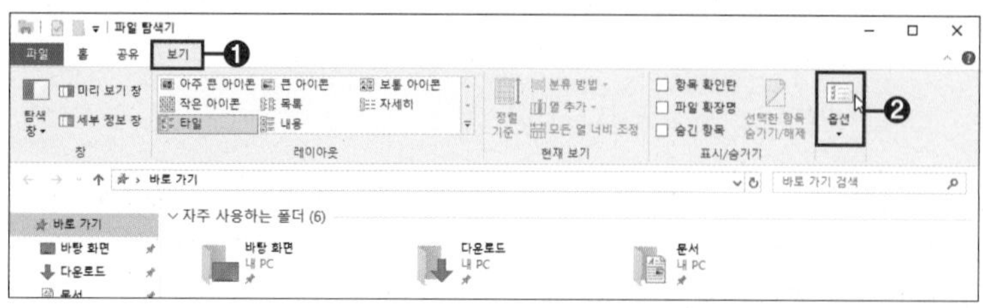

02 '폴더 옵션' 창이 나타나면 '파일 탐색기 열기' 목록을 펼친 후 [내 PC]를 선택하고 [확인]을 클릭합니다.

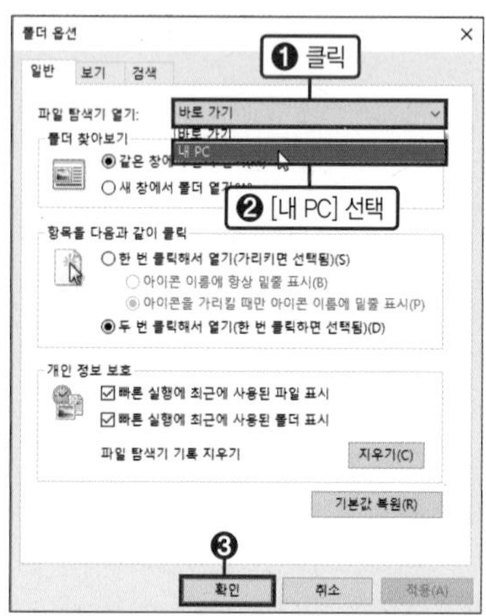

03 파일 탐색기를 종료한 뒤, 파일 탐색기를 다시 실행하면 [내 PC] 화면이 가장 먼저 표시됩니다.

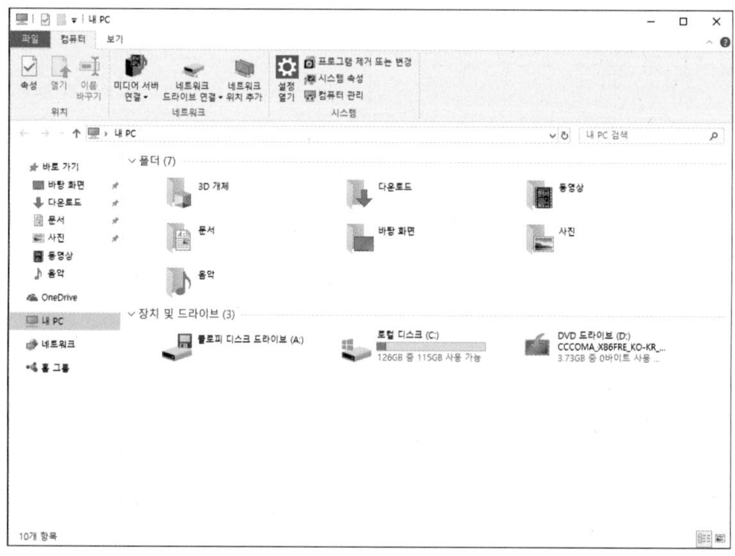

주요 11

Windows 10

라이브러리 이해하기

윈도우 10의 '라이브러리(library)'는 문서와 음악, 사진 등의 파일들을 쉽게 관리할 수 있는 장소입니다. 라이브러리에서는 마치 폴더를 사용하는 것처럼 파일을 열어볼 수도 있고 날짜나 유형 등 원하는 형태별로 정렬해서 볼 수도 있지만 라이브러리와 폴더는 다른 개념입니다. 아직 라이브러리를 제대로 활용하고 있지 못하다면 라이브러리와 폴더를 구분해서 조금 더 편리하게 윈도우를 사용해 보세요.

라이브러리란

윈도우 10에는 문서와 사진, 음악 등 사용자가 자주 사용하는 폴더들을 라이브러리로 따로 구분해서 파일 탐색기에서 쉽게 접근할 수 있게 했습니다. 라이브러리는 실제 폴더와 같이 사용하지만 여러 개의 폴더들을 하나로 묶어서 관리하기 위한 가상 폴더로 사용하는 것이 더 적합합니다. 예를 들어 '음악' 라이브러리에는 하드디스크의 여기저기에 흩어져 있는 음악 관련 폴더들을 등록해 놓을 수 있고 이렇게 등록한 폴더의 음악들은 '음악' 라이브러리라는 하나의 폴더에 들어있는 것처럼 관리할 수 있습니다.

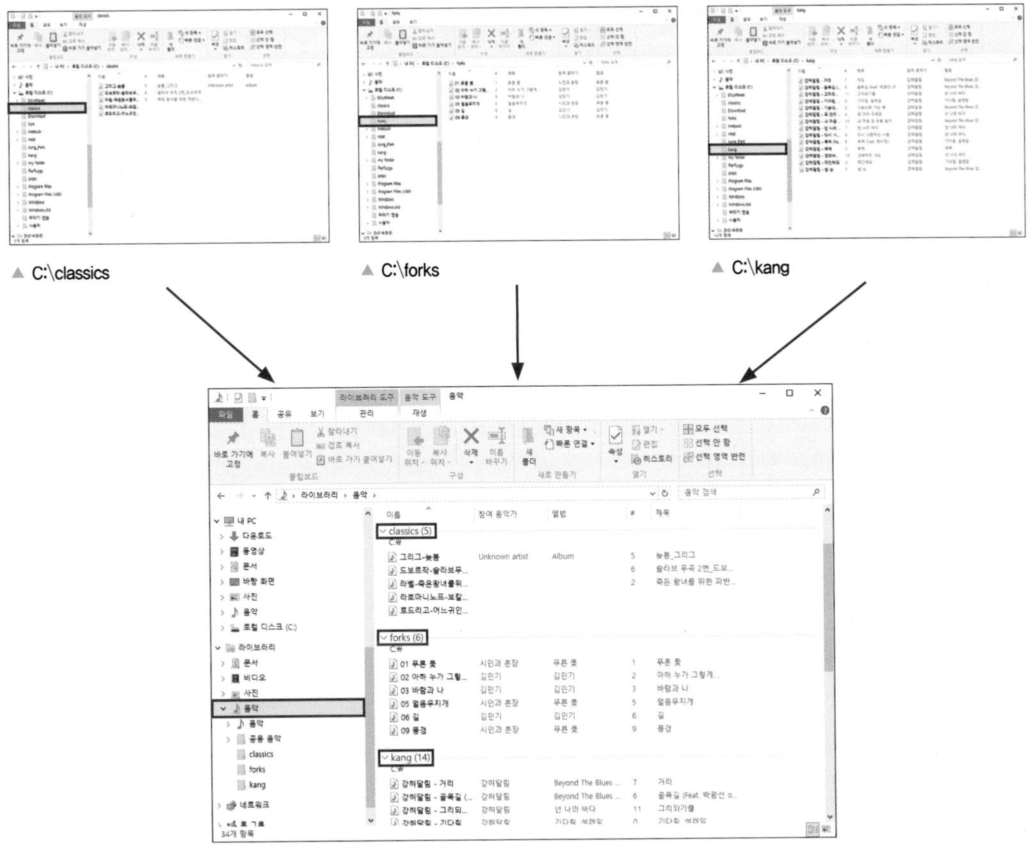

▲ C:\classics

▲ C:\forks

▲ C:\kang

▲ '음악' 라이브러리

폴더와 라이브러리의 차이

파일 탐색기의 탐색 창에서 라이브러리 이름을 클릭하면 오른쪽 파일 영역에 라이브러리 내용이 보이기 때문에 라이브러리는 폴더와 비슷하게 생겼습니다. 하지만 폴더와 라이브러리는 큰 차이점을 가지고 있습니다.

라이브러리의 역할은 파일이 저장된 폴더의 위치를 기억하고 파일이 저장된 폴더를 한눈에 보여주는 것입니다. 그렇기 때문에 서로 다른 드라이브나 폴더에 있는 파일도 마치 한 개의 폴더에 있는 것처럼 확인하고 관리할 수 있어 자주 사용하는 폴더를 라이브러리에 추가하면 손쉽게 필요한 파일을 찾을 수 있습니다. 또한 라이브러리에 연결된 폴더의 파일들은 윈도우 인덱스에 저장되기 때문에 파일을 검색할 때 우선 검색하게 된다는 장점도 있습니다.

파일 탐색기에 라이브러리 표시하기

하드 디스크에 음악이나 사진, 동영상이 여기저기 흩어져 있을 경우 라이브러리를 이용하면 편리합니다. 파일 탐색기를 실행하면 기본적으로 라이브러리가 감춰져 있는데, 파일 탐색기의 [보기] 탭 - [창] 그룹에서 [탐색 창]을 클릭하고 [라이브러리 표시]를 선택하면 탐색기 창에 라이브러리를 표시할 수 있습니다.

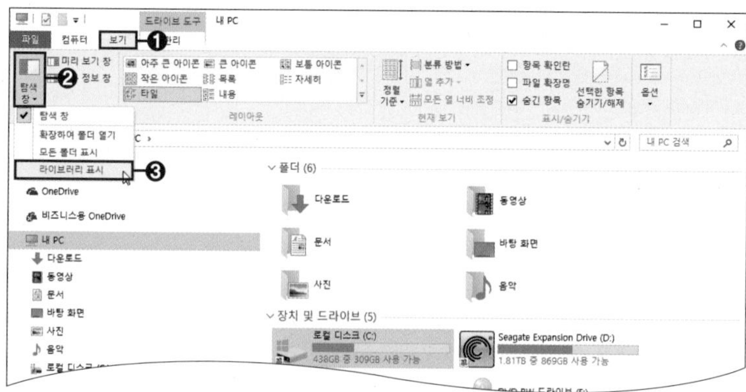

'라이브러리' 폴더의 왼쪽에 있는 ⌄ 단추를 클릭하여 확장해 보면 '문서'와 '비디오', '사진', '음악', 이렇게 기본적으로 네 개의 라이브러리가 있습니다.

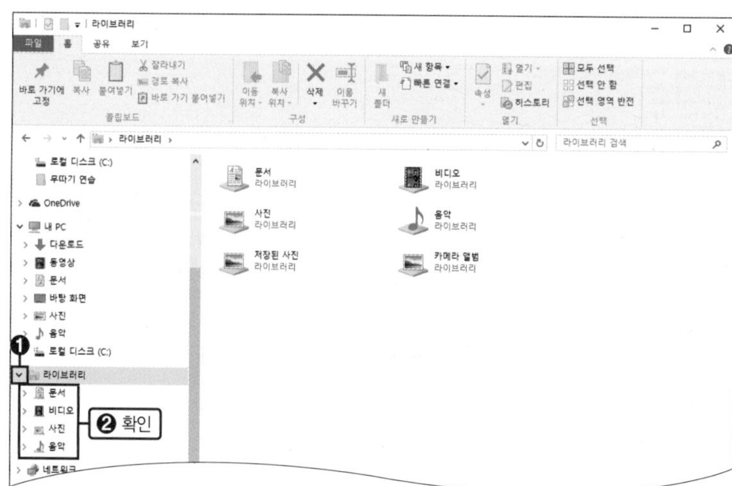

무따기 Windows 10

12 라이브러리에 폴더 추가하기

라이브러리에 폴더를 추가하면 자주 사용하는 폴더나 파일을 하나하나 찾아다니지 않고 라이브러리에서 한번에 정리해서 볼 수 있어 편리합니다. 여기서는 하드 디스크에 있는 폴더를 라이브러리에 추가하는 방법에 대해 알아보겠습니다.

01 파일 탐색기에서 라이브러리에 추가할 폴더를 선택한 후 [홈] 탭의 [새로 만들기] 그룹에서 [빠른 연결] – [라이브러리에 포함]을 선택한 후 추가하려는 대상 라이브러리를 선택합니다.

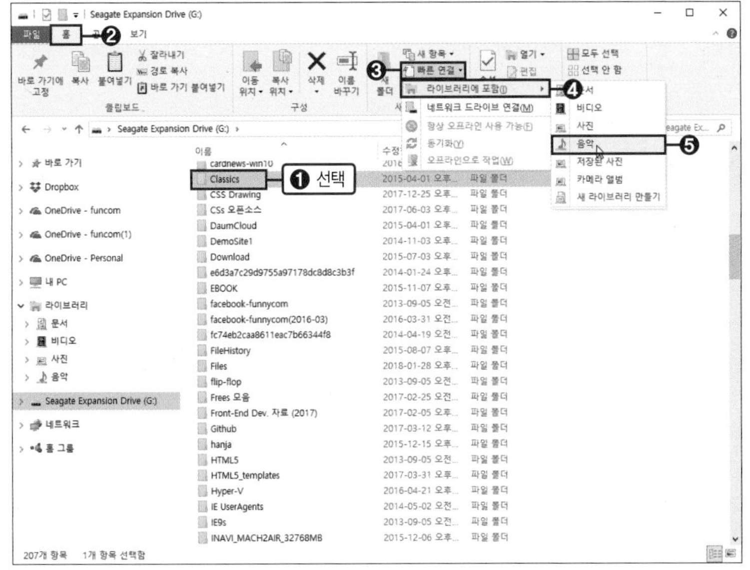

▲ Classics 폴더를 '음악' 라이브러리에 추가하기

잠깐만요

라이브러리에 추가할 폴더를 마우스 오른쪽 단추로 클릭하고 [라이브러리에 포함]에서 원하는 라이브러리를 선택해도 됩니다.

02 라이브러리에 추가된 폴더를 공유 여부를 선택하면 라이브러리에 선택한 폴더가 추가됩니다.

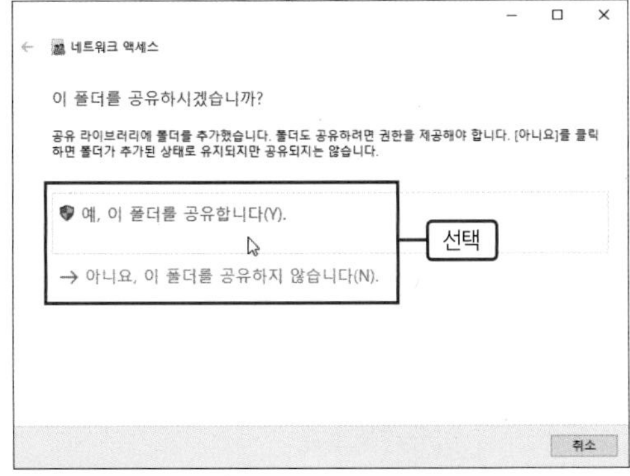

▲ 폴더 공유 선택하기

주요 13

Windows 10

새 라이브러리 만들기

라이브러리란 여러 곳에 흩어져 있는 폴더를 한눈에 볼 수 있도록 모아놓은 것입니다. 그래서 업무용으로 사용하는 폴더만 모아서 라이브러리로 만든다거나 여기저기 저장되어 있는 영어 공부 자료를 모아서 원하는 라이브러리로 만들 수 있습니다. 물론 이외에도 필요한 용도에 따라 여러 가지 라이브러리를 만들 수 있겠지요. 여기에서는 '영어 공부' 라이브러리를 만들어 보겠습니다.

방법 1 리본 메뉴에서 새 라이브러리 만들기

파일 탐색기를 열고 왼쪽 탐색 창에서 [라이브러리]를 선택합니다. 그리고 [홈] 탭 - [새로 만들기] 그룹에서 [새 항목] - [라이브러리]를 선택합니다.

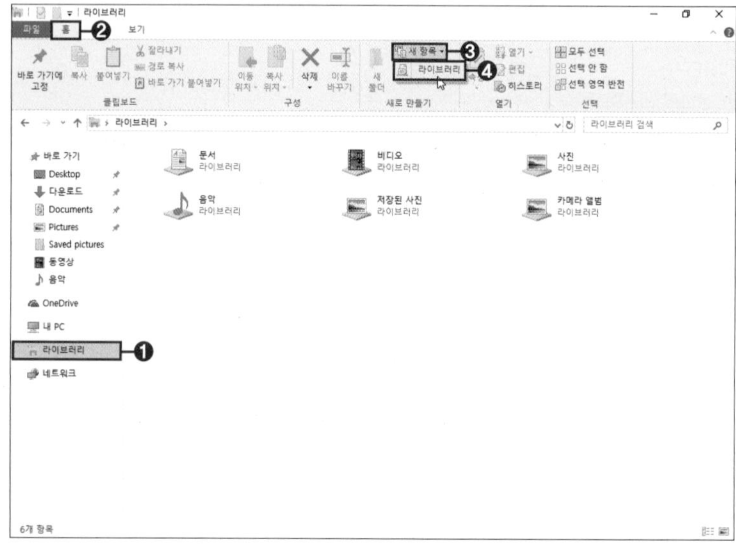

새로운 라이브러리가 추가되면 '새 라이브러리'라는 이름이 반전되어 표시됩니다. 원하는 라이브러리 이름을 입력하고 Enter를 누릅니다.

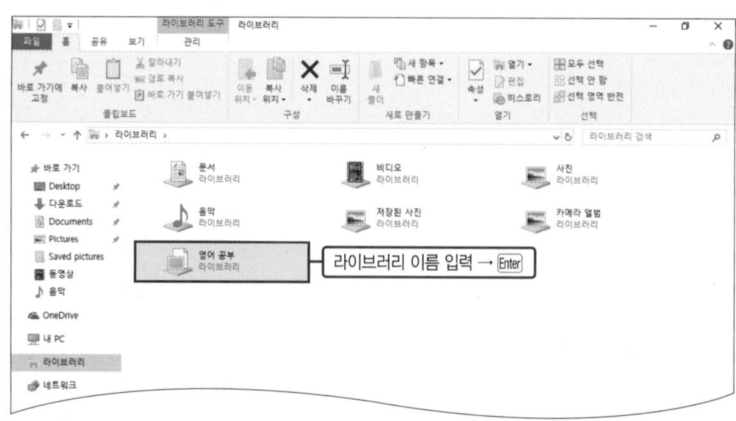

잠깐만요

이름을 바꿀 라이브러리를 선택한 상태에서 F2를 눌러도 이름을 변경할 수 있습니다.

방법 2 빠른 메뉴에서 라이브러리 만들기

파일 탐색기의 탐색 창에서 [라이브러리]를 선택해 라이브러리들이 표시되도록 합니다. 오른쪽 파일 목록 창의 빈 부분을 마우스 오른쪽 단추로 클릭하고 [새로 만들기] – [라이브러리]를 선택합니다.

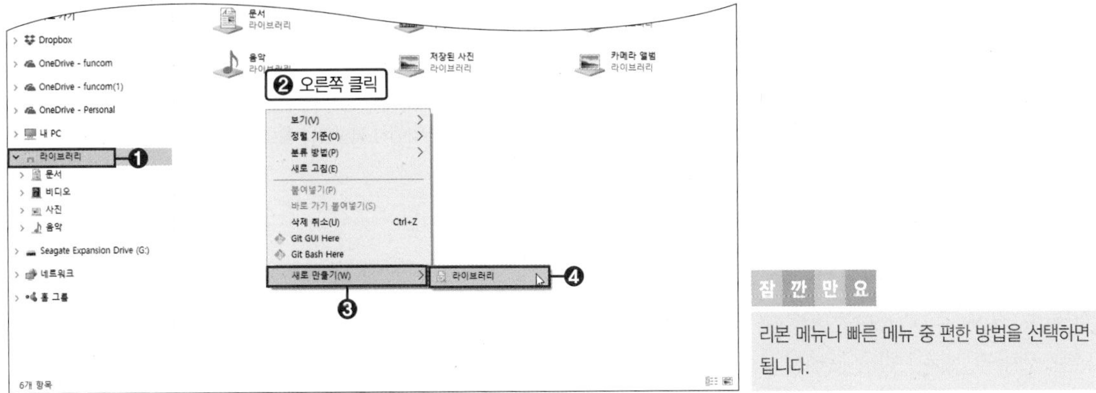

잠깐만요

리본 메뉴나 빠른 메뉴 중 편한 방법을 선택하면 됩니다.

라이브러리에 폴더 추가하기

새로 만든 '영어 공부' 라이브러리에 영어 공부와 관련된 폴더나 파일을 추가하세요. '영어대본' 폴더를 라이브러리에 추가하려면 파일 탐색기에서 '영어대본' 폴더가 있는 위치로 이동한 후 [홈] 탭 – [새로 만들기] 그룹 – [빠른 연결] – [라이브러리에 포함] – [영어 공부] 순으로 선택하면 '영어 공부' 라이브러리에 추가할 수 있습니다.

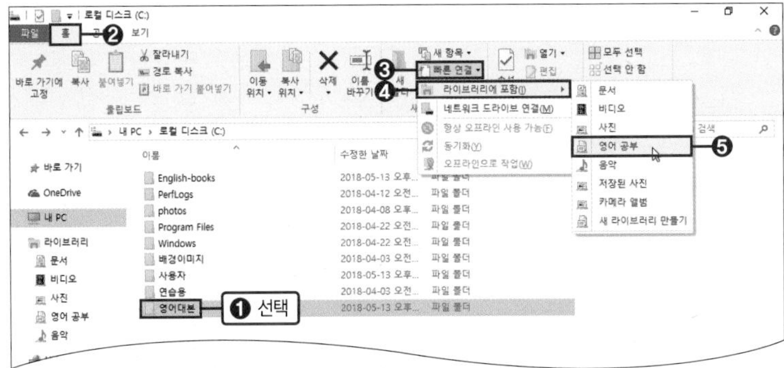

파일 탐색기의 왼쪽 탐색 창에서 [라이브러리] – [영어 공부] 라이브러리를 선택하면 방금 추가한 '영어대본' 폴더의 내용이 표시됩니다.

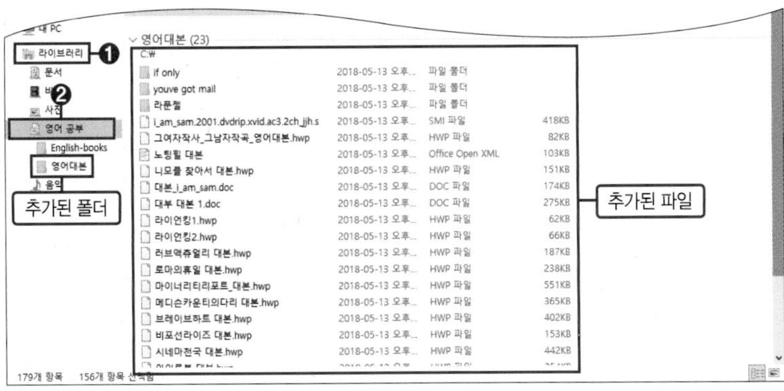

무따기 Windows 10

14 라이브러리에서 폴더 제거하기

라이브러리에서 폴더를 '제거'하는 것은 폴더나 파일을 '삭제'하는 것과는 다릅니다. 라이브러리에서 폴더를 제거하는 것은 라이브러리와의 연결을 끊는 것이기 때문에 원래 위치에 있는 폴더와 파일은 그대로 남아있게 됩니다. 단 라이브러리에서 파일이나 폴더를 삭제하면 원래 있던 위치에서도 파일이나 폴더가 삭제됩니다.

01 제거할 폴더가 있는 라이브러리를 열면 파일 탐색기 리본 메뉴 위에 '라이브러리 도구'라는 내용이 표시됩니다. 앞에서 '영어 공부' 라이브러리에 추가한 '영어대본' 폴더를 삭제하려면, '영어 공부' 라이브러리를 선택한 상태에 [관리] 탭 – [관리] 그룹에서 [라이브러리 관리]를 클릭합니다.

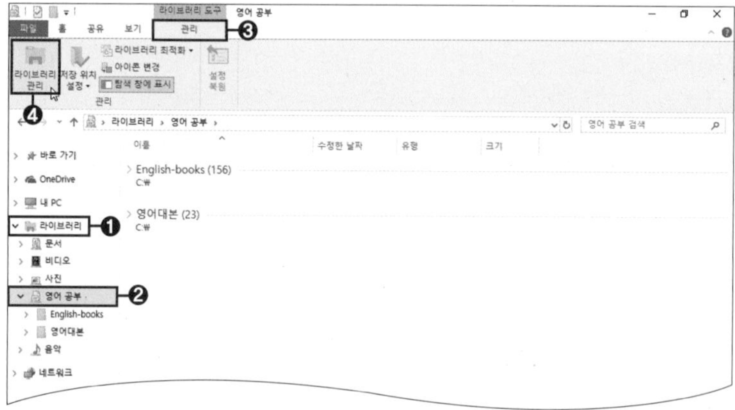

02 새로운 대화 상자가 나타나면 '라이브러리 위치'에서 제거할 폴더를 선택하고 [제거]를 클릭합니다. '라이브러리 위치' 항목에서 선택한 폴더가 제거 됐다면 [확인]을 클릭합니다.

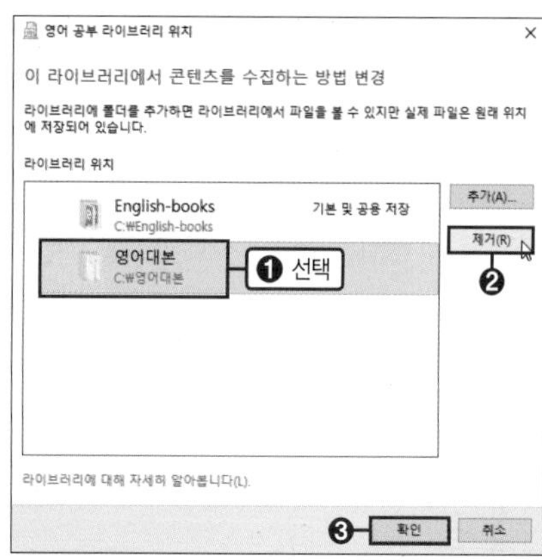

잠깐만요

'새 라이브러리 라이브러리 위치' 대화상자에서 제거하는 폴더는 선택한 폴더를 삭제하는 것이 아니라 라이브러리에 추가된 위치를 제거하는 것으로 선택한 폴더가 삭제되는 것은 아닙니다.

03 파일 탐색기에서 '영어 공부' 라이브러리로 가보면 추가해 두었던 '영어대본' 폴더가 제거된 것을 볼 수 있습니다.

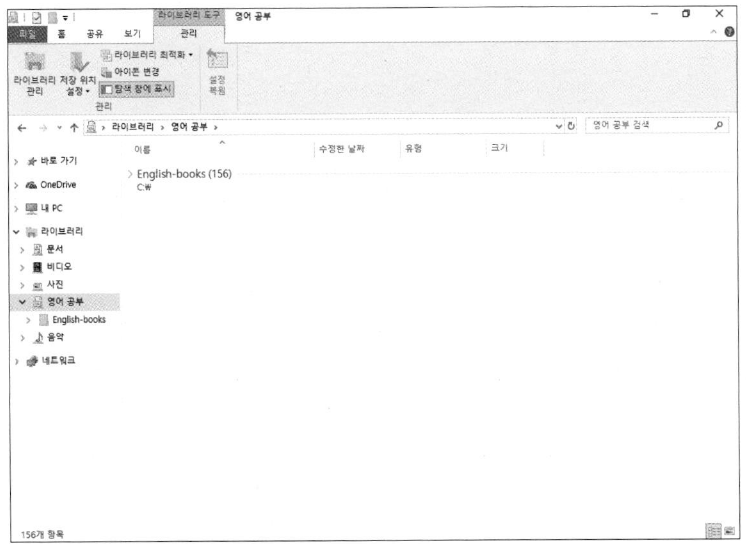

잠 깐 만 요

라이브러리에서 공유 중인 폴더를 제거할 경우 공유를 끝낼 것인지 묻는 대화상자가 나타납니다. 공유를 끝낼 수도 있고 계속 공유할 수도 있습니다.

무따기 Windows 10

15 바로 가기에 원하는 폴더 고정하기

윈도우를 사용하다 보면 원하는 폴더나 파일을 찾아가기 위해 여러 번 클릭해야 하는 경우가 생깁니다. 자주 사용하는 폴더는 자동으로 파일 탐색기의 '바로 가기'에 표시되지만 원하는 폴더를 직접 바로 가기에 고정할 수도 있습니다. 바로 가기는 파일 탐색기 창 맨 위에 표시되기 때문에 원하는 폴더를 찾기 위해 스크롤을 내리거나 몇 번씩 클릭하면서 폴더를 찾지 않아도 됩니다.

01 바로 가기에 추가할 폴더를 마우스 오른쪽 단추로 클릭한 후 [바로 가기에 고정]을 선택합니다.

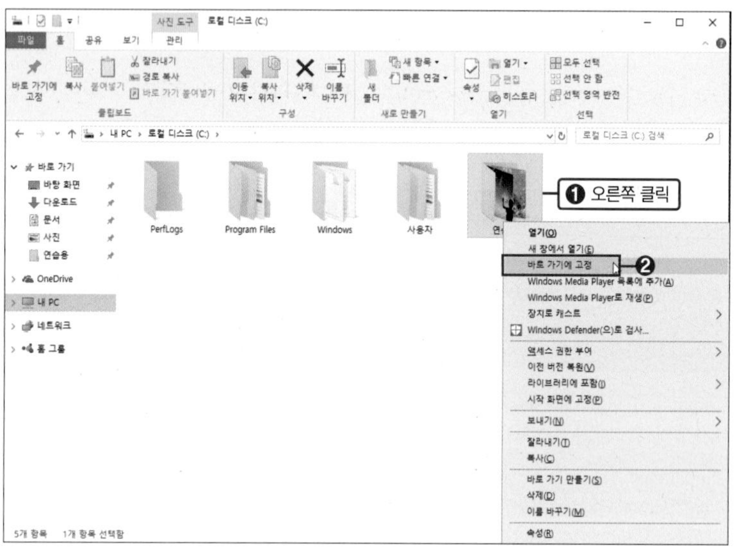

02 탐색기 창 왼쪽 위에 있는 [바로 가기]를 클릭하면 방금 추가한 폴더가 나타납니다. 폴더를 바로 가기에서 제거하려면 해당 폴더를 마우스 오른쪽 단추로 클릭한 후 [바로 가기에서 제거]를 선택합니다.

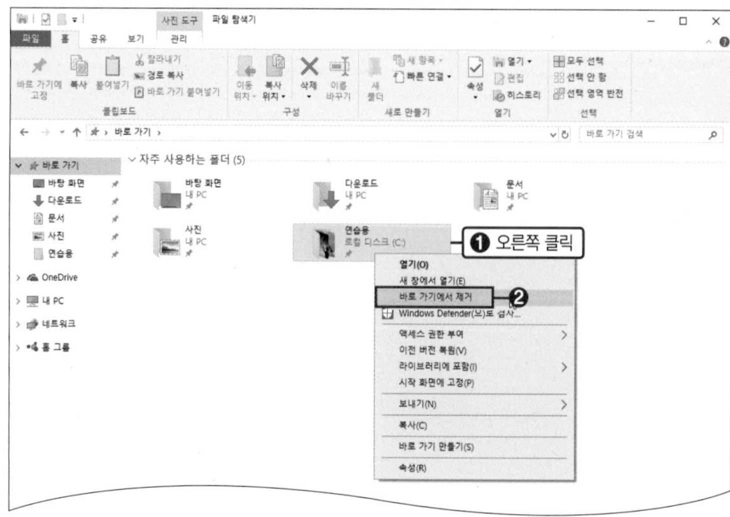

주요

Windows 10

16 파일 탐색기에서 파일 검색하기

폴더를 만들어서 분류해도 계속 파일을 저장하다 보면 어디에 저장했는지 몰라 찾아다니는 경우가 종종 있는데, 이 경우에는 파일 탐색기의 검색 기능을 이용하면 편리합니다. 이번에는 간단하게 파일명을 이용해 원하는 파일을 검색하는 방법에 대해 알아보겠습니다.

파일 탐색기에서 검색하려고 하는 폴더로 이동한 뒤, 주소 표시줄의 오른쪽에 있는 검색 입력 상자를 클릭하여 검색할 파일명을 입력합니다. 파일명 전체를 입력하지 않고 일부분만 입력해도 해당 단어와 일치하는 파일을 찾아주므로 파일명의 일부분만 기억하고 있어도 파일을 쉽게 찾을 수 있습니다.

파일 탐색기의 검색 입력 상자에 검색어를 입력해 파일을 검색하면 파일명이나 파일에 저장된 기본 정보를 중심으로 검색합니다. 파일 탐색기에서 주소 표시줄의 검색 입력 상자에 커서를 올려놓으면 리본 메뉴에 새로운 [검색] 탭이 생깁니다. [검색] 탭에는 '수정한 날짜'와 '종류', '크기' 등의 검색 옵션이 있습니다.

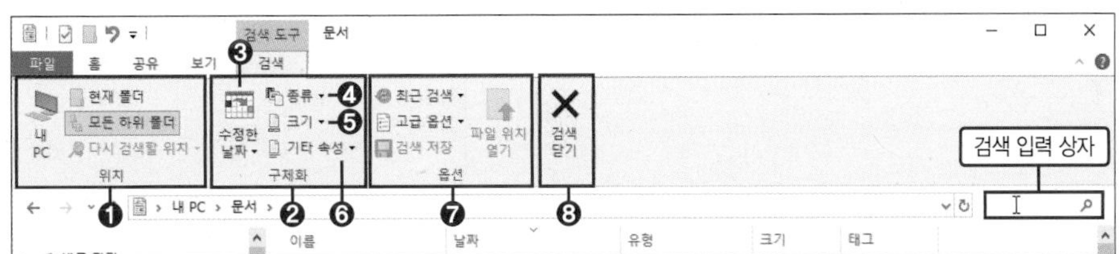

❶ **[위치] 그룹** : 파일을 검색할 위치를 지정합니다. 기본적으로 현재 폴더와 함께 하위 폴더까지 검색하는데, 원하면 현재 폴더만 한정해서 검색할 수도 있고 [다시 검색할 위치]를 클릭해서 검색할 위치를 새로 지정할 수도 있습니다.

❷ **[구체화] 그룹** : 검색할 대상을 구체적으로 지정합니다.

❸ **수정한 날짜** : 파일을 언제 수정했는지 알고 있을 경우에 사용할 수 있는 옵션으로, '오늘', '어제' 등의 키워드를 선택할 수 있습니다.

❹ **종류** : 컴퓨터에 저장된 정보 중에서 어떤 것을 검색할 것인지 검색 대상의 종류를 선택할 수 있습니다.

❺ **크기** : 파일의 크기를 대충 알고 있을 경우에 사용할 수 있는 옵션입니다.

❻ **기타 속성** : 검색할 파일의 유형이나 이름 등 여러 가지 검색 옵션을 선택할 수 있습니다.

❼ **[옵션] 그룹** : 최근에 검색했던 기록이나 색인 위치를 변경합니다. 색인 옵션 설정에 대해서는 140쪽을 참고합니다.

❽ **[검색 닫기]** : 검색 메뉴를 닫습니다.

무따기 Windows 10

17 색인 옵션 설정하기

윈도우 10에서는 파일 검색을 대비해 저장되어 있는 파일들을 색인해 놓습니다. '색인(index)'이란 사전에서 인덱스를 붙여놓듯 검색하기 쉽도록 파일 위치에 인덱스를 지정하는 것을 말합니다. 자주 사용하는 파일이나 라이브러리의 파일은 윈도우에서 자동으로 색인하지만 그외의 파일은 색인되지 않는 경우가 있기 때문에 가끔 하드 디스크의 파일을 색인해 두는 것이 좋습니다.

01 작업 표시줄의 검색 상자에 '색인'이라고 입력한 후 검색 결과 창에 표시된 '색인 옵션'을 클릭합니다.

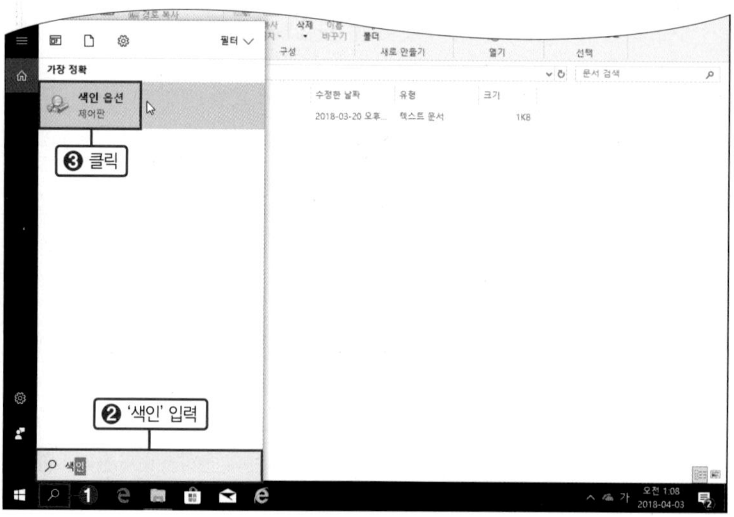

02 '색인 옵션' 창에는 현재 색인된 위치가 표시됩니다. 더 추가할 위치가 있다면 [수정]을 클릭합니다.

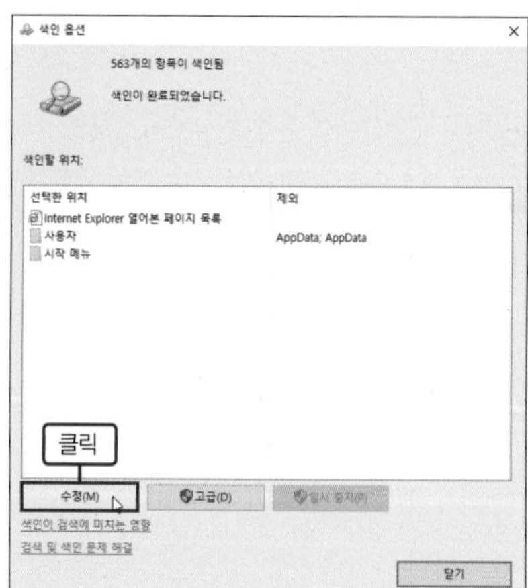

03 '선택한 위치 변경'에서 추가할 위치를 선택하고 [확인]을 클릭하면 파일이 하나씩 색인되기 시작합니다. 색인 완료되었다는 메시지가 나타나면 [닫기]를 클릭합니다.

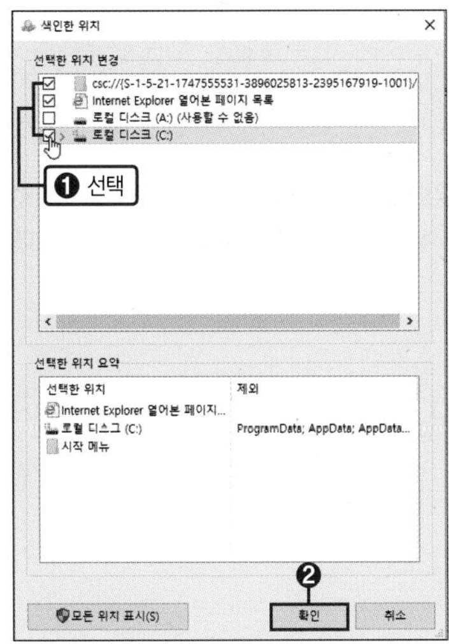

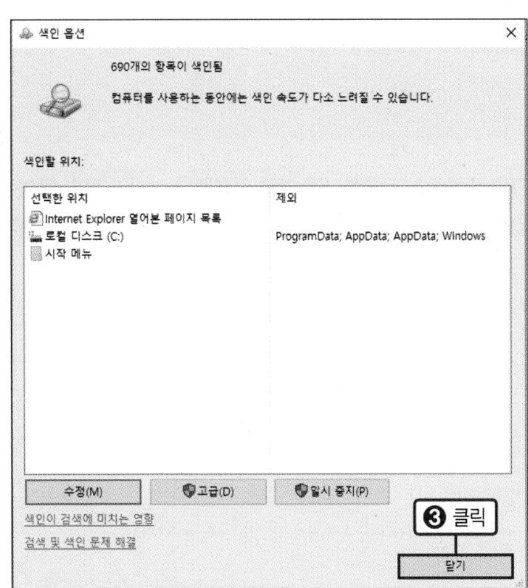

전문가의 조언 다시 색인하기

색인 위치를 지정했더라도 나중에 여러 파일이 추가되고 수정되다 보면 다시 색인해 두어야 합니다. '색인 옵션' 창에서 [고급]을 선택한 후 '문제 해결' 항목에 있는 [다시 색인]을 클릭하면 기존의 색인을 삭제하고 새로운 색인을 만들 수 있습니다.

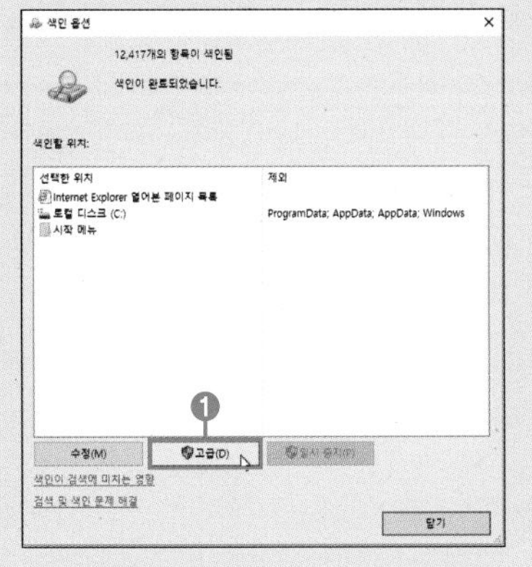

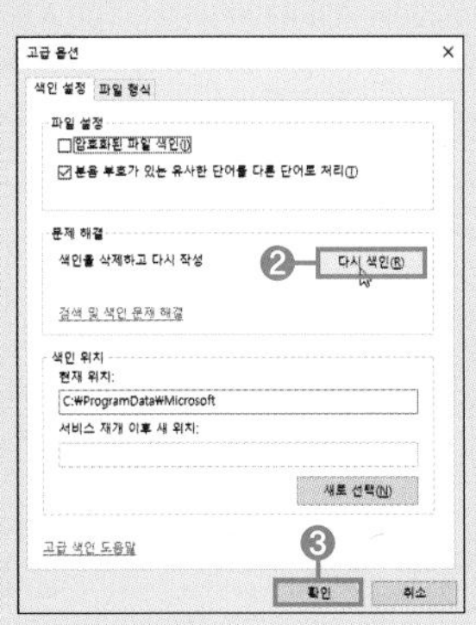

주요

Windows 10

파일 탐색기에서 파일 내용으로 검색하기

파일 탐색기에서 파일을 검색할 때 색인된 위치에서 검색한다면 파일 이름뿐만 아니라 파일 안의 내용도 함께 검색할 수 있습니다. 하지만, 색인되지 않았을 경우에는 파일 이름으로만 검색되기 때문에 파일 내용을 검색할 수는 없죠. 파일 탐색기에서 파일 내용으로 검색하는 방법에 대해 알아보겠습니다.

색인 위치라면

색인된 위치라면 검색 창에 검색어를 입력하고 Enter를 눌렀을 때 파일 이름 뿐만 아니라 그 검색어가 내용에 포함된 파일도 검색할 수 있습니다.

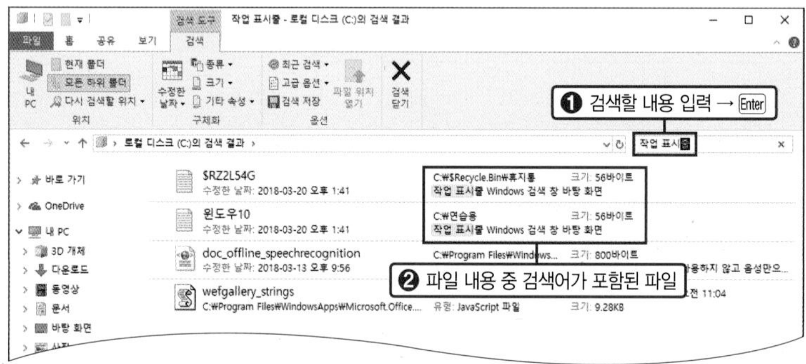

색인을 사용하지 않으려면

파일을 검색할 때 색인을 사용하지 않고 파일 내용까지 검색하려면 폴더 옵션을 수정해야 합니다. 단, 이 경우에는 색인이 없는 상태로 파일 하나하나를 검색하기 때문에 검색 속도도 느리고 시간도 오래 걸립니다.

메뉴의 [보기] 탭에 있는 옵션 도구 ( )를 클릭해서 '폴더 옵션' 창을 엽니다.

[검색] 탭을 클릭하면 검색과 관련된 내용들이 나타나는데 이 중에서 '폴더에서 시스템 파일을 검색할 때 색인 사용 안함'과 '항상 파일 이름 및 내용 검색' 항목에 체크한 후 [확인]을 클릭합니다.

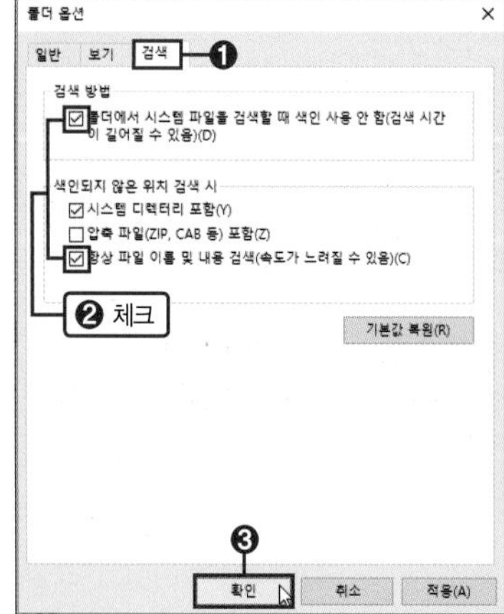

19 파일 탐색기에서 파일 압축/해제하기

파일 압축은 여러 개의 파일들을 하나의 파일로 묶어놓은 것이므로 한꺼번에 여러 개의 파일들을 메일로 전송하거나 다른 저장 장치나 폴더로 옮길 때 편리합니다. 압축한 파일을 원래의 상태로 되돌려놓는 것을 '압축을 푼다' 또는 '압축을 해제한다'라고 합니다.

파일 압축하기

01 압축할 파일들을 선택한 후 오른쪽 단추를 클릭하고 [보내기] - [압축(ZIP) 폴더]를 선택합니다.

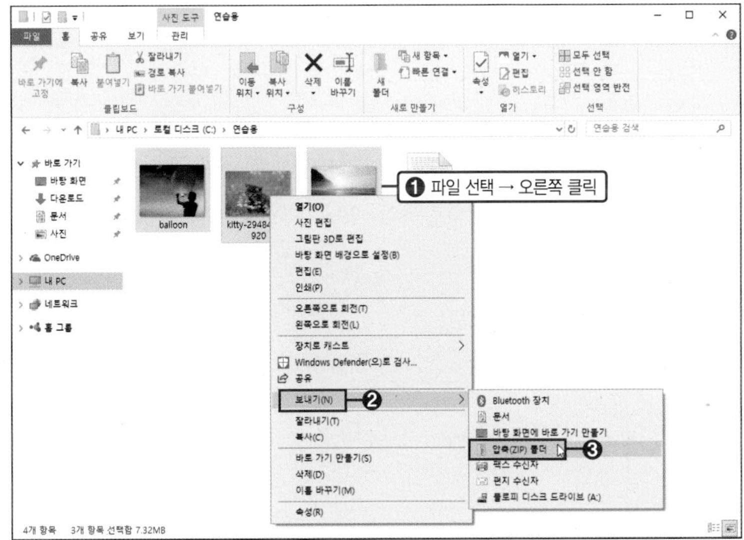

잠깐만요

파일 탐색기에서 압축할 파일들을 모두 선택하고 [공유] 탭 - [보내기] 그룹에서 [압축(ZIP)]을 클릭해도 됩니다.

02 압축이 완료되면 현재 폴더에 지퍼가 달린 폴더 아이콘( )이 생성되고 선택했던 파일 중 하나가 임시 압축 폴더명으로 저장됩니다. 폴더명이 반전되어 있으므로 원하는 이름으로 수정하고 Enter를 누릅니다.

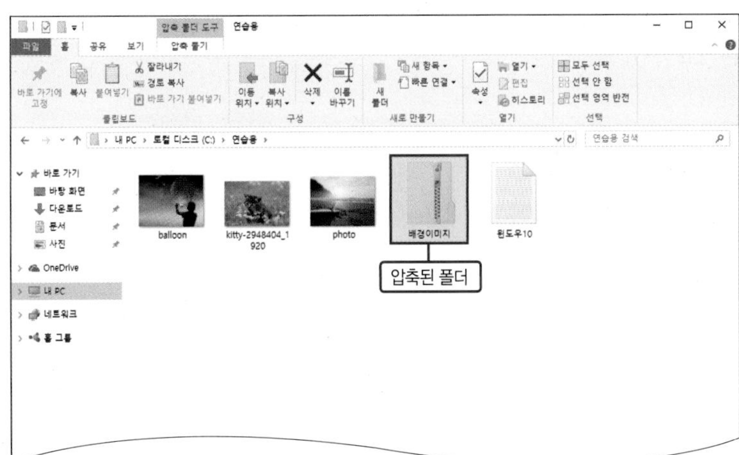

잠깐만요

'압축되었다(zipped)'는 의미가 '지퍼로 잠겼다'는 의미이므로 압축 폴더에 지퍼 그림이 추가되어 다른 폴더와 쉽게 구별됩니다.

파일 압축 해제하기

01 압축 폴더는 지퍼로 잠긴 형태이기 때문에 쉽게 구분할 수 있습니다. 압축을 풀 압축 폴더를 선택하고 [압축 폴더 도구]의 [압축 풀기] 탭에서 [압축 풀기]를 클릭합니다.

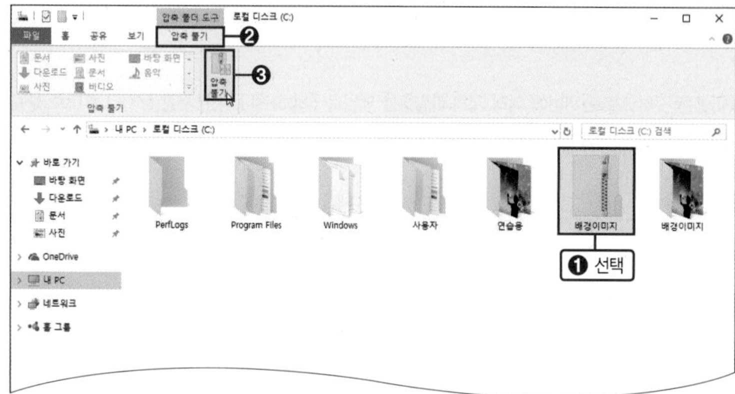

02 '압축(Zip) 폴더 풀기' 창이 나타나면 압축을 풀 위치를 지정하는데, 기본적으로 현재 폴더에 압축 폴더와 이름이 같은 폴더가 만들어지면서 그 안에 파일들의 압축이 풀립니다. 압축을 풀 위치를 지정한 뒤, [압축 풀기]를 클릭하세요.

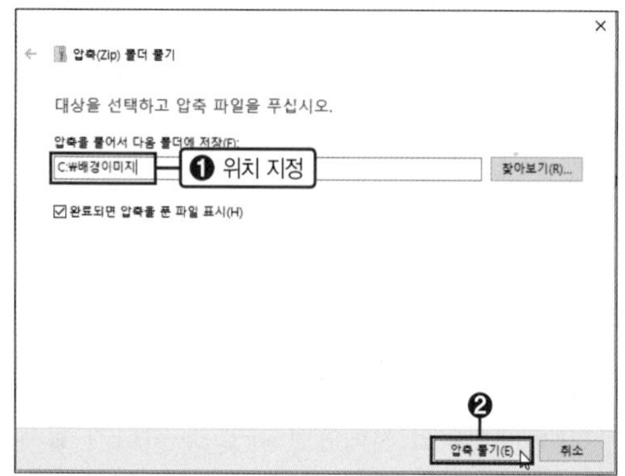

잠깐만요

다른 위치를 지정하려면 [찾아보기]를 클릭하고 원하는 폴더를 선택합니다.

03 압축이 풀린 폴더가 자동으로 표시됩니다.

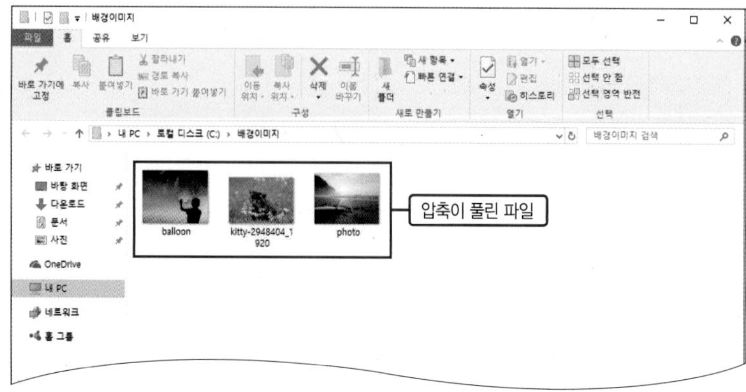

무따기 Windows 10

20 이미지 파일(ISO 파일) 실행하기

인터넷을 통해 소프트웨어를 구입하면 곧바로 다운로드해서 사용할 수 있는데 이때 제공되는 파일 형식은 ISO 이미지 파일입니다. ISO 형식은 CD용이나 DVD용 파일이기 때문에 CD나 DVD 디스크로 변환하거나 가상 디스크를 이용해서 설치해야 하지만 윈도우 10의 파일 탐색기에는 ISO 파일에서 필요한 파일만 추출하는 기능이 있어서 곧바로 실행할 수 있습니다.

01 윈도우 탐색기에서 ISO 파일을 더블클릭해서 실행합니다.

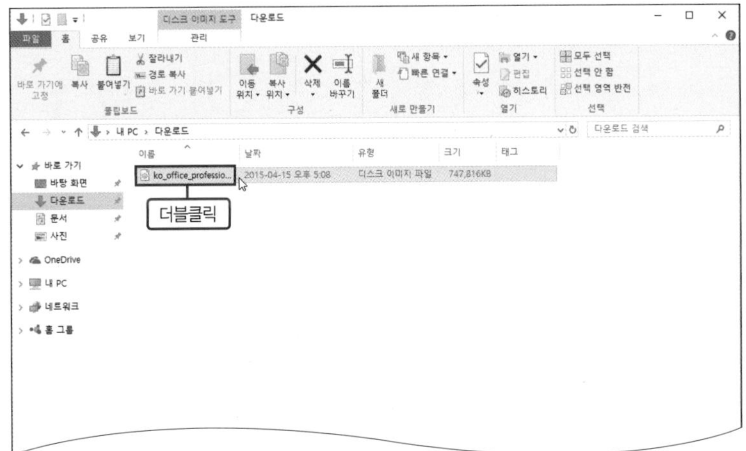

02 ISO 파일을 실행하면 파일 탐색기에 가상의 CD 드라이브나 DVD 드라이브가 만들어지면서 그 안에 ISO 파일 안의 내용이 풀립니다. 그 안의 설치 파일을 더블클릭하면 탐색기에서도 ISO 파일을 이용해 프로그램을 설치할 수 있습니다.

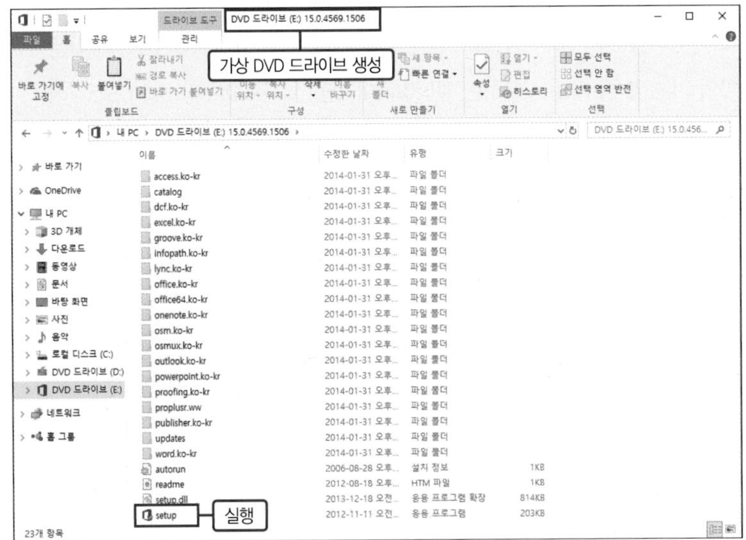

넷째 마당

윈도우 10 기본 앱 사용하기

윈도우 10에는 사용자들이 가장 많이 사용하는 사진이나 음악, 동영상을 편리하게 확인하고 관리할 수 있는 기본 멀티미디어 앱을 제공합니다. 만약 윈도우 10에 포함되지 않은 앱이 있다면 'Microsoft Store'에서 다운로드할 수도 있습니다. 윈도우 10의 기본 앱 중 자주 사용하는 멀티미디어 앱을 살펴보고 'Microsoft Store'에서 앱을 다운로드하는 방법에 대해서도 알아보겠습니다.

Windows 10

8장 사진 앱으로 사진 관리하기

9장 사진과 음악을 이용해 비디오 만들기

10장 음악/동영상 재생하기

11장 윈도우 앱 관리하기

8장

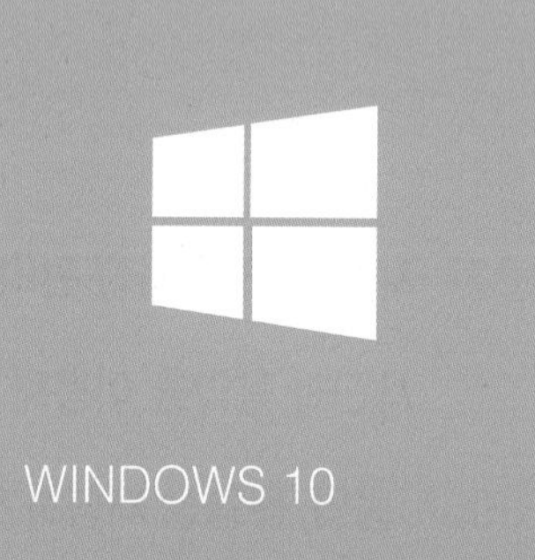

사진 앱으로 사진 관리하기

스마트폰이나 태블릿과 같은 모바일 기기로 언제 어디서나 사진을 찍을 수 있게 되어 정리하지 못한 사진이 계속 쌓이고 있지는 않나요? 윈도우 10의 '사진' 앱은 컴퓨터 안의 사진을 볼 수 있는 기능뿐만 아니라 사진을 보정하고 크기를 조절하는 등의 간단한 사진 편집도 가능합니다. 이번 장에서는 '사진' 앱을 이용해 컴퓨터의 사진을 열어보고 편집하는 방법까지 알아보겠습니다.

01 사진 앱 살펴보기

윈도우 10의 '사진' 앱은 단순히 사진을 표시하는 것뿐만 아니라 기본적인 편집 기능이 포함되어 있습니다. 우선 '사진' 앱이 어떤 구성으로 이루어져 있는지 살펴본 후 하나씩 새로운 기능을 익혀보겠습니다.

❶ **사진 파일 이름** : 현재 사진의 파일 이름이 표시됩니다.

❷ **모든 사진 보기** : '사진' 라이브러리에 등록된 사진과 비디오를 나열해서 표시합니다. 154쪽을 참고하세요.

❸ **다음에 추가** : 현재 사진을 '앨범'에 추가하거나 '비디오'에 추가합니다. 167쪽을 참고하세요.

❹ **확대/축소** : 클릭한 후 슬라이드 막대를 움직여 현재 표시한 사진을 확대하거나 축소합니다.

❺ **삭제** : 현재 사진을 삭제합니다.

❻ **즐겨찾기에 추가** : '사진' 앱의 '즐겨찾기'에 추가해 나중에 쉽게 찾을 수 있습니다. 이미 즐겨찾기에 추가한 사진이라면 클릭해서 즐겨찾기에서 삭제합니다.

❼ **회전** : 클릭을 할 때마다 사진을 시계 방향으로 90도씩 회전시킵니다.

❽ **편집 및 만들기** : 간단한 사진 편집을 하거나 사진을 이용한 비디오를 만들 수 있습니다. 159쪽을 참고하세요.

❾ **공유** : 현재 사진을 메일이나 기타 다른 앱으로 공유합니다.

❿ **인쇄** : 현재 사진을 인쇄합니다.

⓫ **자세히 보기** : 사진과 관련된 다른 명령들을 선택할 수 있습니다. 153쪽을 참고하세요.

⓬ **사진 표시 창** : 선택한 사진을 표시합니다.

⓭ **이전/다음** : 사진 표시 창의 왼쪽이나 오른쪽을 클릭하여 이전 사진이나 다음 사진을 볼 수 있습니다.

⓮ **전체 화면** : 선택한 사진을 전체 화면에 표시합니다.

무따기 Windows 10

02 사진 라이브러리에 사진 폴더 추가하기

자주 사용하는 사진 폴더가 있다면 '사진' 라이브러리에 추가해 편리하게 사용할 수 있습니다. 이렇게 라이브러리에 추가해 놓으면 '사진' 앱을 실행했을 때 따로 내 사진을 찾지 않아도 사진 앱에서 손쉽게 확인하고 편집할 수 있습니다.

01 라이브러리에 추가할 사진 폴더를 선택한 후 [홈] 탭의 [새로 만들기] 그룹에 있는 [빠른 연결] - [라이브러리에 포함] - [사진]을 차례로 선택합니다.

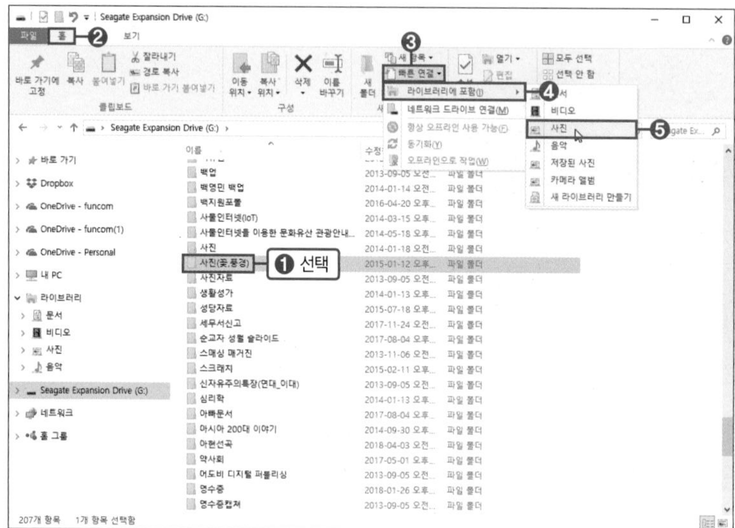

잠깐만요

사진이 있는 폴더를 마우스 오른쪽 단추로 클릭한 후 [라이브러리에 포함] - [사진]을 선택해도 됩니다.

02 라이브러리는 기본적으로 네트워크 상의 다른 사용자와 공유되기 때문에 현재 추가한 폴더도 공유할 것인지 묻는 창이 나타납니다. 필요에 따라 공유하거나 공유하지 않을 수 있습니다. 원하는 옵션을 선택하면 라이브러리에 추가됩니다.

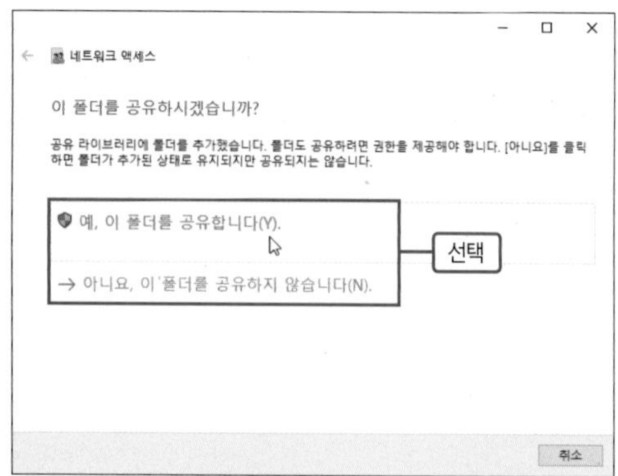

무따기 Windows 10

103 파일 탐색기에서 사진 앱 실행하기

윈도우 7까지는 사진을 열어볼 때 'Windows 사진 뷰어'가 기본 프로그램이었지만 윈도우 10에서는 '사진' 앱이라는 새로운 앱을 사용합니다. '사진' 앱을 사용해 사진 파일을 열어보겠습니다.

01 파일 탐색기를 실행하고 그림이나 사진 파일을 더블클릭하거나 [홈] 탭의 [열기] 그룹에서 [열기]를 클릭합니다.

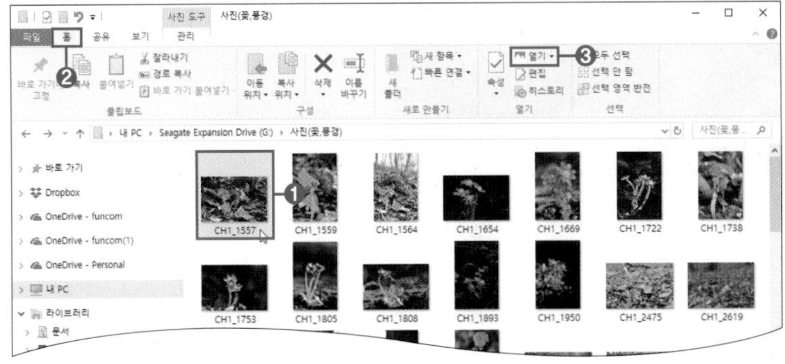

잠깐만요

이미 설치되어 있는 앱이 기본 앱으로 설정되어 있다면 사진 파일을 마우스 오른쪽 단추로 클릭한 뒤 [연결 프로그램] - [사진]을 선택하면 윈도우 10의 '사진' 앱으로 파일을 열 수 있습니다. 기본 앱을 설정하는 방법은 210쪽을 확인하세요.

02 '사진' 앱이 실행되면서 선택한 그림이나 사진 파일이 표시됩니다.

03 '사진' 앱의 왼쪽 가장자리나 오른쪽 가장자리로 마우스 포인터를 가져가면 화살표가 표시되는데 이 화살표를 눌러 이전 사진이나 다음 사진을 볼 수 있습니다.

전문가의 조언

'Windows 사진 뷰어'로 사진 열기

'사진' 앱이 아닌 'Windows 사진 뷰어'를 사용해서 사진을 열고 싶다면 그림이나 사진 파일을 선택한 후 [홈] 탭의 [열기] 그룹에서 '열기' 오른쪽에 있는 역삼각형을 클릭하고 [Windows 사진 뷰어]를 선택합니다.

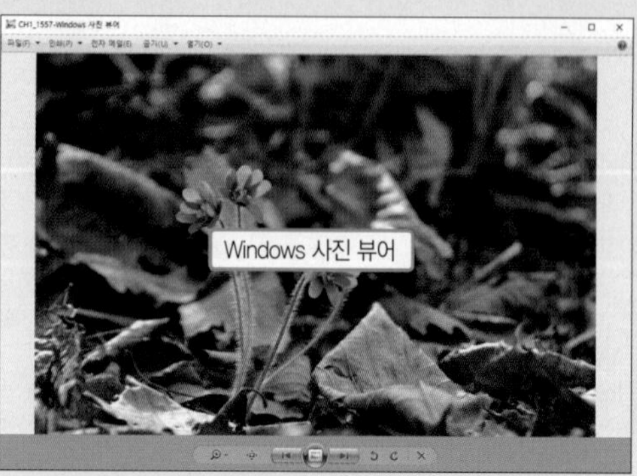

주요 Windows 10

04 사진 정보 확인하기

휴대폰이나 디지털 카메라로 찍은 사진 파일에는 눈에 보이지 않는 다양한 정보들이 포함되어 있습니다. 사진을 찍은 날짜나 찍은 장소가 궁금하다면 파일 정보를 확인해 보세요.

파일 정보를 확인할 사진을 더블클릭하여 '사진' 앱을 실행한 뒤, 도구 모음에서 자세히 보기(···)를 클릭한 후 [파일 정보]를 선택합니다.

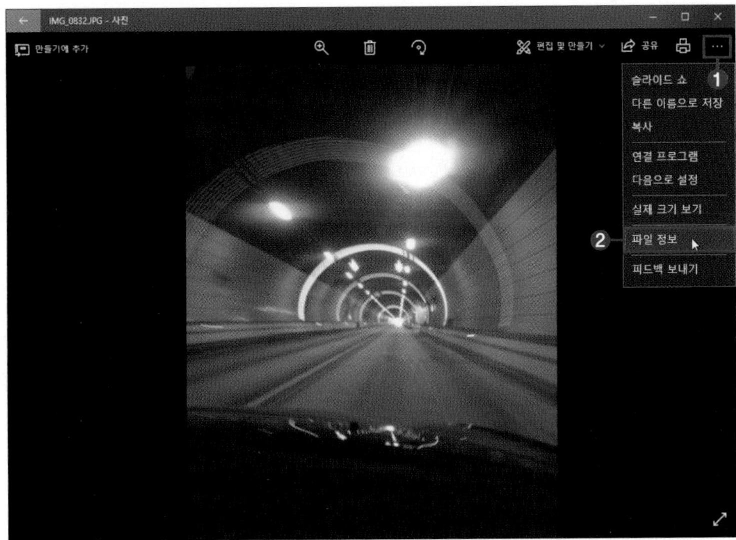

잠깐만요

사진을 마우스 오른쪽 단추로 클릭한 뒤, [파일 정보]를 선택해도 됩니다.

'사진' 앱 왼쪽 화면에 사진과 관련된 다양한 정보들이 표시됩니다. 특히, 스마트폰으로 찍은 사진일 경우 '위치' 항목에는 사진이 찍힌 장소가 표시되어 있는데, 그 아래에 있는 '지도 열기'를 클릭하면 사진 찍힌 장소의 주소까지 알려줍니다.

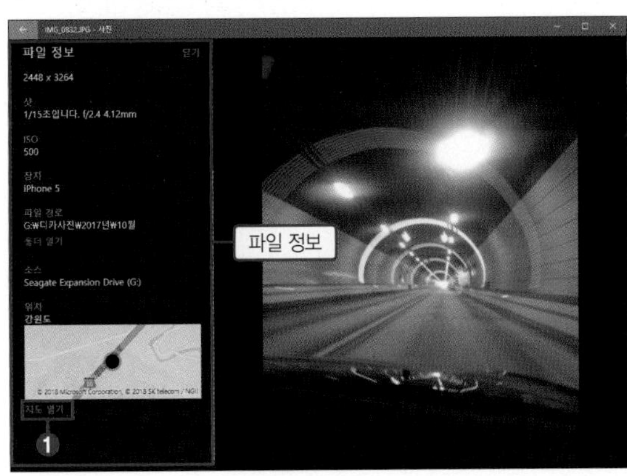

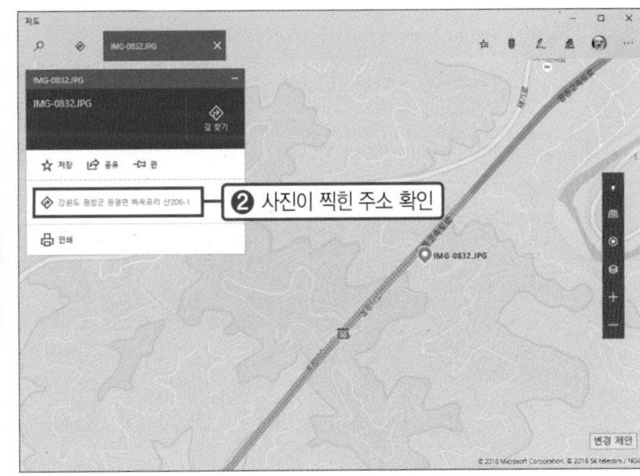

잠깐만요 화면 왼쪽에 표시된 파일 정보 창을 닫으려면 파일 정보 창 위에 있는 [닫기]를 클릭합니다.

주요

Windows 10

다양한 형태로 모든 사진 보기

'사진' 앱을 이용하면 '사진' 라이브러리에 있는 사진들을 '컬렉션'과 '앨범', '사람들', '폴더' 형태로 볼 수 있습니다. 각 형태가 어떤 특징을 가지고 있는지 알아보겠습니다.

'사진' 앱을 실행했을 때 가장 먼저 만나는 화면에는 '사진' 라이브러리에 있는 사진들을 다양한 형태로 분류해 보여줍니다.

컬렉션

'사진' 라이브러리에 있는 사진들을 날짜별로 정리해서 보여줍니다. 화면 오른쪽에 타임라인이 함께 표시되므로 원하는 날짜를 쉽게 선택할 수 있습니다.

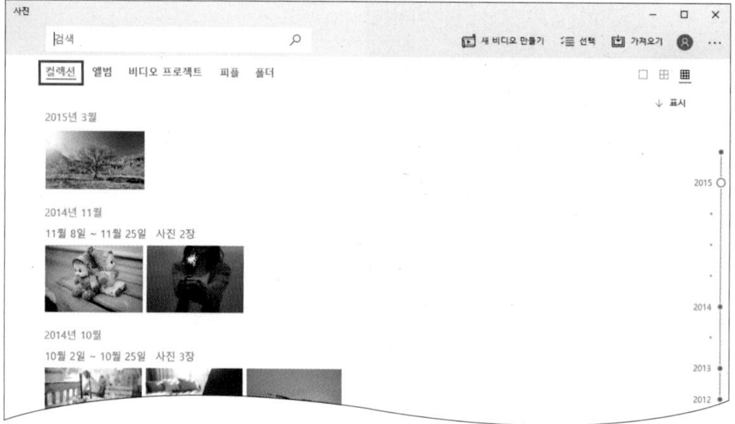

앨범

미리 만들어 놓은 앨범들을 표시하고 새로운 앨범을 만들 수도 있습니다. 앨범을 만드는 방법은 165쪽을 참고하세요.

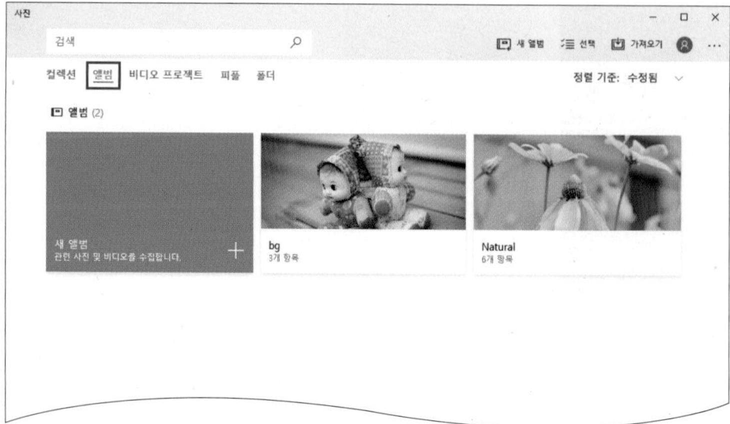

비디오 프로젝트

미리 만들어 놓은 비디오를 표시하거나 새로운 비디오를 만들 수 있습니다. 비디오를 만드는 방법은 167쪽을 참고하세요.

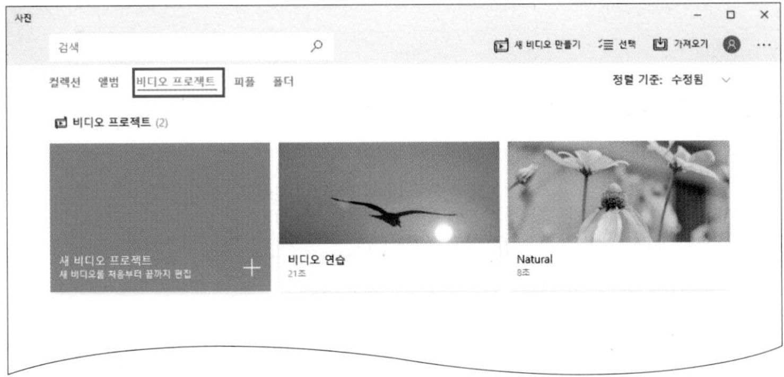

피플

'사진' 앱은 사진에서 사람과 사물을 구별해서 인식할 수 있기 때문에 사람별로 사진을 모아서 보여줍니다.

폴더

'사진' 라이브러리에 추가된 폴더를 나열합니다. 원하는 폴더를 선택해 그 안의 사진만 볼 수도 있습니다.

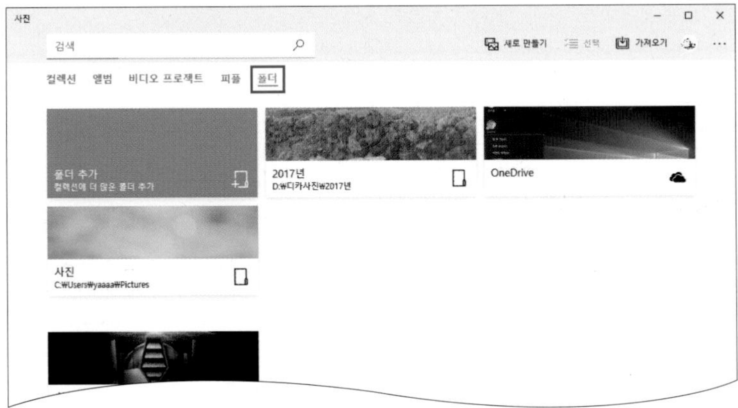

사진 검색하기

'사진' 앱에서는 사진의 내용을 스스로 분석하여 인식할 수 있습니다. 아직까지 완벽하진 않지만 사물이나 장소를 입력해 사진들을 검색할 수 있습니다.

'사진' 앱의 맨 위에 있는 검색 상자에 검색하려는 사물이나 위치를 입력한 후 Enter를 누릅니다. 예를 들어, '꽃'이라고 검색하면 사진 중에 꽃이 있는 사진들을 골라서 시간 순으로 보여줍니다. 꽃, 음식, 산 등 사진의 내용이나 사진을 찍은 위치, 사진을 찍은 월, 연도 등으로도 검색이 가능합니다.

사진 정보에는 찍힌 장소에 대한 정보도 포함되어 있기 때문에 장소로 검색할 수도 있습니다. '사진' 앱의 검색 상자에 장소를 입력한 후 Enter를 누릅니다.

무따기 Windows 10

07 현재 사진을 배경 화면으로 사용하기

'사진' 앱에서 사진을 보다가 마음에 드는 사진을 윈도우 잠금 화면이나 배경 화면으로 사용할 수 있습니다. 또는 [시작 화면]에 있는 '사진' 앱의 타일로도 사용할 수 있죠. 어떤 것으로 사용하든 적용하는 방법은 같습니다.

01 '사진' 앱에 사진이 표시된 상태에서 도구 모음 오른쪽 끝에 있는 [자세히 보기] 도구(…)를 클릭합니다. [다음으로 설정]을 선택한 후 [배경으로 설정]을 선택합니다.

02 ⊞+D를 눌러 윈도우 바탕 화면을 확인하면 방금 선택한 사진이 배경으로 표시된 것을 확인할 수 있습니다.

03 [다음으로 설정] 중 [잠금화면]으로 설정을 선택하면 윈도우에 로그인할 때 나타나는 잠금 화면의 배경으로 사용할 수 있습니다.

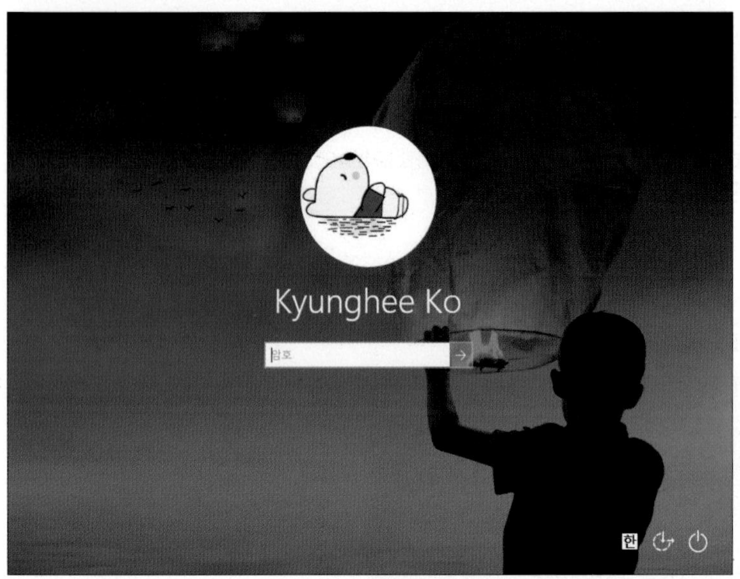

▲ 잠금 화면으로 설정

잠 깐 만 요

잠금 화면을 확인하려면 ⊞+L을 누르세요.

전문가의 조언 현재 사진을 '앱 타일'로 설정하기

'사진' 앱이 [시작 화면]에 고정되어 있고 라이브 타일 기능이 활성화 된 상태에서 '사진' 앱에서 [다음으로 설정] - [앱 타일로 설정]을 선택하면 [시작 화면]을 펼쳤을 때 '사진' 앱의 대표 사진으로 설정됩니다.

▲ 앱 타일로 설정

주요 Windows 10

08 사진 자르기 및 회전시키기

사진이 너무 크거나 일부분만 사용하고 싶다면 포토샵 같은 프로그램을 따로 사용하지 않아도 '사진' 앱에서 바로 처리할 수 있습니다.

'사진' 앱에 수정할 사진이 열린 상태에서 [편집 및 만들기] – [편집]을 클릭합니다.

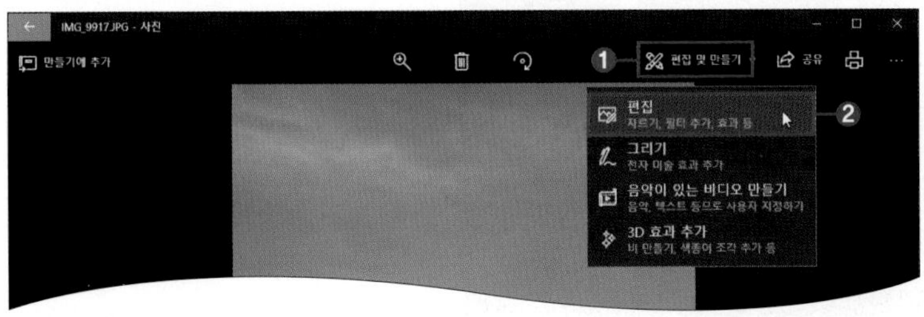

사진을 자르거나 회전시키려면 [자르기 및 회전]을 클릭합니다.

사진 자르기

사진을 자를 때 기존의 비율을 유지할 수도 있고 특정한 비율을 지정할 수도 있습니다. [가로 세로 비율]을 클릭한 후 원하는 비율을 선택합니다. 자유롭게 크기를 조절하려면 [사용자 지정]을 선택합니다.

사진의 모서리에 표시되는 4개의 원을 드래그하면서 사진을 원하는 크기로 자를 수 있습니다. 원하는 크기만큼 이미지를 선택한 뒤 오른쪽 아래에 있는 [완료]를 클릭해 편집을 끝냅니다.

사진 회전시키기

사진 자르기 화면에서는 사진을 회전시킬 수 있는 기능도 있습니다. 사진 편집 화면에서 [대칭 이동]을 클릭하면 좌우를 바꿀 수 있고 [회전]을 클릭하면 시계 방향으로 90도씩 회전시킬 수 있습니다.

좀더 세밀하게 각도를 지정해 회전하려면 수평 조정 슬라이드 막대를 위아래로 드래그하여 회전시킬 수 있습니다.

편집한 사진 저장하기

편집한 사진을 저장하는 데는 2가지 방법이 있습니다. [저장]을 클릭하면 기존 사진을 덮어쓰면서 저장이 되고 [복사본 저장]을 클릭하면 원본 사진은 그대로 유지한 채 새로운 파일로 저장됩니다.

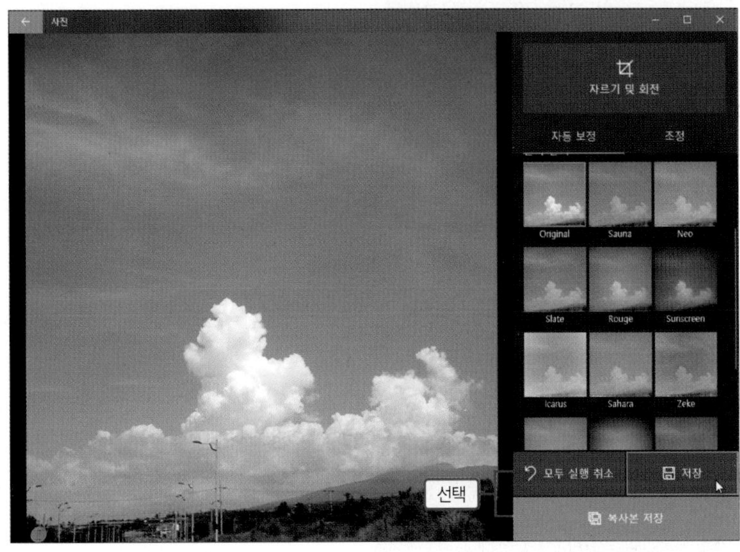

무따기 Windows 10

109 사진 보정하기

흐린 날에 찍은 어둡게 나온 사진은 보정 프로그램을 이용해 밝게 만들 수 있는데 따로 보정 프로그램의 사용법을 배워야 한다는 게 쉽지 않은 일이죠. 윈도우 10의 '사진' 앱을 이용하면 흐리거나 어둡게 나온 사진도 간단하게 보정할 수 있습니다.

자동 보정

'사진' 앱의 자동 보정 기능은 사진에 대한 지식이 없어도 간단하게 사진을 보정할 수 있습니다. '사진' 앱에 보정하려는 사진이 선택된 상태에서 [편집 및 만들기] - [편집]을 클릭합니다. 편집 화면 오른쪽 위에 있는 [사진 자동 보정]을 클릭하면 사진이 자동으로 보정됩니다.

[사진 자동 보정]을 클릭한 뒤 표시되는 흰색 슬라이드 막대를 클릭한 후 좌우로 드래그하면 보정되는 정도를 선택할 수 있습니다.

필터

'자동 보정' 항목 중에는 사진에 '필터'를 추가하는 기능이 있어서 사진에 색다른 느낌을 만들 수 있습니다. 필터 항목에는 작은 사진이 함께 표시되므로 어떤 효과인지 미리 살펴볼 수 있습니다. 필터 중 하나를 선택하면 현재 사진에 즉시 적용됩니다. 사진 아래쪽에 있는 슬라이드 막대를 좌우로 움직이면 필터의 강도를 조절할 수 있습니다.

조정

사진을 자동 보정한 후에 조금 더 세밀하게 조정하고 싶다면 [조정] 탭을 클릭한 후 원하는 항목을 선택하고 슬라이드 막대를 움직여 세밀하게 조정할 수 있습니다. 적목 현상이 발생한 사진의 경우 [적목 현상] ( )을 클릭한 뒤 적목 현상이 발생한 눈을 클릭해 간단히 수정할 수도 있고 [즉석 수정] ( )을 클릭한 뒤 사진에서 없애고 싶은 작은 점 등을 클릭하면 사진에서 지우고 싶은 부분을 자연스럽게 지울 수도 있습니다.

잠깐만요

적목현상은 플래시 사용해 찍은 인물사진에서 찍힌 사람이나 동물의 눈이 빨갛게 빛나는 현상을 말합니다.

9장

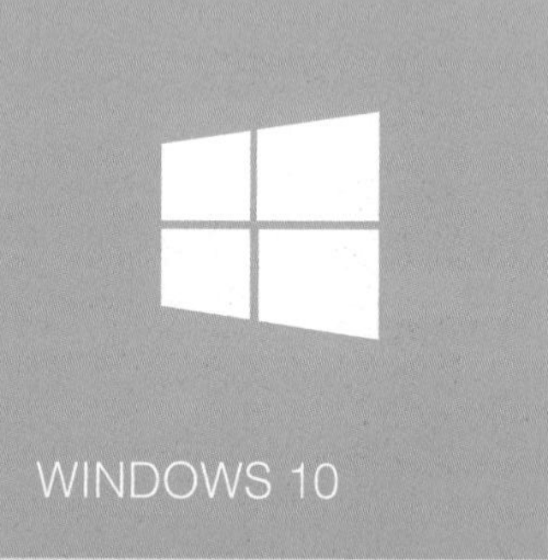

사진과 음악을 이용해 비디오 만들기

윈도우 10의 사진 앱을 활용하면 사진과 음악으로 구성된 나만의 비디오 앨범을 만들 수 있습니다. 또 만들어 놓은 비디오를 편집하기도 쉽습니다. 이번 장에서는 윈도우 10의 '사진' 앱을 활용해 나만의 멋진 앨범을 만드는 방법에 대해 알아보겠습니다.

주요

Windows 10

10 사진 앱에서 앨범 만들기

'사진' 앱에는 여러 장의 사진을 슬라이드 쇼로 보여주는 '앨범' 기능이 있습니다. 특별히 테마나 배경 음악을 신경 쓰지 않더라도 '사진' 앱에서 자동으로 멋진 앨범을 만들어 주죠. 여러 장의 사진을 멋진 슬라이드 쇼로 보여주고 싶다면 '사진' 앱의 앨범 기능을 이용해 슬라이드 쇼로 만들어 보세요.

'사진' 앱의 [앨범] – [새 앨범]을 선택한 뒤, '새 앨범 만들기'에서 앨범에 추가할 사진을 선택하고 [만들기]를 클릭합니다.

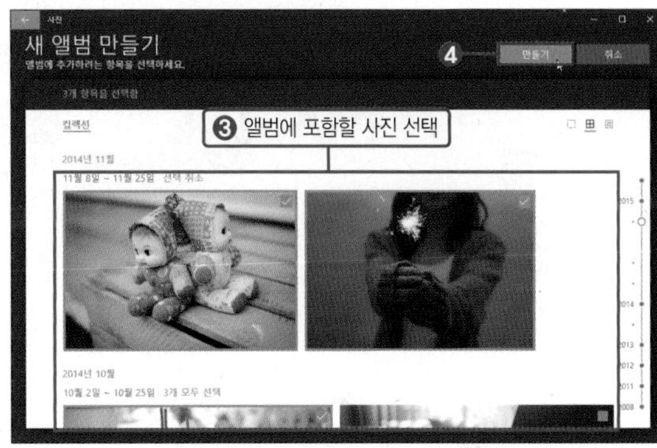

자동으로 '앨범'이라는 제목을 가진 앨범이 만들어집니다. '앨범' 제목 옆의 [✎]를 클릭하면 앨범 제목을 바꿀 수 있습니다. [▷ 보기]를 클릭하면 만들어진 앨범을 재생할 수 있습니다.

앨범 편집 화면 살펴보기

만들어진 앨범 화면을 클릭하면 현재 앨범과 관련된 작업들이 표시됩니다. 앨범 편집 화면에서는 만들어진 앨범을 확인하고 수정할 수 있습니다.

❶ **앨범 미리보기 화면**

❷ **변경 내용 실행 취소** : 앨범에 적용했던 변경 사항을 취소합니다.

❸ **변경 내용 다시 실행** : 취소했던 변경 사항을 다시 실행합니다.

❹ **앨범 이름** : 를 클릭해서 앨범 제목을 바꿀 수 있습니다.

❺ **리믹스** : 콘텐츠와 배경 음악, 스타일을 자동으로 바꿔서 다른 분위기의 앨범을 만들 수 있습니다.

❻ **재생 막대** : 현재 앨범을 재생하거나 일시 중지시킬 수 있습니다.

❼ **내보내기 또는 공유** : 앨범을 만들면 '사진' 앱에 자동 저장되지만 다른 사람과 공유할 수 있도록 동영상 파일로 저장합니다. 179쪽의 '비디오 저장하기'를 참고하세요.

❽ **복사본 편집** : 앨범 제목과 같은 이름의 비디오를 자동으로 만든 후 비디오 편집 화면으로 이동합니다. 비디오 편집 방법은 169쪽을 참고하세요.

무따기 Windows 10

12 사진 앱에서 비디오 만들기

'사진' 앱의 비디오 만들기 기능을 이용하면 컴퓨터에 있는 사진이나 비디오를 골라 자신만의 비디오를 만들 수 있습니다. 사진을 추가하거나 삭제할 수도 있고 원하는 음악을 넣을 수도 있습니다.

01 '사진' 앱의 [비디오 프로젝트] – [새 비디오 만들기] – [음악이 있는 사용자 지정 비디오]를 차례로 선택합니다.

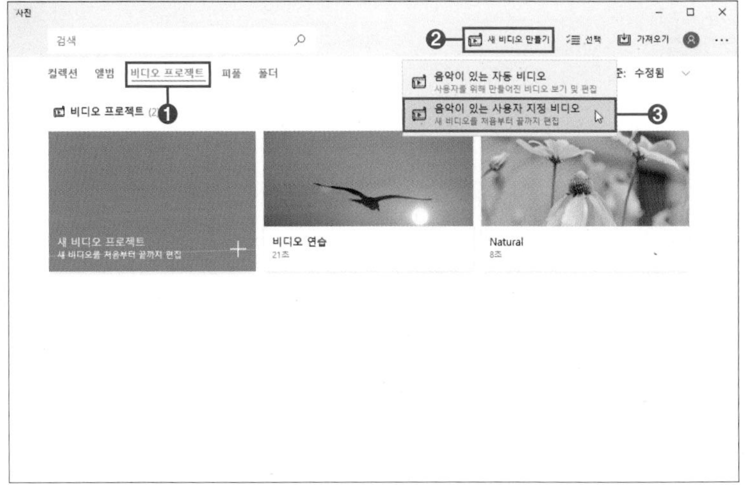

02 비디오에 포함시킬 사진이나 비디오를 선택한 후 [만들기]를 클릭합니다.

03 잠시 기다리면 동영상이 만들어집니다.

04 비디오에 이름을 지정한 후 [확인]을 클릭합니다.

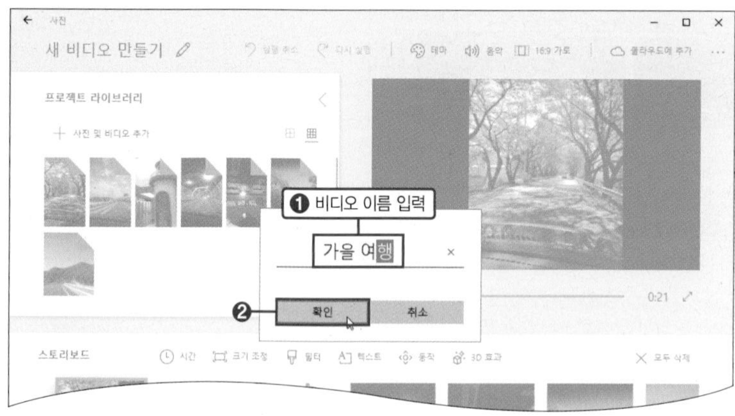

05 선택한 사진과 비디오를 이용해 새로운 비디오가 만들어지면 비디오 편집 화면이 나타납니다. 화면 오른쪽 위에 있는 미리보기 화면에서 재생 단추(▷)를 클릭하면 음악과 함께 선택한 사진들이 비디오로 재생됩니다.

살펴보기 Windows 10

13 비디오 편집 화면 살펴보기

비디오를 만들면 비디오 편집 화면으로 이동하는데 여기에는 비디오 편집이나 저장과 관련된 여러 도구들이 포함되어 있습니다. 비디오를 편집하기 전에 비디오 편집 화면의 도구를 하나씩 살펴보겠습니다.

❶ [←] : 클릭하면 앨범/비디오 목록으로 이동합니다.

❷ **비디오 제목 변경** : 현재 비디오의 제목이 표시됩니다. [비디오 제목 변경] 단추( )를 클릭해 제목을 바꿀 수 있습니다.

❸ **실행 취소 / 다시 실행** : 이전 작업을 취소하거나 취소했던 작업을 다시 실행합니다.

❹ **테마** : 비디오에 적용할 필터와 음악, 텍스트 효과를 하나로 묶은 것을 '테마'라고 하는데 기본적으로 적용된 테마를 없애거나 미리 준비된 테마 중에서 선택할 수 있습니다. 테마를 변경하면 비디오의 배경 음악이나 비디오 재생 시간이 달라집니다.

❺ **볼륨 조절** : 슬라이드 막대를 움직여 비디오의 음악 볼륨을 조절할 수 있습니다.

❻ **음악** : 비디오에 포함된 음악을 없애거나 원하는 음악으로 바꿀 수 있습니다. 170쪽을 참고하세요.

❼ **16:9 가로** : 비디오 화면 크기를 설정합니다. '16:9 가로'가 기본 값이지만 클릭하면 가로 '16:9'와 '4:3' 중에서 선택할 수 있고, '세로로 설정' 항목을 선택하면 '9:16'과 '3:4' 중에서 선택할 수 있습니다.

❽ **클라우드에 추가** : 편집한 비디오를 클라우드에 저장합니다.

❾ **프로젝트 라이브러리** : 비디오에 포함시킬 사진이나 비디오를 표시합니다. 172쪽을 참고하세요.

❿ **비디오 미리보기** : 재생 단추(▷)를 클릭해서 현재까지 완성된 비디오를 미리 볼 수 있습니다.

⓫ **스토리보드** : 비디오에 포함된 사진/비디오의 순서를 조절하거나 재생 시간, 효과 등을 지정할 수 있습니다. 화면 좌우에 있는 화살표 ‹나 ›를 클릭해서 더 많은 사진들을 살펴볼 수 있습니다. 174쪽을 참고하세요.

주요 Windows 10

14 배경 음악 바꾸기

'사진' 앱에서 비디오를 만들면 자동으로 테마와 배경 음악이 선택됩니다. 배경 음악은 비디오 분위기를 좌우하기 때문에 자동으로 선택된 음악이 마음에 들지 않는다면 '사진' 앱에서 제공하는 기본 음악이나 자신이 가지고 있는 음악으로 바꿀 수도 있습니다.

'사진' 앱에서 제공하는 음악 선택하기

비디오 편집 화면 맨 위에 있는 [음악] 단추를 클릭하면 윈도우 10에서 제공하는 음악 목록이 표시됩니다. 음악 제목만 봐서는 어떤 분위기인지 알 수 없겠죠? 음악 이름 왼쪽에 있는 재생 단추(▷)를 클릭하면 음악을 미리 들어볼 수 있습니다.

마음에 드는 음악을 찾았다면 음악 항목을 클릭해 선택한 후 [완료]를 클릭합니다.

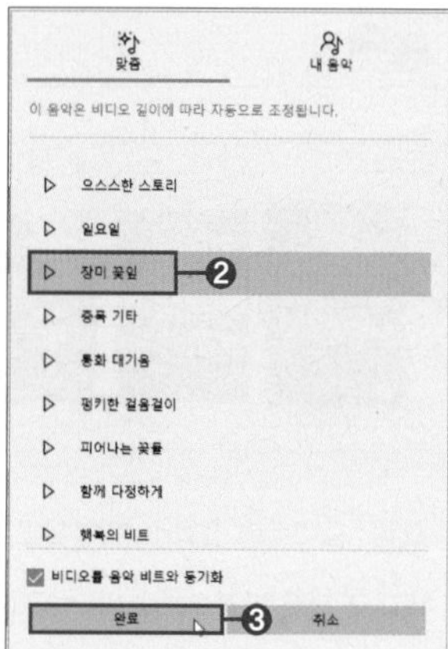

비디오 미리보기 화면에서 재생 단추(▷)를 클릭해 음악이 어떻게 적용되는지 확인하세요. 기본적으로 음악 비트에 맞춰 비디오가 재생되기 때문에 선택한 음악에 따라 각 사진마다 화면에 표시되는 시간이 달라집니다.

내가 가진 음악 선택하기

'사진' 앱에서 제공하는 음악 외에도 사용자가 가지고 있는 음악을 비디오의 배경 음악으로 사용할 수 있습니다. 단, 배경으로 사용할 음악들은 '음악' 라이브러리에 추가되어 있어야 합니다.

비디오 편집 화면 맨 위에 있는 [음악] 단추를 클릭하고 음악 목록이 표시되면 [내 음악] – [음악 파일 선택] 단추를 차례로 클릭합니다.

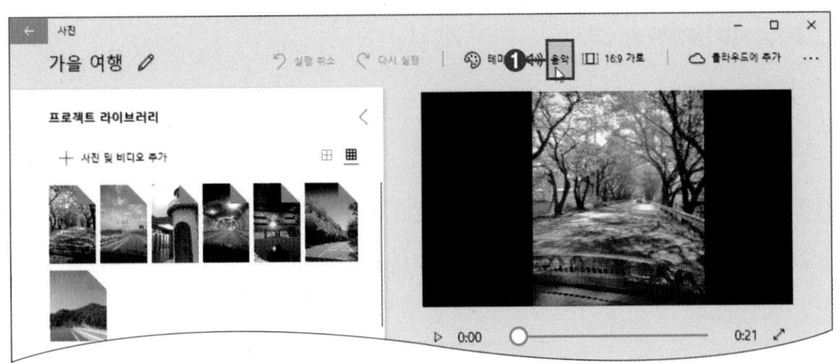

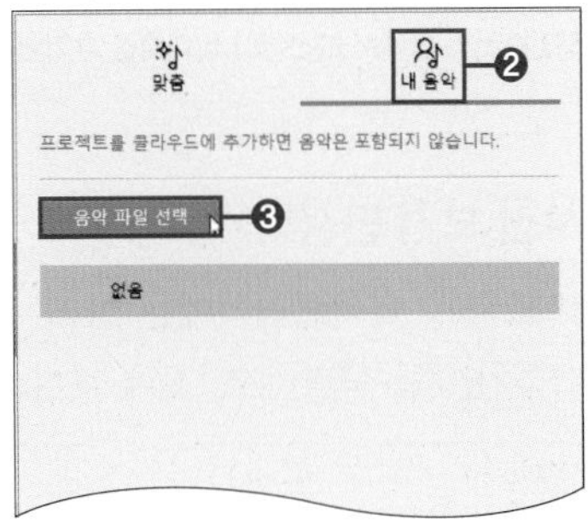

'음악' 라이브러리에 있는 음악 중에서 배경으로 사용할 파일을 선택하고 [열기]를 클릭합니다.

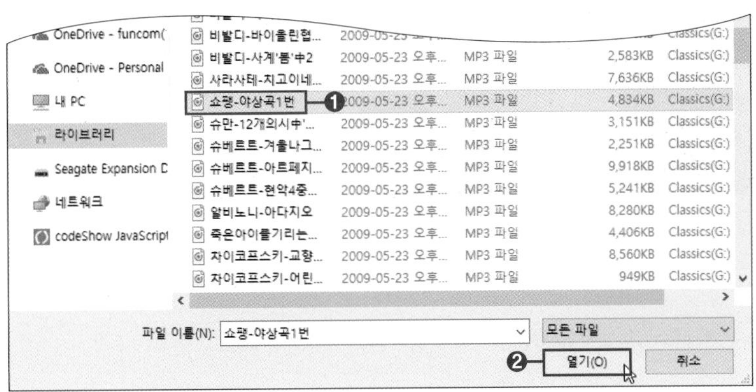

선택한 음악이 음악 목록에 추가됩니다. 재생 단추(▷)를 클릭해서 미리 들어볼 수도 있고, [완료] 단추를 클릭하면 선택한 음악이 배경 음악으로 사용됩니다.

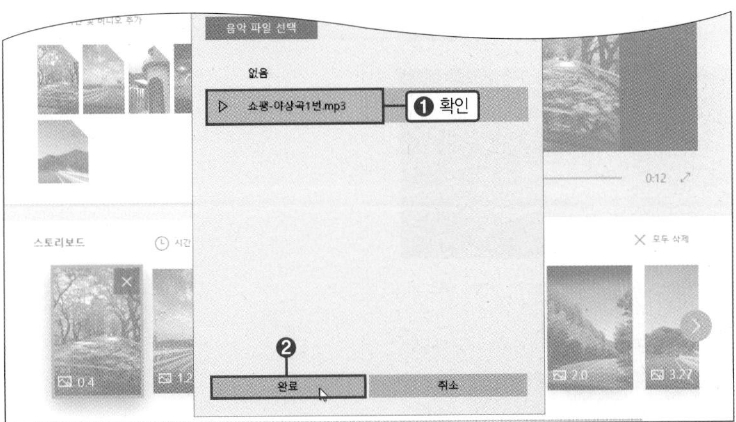

주요

Windows 10

프로젝트 라이브러리에서 사진 추가하기

비디오 편집 화면의 '프로젝트' 라이브러리는 비디오에서 사용할 사진이나 비디오를 보관하는 장소입니다. 비디오에 사진을 추가하려면 '프로젝트' 라이브러리 창에서 사진이나 비디오를 추가한 후 스토리보드로 옮겨야 합니다.

사진 보기 변경하기

'프로젝트' 라이브러리에는 여러 사진들이 표시되는데 사진들을 좀더 크게 보고 싶다면 [중간 크기로 보기] 단추(⊞)를 클릭하고, 작게 보더라도 많은 사진을 보고 싶다면 [작게 보기] 단추(▦)를 클릭합니다.

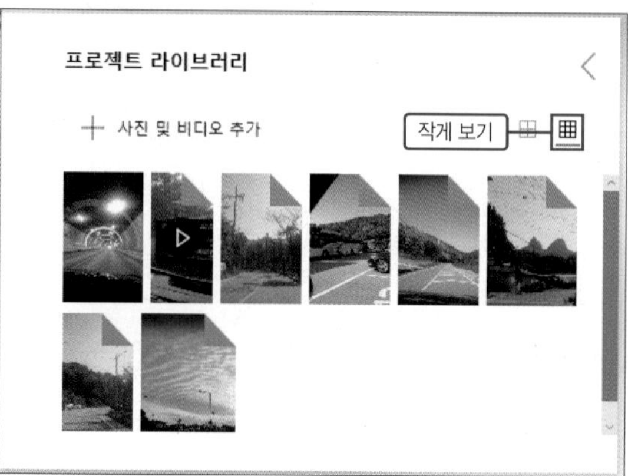

잠깐만요

'프로젝트' 라이브러리에 있는 사진들 중 파란색 책갈피 표시(◣)가 있는 사진들은 비디오에 포함된 사진들이라는 표시입니다.

사진/비디오 추가하기

'프로젝트' 라이브러리에서 [사진 및 비디오 추가] 단추를 클릭합니다. 추가할 사진이 '사진' 라이브러리에 있다면 '컬렉션에서'를 다른 폴더에 있다면 '이 PC에서'를 선택합니다.

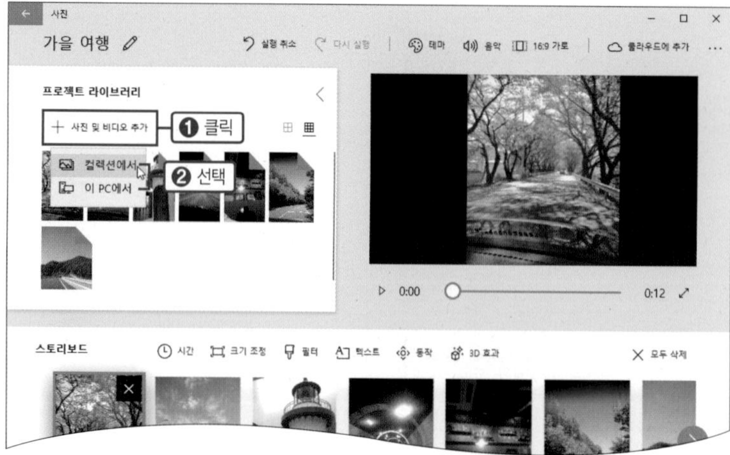

앞의 과정에서 선택한 위치에 있는 모든 사진들이 표시됩니다. 원하는 사진을 선택하고 [추가] 단추를 클릭합니다.

새로 추가한 사진은 '프로젝트' 라이브러리에 표시되지만 아직 비디오에 포함된 것은 아닙니다. 그래서 파란색 책갈피도 표시되어 있지 않습니다. 사진을 추가하려면 추가할 사진을 클릭한 상태로 비디오 편집 창 아래 부분에 있는 '스토리보드' 창으로 끌어 옮깁니다. 여러 사진 중 원하는 순서의 위치로 옮긴 뒤, 마우스 단추에서 손을 떼면 그 위치에 사진이 추가됩니다.

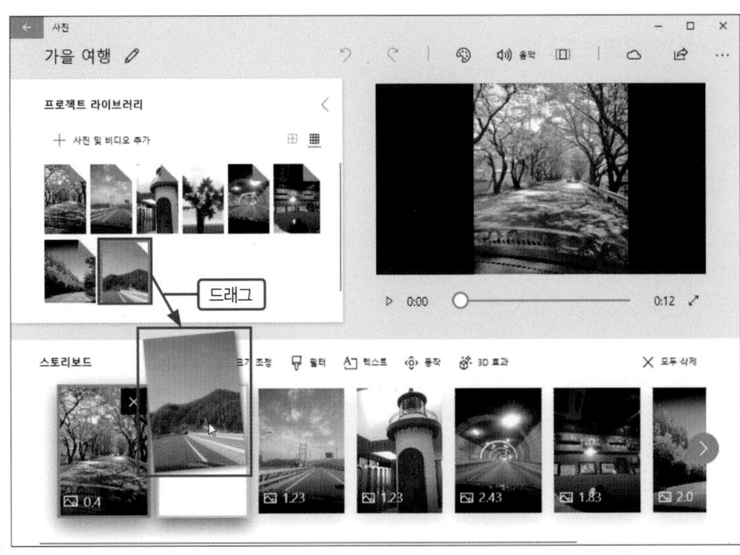

스토리보드 살펴보기

비디오 편집 화면의 '스토리보드'에는 비디오에서 사용하는 사진들이 순서대로 나열되어 있습니다. '사진' 앱에서 만든 비디오는 기본적으로 배경 음악과 효과 등이 포함되어 있지만 스토리보드를 통해 사진 순서를 바꾸거나 사진 재생 시간, 효과들을 바꿀 수 있습니다.

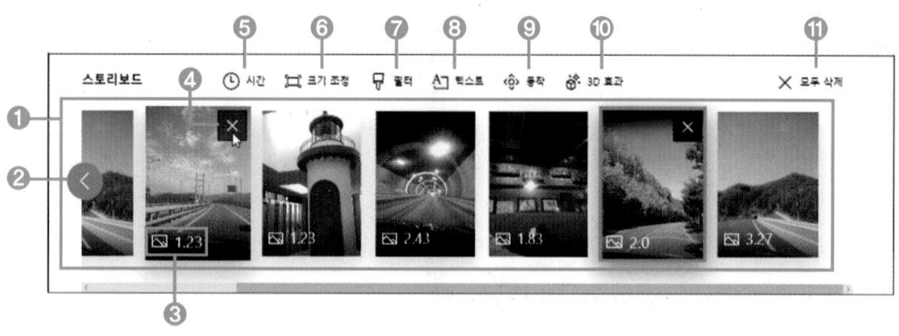

❶ 시간 순서에 따라 사진을 나열한 타임라인입니다.

❷ 타임라인을 왼쪽이나 오른쪽으로 스크롤할 수 있습니다.

❸ 선택한 사진의 비디오에서 재생되는 시간이 표시됩니다.

❹ 스토리보드에서 현재 사진 항목을 삭제합니다.

❺ 선택한 사진의 표시 시간을 변경할 수 있습니다.

❻ 선택한 사진을 화면에 꽉 차게 표시하거나 페이지에 맞게 축소합니다.

❼ 선택한 사진에 필터를 추가합니다.

❽ 선택한 사진에 제목 또는 캡션을 추가합니다.

❾ 선택한 사진에 카메라 동작을 추가합니다.

❿ 선택한 사진에 입체 효과를 추가합니다.

⓫ 스토리보드의 모든 사진 항목을 삭제합니다.

주요 17

Windows 10

스토리보드에서 비디오 편집하기

'사진' 앱에서 비디오를 만들고 난 후에, 재생되는 사진 순서를 바꾸거나 스토리보드의 사진 중 특별한 사진만 편집해 두드러지게 하는 것도 가능합니다. 또한 배경 음악에 따라 자동으로 설정된 각 사진의 표시 시간도 조정할 수도 있죠. 비디오에 포함된 사진을 편집하는 방법에 대해 알아보겠습니다.

제목 또는 캡션 추가하기

스토리보드의 타임라인에서 제목이나 캡션(설명글)을 추가할 사진을 선택하고 [텍스트]를 클릭하면 비디오의 첫 사진에 비디오 제목을 표시하거나 사진에 원하는 캡션을 추가할 수 있습니다.

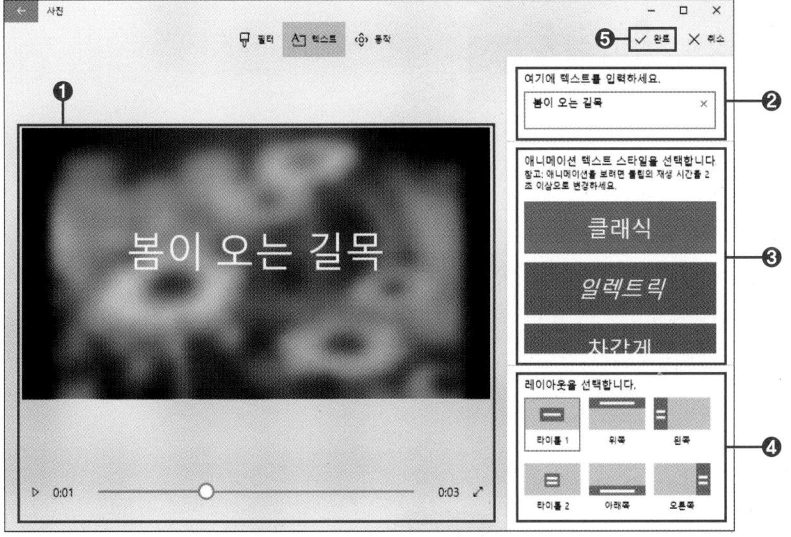

❶ **효과 미리보기 창** : 입력한 텍스트와 선택한 효과가 미리 적용되어 표시됩니다.

❷ 제목이나 캡션 텍스트를 입력합니다.

❸ **애니메이션 텍스트 스타일** : 텍스트에 애니메이션 효과를 추가할 수 있습니다. 애니메이션 스타일을 선택한 후 미리 보기 창에서 재생 단추(▷)를 클릭하면 어떤 애니메이션인지 확인할 수 있습니다.

❹ **레이아웃** : 제목이나 캡션을 어느 위치에 표시할지 레이아웃을 선택합니다.

❺ **완료** : 제목과 캡션 텍스트 입력이 끝나면 [완료]를 클릭합니다.

스토리보드 사진 순서 바꾸기

스토리보드의 타임라인에는 비디오에 표시되는 사진들이 순서대로 나열되어 있습니다. 타임라인에서 사진의 순서를 바꾸려면 순서를 바꿀 사진을 클릭한 후 원하는 위치로 끌어 옮깁니다.

스토리보드 사진 표시 시간 변경하기

스토리보드의 타임라인에 있는 사진의 오른쪽 아래에는 숫자가 표시되어 있습니다. 이 숫자는 비디오에서 해당 사진이 표시되는 시간을 초단위로 표시한 것입니다. 사진의 표시 시간을 바꾸려면 타임라인에서 사진을 선택한 후 [시간]을 클릭합니다. 미리 지정된 시간 중에서 선택할 수도 있고 입력 창에 원하는 시간을 입력할 수도 있습니다.

스토리보드 사진에 필터 적용하기

타임라인에 있는 사진에는 필터 효과를 추가해서 색다른 느낌의 사진으로 표현할 수 있습니다. 타임라인에서 사진을 선택한 후 [필터]를 클릭하면 필터 목록 화면이 나타납니다. 필터 이름을 클릭할 때마다 미리보기 화면에 필터가 적용된 모습이 나타나므로 원하는 효과를 편리하게 선택할 수 있습니다. 마음에 드는 필터를 선택한 후에는 [완료]를 클릭합니다.

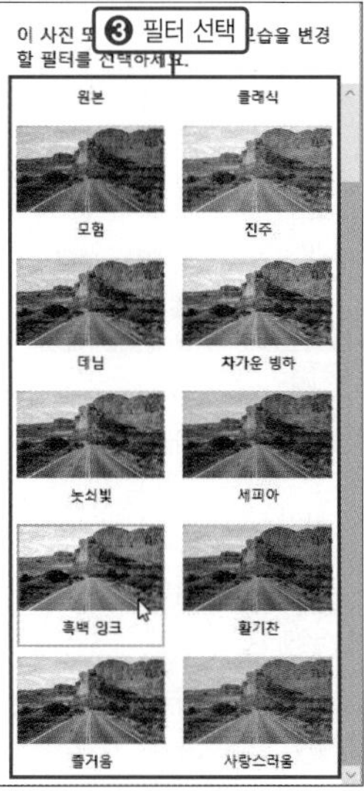

스토리보드의 사진에 필터를 적용하면 비디오에서만 바뀌어 표시되고 원래 사진이 바뀌는 것은 아닙니다.

잠 깐 만 요

사진을 필터 적용 전의 모습으로 바꾸려면 타임라인에서 사진을 선택하고 [필터]를 클릭한 후 필터 목록에서 '원본'을 선택하면 됩니다.

동작 추가하기

'동작'은 '사진' 앱에서 만든 비디오의 사진과 비디오를 연결해서 보여주는 것으로 동작 기능을 이용하면 사진과 사진 사이의 전환 효과를 선택할 수 있습니다. 사진의 표시 시간이 어느 정도 길어야 바뀌는 동작을 확인할 수 있으니 표시 시간이 짧은 사진이라면 동작을 추가하지 않거나 표시 시간을 변경한 후 동작을 추가하세요.

스토리보드의 타임라인에서 동작을 추가할 사진을 선택한 후 [동작]을 클릭합니다.

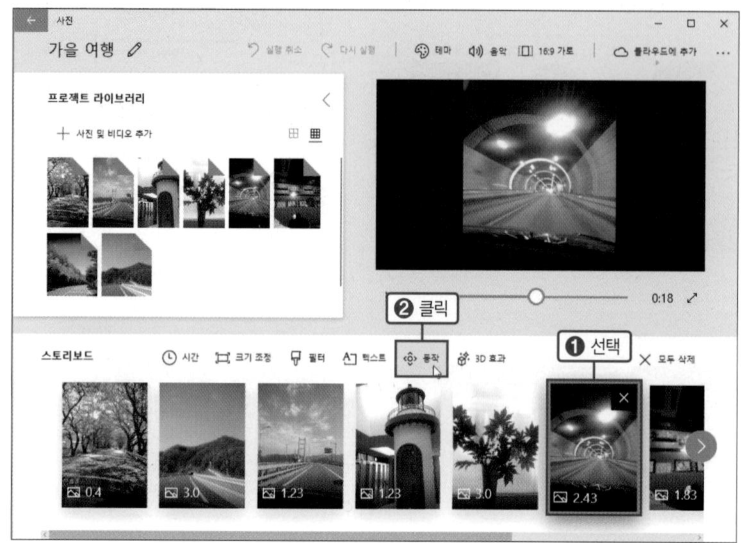

추가할 수 있는 동작 목록이 나타나면 추가할 동작을 선택합니다. 미리 보기 창에서 재생 단추(▷)를 클릭하면 어떤 효과인지 확인할 수 있습니다. 동작 추가가 끝나면 [완료]를 클릭합니다.

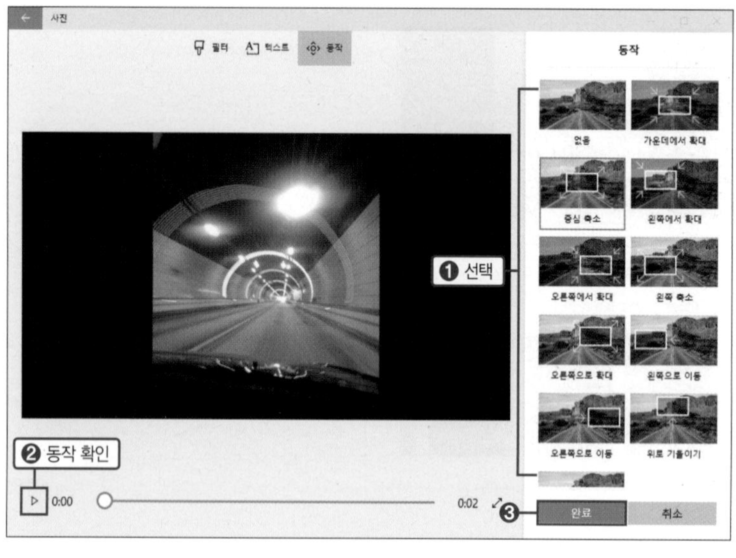

잠 깐 만 요 적용했던 동작을 취소하려면 동작 목록에서 '없음'을 선택합니다.

무따기 Windows 10

18 비디오 저장하기

'사진' 앱으로 만든 비디오는 편집한 후에 저장할 수도 있고 기본 상태로 저장할 수도 있습니다. 만약 비디오를 편집했다면 편집한 비디오는 다시 저장해야 합니다.

01 비디오 만들기와 편집이 모두 끝났다면 [내보내기 또는 공유]( )를 클릭합니다.

02 비디오 파일 크기를 선택해서 저장할 수 있습니다. S는 Small, M은 Medium, L은 Large 를 뜻하는데, 휴대폰이나 PC에서 동영상을 보려면 중간 화질인 M으로 저장해야 합니다.

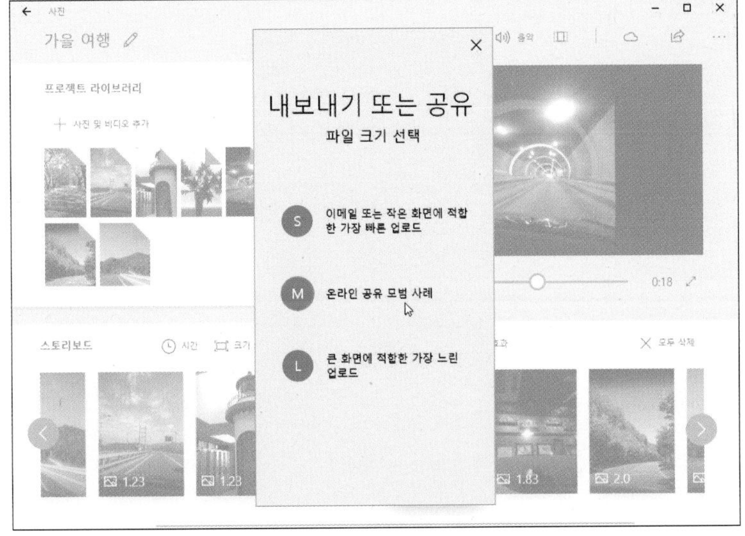

03 잠시 기다리면 비디오 저장이 끝나고, 저장된 폴더가 표시됩니다. 이 상태에서 화면을 닫아도 되지만 저장된 비디오 파일을 확인하고 싶다면 아래 3가지 방법 중에서 선택합니다.

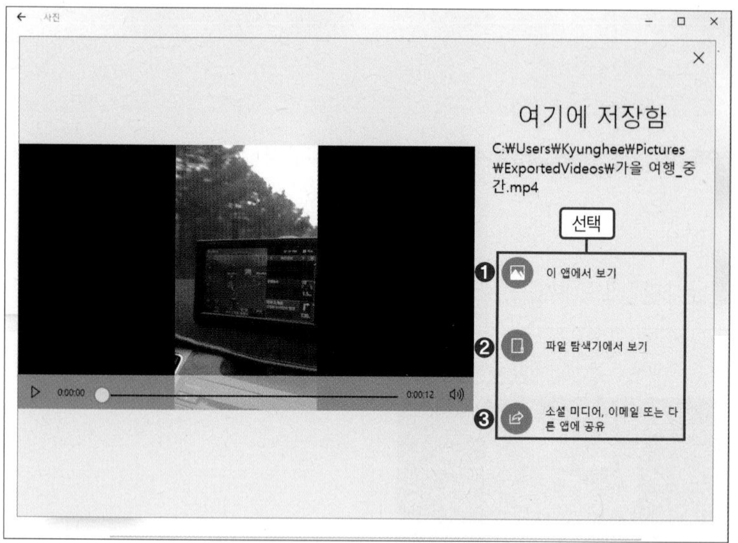

❶ **이 앱에서 보기** : '사진' 앱에서 저장된 비디오를 실행합니다.

❷ **파일 탐색기에서 보기** : 파일 탐색기가 실행되면서 비디오 파일이 저장된 폴더를 보여줍니다.

❸ **소셜 미디어, 이메일 또는 다른 앱에 공유** : 연락처 정보나 앱을 선택해 저장된 비디오를 공유합니다.

04 앞의 화면에서 '파일 탐색기에서 보기'를 선택하면 자동으로 파일 탐색기가 실행되면서 비디오가 저장된 폴더가 열립니다.

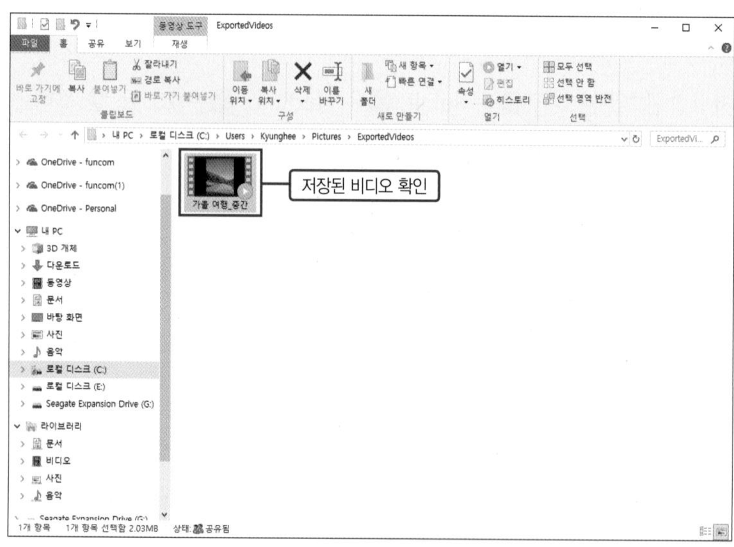

주요 Windows 10

19 비디오 관리하기

'사진' 앱을 실행한 후 앱 화면 위에 있는 '앨범'을 선택하면 '앨범'과 '비디오' 목록이 표시됩니다. '사진' 앱을 사용해 만든 비디오는 저장해 두었다가 편집할 수도 있고 제거할 수도 있습니다.

비디오 편집하기

'사진' 앱 위의 [비디오 프로젝트]를 클릭하면 비디오 목록이 표시됩니다. 목록에서 비디오를 클릭하면 편집 화면으로 이동합니다.

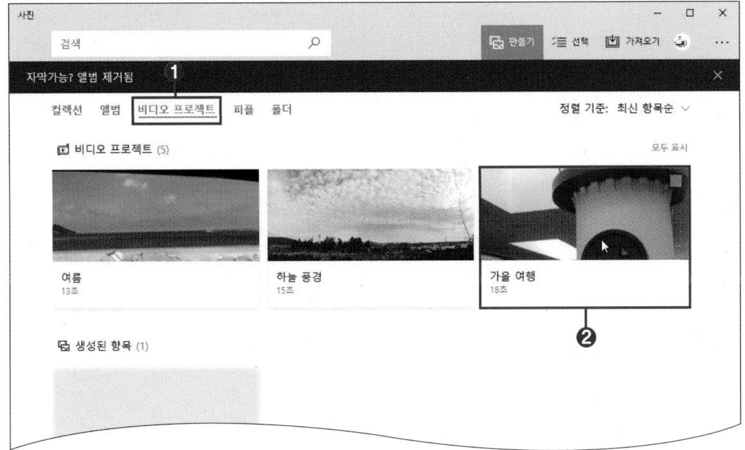

잠깐만요

저장한 비디오가 많다면 '비디오' 항목 오른쪽 끝에 있는 [모두 표시]를 클릭합니다.

비디오 제거하기

비디오 목록에서 비디오를 마우스 오른쪽 단추로 클릭한 후 [제거]를 선택합니다. 비디오를 제거하더라도 비디오에 포함된 사진이나 비디오는 삭제되지 않습니다.

10장

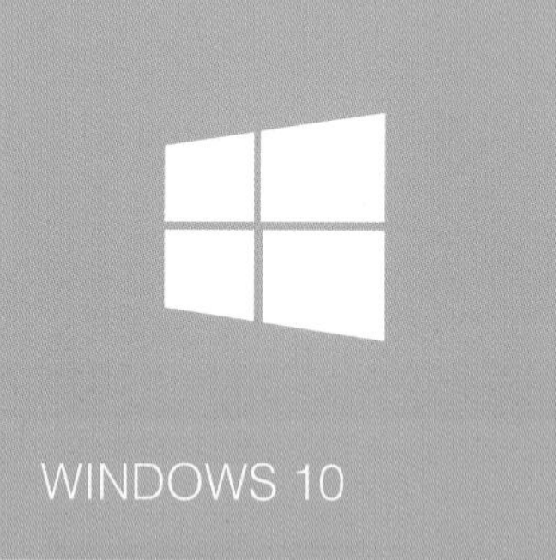

음악/동영상 재생하기

윈도우 7에서는 '윈도우 미디어 플레이어'를 이용해 음악과 동영상을 재생했지만, 윈도우 10에서는 'Groove 음악' 앱과 '영화 및 TV' 앱으로 분리되었습니다. 원래는 온라인에서 음악과 영상을 구입하도록 만들어진 앱이지만, 아직 국내에서는 이 기능을 사용할 수 없기 때문에 현재 가지고 있는 파일들을 재생하는 용도로만 사용할 수 있습니다. 이번 장에서는 'Groove 음악' 앱과 '영화 및 TV' 앱을 똑똑하게 이용하는 방법을 알아보겠습니다.

20 Groove 음악 앱 살펴보기

'Groove 음악' 앱을 실행하면 가장 먼저 '음악' 라이브러리에 있는 음악이 앨범 별로 표시되고 앱 화면의 왼쪽에는 작은 아이콘으로 메뉴가 표시됩니다. 'Groove 음악' 앱의 화면을 살펴보겠습니다.

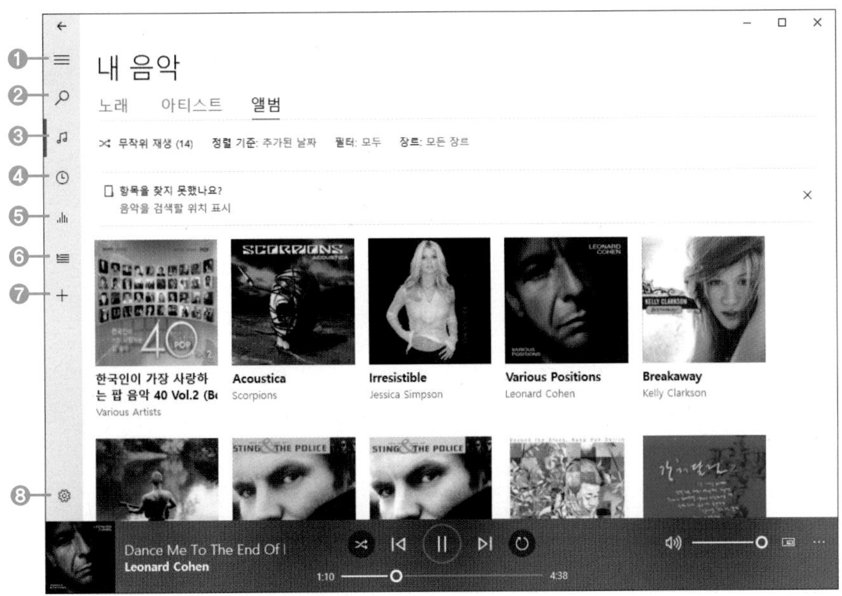

❶ **탐색창 최대화/최소화(☰) 단추** : 메뉴 부분을 최대화해서 메뉴 텍스트까지 보여줍니다.

❷ **검색(⌕) 단추** : 검색 상자에 검색어를 입력하면 '음악' 라이브러리 안의 음악을 검색할 수 있습니다.

❸ **음악 그룹(♫) 단추** : '음악' 라이브러리에 있는 음악을 '노래'나 '아티스트', '앨범'별로 구분해 살펴볼 수 있습니다.

❹ **최근 재생 항목(◷) 단추** : 최근에 재생했던 음악들을 모아 보여줍니다.

❺ **지금 재생 중(.ılı) 단추** : 현재 재생 중인 음악을 목록으로 볼 수 있습니다.

❻ **재생 목록(☰) 단추** : 원하는 음악을 재생 목록을 만들 수 있고, 만들어진 재생 목록을 보여줍니다.

❼ **새 재생 목록 만들기(+) 단추** : 새 재생 목록을 만듭니다.

❽ **설정(⚙) 단추** : 이퀄라이저를 설정하거나 앱 화면을 위한 설정을 바꿀 수 있습니다.

21 음악 파일이 있는 폴더 추가/삭제하기

'Groove 음악' 앱을 실행하면 기본적으로 '음악' 라이브러리에 있는 음악을 가져옵니다. 'Groove 음악' 앱에 표시되지 않는 음악이 있다면 '음악' 라이브러리에 폴더를 추가해야합니다. 'Groove 음악' 앱에서 원하는 폴더를 추가할 수 있고 '음악' 라이브러리에서도 폴더를 추가할 수도 있습니다.

방법 1 'Groove 음악' 앱에서 폴더 추가하기

01 'Groove 음악' 앱의 왼쪽 메뉴에서 [설정] 단추(⚙)를 클릭합니다. '설정' 화면에서 [음악 검색 위치 선택]을 클릭합니다.

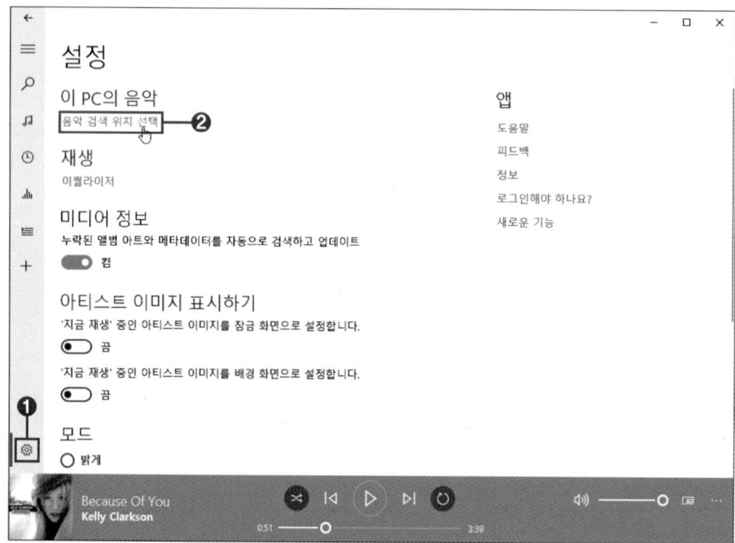

02 음악 폴더를 추가하기 위해 [+]를 클릭합니다.

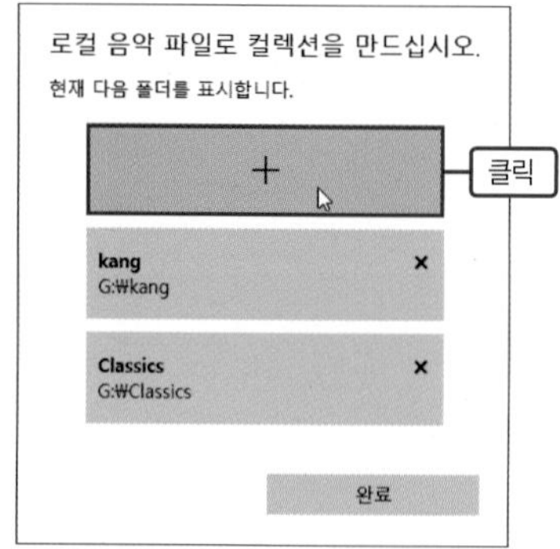

03 음악 파일이 있는 폴더를 선택한 후 [이 폴더를 음악에 추가]를 클릭합니다.

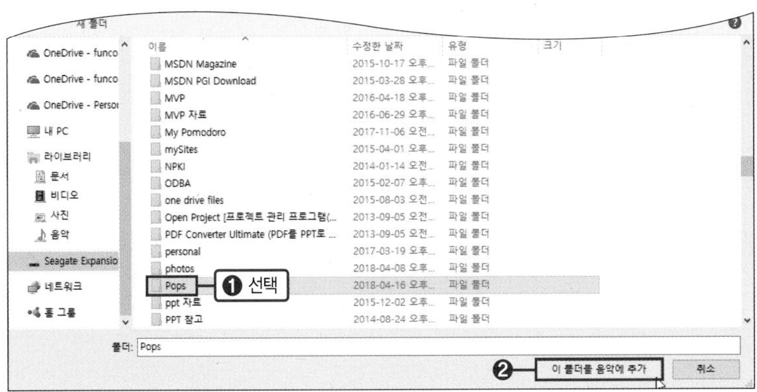

04 추가된 폴더를 확인한 뒤, [완료]를 클릭하면 선택한 음악 폴더가 'Groove 음악' 앱에 추가됩니다.

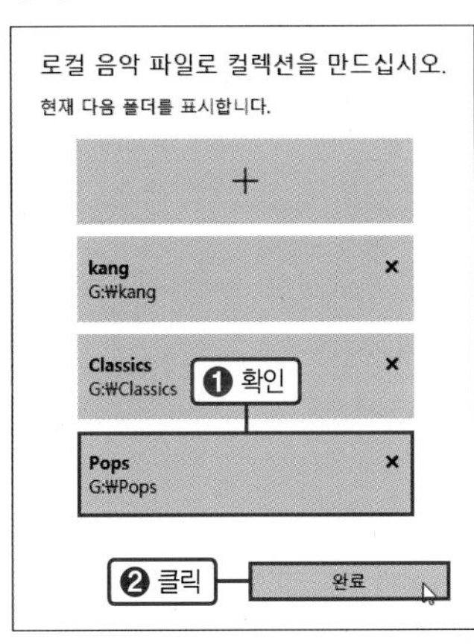

'Groove 음악'에 폴더를 추가하면 '음악' 라이브러리에도 추가한 폴더가 표시됩니다. 반대로 '음악' 라이브러리에 폴더를 추가하면 'Groove 음악'에도 추가한 폴더가 표시됩니다.

방법 2 파일 탐색기에서 폴더 추가하기

01 파일 탐색기를 실행한 후 음악 파일이 있는 폴더를 마우스 오른쪽 단추로 클릭하고 [라이브러리에 포함] – [음악]을 선택합니다.

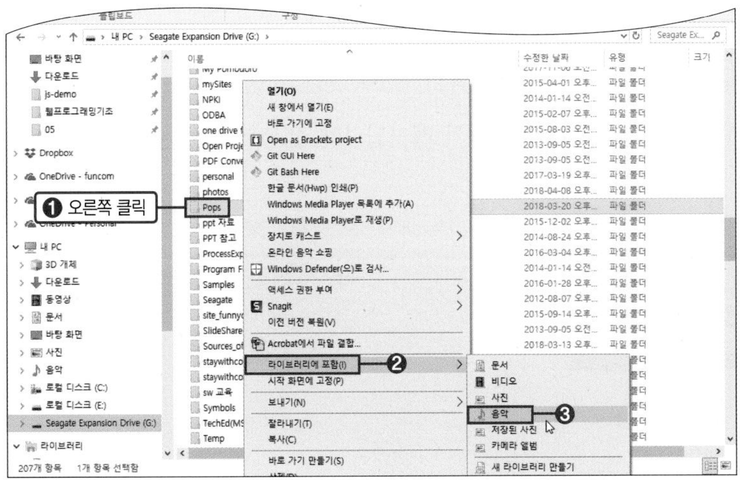

02 라이브러리는 기본적으로 네트워크 상에서 공유됩니다. 따라서 방금 추가한 폴더도 공유할 것인지, 공유하지 않을 것인지 선택합니다.

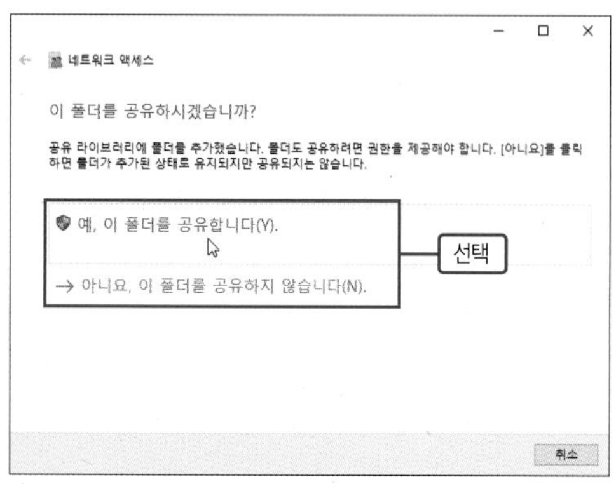

추가한 음악 폴더 삭제하기

01 음악 폴더를 추가할 때와 같이 왼쪽 메뉴에서 [설정] 단추(⚙)를 클릭한 후 '설정' 화면에서 '음악 검색 위치 선택'을 클릭합니다. 음악 폴더 오른쪽의 제거 단추(✕)를 클릭합니다.

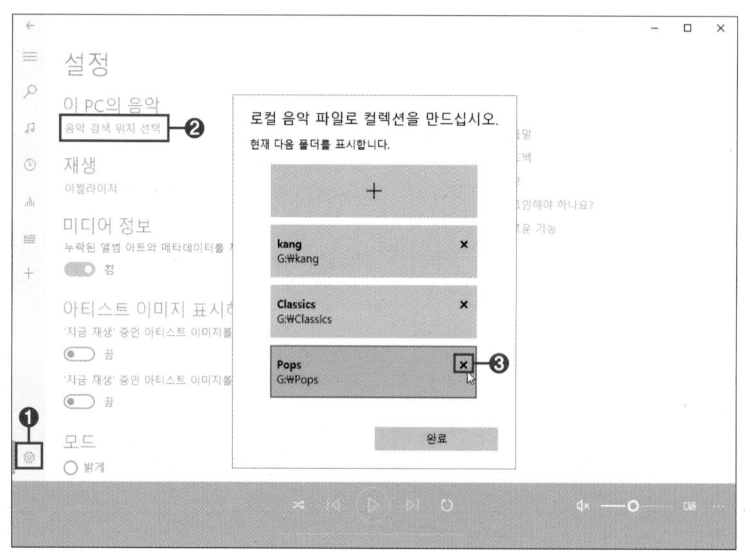

02 [폴더 제거]를 클릭하면 'Groove 음악' 앱에서 음악 폴더가 제거됩니다. 컴퓨터에 있는 폴더가 삭제되지는 않습니다.

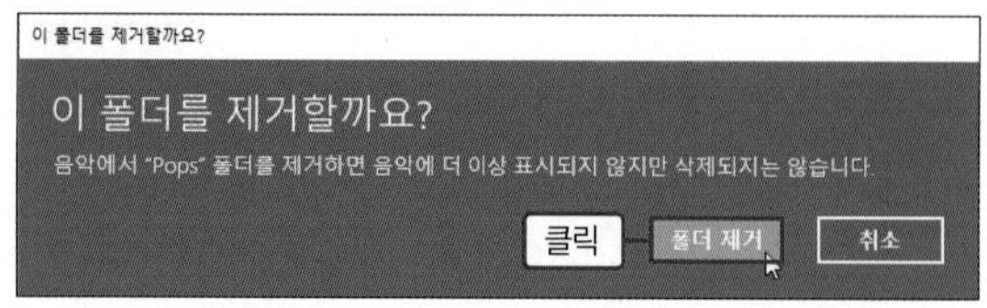

잠깐만요

'음악' 라이브러리에서 폴더를 제거하려면 리본 메뉴의 [관리] 탭 – [라이브러리 관리]에서 제거할 폴더를 선택한 뒤 [제거]를 클릭하면 됩니다.

주요 Windows 10

22 Groove 음악 앱에서 음악 재생하기

'Groove 음악' 앱에서 '노래' 목록으로 음악을 표시하면 '음악' 라이브러리에 있는 모든 음악이 표시되어 원하는 음악만 선택하기 편리합니다. 이번에는 음악을 재생하는 다양한 방법에 대해 알아보겠습니다.

방법 1 원하는 곡만 선택해서 재생하기

'Groove 음악' 앱의 왼쪽 메뉴에서 음악 그룹 단추(♫)를 클릭한 뒤, 화면 위에 있는 [노래]를 클릭합니다. 'Groove 음악' 앱의 노래 목록에서 노래 항목 위로 마우스 포인터를 가져가면 항목 왼쪽에 체크박스가 표시됩니다. 재생할 노래 항목의 체크 박스를 선택한 후 앱 화면 아래쪽에 표시된 도구들 중 재생 단추(▷ 재생)를 클릭합니다.

◀ 원하는 곡만 선택해서 재생하기

방법 2 전체 곡 재생하기

노래 목록에서 아무 노래 항목이나 선택한 후 앱 화면 아래쪽에 표시된 도구들 중 모두 선택 단추(⊞ 모두 선택)를 클릭하면 목록에 있는 모든 노래가 선택됩니다. 이어서 재생 단추(▷ 재생)를 클릭하면 모든 곡을 재생할 수 있습니다.

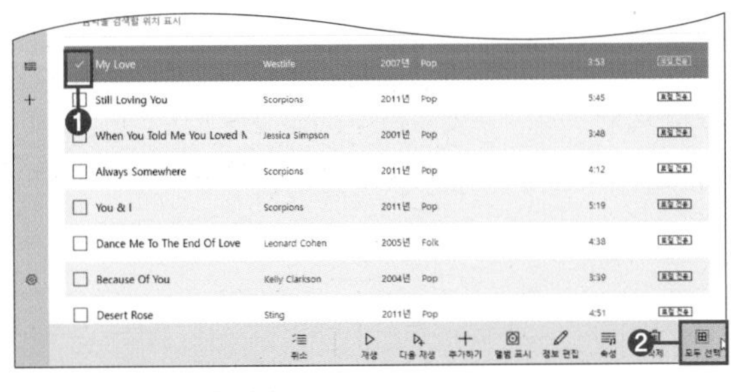

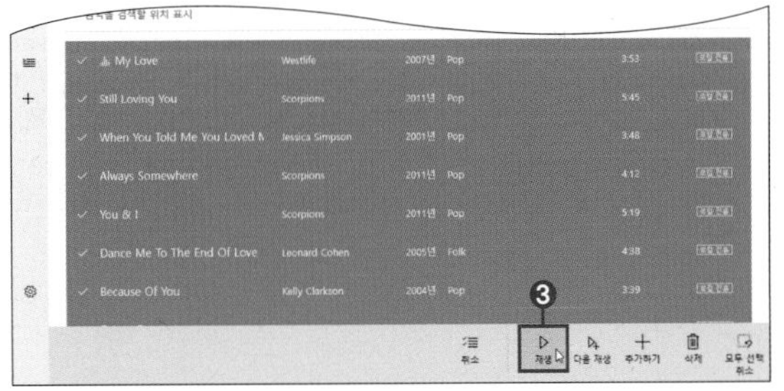

▲ 전체 곡 선택해서 재생하기

살펴보기 Windows 10

23 Groove 음악 앱의 내 음악 창 살펴보기

'Groove 음악' 앱을 실행하면 '음악' 라이브러리에 있는 음악들을 [노래], [아티스트], [앨범]으로 구분해 모아볼 수 있습니다. '음악' 라이브러리에 있는 음악들이 나열되는 '내 음악' 창의 화면을 살펴보겠습니다.

'내 음악' 창 살펴보기

'Groove 음악' 앱의 왼쪽 메뉴에서 [음악 그룹] 단추(♫)를 클릭하면 음악 목록 표시 화면이 나타납니다. 화면 위에 있는 [노래]나 [아티스트], [앨범]별로 음악을 나열할 수 있습니다.

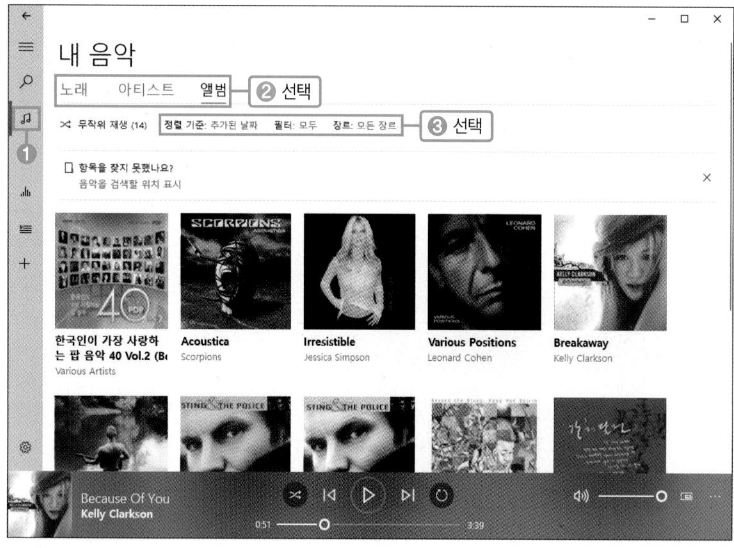

▲ 앨범별로 음악 표시

이 때 '정렬 기준' 항목을 클릭하면 음악을 추가한 날짜나 제목순 등을 원하는 기준으로 정렬할 수도 있습니다. 또한 '필터'와 '장르' 항목을 클릭하면 원하는 형태의 음악만 골라 표시할 수 있습니다.

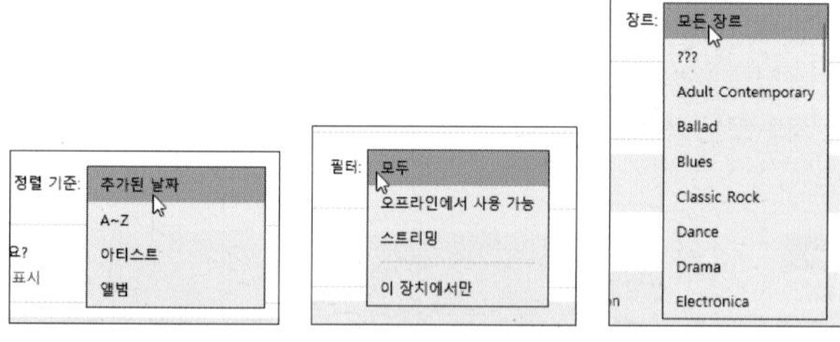

▲ 다양한 표시 방법

노래 목록 살펴보기

'Groove 음악' 앱에 [노래] 목록을 선택한 후 노래 항목 위로 마우스 포인터를 가져가면 재생과 관련된 간단한 단추가 표시됩니다.

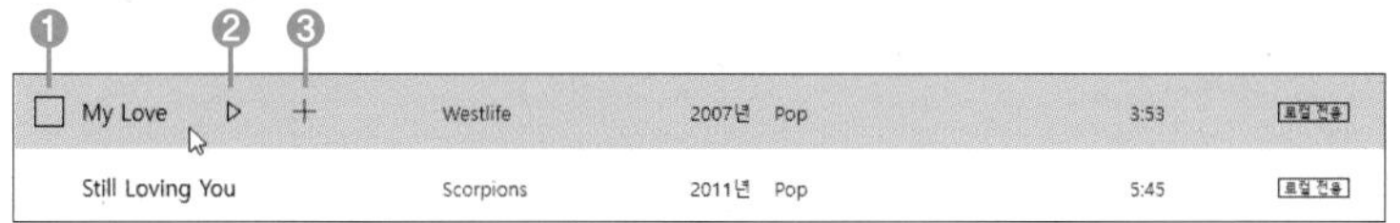

❶ **선택 상자( )** : 현재 음악을 선택합니다. 화면 아래에 나타나는 도구와 함께 사용할 수 있습니다.

❷ **모두 재생(▷) 단추** : 선택한 음악을 재생합니다.

❸ **추가하기(+) 단추** : 현재 음악을 '지금 재생' 목록에 추가하거나 새 재생 목록을 만들어 추가합니다.

노래 항목에서 선택 상자를 클릭하면 현재 음악이 선택되는데, 그 상태에서 사용할 수 있는 도구들은 'Groove 음악' 앱 화면 아래에 표시됩니다.

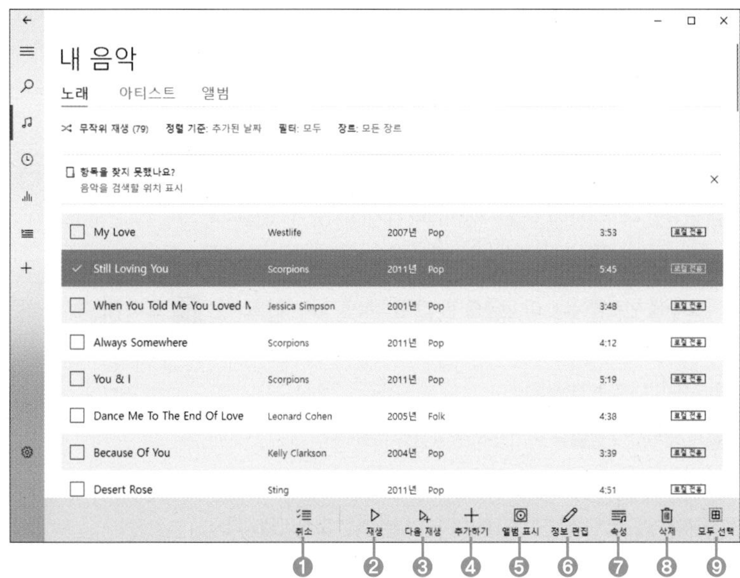

❶ **취소( ) 단추** : 선택을 취소합니다.

❷ **재생( ) 단추** : 선택한 음악을 재생합니다.

❸ **다음 재생( ) 단추** : 선택한 음악을 지금 재생 중인 음악이 끝나면 이어서 재생합니다.

❹ **추가하기( ) 단추** : 현재 음악을 '지금 재생' 목록에 추가하거나 새 재생 목록을 만들어 추가합니다.

❺ **앨범 표시( ) 단추** : 현재 선택한 음악이 담긴 앨범 내의 모든 곡을 표시합니다.

❻ **정보 편집( ) 단추** : 현재 선택한 음악의 정보를 수정할 수 있습니다.

❼ **속성( ) 단추** : 현재 선택한 음악의 속성을 보여줍니다.

❽ **삭제( ) 단추** : 현재 선택한 음악을 삭제합니다. 이 방법으로 삭제하면 '음악' 라이브러리에서 뿐만 아니라 원래 음악이 있던 폴더에서도 삭제됩니다.

❾ **모두 선택( ) 단추** : 노래 목록에 있는 모든 음악을 선택합니다.

Groove 음악 앱의 재생 창 살펴보기

'Groove 음악' 앱에서 음악이 재생되면 화면의 아래쪽에 재생 창이 나타납니다. 현재 재생 중인 음악을 확인할 수도 있고 재생을 중지할 수도 있습니다.

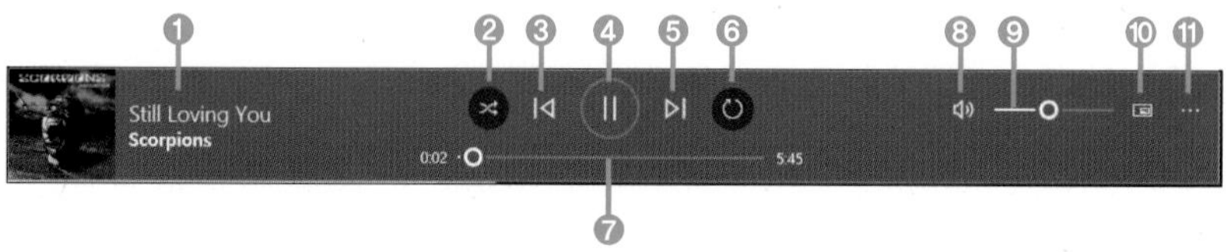

❶ **앨범 이미지와 노래 제목** : 현재 재생 중인 노래의 앨범 이미지와 제목, 가수가 표시됩니다. 클릭하면 앨범 이미지와 함께 노래가 재생됩니다.

❷ **[무작위 재생] 단추( )** : 재생 목록에 있는 곡들을 목록의 순서와 상관 없이 무작위로 재생합니다. 무작위 재생이 켜지면 단추로 바뀝니다.

❸ **[이전] 단추( )** : 재생 목록의 이전 노래를 재생합니다.

❹ **[재생/일시 정지] 단추 (/)** : 클릭할 때마다 현재 곡을 재생하거나 일시 정지할 수 있습니다.

❺ **[다음] 단추 ( )** : 재생 목록의 다음 노래를 재생합니다.

❻ **[반복 재생] 단추( )** : 재생 목록의 노래를 반복합니다. 이 단추를 한 번 클릭하면 숫자 1이 표시된 로 바뀌는데, 이것은 현재 노래 1곡만 반복 재생하는 것입니다. 한 번 더 클릭하면 재생 목록의 모든 노래를 계속 반복하는 로 바뀝니다.

❼ **진행 막대** : 노래의 재생 상태를 슬라이드 막대로 표시합니다.

❽ **[음소거 해제/음소거 설정] 단추( )** : 클릭하면 로 바뀌면서 즉시 음소거됩니다.

❾ **볼륨 조절 막대** : 슬라이드 막대를 움직여 재생 볼륨을 조절합니다.

❿ **[미니 뷰로 재생] 단추( )** : 음악 재생에 필요한 단추들만 표시하는 '미니 뷰' 화면으로 바뀝니다.

⓫ **[다른 작업] 단추(···)** : 이 단추를 클릭하면 음악 재생 창에 표시하지 못한 다른 작업을 선택할 수 있습니다.

전문가의 조언

미니 뷰로 재생하기

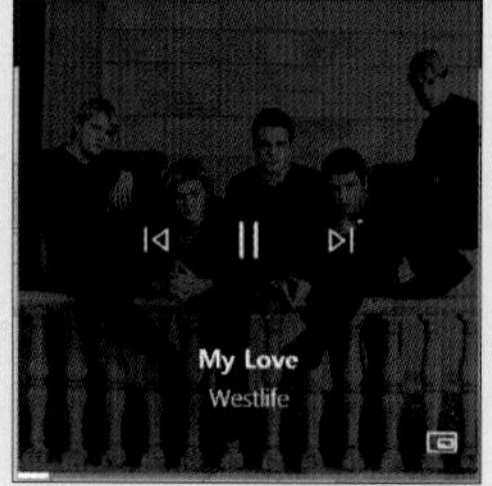

미니 뷰 상태에서는 다른 앱들보다 항상 위에 표시되기 때문에 음악을 들으면서 다른 작업을 하기에 편리합니다. 원래 화면으로 돌아가려면 미니 뷰 화면 오른쪽에 아래에 있는 [미니 뷰 닫기] 단추( )를 클릭합니다.

주요 Windows 10

25 지금 재생 중인 노래 목록 보기

'지금 재생' 목록은 'Groove 음악' 앱에서 원하는 노래들만 선택해 현재 재생 중인 노래 목록입니다. '지금 재생' 목록은 따로 저장하지 않으면 'Groove 음악' 앱을 종료할 때 재생 목록에서 사라집니다. '지금 재생' 목록을 열어 보는 방법과 목록에서 노래를 제거하는 방법에 대해 알아보겠습니다.

'지금 재생' 목록 열기

'Groove 음악' 앱의 왼쪽 창에서 [지금 재생 중] 단추( )를 클릭하면 음악 재생 창이 위에 표시되고 그 아래 재생 중인 목록이 표시됩니다.

현재 재생 목록 위의 를 클릭하면 재생 목록이 닫히고 앨범 이미지가 있는 재생 창으로 바뀝니다.

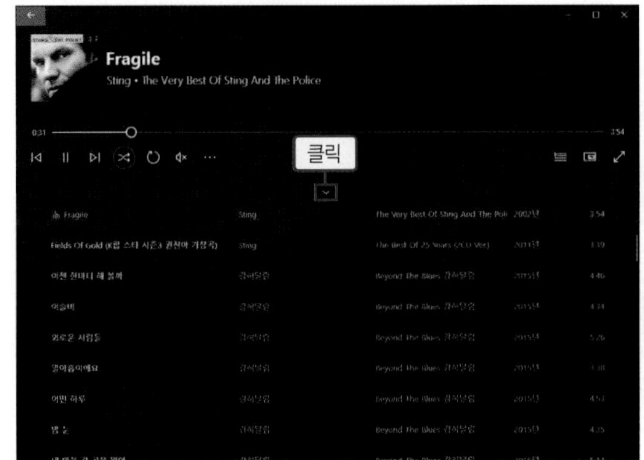

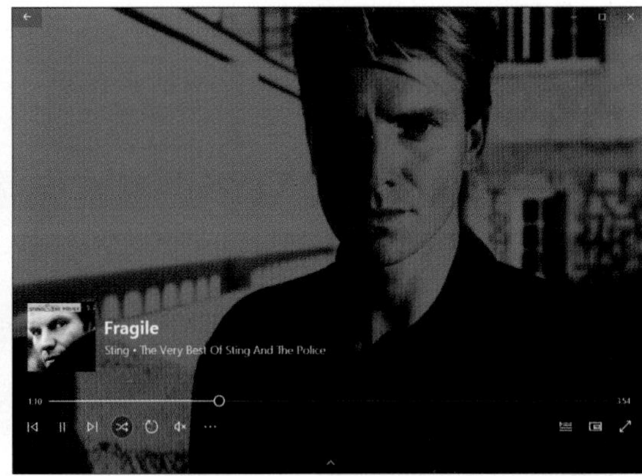

▲ 앨범 이미지가 있는 재생 창

'지금 재생' 목록에서 노래 제거하기

'지금 재생' 목록에서 음악을 제거하는 것은 음악 파일 자체를 삭제하는 것이 아니라 재생 목록에서만 제외하는 것입니다. '지금 재생' 목록에서 삭제하려는 음악을 선택한 후 화면 아래의 도구 모음에서 제거( ) 단추를 클릭합니다.

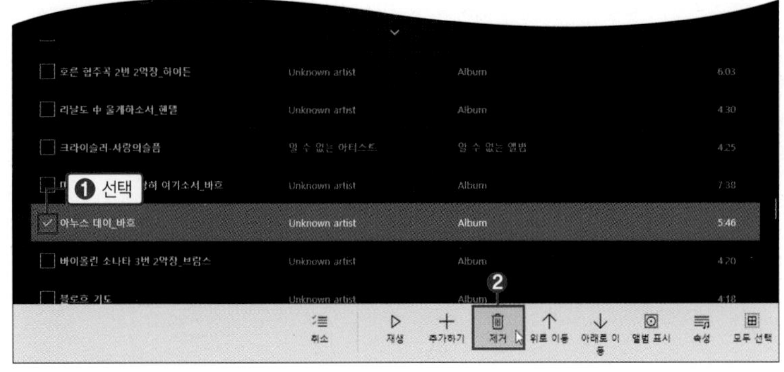

윈도우 10 기본 앱 사용하기

26 원하는 음악을 모아 재생 목록 만들기

'Groove 음악' 앱에서 원하는 음악을 선택한 후 재생할 수도 있지만 매번 음악을 선택하는 것이 번거로우면 원하는 음악만 모아서 재생 목록을 만들 수 있습니다. 재생 목록을 저장해 두면 언제든지 재생 목록 안에 있는 음악을 모아서 들을 수 있습니다.

재생 목록 만들기

'Groove 음악' 앱의 왼쪽 메뉴에서 음악 그룹 단추(♫)를 클릭한 후 '내 음악' 창에서 [노래]를 선택하여 노래 목록을 표시합니다. 재생 목록을 만들고 싶은 음악을 체크 표시하여 선택한 후 화면 아래쪽의 도구 모음에서 [추가하기] – [새 재생 목록]을 차례로 클릭합니다.

재생 목록 이름을 입력한 후 [재생 목록 만들기]를 클릭합니다.

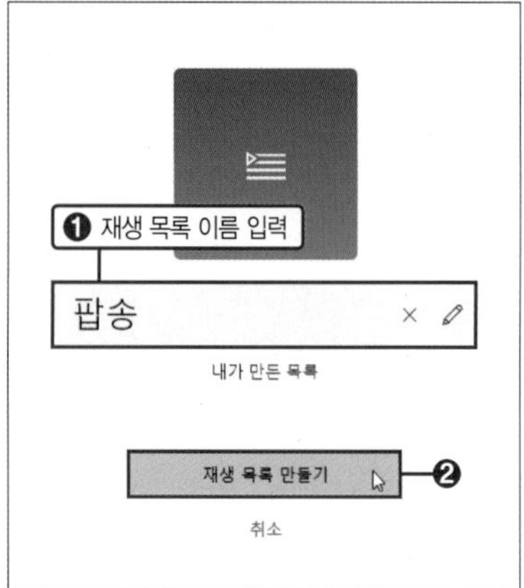

왼쪽 메뉴에서 [재생 목록] 단추(≡)를 클릭하면 저장된 재생 목록을 볼 수 있습니다. 재생 목록 위로 마우스 커서를 가져가 [모두 재생] 단추(▷)를 클릭하면 재생 목록을 열지 않고도 재생 목록 안의 노래들을 재생할 수 있습니다.

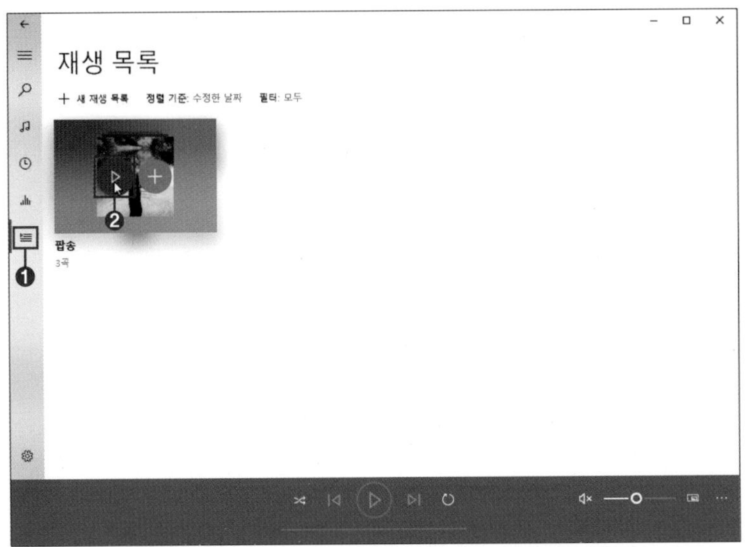

재생 목록에 음악 추가하기

만들어 놓은 기존의 재생 목록에 새로운 음악을 추가할 수도 있습니다. 노래 목록에서 추가할 음악들을 선택한 후 화면 아래쪽의 도구 모음에서 [추가하기] 단추(+)를 클릭하고 재생 목록 이름을 선택합니다.

재생 목록 삭제하기

저장된 재생 목록이 더 이상 필요하지 않을 경우, 재생 목록을 삭제할 수도 있습니다. 재생 목록을 마우스 오른쪽 단추로 클릭한 후 [삭제]를 선택합니다.

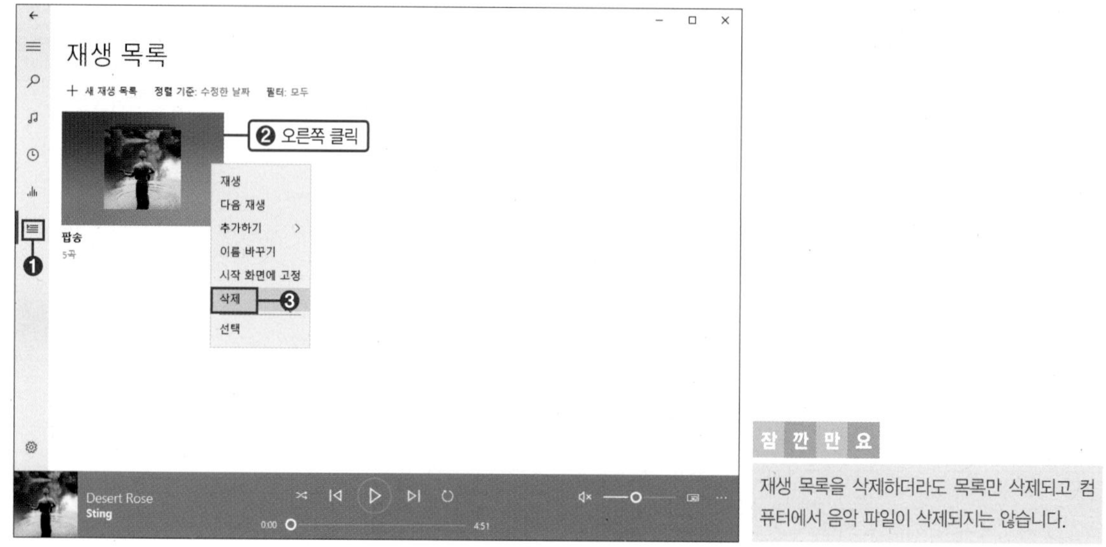

잠깐만요

재생 목록을 삭제하더라도 목록만 삭제되고 컴퓨터에서 음악 파일이 삭제되지는 않습니다.

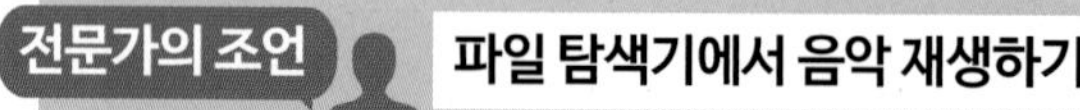

전문가의 조언 파일 탐색기에서 음악 재생하기

'Groove 음악' 앱을 먼저 실행한 후 음악 파일을 가져와 재생할 수도 있지만, 파일 탐색기에서 재생하고 싶은 음악 파일을 선택한 후 [홈] 탭의 [열기] 그룹에 있는 열기▾를 클릭해서 원하는 음악만 골라 재생할 수 있습니다. 이렇게 추가한 음악 파일은 '음악' 라이브러리에 추가되지 않고 'Groove 음악' 앱을 다시 실행하면 음악 목록에 남아있지 않고 사라집니다.

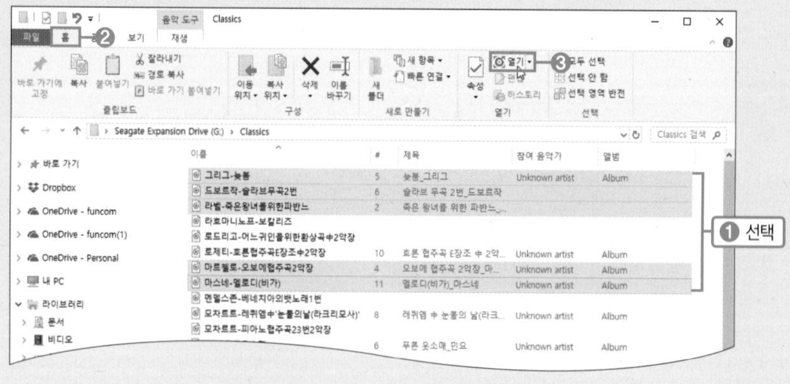

주요 Windows 10

27 Groove 음악 이퀄라이저 조절하기

'Groove 음악' 앱을 통해 음악을 들을 때, 좋아하거나 자주 듣는 음악 장르의 특성에 맞게 음역대를 조절할 수 있습니다. 또한 헤드폰, 노트북 등 음악을 재생하는 상황에 따라 이퀄라이저를 조절하여 조금 더 풍부한 음감으로 음악을 즐길 수도 있습니다.

'Groove 음악' 앱의 왼쪽 메뉴에서 [설정] 단추(⚙)를 클릭한 후 '설정' 창에서 [이퀄라이저]를 선택합니다.

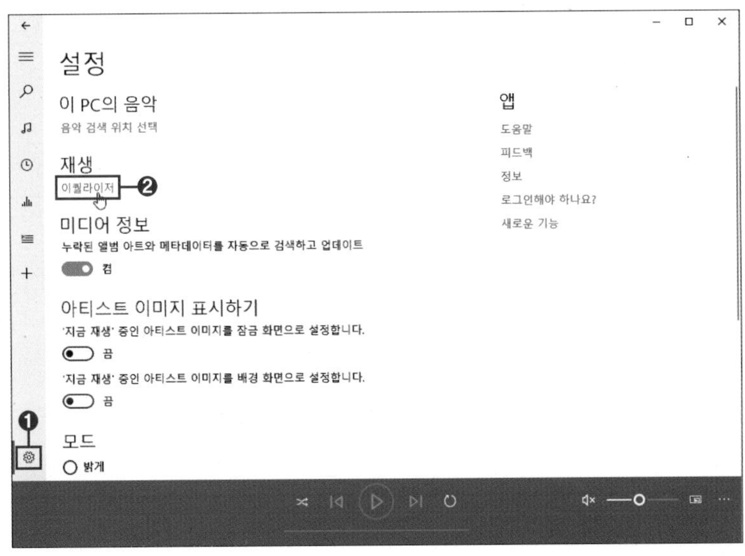

'이퀄라이저' 창에는 미리 설정된 항목을 선택할 수 있는 목록과, 취향에 맞게 이퀄라이저를 조절할 수 있는 부분으로 나뉘어 있습니다. '기본'이라고 표시된 목록을 펼쳐 항목을 선택하면 자동으로 이퀄라이저가 조정됩니다. 미리 정의된 항목을 선택하지 않더라도 이퀄라이저 레벨 슬라이드 막대를 움직여 원하는 음색으로 조절할 수도 있습니다.

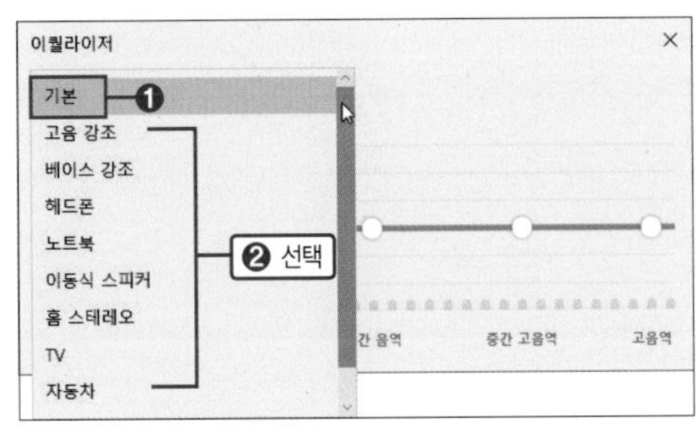

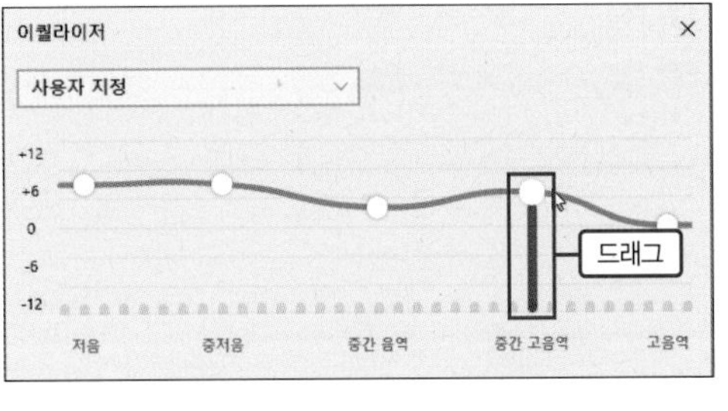

비디오 파일이 있는 폴더 추가하기

'영화 및 TV' 앱을 실행하면 기본적으로 '비디오' 라이브러리에 있는 비디오를 가져옵니다. 라이브러리에 없는 비디오가 있다면 탐색기의 '비디오' 라이브러리에 추가하거나, '영화 및 TV' 앱에서 폴더를 추가하면 됩니다.

방법 1 '영화 및 TV' 앱에서 폴더 추가하기

'영화 및 TV' 앱의 첫 화면에서 '비디오 폴더' 탭 아래에 있는 [폴더 추가]를 선택합니다. 비디오 파일이 있는 폴더를 추가하기 위해 +를 클릭합니다.

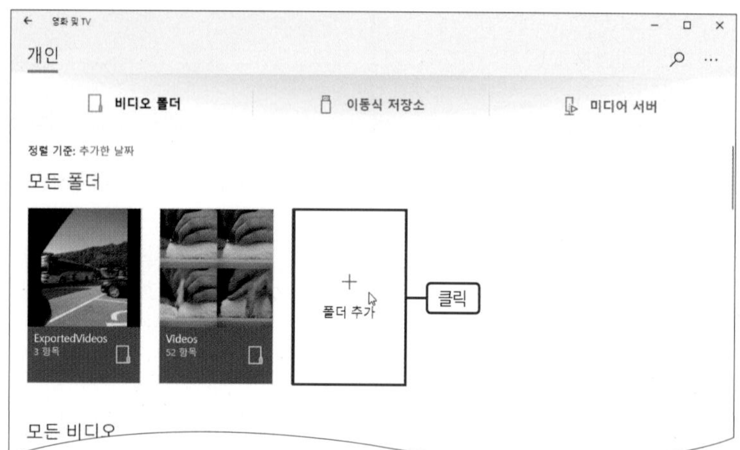

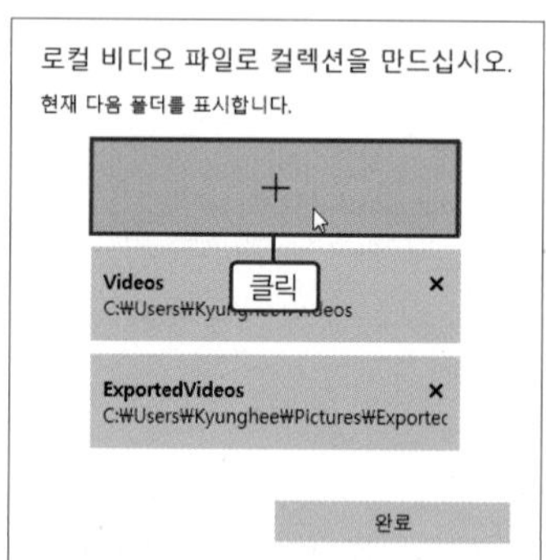

비디오 파일이 있는 폴더를 선택한 후 [이 폴더를 비디오에 추가]를 클릭합니다.

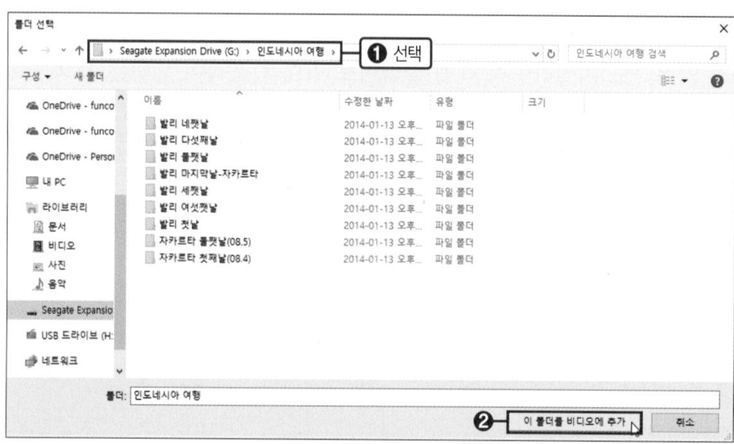

잠깐만요 비디오 폴더를 추천하는 화면이 나타나면, 원하는 폴더를 추가하기 위해 [다른 폴더 추가]를 클릭합니다.

[완료]를 클릭하면 선택한 폴더가 '영화 및 TV' 앱에 추가됩니다.

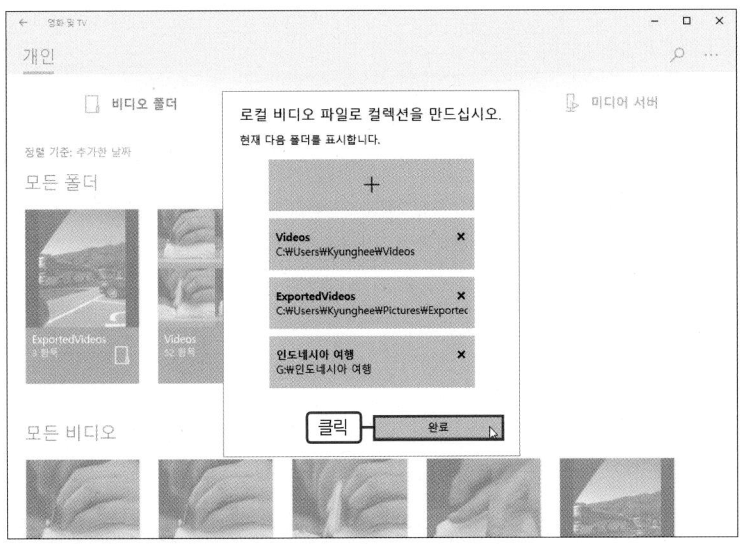

잠깐만요

'영화 및 TV'앱에 폴더를 추가하면 '비디오' 라이브러리에도 추가한 폴더가 표시됩니다. 반대로 '비디오' 라이브러리에 폴더를 추가하면 '영화 및 TV' 앱에도 추가한 폴더가 표시됩니다.

방법 2 파일 탐색기에서 폴더 추가하기

파일 탐색기를 실행한 뒤, 비디오 파일이 있는 폴더를 선택하고 탐색기의 [홈] 탭의 [빠른 연결] - [비디오]를 차례로 선택합니다. 추가한 폴더를 공유할 것인지의 여부를 선택하면 '비디오' 라이브러리에 추가됩니다.

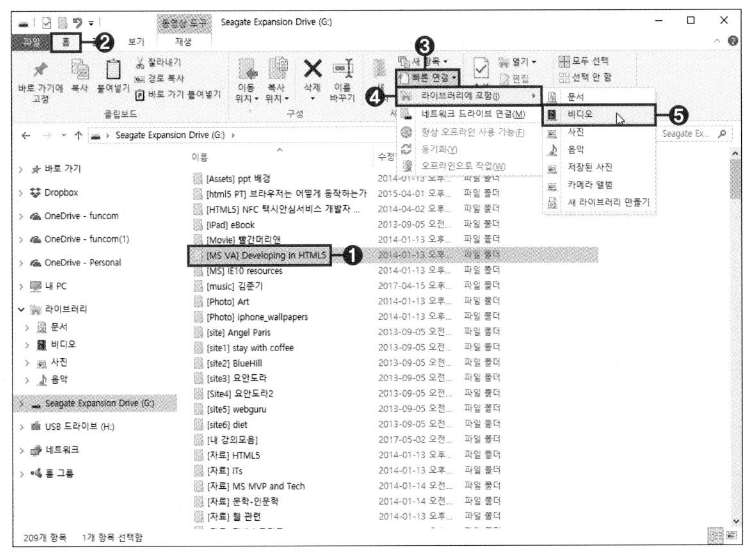

잠깐만요

비디오 파일이 있는 폴더를 마우스 오른쪽 단추로 클릭하고 [라이브러리에 포함] - [비디오]을 선택해도 됩니다.

주요

Windows 10

영화 및 TV 앱으로 동영상 재생하기

'영화 및 TV' 앱은 윈도우 10의 기본 앱으로, 'Microsoft Store'에서 구입한 영화나 TV 프로그램을 재생하기 위한 앱입니다. 하지만 아직까지 우리나라에서는 'Microsoft Store'를 통해 영화나 TV 프로그램을 다운로드할 수 없기 때문에 개인 컴퓨터에 저장된 비디오만 재생하고 편집할 수 있습니다.

방법 1 '비디오' 라이브러리의 비디오 재생하기

[시작] 메뉴에서 [영화 및 TV] 앱을 선택하면 앱이 실행되면서 '비디오' 라이브러리에 추가된 동영상이 목록으로 표시됩니다. 동영상 목록에서 재생하고 싶은 동영상을 클릭하면 동영상이 재생됩니다.

▲ 선택한 동영상 재생

방법 2 이동식 저장소의 비디오 재생하기

'비디오' 라이브러리가 아닌 저장 장치에 저장된 비디오 파일을 가져오려면 '영화 및 TV' 앱 화면의 위쪽에 있는 [이동식 저장소] 탭을 클릭합니다. 윈도우가 설치된 하드 디스크 외에 다른 하드 디스크나 USB로 연결된 저장 장치 목록에서 비디오 파일을 가져올 저장 장치 이름을 선택합니다.

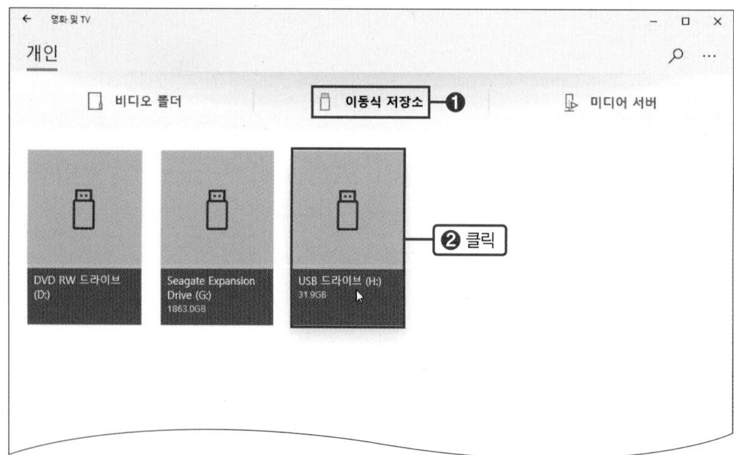

선택한 저장 장치의 폴더와 파일들이 표시됩니다. 재생할 비디오 파일을 클릭하면 비디오가 재생됩니다.

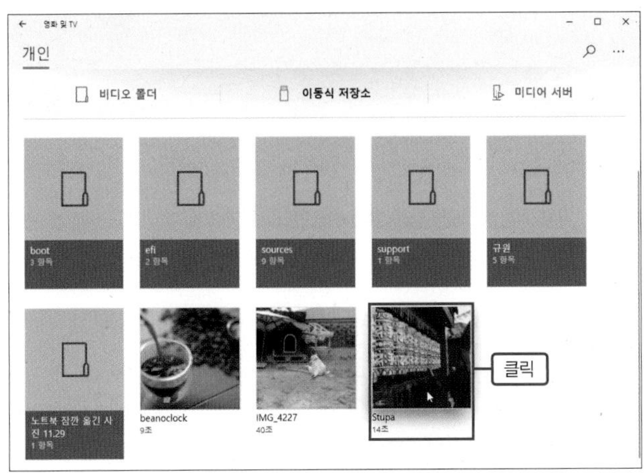

▲ 선택한 동영상 재생

전문가의 조언 자막 파일 연결하기

비디오에 별도의 자막 파일이 제공될 경우 '영화 및 TV' 앱에서 자막 파일을 연결할 수 있습니다. 비디오 재생 화면에서 단추를 클릭한 후 [자막 파일 선택]을 클릭하면 자막 파일을 선택할 수 있는데, 사용할 수 있는 파일 형식은 '열기' 창에서 파일 형식 목록을 펼쳐 확인할 수 있습니다. 아쉽게도 국내에서 많이 사용하는 SMI 자막 파일은 지원하지 않습니다. 자막 파일이 SMI인 비디오를 자막과 함께 재생하려면 '영화 및 TV' 앱에서 지원하는 자막 파일로 변환해서 사용하거나 GOM 플레이어나 KM플레이어 같은 다른 비디오 재생 앱을 사용해야 합니다.

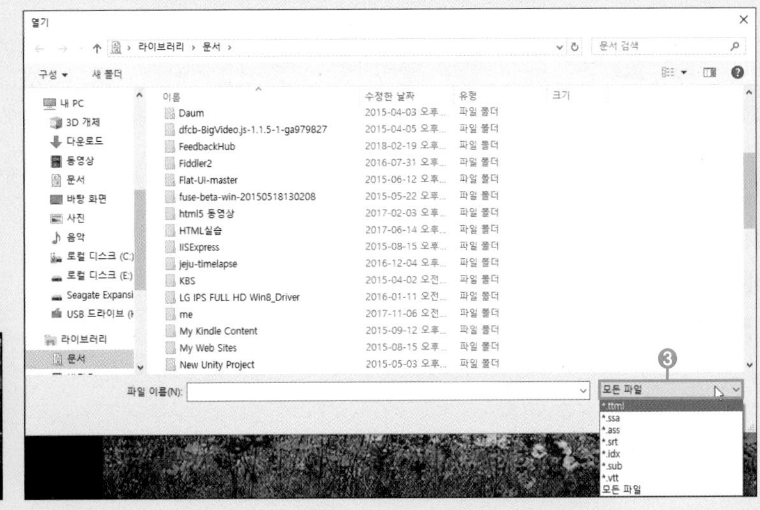

30 비디오 재생 화면 살펴보기

'영화 및 TV' 앱은 주로 비디오 재생을 위해 사용하고 비디오를 편집하는 일부 기능은 '사진' 앱을 함께 이용합니다. '영화 및 TV' 앱이 어떻게 구성되는지는 알아보겠습니다.

❶ **비디오 재생 화면** : 재생 중인 비디오가 표시됩니다.

❷ **진행 막대** : 비디오의 재생 상태를 확인할 수 있습니다.

❸ **볼륨( ) 단추** : 클릭하면 슬라이드 막대가 표시되어 볼륨을 조절할 수 있습니다.

❹ **자막 및 오디오( ) 단추** : 자막 파일이 있을 경우 자막 파일을 선택해 연결할 수 있습니다.

❺ **뒤로 건너 뛰기( ) 단추** : 재생하고 있는 비디오를 뒤로 10초간 건너뜁니다.

❻ **재생 / 일시 정지(▷ / ‖) 단추** : 비디오 재생을 정지하거나 다시 재생할 수 있습니다.

❼ **앞으로 건너 뛰기( ) 단추** : 재생하고 있는 비디오를 앞으로 30초간 건너뜁니다.

❽ **사진에서 편집( ) 단추** : 클릭하면 사진 앱이 자동 실행되어 비디오를 편집할 수 있습니다.

❾ **미니 뷰로 재생( ) 단추** : 비디오 재생 화면을 모니터 오른쪽 위에 작은 화면으로 표시합니다. 작은 화면은 다른 프로그램보다 항상 위에 표시됩니다.

❿ **전체 화면( ) 단추** : 비디오 재생 화면을 전체 화면으로 표시합니다.

⓫ **추가 옵션(···) 단추** : 비디오 재생과 관련된 다른 추가 옵션을 표시합니다.

131 비디오 특정 부분 자르기 - 트리밍

'영화 및 TV' 앱에서는 비디오 파일에서 필요한 부분만 잘라내어 저장하는 것이 가능합니다. 이것을 '트리밍(trimming)'이라고 하며, 이렇게 비디오의 특정 부분만 자른 영상을 '비디오 클립(video clip)'이라고 합니다.

01 '영화 및 TV' 앱에서 편집할 비디오를 엽니다. 그리고 화면 아래 쪽에 있는 [사진에서 편집] 단추 (✎)를 클릭한 후 [트리밍]을 선택합니다.

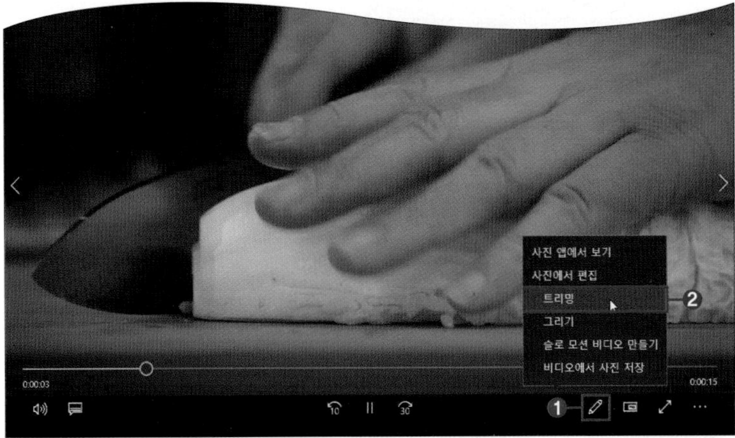

02 '사진' 앱이 자동 실행되면서 방금 선택한 비디오가 표시됩니다. 그리고 재생 막대의 왼쪽 끝과 오른쪽 끝에 흰색 원이 표시됩니다.

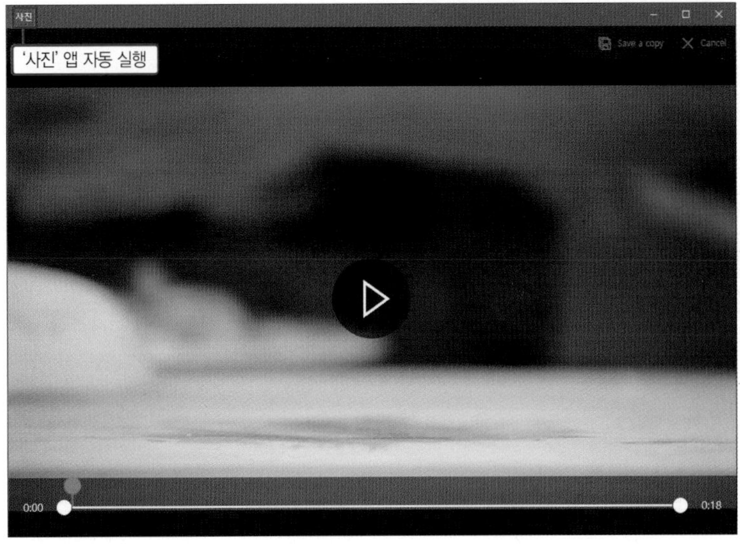

03 재생 막대의 흰색 원은 잘라낼 비디오의 시작 위치와 끝 위치를 나타냅니다. 왼쪽 흰색 원을 클릭해서 시작 위치까지 옮기고, 오른쪽 흰색 원을 클릭해서 끝낼 위치까지 옮깁니다.

04 시작 위치와 끝낼 위치를 지정했다면 화면 오른쪽 위에 있는 [Save a copy]를 클릭해 저장합니다. 잘라낸 비디오는 원래 비디오 파일이 있던 폴더에 저장되는데, 파일 이름은 원래 파일 이름 뒤에 'Trim'을 붙여서 저장합니다. 예를 들어, 'slice.mp4' 비디오에서 잘라낸 비디오 클립이라면 'sliceTrim.mp4'로 저장됩니다.

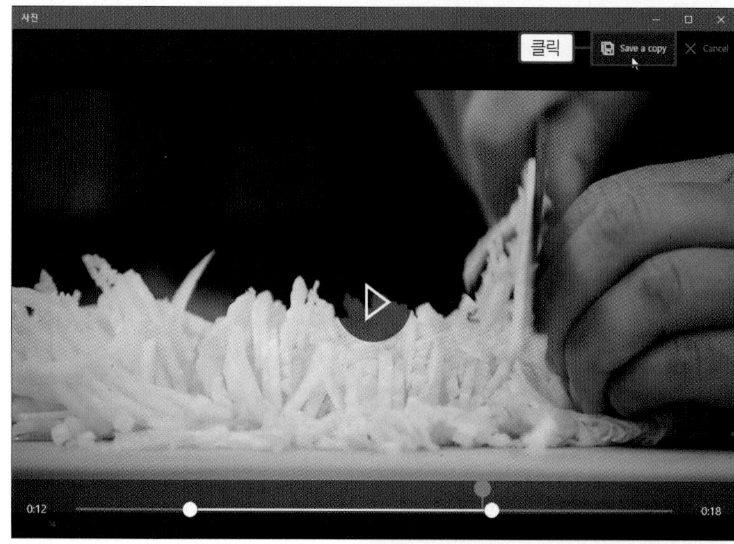

잠 깐 만 요

잘라낸 비디오를 저장하기 전에 비디오 재생 화면 중앙에 있는 재생 단추 ▶를 클릭하면 잘라낸 부분을 확인할 수 있습니다.

32 슬로 모션 비디오 만들기

윈도우 10의 '영화 및 TV' 앱의 비디오에 추가할 수 있는 효과 중 눈에 띄는 것은 '슬로 모션' 효과입니다. 비디오의 특정 부분을 '느리게', 혹은 '아주 느리게' 재생하도록 함으로써 비디오에 조금 더 이목을 집중하도록 만들 수 있죠. 비디오를 슬로 모션 비디오로 만드는 방법을 알아보겠습니다.

'영화 및 TV' 앱에 비디오가 실행된 상태에서 화면 아래 쪽에 있는 [사진에서 편집] 단추(✎)를 클릭한 후 [슬로 모션 비디오 만들기]을 선택합니다.

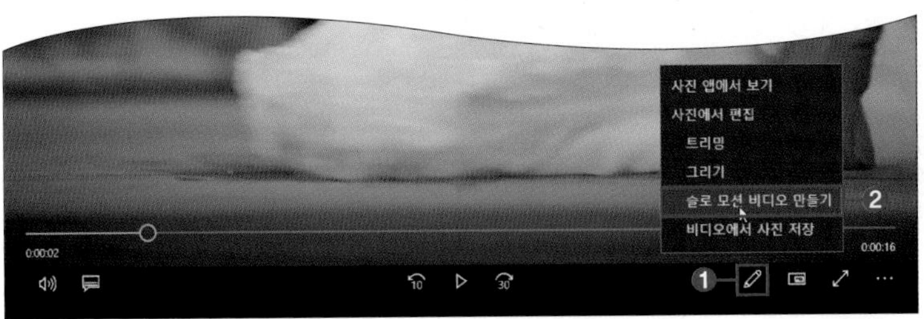

'사진' 앱이 자동 실행되고 비디오 편집 창이 나타납니다. 화면 맨 위에 있는 [슬라이더] 슬라이더로 속도를 조절할 수 있습니다. 왼쪽은 정상 속도, 가운데는 느리게, 맨 오른쪽은 아주 느리게 속도를 조절합니다.

'느리게' 슬로 모션 비디오 만들기

속도 조절 막대에서 슬라이더를 가운데로 드래그하여 '느리게' 를 선택합니다. 실행 속도를 '느리게'로 지정하면 비디오 재생 상태 막대에 파란색 원이 2개가 표시되어 느리게 재생할 구간의 시작과 끝을 지정할 수 있습니다. 파란색 원을 좌우로 옮겨서 느리게 실행할 구간을 지정합니다.

잠깐만요

재생 상태 막대에 있는 흰색 원 2개는 비디오의 특정 부분을 잘라내기 위한 표식이므로 비디오 잘라내기가 필요할 경우 사용합니다.

'아주 느리게' 슬로 모션 비디오 만들기

아주 느린 슬로 모션 비디오를 만들 때는 속도 조절 막대의 조절점을 오른쪽으로 끌어 옮깁니다. 가장 오른쪽이 가장 느린 속도로 '아주 느리게'로 지정하면 비디오 실행 막대에는 파란색 테두리가 있는 원이 하나만 표시됩니다.

아주 느린 슬로 모션은 구간을 지정하는 것이 아니라 특정 위치에서 약 1초 동안만 아주 느리게 실행되기 때문에 슬로 모션을 사용할 위치만 지정합니다.

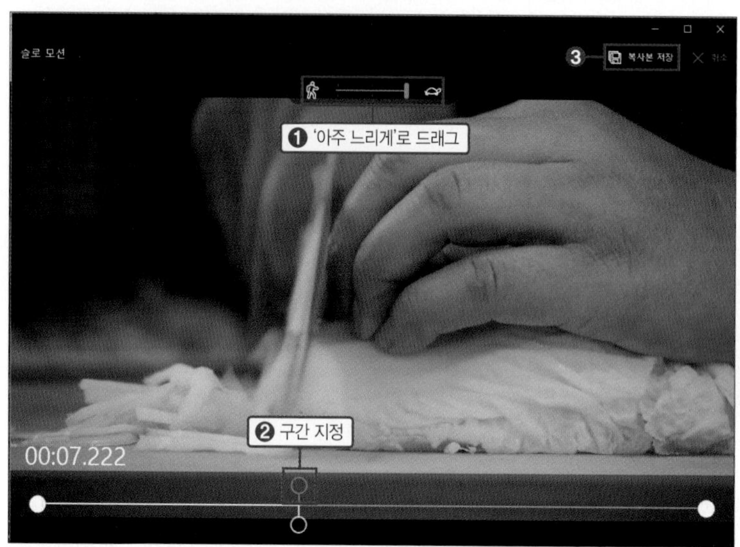

완성한 슬로 모션 비디오는 화면 오른쪽 위에 있는 [복사본 저장]을 클릭해 저장할 수 있습니다. 이 경우 파일 이름이 똑같이 지정되는 단점이 있습니다. 예를 들어, slice.mp4 파일을 편집해 슬로 모션 비디오를 만들었다면 slice(2).mp4, slide(3).mp4 처럼 같은 파일 이름 뒤에 숫자만 붙이면서 편집한 비디오를 저장합니다.

주요 Windows 10

33 비디오 화면 캡처하기

비디오를 재생하다가 특정 화면을 캡처해야 할 경우 보통 PrtScr 키를 누르거나 화면 캡처 앱을 사용하는데, '영화 및 TV' 앱에는 앱 자체에서 사진으로 저장하는 기능이 있습니다.

비디오를 재생하는 동안 캡처할 화면이 있다면 비디오를 잠시 정지한 후 화면 아래 쪽에 있는 [사진에서 편집] 단추 ( )를 클릭한 후 [비디오에서 사진 저장]을 선택합니다.

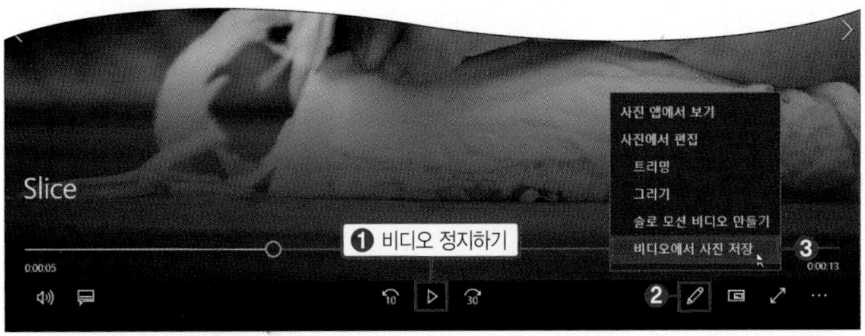

'사진' 앱이 자동 실행되고 캡처한 사진이 표시됩니다. 저장할 장면을 직접 선택하고 싶으면 재생 막대나 아래에 있는 좌우 화살표를 클릭하면서 한 프레임씩 이전으로, 혹은 다음으로 옮기면서 적절한 위치를 찾을 수 있습니다. 캡처한 사진을 저장하려면 화면 오른쪽 위에 있는 [사진 저장]을 클릭합니다.

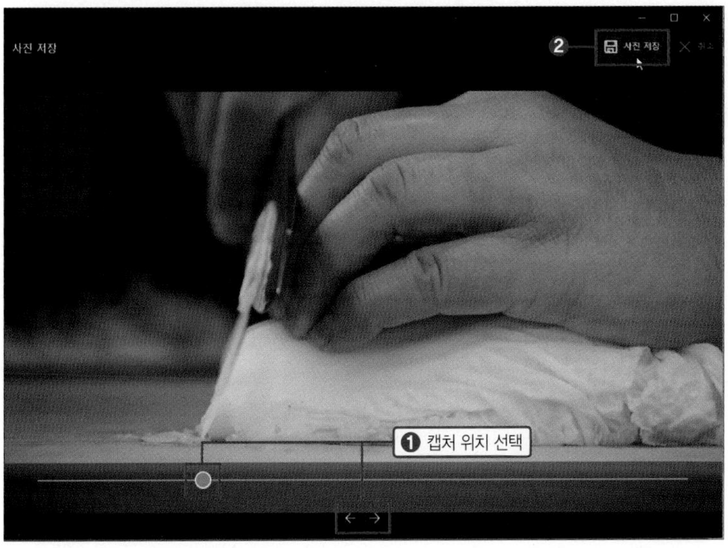

저장한 사진은 JPG 파일로 비디오가 있던 폴더에 저장되는데, 파일 이름은 비디오 파일 뒤에 '_Moment'를 붙여서 저장합니다. 예를 들어, 'slice.mp4' 비디오에 있던 화면을 사진으로 저장했다면 'slice_Moment.jpg 로 저장됩니다.

11장

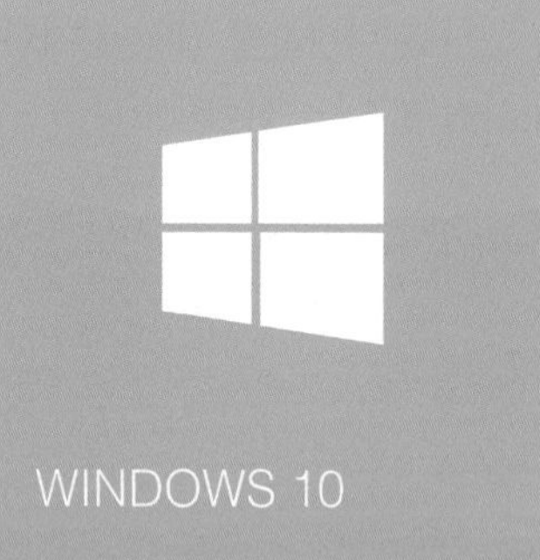

윈도우 앱 관리하기

윈도우 10에는 내장되어 있는 기본 앱이 많기 때문에 별도로 자주 사용하는 앱들은 따로 설치하지 않아도 즉시 사용할 수 있습니다. 또한 마이크로소프트 계정을 사용하면 PC에서 사용하던 앱을 그대로 이어서 노트북이나 태블릿에서 사용할 수 있어서 편리합니다. 이번 장에서는 윈도우 10의 기본 앱을 변경하는 방법과 'Microsoft Store'를 통해 다양한 앱을 다운로드하고 설치하는 방법에 대해 알아보겠습니다.

34 윈도우 10 기본 앱 변경하기

윈도우 10에는 새롭게 추가된 다양한 앱들이 기본 앱으로 설정되어 있습니다. 하지만 이미 익숙하게 사용하는 앱이 있거나 기본 앱 외의 다른 앱을 사용하고 싶다면 기본 앱을 변경할 수 있습니다.

기본 앱 변경하기

작업 표시줄 오른쪽 끝에 있는 알림 단추(□)를 클릭한 후 [모든 설정]을 선택하거나, 시작 메뉴에 있는 설정 단추(⚙)를 클릭해서 '설정' 창을 엽니다. '설정' 창에서 [앱]을 선택합니다.

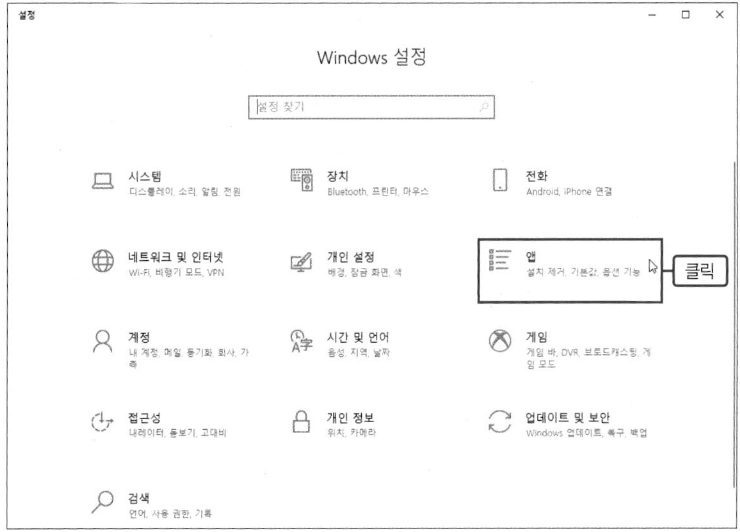

윈도우 10에서 기본 앱이 설정된 항목들이 표시됩니다. 기본 앱을 바꾸고 싶다면 해당 항목을 클릭한 후 앱 이름을 선택합니다. 예를 들어, 음악을 재생할 때 '윈도우 미디어 플레이어'를 사용하고 싶다면 '음악 플레이어'의 기본 앱을 변경해야 합니다.

'음악 플레이어' 항목의 [Groove 음악]을 클릭하면 현재 컴퓨터에 설치된 관련 앱들이 표시되는데, 이 중에서 [Windows Media Player]를 선택합니다.

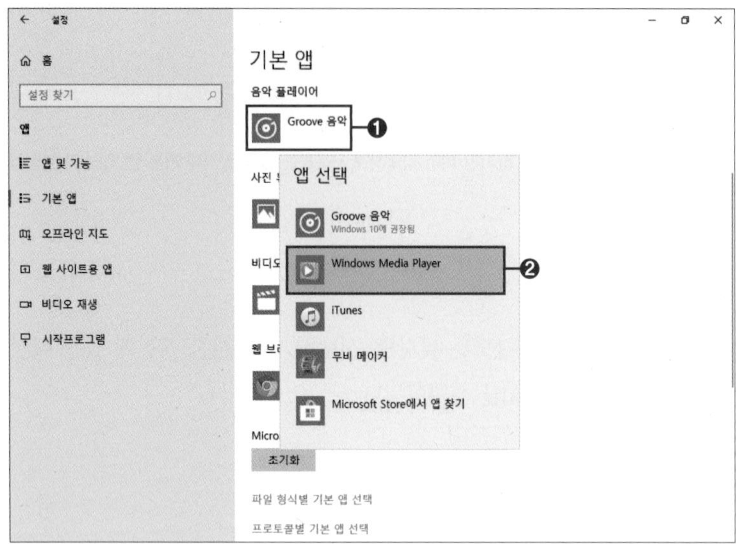

▲ 음악 플레이어 기본 앱 변경하기

설치되어 있는 앱 중에 기본 앱으로 사용할 앱이 없다면 [Microsoft Store에서 앱 찾기] 항목을 선택합니다.

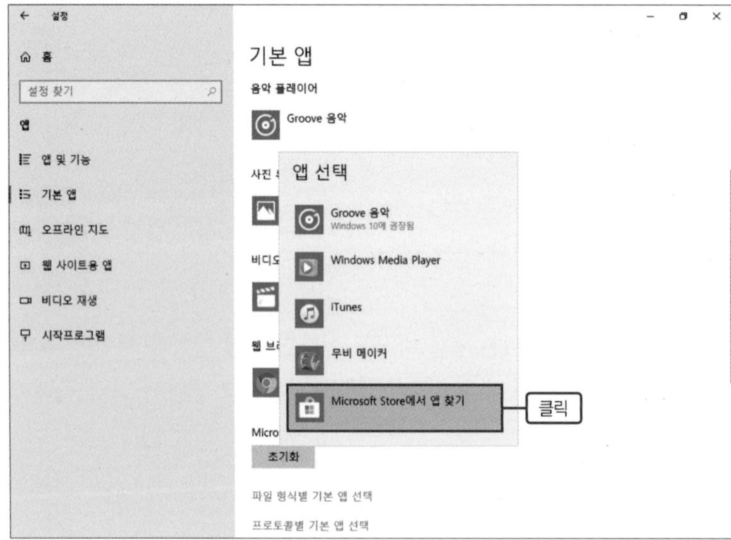

'Microsoft Store' 앱이 실행되면서 연관된 프로그램들을 검색해 보여줍니다. 이 중에서 원하는 앱을 선택해 다운로드하고 설치하면 해당 앱이 기본 앱으로 설정됩니다.

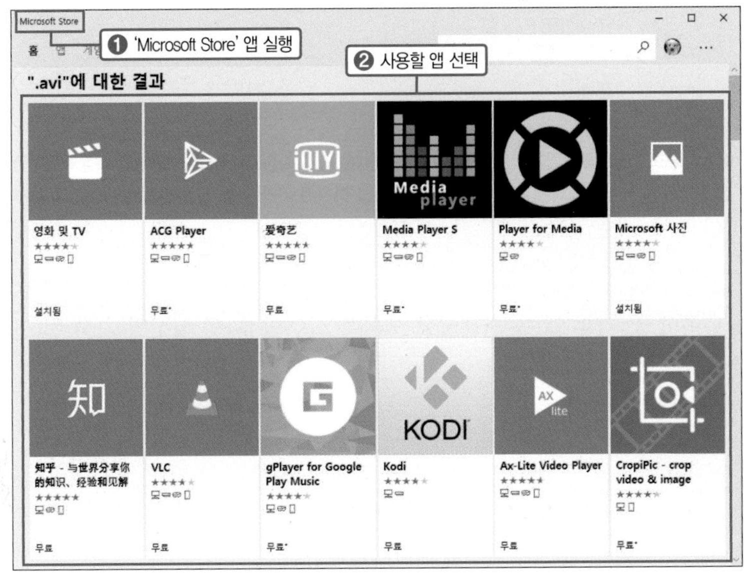

잠깐만요

'Microsoft Store'에서 앱을 다운로드하고 설치하는 방법은 212쪽을 참고하세요.

기본 앱 초기화

기본 앱들을 변경해서 사용하다가 윈도우 10에서 처음 지정했던 기본 앱들로 되돌리고 싶다면 [설정] - [앱]을 차례로 선택합니다. '앱' 설정 화면의 오른쪽에서 [기본 앱]을 선택하고 오른쪽 화면의 [초기화] 단추를 클릭합니다.

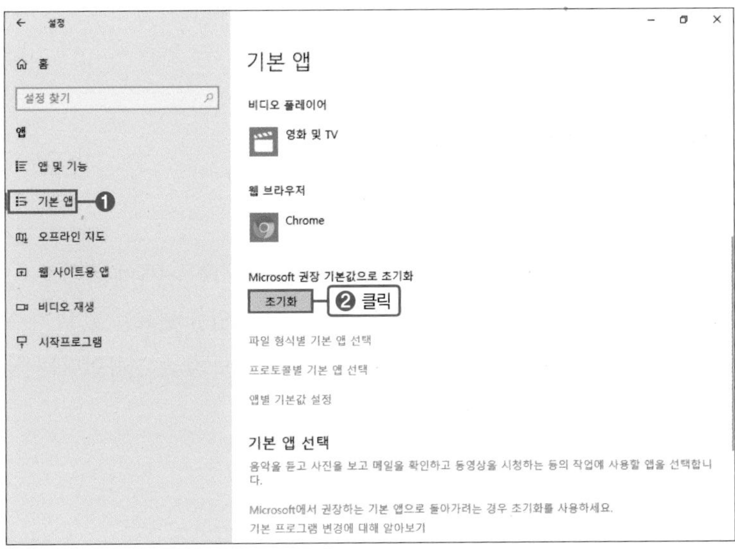

주요 Windows 10

35 파일 형식별 기본 앱 변경하기

'앱' 설정 창에 있는 기본 앱 외에도 파일 형식에 따라 자동으로 실행되는 앱들이 있습니다. 예를 들어, 파일 확장자가 '.txt'인 파일을 더블클릭하면 '메모장' 앱으로 열립니다. '.txt' 확장자에 '메모장' 앱이 연결되어 있기 때문입니다. 여기에서는 파일 형식에 따라 연결 앱을 변경하는 방법에 대해 알아보겠습니다.

[설정] - [앱]을 선택한 뒤 '앱' 설정 창 왼쪽에서 [기본 앱]을 선택하고 오른쪽 화면의 [파일 형식별 기본 앱 선택]을 클릭합니다.

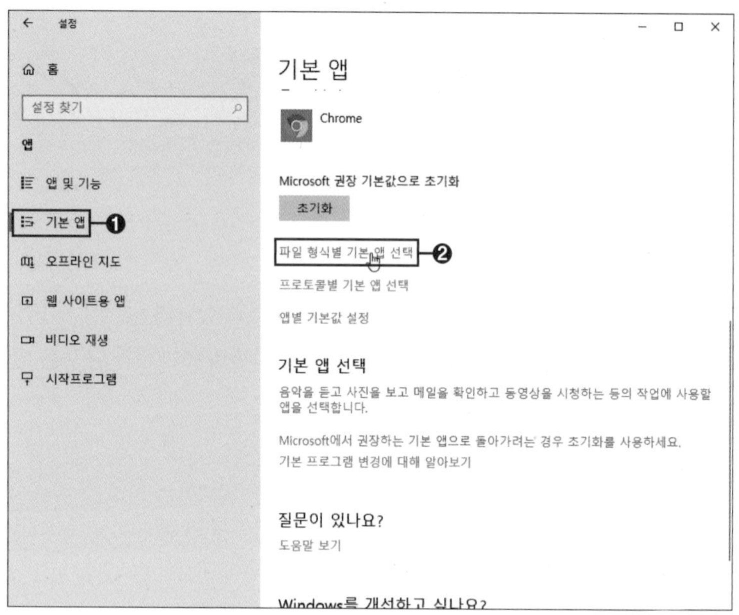

'파일 형식별 기본 앱 선택' 창에는 컴퓨터에서 사용하는 모든 파일 확장자가 나타납니다. 왼쪽에는 확장자, 오른쪽에는 해당 확장자와 연결된 앱이 표시됩니다. 여기에 있는 확장자를 모두 알고 있을 필요는 없고 자주 사용하는 파일의 확장자 정도만 알고 있어도 됩니다. 예를 들어, 엑셀 파일은 .xls나 .xlsx 를 사용한다는 식으로 말이죠.

텍스트 문서는 .txt 라는 확장자를 사용하는데 어떤 앱이 연결되어 있는지 알아볼까요?

파일 확장자 목록은 알파벳 오름차순으로 되어 있으니 아래로 내려오면 .txt 라는 확장자를 찾을 수 있습니다. 기본 앱을 변경하지 않았다면 그 오른쪽에 '메모장' 앱이 연결되어 있을 것입니다.

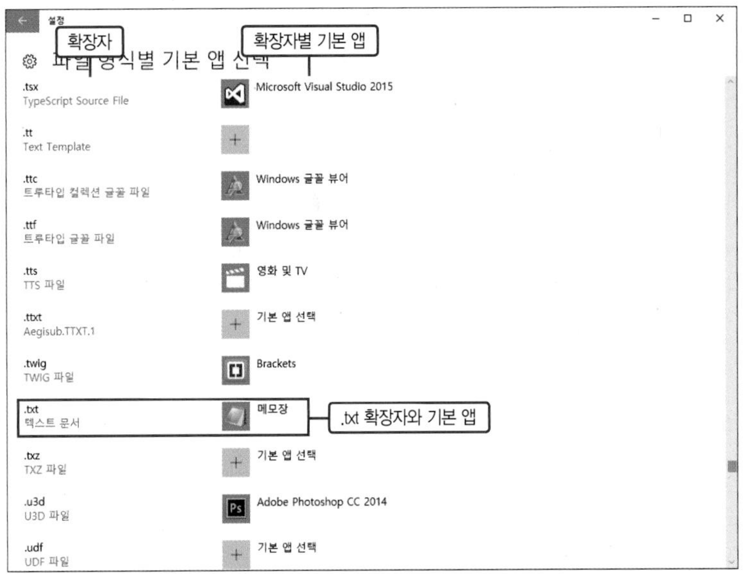

.txt 확장자에 연결된 '메모장' 앱을 다른 앱으로 바꾸고 싶다면 [메모장]이라는 앱 이름을 클릭합니다. .txt 확장자에 연결해 사용할 수 있는 앱들이 표시되는데 이 중에서 원하는 앱을 선택합니다.

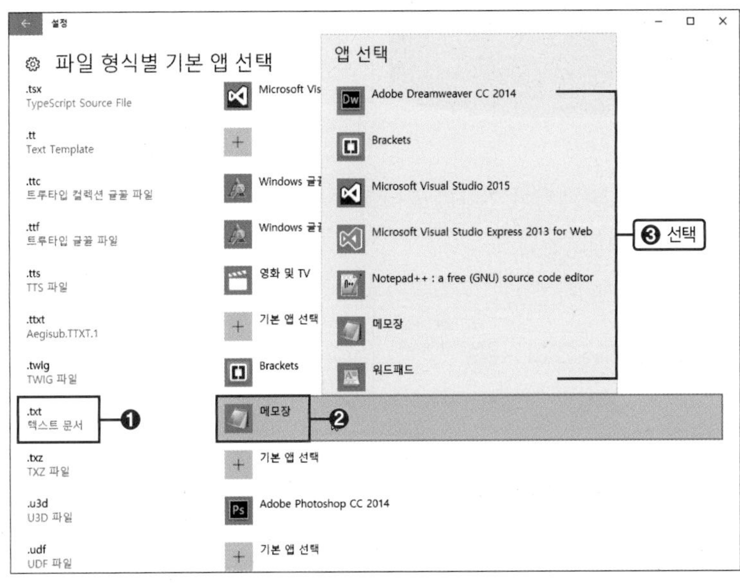

전문가의 조언 파일 탐색기에서 실행되지 않는 파일이 있다면?

파일 탐색기에 있는 파일을 더블클릭하면 자동으로 앱이 실행되면서 파일 내용을 볼 수 있죠? 그런데 간혹 파일 이름을 더블클릭해도 앱이 열리지 않을 때가 있습니다. 이것은 파일 확장자에 앱이 연결되지 않았기 때문입니다. 이럴 때는 앞에서 설명한 방법으로 파일 확장자에 알맞은 앱을 연결하면 해결할 수 있습니다.

무따기 Windows 10

36 무료 게임 다운로드해서 설치하기

윈도우 10을 설치하면 기본 앱이 함께 설치되지만, 이외에도 'Microsoft Store'에서 필요한 앱을 선택해서 다운로드한 후 설치할 수 있습니다. 'Microsoft Store'에서 제공하는 앱은 주제별로 나뉘어져 있고, 다시 유료 앱과 무료 앱으로 구분되어 있습니다. 여기에서는 무료 게임 앱을 다운로드해서 설치하는 방법을 알아봅니다.

01 'Microsoft Store'를 사용하려면 우선 인터넷에 연결되어 있어야 합니다. 작업 표시줄에서 [Microsoft Store] 단추(![])를 클릭하면 앱들을 다운로드할 수 있는 'Microsoft Store' 앱이 실행됩니다. 'Microsoft Store'에서는 '앱'과 '게임'을 분리하여 제공하고 있는데, '게임' 앱을 설치하기 위해 [게임]을 클릭합니다.

잠깐만요

작업표시줄에 'Microsoft Store' 앱이 보이지 않는다면 [시작] 메뉴에서 알파벳 "M"을 클릭해 실행하거나 검색 상자에서 'Microsoft Store'를 검색하여 실행하세요.

02 인기 게임이나 무료 게임 항목에 마음에 드는 게임이 있다면 클릭해서 선택합니다. 여기에서는 윈도우 10의 '지뢰찾기' 게임인 'Minesweeper'를 설치해보겠습니다.

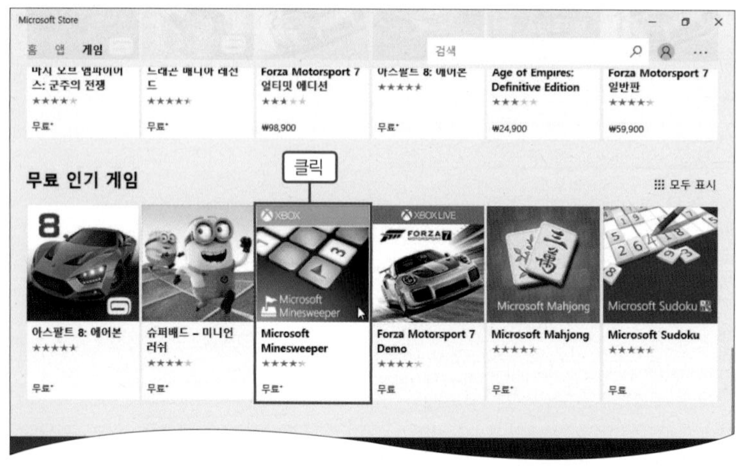

잠깐만요

무료 게임 항목에서 'Minesweeper'이 보이지 않는다면 검색 상자에 'Minesweeper'을 입력하여 검색하면 됩니다.

03 'Minesweeper' 앱의 이용 연령뿐만 아니라 스크린 샷, 먼저 플레이해 본 사용자의 리뷰도 볼 수 있습니다. [다운로드]를 클릭하면 자동으로 게임이 다운로드되어 컴퓨터에 설치됩니다.

04 앱 설치가 끝나면 화면 하단에 알림 창이 나타납니다. [시작]을 눌러 앱을 시작할 수도 있고 [시작에 고정]을 클릭하면 시작 화면에 추가할 수도 있습니다. 아무것도 하지 않으면 잠시 후에 알림 창은 사라집니다.

05 이제 설치된 앱을 실행하면 게임을 즐길 수 있습니다.

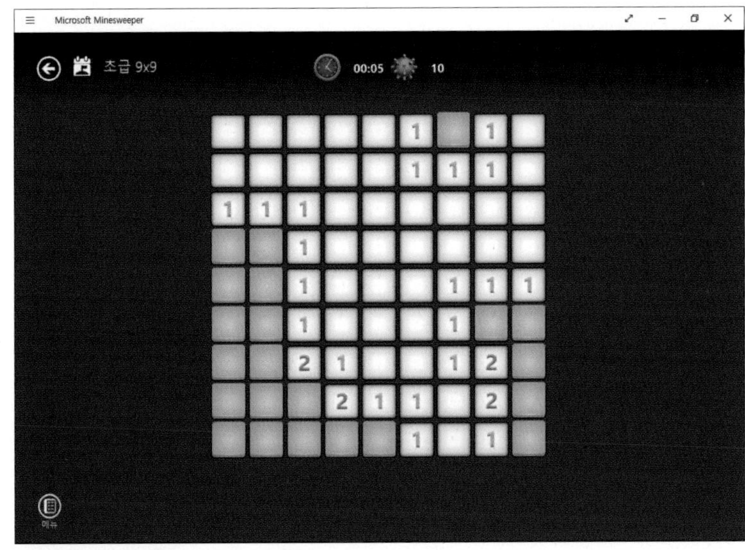

잠깐만요

게임 앱을 처음 실행하면 XBOX 계정을 사용하기 위한 사용자 정보에 접근하도록 허용할 것인지 묻는 창이 나타나면 [예]를 선택합니다.

전문가의 조언 **Xbox에 접속하라는 메시지가 나와요**

마이크로소프트의 게임 콘솔인 Xbox와 윈도우 10이 연동되면서 Xbox의 게임을 윈도우 10에서도 즐길 수 있습니다. 이런 앱들은 'Microsoft Store'의 앱에 Xbox 아이콘이 표시되기 때문에 다른 앱과 구별됩니다. 그리고 Xbox에서 실행할 수 있는 게임을 PC에서 실행할 때 Xbox.com에 접속하라는 메시지가 나오는 경우도 있지만 접속하지 않아도 게임을 실행할 수 있습니다.

주요 Windows 10

37 불필요한 앱 삭제하기

윈도우 10을 사용하다 보면 기본으로 설치되어 있는 앱들 뿐만 아니라 필요에 의해 설치한 앱, 'Microsoft Store'에서 다운로드한 앱 등 여러 앱들이 컴퓨터에 설치됩니다. 이렇게 설치한 앱을 하드 디스크의 용량이나 앱들 간의 충돌 때문에 삭제해야 할 때가 있죠? 윈도우 10에서 앱을 삭제하는 방법을 알아봅니다.

[설정]-[앱]을 차례로 선택합니다. '앱' 설정 창의 왼쪽 화면에서 [앱 및 기능]을 선택하면 오른쪽 화면에 현재 컴퓨터에 설치된 앱들이 알파벳 순으로 나열됩니다. 삭제할 앱을 선택한 후 [제거]를 선택합니다. 앱 뿐만 아니라 관련 정보도 제거된다는 안내 창이 나타나면 다시 한번 [제거]를 클릭합니다.

잠깐만요

'정렬 기준'에서 '이름' 순이나 '크기', '설치 날짜' 순으로 나열 방법을 바꿀 있습니다.

앱에 따라 사용자 계정 컨트롤을 사용해야 한다는 경고 창이 나타나면 [예]를 클릭합니다.

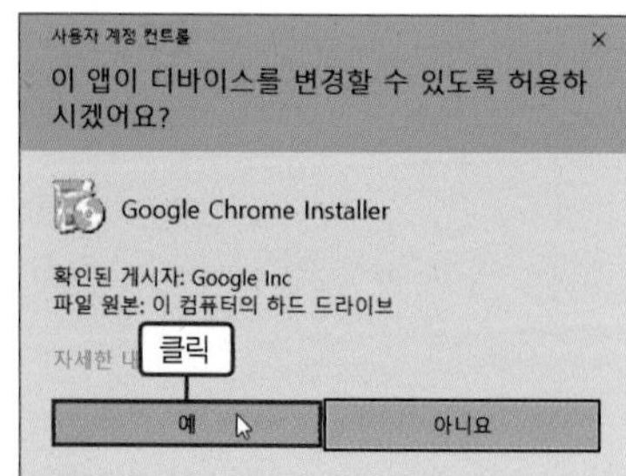

윈도우 10의 기본 앱들 중에는 삭제할 수 없는 앱도 있습니다. 이런 삭제할 수 없는 앱은 [제거] 단추가 활성화되지 않습니다.

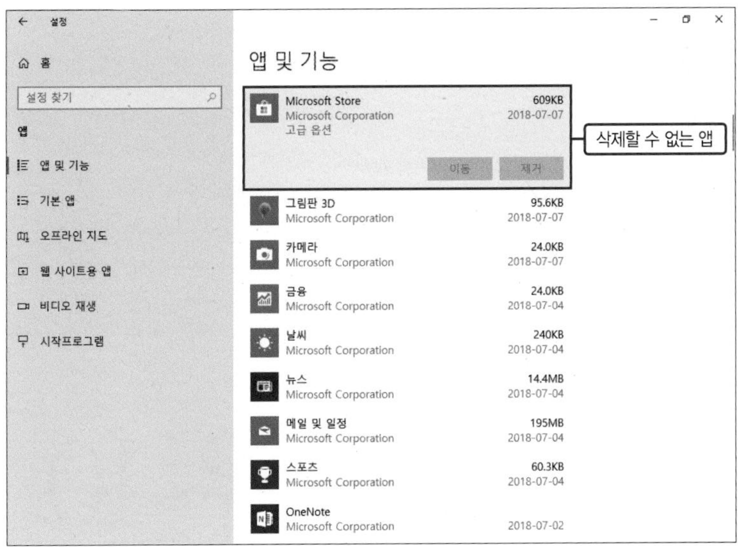

▲ **비활성화된 [제거] 단추**

다섯째 마당

윈도우 10 업무에 활용하기

윈도우 10에는 기능이 강화되거나 새로워진 앱이 많습니다. 여러 웹 메일 사이트를 돌아다니며 따로 확인해야 했던 메일을 '메일' 앱 하나에서 관리할 수 있고, '일정' 앱을 사용하면 하루하루의 일정을 관리할 수 있죠. 가상 데스크톱 기능은 한 대의 컴퓨터를 마치 여러 대의 컴퓨터를 사용하는 것처럼 확장해서 사용할 수 있게 해주고, '타임라인' 기능은 며칠 전에 방문했던 사이트나 사용했던 문서들을 일목요연하게 정리해서 보여줍니다. 윈도우 7에는 없던, 하지만 아주 유용하게 활용할 수 있는 앱을 소개합니다.

Windows 10

12장 메일 앱에서 여러 메일 함께 관리하기

13장 일정 관리하기

14장 업무의 달인으로 만들어 주는 기능들

12장

메일 앱에서 메일 관리하기

윈도우 10의 '메일' 앱은 마이크로소프트의 메일을 관리하는 '아웃룩(Outlook)'에서 주요 기능을 가져왔습니다. 윈도우 10의 '메일' 앱을 이용하면 여러 개의 메일 계정을 한곳에서 관리할 수 있고 언제든지 계정을 전환하며 메일 업무를 처리할 수 있습니다.

살펴보기 Windows 10

01 메일 앱 살펴보기

'메일' 앱은 크게 세 개의 화면으로 나뉘어져 있습니다. 화면의 맨 왼쪽에는 계정을 선택하거나 새 메일을 보내는 등 기본 메뉴가 있고 가운데 화면에는 받은 편지함에 있는 메일 목록이 나타납니다. 그리고 오른쪽 화면에는 선택한 메일의 내용이 표시됩니다.

메뉴 받은 편지함 메일 메시지 내용

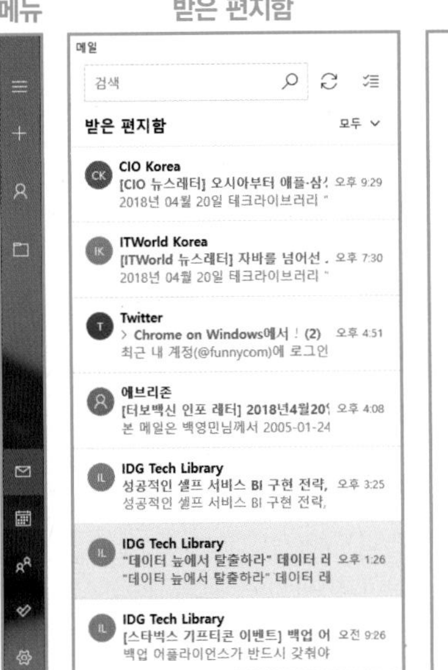

메뉴 영역

① [확장]/[축소] 단추( ) : 메일 앱 화면의 메뉴를 확장/축소합니다. 받은 메일함 화면을 넓게 보고 싶을 때 클릭하면 왼쪽 창의 메뉴 창이 축소됩니다. 한 번 더 클릭하면 왼쪽에 메뉴 창이 확장됩니다

② [새 메일] 단추( ) : 새 메일을 쓸 수 있습니다.

③ 계정 단추( ) : '메일' 앱에 추가된 메일 계정들이 표시됩니다. 계정을 클릭하면 선택한 계정의 메일만 볼 수 있습니다.

④ 폴더 단추( ) : 선택한 메일 계정의 편지함 목록이 표시됩니다.

⑤ 받은 메일함 단추( ) : 받은 편지함을 표시합니다.

⑥ [일정으로 전환] 단추( ) : 메일을 확인하며 관련된 일정을 저장하거나 수정할 수 있도록 '일정' 앱을 실행합니다. '일정' 앱에 대한 내용은 241쪽을 참고하세요.

⑦ [피플로 전환] 단추( ) : 메일을 확인하며 관련된 연락처 저장하거나 수정할 수 있도록 '피플' 앱을 실행합니다.

⑧ [할 일로 전환] 단추( ) : 앱 스토어에서 'Microsoft To-Do' 앱을 다운로드해서 설치하면 'Microsoft To-Do' 앱을 연결하여 사용할 수 있습니다.

⑨ [설정] 단추( ) : 메일 앱의 [설정] 창이 나타납니다.

받은 편지함

❶ **검색 창** : 받은 편지함의 메일 내용이나 보낸 사람 등을 검색할 수 있습니다.

❷ **[이 보기 동기화] 단추(**🔄**)** : 메일 서버에 있는 메일을 사용자 컴퓨터로 가져옵니다.

❸ **[선택 모드 켜기] 단추(**☑**)** : 메일 항목을 선택할 수 있도록 각 항목 앞에 체크 박스를 표시합니다.

❹ **메일 정렬 방법** : 메일의 정렬 방법을 선택할 수 있습니다. 읽지 않은 메일만 표시할 수도 있고 날짜순으로 정렬할 수도 있습니다.

❺ **메일 목록** : 메일 계정의 메일을 가져와 표시합니다. 읽지 않은 메일은 제목이 진하게 표시됩니다.

메일 메시지 내용

❶ **[회신] 단추(**← 회신**)** : 현재 메일을 보낸 사람에게 답장을 보냅니다.

❷ **[전체 회신] 단추(**≪ 전체 회신**)** : 현재 메일에 참조가 포함되어 있으면 그 사람까지 포함해서 답장을 보냅니다.

❸ **[전달] 단추(**→ 전달**)** : 현재 메일 전체를 다른 사람에게 보냅니다.

❹ **[삭제] 단추(**🗑 삭제**)** : 현재 메일을 삭제합니다.

❺ **[동작] 단추(**…**)** : 클릭하면 더 많은 메뉴를 볼 수 있습니다.

전문가의 조언

[동작] (…) 메뉴에서 할 수 있는 추가 작업

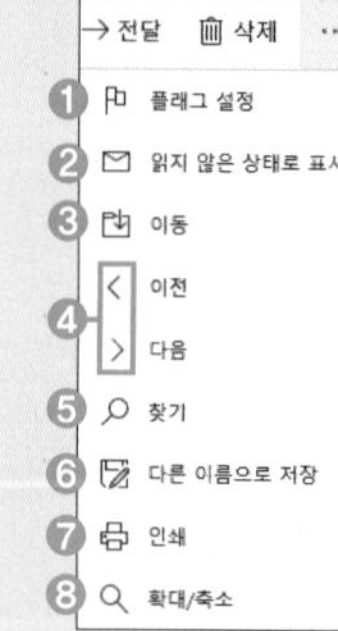

❶ **플래그 설정(**플래그 설정**)** : 중요한 메일에 깃발(⚐)을 표시해서 나중에 쉽게 찾아볼 수 있게 합니다.

❷ **읽지 않은 상태로 표시** : 현재 메일 메시지를 읽은 상태나 읽지 않은 상태로 바꿉니다.

❸ **이동** : 현재 메일을 다른 편지함으로 옮깁니다.

❹ **이전, 다음** : 메일 목록에 있는 이전 메일이나 다음 메일로 이동합니다.

❺ **찾기** : 현재 메일 메시지 안에서 원하는 내용을 검색합니다.

❻ **다른 이름으로 저장** : 현재 메일 메시지를 .elm 파일로 저장합니다. .elm 파일은 '아웃룩'과 같은 메일 관리 앱이 설치되어 있을 경우 해당 앱에서 열리고, 다른 메일 관리 앱이 없다면 '메일' 앱에서 열립니다.

❼ **인쇄** : 현재 메일을 인쇄합니다.

❽ **확대/축소** : 현재 메일을 확대하거나 축소해서 볼 수 있습니다.

Windows 10

메일 앱 처음 실행할 때 계정 추가하기

'메일' 앱에 사용 중인 메일 계정을 등록해 두면 한번에 모든 계정의 메일을 확인하고 관리할 수 있습니다. 사용하고 있는 여러 개의 메일 계정을 '메일' 앱에 추가하는 방법에 대해 알아보겠습니다.

[시작] 단추(⊞)를 클릭하고 [시작 화면]에서 [메일] 앱 타일을 클릭하면 '메일' 앱을 시작할 수 있습니다. '메일' 앱을 처음 실행한다면 [계정 추가]를 클릭해 메일 계정을 등록합니다. 기존에 사용하는 계정을 등록해 놓고 시작하면 편리합니다.

'한메일', '네이버' 메일 계정 추가하기

'한메일'이나 '네이버' 메일 같은 국내 웹 메일 계정을 추가하려면 [다른 계정]을 선택합니다. 그리고 메일 주소와 이름, 암호를 차례로 입력한 후 [로그인]을 클릭하면 간단하게 메일 계정이 추가됩니다.

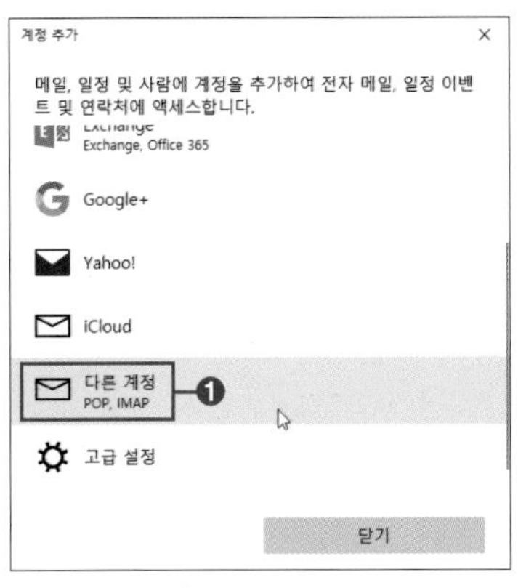

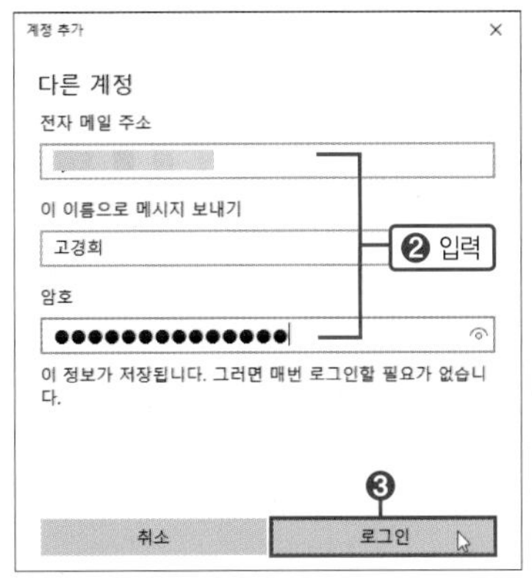

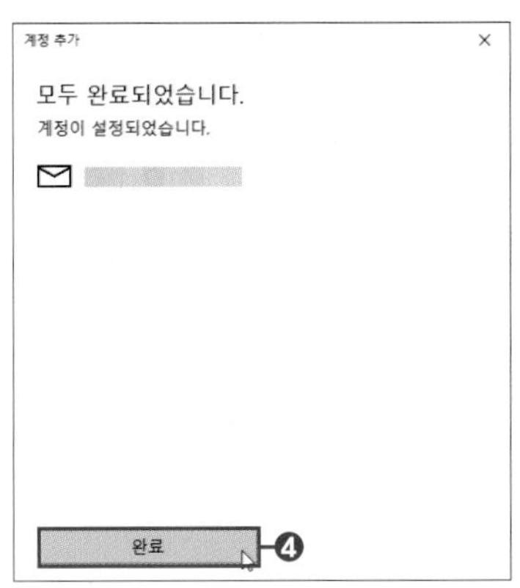

'지메일' 계정('구글' 계정) 추가하기

'구글'에서 제공하는 메일 서비스가 '지메일(Gmail)'이기 때문에 '지메일' 계정을 '구글' 계정이라고도 합니다. '지메일' 계정은 앞에서 살펴본 '한메일'이나 '네이버' 메일과 달리, 사서함 형태로 '구글' 서비스와 연결됩니다. '지메일' 계정을 추가하려면 [계정 추가]를 선택한 후 계정 종류 목록에서 [Google+]를 선택합니다. 메일 주소와 암호를 차례로 입력한 뒤, [다음]을 클릭합니다.

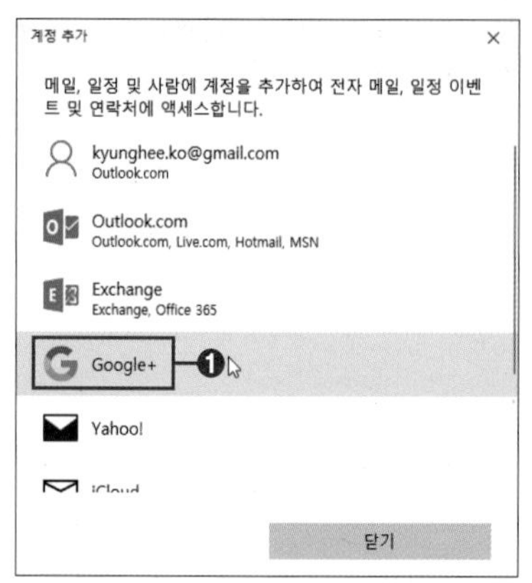

지메일 계정과 암호를 입력한 후 [다음]을 클릭하면 사용자 계정을 액세스 하려 한다는 창이 나타납니다. [허용]을 클릭하면 지메일 계정이 추가됩니다.

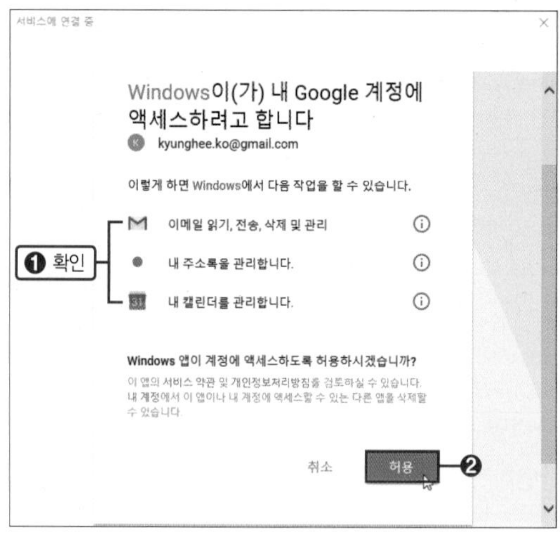

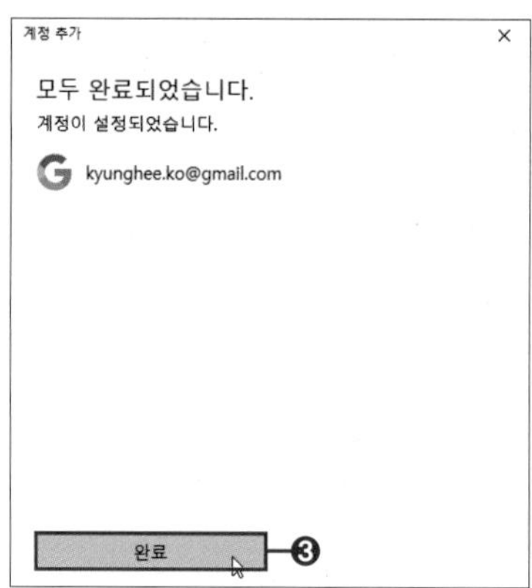

이렇게 필요한 메일 계정을 모두 추가했다면 [받은 편지함으로 이동]을 클릭해서 본격적으로 '메일' 앱을 실행할 수 있습니다.

주요 Windows 10

03 메일 계정의 비밀번호 바꾸기

'메일' 앱에 추가한 메일 계정은 해당 사이트의 메일 서버에서 메일을 가져오는 역할을 합니다. 그렇기 때문에 '메일' 앱에 추가한 메일 계정 사이트의 비밀번호를 변경했다면 '메일' 앱의 비밀번호도 변경해야 합니다. 이번에는 '메일' 앱에서 비밀번호를 변경하는 방법에 대해 알아보겠습니다.

'메일' 앱 왼쪽 아래에 있는 [설정] 단추(⚙)를 클릭한 후 [계정 관리]를 선택합니다

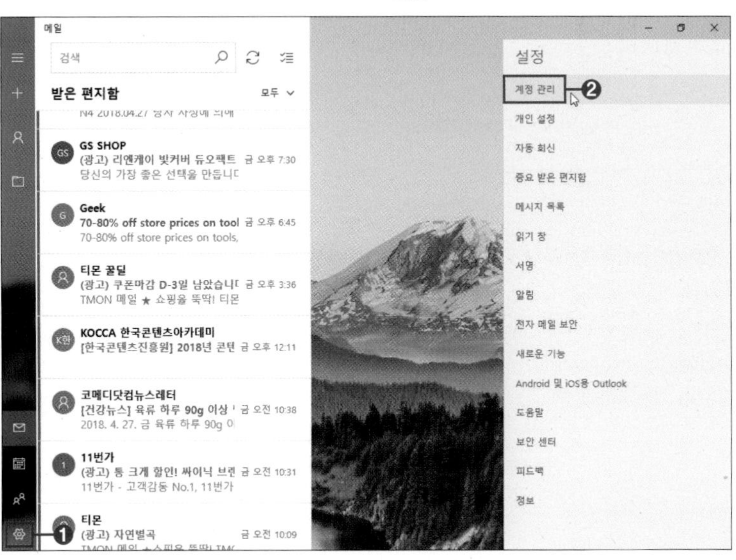

'메일' 앱에 등록되어 있는 메일 계정 목록이 표시됩니다. 이 중에서 비밀번호를 바꿀 메일 계정을 선택합니다.

메일 계정을 추가할 때와 같은 화면이 나타납니다. 여기에 변경된 비밀번호를 입력하고 [저장]을 클릭합니다.

잠 깐 만 요

메일 계정의 비밀번호를 '메일' 앱에서 변경할 경우 '메일' 앱에 추가한 계정의 사이트 비밀번호가 변경되지는 않습니다. '지메일'의 경우 사이트에서 비밀번호를 변경한 후 변경된 비밀번호로 다시 연결 해야 합니다.

주요 Windows 10

04 메일 계정 삭제하기

'메일' 앱에 추가했던 메일 계정 중 더 이상 사용하지 않거나 '메일' 앱에서 관리하지 않아도 되는 메일 계정을 '메일' 앱에서 삭제할 수도 있습니다.

'메일' 앱 왼쪽 아래에 있는 [설정] 단추( )를 클릭한 후 [계정 관리]를 선택합니다. '메일' 앱에 등록되어 있는 메일 계정 목록이 표시되고 이 중에서 삭제할 메일 계정을 선택합니다.

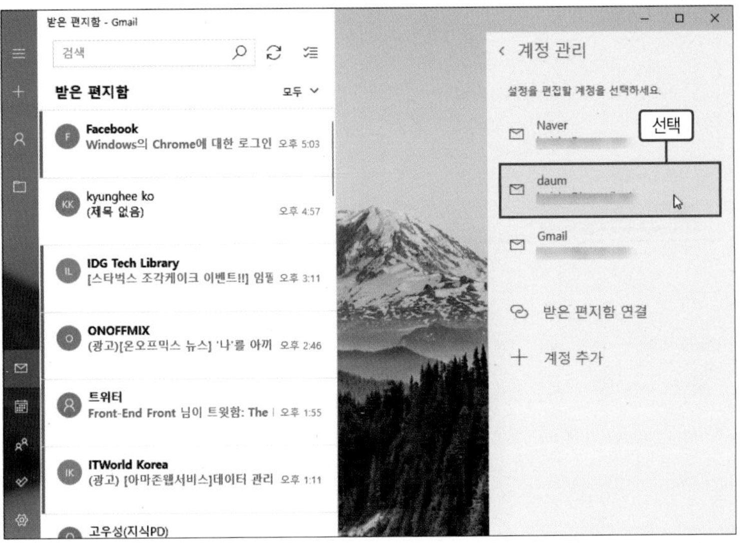

'계정 설정' 창이 나타나면 [계정 삭제]를 클릭합니다.

daum 계정 설정

사용자 이름

암호

계정 이름

daum

사서함 동기화 설정 변경

콘텐츠를 동기화하는 옵션입니다.

계정 삭제

장치에서 이 계정을 제거하세요.

클릭

저장 취소

이후 과정은 국내 메일 계정이나 지메일이 모두 같습니다. 메일 계정을 삭제하면 그 동안 받았던 메일 내용이 모두 제거 된다는 메시지가 나타납니다. 그래도 계속하겠다면 [삭제]를 클릭합니다.

[완료]를 클릭하면 메일 계정 삭제가 끝납니다.

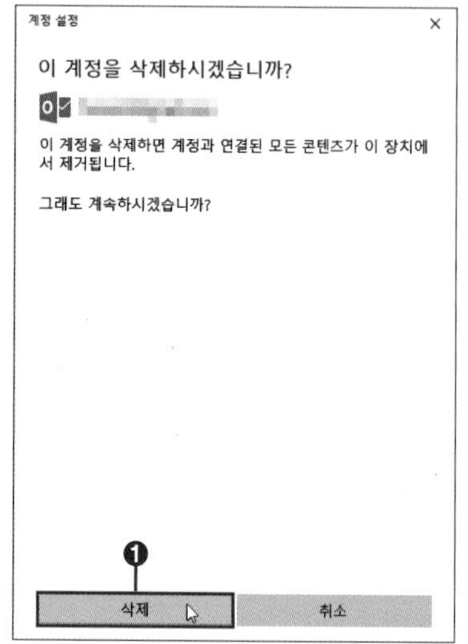

전문가의 조언 ‘메일’ 앱 사용하다가 새 메일 계정 추가하기

‘메일’ 앱을 처음 실행하면 첫 화면에서 바로 메일 계정을 추가할 수 있지만, 그 후로는 첫 화면에 ‘받은 편지함’이 나타나기 때문에 처음 앱을 실행했을 때와 같이 메일 계정을 추가할 수는 없습니다. 새로운 메일 계정을 추가하려면 왼쪽 메뉴 중 [설정] 단추(⚙)를 클릭한 후 [계정 관리]를 선택하세요. [계정 관리] 화면에는 이미 등록되어 있는 메일 계정이 표시되는데 [메일 계정 추가]를 클릭해 새로운 메일 계정을 추가할 수 있습니다.

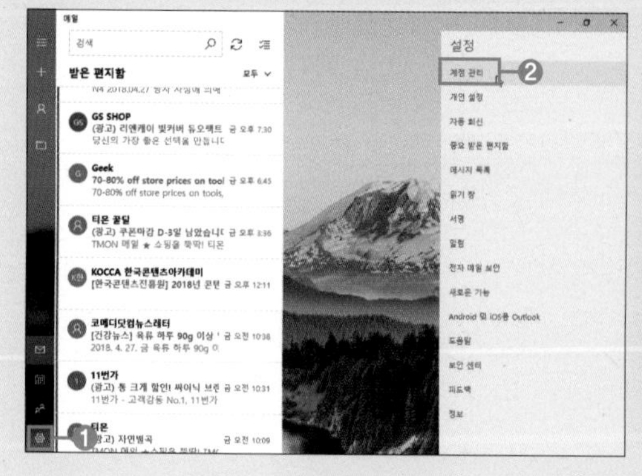

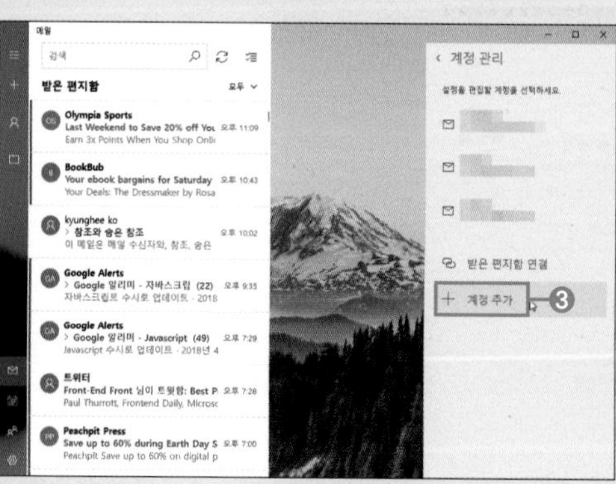

05 새 메일 가져오기 및 메일 읽기

'메일' 앱은 실행할 때마다 연결된 계정의 메일 서버에서 새로운 메일을 가져와서 보여줍니다. '메일' 앱이 열려 있는 상태에서 사용자가 필요할 때 메일을 가져오는 방법에 대해 알아보겠습니다.

'메일' 앱을 실행하면 추가한 메일 계정에서 새로운 메일을 가져와 화면에 표시합니다. 왼쪽의 메일 목록에서 메일 제목을 클릭하면 오른쪽에 메일 내용이 표시됩니다.

메일 동기화하기

'메일' 앱 오른쪽 '받은 편지함' 위의 [이 보기 동기화] 단추( )를 클릭하면 메일 목록 윗부분에 파란색 점이 움직이면서 동기화가 진행됩니다. 동기화가 끝나면 새로운 도착한 메일이 목록에 표시됩니다.

잠 깐 만 요

'동기화'란 여러 기기의 상태를 똑같이 만든다는 의미입니다.

메일 읽기

메일 목록에서 내용을 보고 싶은 항목을 클릭하면 오른쪽 창에 메일의 내용이 표시됩니다.

메일 내용을 조금 더 큰 화면에서 보고 싶다면 메시지 창 오른쪽 위에 있는 [새 창에서 메시지 열기] 단추( )를 클릭합니다. 메일 목록 없이 메시지만 표시되므로 내용을 살펴보기 쉽습니다.

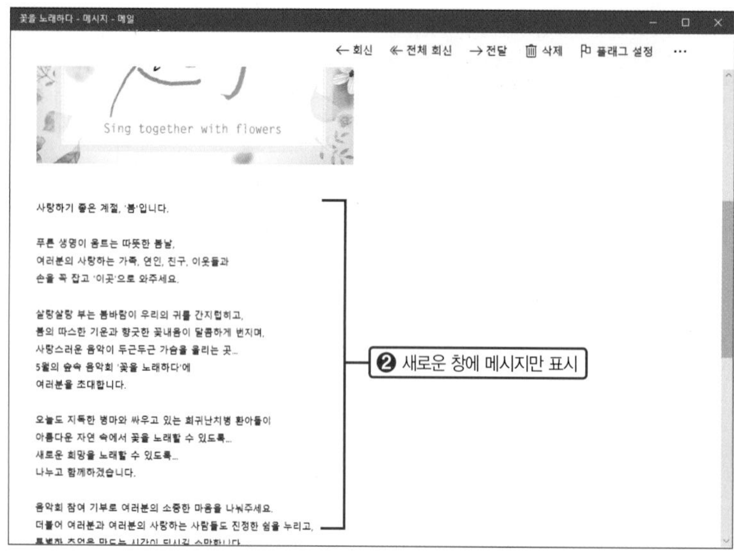

메일의 첨부 파일 열기/저장하기

파일이 첨부된 메일은 메일 목록에 작은 클립 아이콘( )이 표시됩니다. 첨부 파일이 있는 메일을 열면, 첨부 파일이 이미지 파일일 경우 미리 볼 수 있는 작은 이미지가 표시되고, 일반 파일일 경우 파일 이름이 표시됩니다.

메일에 첨부된 이미지 파일을 클릭하면 '사진' 앱이 실행되어 이미지를 볼 수 있고, 이미지 파일이 아닐 경우 연결된 앱이 실행되면서 파일 내용을 확인할 수 있습니다. 첨부 파일을 다운로드해서 저장하고 싶다면 첨부 파일을 마우스 오른쪽 단추로 클릭하고 [저장]을 선택합니다.

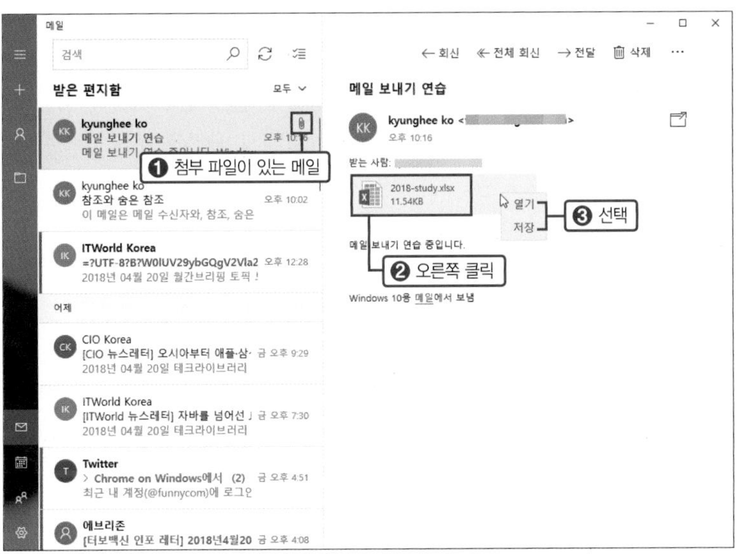

계정을 선택해 메일 읽기

'메일' 앱의 왼쪽 메뉴 중 [모든 계정] 단추( )를 클릭하면 등록한 모든 메일 계정이 나타납니다. 계정 목록에서 메일 메시지를 확인하고 싶은 메일 계정을 선택하면 해당 계정의 메일만 표시됩니다.

주요

Windows 10

메일을 보내는 여러 가지 방법

'메일' 앱은 메일을 가져오는 것만 아니라 새로운 메일을 작성해서 보낼 수도 있고, 받은 메일에 답장을 하거나 받은 메일을 다시 다른 사람에 전달할 수도 있습니다. '메일' 앱을 이용해 메일을 보내는 다양한 방법에 대해 알아보겠습니다.

메일 보내기

'메일' 앱의 장점 중 하나는 여러 메일 계정 중에서 필요할 때마다 원하는 계정을 손쉽게 선택해서 관리할 수 있다는 것입니다. 등록한 메일 계정이 여러 개라면 [모든 계정] 단추(👤)를 클릭해서 메일을 보낼 계정을 선택할 수 있습니다.

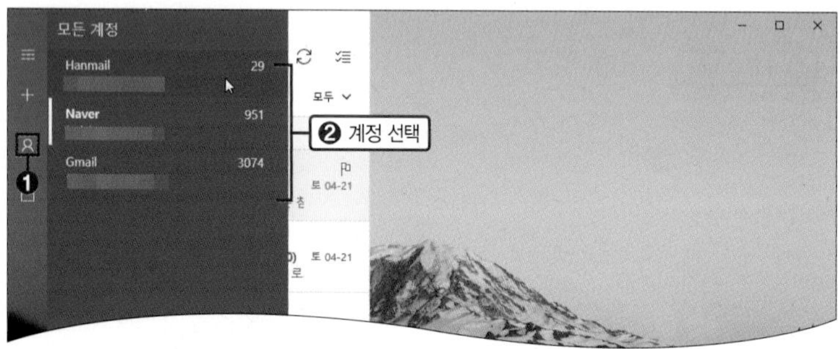

계정 선택 후, 메뉴 중 [새 메일] 단추(+)를 클릭하면 메일 작성 창이 나타납니다. '보낸 사람'에는 선택한 메일 계정이 자동으로 입력되어 있습니다. 받는 사람의 메일 주소와 내용을 입력하고 [보내기] 단추(보내기)를 클릭하면 간단히 메일을 보낼 수 있습니다.

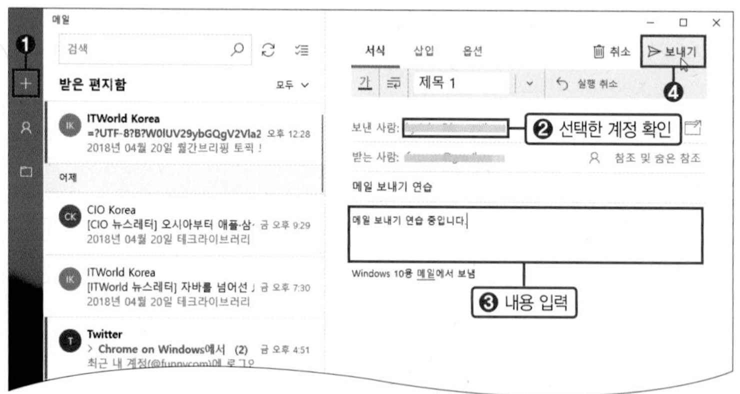

잠깐만요

메일 작성 창 아래의 'Windows 10용 메일에서 보냄'은 '메일' 앱에서 기본적으로 사용하는 '서명'입니다. 서명을 수정하는 방법은 232쪽을 참고하세요.

같은 내용의 메일을 여러 사람에게 보내려면 받는 사람 항목에 메일 주소를 입력하고 쉼표(,)나 세미콜론(;)으로 구분하여 여러 개의 메일 주소를 입력하면 동시에 여러 사람에게 같은 메일을 보낼 수 있습니다.

참고할 사람의 메일 주소 추가하기

업무 중 메일을 작성하다 보면 메일을 받는 당사자 외에 업무와 관련된 다른 사람도 함께 메일을 검토해야 할 경우가 있죠. 이럴 때는 '참조'와 '숨은 참조'를 이용할 수 있습니다

새 메일을 작성할 때 '받는 사람' 항목 오른쪽에 있는 [참조 및 숨은 참조] 단추(　)를 클릭하면 메일을 참조할 사람들의 메일 주소를 추가할 수 있습니다.

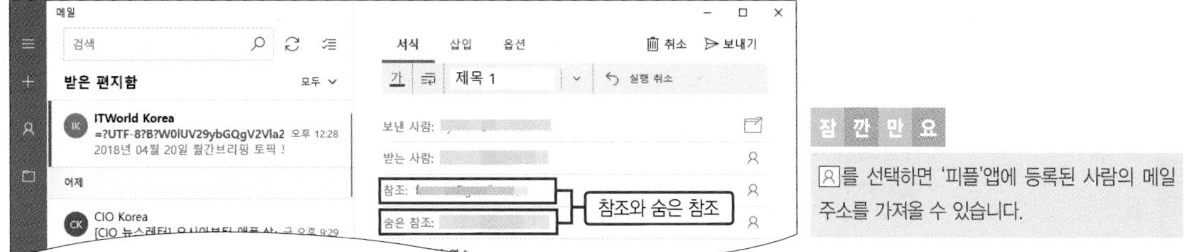

잠 깐 만 요

　를 선택하면 '피플'앱에 등록된 사람의 메일 주소를 가져올 수 있습니다.

- **참조** : 참조에 입력한 메일 주소는 받는 사람의 메일에도 표시되기 때문에 서로 메일 주소가 공개됩니다.
- **숨은 참조** : 숨은 참조는 함께 메일을 받는 사람들에게 메일 주소를 감추는 것으로 받는 사람에게 참조하는 메일 주소가 보이지 않습니다. 서로 메일 주소를 공개하지 않아야 할 경우에는 '숨은 참조'를 사용합니다.

파일 첨부하기

새 메일 작성 화면에서 [삽입] 탭을 클릭하면 메일 본문에 표나 그림, 링크를 추가할 수 있습니다. [파일]을 클릭하면 작성된 파일 등을 첨부할 수 있습니다. 만약 메일에 엑셀 문서를 첨부하고 싶다면 [파일]을 클릭한 후 첨부할 엑셀 파일을 선택하고 [열기]를 클릭하면 됩니다.

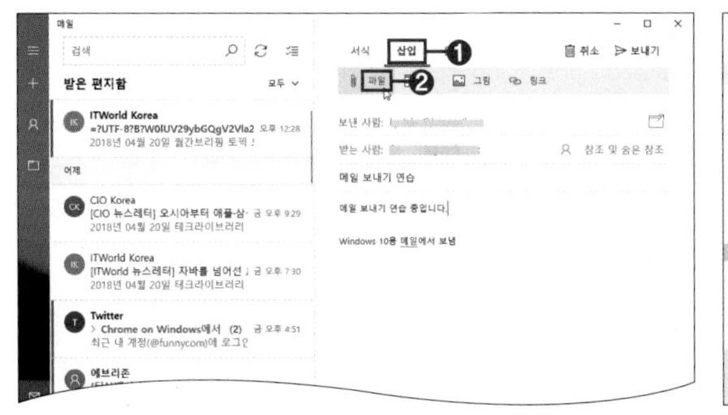
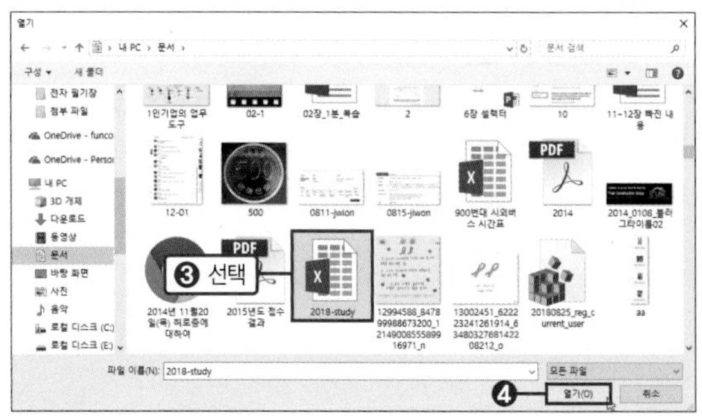

파일을 첨부하면 입력한 메일 내용과 함께 메일 작성 화면에 첨부한 파일이 표시됩니다. 이 상태에서 [보내기] 단추(▷ 보내기)를 클릭하면 첨부 파일이 함께 전송됩니다.

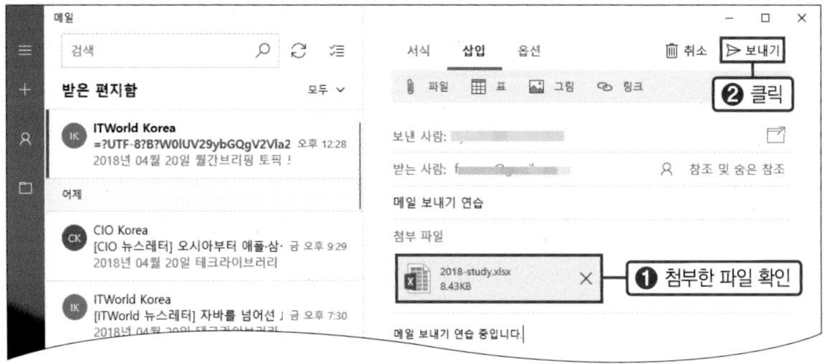

내가 받은 메일 전달하기

받은 메일을 원래 내용 그대로 다른 사람에 보내는 것을 '전달' 또는 '포워딩'이라고 합니다. '메일' 앱에서도 메일 전달이 가능합니다.

메일 내용 창 위에 있는 [전달] 단추(→전달)를 클릭합니다. 새 메일 창이 열리면서 현재 메일 내용이 그대로 복사됩니다. 첨부 파일이 있다면 첨부 파일도 함께 복사됩니다. 이 상태에서 '받는 사람' 항목에 메일 받을 사람의 메일 주소를 입력하고, 추가할 내용이 있다면 내용을 작성한 후 상태에서 [보내기] 단추(▷ 보내기)를 클릭합니다.

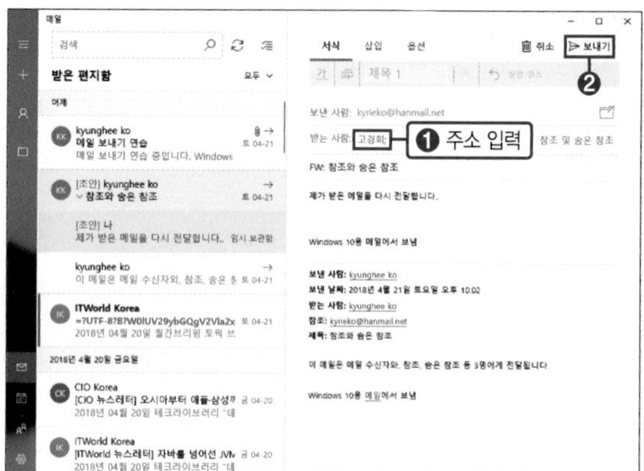

전문가의 조언 메일에 서명 추가하기

'메일' 앱에서 메일을 보낼 때 메일 내용 끝에 '서명'을 추가할 수 있습니다. 기본적으로 'Windows 10 용 메일에서 보냄'이라고 표시되는데, 서명을 수정해서 메일을 보낼 때 메일 내용 끝에 업무용 연락처를 자동으로 추가하거나 좋아하는 문구를 추가해서 보낼 수 있습니다.

'메일' 앱의 메뉴 중에서 [설정](⚙)을 클릭한 후 [서명]을 선택합니다. 원하는 내용으로 수정한 후 [저장]을 클릭합니다.

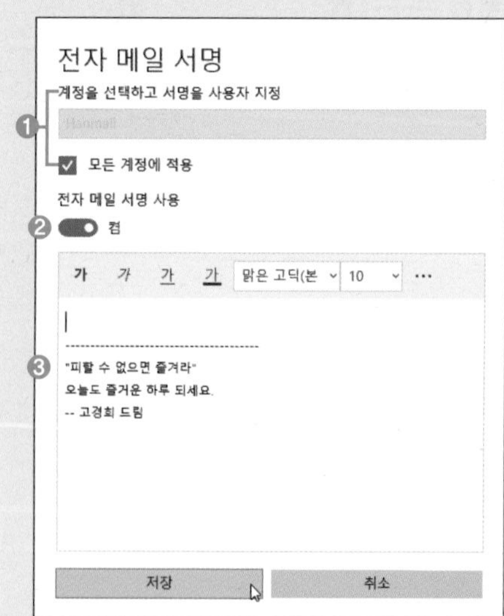

❶ 서명을 적용할 메일 계정을 선택합니다. '모든 계정에 적용'에 체크하면 '메일' 앱에 등록한 모든 메일 계정에 같은 서명이 적용됩니다.

❷ 서명을 사용하려면 '켬' 상태여야 합니다. 서명을 사용하지 않겠다면 '끔'으로 바꿉니다.

❸ 기존에 있던 'Windows 10 용 메일에서 보냄'을 삭제한 후 원하는 내용을 입력합니다.

주요 Windows 10

07 중요한 메일에 플래그 표시하기

받은 편지함의 수많은 메일 중 중요한 메일을 찾기 어려울 때가 있었죠? 이때 중요한 메일에 '플래그(깃발)'을 표시해 놓으면 찾기 편리하고 나중에 따로 관리하고 정리하기도 쉽습니다.

방법 1 메일 메시지 창에서

메일을 읽다가 중요한 메일이라 플래그를 표시하려면 메시지 창 상단에 있는 [동작] 단추(…)를 클릭한 후 [플래그 설정] 단추(플래그 설정)를 클릭합니다. 플래그를 지우려면 다시 한번 [동작] 단추(…)를 클릭한 후 [플래그 지우기] 단추(플래그 지우기)를 클릭합니다.

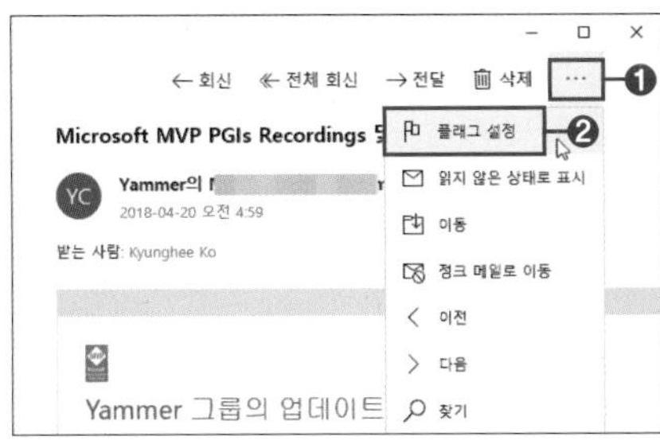

▲ 플래그 표시

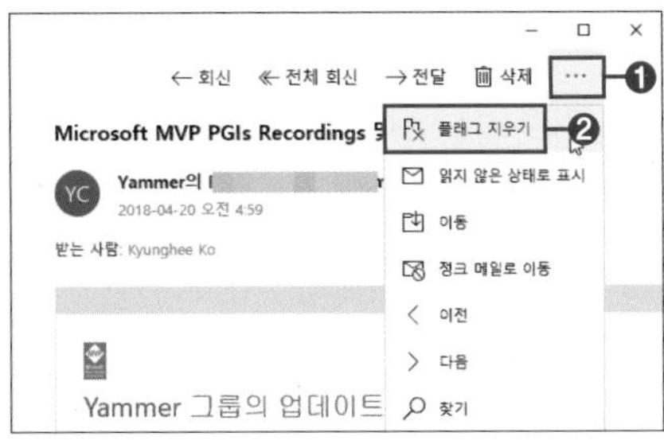

▲ 플래그 제거

방법 2 메일 목록 창에서

받은 편지함의 메일 목록에서 메일 제목만 보고도 중요한 메일을 알 수 있다면, 메일 목록에서 플래그를 표시할 수도 있습니다.

메일 목록에서 플래그를 표시하려면, 메일 제목 위로 마우스 포인터를 가져갔을 때 제목 오른쪽에 나타나는 작은 아이콘 중 [플래그 설정] 아이콘( )을 클릭합니다. 나중에 플래그를 지울 때는 메일 제목 위로 마우스 커서를 가져간 후 [플래그 지우기] 아이콘( )를 클릭합니다.

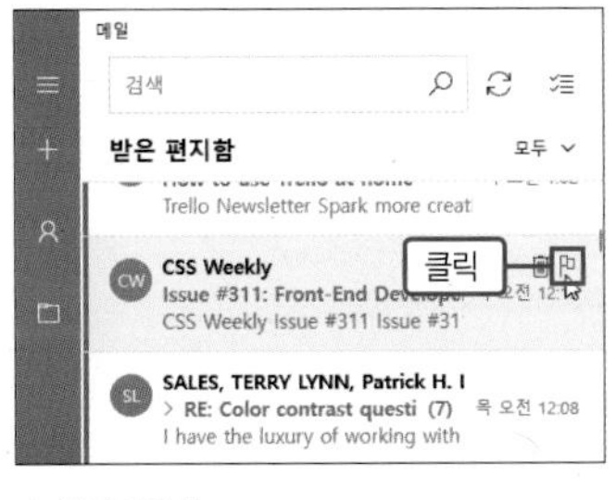

▲ 플래그 표시

▲ 플래그 제거

플래그 표시한 메일만 모아서 보기

메일이 너무 많아지면 그 중에서 중요한 메일을 찾아보는 것도 쉽지 않죠? 이럴 때는 플래그 표시한 메일만 모아서 볼 수도 있습니다. 메일 목록 위에 있는 [모두]라는 항목을 클릭하면 메일을 정렬하는 기준을 선택할 수 있는데 이 중에서 [플래그 있음]을 선택하면 플래그가 표시된 메일만 표시합니다.

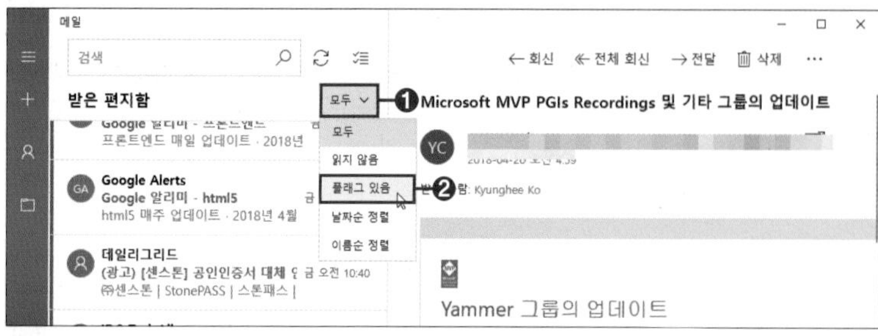

▲ 플래그 표시한 메일만 모아서 보기

전문가의 조언 **메일에 답장할 때 '회신'과 '전체 회신'의 차이**

메일에 답장을 보내야 할 경우 메시지 내용 창 위에 있는 [회신] 단추(← 회신)를 클릭하면 즉시 답장을 작성할 수 있습니다. 이때, '참조'나 '숨은 참조'가 포함된 메일일 경우 같은 내용의 메일을 2명 이상이 받았기 때문에 답장할 때는 한 번 더 생각을 해야 합니다. '참조'나 '숨은 참조'가 있는 메일일 때 '회신'을 선택하면 메일을 보낸 사람 한 명에게만 답장이 전송되지만, '전체 회신'을 선택하면 그 메일에 '참조'나 '숨은 참조'로 추가된 모든 사람에게 답장이 전송됩니다.

08 메일 검색하기

메일 목록에 표시된 메일들은 시간 순으로 정렬되어 최근에 받은 메일은 메일 항목 위에 표시되고 나중에 받은 메일들은 계속 아래쪽으로 내려가게 됩니다. 이렇게 메일이 받은 편지함에 쌓이다 보면 메일을 찾기 어려울 때가 많습니다. 이럴 때 메일 검색 기능을 사용하면 원하는 메일을 쉽게 찾을 수 있습니다.

방법 1 메일 목록에서 메일 찾기

편지함 목록 위에 있는 검색 창에 검색할 단어를 입력한 후 [검색] 클릭하면 메일 제목이나 메일 내용 중에 검색어가 포함된 메일만 찾아서 표시합니다.

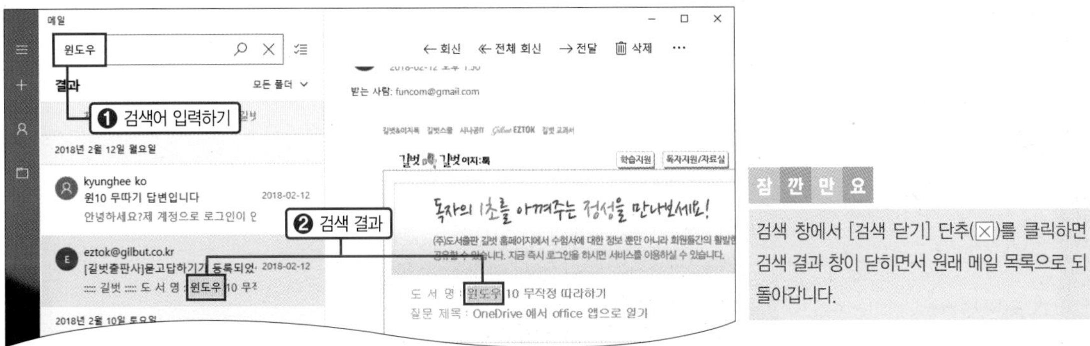

잠깐만요

검색 창에서 [검색 닫기] 단추(☒)를 클릭하면 검색 결과 창이 닫히면서 원래 메일 목록으로 되돌아갑니다.

방법 2 메일 내용에서 찾기

메일 내용이 너무 길 경우 현재 보고 있는 메일 안에서 내용을 검색할 수도 있습니다. 메일 내용 창의 위쪽에 있는 [동작] 단추(…)를 클릭한 후 [찾기]를 선택합니다.

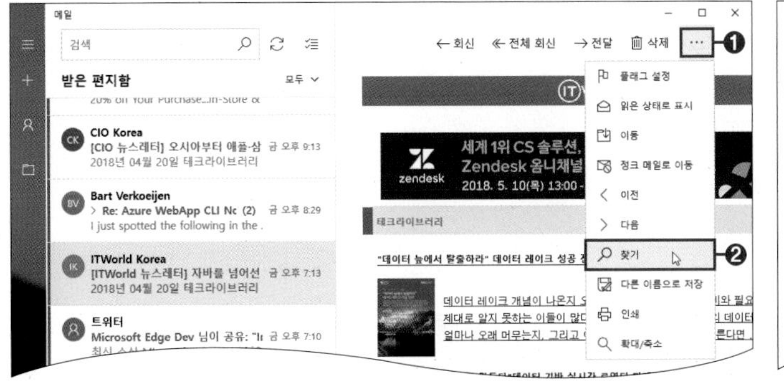

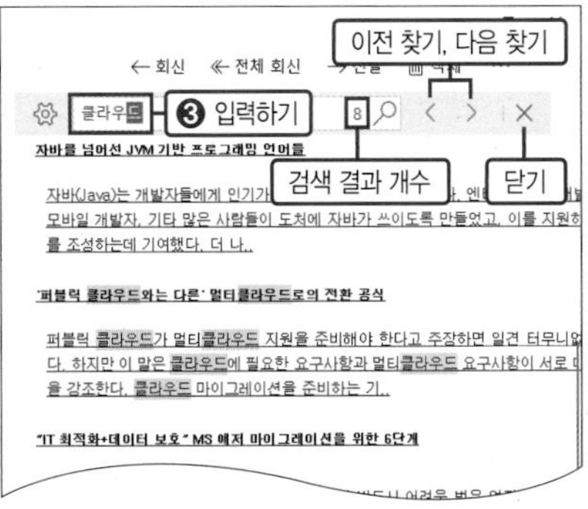

원하는 검색어를 입력한 후 Enter키를 누르면 메일 내용 중 입력한 검색어에 해당하는 부분이 노란색으로 표시됩니다. 검색 창에는 입력한 검색 결과 개수도 함께 표시됩니다.

검색 창에 있는 [이전 찾기] 단추(<)나 [다음 찾기] 단추(>)를 클릭하면 메일 내용 중 검색어가 있는 위치로 바로 이동할 수 있습니다. 검색 결과를 닫으려면 [닫기] 단추(×)를 클릭합니다.

주요 Windows 10

09 한번에 여러 메일 관리하기

'메일' 앱의 [선택 모드]를 사용하면 한번에 여러 개의 메일을 선택한 후 삭제하거나 플래그를 표시할 수 있습니다. 또한 한꺼번에 읽은 상태나 읽지 않은 상태로 표시할 수도 있죠.

메일 목록의 위에 있는 [선택 모드] 단추( )를 클릭하면 메일 목록에 있는 각 메일의 왼쪽에 선택 상자가 표시됩니다. 선택하려는 메일의 선택 상자를 클릭하여 체크합니다.

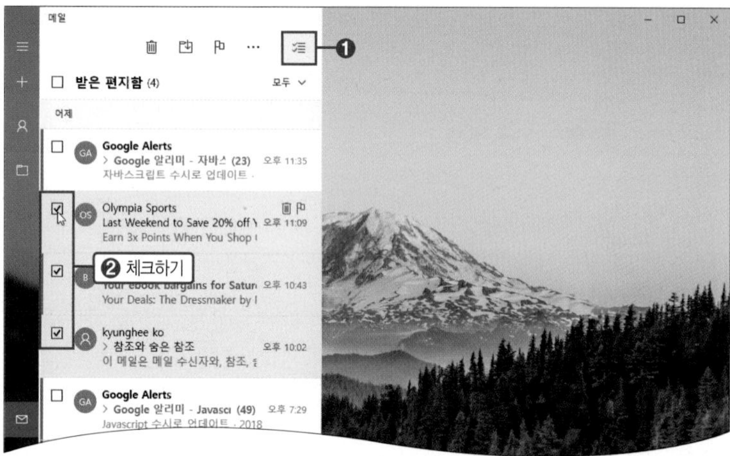

메일이 선택되면 메일 목록의 위에 새로운 도구들이 나타나면서 한번에 삭제하거나 기타 다른 관리 기능을 사용할 수 있습니다.

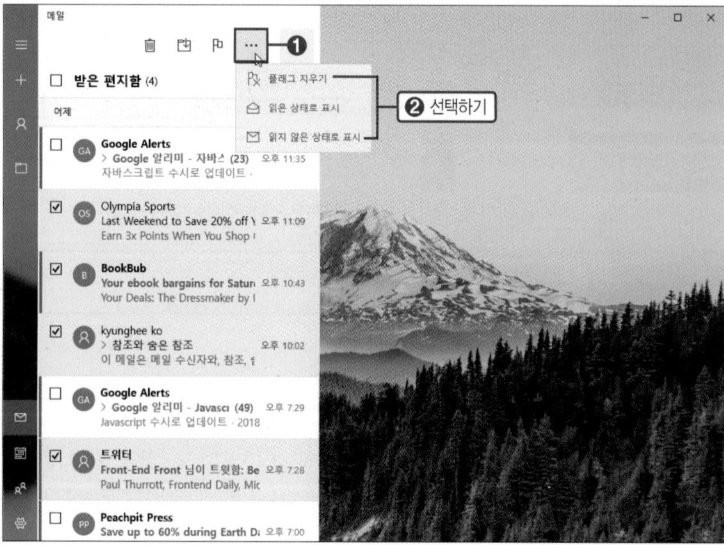

새 메일 도착 알림 받기 및 끄기

윈도우 10의 '알림' 기능을 이용하면 '메일' 앱을 실행하지 않은 상태에서도 새 메일이 도착할 때마다 '알림 센터'를 통해 배너 창이나 소리 등으로 알려줍니다. 만약 계속 울리는 알람이 번거롭다면 알림을 꺼놓을 수도 있습니다.

알림 방법 설정

'메일' 앱의 왼쪽 아래에 있는 [설정] 단추(⚙)를 클릭한 후 [알림]을 선택하면 메일 알림 설정 창이 표시됩니다.

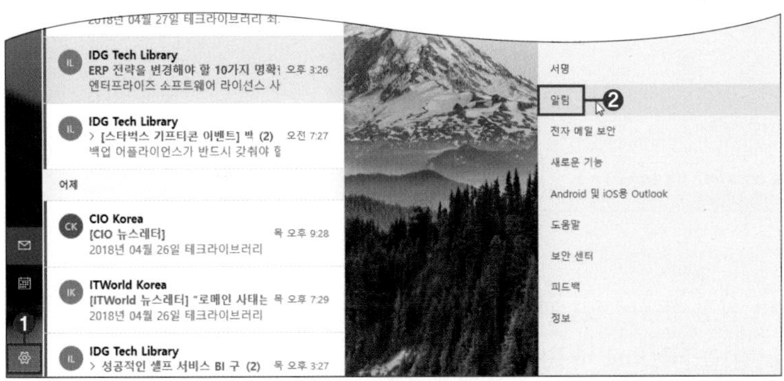

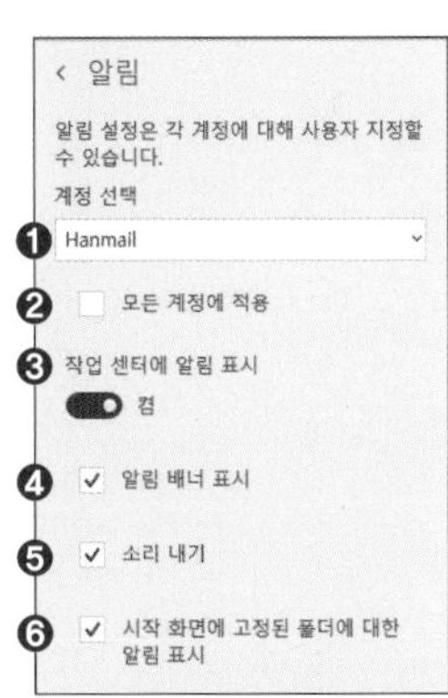

❶ **메일 계정 목록** : 새 메일 도착 알림 기능을 적용할 계정을 선택합니다. 목록을 클릭하면 '메일' 앱에 추가한 메일 계정이 모두 표시됩니다.

❷ **모든 계정에 적용** : '메일' 앱에 등록된 모든 메일 계정에 한꺼번에 적용하려면 이 항목을 클릭합니다.

❸ **작업 센터에 알림 표시** : 새 메일 도착 알림 기능을 사용하려면 이 항목을 [켬]으로 설정합니다.

❹ **알림 배너 표시** : 새 메일이 도착했을 때 윈도우 10 창 오른쪽 아래에 배너 창이 표시됩니다.

❺ **소리 내기** : 새 메일이 도착했을 때 소리로 알려줍니다.

❻ **시작 화면에 고정된 폴더에 대한 알림 표시** : [시작 화면]에 있는 편지함(폴더)에 새 메일이 도착했을 때 알림이 표시됩니다.

전문가의 조언 [시작 화면에 고정된 폴더에 대한 알림 표시]를 사용하려면?

받는 메일이 많을 경우 용도별로 '편지함' 목록을 만들어 사용할 수 있습니다. 이런 편지함을 '폴더'라고도 하는데 중요한 편지함(폴더)이라면 [시작 화면]에 고정할 수 있습니다. [시작 화면]에 편지함(폴더)를 고정하려면 '메일' 앱의 메뉴에서 '폴더' 도구(▣)를 선택한 후, [시작 화면]에 고정할 편지함(폴더)를 마우스 오른쪽 단추로 클릭한 뒤 [시작 화면에 고정]을 선택합니다. [시작 화면]에 편지함(폴더)가 고정된 상태에서 [시작 화면에 고정된 폴더에 대한 알림 표시]를 선택하면 [시작 화면]에 고정한 편지함(폴더)에 새 메일이 도착했을 때 알림을 표시합니다.

알림 끄기

새 메일이 도착했을 때 표시되는 알림이 번거롭다면 '메일' 앱의 알림 기능을 끌 수 있습니다.

[설정] – [시스템] – [알림 및 작업]을 차례로 선택합니다.

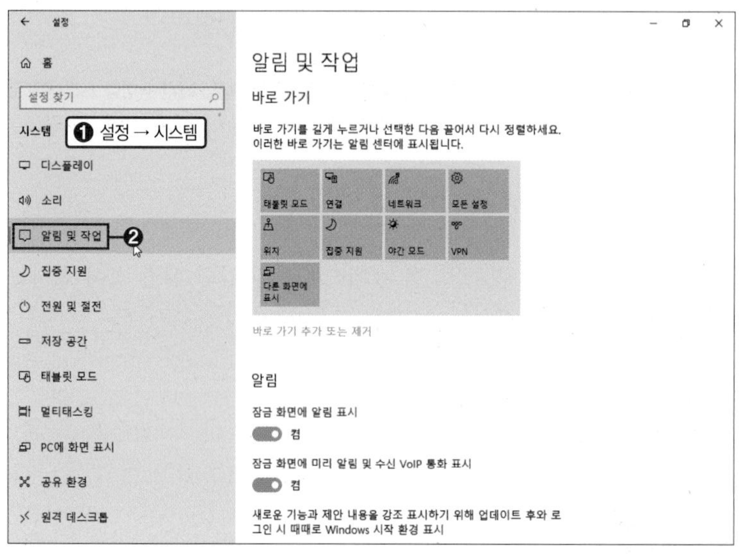

윈도우 10의 알림 기능과 관련된 여러 설정 항목이 있는데, '앱 알림 받기'에서 각 앱별 알림 기능을 설정할 수 있습니다. 이 중에서 '메일' 항목의 [켬]을 [끔]으로 바꾸면 '메일' 앱의 알림 기능을 끌 수 있습니다.

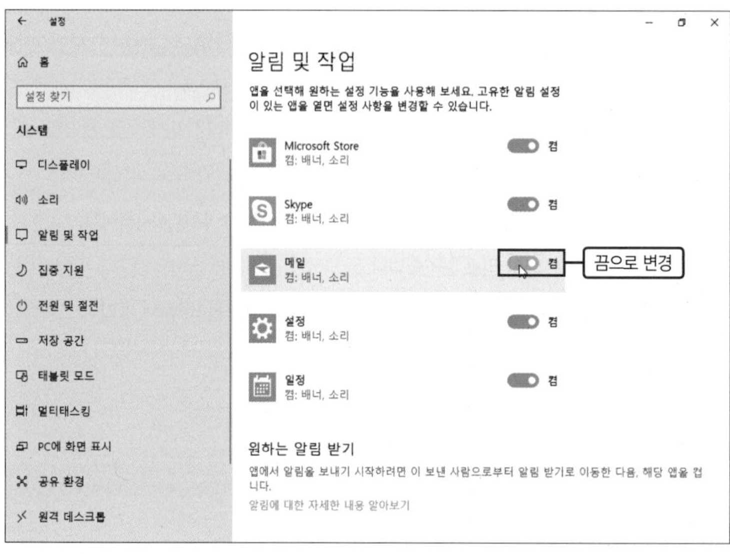

주요

Windows 10

알림 센터에서 메일 확인하기

'메일' 앱에서 등록한 계정에 알림 설정을 하면 새로운 메일이 도착했을 때 '알림 센터'에서 알림을 받을 수 있습니다. 그리고 '메일' 앱을 실행하지 않고도 알림 센터에서 메일을 확인할 수도 있지요. 이번에는 '메일' 앱을 실행하지 않고도 알림 센터에서 메일을 확인하는 방법에 대해 알아봅니다.

'메일' 앱에서 알림 설정을 한 계정에 새로 도착한 메일이 있을 경우 작업 표시줄의 알림 센터에 표시됩니다. 새 메일을 확인하려면 작업 표시줄의 [알림] 아이콘을 클릭하면 됩니다.

작업 표시줄 오른쪽 끝에 있는 [알림 센터] 단추(■)를 클릭하면 화면 오른쪽에 알림 센터에 확인하지 않은 새 메일이 표시됩니다. 광고 메일이나 불필요한 메일은 '메일' 앱을 열지 않고도 알림 센터에서 ■를 눌러 바로 삭제할 수 있고, 중요한 메일이라면 ■를 클릭해 깃발을 표시할 수도 있습니다.

알림 센터에는 기본적으로 3개의 메일만 표시되고 메일 목록 아래에 있는 [자세히 표시]를 클릭하면 나머지 새 메일도 알림 센터에 표시됩니다.

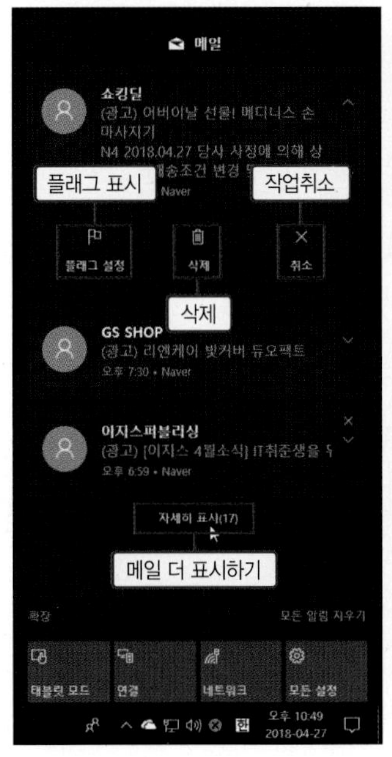

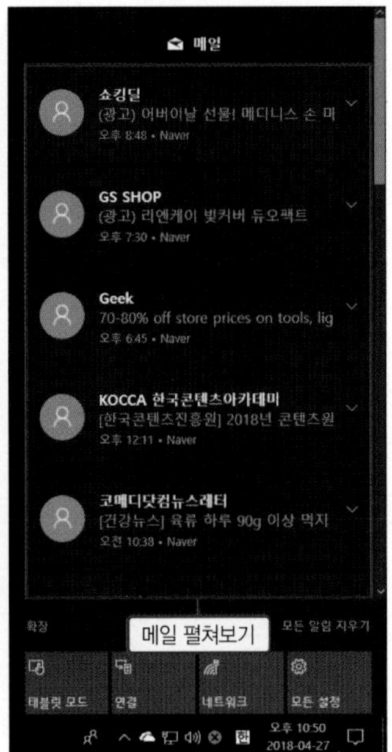

13장

일정 관리하기

윈도우 10에서는 메일 계정을 기준으로 일정을 관리하기 때문에 '메일' 앱과 '일정' 앱이 연관되어 있습니다. '메일' 앱에서 '일정' 앱으로 즉시 이동할 수 있고 반대로 '일정' 앱에서도 '메일' 앱으로 즉시 이동할 수 있습니다. 따로 일정 관리 앱을 사용하고 있지 않다면 윈도우 10의 '일정' 앱을 이용해 일정을 관리해 보세요.

살펴보기 Windows 10

12 일정 앱 살펴보기

윈도우 10에 마이크로소프트 계정으로 로그인했다면 '일정' 앱에는 기본적으로 마이크로소프트 계정과 연결됩니다. 마이크로소프트 계정 없이 윈도우에 로그인했다면 '메일' 앱에서 추가한 메일 계정에 연결됩니다.

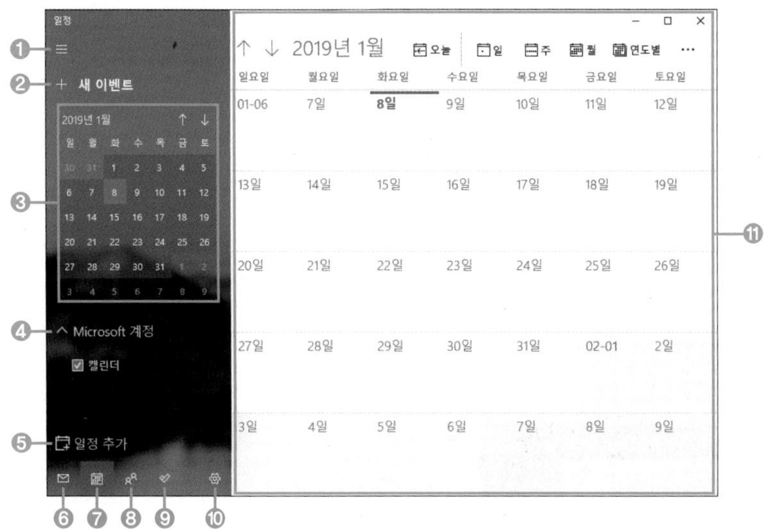

❶ **[확장] / [축소] 단추(☰)** : 일정 앱 화면의 메뉴를 확장/축소합니다 일정 보기 화면을 넓게 보고 싶을 때 클릭하면 왼쪽 창의 목록 창이 축소됩니다. 한 번 더 클릭하면 왼쪽에 목록 창이 확장됩니다.

❷ **[새 이벤트] 단추(+ 새 이벤트)**: 새로운 이벤트를 작성할 수 있습니다. 윈도우 10에서는 '일정' 앱에서 작성하는 약속이나 일정을 '이벤트'라고 부릅니다.

❸ **달력** : 현재 달을 표시합니다. 달력 부분에 마우스를 올리고 휠 버튼을 위아래로 움직이거나, 달력 오른쪽 위에 있는 ↑나 ↓을 클릭해 이전 달이나 다음 달을 표시할 수 있습니다.

❹ **메일 계정** : 일정과 관련된 메일 계정을 표시합니다. 메일 계정 왼쪽의 ˅나 ˄을 클릭해서 메일 계정의 카테고리를 표시하거나 감출 수 있습니다.

❺ **[일정 추가] 단추(일정 추가)** : 윈도우 10 '일정' 앱에는 한국의 공휴일이 자동으로 표시됩니다. 다른 나라의 공휴일도 함께 표시하려면 [일정 추가] 단추를 누르고 원하는 국가를 선택합니다.

❻ **[메일로 전환] 단추(✉)** : 클릭하면 '메일' 앱이 실행됩니다.

❼ 현재 화면이 '일정' 앱 화면임을 표시합니다.

❽ **[피플로 전환] 단추()** : 일정을 공유하기 위해 연락처 정보를 가져와야 한다면 이 단추를 눌러 즉시 '피플' 앱으로 전환할 수 있습니다.

❾ **[할 일로 전환] 단추(✓)** : 앱 스토어에서 'Microsoft To-Do' 앱을 다운로드해서 설치하면 'Microsoft To-Do' 앱을 연결하여 사용할 수 있습니다.

❿ **[설정] 단추(⚙)** : '일정' 앱과 관련된 설정을 조절할 수 있습니다.

⓫ **일정 보기 화면** : 월별이나 주별, 일별로 일정을 표시합니다. 일정을 추가할 수도 있죠. 보기 화면의 오른쪽 위에 있는 [한 달 뒤로 이동] 단추(↑)나 [한 달 앞으로 이동] 단추(↓)를 클릭하면 이전 달이나 다음 달을 볼 수 있습니다.

주요 Windows 10

13 일정 앱 실행하기

윈도우 10의 '일정' 앱은 일정을 추가하고 관리할 수 있는 앱으로 알림 기능이나 되풀이 기능을 이용해 다양하게 활용할 수 있습니다.

'일정' 앱을 처음 실행하면 사용자 위치 정보에 접근하는 것을 허용할지 묻는 창이 나타납니다. '일정' 앱에는 사용자 지역의 날씨도 함께 표시되므로 [예]를 클릭합니다.

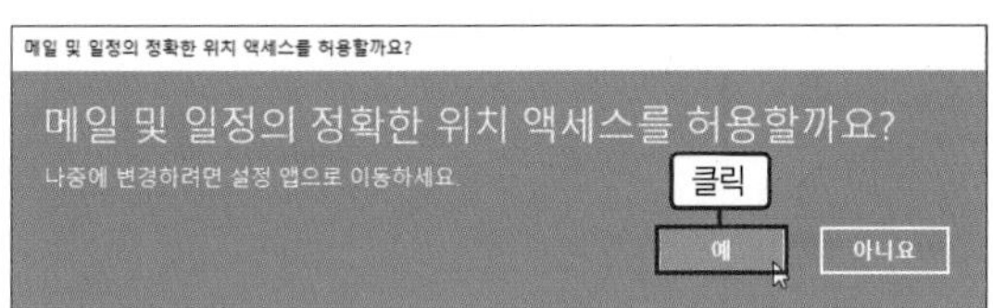

'일정' 앱에서 약속이나 계획 같은 일정 정보를 '이벤트'라고 부르는데, '일정' 앱을 처음 실행하면 '이벤트 빠르게 만들기'를 알려주는 팁 상자가 표시됩니다. [확인]을 누르면 팁 상자가 사라지면서 비로소 '일정' 앱이 시작됩니다.

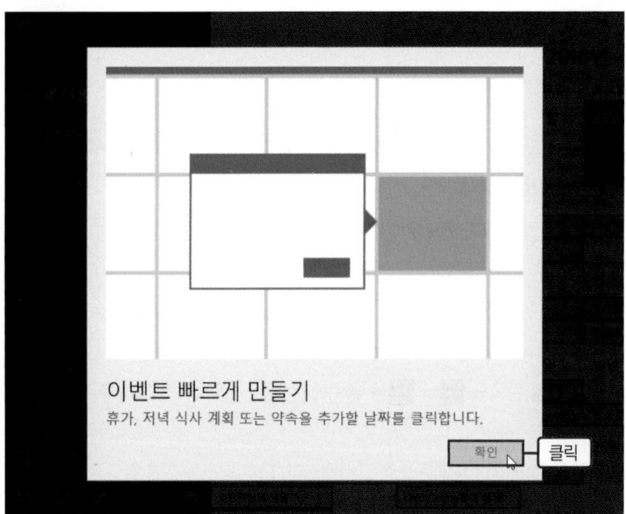

'일정' 앱은 기본적으로 메일 계정과 연결되어 있는데 SNS에서 같은 메일 계정을 사용한다면 '일정' 앱에 생일 정보나 미국의 공휴일 정보가 함께 표시됩니다.

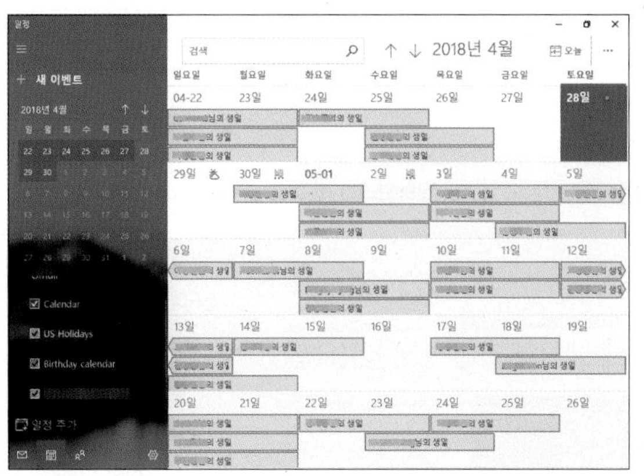

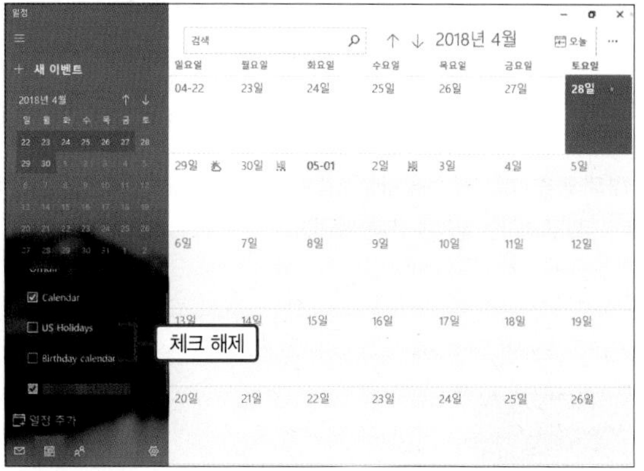

잠깐만요 '마이크로소프트 계정'이란 윈도우 10에 로그인할 때 사용하는 계정을 말하는 것입니다.

이럴 때는 계정 목록 중 Outlook 이라는 항목 아래에서 'US Holidays'나 'Birthday calendar' 같은 항목 왼쪽의 체크 박스를 지우면 생일 정보 등이 사라집니다.

전문가의 조언 이벤트 색상 지정하기

계정 목록의 이벤트 별로 색상을 지정하면 일정 보기 화면에서 색상으로 구분할 수 있어 편리합니다. 계정별 이벤트 항목 오른쪽의 ⌄를 클릭한 뒤 원하는 색상을 지정하면 일정 보기 화면에 지정한 색상으로 이벤트가 표시되어 색상으로 이벤트를 구분할 수 있습니다.

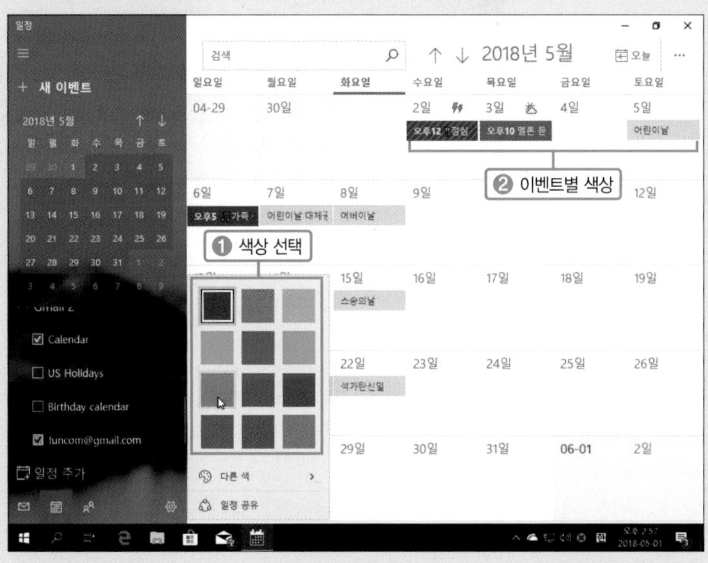

주요

Windows 10

일정 보기 화면 바꾸기

'일정' 앱을 실행하면 현재 달을 기준으로 한 달 동안의 날짜가 모두 표시되는 '월별 보기' 화면이 나타납니다. 화면의 오른쪽 위에 있는 [표시] 단추(···)를 클릭하면 일정을 표시하는 방법을 선택할 수 있습니다.

'일정' 앱 왼쪽 위에 있는 ···을 클릭하면 일정 보기 화면에 표시할 화면을 바꿀 수 있습니다.

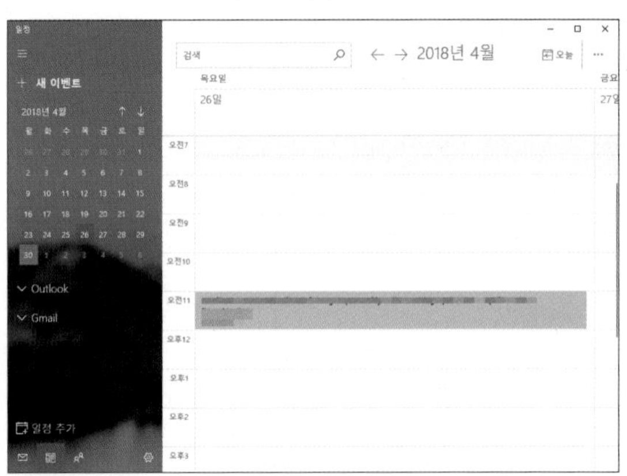

❶ 일 보기

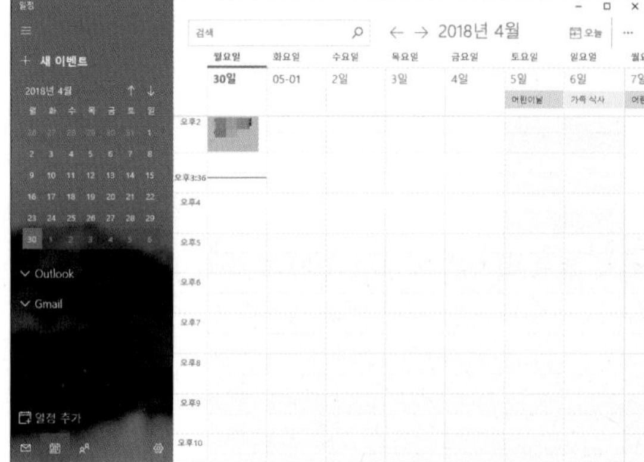

❷ 주 보기

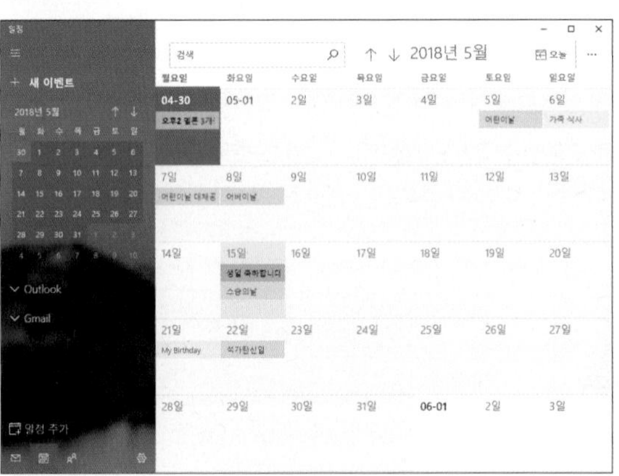

❸ 월 보기

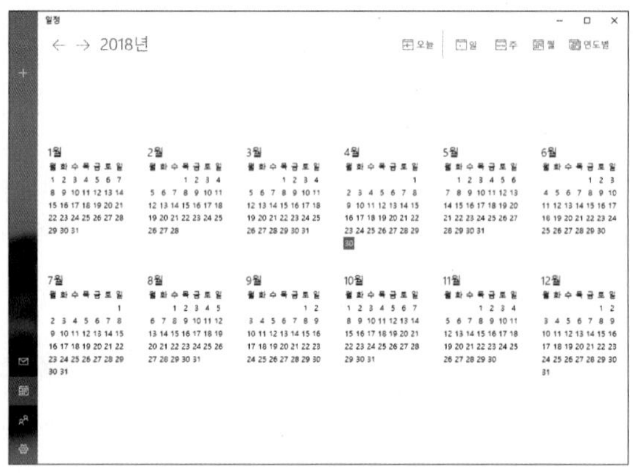

❹ 연도별 보기

❶ **일** : 하루의 시간대별로 일정을 자세히 살펴볼 수 있고 한 화면에 1일에서 6일까지 표시할 수 있습니다.

❷ **주** : 주말을 포함해서 일주일 단위로 일정을 확인할 수 있습니다.

❸ **월** : 한 달의 일정을 한눈에 살펴볼 수 있도록 표시합니다. '일정' 앱을 실행했을 때의 기본 화면입니다.

❹ **연도별** : 연도별로 1월부터 12월까지 달력을 표시한 후 원하는 날짜를 클릭해 그 날짜의 일정을 볼 수 있습니다.

잠깐만요 '일정' 앱의 어느 화면에서든 왼쪽 위에 있는 [오늘] 단추(오늘)를 클릭하면 즉시 오늘 날짜로 이동합니다.

일정 앱에 구글 캘린더 연동하기

윈도우 10의 '일정' 앱은 일정을 관리할 수도 있지만 '구글' 캘린더 같은 외부 캘린더를 이미 사용하고 있다면 '구글' 캘린더에 저장한 일정을 윈도우 10의 '일정' 앱에 연결하여 사용할 수 있습니다.

구글 캘린더 서비스 연동하기

'구글' 캘린더 서비스는 '지메일' 계정과 연결되어 있기 때문에 사용하는 지메일 계정을 '일정' 앱에 등록하면 됩니다. 만약 '메일' 앱에 이미 등록해 놓은 지메일 계정이 있다면 등록한 지메일 계정을 '일정' 앱에서도 사용할 수 있기 때문에 따로 추가하지 않아도 됩니다. 지메일 계정이 등록되어 있다면 [설정] 단추(⚙)를 클릭하고 [계정 관리]를 선택한 후 [지메일] 계정을 선택합니다.

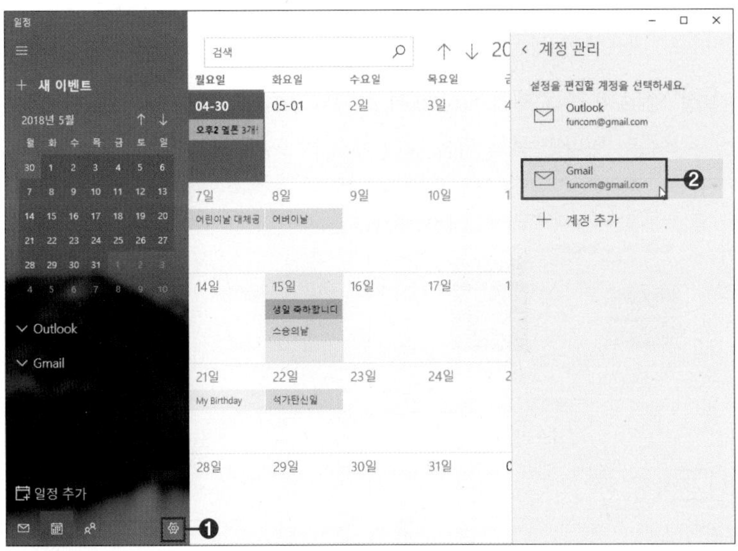

잠 깐 만 요

'메일' 앱에서 지메일 계정을 추가하지 않았다면 [설정] 단추(⚙)를 클릭하고 [계정 관리]를 선택한 후 222쪽을 참고해 지메일 계정을 추가합니다.

'지메일' 계정을 클릭한 뒤, '계정' 설정에서 [사서함 동기화 설정 변경]을 선택한 후 [일정] 항목이 켜져 있는지 확인하고 [저장]을 클릭합니다.

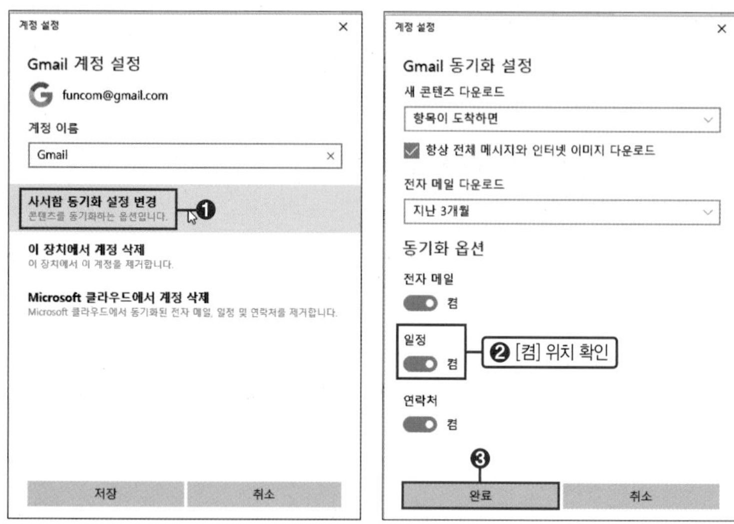

'일정' 앱에 지메일 계정을 추가하면 '일정' 앱의 계정 목록에 'Gmail'이 표시되고 구글 캘린더의 일정이 표시됩니다. 캘린더 목록 중에서 감추고 싶은 목록이 있다면 목록 이름 앞의 체크 박스를 지웁니다.

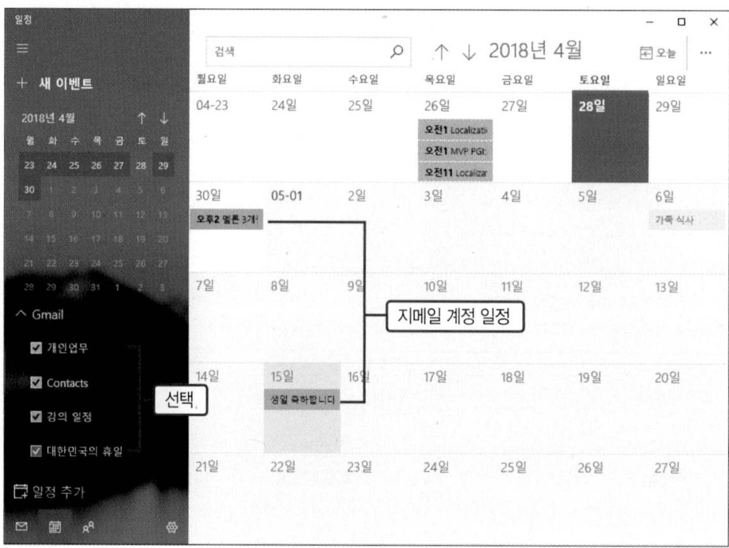

무따기 Windows 10

16 시작 요일 바꾸기

일반 달력을 펼쳐보면 한 주를 월요일부터 시작하기도 하고 일요일부터 시작하기도 하는데, '일정' 앱의 경우 일요일이 한 주의 시작으로 설정되어 있습니다. 기본적으로 설정된 시작 요일 이외의 다른 요일을 한 주의 시작 요일로 바꾸는 방법을 알아보겠습니다.

01 '일정' 앱의 왼쪽 창 아래쪽에 있는 [설정] 단추(⚙)를 클릭한 후 [일정 설정]을 선택합니다. [시작 요일] 목록을 펼친 후 원하는 시작 요일을 선택합니다. 여기에서는 [월요일]을 선택하겠습니다.

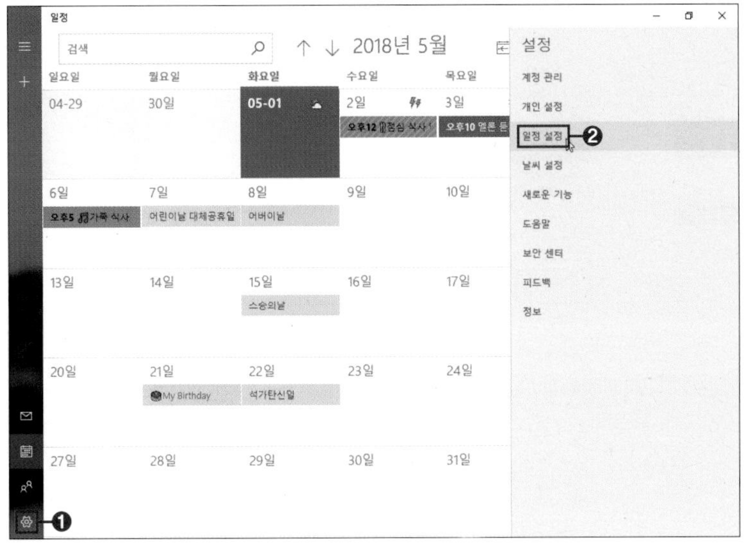

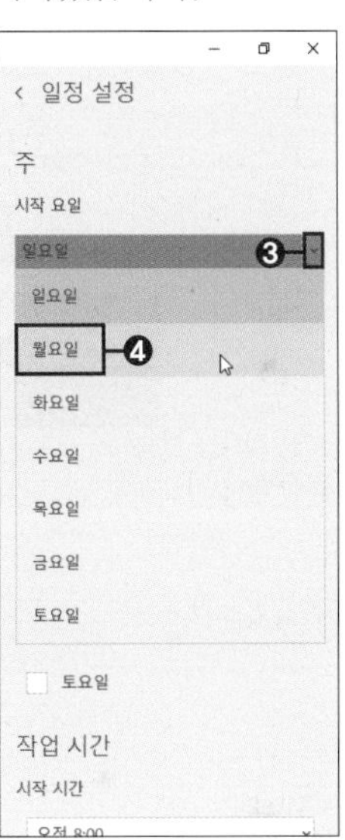

02 시작 요일이 '일요일'에서 '월요일'로 변경되어 표시됩니다.

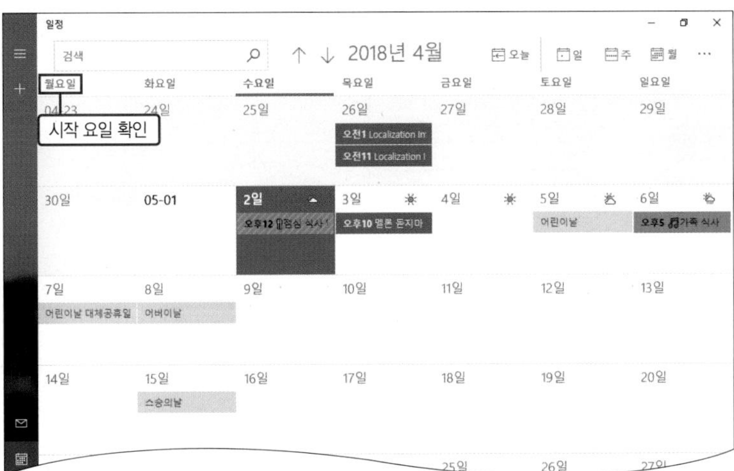

무따기 Windows 10

17 작업 주 바꾸기

'작업 주'란 일주일 중 주말을 제외한 날을 말합니다. 기본적으로 월요일부터 금요일까지가 작업 주 설정되어 있지만 직업이나 일하는 환경에 따라 작업 주를 바꿀 수 있습니다. 여기에서는 수요일을 쉬고 나머지 날을 작업 주로 바꾸는 방법에 대해 알아보겠습니다.

01 '일정' 앱의 왼쪽 창 아래쪽에 있는 [설정] 단추(⚙)를 클릭한 후 [일정 설정]을 선택합니다. [시작 요일] 목록을 펼친 후 [목요일]을 선택합니다. 매주 수요일에 쉰다면 한 주의 시작은 목요일이 되겠지요?

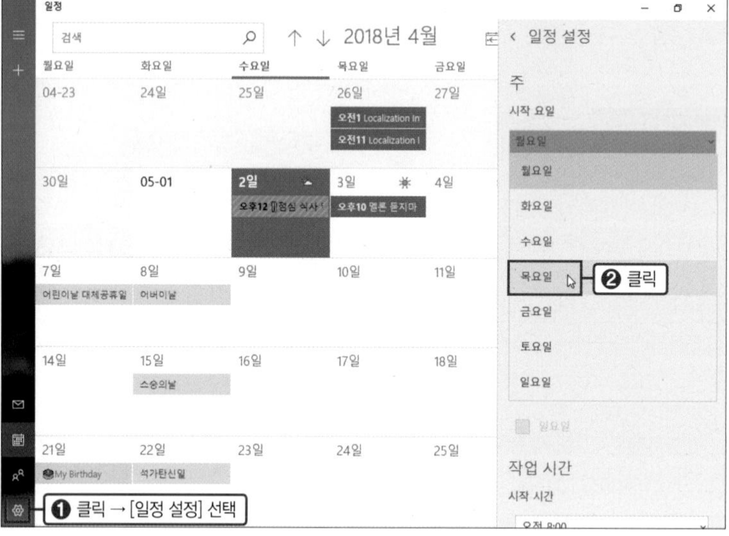

02 시작 요일을 [목요일]로 지정하면 '작업 주 요일'에는 [목요일]과 [금요일]에만 체크되어 있습니다.

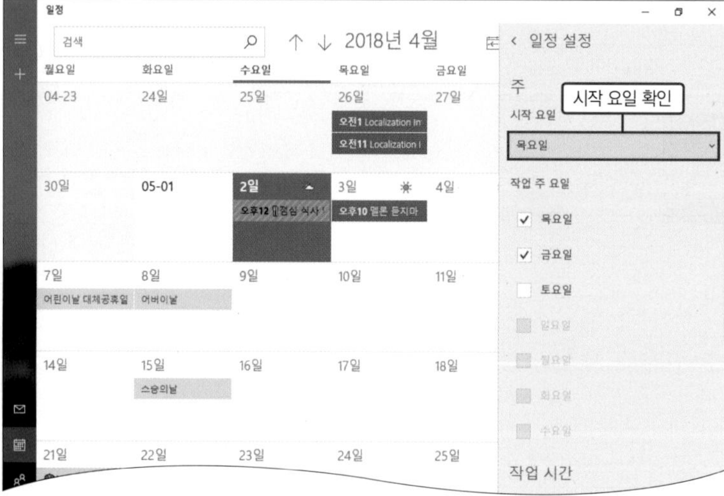

03 '작업 주 요일'에서 [토요일]부터 [화요일]까지 차례대로 체크하면 목요일부터 화요일까지가 작업 주가 되고 수요일은 주말이 됩니다.

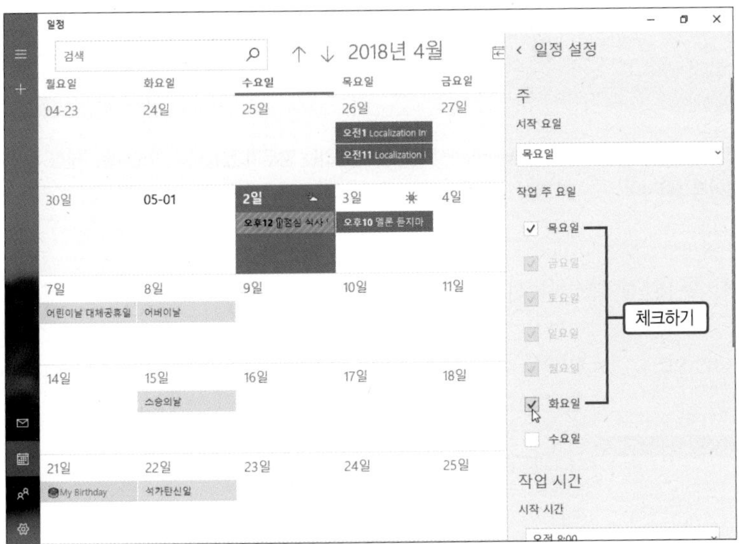

04 일정 보기 화면으로 돌아오면 시작 요일이 '목요일'로 설정되어 시작하고 '수요일'이 주말로 표시되는 것을 확인할 수 있습니다.

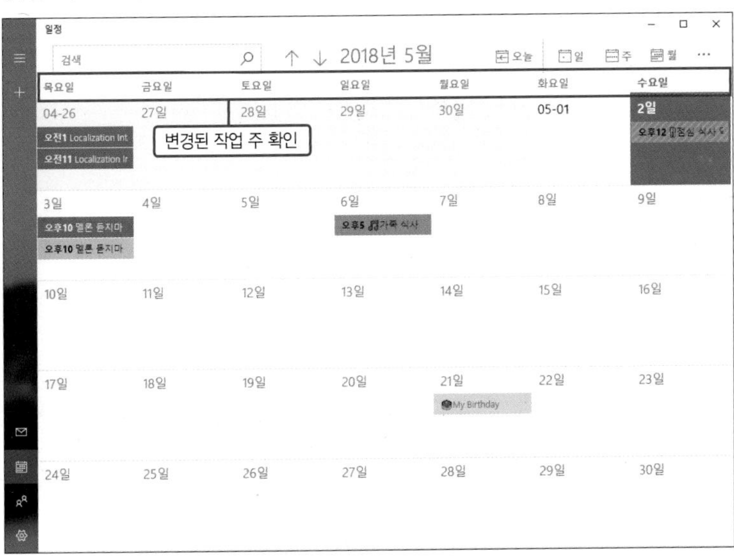

주요 Windows 10

18 일정 보기 화면에 음력 표시하기

'일정' 앱은 기본적으로 양력을 사용합니다. 하지만 한국에서는 설이나 추석 등 아직까지 음력을 사용하는 경우가 많습니다. 이번에는 '일정' 앱의 일정 보기 화면에 음력도 함께 표시하는 방법을 알아보겠습니다.

왼쪽 창에서 [설정] 단추(⚙)를 클릭한 후 [일정 설정]을 선택합니다.

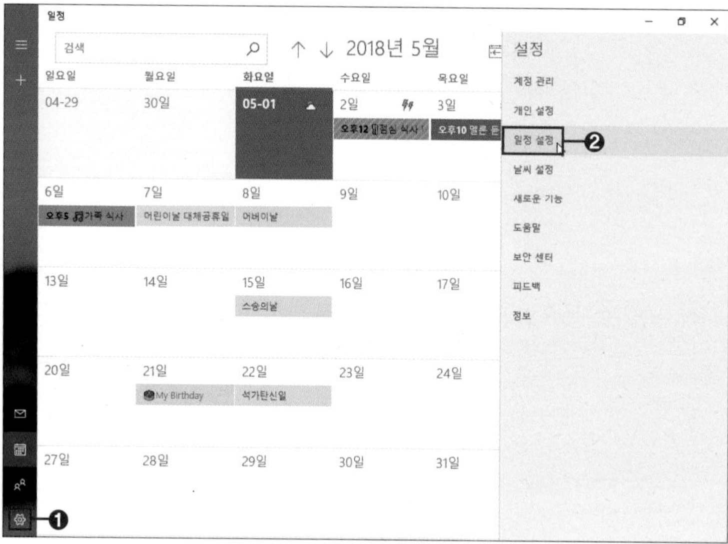

설정 항목 중 '다른 달력' 항목의 [사용] 앞에 체크 박스를 클릭해 체크 표시합니다.

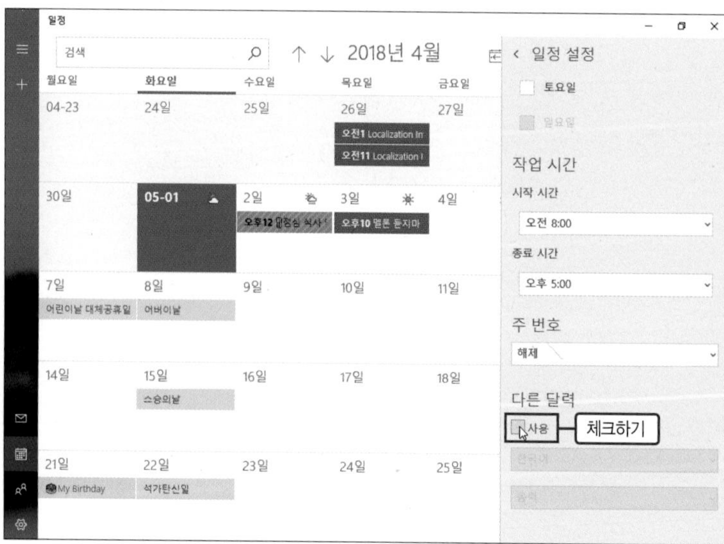

달력에서 사용할 언어들 중에서 [한국어]를 선택한 후 달력 종류에서 [음력]을 선택합니다.

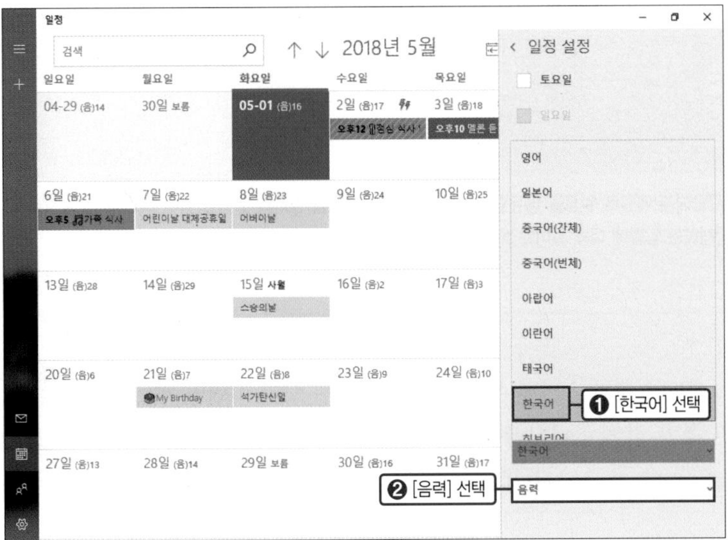

일정 보기 화면으로 돌아오면 양력과 함께 음력이 표시된 것을 확인할 수 있습니다.

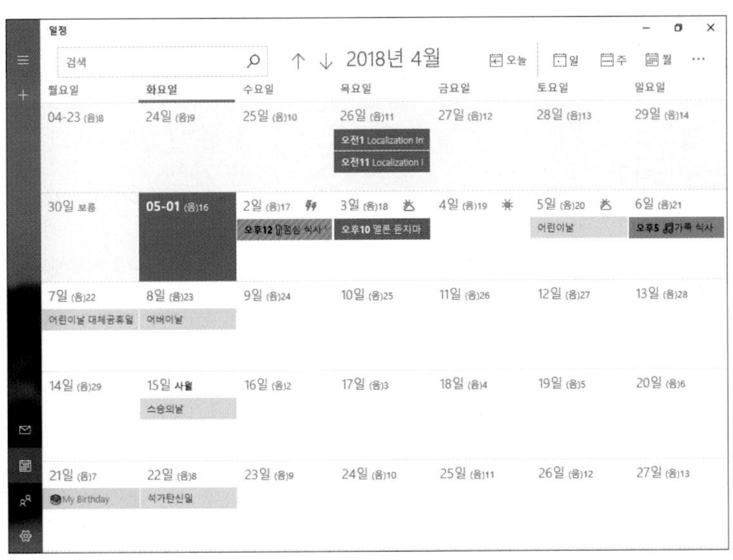

▲ **일정 보기 화면에 음력 표시하기**

주요

Windows 10

이벤트 추가 및 삭제하기

'일정' 앱에 이벤트를 등록하면 이벤트와 관련된 사람에게 메일로 일정을 공유할 수 있습니다. 또한 알림 센터의 알림을 통해 이벤트 전 알림을 받을 수도 있습니다. 이번에는 이벤트를 추가하고 삭제하는 방법에 대해 알아보겠습니다.

방법 1 이벤트 빠르게 추가하기

일정 보기 화면이 '월 보기' 일 때는 이벤트를 추가할 날짜 부분을, '일'이나 '주' 보기 화면일 때는 이벤트를 추가할 시간를 클릭하면 간단한 이벤트 추가 화면이 나타납니다. 이벤트 추가 화면에서 이벤트 이름과 시간, 위치 등을 입력하고 [완료]를 클릭하면 이벤트가 추가됩니다.

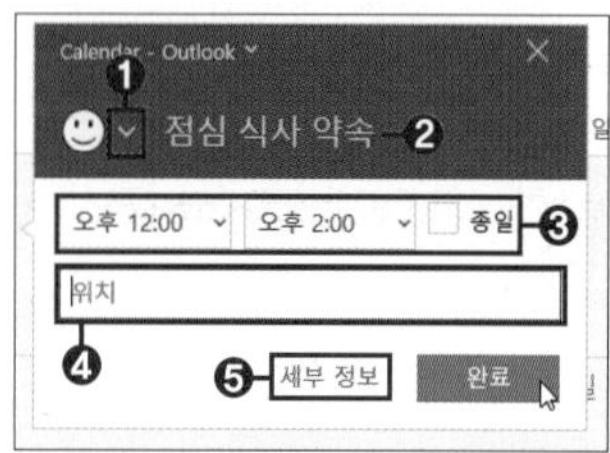

❶ **이벤트 서식 파일** : 아이콘 오른쪽의 화살표( )를 클릭한 후 원하는 아이콘을 선택할 수 있습니다. 기본 선택된 아이콘 이외의 다른 아이콘을 선택하면 이벤트 이름 옆에 선택한 표시됩니다.

❷ **이벤트 이름** : 일정 보기 화면에 표시할 이벤트 이름을 지정합니다.

❸ **시간대** : [종일]에 체크하면 따로 시간대를 정하지 않습니다. 시간대를 지정하고 싶다면 [종일] 앞의 체크 박스를 지운 후 목록에서 시작 시간과 종료 시간을 선택합니다.

❹ **위치** : 이벤트 장소를 입력합니다.

❺ **세부 정보** : 클릭하면 이벤트를 상세하게 추가할 수 있습니다.

방법 2 이벤트 상세하게 추가하기

이벤트에 자세한 설명을 추가하거나 다른 사람에게도 이벤트를 알리고 싶을 때는 좀더 상세하게 편집할 수 있습니다. 이벤트를 추가하려면 왼쪽 창에서 [새 이벤트] 단추(+ 새 이벤트)를 클릭합니다. 이미 추가된 이벤트는 이벤트 이름을 클릭하면 상세 편집 화면으로 이동합니다.

상세 편집 창에서는 이벤트와 관련된 여러 정보를 입력하고 추가할 수 있습니다.

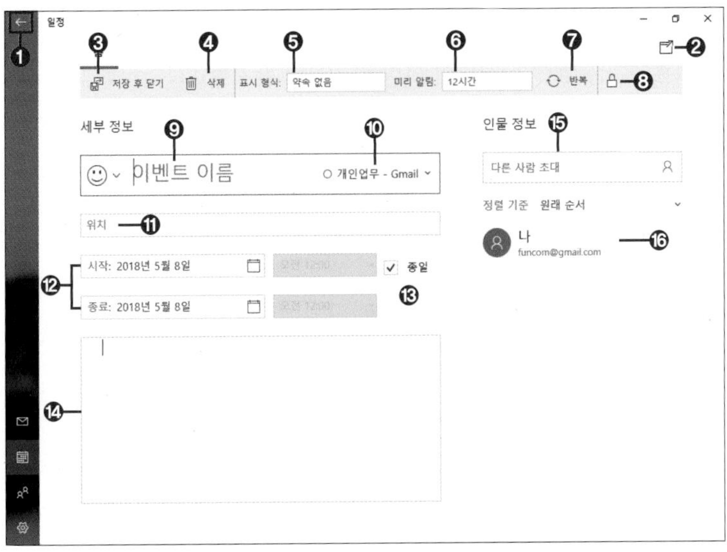

❶ **취소(←)** : 이벤트 작성 화면을 벗어나 일정 보기 화면으로 이동합니다. 이벤트 작성을 취소하려면 [변경 내용 취소]를 클릭하고, 작성한 이벤트를 저장하려면 [저장]을 클릭합니다. [취소]를 누르면 이벤트 작성 화면에 그대로 머무릅니다.

❷ **새 창에서 이벤트 열기( )** : 클릭하면 새 창에서 이벤트를 작성합니다.

❸ **저장 후 닫기(저장 후 닫기)** : 입력한 이벤트 정보를 저장한 후 일정 보기 화면으로 돌아갑니다.

❹ **삭제(삭제)** : 선택한 이벤트를 삭제합니다.

❺ **표시 형식** : 일정 보기 화면에 표시할 배경 무늬를 선택할 수 있습니다. 같은 계정으로 작성한 이벤트를 구분할 때 편리합니다.

❻ **미리 알림** : 이벤트 시작 전, 미리 알려줄 시간을 지정할 수 있습니다.

❼ **반복(반복)** : 이벤트가 일정 기간마다 반복한다면 반복 이벤트로 지정합니다.

❽ **비공개( )** : 이벤트를 비공개로 설정해서 이벤트 작성자와 참가자만 볼 수 있게 합니다.

❾ **이벤트 이름** : 일정 보기 화면에서 표시할 이벤트의 이름을 지정합니다.

❿ **분류** : 이벤트에 따라 저장할 메일 계정을 선택합니다. 구글 캘린더나 네이버 캘린더를 연동했을 경우 외부 캘린더의 분류가 표시됩니다.

⓫ **위치** : 이벤트 장소를 입력합니다.

⓬ **시작 / 종료** : 이벤트 시작 시간과 종료 시간을 지정합니다.

⓭ **종일** : 이벤트의 시작 시간과 종료 시간을 지정하지 않을 경우에 선택합니다.

⓮ **이벤트 설명** : 이벤트와 관련된 내용을 입력합니다.

⓯ **다른 사람 초대** : 이벤트에 참여할 다른 사람의 메일 주소를 입력합니다. 입력한 메일 주소로 이벤트 초대장이 발송됩니다.

⓰ **이벤트 참가자 목록** : 현재 이벤트에 참가할 사람이 표시됩니다.

추가한 이벤트 편집하기

'일정' 앱에 이벤트가 추가되면 일정 보기 화면에서 해당 날짜나 시간 부분에 시간과 이벤트 이름이 함께 표시되고, 이벤트 이름 위로 마우스 포인터를 올려놓으면 이벤트의 간단한 정보가 표시됩니다. 이 때 [세부 정보]를 클릭해서 편집할 수 있습니다. 일정 보기 화면에 표시된 이벤트 이름을 클릭해도 편집 화면으로 이동합니다.

이벤트 제거

일정 보기 화면에서 이벤트를 삭제하려면 이벤트 이름을 마우스 오른쪽 단추로 클릭한 후 [삭제]를 선택해서 삭제합니다. 이벤트 편집 화면에서 [삭제] 단추(삭제)를 클릭해 삭제할 수도 있습니다.

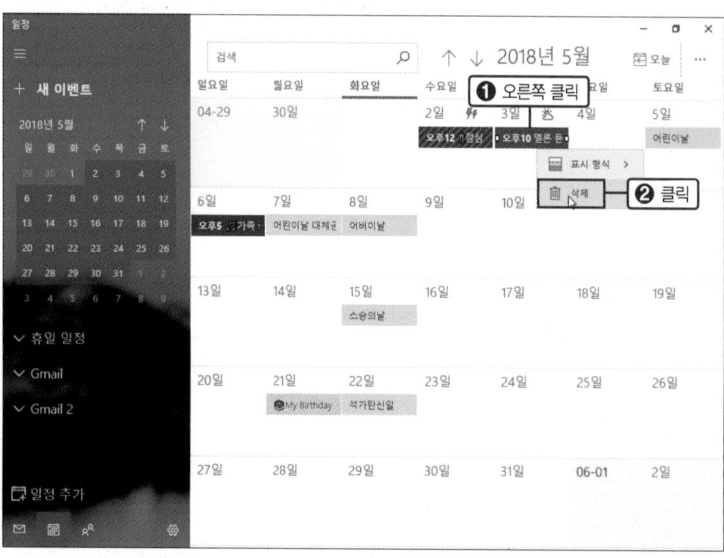

이벤트 반복하기

주나 월 단위로 반복되는 회의 같이 일정 기간을 두고 반복되는 이벤트는 여러 번 추가할 필요없이 '반복' 기능을 사용하여 한번에 일정을 추가할 수 있습니다.

예를 들어, 매주 화요일에 반복되는 이벤트가 있다면 이벤트 상세 편집 화면에서 이벤트를 추가하고 [반복] 단추(반복)를 클릭합니다. [반복] 단추(반복)를 클릭하면 반복되는 기간을 설정할 수 있습니다. 반복되는 이벤트가 시작되는 날짜와 기간, 요일을 선택한 뒤, 이벤트를 추가하면 반복되는 이벤트를 한번에 추가할 수 있습니다.

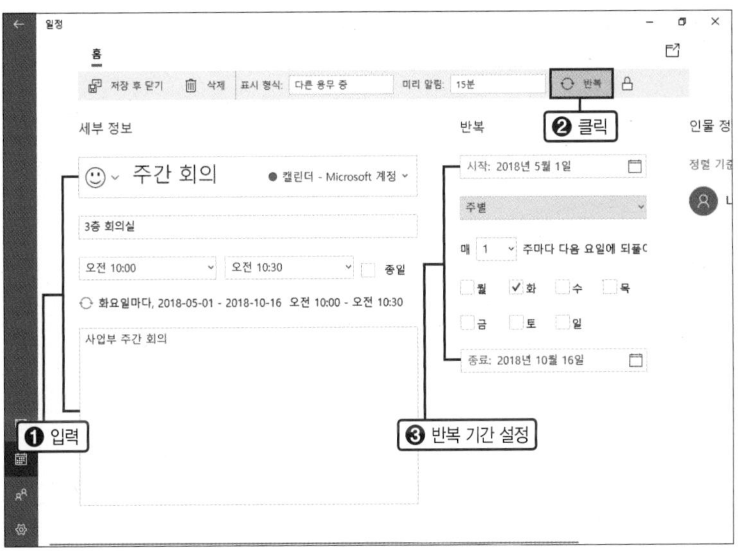

잠 깐 만 요

반복 이벤트를 삭제하려면 일정 보기 화면에서 삭제할 이벤트를 마우스 오른쪽으로 클릭한 뒤, [삭제]를 선택하면 됩니다. [삭제]를 선택하면 [한 개 삭제]와 [모두 삭제]가 중 하나를 선택할 수 있는데 [한 개 삭제]는 반복 이벤트 중 선택한 이벤트만 삭제하는 것이고 [모두 삭제]는 선택한 반복 이벤트를 모두 삭제하는 것 입니다.

전문가의 조언 **이벤트의 시간/날짜를 변경하는 간단한 방법**

이벤트 이름 위로 마우스 포인트를 가져가면 간단한 정보가 표시되는데, 시간이 함께 설정된 이벤트의 경우 이벤트 이름과 함께 조절점이 표시됩니다. 마우스 왼쪽 단추로 조절점을 클릭하고 좌우로, 또는 위아래로 드래그하면 이벤트 시간의 시작 시간과 종료 시간을 변경할 수 있습니다. 이벤트 이름을 마우스 왼쪽 단추로 클릭한 뒤 원하는 시간대나 날짜로 드래그하면 간단하게 이벤트의 시간이나 날짜를 수정할 수 있습니다.

14장

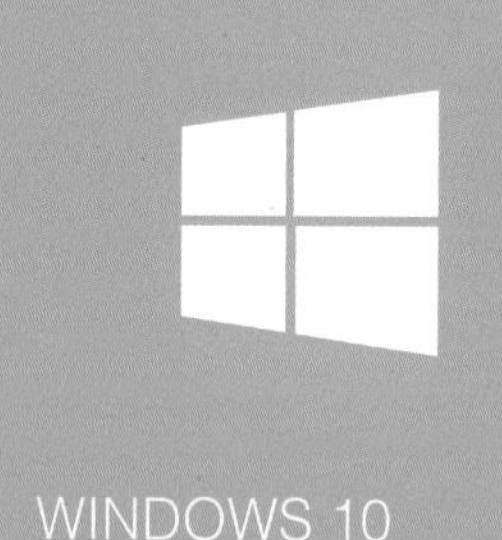

업무의 달인으로 만들어 주는 기능들

윈도우 10에는 잘 알려지지는 않았지만 스티커 노트, 캡처 도구, 계산기 등 간단하면서도 알찬 기본 앱이 포함되어 있습니다. 이번 장에서는 알아두면 업무의 달인으로 거듭날 수 있는 윈도우 10의 기본 앱에 대해 알아보겠습니다.

무따기 20

Windows 10

한 대의 컴퓨터를 여러 대 처럼 - 가상 데스크톱

윈도우 10에서는 용도에 따라 여러 개의 데스크톱(바탕 화면)을 만들어 사용할 수 있는데, 이것을 '가상 데스크톱'이라고 부릅니다. 가상 데스크톱을 이용해 프로젝트별로 데스크톱을 따로 만들거나 업무용 작업과 개인용 작업을 서로 다른 데스크톱에서 진행할 수 있습니다. 이 기능은 윈도우 10의 '작업 보기' 기능에 포함되어 있습니다.

가상 데스크톱 만들기

01 작업 표시줄에서 [작업 보기] 단추( )를 클릭하거나 ⊞+Tab을 누르면 전체 화면으로 바뀌면서 현재 실행 중인 앱들이 가장 최근에 실행한 앱부터 시간 순으로 표시됩니다. 화면 위에 있는 [새 데스크톱] 단추(+ 새 데스크톱)를 클릭합니다.

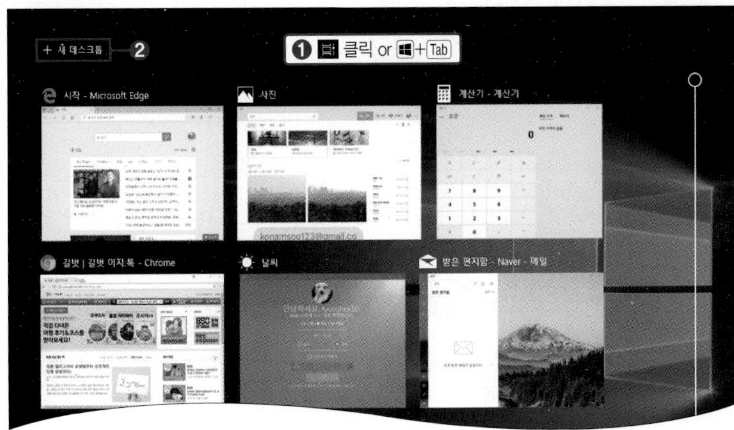

잠깐만요

[작업 보기] 단추( )를 클릭하면 현재 실행 중인 앱들이 가장 최근에 실행한 앱부터 시간 순으로 표시됩니다. 이 상태에서 전환할 앱 화면을 클릭하면 해당 앱 창으로 즉시 이동할 수 있습니다.

02 작업 보기 화면의 위쪽에 '데스크톱 1'과 '데스크톱 2'가 표시됩니다. '데스크톱 1'은 기존의 데스크톱이고 '데스크톱 2'는 새로 만들어진 데스크톱입니다. 여기에 또 새로운 데스크톱을 만든다면 '데스크톱 3', '데스크톱 4'처럼 일련 번호가 붙여집니다. 새로 만든 '데스크톱 2'를 클릭하면 새로운 바탕 화면이 표시됩니다.

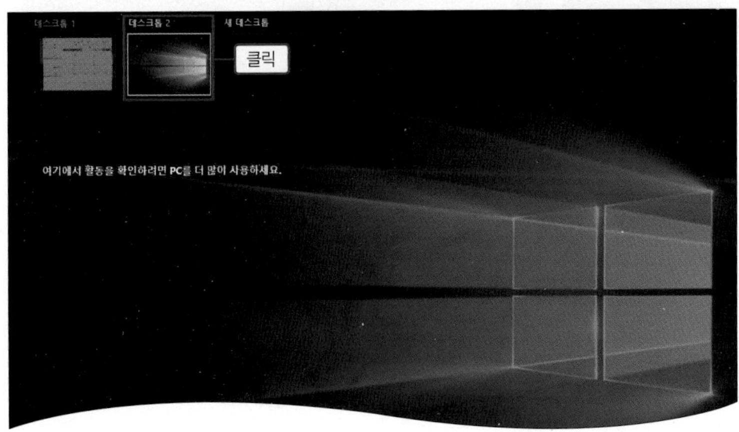

가상 데스크톱 간에 이동하기

01 새로 만든 '데스크톱 2'를 클릭해 화면이 전환되면 아무런 앱을 몇 가지 실행한 후 ⊞+Tab를 눌러보세요.

02 두 개의 데스크톱 화면에 각각 여러 앱들이 실행되어 있습니다. '데스크톱 1' 그림 위로 마우스 포인터를 올려놓으면 '데스크톱 1'에서 실행하는 앱들이 표시되고, '데스크톱 2' 위로 마우스 포인터를 올려놓으면 '데스크톱 2'에서 실행하는 앱들이 표시됩니다. 어느 데스크톱에 있는 앱이든 손쉽게 선택할 수 있습니다.

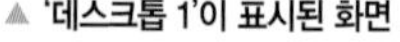
▲ '데스크톱 1'이 표시된 화면

▲ '데스크톱 2'가 표시된 화면

잠깐만요 Ctrl+⊞를 누른 상태에서 ←, →를 누르면 간단하게 가상 데스크톱을 전환하며 사용할 수 있습니다.

가상 데스크톱 간에 앱 이동하기

01 가상 데스크톱에서 실행 중인 앱을 다른 가상 데스크톱으로 이동시킬 수도 있습니다. '작업 보기' 화면 '데스크톱1' 위로 마우스 포인터를 올려놓으면 '데스크톱1'에서 실행 중인 앱들이 표시됩니다.

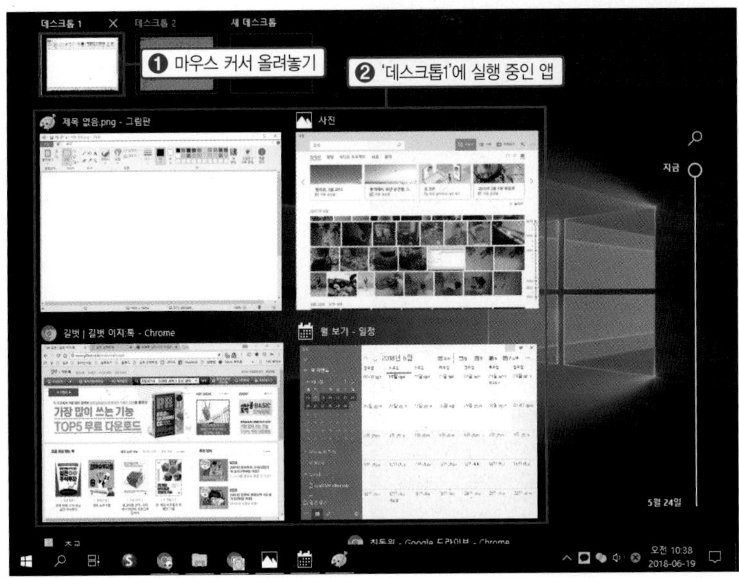

잠깐만요

'데스크톱'을 클릭하면 해당하는 바탕 화면으로 이동하므로 클릭하지 말고 마우스 포인터만 올려놓으세요.

02 작업 보기 창 위에 있는 앱들 중에서 옮기려고 하는 앱을 클릭해 다른 가상 데스크톱 썸네일 이미지 위로 드래그합니다. 썸네일 이미지 안에 앱 창이 들어가면 마우스 단추에서 손을 뗍니다.

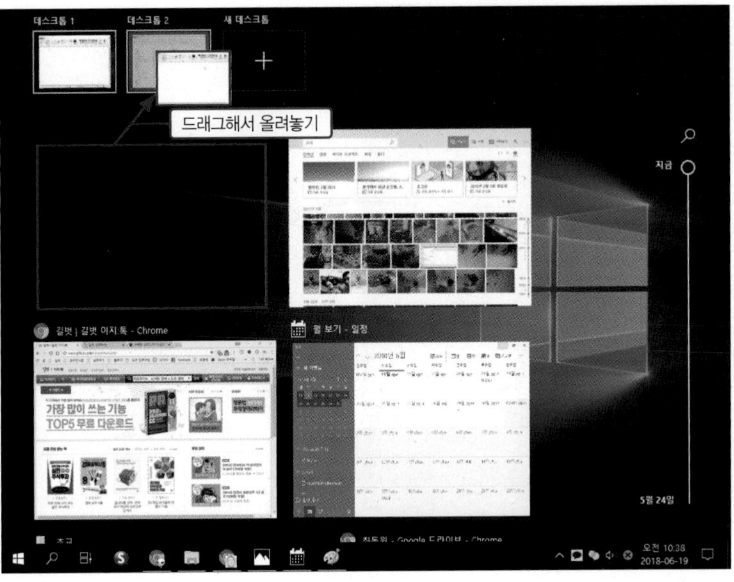

03 작업 보기 창에서 '데스크톱 2' 썸네일 이미지 위로 마우스 포인터를 올려보면 '데스크톱 1'에 있던 앱이 이동한 것을 확인할 수 있습니다.

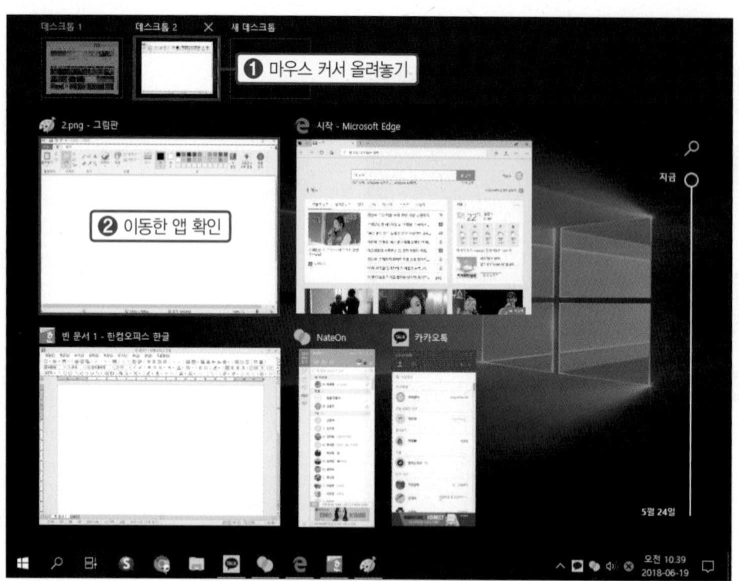

가상 데스크톱 삭제하기

01 가상 데스크톱을 닫을 때는 작업 표시줄에서 '작업 보기' 단추(　)를 클릭한 후 데스크톱 이름 오른쪽 위에 나타나는 [닫기] 단추(✕)를 클릭합니다.

02 종료한 데스크톱에 실행 중인 앱이 있다면 삭제된 데스크톱 앞의 데스크톱 화면으로 옮겨집니다.

전문가의 조언 가상 데스크톱 제대로 활용하기

만약 인터넷 검색창과 파일 탐색기를 열어 놓은 상태에서 파워포인트 작업과 엑셀 작업을 동시에 한다면 한 개의 바탕 화면에 네 개의 앱이 실행 되어서 작업하는데 정신이 없겠죠? 이럴 때 가상 데스크톱 기능을 활용하면 편하게 작업할 수 있습니다. 한 개의 가상 데스크톱에는 인터넷 검색창과 파일 탐색기를, 또 다른 가상 데스크톱에는 파워포인트와 엑셀를 열어 놓고 작업 화면을 분할하면 쾌적하게 작업할 수 있겠죠? 동시에 많을 앱을 실행해야 할 때 용도에 따라 가상 데스크톱을 추가해서 사용해보세요.

주요

Windows 10

며칠 전 작업도 찾아주는 타임라인

윈도우 10의 '2018 봄 업데이트'에서 추가된 기능 중 '타임라인'은 여러 가지 작업들을 기억하고 쉽게 찾도록 도와줍니다. 한 가지 작업을 며칠, 몇 주에 걸쳐 계속 진행하고 있다면 타임라인 기능을 통해 사용한 문서나 방문했던 사이트를 빨리 찾아낼 수 있습니다.

작업 표시줄에서 '작업 보기' 단추( )를 클릭하거나 ⊞+Tab을 누르면 전체 화면으로 바뀌면서 현재 실행 중인 앱들이 표시됩니다. 그리고 화면 오른쪽에는 '지금'을 시작으로 이전 날짜로 거슬로 올라갈 수 있는 타임라인 슬라이드 막대가 표시됩니다. 최대 30일간의 작업이 표시됩니다.

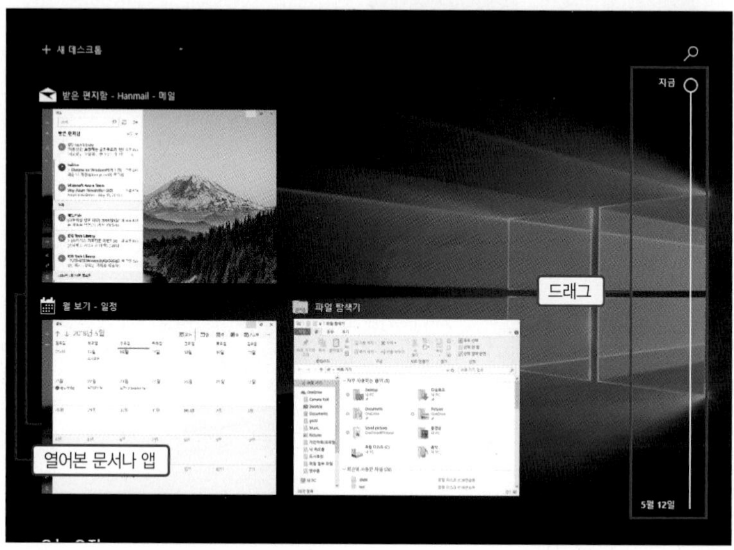

마우스에 있는 휠버튼을 아래로 굴리거나 타임라인 슬라이드 막대를 아래로 내리면 날짜별로 방문했던 사이트나 사용한 파일들이 표시됩니다.

방문했던 사이트를 나타내는 사각형에는 사이트의 주소와 사용한 웹 브라우저, 사이트 제목이 함께 표시되기 때문에 방문한 사이트를 찾기 쉽습니다.

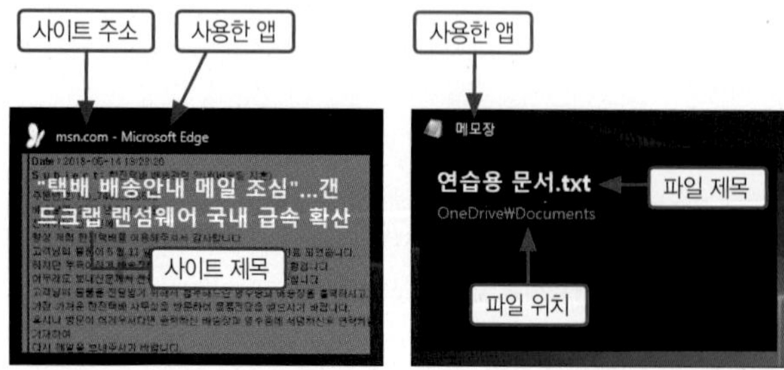

주요 22 Windows 10

집중해야 할 때는 집중 지원 모드로

중요한 프레젠테이션을 진행하거나 오랜만에 게임에 빠져 있을 때, 윈도우 화면에 불쑥 알림 메시지가 나타나 방해 받은 경험이 있을 것입니다. 윈도우 10에는 '집중 지원' 기능이 있어서 중요한 작업에 집중할 경우 알림 메시지를 즉시 화면에 표시하지 않고 모아서 나중에 볼 수 있습니다.

방법 1 알림 센터에서 집중 지원 켜고 끄기

작업 표시줄의 오른쪽 끝에 있는 [알림 센터] 단추(□)를 클릭한 후 알림 센터 아이콘 중 [집중 지원]을 클릭합니다.

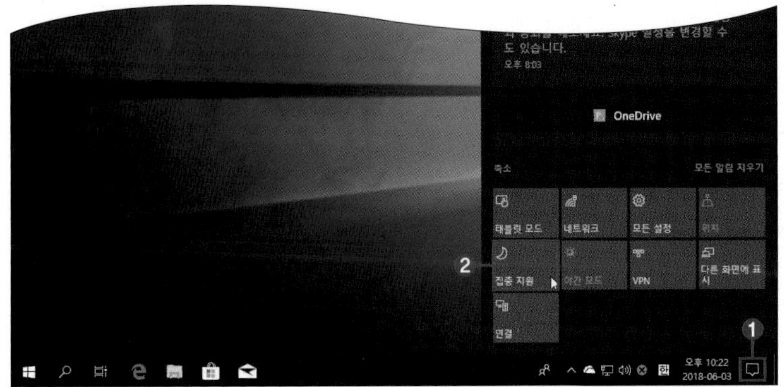

잠깐만요

알림 센터에 바로 가기를 표시하는 방법은 62쪽을 참고하세요.

[집중 지원] 아이콘이 파란색으로 바뀌면서 '알람만'이라고 표시됩니다.

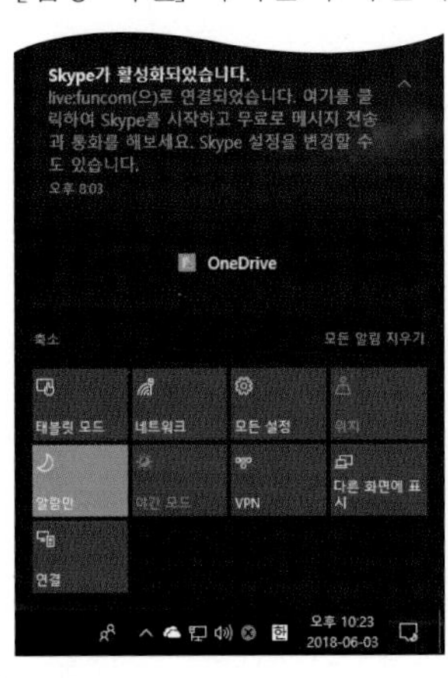

▲ 알림만

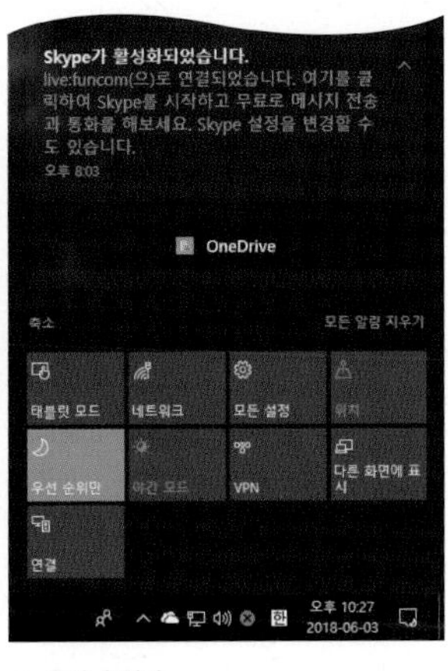

▲ 우선 순위만

잠깐만요

작업 표시줄의 알림 센터 단추(□)를 마우스 오른쪽으로 클릭해도 집중 지원 기능을 활성화 할 수 있습니다.

집중 지원 기능이 켜지면 그 동안에 알림 메시지는 화면에 표시되지 않고, 알람만 표시됩니다. [집중 지원] 아이콘을 한 번 더 클릭하여 '우선 순위만'으로 지정했을 때는 우선 순위 작업만 표시됩니다. [집중 지원] 기능을 사용하는 동안 표시하지 않은 알림 메시지는 알림 센터를 열어 확인할 수 있습니다.

방법 2 '설정' 창에서 집중 지원 켜고 끄기

[설정] – [시스템] – [집중 지원]을 차례로 선택합니다. [해제]와 [우선 순위만], [알람만] 중에서 원하는 항목을 선택하면 '집중 지원' 기능이 켜지고 선택한 항목만 표시됩니다.

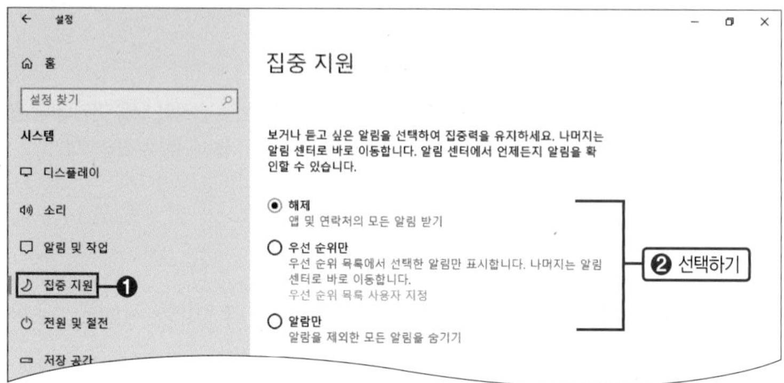

지정한 시간대에 집중 지원 기능 켜기

사용자가 원하는 시간이 되면 자동으로 집중 지원 기능이 켜지도록 할 수도 있습니다. [모든 설정] – [시스템] – [집중 지원]을 차례로 선택합니다. '자동 규칙' 중에서 [해당 시간 동안] 항목에 있는 끔( )을 클릭해서 켬( )으로 바꿉니다. 그리고 시간을 지정하기 위해 [해당 시간 동안] 항목을 클릭합니다.

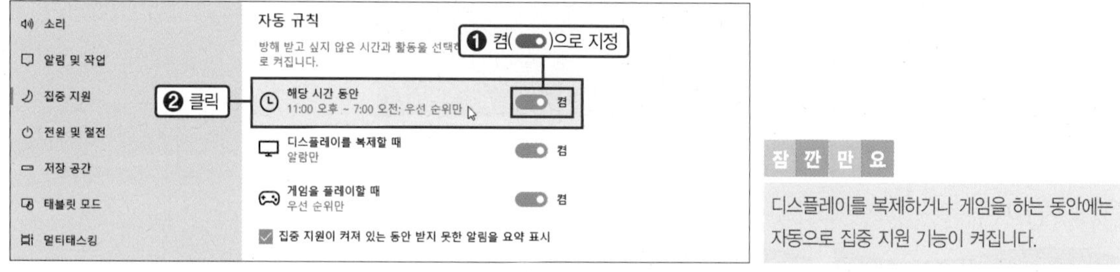

잠깐만요

디스플레이를 복제하거나 게임을 하는 동안에는 자동으로 집중 지원 기능이 켜집니다.

집중 지원 기능이 켜질 시간과 반복 방법 등을 지정할 수 있습니다.

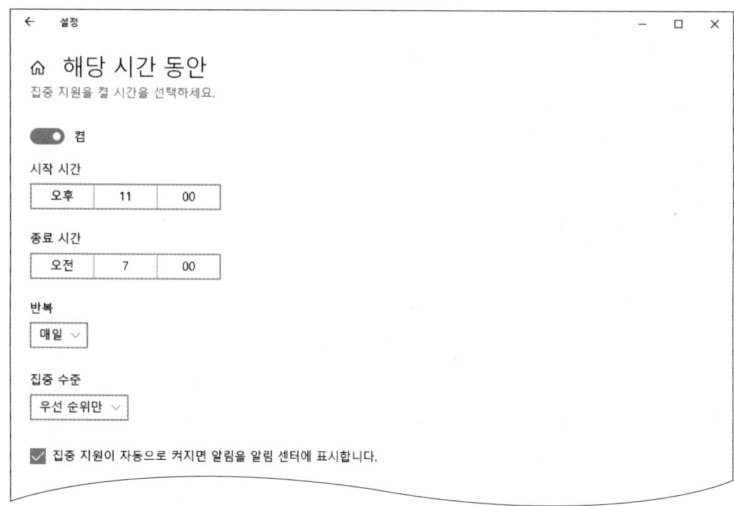

무따기 Windows 10

23 캡처 도구를 이용해 화면 캡처하기

컴퓨터 작업을 하다 보면 작업 화면을 그대로 다른 사람과 공유하기 위해 작업 화면의 일부나 전체를 캡처할 일이 생깁니다. 윈도우 10의 기본 앱인 '캡처 도구' 앱을 활용하면 컴퓨터 화면을 자유롭게 캡처할 수 있고 캡처한 화면에 형광펜 등을 사용해 원하는 내용을 그려 넣을 수도 있습니다.

01 작업 표시줄의 검색 창에 '캡처'를 검색하여 '캡처 도구' 앱 실행합니다.

잠깐만요 검색 결과에 있는 '캡처 도구'를 마우스 오른쪽 단추로 클릭한 후 시작 화면이나 작업 표시줄에 고정할 수 있습니다.

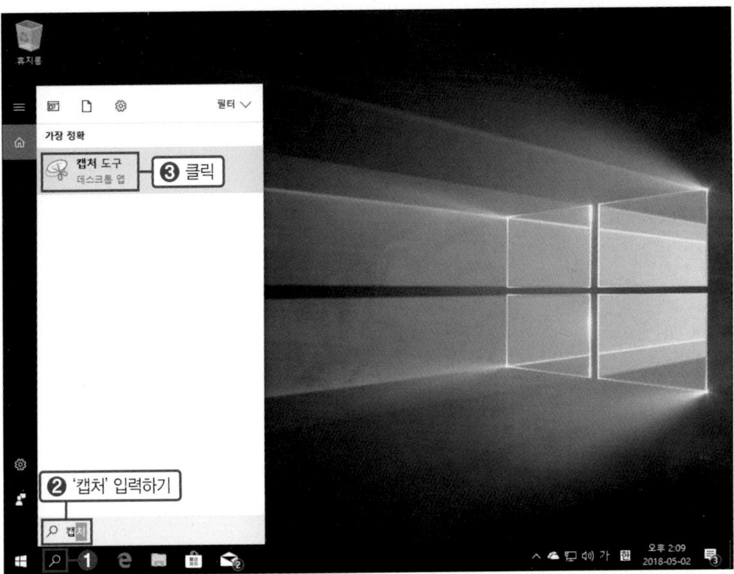

02 캡처할 화면으로 이동한 후, '캡처 도구' 앱 위의 메뉴 중 [새로 만들기] 단추(새로 만들기(N))를 클릭합니다.

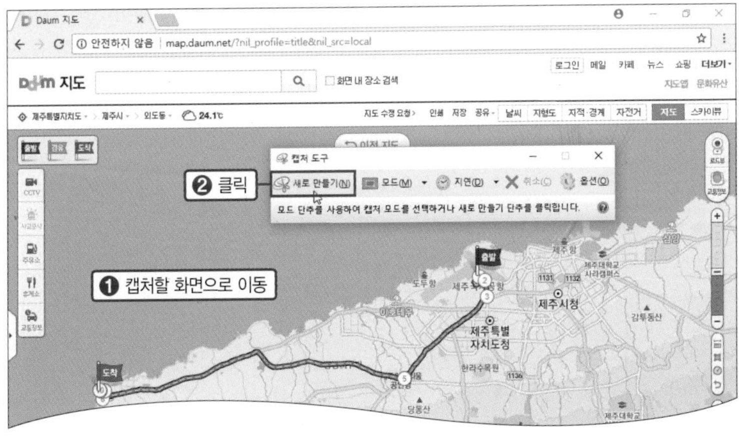

잠깐만요 '캡처 도구' 앱이 화면에 표시 되지 않으면 작업 표시줄에 최소화된 [캡처 도구] 아이콘을 클릭합니다.

03 화면이 흐리게 바뀐 상태에서 십자 모양(+)으로 바뀐 마우스 포인터로 캡처하고 싶은 영역만큼 드래그하여 선택합니다.

잠깐만요

캡처할 영역 선택을 잘못했다면 다시 새로 만들기(N)를 클릭하면 됩니다.

04 지정한 영역이 캡처되어 '캡처 도구' 창에 표시됩니다. 이 상태에서 저장하려면 '캡처 도구' 창에 있는 [캡처 저장] 단추( )를 클릭합니다.

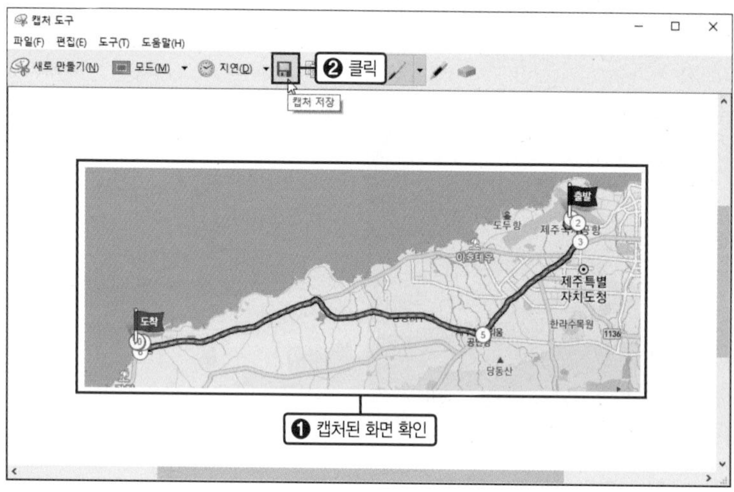

05 원하는 폴더에 기억하기 쉬운 파일 이름으로 저장하면 캡처한 이미지를 다른 사진 파일과 똑같이 사용할 수 있습니다.

캡처 도구 살펴보기

윈도우 10의 기본 앱인 '캡처 도구'를 사용하면 컴퓨터 화면을 캡처할 수 있습니다. 캡처한 이미지는 파일로 저장할 수도 있습니다. 기본 앱이지만 유용한 '캡처 도구'의 화면을 살펴보겠습니다.

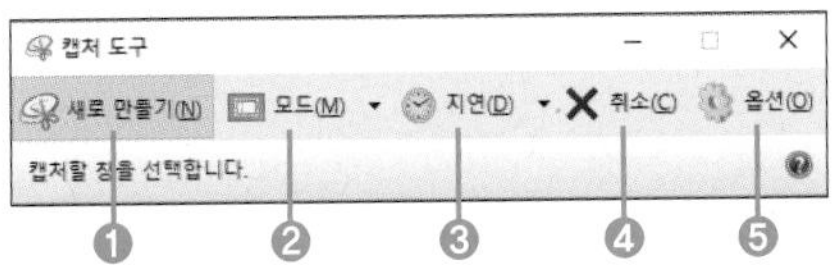

❶ **[새로 만들기] 단추(새로 만들기(N))** : 새로운 캡처를 시작할 수 있도록 캡처 대기 상태가 됩니다.

❷ **[모드] 단추(모드(M))** : 캡처할 영역의 형태를 지정할 수 있습니다. 모드를 선택하면 [새로 만들기] 단추를 클릭하지 않아도 캡처 대기 상태가 됩니다.

❸ **[지연] 단추(지연(D))** : [새로 만들기] 단추를 클릭하거나 캡처 모드를 선택한 후 캡처 대기 상태까지 얼마나 지연시킬지 선택합니다.

❹ **[취소] 단추(취소(C))** : 캡처 대기 상태일 때 이 단추를 클릭하면 캡처 대기가 취소됩니다.

❺ **[옵션] 단추(옵션(O))** : 캡처를 위한 여러 가지 항목을 설정할 수 있습니다.

화면을 캡처한 후에는 '캡처 도구' 창에 몇 개의 단추가 더 추가됩니다.

❻ **[캡처 저장] 단추( )** : 현재 캡처 화면을 파일로 저장합니다.

❼ **[복사] 단추( )** : 현재 캡처 화면을 복사합니다. 이 상태로 다른 문서에 다른 프로그램에 붙여넣을 수 있습니다.

❽ **[캡처 보내기] 단추( )** : 현재 캡처 화면을 메일로 보냅니다.

❾ **[펜] 단추( )** : 클릭한 후 캡처 화면에 그림이나 글씨를 쓸 수 있습니다. 오른쪽의 ▼를 클릭한 후 잉크 색을 선택할 수 있습니다.

❿ **[형광펜] 단추( )** : 캡처 화면에 형광펜으로 표시할 수 있습니다.

⓫ **[지우개] 단추( )** : 이 단추를 클릭한 후 펜이나 형광펜으로 표시한 부분을 클릭하면 지울 수 있습니다.

⓬ **[그림판 3D로 편집] 단추( )** : '그림판 3D' 앱에서 현재 캡처 화면을 열어 편집할 수 있습니다.

무따기 Windows 10

125 캡처 도구를 사용한 다양한 캡처 방법

'캡처 도구' 앱은 기본적으로 사각형 캡처로 화면을 캡처하지만 '모드'를 변경하면 다양한 방법으로 화면을 캡처할 수 있습니다. 또한 앱의 메뉴를 펼친 상태에서 메뉴까지 캡처하는 것은 쉽지 않은데 '캡처 도구'를 이용해 앱의 메뉴를 캡처하는 방법에 대해 알아보겠습니다.

'모드' 선택하기

'캡처 도구'의 도구들 중 [모드] 단추(모드(M))를 클릭하면 캡처 형태를 선택할 수 있습니다.

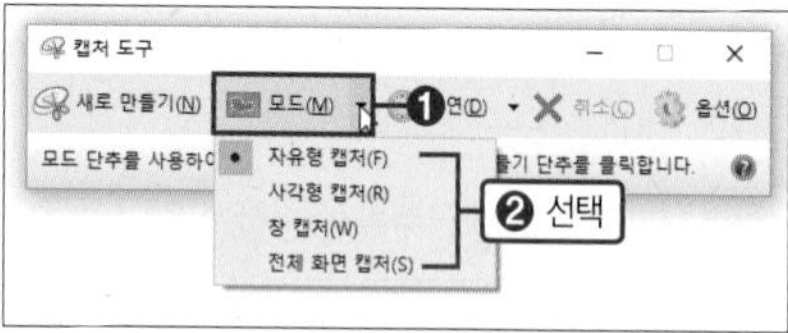

자유형 캡처

'자유형 캡처' 모드 상태에서 [새로 만들기] 단추(새로 만들기(N))를 클릭하면 마우스를 움직이면서 원하는 형태로 캡처할 영역을 선택할 수 있습니다. 자유형 캡처 도구로 화면을 캡처하려면 선택한 영역이 시작점과 끝점이 만나는 닫힌 형태의 도형이어야 합니다. 화면 캡처 후 제대로 캡처되지 않아 다시 캡처하려면 [새로 만들기](새로 만들기(N))를 선택하면 됩니다.

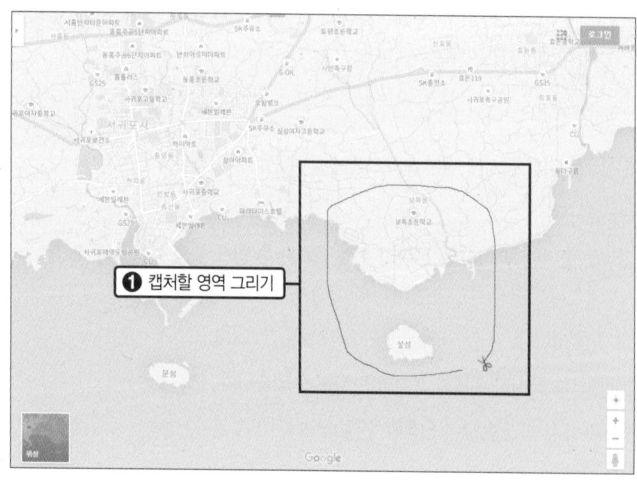

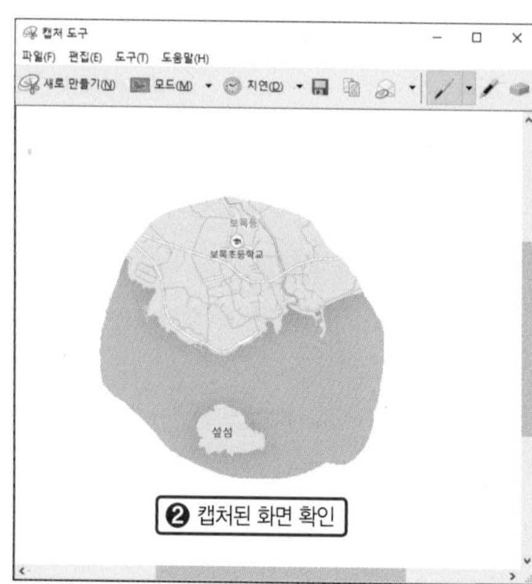

사각형 캡처

캡처할 영역을 마우스로 드래그하여 사각형으로 캡처됩니다.

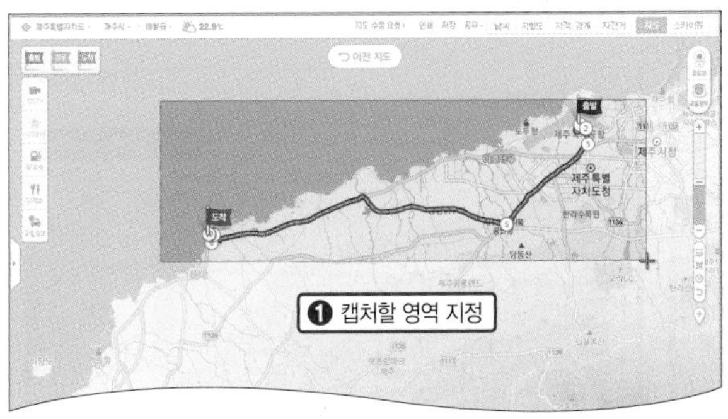

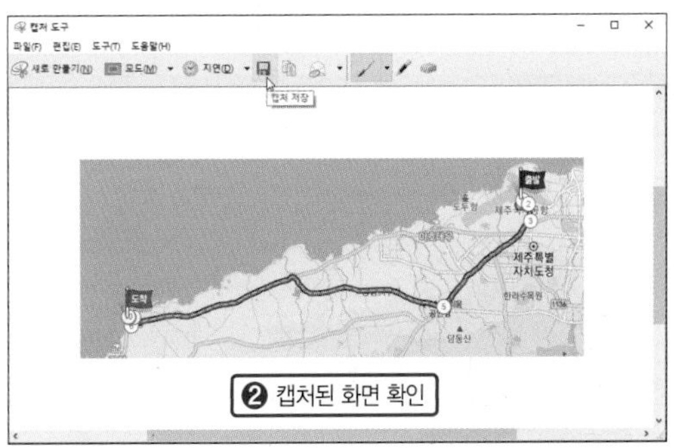

창 캡처

화면에 열려 있는 앱 창이 여러 개일 경우 창을 통째로 캡처할 수 있습니다. '창 캡처' 모드를 선택하면 열려 있는 창 위로 마우스 포인터를 옮길 때마다 창 주변에 빨간색 테두리가 생기는데 캡처하려는 창에 빨간색 테두리가 생겼을 때 클릭하면 클릭한 창이 캡처됩니다.

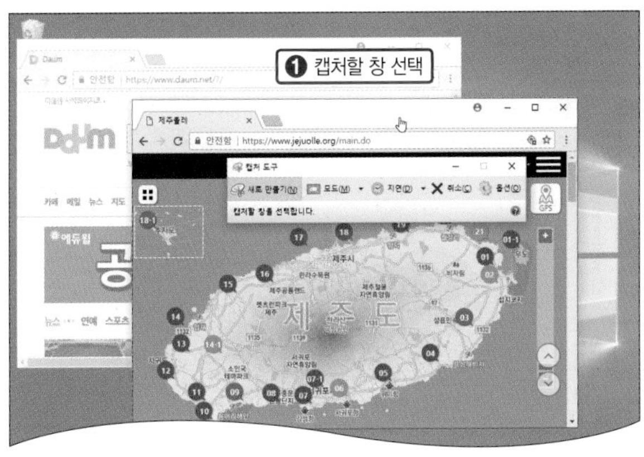

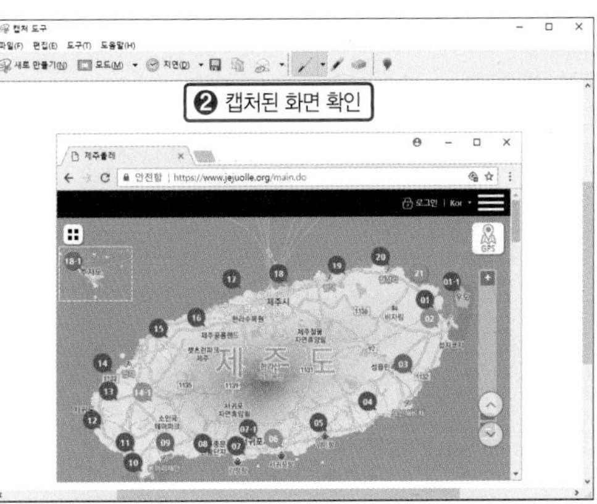

전체 화면 캡처

모니터의 화면 전체를 캡처할 수 있습니다. '전체 화면 캡처' 모드를 선택하면 현재 모니터 화면에 표시된 모두가 캡처됩니다.

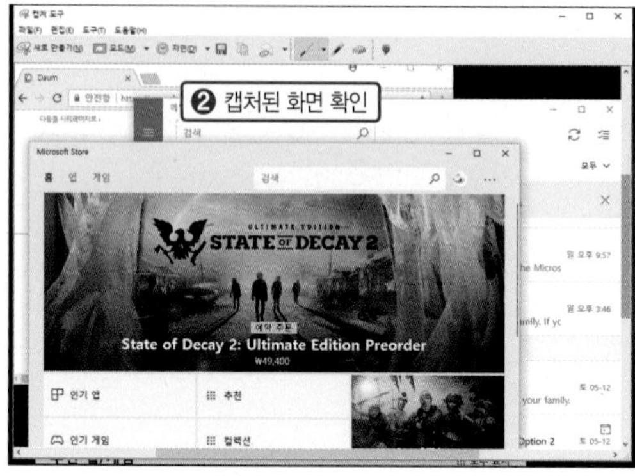

메뉴 캡처하기

'캡처 도구' 앱을 실행한 뒤, 캡처할 앱의 메뉴 항목을 펼쳐 놓습니다. 이 상태에서 Ctrl+PrtScr를 누르면 메뉴가 펼쳐진 화면이 고정됩니다. 고정된 화면에서 사각형이나 자유형 전체 화면을 캡처하면 메뉴가 펼쳐진 화면을 캡처할 수 있습니다.

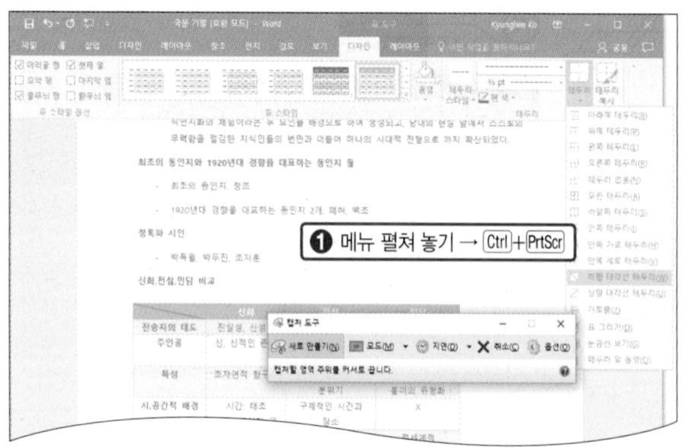

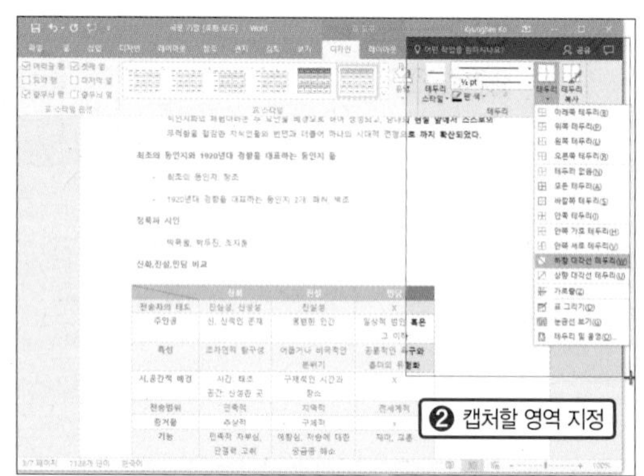

무따기 Windows 10

126 약도를 캡처해서 친구에게 보내기

'캡처 도구' 앱으로 캡처한 화면에 '펜'이나 '형광펜' 도구를 사용해 그림을 그리거나 표시를 할 수 있습니다. 지도를 캡처한 후 찾아오는 길을 표시하고 메신저를 통해 전달하는 방법을 알아보겠습니다.

01 '캡처 도구' 앱을 실행하고 [새로 만들기]를 클릭해 필요한 부분을 캡처합니다. 여기에 빨간색 굵은 펜으로 찾아오는 길을 표시해 보겠습니다. '캡처 도구'의 [펜] 도구(✎)를 클릭한 후 [사용자 지정]을 선택합니다.

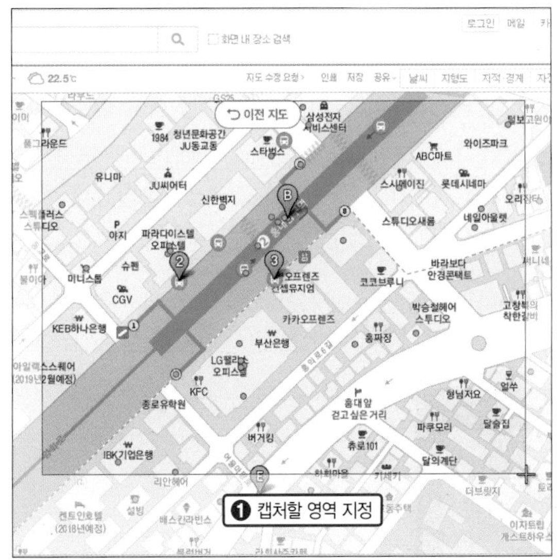

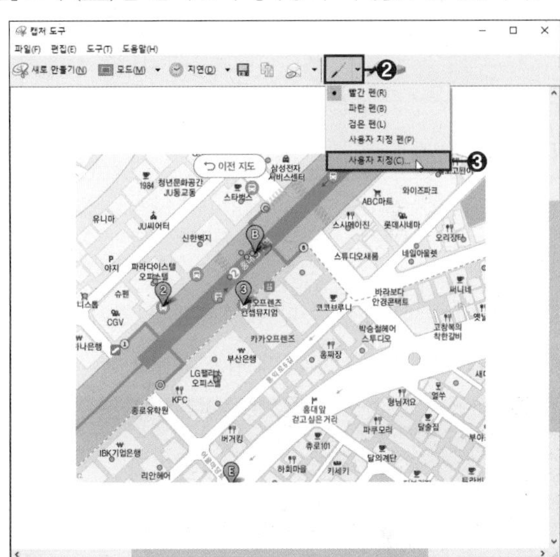

02 펜의 색상과 굵기, 펜의 팁(펜 끝모양)을 선택한 후 [확인]을 클릭합니다.

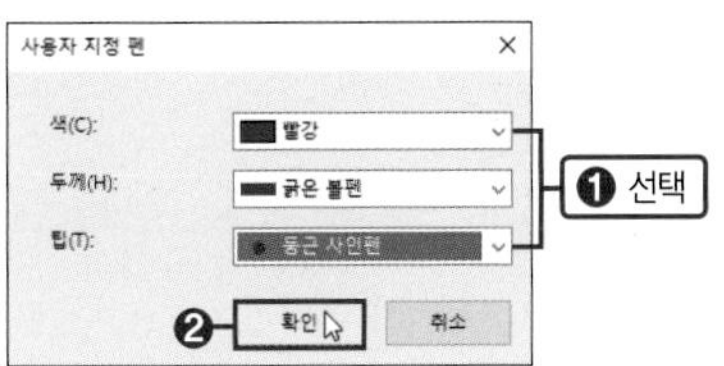

03 마우스로 왼쪽 단추로 클릭해 드래그 하면 선이 그려집니다. 캡처한 지도에 찾아오는 길을 표시했다면 [복사] 도구( )를 클릭해 현재 내용을 복사합니다.

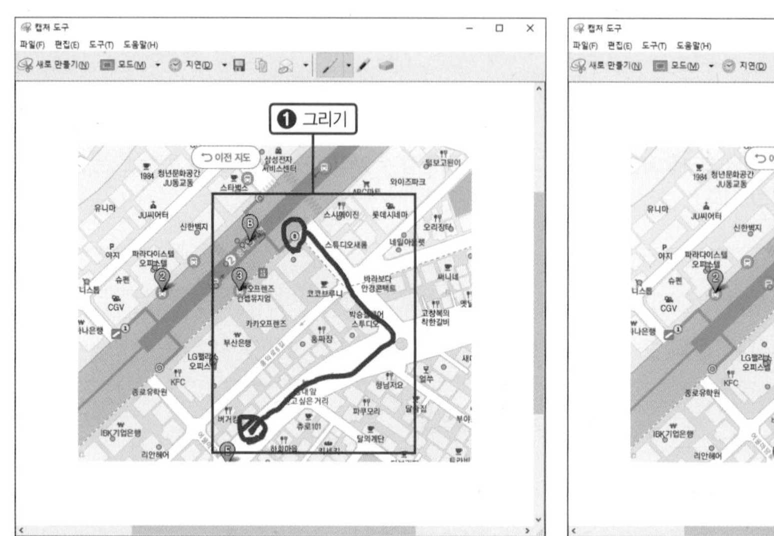

잠깐만요 이 상태에서 [저장] 도구( )를 클릭하면 마우스로 그린 선과 함께 캡처한 약도가 파일로 저장해도 됩니다.

04 캡처한 화면을 전송할 메신저 앱을 열고 대화창에서 Ctrl+V를 눌러 복사한 지도를 붙여 넣은 뒤 [전송]을 클릭하면 캡처한 지도에 필요한 내용을 추가해서 보낼 수 있습니다.

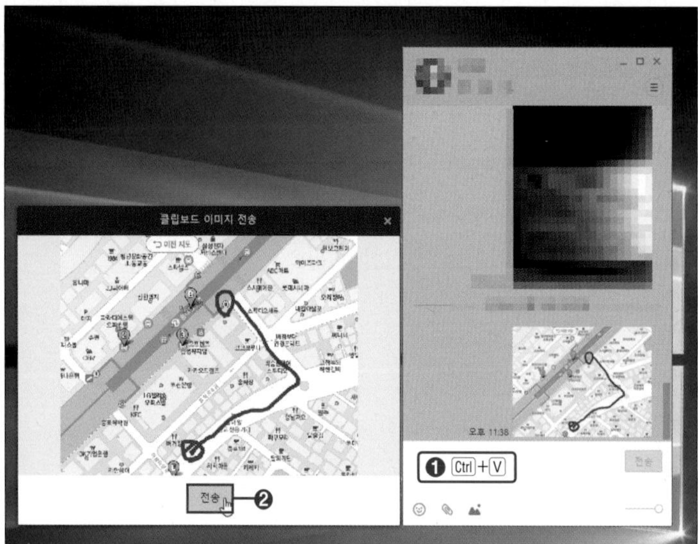

주요 Windows 10

27 바탕 화면에 스티커 노트 붙여놓기

업무 중 잊지 말아야 할 내용이 있으면 보통 포스트잇에 메모한 후 모니터 주변에 붙여 놓곤 합니다. 윈도우 10의 'Sticky Notes' 앱을 사용하면 윈도우 바탕 화면에 메모를 붙여놓고 언제든 확인할 수 있습니다.

노트 실행하기

[시작] 단추( )를 클릭한 후 시작 메뉴에서 [Sticky Notes]를 선택합니다.

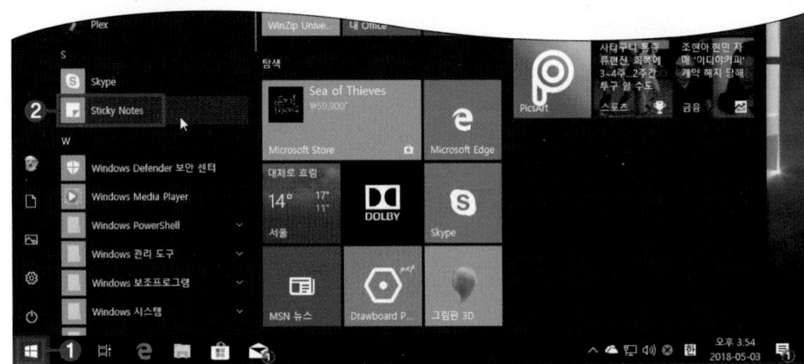

잠깐만요

시작 메뉴에 [Sticky Notes] 앱이 보이지 않는다면 검색 상자에 'Sticky Notes'를 검색하거나 시작 메뉴의 알파벳 중 'S'를 클릭하면 바로 찾을 수 있습니다.

처음 'Sticky Note'를 실행하면 노트 목록이 가장 먼저 표시됩니다. 노트 목록에서 노트를 동기화할 계정을 선택하는데, 마이크로소프트 계정을 선택하거나, 노트를 동기화하지 않는다면 [나중에]를 선택합니다.

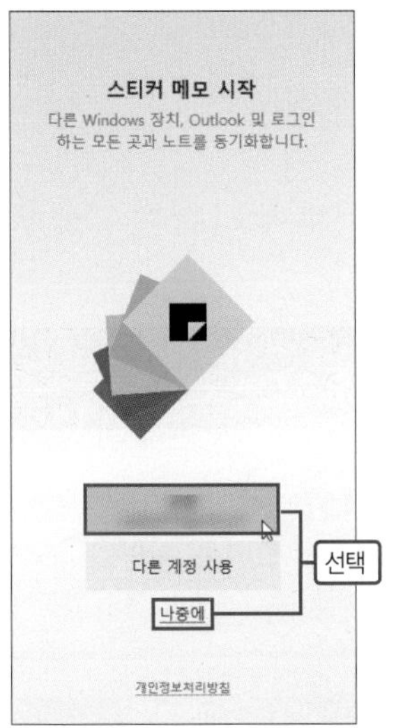

노트 작성하기

목록과 함께 화면에 표시된 'Sticky Note'에 원하는 내용을 입력합니다. 'Sticky Note'에 입력한 내용은 노트 목록에도 표시됩니다. 노트의 색상을 바꾸고 싶다면 노트 창의 오른쪽 위에 있는 [메뉴] 단추(···)를 클릭한 후 원하는 색상을 선택할 수 있습니다. [메모 삭제]를 선택하면 선택한 노트가 삭제됩니다.

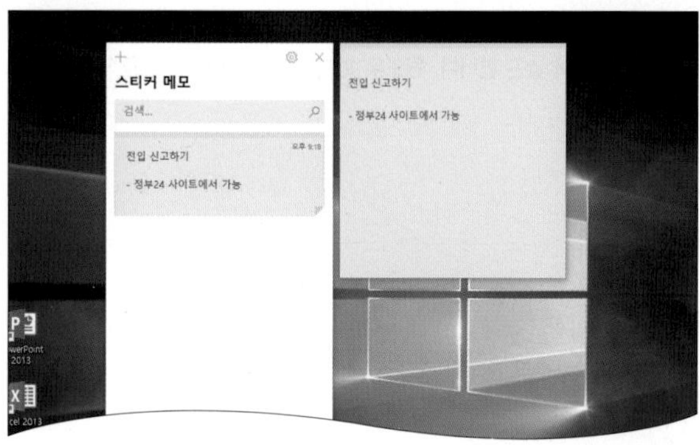

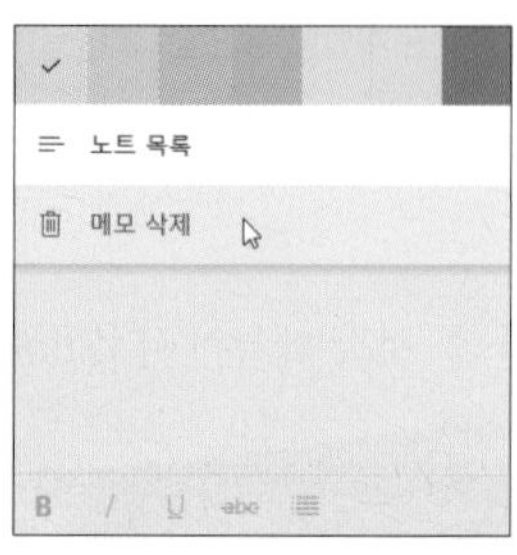

노트에 내용을 작성할 때 노트 아래쪽에 있는 [글머리 기호 전환] 단추(≡)를 누르면 목록을 삽입할 수 있고, [취소선] 단추(abc)를 클릭하면 메모 내용에 취소선을 넣을 수 있습니다.

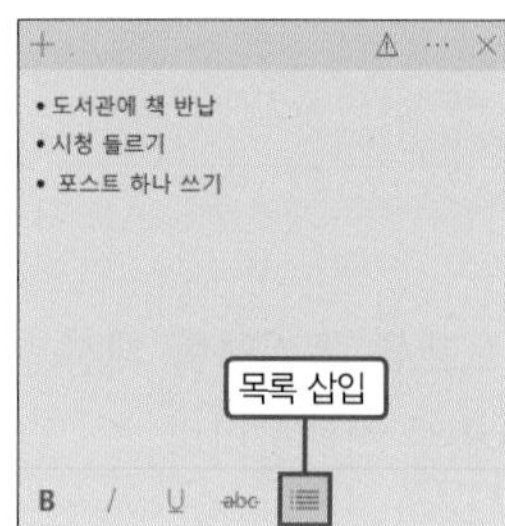

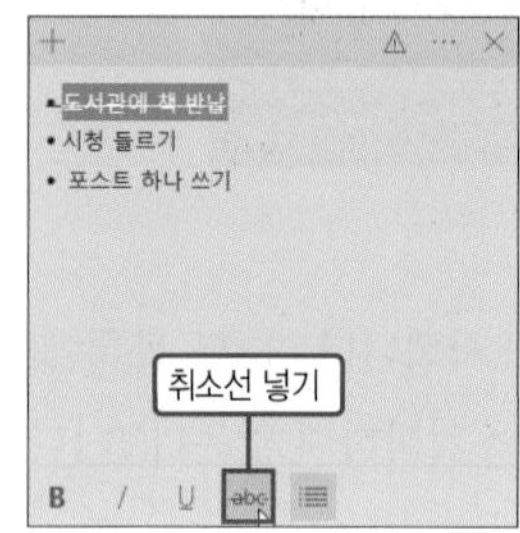

새 노트 추가하기

노트 창 왼쪽 위에 있는 [새 메모] 단추(+)를 클릭하거나 노트 목록 왼쪽 위에 있는 [새 메모] 단추(+)를 클릭하면 새 노트가 만들어집니다. 여기에 새로운 내용을 입력할 수 있습니다.

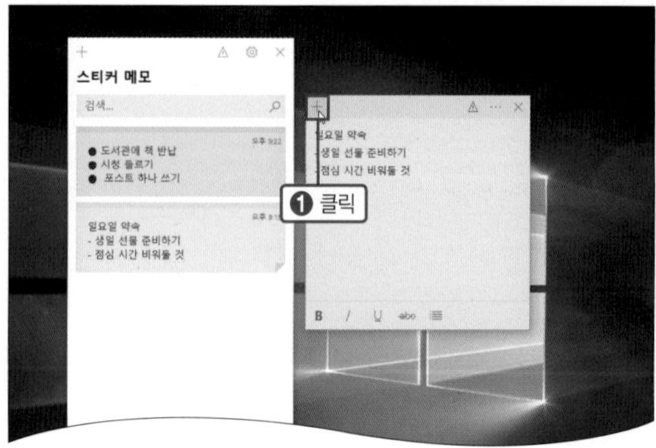

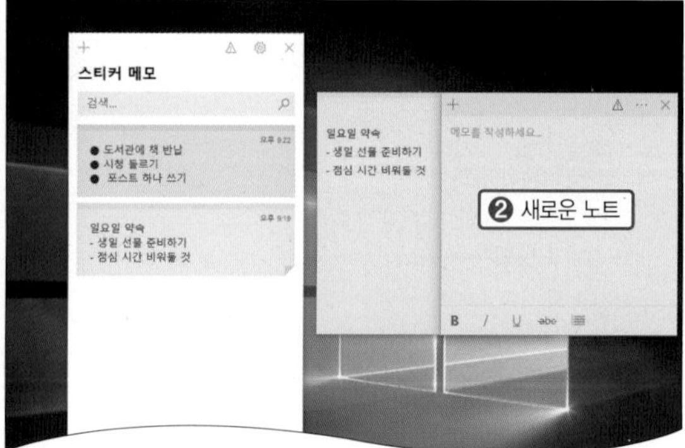

노트 목록 활용하기

한번 작성한 노트는 [닫기] 단추(×)를 눌러 창을 닫더라도 노트 목록에 순서대로 저장됩니다. 그래서 노트 목록에서 노트 내용 부분을 더블클릭하면 언제든지 노트 내용을 확인할 수 있죠.

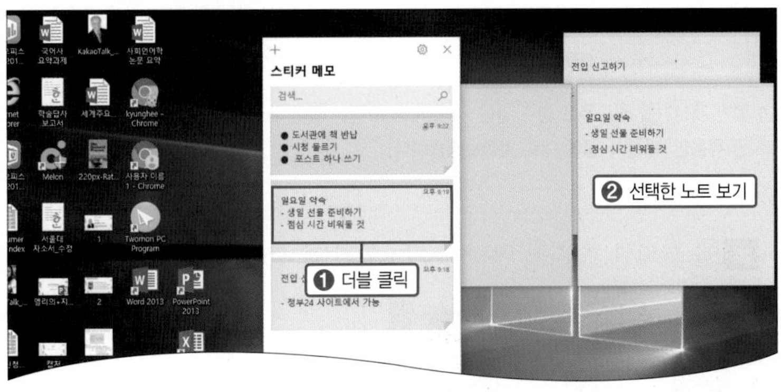

노트를 삭제하려면 노트 목록에 있는 노트 위로 마우스 커서를 가져가 [삭제] 단추(🗑)를 클릭하면 됩니다. 정말 삭제할 것인지 묻는 창에서 [삭제]를 클릭합니다.

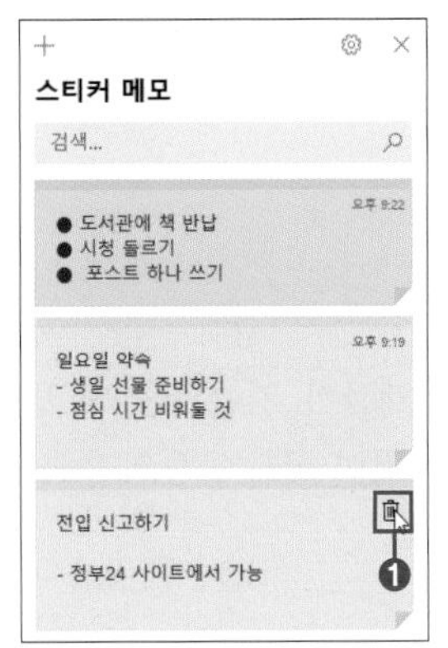

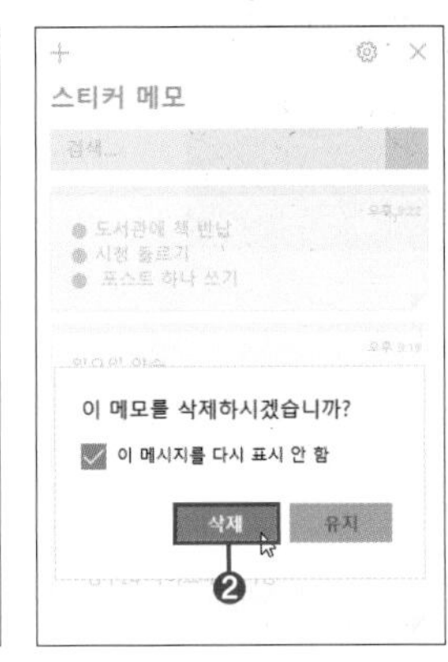

잠깐만요

정말 삭제할 것인지 묻는 창에서 '이 메시지 다시 표시 안 함'에 체크해 놓으면 삭제 확인 창은 더이상 표시되지 않습니다.

그리고 여러 개의 노트를 작성하다 보면 일일이 내용을 확인하기 쉽지 않죠? Sticky Notes의 노트 목록의 검색 창에 검색어를 입력하고 Enter를 누르면 작성해 놓은 노트 중에서 원하는 내용을 쉽게 확인할 수 있습니다.

Windows 10

계산기 앱 활용하기

윈도우 10의 '계산기' 앱은 단순히 우리가 사용하는 일반 계산기를 윈도우로 옮겨 놓은 것 같지만 조금만 들여다 보면 많은 기능이 숨어 있습니다. 단위, 환율 변환부터 공학용 계산기까지 기본 앱이지만 유용한 '계산기' 앱에 대해 알아보겠습니다.

'계산기' 앱을 실행하려면 [시작] 단추( )를 클릭한 후 시작 메뉴에서 [계산기]를 선택합니다.

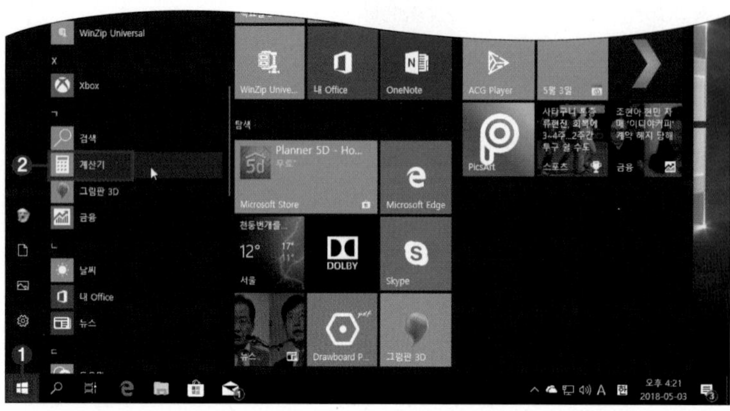

우리에게 익숙한 표준 계산기 화면이 표시됩니다. 윈도우 10의 '계산기' 앱은 단순 '계산기' 기능과 함께 '변환기' 기능을 함께 가지고 있습니다. '계산기' 앱 창의 왼쪽 위에 있는 ≡ 단추를 클릭하면 여러 종류의 [계산기]나 [변환기]를 선택할 수 있습니다.

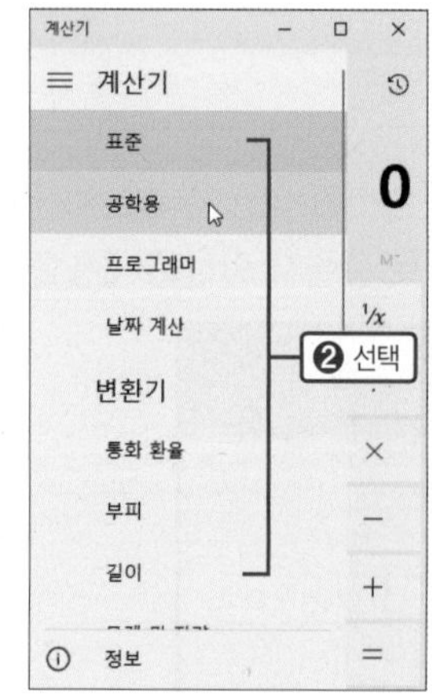

▲ 표준 계산기

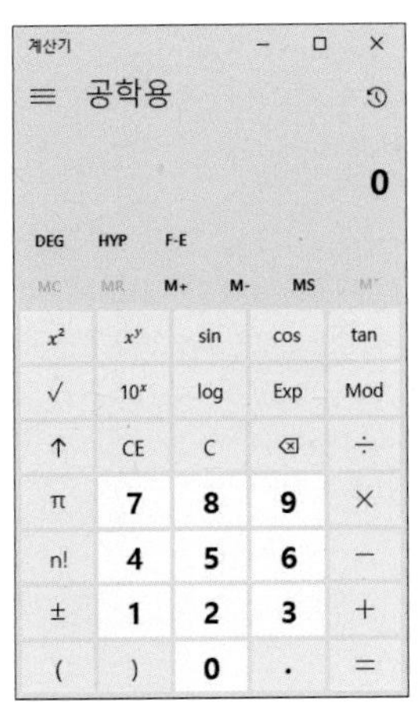

▲ 공학용 계산기

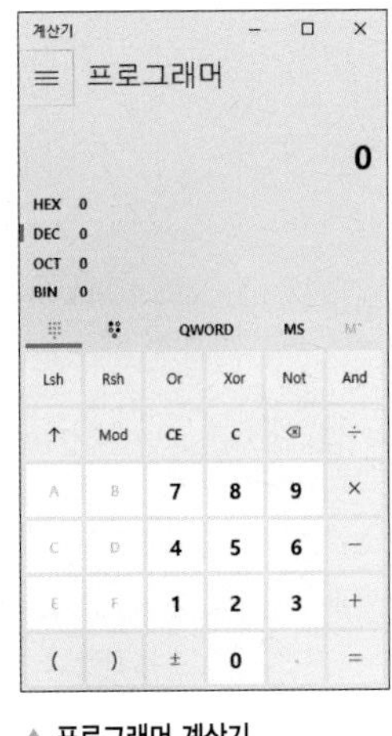

▲ 프로그래머 계산기

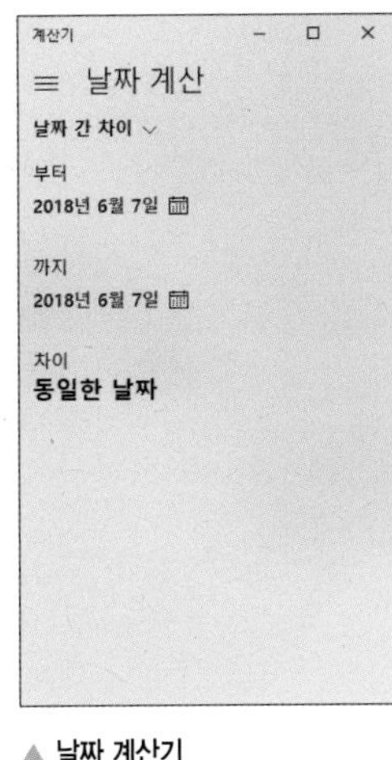

▲ 날짜 계산기

▲ 통화 환율 계산기

- **표준** : 사칙 연산을 비롯해 간단한 계산을 할 수 있습니다.
- **공학용** : 공학에서 사용하는 삼각 함수나 로그 함수 등 좀더 복잡한 계산을 할 수 있습니다.
- **프로그래머** : 16진수나 2진수 등 다양한 형태의 수를 이용해 계산할 수 있습니다.
- **날짜 계산** : 지정한 날짜 사이의 '년', '월', '일'의 차이를 계산할 수 있습니다. '부터'나 '까지'의 날짜를 선택하면 두 날짜 사이의 차이를 '년', '월', '일'로 계산하여 표시합니다.
- **통화 환율** : 두 나라의 통화 단위를 선택해서 통화를 변환합니다. 환율 정보 아래의 '환율 업데이트'를 클릭하면 환율 정보를 실시간으로 업데이트 할 수 있습니다.

잠 깐 만 요

변환기를 선택하면 이외의 부피, 길이, 무게 및 질량, 온도, 에너지, 영역, 속도, 전원, 데이터, 압력, 각도를 나라마다 다른 계량법이나 단위를 변환할 수 있습니다.

전문가의 조언 100일 후가 언제지? 추가 또는 뺀 날 계산하기

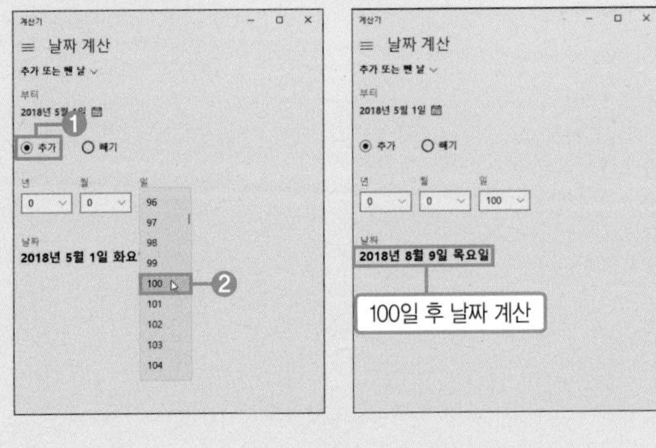

'날짜 계산'의 '추가 또는 뺀 날' 항목은 특정한 날짜에서부터 '100일 후', 또는 '1년 2개월 3일 후', '200일 전'처럼 지정한 날로부터 더한 날, 또는 뺀 날을 계산하는 것입니다. 더하거나 빼기 위한 기준이 되는 날은 📅를 클릭한 후 지정할 수 있고, 이후의 날을 계산하려면 '추가'를, 이전의 날을 계산하려면 '빼기'를 선택합니다.

예를 들어, 100일 후의 날짜를 계산하려면 기준이 되는 날짜를 지정한 후 [추가]를 선택하고 '일' 아래의 목록에서 '100'을 선택합니다. 그러면 계산기에서 날짜를 계산한 후 맨 아래 부분에 100일 후의 날짜가 표시됩니다.

여섯째 마당

나에게 꼭 맞는 시스템 만들기

윈도우 10의 기본 기능만 알아도 문서를 작성하고 인터넷을 둘러보는데 큰 문제가 없습니다. 하지만 음악을 듣기 위해 블루투스 스피커를 연결하거나 조금 더 많은 작업을 하기 위해 모니터 2개를 연결해 사용할 수도 있습니다. 만약 노트북을 사용하고 있다면 배터리를 아껴 쓰는 방법을 알아두면 유용하겠죠? 이번 마당에서는 윈도우 10을 사용하면서 알아두어야 할 시스템 정보들과 함께 유용한 활용법을 설명합니다. 참, 윈도우 업데이트 장은 꼭 익혀두시기 바랍니다.

Windows 10

15장 윈도우 10 업데이트

16장 컴퓨터 설정 관리하기

17장 사용자 계정 관리하기

15장

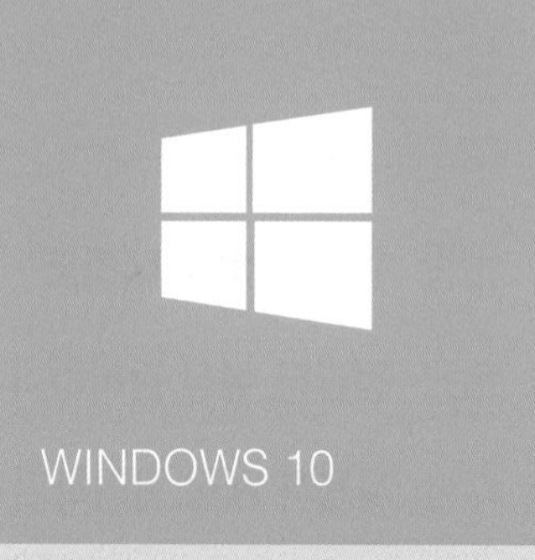

윈도우 10 업데이트

윈도우 10은 '윈도우'라는 운영체제의 마지막 버전으로 더 이상 윈도우 11이나 윈도우 12처럼 이름이 바뀌면서 업그레이드 되지는 않을 것입니다. 대신 앞으로는 윈도우 10을 사용하는 컴퓨터를 자동으로 업데이트하는 방식을 사용합니다. 특히 1년에 두 번, 봄과 가을에 새로운 기능을 추가하는 대규모 업데이트가 있는데 이 업데이트 역시 자동으로 이루어집니다. 윈도우 업데이트의 특징과 현재 사용 중인 윈도우의 버전을 확인하는 방법에 대해 알아보겠습니다.

주요 | Windows 10

윈도우 10 업데이트에 대해 알아보기

윈도우 10의 업데이트는 이전의 버전과 다르기 때문에 어렵게 느껴질 수 있습니다. 또, 느닷없이 윈도우 업데이트가 진행돼서 꽤 긴 시간 컴퓨터를 사용할 수 없기도 하고요. 윈도우 10의 업데이트가 그 이전 버전과 어떻게 다른지, 그리고 왜 이렇게 윈도우 10 업데이트가 이루어지는지 알아보겠습니다.

윈도우 10과 이전 버전의 차이

'윈도우10' 이전 버전의 윈도우는 '윈도우 XP'나 '윈도우 7'과 같이 각 버전을 출시한 후 기능을 추가하여 '서비스 팩'을 발표했습니다. 그리고 서비스 팩으로 업그레이드 하고 싶은 사람만 서비스 팩을 설치하면 되었죠. 사용자가 업그레이드 여부를 선택할 수 있었던 거죠. 보통 서비스 팩이 발표 되어도 바로 설치하는 것이 아니라 오류가 없어지고 안정적이라는 확신이 들면 그 때 설치하고는 했습니다. 그리고 나중에 사용자 환경이나 인터넷 환경 등이 바뀌어 새로운 버전이 필요하면 '윈도우 8'처럼 새 버전을 출시했습니다.

'윈도우 XP'에서 '윈도우7'로 넘어갈 때나 '윈도우 7'에서 '윈도우 8'로 넘어갈 때 컴퓨터 사용에도 큰 변화를 가져왔습니다. 그래서 윈도우를 업그레이드 하면서 컴퓨터를 새로 장만하기도 했었죠. 하지만 '윈도우 10'은 윈도우의 마지막 버전으로 더 이상 새로운 버전의 윈도우는 출시하지 않는다고 합니다. 필요한 기능이 있다면 기존 '윈도우 10'을 유지하면서 업그레이드하고, 필요할 때마다 수시로 윈도우가 자동 업데이트 됩니다.

잠깐만요 이 책은 2018년 봄에 출시된 'Windows 10 April 2018 Update'를 기준으로 하고 있습니다.

윈도우 10 업데이트

'업그레이드'와 '업데이트'의 차이는 무엇일까요? '업그레이드'는 새로운 기능을 추가하거나 외형이 바뀌는 형태의 설치를 말합니다. 이에 비해 '업데이트'는 사용하면서 생기는 자잘한 오류를 수정하거나 보안상의 문제를 해결하기 위한 설치를 말합니다.

윈도우 10은 1년에 2회, 봄과 가을에 정기적인 '업그레이드'를 실행합니다. 이때 새로운 기능이 추가되거나 '시작' 메뉴의 모습이 바뀌기도 합니다. 또 필요에 따라 수시로 윈도우 10이 '업데이트'되기도 하죠. 이렇게 '업그레이드'와 '업데이트'는 서로 다른 의미를 가지고 있지만 윈도우 10에서는 한꺼번에 '업데이트'로 부르고 있습니다.

잠깐만요 봄과 가을의 정기적인 '업그레이드'를 '기능 업데이트'라 부르기도 합니다.

이렇게 윈도우 10은 수시로 업데이트 되지만 봄과 가을에 좀더 큰 규모의 업데이트가 발표됩니다. 그리고 이 정기 업데이트는 윈도우 10 사용자에게 순차적으로 적용되기 때문에 발표된 후 약간의 시간이 걸릴 수 있습니다.

윈도우 버전 확인하기

[설정] - [시스템] - [정보]를 선택하면 '시스템 정보' 창이 표시됩니다. 'Windows 사양'을 보면 현재 사용 중인 윈도우 버전을 확인 할 수 있습니다. 그림과 같이 버전이 '1709'라고 된 것은 2017년 9월에 발표된 업데이트라는 뜻입니다. 매년 봄과 가을에 대규모 업데이트가 있는데 2017년 가을 업데이트인 것이죠.

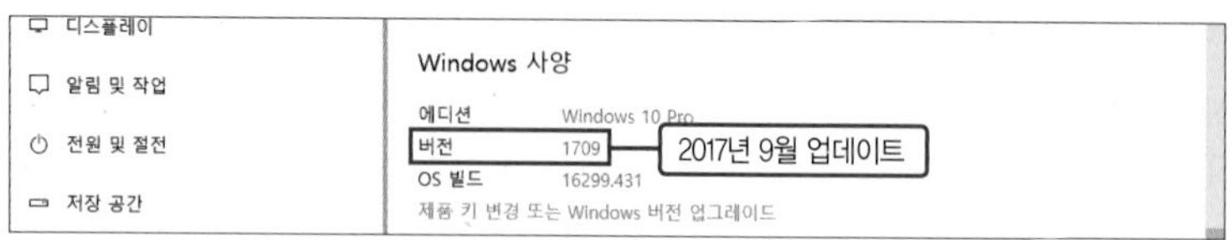

2018년 봄에 발표된 업데이트는 버전이 '1803'으로 2018년 3월 업데이트라는 뜻입니다.

잠깐만요

'1803' 버전은 실제로는 2018년 4월에 발표되었습니다.

윈도우 10 업데이트, 꼭 해야 하나요?

결론부터 말하자면 윈도우 10에서는 사용자가 업데이트를 여부를 선택할 수 없습니다. 중요한 작업 중이라면 업데이트 설치 시간을 조금 미룰 수는 있지만 업데이트 자체를 막을 수는 없습니다.

업데이트 내용에 따라 다르지만 어떤 경우에는 업데이트를 설치하는 시간이 수십 분씩 걸릴 수 있기 때문에 업데이트가 번거롭고 귀찮은 일이라고 생각할 수 있습니다. 하지만 업데이트 파일 안에는 보안 상 중요한 기능 업데이트도 포함되어 있기 때문에 내 컴퓨터를 안전하게 유지하려면 윈도우 업데이트는 필수입니다.

전문가의 조언

내 컴퓨터 사양 확인하기

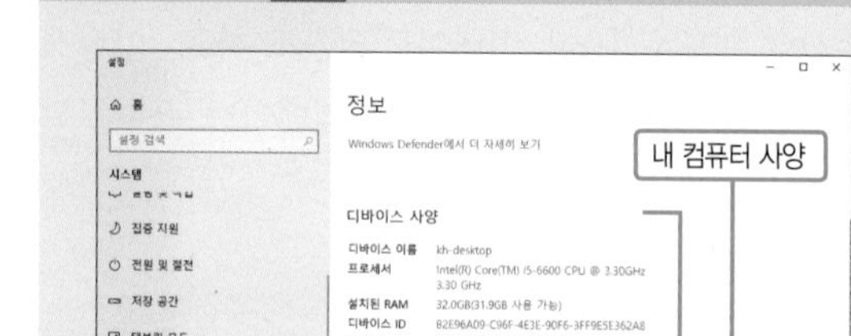

컴퓨터 사양이란 CPU와 RAM, 그래픽 카드 등 하드웨어로서의 컴퓨터를 구성하는 기본 요소입니다. 현재 사용하고 있는 컴퓨터의 사양을 아직 모르고 있다면 컴퓨터 사양을 확인하고 기억해 두는 것이 좋습니다. 내 컴퓨터의 사양을 확인하려면 [설정] - [시스템]을 선택한 뒤, '설정' 창이 나타나면 왼쪽 맨 아래에 있는 [정보]를 클릭합니다. '정보'란에는 시스템의 보안 상태가 표시되고, 이어서 '디바이스 사양'에는 현재 컴퓨터의 프로세서와 램 등 간략한 내 컴퓨터의 사양을 확인할 수 있습니다.

무따기

Windows 10

02 업데이트 기록 확인하기

윈도우 10의 업데이트가 있을 경우 자동으로 업데이트 파일이 다운로드되고 사용자가 알지 못하는 사이에 업데이트 파일을 설치합니다. 그래서 어떤 업데이트가 되었는지 알지 못하죠. 내 컴퓨터에 어떤 업데이트가 설치되어 있는지 확인해 보겠습니다.

기록 보기

01 '설정' 창에서 [업데이트 및 보안] – [Windows 업데이트]를 선택하고 [업데이트 기록 보기]를 클릭합니다.

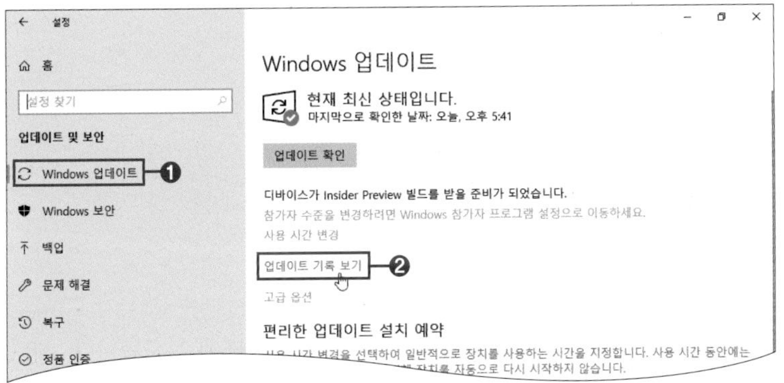

잠깐만요

[업데이트 확인]을 클릭하면 최근 업데이트 파일이 있을 경우 표시합니다.

02 지금까지 설치된 업데이트들이 표시됩니다.

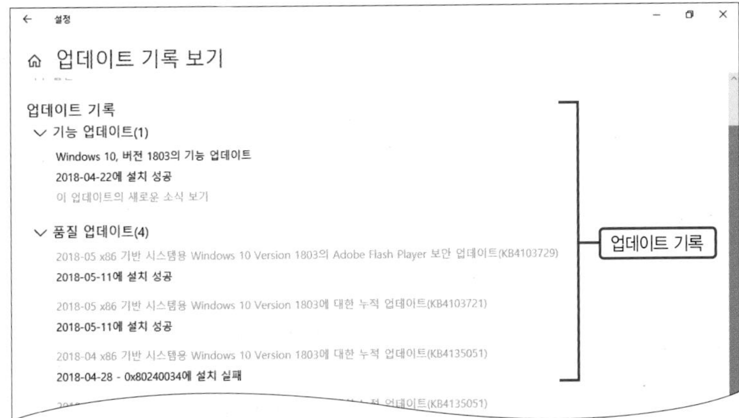

- **기능 업데이트** : 기능이 추가되거나 변경된 업데이트. 주로 봄과 가을에 발표되는 업데이트입니다.
- **품질 업데이트** : 윈도우나 앱들의 실행 오류나 충돌 등의 품질을 개선하기 위한 업데이트입니다.
- **정의 업데이트** : 윈도우 백신 프로그램인 윈도우 디펜더용 업데이트에 새로 등장하는 악성 소프트웨어 정보들을 추가하기 위한 업데이트입니다.
- **기타 업데이트** : 위의 범주에 포함되지 않는 기타 업데이트입니다.

업데이트 제거하기

윈도우 10 업데이트는 사용자가 제어할 수 없지만 설치된 업데이트 때문에 시스템에 오류가 생기거나 앱에서 충돌이 발생하면 설치된 업데이트를 제거할 수 있습니다.

01 업데이트 기록 화면 맨 위에 있는 [업데이트 제거]를 클릭합니다.

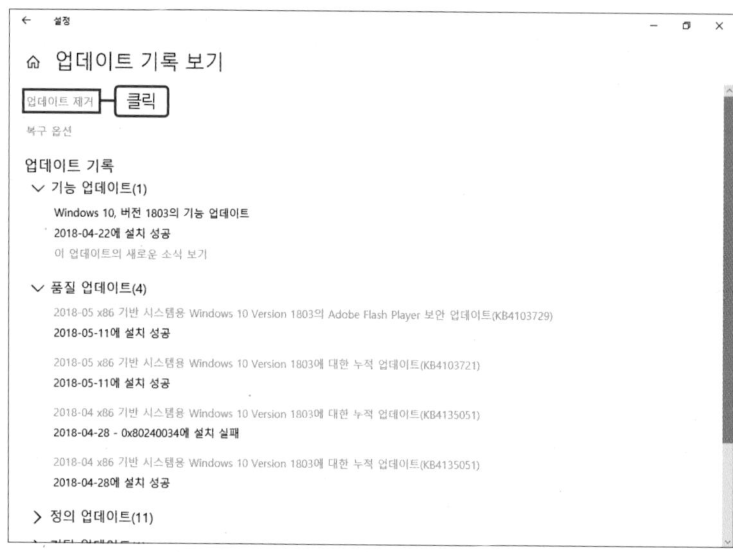

02 모든 업데이트를 제거할 수 있는 것은 아니기 때문에 제거 가능한 업데이트만 화면에 표시됩니다. 제거할 업데이트 항목을 선택하면 목록 위에 [제거] 단추가 생깁니다. [제거] 단추를 클릭해 해당 항목을 제거합니다.

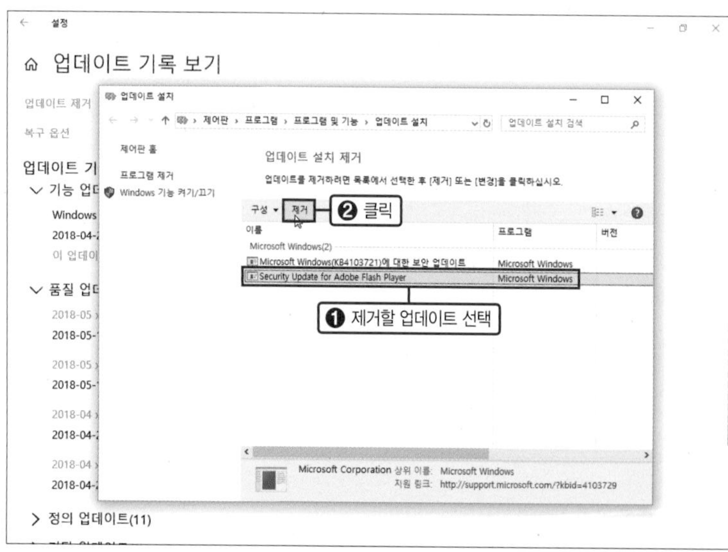

무따기 Windows 10

103 윈도우 10 업데이트 일시 중지하기

윈도우 10 업데이트는 사용자가 임의로 선택할 수는 없지만 최대 일주일 동안 업데이트를 미룰 수는 있습니다. 컴퓨터를 사용하는 도중 업데이트로 인해 시스템이 재시작되거나 오류가 발생하면 안되는 중요한 경우에는 일시적으로 윈도우 업데이트를 미룰 수 있습니다.

01 '설정' 창에서 [업데이트 및 보안] – [Windows 업데이트]를 선택하고 [고급 옵션]을 클릭합니다.

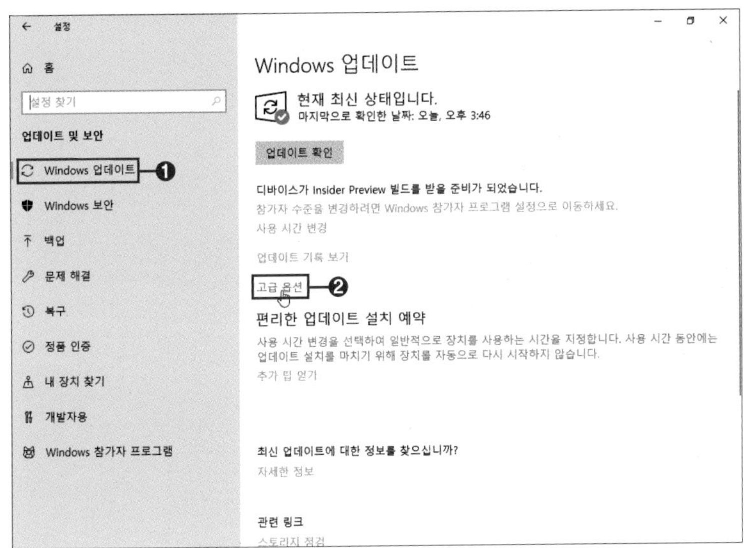

02 '업데이트 일시 중지' 항목의 [끔] 단추(●)를 클릭해 [켬](●)로 바꿉니다. 업데이트는 최대 7일 동안 중지할 수 있습니다.

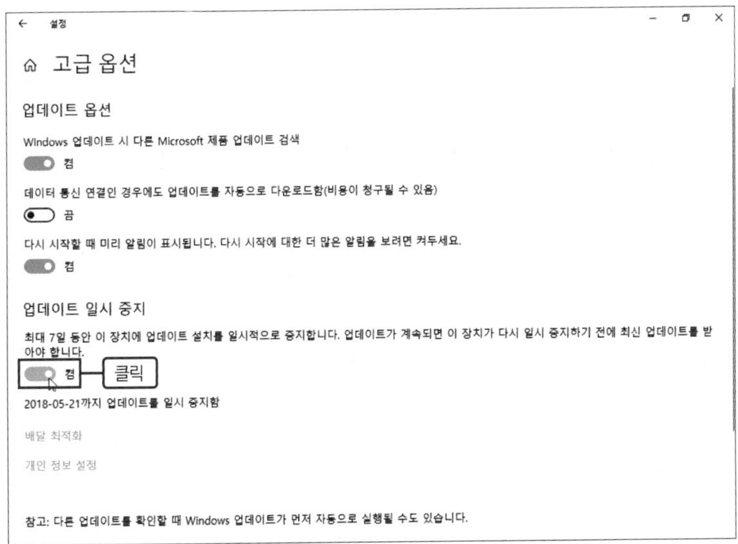

무따기 Windows 10

04 업데이트 파일 설치 예약하기

윈도우 업데이트 파일은 컴퓨터를 사용하는 동안 백그라운드에서 다운로드 됩니다. 그래서 업데이트 파일이 다운로드 되는 줄도 모르고 있다가 갑자기 윈도우 업데이트가 설치되는 바람에 컴퓨터를 사용하지 못한 경험이 있을 것입니다. 하지만 컴퓨터 사용 시간을 정해 놓으면 사용 시간을 피해 업데이트 파일이 설치됩니다.

01 '설정' 창에서 [업데이트 및 보안] – [Windows 업데이트]를 선택하고 [사용 시간 변경]을 클릭합니다.

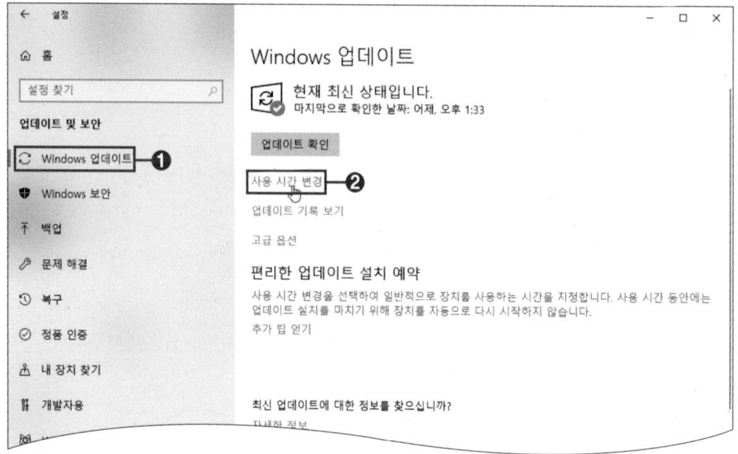

02 컴퓨터 사용의 '시작 시간'과 '종료 시간'을 지정할 수 있습니다. 원하는 시간을 선택하고 목록 아래의 체크 표시(✓)를 클릭합니다.

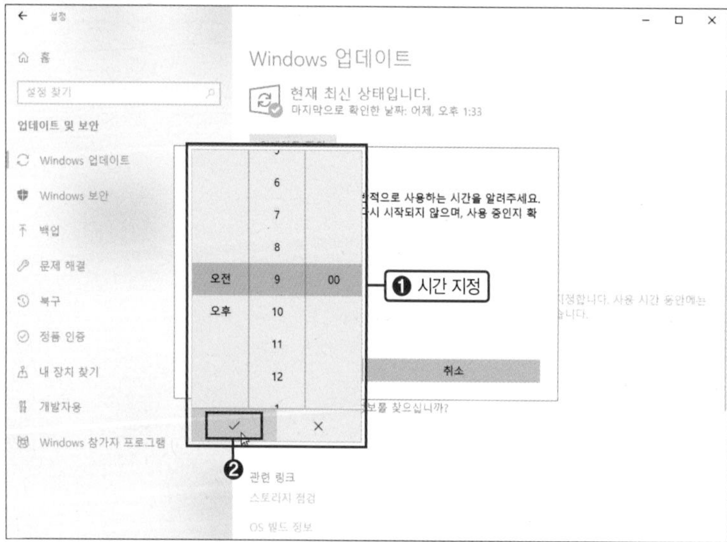

03 '시작 시간'과 '종료 시간'을 모두 정했으면 [저장]을 클릭합니다. 이렇게 사용 시간을 지정하면 지정한 사용 시간 외의 시간에 윈도우 업데이트 파일이 설치됩니다.

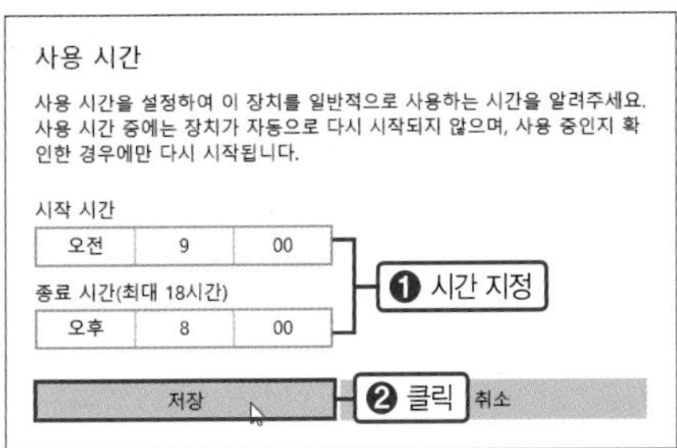

전문가의 조언 조금 더 빨리 윈도우 업데이트를 사용하려면?

마이크로소프트에서 운영하는 'Windows 참가자 프로그램'에 가입하면 윈도우 업데이트와 관련된 '인사이더 프리뷰(insider preview)' 버전을 사용해 볼 수 있습니다. '인사이더 프리뷰' 버전이란 아직 완성된 프로그램이 아니기 때문에 자잘한 오류에서부터 간혹 시스템에 심각한 손상을 끼칠 수도 있습니다. 그래서 프리뷰 버전은 주 작업 컴퓨터가 아닌 컴퓨터에서 사용하는 것을 권장합니다. 윈도우 10에 어떤 기능들이 업데이트 되는지 궁금하다면 'Windows 참가자 프로그램'에 가입해 다른 사용자 보다 빠르게 업데이트를 사용해 볼 수 있습니다.

'Windows 참가자 프로그램'에 참가하려면 우선 'https://insider.windows.com/ko-kr'에서 '인사이드 프리뷰' 참가자로 등록합니다. '인사이더 프리뷰' 가입 후, [설정] - [업데이트 및 보안] - [Windows 참가자 프로그램]을 선택한 뒤 'Insider Preview 빌드 받기' 항목의 [시작] 단추를 클릭합니다.

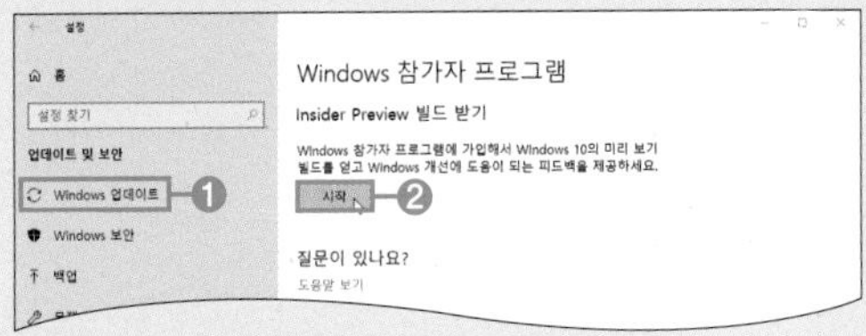

'Windows 참가자 프로그램'에 등록한 메일 계정을 입력한 후 어떤 것을 다운로드할지, 어떤 시기에 할지를 선택하면 됩니다.

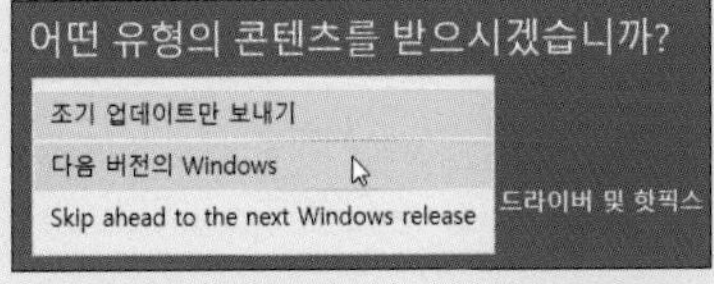

- **조기 업데이트만 보내기** : 자잘한 오류를 해결한 핫픽스나 드라이버 업데이트를 받습니다.
- **다음 버전의 Windows** : 윈도우와 관련된 새로운 업데이트를 받습니다.
- **Skip ahead to the next Widnwos release** : 안정된 윈도우 버전이 나올 때까지 건너뜁니다.

- **초기** : 버그가 있고 시스템에 영향을 줄 수도 있습니다.
- **이후** : 초기 버전에 비해 조금 더 안정되고 시스템 영향도 적습니다.

16장

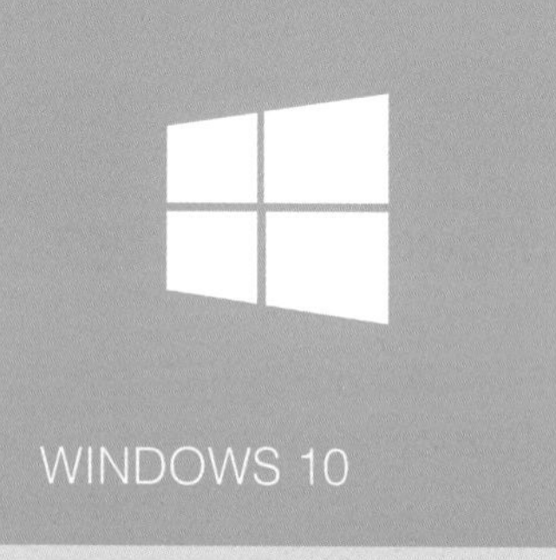

컴퓨터 설정 관리하기

윈도우 10을 설치한 뒤, 기본 설정되어 있는 환경에서도 컴퓨터를 편리하게 사용할 수 있습니다. 하지만 각종 하드웨어를 새로 연결하거나 시스템을 더 안정적으로 사용하기 위해 윈도우 10의 다양한 설정을 확인하거나 변경해야 할 일이 생깁니다. 이번 장에서는 윈도우 10을 더욱 편리하게 사용하기 위해 각종 설정을 변경하고 확인하는 방법에 대해 살펴보겠습니다.

주요 Windows 10

05 블루투스 장치 추가하기

'블루투스(Bluetooth)'란, 가까운 거리에서 휴대폰이나 각종 주변 장치 등을 무선으로 연결하기 위한 기술 규격을 말합니다. 요즘 무선으로 동작하는 마우스나 키보드, 스피커 등 블루투스를 채택하는 컴퓨터 주변 장치가 많아지고 있죠. 윈도우 10에서 블루투스 장치를 사용하는 방법에 대해서 알아보겠습니다.

블루투스 켜기

블루투스 장치를 사용하려면 우선 윈도우10의 블루투스 기능이 켜져 있는지 확인해야 합니다. 작업 표시줄에서 [알림 센터] 아이콘( )을 클릭한 후 [Bluetooth]가 파란색으로 활성화되어 있는지 확인하고 활성화되어 있지 않으면 [Bluetooth]를 클릭하여 활성화시킵니다.

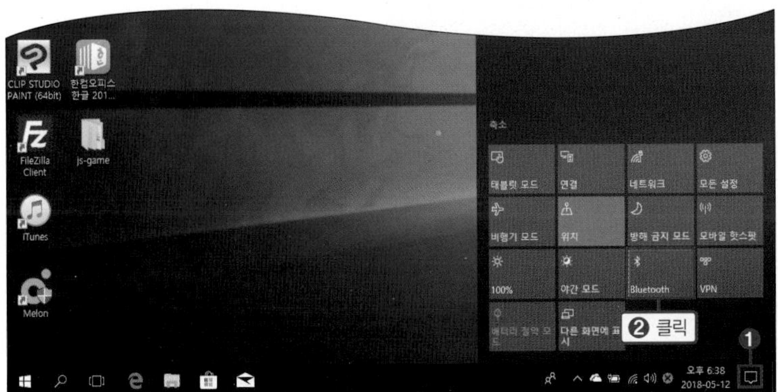

잠깐만요

'알림 센터'에 블루투스 아이콘 표시하려면 62쪽을 참고하세요.

블루투스 오디오 장치나 비디오 장치 연결

블루투스를 사용하는 오디오/비디오 장치는 다른 무선 장치나 블루투스 장치보다 쉽게 추가할 수 있습니다. 블루투스 장치의 전원을 켜고 작업 표시줄에서 [알림 센터] 아이콘( )을 클릭한 후 [연결]을 선택합니다.

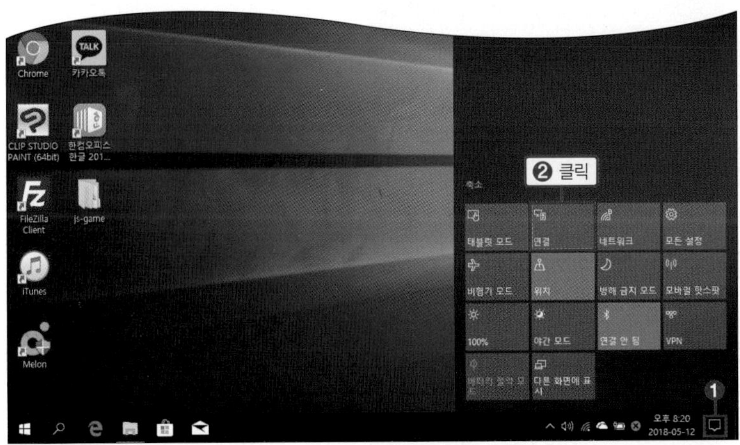

자동으로 주변 장치를 검색한 후 연결할 수 있는 장치가 표시되면 해당 장치를 클릭합니다. 블루투스 장치가 연결되면 장치 이름 아래에 '연결됨'이라고 표시됩니다.

일반적인 블루투스 장치 추가하기

알림 센터의 '연결' 기능을 사용해서 쉽게 블루투스 장치를 추가할 수 있지만, 이런 방법으로 연결할 수 없는 장치는 '설정' 창에서 연결해야 합니다. 블루투스 장치를 컴퓨터와 처음 연결하는 것을 '페어링(pairing)'이라고 하는데 일단 한번만 페어링해 두면 다음부터는 블루투스 장치를 켜면 윈도우에서 자동으로 연결합니다.

잠깐만요 일부 블루투스 장치는 페어링 방법이 조금 다를 수 있으니 블루투스 장치의 매뉴얼을 참고하세요.

블루투스 장치의 전원을 켜고 작업 표시줄의 오른쪽 끝에 있는 '블루투스' 아이콘( )을 클릭한 후 [Bluetooth 장치 추가]를 선택합니다.

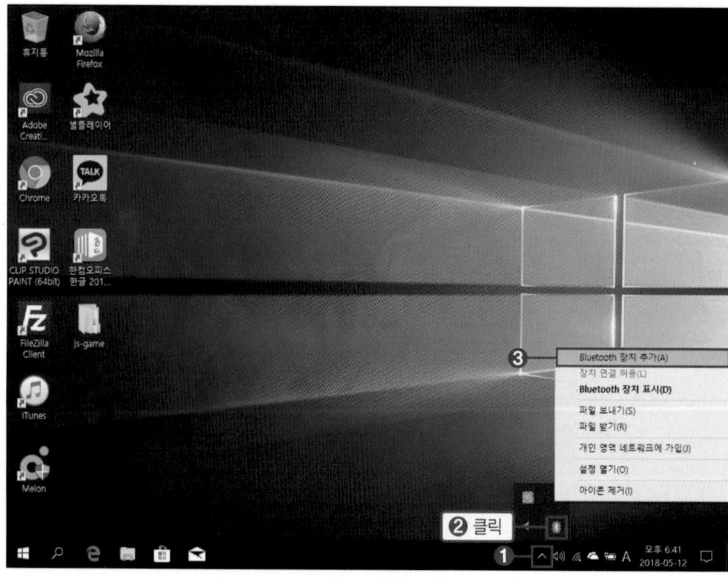

'장치' 설정 창에서 [Bluetooth 및 기타 디바이스 추가]를 클릭합니다.

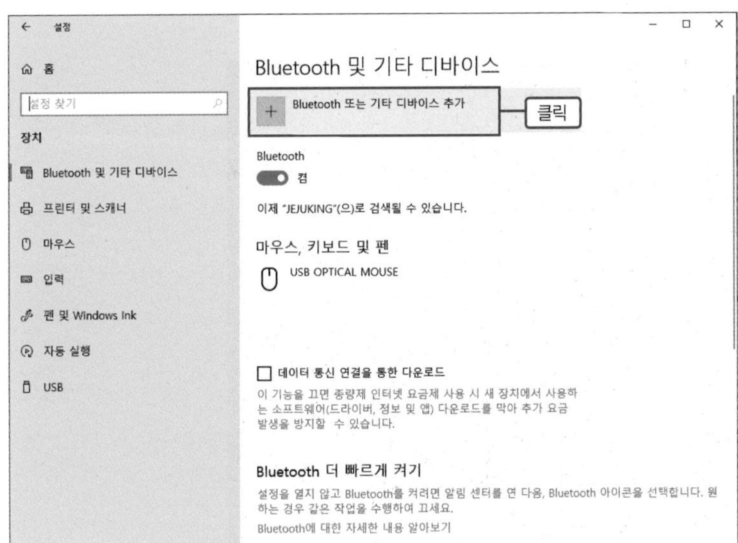

여러 유형의 장치를 추가할 수 있는데 그 중에서 [Bluetooth]를 클릭합니다.

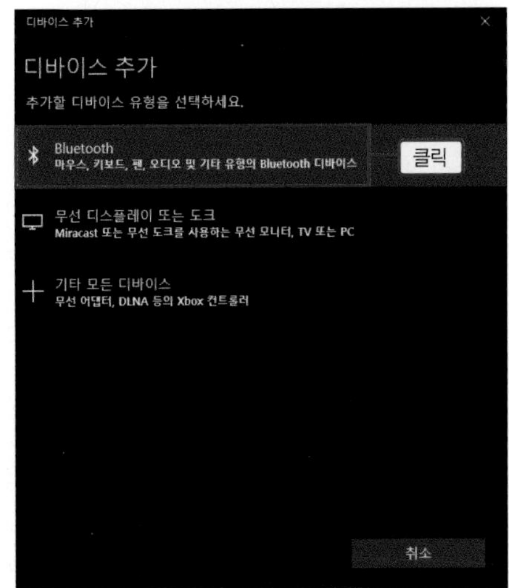

자동으로 주변의 블루투스 장치를 찾아서 표시합니다. 연결하려는 블루투스 장치 이름을 클릭한 뒤, 연결이 끝나고 사용할 준비가 끝나면 [완료]를 클릭합니다.

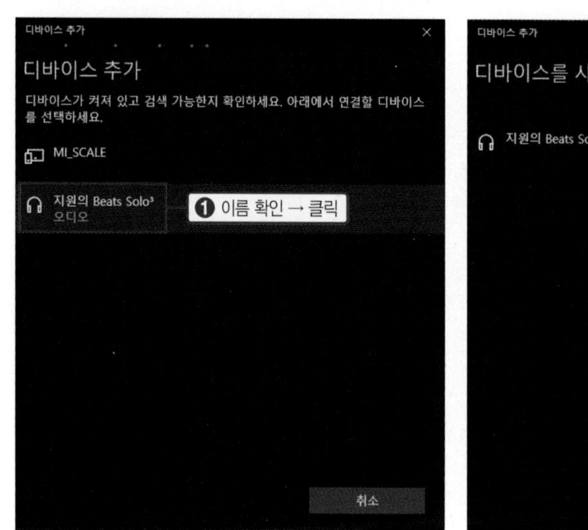

블루투스 장치가 연결되면서 사용할 수 있는 상태가 됩니다. '장치' 설정 창에서 연결된 블루투스 장치가 표시됩니다.

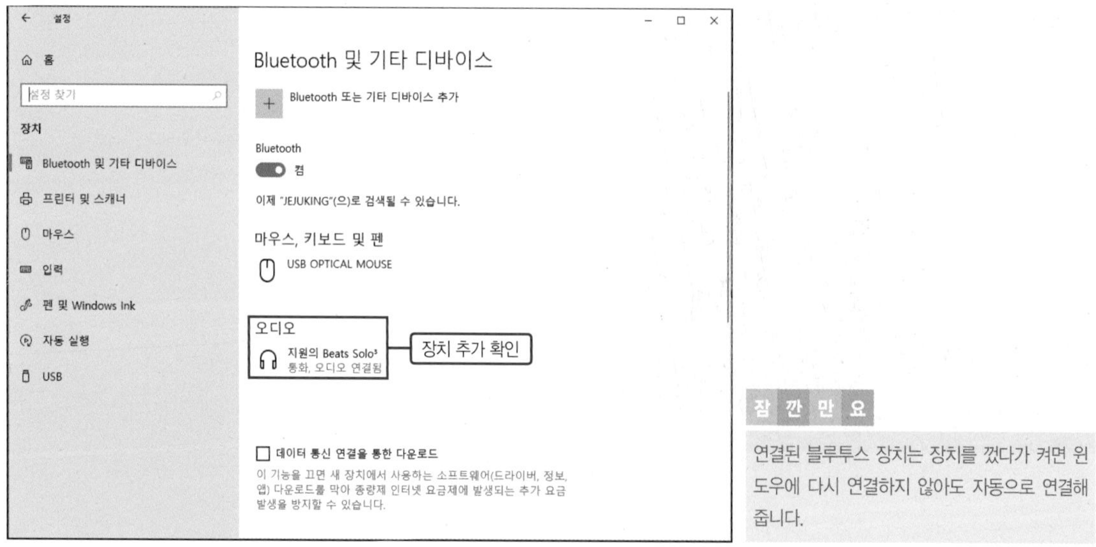

잠깐만요

연결된 블루투스 장치는 장치를 껐다가 켜면 윈도우에 다시 연결하지 않아도 자동으로 연결해 줍니다.

전문가의 조언

프린터 추가하기

윈도우에는 '플러그 앤 플레이(plug & play)' 기능이 있어서 USB 포트를 이용하는 프린터라면 윈도우에서 자동으로 인식하기 때문에 별도의 설정 없이 프린터를 추가할 수 있습니다. 프린터를 컴퓨터에 연결했는데 윈도우에서 자동 인식하지 않는다면, '장치' 설정 창의 왼쪽 목록에서 [프린터 및 스캐너]를 선택하고 오른쪽 목록에서 [프린터 또는 스캐너 추가]를 선택합니다. 윈도우가 프린터를 발견하면 자동으로 프린터가 추가되면서 프린터 목록에 표시됩니다.

무따기 Windows 10

06 화면 해상도 바꾸기

윈도우 10에서는 연결된 모니터를 인식한 후, 모니터 크기에 맞는 해상도로 자동 설정합니다. 자동으로 설정 된 해상도가 보기 불편하다거나 원하는 해상도가 있다면 해상도를 바꿀 수도 있습니다.

01 [설정] – [시스템]을 선택한 후 왼쪽 목록에서 [디스플레이]를 선택합니다. 오른쪽 목록의 '해상도' 항목에는 현재 모니터에 가장 적합한 해상도가 '(권장)'이라는 표시와 함께 지정되어 있습니다. 해상도를 바꾸려면 [해상도] 목록을 펼친 후 원하는 해상도를 선택합니다.

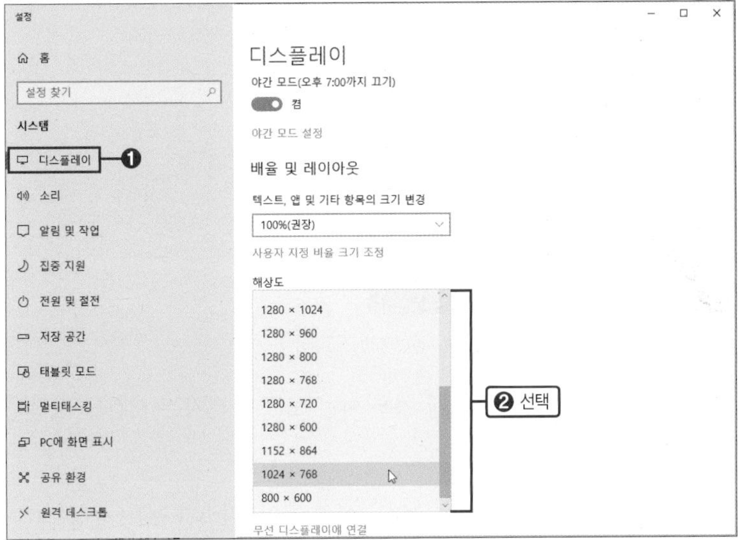

02 선택한 해상도에 맞춰 화면이 변경되고 '이 디스플레이 설정을 유지하시겠습니까?'라는 메시지 창이 나타납니다. 선택한 해상도가 적절하면 [변경한 설정 유지]를 클릭하고 다른 해상도를 선택하려면 [되돌리기]를 클릭하여 다시 해상도를 변경합니다.

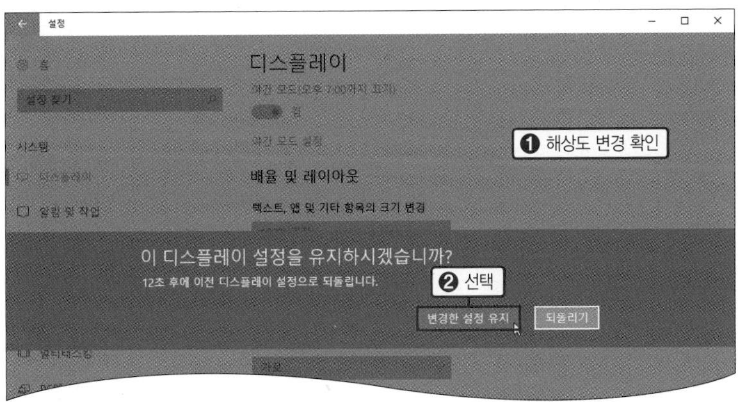

주요

Windows 10

07 눈을 보호해 주는 야간 모드 사용하기

컴퓨터나 스마트폰의 화면에서는 '청색광(블루라이트)'이 방출되는데, 이 청색광에 오래 노출되면 눈의 피로가 심해지고 밤 늦게까지 화면을 들여다 보면 쉽게 잠을 이룰 수 없다고 합니다. 하지만 윈도우 10의 '야간 모드'를 사용하면 청색광을 조금이라도 줄일 수 있습니다.

작업 표시줄에서 [알림 센터] 아이콘을 클릭한 후 [야간 모드]를 클릭하면 야간 모드가 켜지면서 화면이 약간 어두워집니다. 그만큼 눈의 피로도는 낮아지죠.

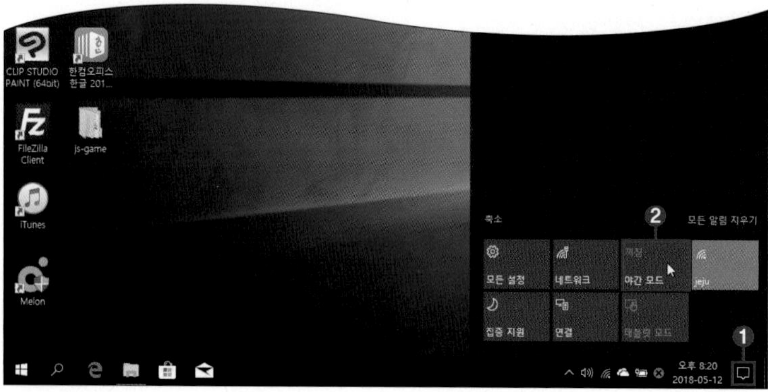

야간 모드는 기본적으로 해가 지는 시간에 맞춰 바뀌는데, 필요할 경우 야간 모드가 켜지는 시간을 지정할 수도 있습니다.

[설정] - [시스템] - [디스플레이]를 차례로 선택한 후, '야간 모드' 항목 아래에 있는 [야간 모드 설정]을 클릭합니다. 그리고 '시간 설정' 항목에 있는 [켜기] 시간과 [끄기] 시간을 지정하면 됩니다.

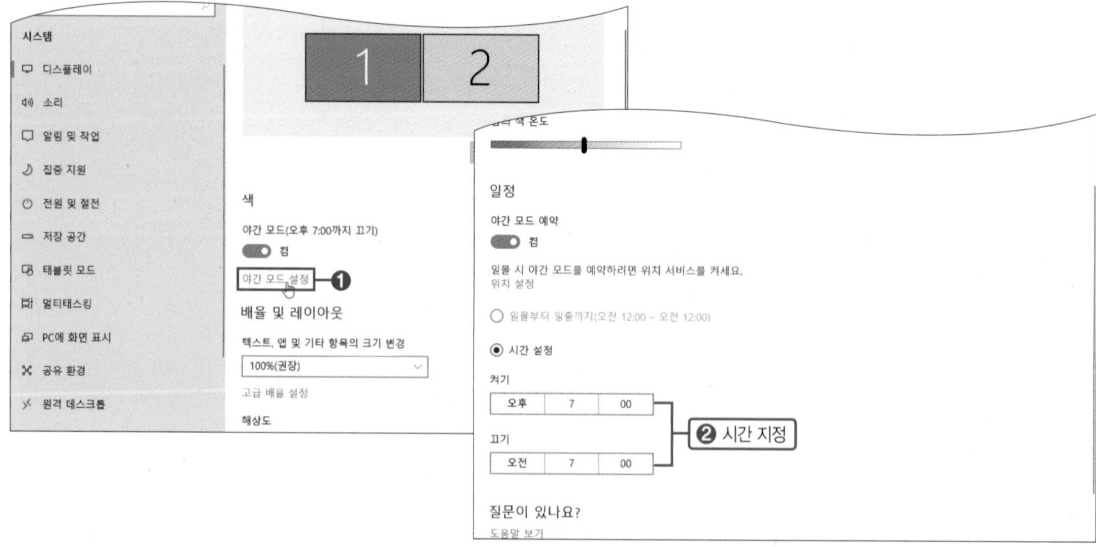

주요

Windows 10

08 듀얼 모니터 사용하기

여분의 모니터가 있다면 두 대의 모니터를 연결해 하나의 화면처럼 넓게 사용할 수 있습니다. 두 대의 모니터를 하나로 연결해 사용하는 것을 '듀얼 모니터(dual monitor)'라고 합니다. 한번에 많은 작업을 동시에 하거나 두 개의 문서를 비교해서 볼 때, 듀얼 모니터를 사용하면 편리합니다.

그래픽 카드 확인하기

듀얼 모니터를 구성하기 전에 가장 먼저 내 컴퓨터의 그래픽 카드가 두 개의 모니터로 화면을 전송할 수 있는지, 즉 듀얼 모니터를 지원하는지 확인해야 합니다. 작업 표시줄에 있는 [시작] 단추를 마우스 오른쪽 단추를 클릭하고 [장치 관리자]를 선택합니다.

'장치 관리자' 창의 장치 목록에서 [디스플레이 어댑터]를 선택하면 현재 사용하고 있는 그래픽 카드가 표시됩니다. 'Intel HD Graphics'로 시작하는 디스플레이 어댑터라면 컴퓨터 메인 보드에 그래픽이 포함되어 있는 내장 그래픽 카드입니다. 보통 2대를 연결해 사용할 수 있고, 최대 3대까지 연결할 수도 있습니다. 내장 그래픽 카드는 메인 보드 매뉴얼을 꼼꼼히 뒤져야 하기 때문에 검색 사이트에 'Intel HD Graphics ### 듀얼 모니터'로 검색하는 것이 쉽습니다.

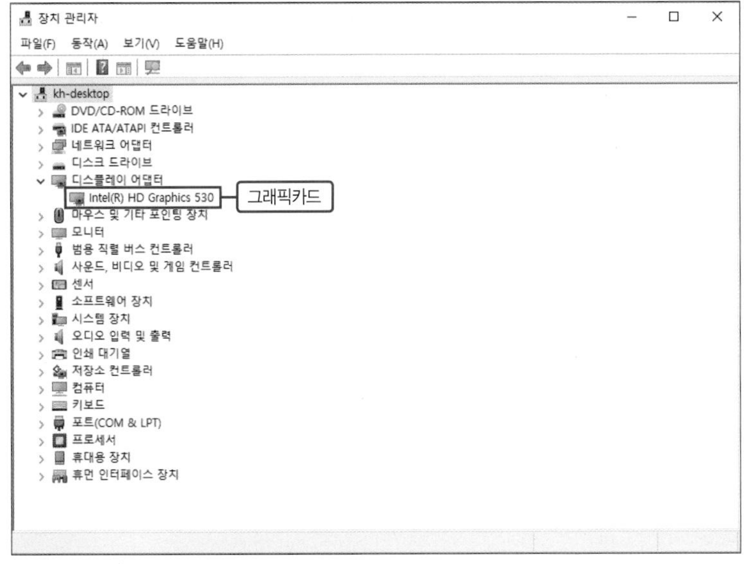

잠깐만요

Geforce나 NVIDA, Radeon 등 외장 그래픽 카드를 사용하고 있다면 그래픽 카드 제조업체의 사이트를 검색해 그래픽 카드가 듀얼 모니터를 지원하는지 확인하고 사용합니다.

복제할지, 확장할지 결정하기

컴퓨터가 꺼져 있는 상태에서 두 번째 모니터를 연결합니다. [설정] - [시스템]을 선택한 후 창의 왼쪽 목록에서 [디스플레이]를 선택하면 두 개의 모니터 화면 그림이 표시됩니다. '1'이라고 표시된 모니터가 '주 모니터'이고 '2'라고 표시된 모니터는 자동으로 '부 모니터'가 됩니다. 모니터 화면 그림 아래에 있는 [식별] 단추를 클릭하면 모니터 화면 그림에 숫자 1과 2가 크게 표시되어 '주 모니터'와 '부 모니터'를 구별할 수 있습니다.

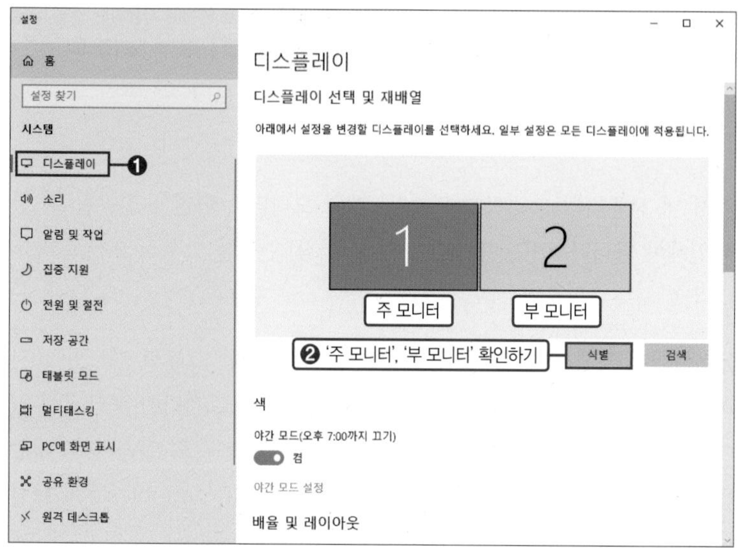

모니터 그림 아래에서 [여러 디스플레이] 항목을 클릭하면 두 개의 모니터를 어떤 방법으로 사용할지 선택할 수 있습니다.

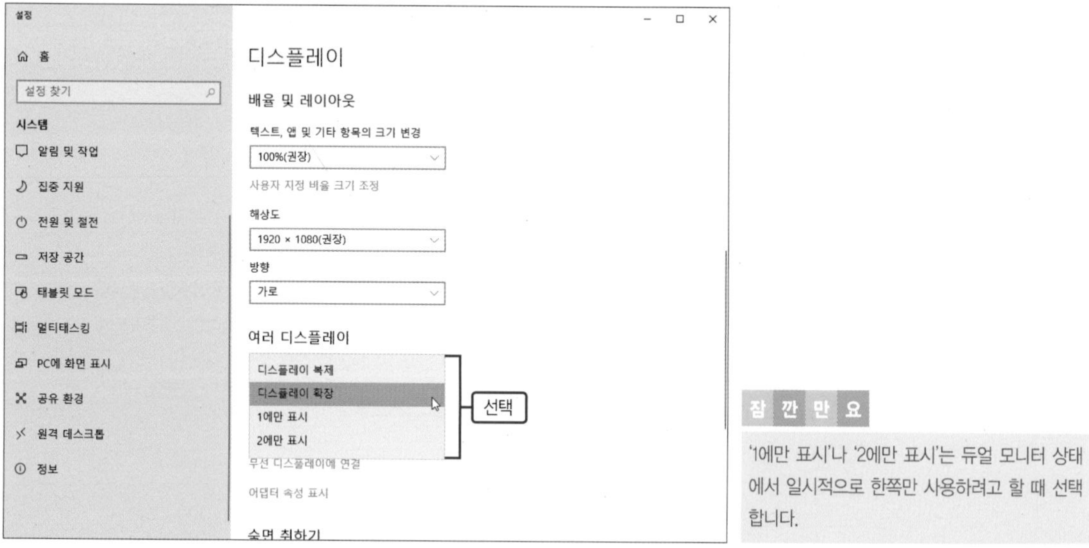

잠깐만요

'1에만 표시'나 '2에만 표시'는 듀얼 모니터 상태에서 일시적으로 한쪽만 사용하려고 할 때 선택합니다.

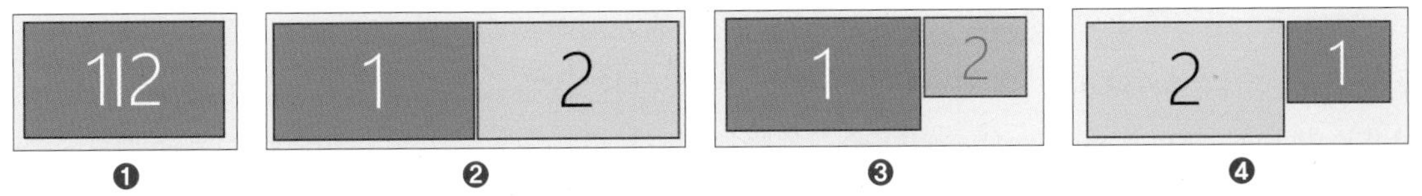

❶ **디스플레이 복제** : 두 개의 모니터에 같은 내용을 표시할 때 선택합니다. 교육용으로 큰 모니터를 연결해서 첫 번째 모니터는 교육자가, 두 번째 모니터는 교육생에게 보여주려고 할 때 양쪽의 모니터에 같은 내용이 표시되어 이 옵션이 적합합니다. '디스플레이 복제'를 선택하면 화면에 '1'과 '2'라는 숫자가 하나의 모니터에 표시됩니다.

❷ **디스플레이 확장** : 두 개의 모니터를 마치 하나의 모니터처럼 넓게 사용할 때 선택합니다. 한 대의 모니터에는 인터넷 창을, 또 다른 모니터에는 문서 작업을 하는 등 동시에 많은 작업을 할 편리합니다. 듀얼 모니터를 사용할 경우 주로 이 옵션을 사용합니다. '디스플레이 확장'을 선택하면 화면에 '1'과 '2'라는 숫자를 가진 두 개의 모니터가 모두 표시됩니다.

❸ **1에만 표시** : 두 대의 모니터 중 '주 모니터'에만 내용이 표시됩니다.

❹ **2에만 표시** : 두 대의 모니터 중 '부 모니터'에만 내용이 표시됩니다.

듀얼 모니터 사용하기

'디스플레이 확장'을 설정하면 두 개의 모니터를 묶어 하나의 모니터처럼 양쪽 모니터에 서로 다른 내용을 표시할 수 있습니다. '주 모니터'의 바탕 화면에는 바로 가기 아이콘과 작업 표시줄이 표시되지만, '부 모니터'의 바탕 화면은 비어 있고 작업 표시줄에도 알림 영역이 표시되지 않습니다.

▲ 주 모니터

▲ 부 모니터

듀얼 모니터의 구성에서 왼쪽은 '주 모니터'로, 오른쪽은 '부 모니터'로 인식합니다. 오른손잡이가 많기 때문에 실제 모니터를 배치할 때도 주 모니터는 왼쪽에, 부 모니터는 오른쪽에 두어야 자연스럽게 사용할 수 있습니다. 물론 '주 모니터'에 있는 앱 창을 드래그해서 '부 모니터'로 옮길 수도 있고 반대로 이동할 수도 있습니다.

노트북 배터리 절약 모드 설정하기

노트북이나 태블릿 사용자에게 배터리 관리는 매우 중요합니다. 외부 전원을 연결할 수 없는 상황에서 남은 배터리의 잔량이 얼마인지, 몇 분이나 사용할 수 있는지를 반드시 확인해야 합니다. 이번에 다루는 내용은 외부 전원이 없는 상황에서 노트북을 사용할 때 유용한 기능입니다.

배터리의 잔량 확인하기

작업 표시줄의 오른쪽에 있는 [배터리] 아이콘( )을 클릭하면 현재 남은 배터리의 양과 사용 가능한 시간이 표시됩니다.

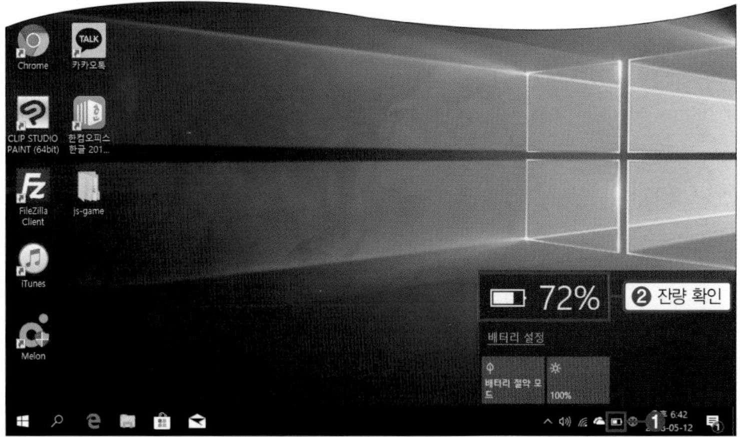

외부 전원이 연결되었으면 [배터리] 아이콘이 에서 로 바뀌어 표시되고 [배터리] 아이콘을 클릭하면 충전된 배터리의 양과 함께 완전히 충전될 때까지의 시간이 표시됩니다.

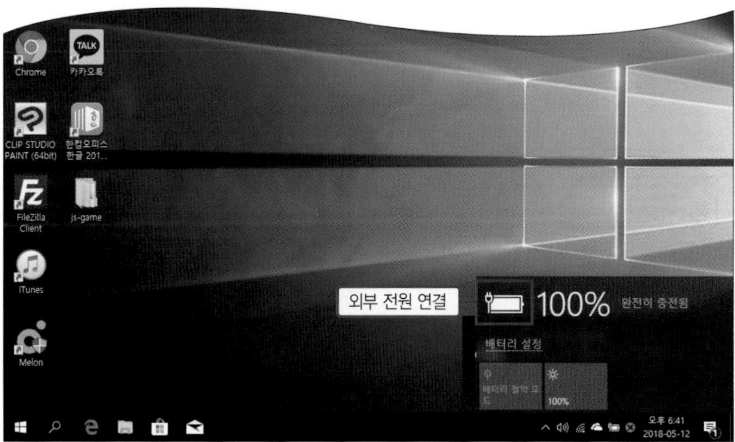

배터리 절약 모드로 전환하기

배터리의 양이 얼마 남지 않은 상태에서 조금이라도 배터리를 아껴서 사용하려면 '배터리 절약 모드'로 전환해야 합니다. 배터리 절약 모드에서는 화면이 조금 어두워지고, 백그라운드에서 실행 중인 앱의 실행이 중지되며, 푸시 알림도 받지 않습니다. 배터리가 20% 미만이면 자동으로 배터리 절약 모드로 바뀌지만 그 전에 직접 전환할 수도 있습니다.

배터리 절약 모드로 전환하려면 작업 표시줄에서 [배터리] 아이콘( )을 클릭하고 [배터리 절약 모드]를 선택합니다.

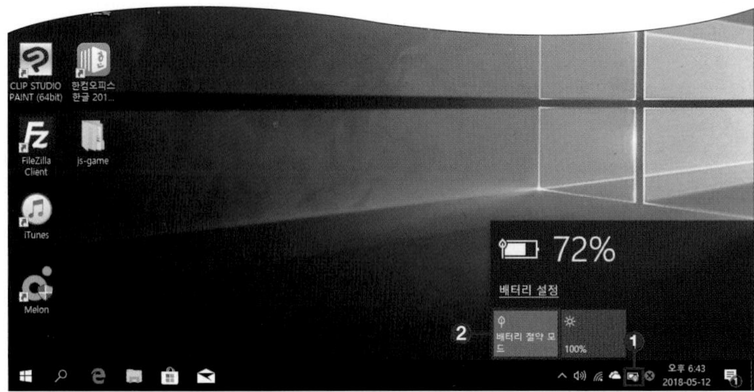

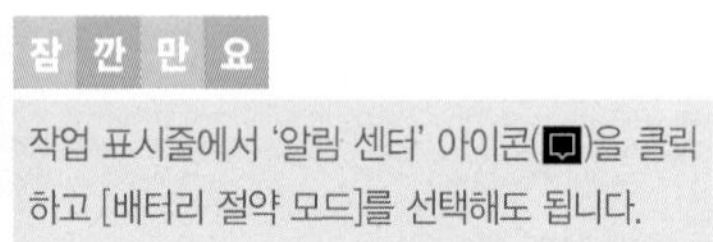
잠깐만요

작업 표시줄에서 '알림 센터' 아이콘( )을 클릭하고 [배터리 절약 모드]를 선택해도 됩니다.

자동 배터리 절약 모드 설정하기

배터리의 잔량이 20% 미만이면 자동으로 '배터리 절약 모드'로 설정됩니다. 하지만 '시스템' 설정 창의 왼쪽 목록에서 [배터리]를 선택하면 '배터리 절약 모드'로 자동 설정되는 배터리의 잔량을 사용자가 직접 지정할 수 있습니다.

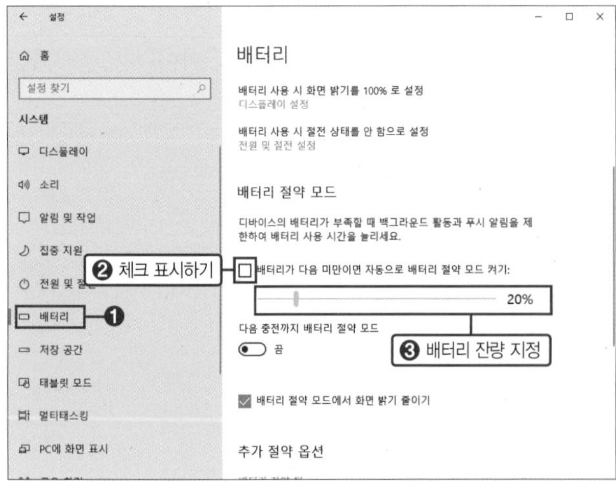

[배터리가 다음 미만이면 자동으로 배터리 절약 모드 켜기] 항목에 체크한 후 아래의 슬라이드 막대를 움직여 원하는 배터리 잔량을 지정합니다. 이제부터는 지정한 배터리 잔량 이하가 되면 자동으로 '배터리 절약 모드'가 실행됩니다.

주요 Windows 10

배터리 전원 알뜰하게 사용하기

노트북이나 태블릿을 사용할 경우 배터리 잔량과 사용 가능 시간이 항상 신경 쓰이죠? 같은 배터리라고 해도 사용자의 배터리 관리 능력에 따라 배터리의 사용 시간은 크게 달라집니다. 이번에는 배터리 전원을 효율적으로 관리하는 방법을 알아보겠습니다.

[설정] – [시스템]의 [전원 및 절전]을 선택하면 배터리를 효율적으로 관리할 수 있습니다.

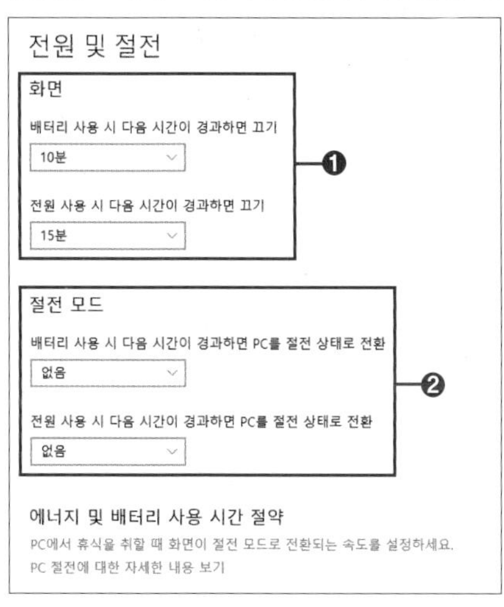

❶ **화면** : 지정한 시간 동안 사용자 동작이 없으면 화면이 꺼지고 시간이 더 지난 후에는 시스템이 '절전 모드'로 변경됩니다. 배터리만 사용하는 경우와 외부 전원을 사용하는 경우를 나눠 화면 지속 시간을 지정할 수 있습니다.

❷ **절전 모드** : '절전 모드'란, 컴퓨터의 전원을 완전히 끄는 것이 아니라 사용자가 작업하던 환경을 메모리에 임시로 저장하고 최소한의 전력만 사용하면서 대기하는 것입니다. 절전 모드 상태에서 마우스를 움직이거나 키보드의 아무 키나 누르면 즉시 원래의 작업 환경으로 되돌아옵니다.

절전 모드 설정하기

대부분 노트북은 전원 단추를 누르거나 덮개를 덮으면 절전 모드로 전환됩니다. 그리고 다시 전원 단추를 누르거나 덮개를 열었을 때 시스템을 처음부터 시작하지 않고 바로 이전 작업 환경으로 즉시 돌아갈 수 있습니다. 이런 설정이 없는 노트북이나 데스크톱 컴퓨터에서도 절전 모드를 설정할 수 있습니다.

[설정] – [시스템] – [전원 및 절전]을 선택한 후 '추가 전원 설정'을 클릭합니다.

설정
홈
설정 찾기
시스템
디스플레이
소리
알림 및 작업
집중 지원
전원 및 절전 ❶
배터리

전원 및 절전
없음
전원 사용 시 다음 시간이 경과하면 PC를 절전 상태로 전환
없음
에너지 및 배터리 사용 시간 절약
PC에서 휴식을 취할 때 화면이 절전 모드로 전환되는 속도를 설정하세요.
PC 절전에 대한 자세한 내용 보기
관련 설정
추가 전원 설정 ❷

'전원 옵션' 창에서 [전원 단추 작동 설정] 또는 [덮개를 닫으면 수행되는 작업 선택]을 클릭합니다.

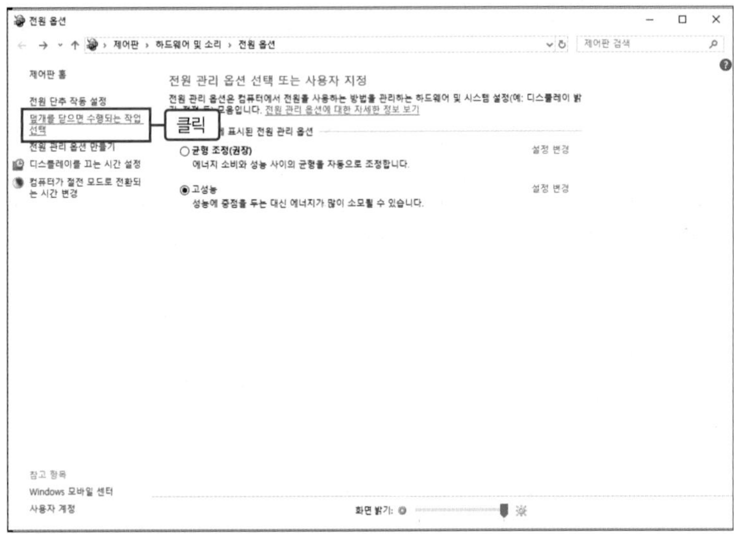

배터리만 사용하는 경우와 외부 전원을 사용하는 경우로 나누어, 전원 단추를 누를 때 어떻게 동작하게 할지, 덮개를 닫을 때 어떻게 동작하게 할지 선택할 수 있습니다. 목록을 펼친 후 원하는 전원 상태를 선택합니다.

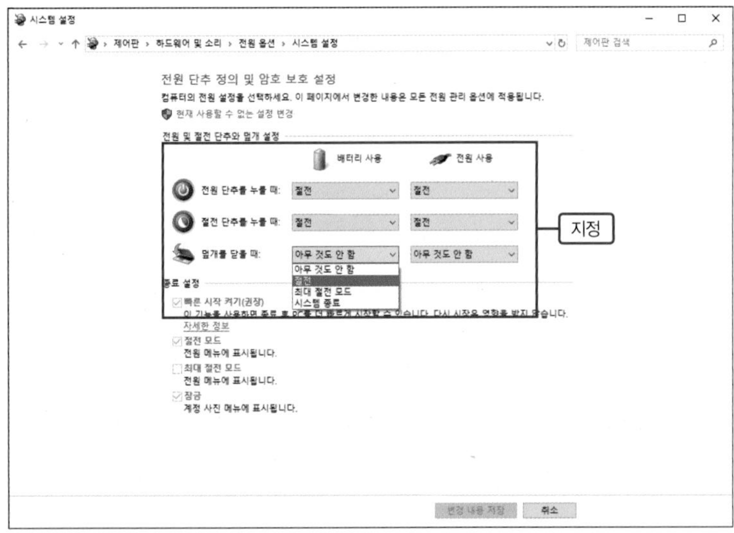

잠 깐 만 요

'최대 절전 모드'는 일부 노트북에서만 사용할 수 있는 상태로, 절전 모드 보다 적은 전원을 사용합니다. 대신 다시 이전 작업 환경으로 돌아갈 때는 절전 모드만큼 전환 속도가 빠르지는 않습니다.

주요 Windows 10

임시 파일 정리로 저장 공간 확보하기

'시스템' 설정 창의 [저장 공간]을 선택하면 얼마나 많은 저장 용량을 사용하는지 알 수 있습니다. 저장 공간이 너무 부족하면 앱을 실행하기 어렵기 때문에 적절하게 여분의 공간이 있어야 합니다. 저장 공간에서 불필요한 파일을 정리해서 공간을 확보하는 방법을 알아보겠습니다.

직접 삭제하기

[설정] – [시스템] – [저장 공간]을 차례로 선택합니다. 오른쪽 화면에 컴퓨터에 연결되어 있는 하드 드라이브가 표시됩니다. 항목 중 윈도우가 설치된 [내 PC(C:)]를 선택합니다.

잠깐만요 윈도우가 설치된 저장소에는 윈도우 로고가 표시되어 있습니다.

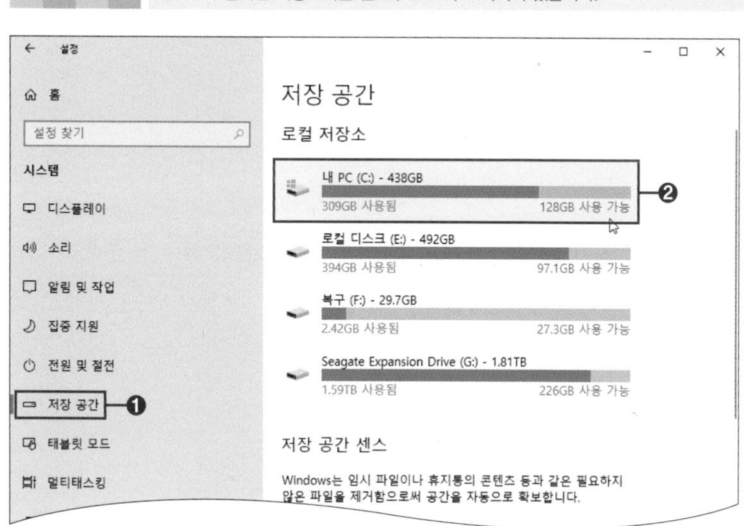

[내 PC]에 저장 되어 있는 항목들이 표시됩니다. 항목 중 저장 공간을 확보하기 위해 삭제해도 문제가 없는 임시 파일을 선택합니다.

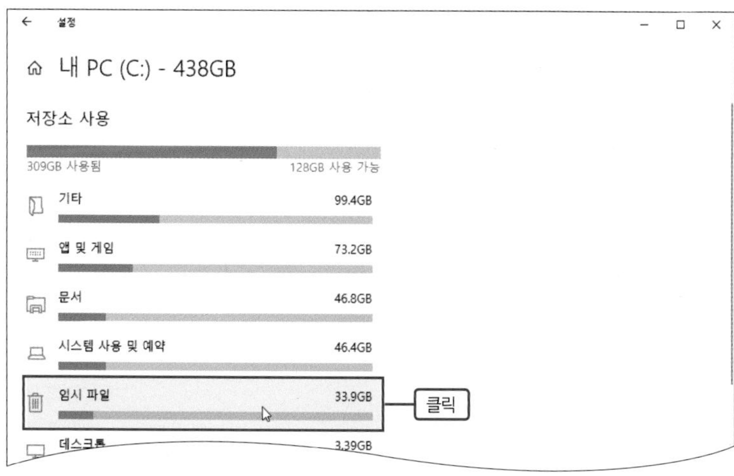

각각의 임시 파일에 대한 설명을 보고 불필요한 항목을 삭제해 저장 공간을 확보할 수 있습니다. 삭제할 공간에 체크한 후 [파일 제거]를 클릭하면 해당 항목이 삭제되면서 그만큼의 저장 공간이 확보됩니다.

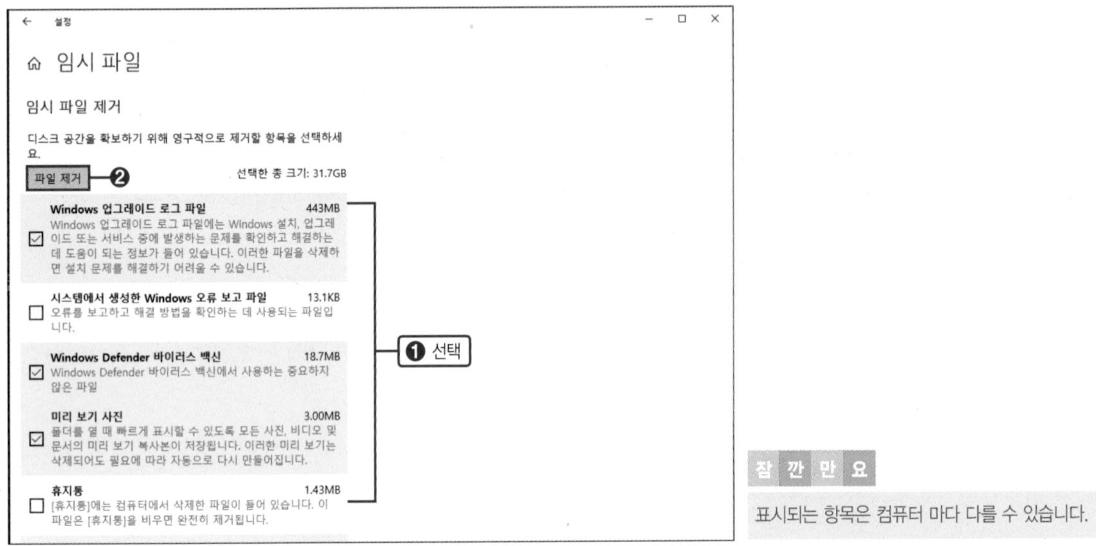

잠깐만요

표시되는 항목은 컴퓨터 마다 다를 수 있습니다.

'저장 공간 센스' 사용하기

윈도우 10의 '저장 공간 센스' 기능을 켜 놓으면 저장 공간이 부족해질 때 자동으로 임시 파일을 삭제하여 여유 공간을 만들어 줍니다. 저장 공간 센스 기능을 사용하려면 [설정] – [시스템] – [저장 공간]을 차례로 선택한 후 저장 공간 센스 항목의 [끔]( )을 [켬]( )으로 바꿉니다. 어떤 파일들을 자동으로 삭제할 것인지 지정하기 위해 [자동으로 공간을 확보하는 방법 변경]을 클릭합니다.

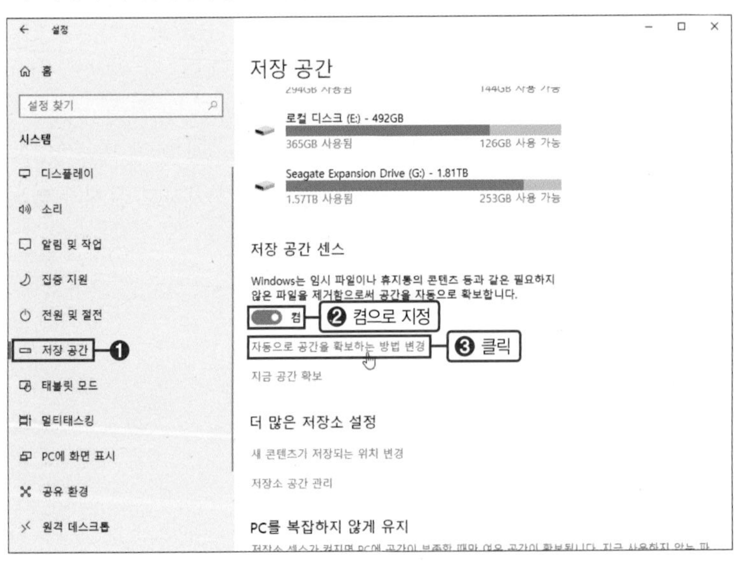

선택하거나 수정할 수 있는 옵션은 다음과 같습니다.

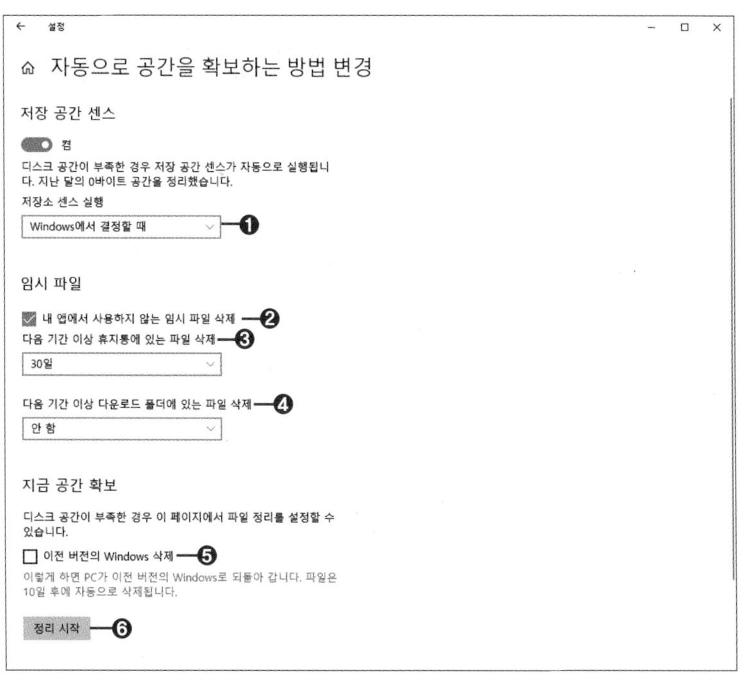

❶ **저장소 센스 실행** : '저장 공간 센스'를 언제 실행할 것인지 선택합니다. 기본적으로 선택된 'Windows에서 결정할 때'는 윈도우가 저장 공간이 부족하다고 결정했을 때를 말합니다. '매일', '매주', '매월'을 선택해 일정 기간마다 저장 공간의 임시 파일을 삭제할 수도 있습니다.

❷ **내 앱에서 사용하지 않는 임시 파일 삭제** : 기본적으로 사용하지 않는 임시 파일을 삭제합니다.

❸ **다음 기간 이상 휴지통에 있는 파일 삭제** : 휴지통에 있는 파일은 일정 기간이 지난 것만 삭제합니다. 기본 값은 '30일'인데 목록을 펼쳐 원하는 기간을 선택할 수 있습니다. 휴지통에 있는 파일을 삭제하지 않겠다면 '안 함'을 선택합니다.

❹ **다음 기간 이상 다운로드 폴더에 있는 파일 삭제** : 다운로드 폴더에 오랫동안 들어있는 파일을 삭제합니다. 기본 값은 '안 함'이기 때문에 다운로드 폴더 안의 파일을 삭제하지 않지만 사용자가 원하는 기간을 선택해 불필요한 파일을 삭제할 수 있습니다.

❺ **이전 버전의 Windows 삭제** : 윈도우가 봄과 가을에 기능 업데이트된 후에는 혹시 예전 윈도우로 되돌아가려는 사용자를 위해 예전 버전의 윈도우가 시스템에 남아있게 됩니다. 윈도우 전체 파일이기 때문에 공간도 많이 차지하죠. 이 항목을 체크하고 저장 공간 센스를 실행하면 이전 버전의 윈도우를 삭제합니다.

잠깐만요 이전 버전의 윈도우는 직접 삭제하지 않더라도 10일 후에 자동으로 삭제됩니다.

❻ **정리 시작** : 단추를 클릭하면 즉시 파일을 정리합니다.

17장

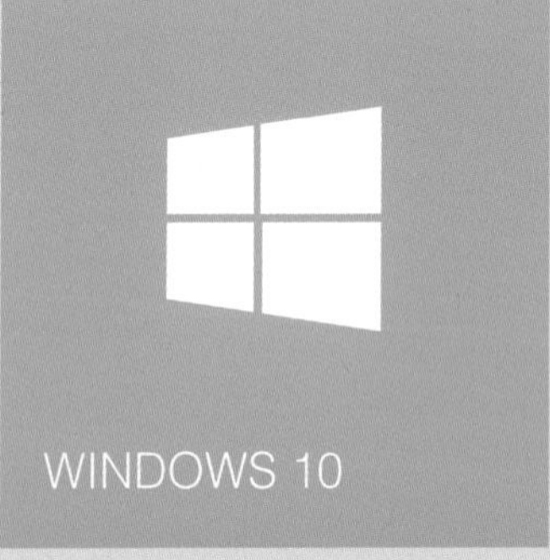

사용자 계정 관리하기

윈도우 10의 '사용자 계정'은 하나의 컴퓨터를 여러 사용자가 공동으로 사용할 때 유용한 기능입니다. 각 사용자마다 원하는 대로 작업 환경을 만들 수 있고 다른 사용자의 작업 환경에는 아무 영향도 주지 않기 때문에 공용 컴퓨터를 각 사용자마다 자신만의 개인 컴퓨터를 사용하는 것처럼 사용할 수 있습니다. 또한 사용자 계정을 추가할 때 자녀의 계정을 추가하면 부모가 자녀의 컴퓨터 사용 시간이나 접속한 사이트 등을 모니터링할 수 있습니다.

무따기 Windows 10

12 사용자 계정 추가하기

윈도우 10의 '사용자 계정 추가' 기능을 이용하면 여러 명의 사용자들이 한 대의 컴퓨터를 사용할 때 서로 독립적인 환경에서 사용할 수 있습니다. 이렇게 하려면 사용자마다 각자의 사용자 계정을 윈도우 10에 추가해야 합니다.

01 [설정] – [계정]을 선택합니다. 왼쪽 목록에서 [가족 및 다른 사용자]를 선택한 뒤, 오른쪽 목록에서 [이 PC에 다른 사용자 추가]를 클릭합니다.

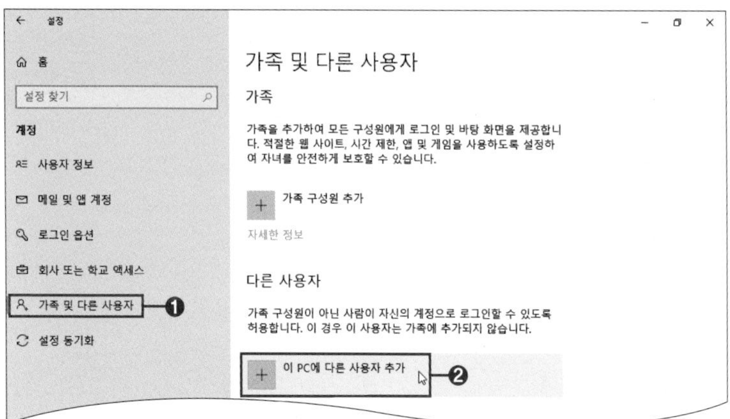

02 추가할 사용자의 마이크로소프트 계정을 입력하고 [다음]을 클릭합니다. 사용자 계정을 추가할 때에는 추가하는 사용자 계정에 대한 정보를 가져와야 하므로 인터넷에 연결되어 있어야 합니다. [마침]을 클릭하여 사용자 계정 추가를 마칩니다.

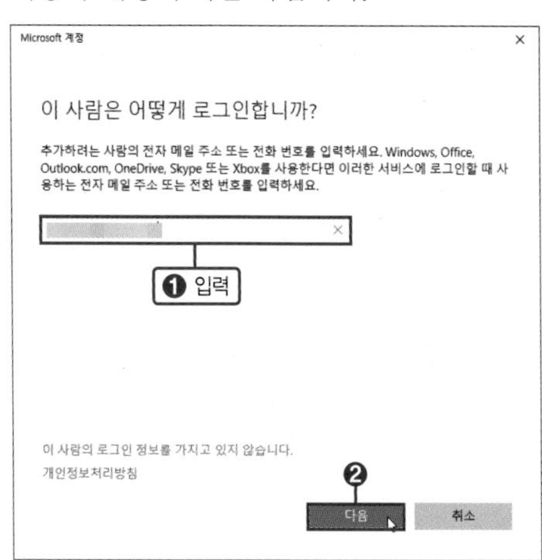

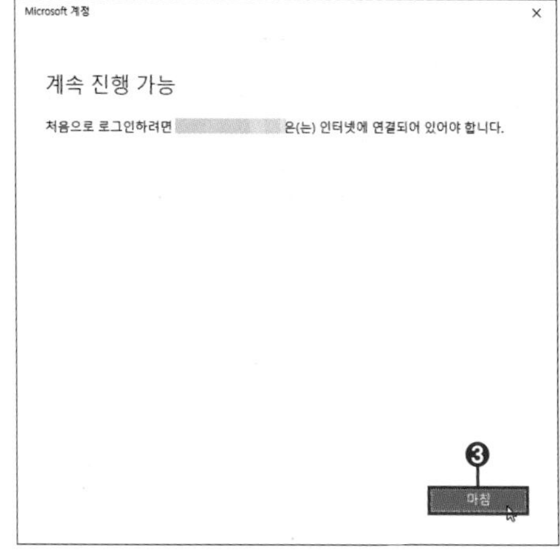

잠깐만요

마이크로소프트 계정이 없다면 '이 사람의 로그인 정보를 가지고 있지 않습니다.'를 클릭한 뒤, 'Microsoft 계정 없이 사용자 추가'를 선택해 사용자 계정을 추가합니다. 새로운 마이크로소프트 계정을 만들려면 410쪽을 참고하세요.

03 사용자 계정을 추가하고 '계정' 창의 왼쪽 목록에서 [가족 및 다른 사용자]를 선택하면 오른쪽 화면의 '다른 사용자'에 방금 추가한 사용자 계정이 표시됩니다. 새로 추가한 사용자 계정은 기본적으로 '표준 사용자'로 되어 있습니다.

등록한 계정을 관리자로 등록하려면 추가한 계정을 클릭하고 [계정 유형 변경]을 클릭합니다. [계정 유형 변경] 대화상자가 나타나면 '계정 유형'에서 [관리자]를 선택하고 [확인]을 클릭합니다.

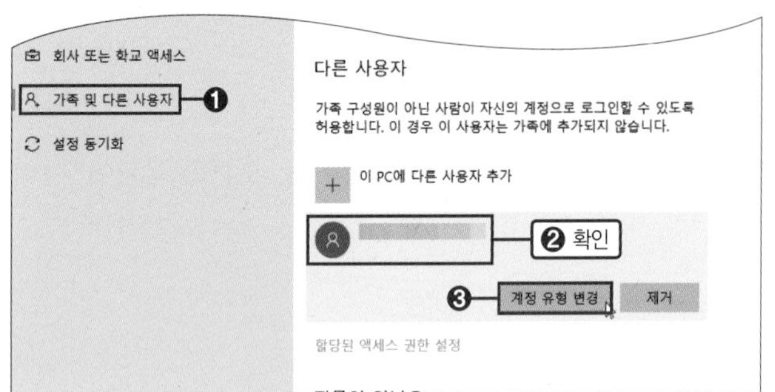

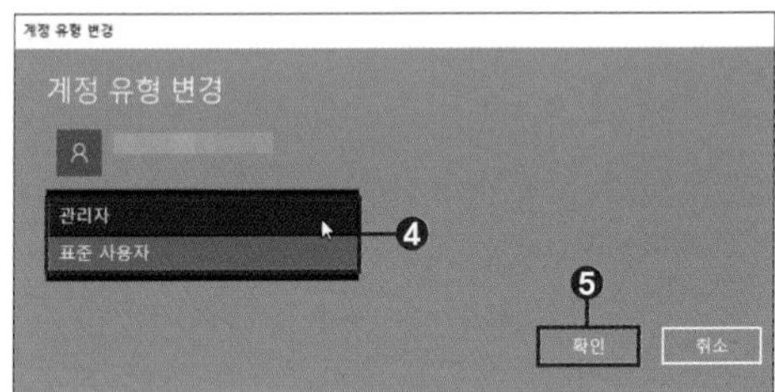

04 방금 추가한 새로운 사용자 계정에 '관리자'라고 표시됩니다.

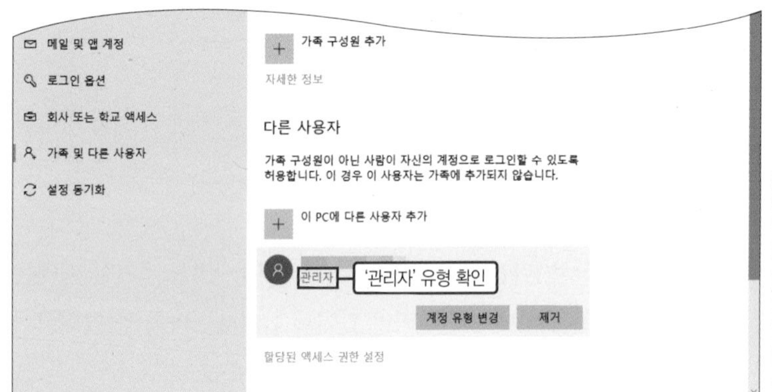

잠깐만요

윈도우 10의 사용자 계정은 '관리자'와 '표준 사용자'로 나뉘는데, 관리자 계정은 윈도우 10에 앱을 설치하거나 윈도우 환경을 설정할 수 있습니다. 표준 사용자 계정은 윈도우에 이미 설치되어 있는 앱을 사용할 수만 있습니다.

전문가의 조언

'마이크로소프트 계정'과 '로컬 계정'

'마이크로소프트 계정'을 사용한다면 데스크톱에서 사용자가 설정한 환경을 계정에 저장하기 때문에 같은 계정으로 노트북 같은 다른 기기에 로그인하면 데스크톱에서 설정한 환경을 똑같이 사용할 수 있습니다.

또한 '마이크로소프트 계정'을 사용하면 마이크로소프트의 클라우드 서비스인 '원드라이브' 저장 공간을 무료로 15기가바이트까지 사용할 수 있습니다. 이 저장 공간을 통해 문서나 사진을 저장하고 공유할 수 있죠. 또한 엑셀이나 파워포인트 같은 오피스 제품이 컴퓨터에 설치되어 있지 않더라도 오피스 온라인 앱을 이용해 문서를 작성하거나 편집한 후 원드라이브에 저장할 수 있습니다.

'로컬 계정'은 한 대의 PC에서만 사용할 수 있는 계정을 말합니다. 로컬 계정으로 로그인해서 설정한 윈도우 환경은 해당 컴퓨터 안에 저장되고 다른 기기와 공유되지 않습니다. 그러므로 한 대의 컴퓨터를 함께 사용하는 자녀의 계정이나 임시로 컴퓨터를 사용하려는 사람의 계정은 로컬 계정으로 만들어 서로 연관되는 다른 기기에 영향을 주지 않아야 합니다.

무따기 Windows 10

13 원하는 계정으로 로그인하기

새로 추가한 사용자 계정으로 처음 로그인하면 윈도우 10 환경을 새로 설정하기 때문에 약간의 시간이 필요합니다. 그 후에는 윈도우 로그인 화면에서 원하는 사용자 계정을 선택하면 그 사용자가 설정해 놓은 윈도우가 표시됩니다.

01 [시작] 단추(⊞)를 클릭하고 [시작] 메뉴의 맨 위에 있는 사용자 계정을 클릭하면 현재 로그인한 사용자 계정과 함께 컴퓨터에 등록되어 있는 다른 사용자 계정이 함께 표시됩니다. 등록되어 있는 계정 중 로그인하려는 사용자 계정을 선택합니다.

02 윈도우 10 로그인 화면이 나타나면 선택한 사용자 계정의 암호를 입력하고 Enter를 누릅니다.

03 사용자 계정을 추가한 후 처음 로그인할 경우에는 해당 사용자에게 맞게 윈도우 10 환경을 설정하는 과정이 필요합니다. 잠시 기다린 뒤, 환경 설정이 끝나면 새 사용자 계정을 위한 윈도우 10이 나타나는데, 등록되어 있는 다른 사용자 계정과 또 다른 윈도우 환경으로 설정하여 독립적으로 사용할 수 있습니다.

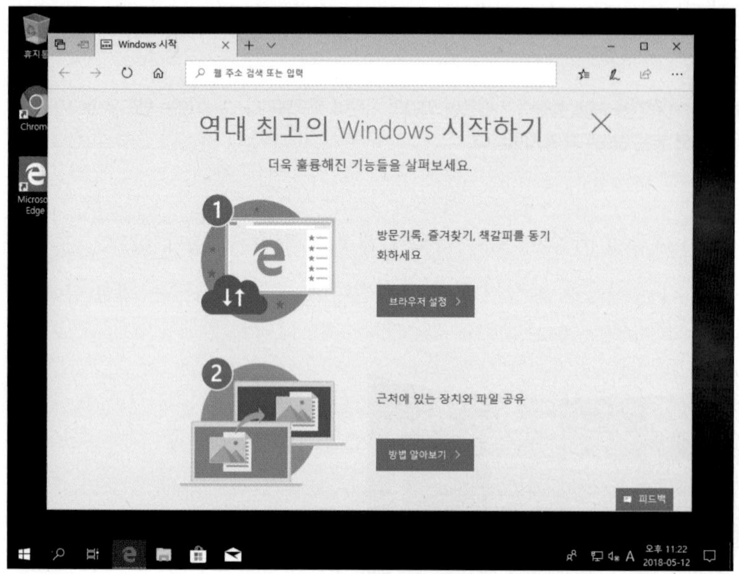

04 [시작] 단추( )를 클릭하면 현재 사용자 계정과 함께 다른 사용자 계정이 표시됩니다. 언제든 원하는 사용자 계정으로 변경하여 사용할 수 있습니다.

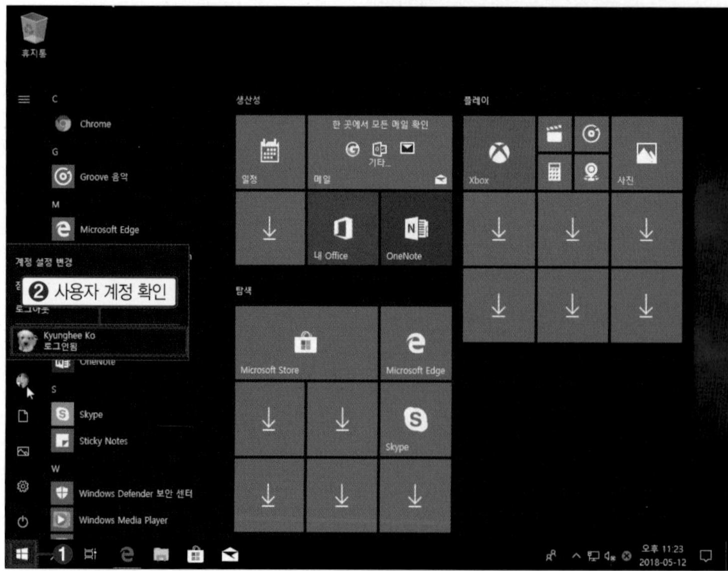

무따기 Windows 10

14 계정 사진 변경하기

[시작] 메뉴에는 계정 이름과 프로필 사진이 표시되는데, 한 컴퓨터에서 여러 계정을 등록하여 사용할 경우 계정 사진만 보고도 계정을 쉽게 구별할 수 있습니다. 계정 사진은 언제든지 원하는 사진으로 바꿀 수 있습니다. 마이크로소프트 계정의 사진을 변경하면 같은 계정으로 로그인하는 사이트나 다른 컴퓨터에도 똑같은 사진이 적용됩니다.

01 [시작] 메뉴의 맨 위에 있는 사용자 계정을 클릭하고 [계정 설정 변경]을 선택합니다.

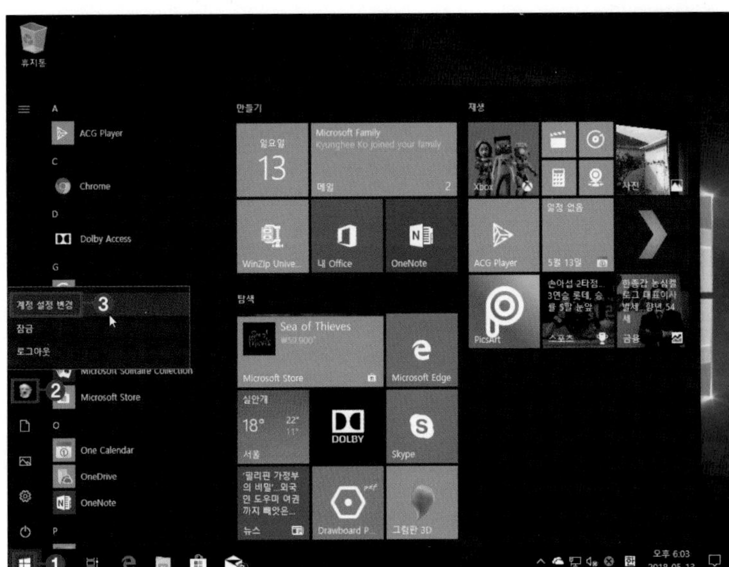

잠깐만요

사용자 계정의 사진을 변경하려면 변경하려는 사용자 계정으로 로그인 되어 있어야 합니다.

02 '계정' 창이 나타나면서 현재 계정의 사진이 표시됩니다. '사진 만들기' 항목의 [찾아보기]를 클릭합니다.

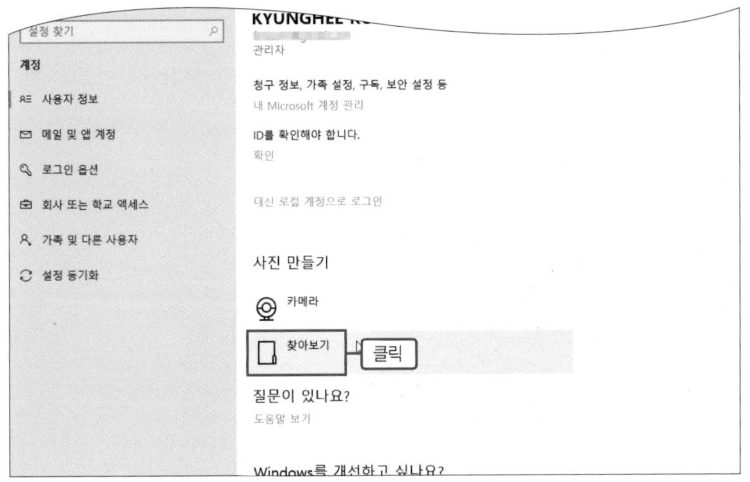

잠깐만요

컴퓨터에 카메라가 설치되어 있다면 '사진 만들기'의 [카메라]를 클릭한 후 사진을 직접 찍어서 사용할 수 있습니다.

03 '열기' 대화상자가 나타나면 계정 사진으로 사용할 사진을 선택한 뒤 [사진 선택]을 클릭합니다.

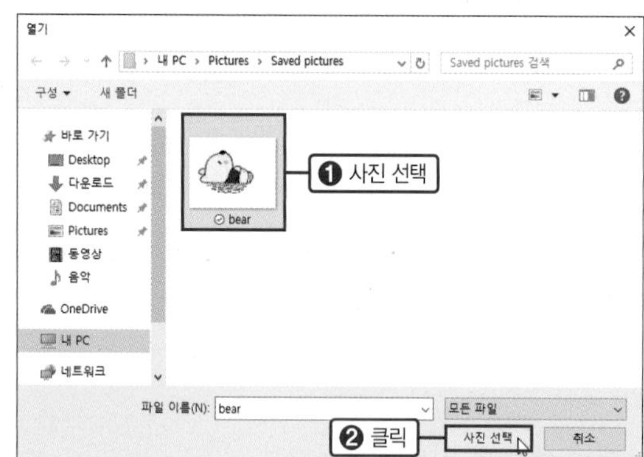

04 추가한 사진과 함께 이전에 사용했었던 사진이 오른쪽에 표시됩니다. 한 번 사용했던 사진은 현재 계정 사진 옆에 표시되므로 언제든지 이전의 사진을 클릭해서 변경할 수 있습니다.

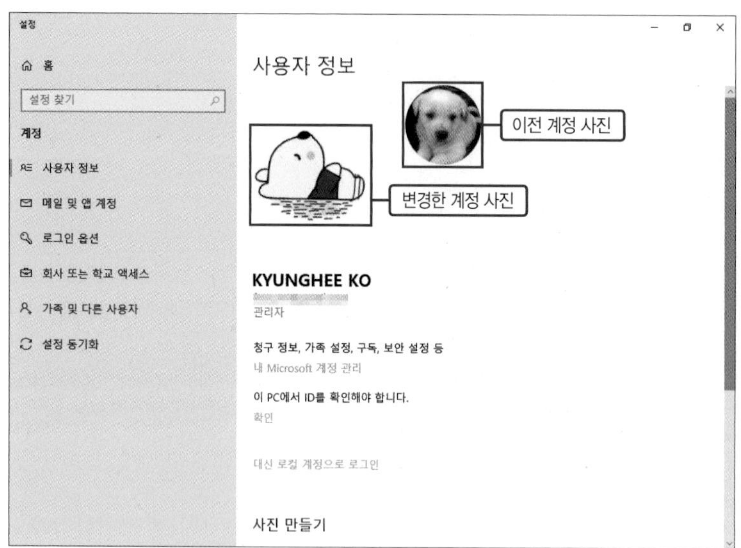

05 [시작] 단추( )를 클릭하면 새로 등록한 변경된 사용자 계정 사진을 확인할 수 있습니다.

무따기 Windows 10

15 로그인 암호 변경하기

마이크로소프트 계정으로 윈도우 10을 사용한다면 마이크로소프트 계정의 암호가 윈도우 10의 로그인 암호가 됩니다. 따라서 윈도우 10의 로그인 암호를 변경하려면 마이크로소프트 계정의 암호를 변경해야 합니다.

01 [설정] - [계정]을 차례로 선택합니다. '설정' 창이 나타나면 왼쪽 목록에서 [로그인 옵션]을 선택하고 오른쪽 목록에서 '암호'의 [변경]을 클릭합니다.

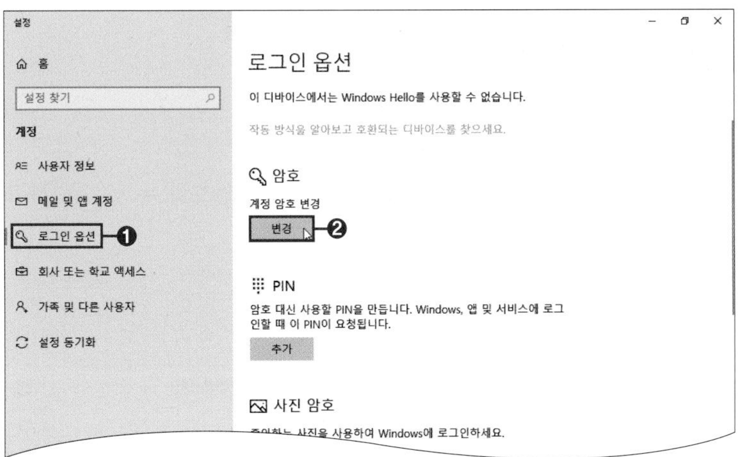

02 사용자를 확인하기 위해 현재 암호를 입력하는 창이 나타나면 암호를 입력하고 [로그인]을 클릭합니다. 마이크로소프트 계정으로 사용하는 메일 주소를 정확히 입력하고 [다음]을 클릭하면 해당 메일 주소로 보안 코드가 발송됩니다.

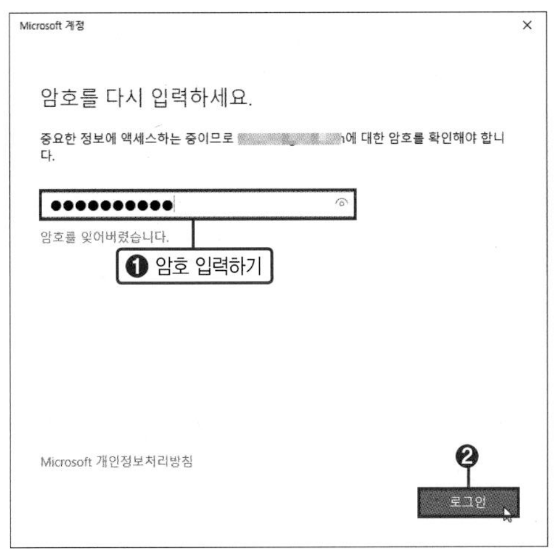

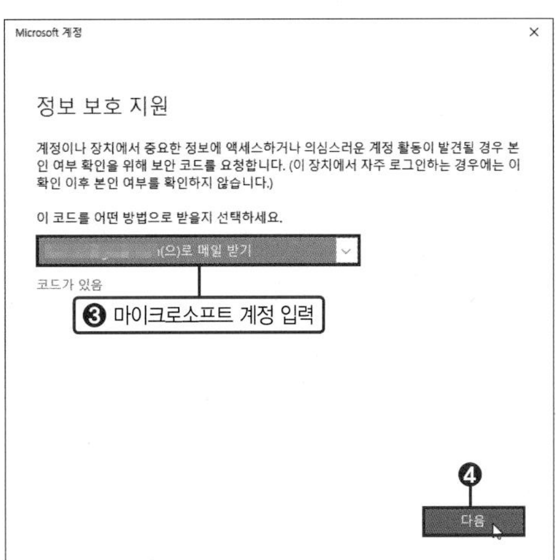

03 메일로 발송된 보안 코드를 확인하고 화면에 입력한 후 [다음]을 클릭합니다.

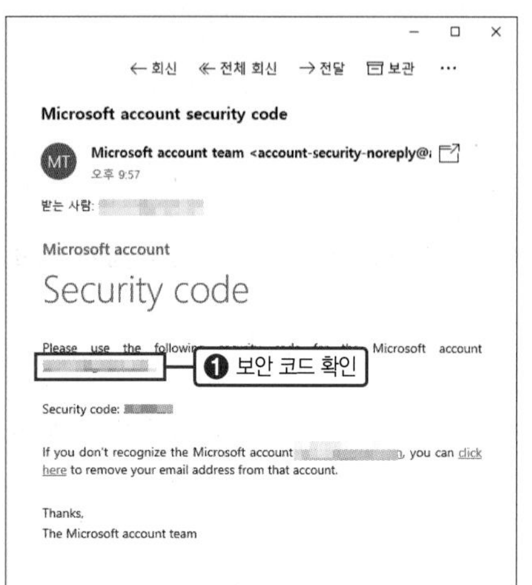

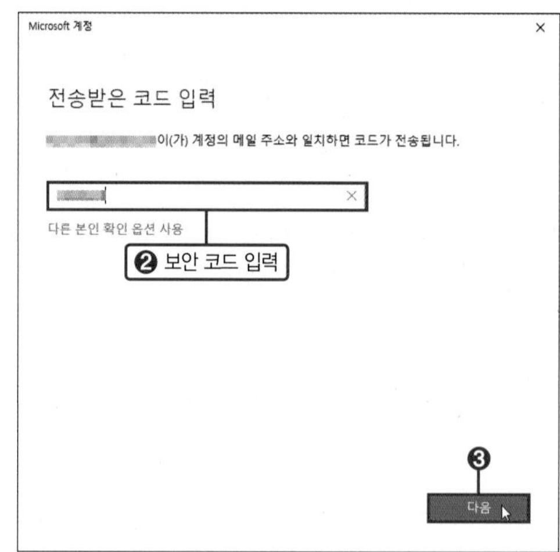

▲ **메일로 발송된 보안 코드**

04 보안 코드가 일치하면 암호 변경 화면이 나타납니다. 기존 암호와 새로 사용할 암호를 두 번 입력하고 [다음]을 클릭합니다. 암호 변경이 완료되었으면 [마침]을 클릭합니다.

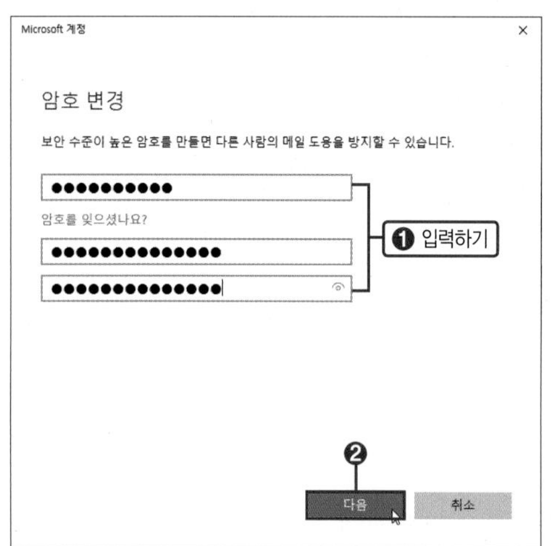

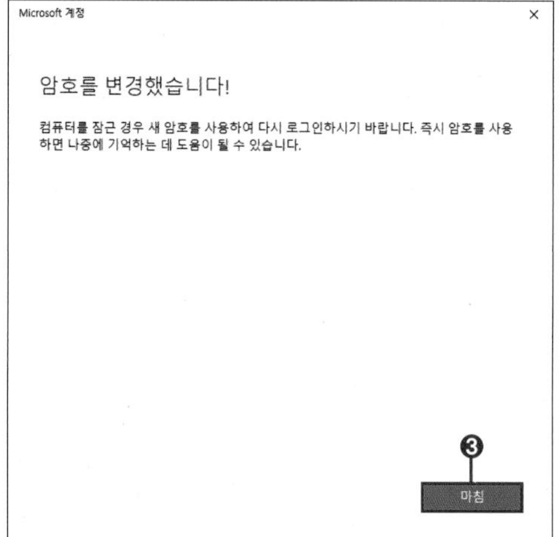

잠깐만요 이전에 한 번이라도 사용했던 암호는 다시 사용할 수 없습니다.

16 로그인 암호를 잊어버렸다면

로그인 암호를 잊어버렸다거나 기억하는 로그인 암호가 잘못된 것이라면 윈도우를 시작할 수 없어서 난처해집니다. 윈도우 로그인 암호를 잊어버렸을 때 로그인 암호를 바꿔 로그인하는 방법을 알아보겠습니다.

01 윈도우 로그인 화면에서 로그인 암호를 잘못 입력했을 경우 화면에 오류 메시지와 함께 로그인 암호를 변경할 수 있는 주소가 표시됩니다.

02 윈도우 접속이 가능한 다른 컴퓨터나 휴대폰에서 'https://account.live.com/password/reset' 사이트에 접속한 뒤, 그리고 [암호를 잊어버렸습니다] 항목을 선택하고 [다음]을 클릭합니다.

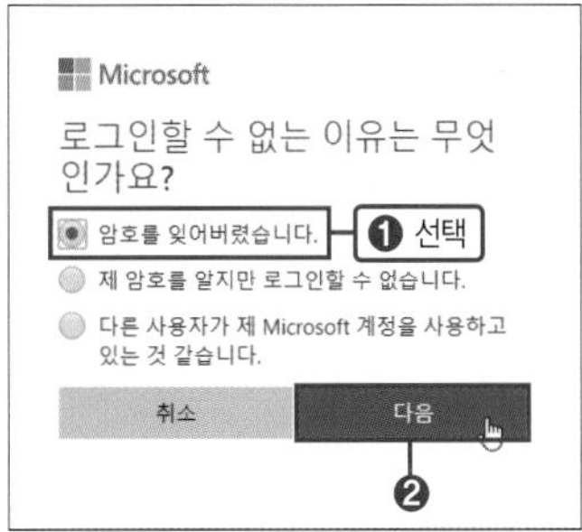

03 로그인 암호를 복구할 메일 계정과 확인 문자를 입력하고 [다음]을 클릭합니다.

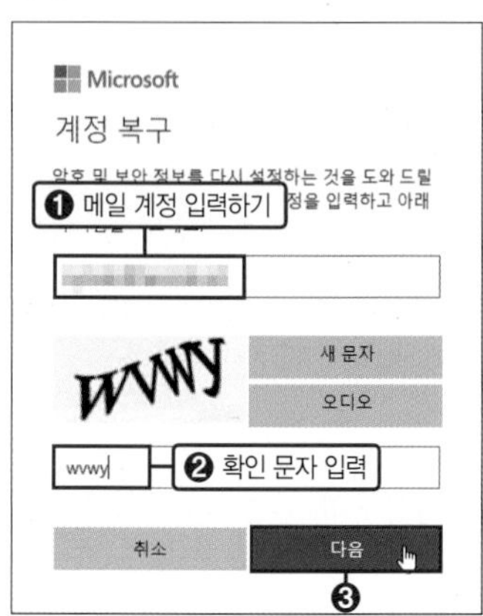

04 입력한 메일 계정으로 보안 코드가 전송되므로 메일을 확인해 보안 코드를 입력한 후 [다음]을 클릭합니다.

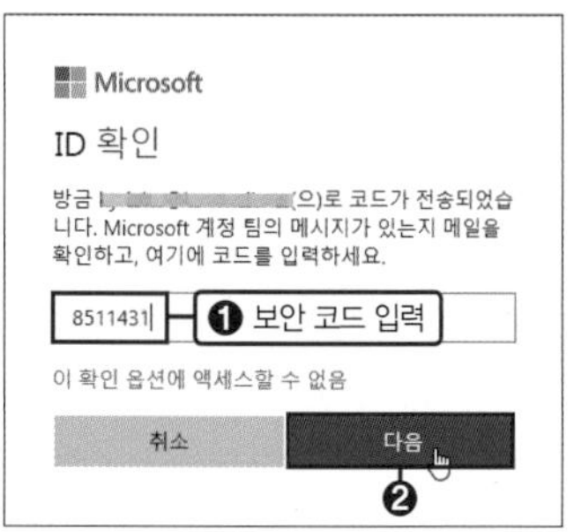

05 새 로그인 암호를 입력하고 [다음]을 클릭하면 새로운 암호가 만들어집니다. 이제 이 암호를 이용해 로그인할 수 있습니다.

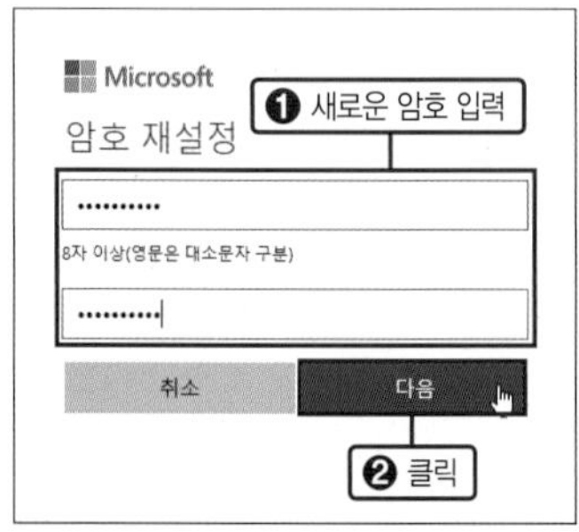

가족 구성원 추가하기

윈도우 10에는 사용자 계정을 추가할 때 가족 구성원을 따로 구성할 수 있는데 가족 구성원은 성인과 자녀 모두 추가할 수 있습니다. 가족 구성원 중 성인 계정에서는 자녀의 컴퓨터 사용을 확인할 수 있습니다. 자녀들의 컴퓨터 사용을 관리하기 위해 자녀 구성원을 추가해 보겠습니다.

01 [설정] – [계정]을 선택합니다. '계정' 창이 나타나면 왼쪽 목록에서 [가족 및 다른 사용자]를 선택하고 오른쪽 목록에서 [가족 구성원 추가]를 선택합니다.

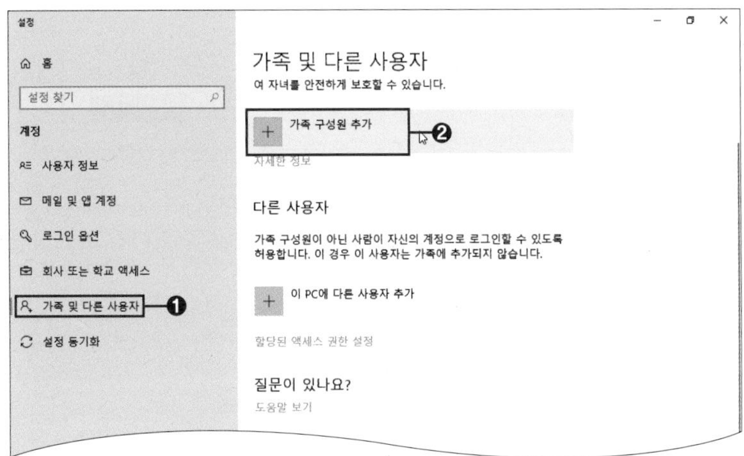

02 '자녀 또는 성인으로 추가하시겠습니까?'라고 묻는 창이 나타나면 [자녀 추가]를 선택하고 자녀가 사용하는 메일 주소를 입력한 후 [다음]을 클릭합니다.

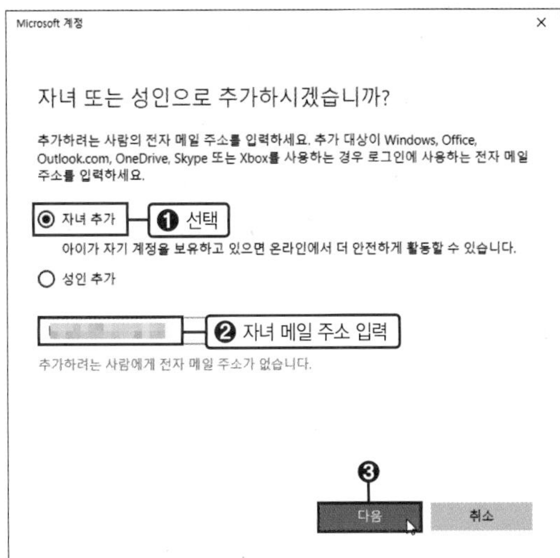

03 자녀에게 초대 메일을 보내기 위해 자녀의 메일 주소가 맞는지 다시 한 번 살펴본 후 맞으면 [확인]을 클릭합니다. 자녀의 메일 주소로 가족 계정에 초대하는 메일이 전송되었으면 [닫기]를 클릭합니다.

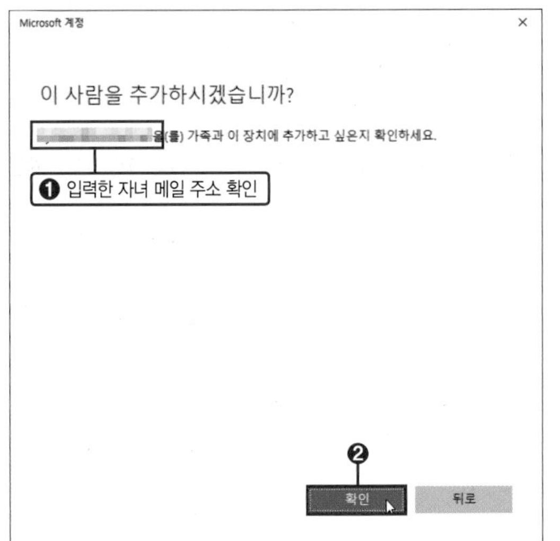

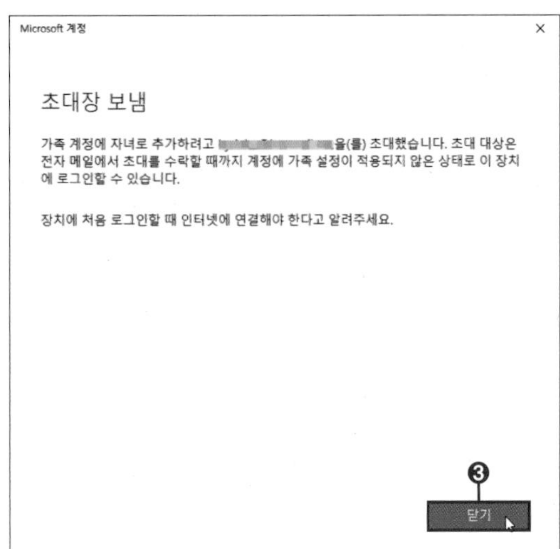

04 자녀 계정을 추가한 후 자녀가 초대를 수락하기 전까지는 자녀 계정의 아래쪽에 '보류 중'이라고 표시됩니다. 하지만 이 계정으로 윈도우 10에 로그인할 수는 있습니다.

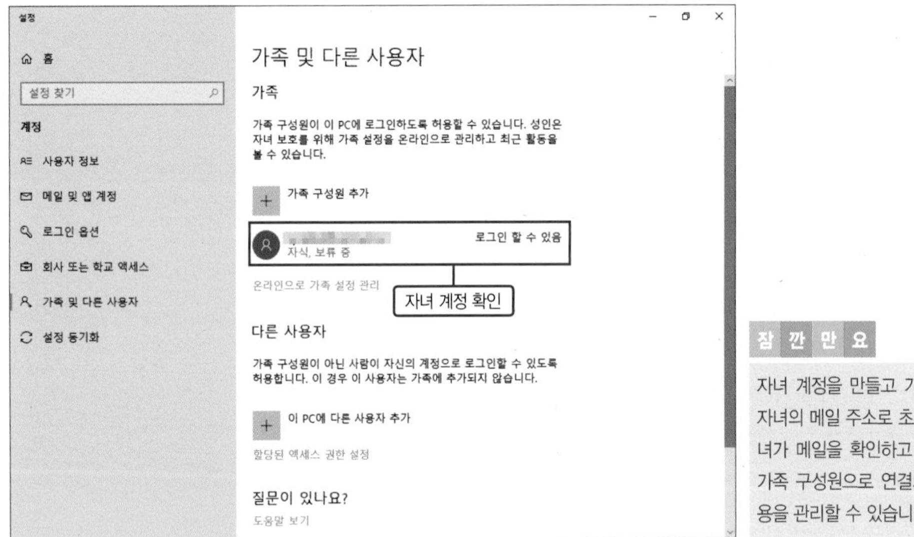

잠깐만요

자녀 계정을 만들고 가족 구성원으로 추가하면 자녀의 메일 주소로 초대 메일이 전송됩니다. 자녀가 메일을 확인하고 초대를 수락해야 비로소 가족 구성원으로 연결되면서 자녀의 컴퓨터 사용을 관리할 수 있습니다.

18 가족 설정에서 자녀 활동 관리하기

자녀 계정을 가족 구성원에 추가한 뒤, 자녀의 메일로 전달된 초대에 수락했으면 부모 계정과 자녀 계정은 한 가족으로 묶입니다. 그리고 부모 계정에서 자녀의 컴퓨터 사용 현황을 확인하거나 특정 사이트와 앱 사용을 제한할 수 있습니다.

[설정] – [계정]을 차례로 선택합니다. 왼쪽 목록에서 [가족 및 다른 사용자]를 선택하고 오른쪽 목록에서 자녀 계정 목록 아래에 있는 [온라인으로 가족 설정 관리]를 선택합니다.

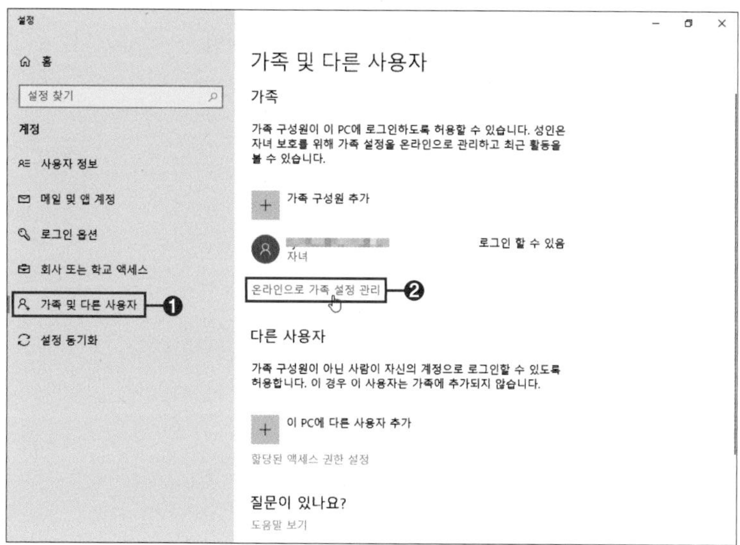

부모 계정으로 마이크로소프트의 '내 가족' 페이지에 접속되면서 가족 구성원들의 계정이 함께 표시됩니다. 이 페이지는 자녀 계정을 관리하기 위한 페이지로 가족 구성원의 계정과 함께 위쪽에 자녀 계정이 표시됩니다. 자녀 계정 아래의 '활동'을 클릭하세요.

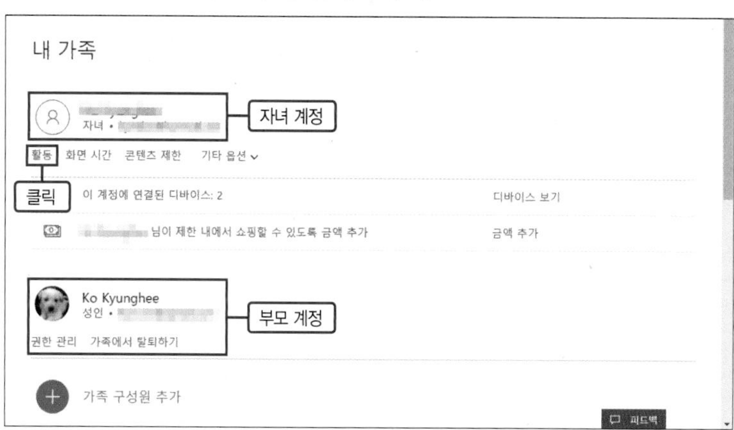

최근 활동

'활동 보고' 항목의 [끄기] 단추( )를 클릭해서 [켜기]( )로 바꾸면 자녀의 일주일간 컴퓨터 사용 내역을 메일로 받을 수 있습니다.

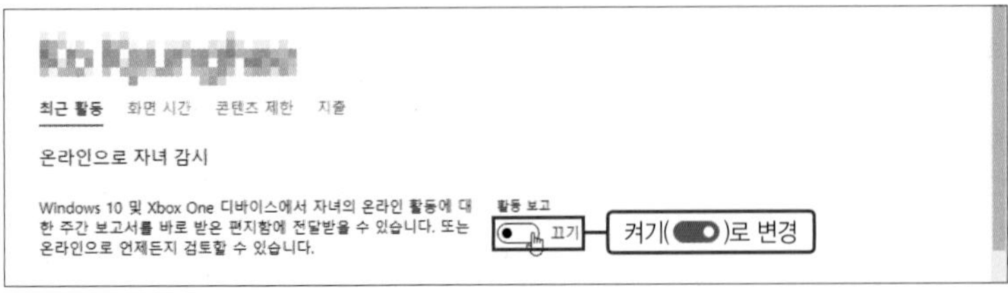

화면 시간

자녀 계정 아래의 [화면 시간]을 클릭하면 자녀의 컴퓨터 사용 시간을 요일별로 지정할 수 있습니다. 우선 PC 화면 시간 항목의 [끄기] 단추( )를 클릭해 [켜기]( )로 바꿉니다.

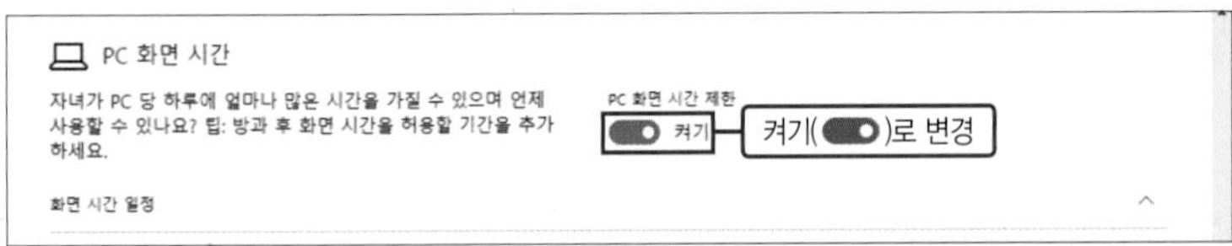

자녀의 컴퓨터 사용 시간을 지정하려면 사용 시간을 지정할 요일의 시간 막대 부분을 클릭합니다.

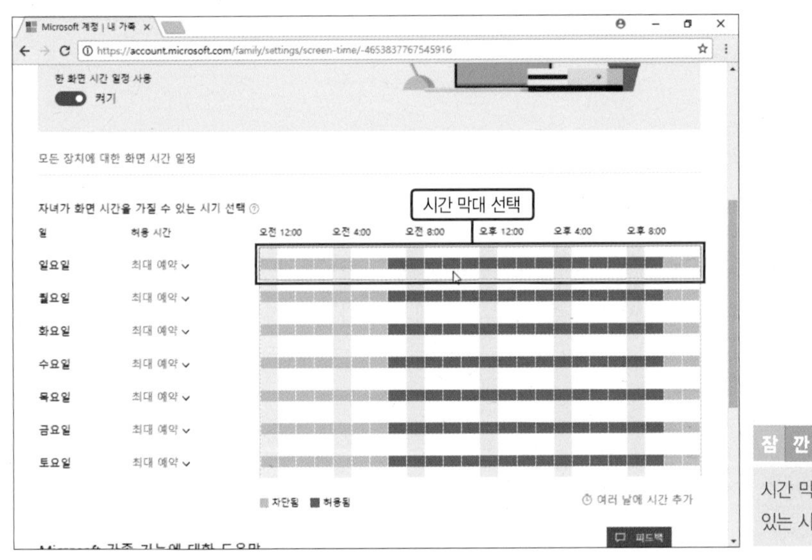

잠 깐 만 요

시간 막대의 파란색 막대가 컴퓨터를 사용할 수 있는 시간입니다.

기본으로 설정되어 있는 시간은 [제거] 단추(제거)를 클릭해 삭제한 뒤, 시작 시간과 끝 시간을 지정한 후 [추가]를 클릭합니다. 같은 요일에 또다른 시간대를 더 추가할 수도 있습니다. 시간대 추가가 끝나면 [저장]을 클릭합니다. 이런 방법으로 요일마다 자녀의 사용 시간을 지정할 수 있습니다.

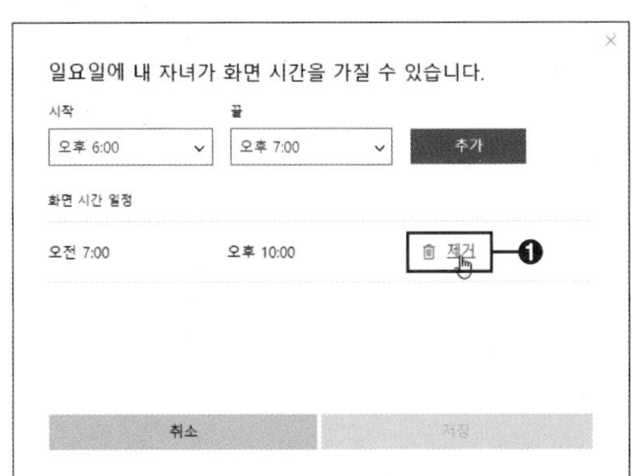

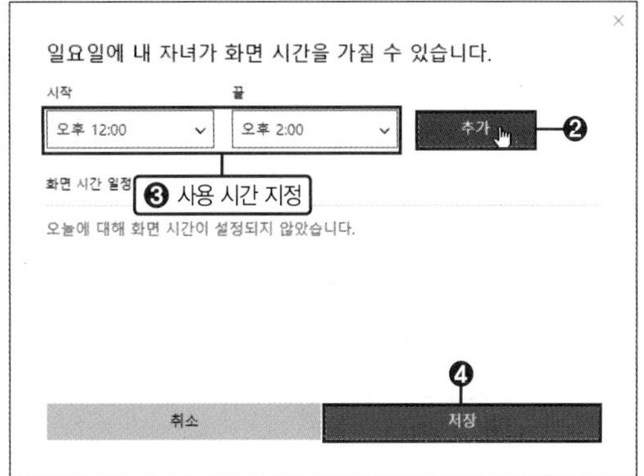

콘텐츠 제한

자녀 계정 아래의 [콘텐츠 제한]을 클릭하면 자녀의 콘텐츠 사용을 제한할 수 있습니다.

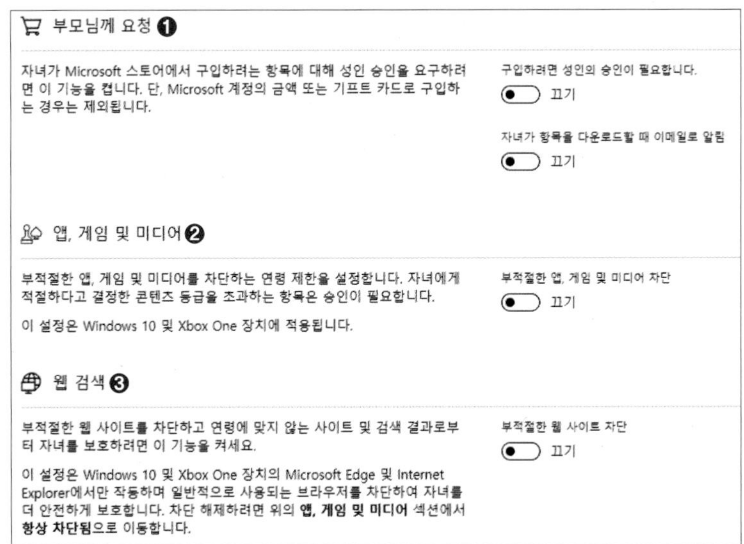

❶ **부모님께 요청** : '구입하려면 성인의 승인이 필요합니다.'의 [끄기] 단추( )를 클릭해 [켜기]( )로 바꾸면 자녀가 Microsoft Store에서 유료로 앱을 구입할 때 부모의 승인이 있어야 합니다. '자녀가 항목을 다운로드할 때 이메일로 알림'의 단추를 클릭해 [켜기]( )로 바꾸면 Microsoft Store에서 다운로드한 항목을 메일로 받아 볼 수 있습니다.

❷ **앱, 게임 및 미디어** : 자녀가 Microsoft Store에서 다운로드하거나 사용할 수 있는 앱과 게임, 미디어를 설정합니다. '부적절한 앱, 게임 및 미디어 차단' 항목을 [켜기]( )로 바꾸고, 등급 목록을 펼쳐 나이 제한을 지정할 수 있습니다.

❸ **웹 검색** : [끄기] 단추( )를 클릭해 [켜기]( )로 바꾸면, 인터넷 익스플로러나 엣지 브라우저를 사용해 웹 사이트에 접속할 때 성인물이 있는 사이트나 마이크로소프트에서 위험하다고 판단한 사이트에는 접속이 차단됩니다.

일곱째 마당

이 정도면 나도 파워유저

지금까지 살펴본 기능만으로도 윈도우 10을 자유롭게 사용할 수 있습니다. 하지만 윈도우 10의 고급 기능을 이용하면 시스템에 문제가 생기기 전에 하드 디스크를 효율적으로 관리할 수 있고 문제가 생겨도 안전하게 복구할 수 있습니다. 또한 여러 대의 컴퓨터를 네트워크로 연결하는 것도 어려운 일이 아니죠. 이번에는 윈도우 10을 이용하여 외부로부터 컴퓨터를 안전하게 지킬 수 있는 방법까지 살펴보겠습니다.

Windows 10

18장 하드 디스크 관리 및 시스템 복구하기

19장 네트워크 및 보안 유지하기

20장 문제 해결 및 백업과 복구

18장

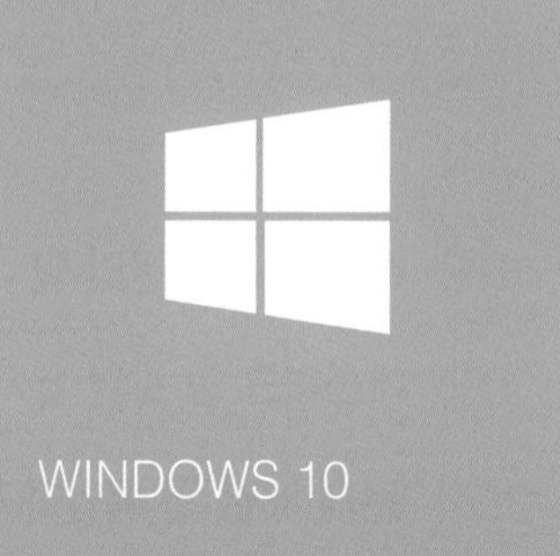

하드 디스크 관리 및 시스템 복구하기

하드 디스크에는 윈도우 10뿐만 아니라 다양한 앱과 작업 내용이 저장되어 있습니다. 그래서 컴퓨터를 오래 사용할수록 하드 디스크에는 많은 정보가 쌓이기 때문에 사용할 수 있는 공간이 부족해져서 간혹 시스템이 느려지는 문제가 발생하기도 하죠. 이 장에서는 현명하게 하드 디스크를 사용하는 방법과 시스템에 문제가 발생했을 때 개인 자료는 그대로 유지하면서 시스템을 복구 및 복원하는 방법을 알아보겠습니다.

주요

Windows 10

하드 디스크 상태 확인하기

하드 디스크의 '속성' 창에서는 하드 디스크 상태를 확인할 수 있습니다. 시스템에 몇 개의 하드 디스크가 설치되었는지, 컴퓨터에 연결된 각 하드 디스크에서 사용할 수 있는 용량이 얼마인지 정확하게 알려면 '디스크 관리' 기능을 이용하세요.

하드 디스크의 속성

하드 디스크 영역에서 마우스 오른쪽 단추를 클릭하고 [속성]을 선택하면 하드 디스크의 상태가 보기 좋게 정리된 '속성' 대화상자가 표시됩니다.

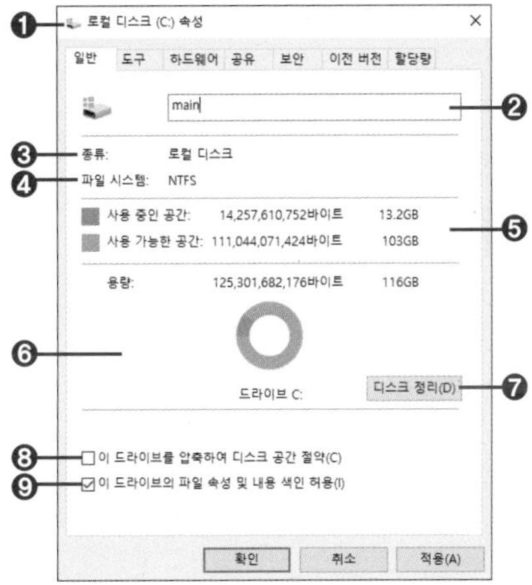

❶ **하드 디스크 이름(드라이브 문자)** : '속성' 대화상자의 제목 표시줄에 현재의 하드 디스크 이름과 드라이브 문자가 표시됩니다.

❷ 여기에 하드 디스크 이름(볼륨 이름)을 수정하면 하드 디스크에 새로운 이름이 적용됩니다.

❸ **종류** : 하드 디스크는 로컬 디스크로 표시됩니다. 이 외에 이동식 디스크가 있습니다.

❹ **파일 시스템** : 하드 디스크의 파일 시스템은 크게 NTFS와 FAT32로 나뉘어지는데, NTFS가 FAT32보다 파일이나 폴더의 권한 그리고 파일 압축, 암호화 등에서 뛰어납니다. 윈도우 비스타 이후에는 대부분 NTFS 형식으로 포맷되고 있습니다.

❺ **사용 중인 공간, 사용 가능한 공간** : 현재 하드 디스크에서 사용 중인 공간의 크기와 남은 공간의 크기를 표시합니다.

❻ **용량** : 하드 디스크의 전체 용량과 사용 중인 용량을 그래프로 보여줍니다.

❼ **디스크 정리** : 하드 디스크의 필요 없는 파일들을 정리할 수 있습니다. 디스크 정리에 대해서는 327쪽을 참고하세요.

❽ **이 드라이브를 압축하여 디스크 공간 절약** : 하드 디스크를 압축하여 좀 더 많은 디스크 공간을 사용할 수 있습니다. 부팅 파일이 있는 C 드라이브는 압축하지 마세요.

❾ **이 드라이브의 파일 속성 및 내용 색인 허용** : 디스크의 파일을 검색할 수 있도록 파일의 속성과 내용을 색인으로 만듭니다. 색인에 대해서는 140쪽을 참고하세요.

잠 깐 만 요

파일 탐색기의 탐색 창에서 [내 PC]를 선택하면 '장치 및 드라이브' 항목에 연결되어 있는 하드 디스크 드라이브를 확인할 수 있습니다.

디스크 관리하기

[시작] 단추(⊞)를 마우스 오른쪽으로 클릭하거나 ⊞+X를 눌러 '모빌리티 센터' 메뉴가 표시되면 [디스크 관리]를 선택합니다.

잠 깐 만 요

'모빌리티 센터 메뉴'란 자주 사용하는 시작 메뉴나 시스템 관련 설정들을 모아놓은 메뉴입니다.

'디스크 관리' 창이 나타나면서 시스템에 장착된 모든 저장 장치가 표시됩니다.

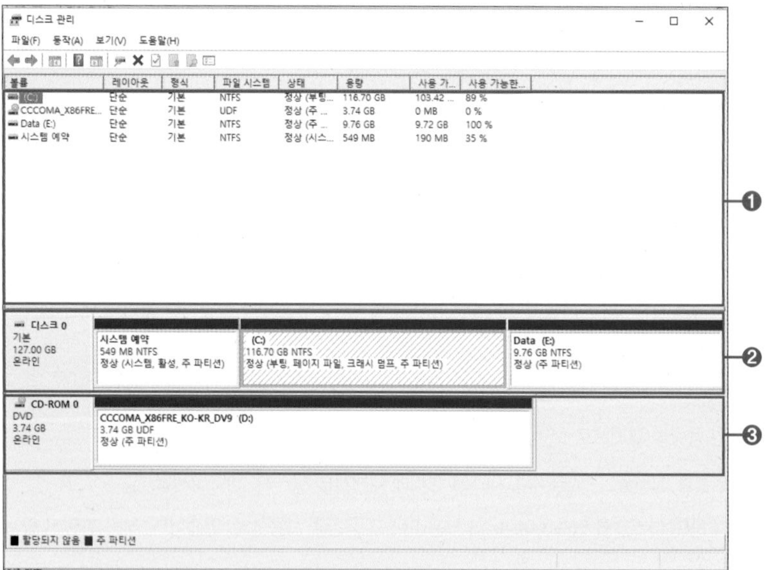

❶ 시스템에 설치되거나 연결된 디스크들이 나열됩니다. 디스크의 정보와 파일 시스템, 용량 등이 표시됩니다.

❷ 시스템에 설치된 하드 디스크의 크기와 상태가 표로 표시됩니다. 위의 디스크 목록에서 선택한 디스크에는 빗금으로 표시되어 다른 디스크와 구별됩니다.

❸ CD/DVD 드라이브나 외장 하드 디스크 등 시스템에 연결된 디스크 상태가 표시됩니다.

02 하드 디스크 정리하기

컴퓨터를 사용하며 앱을 설치하거나 인터넷을 사용할 때, 생성되는 임시 파일이나 인터넷 임시 인터넷 파일 등의 불필요한 파일들은 하드 디스크 여기저기 쌓이게 됩니다. 이런 파일들을 정리하면 불필요하게 차지했던 하드 디스크의 공간을 확보할 수 있고 하드 디스크를 좀 더 빠르게 사용할 수 있습니다.

01 작업 표시줄의 [Windows 검색] 상자에 '디스크' 또는 '디스크 정리'를 입력한 뒤, 검색 결과 중 맨 위에 있는 [디스크 정리]를 선택합니다.

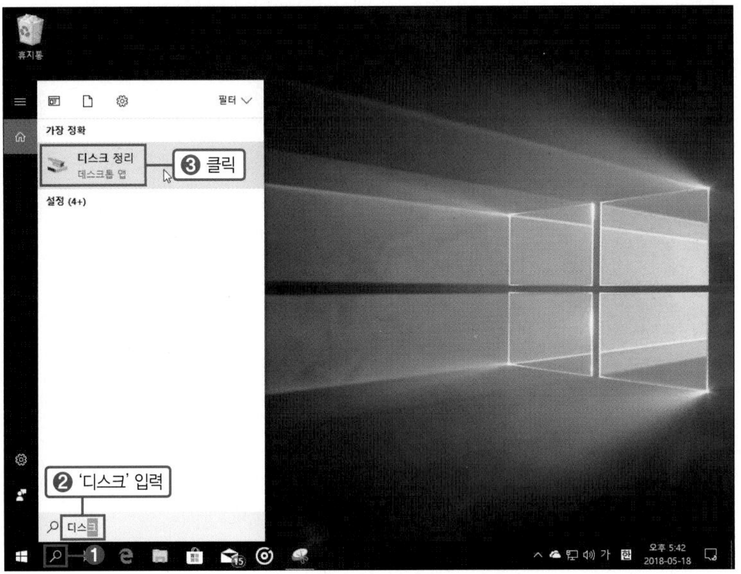

02 '디스크 정리 : 드라이브 선택' 대화상자가 나타나면 시스템에 설치된 하드 디스크 드라이브 중에서 정리할 드라이브를 선택하고 [확인]을 클릭합니다.

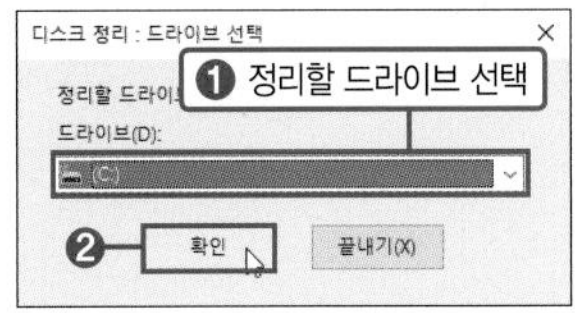

03 '디스크 정리' 대화상자가 나타난 뒤, 하드 디스크 공간을 얼마나 비울 수 있는지 계산하기 시작하면 잠시 기다립니다.

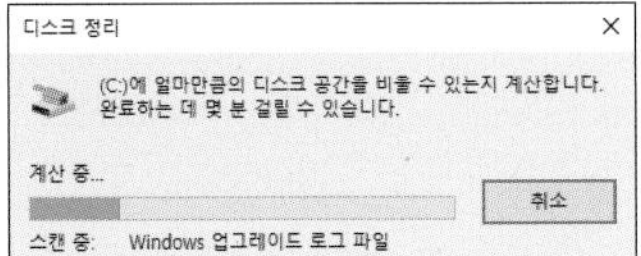

04 '삭제할 파일'에 삭제할 파일 목록이 표시되면 삭제할 파일들을 체크하고 [확인]을 클릭합니다.

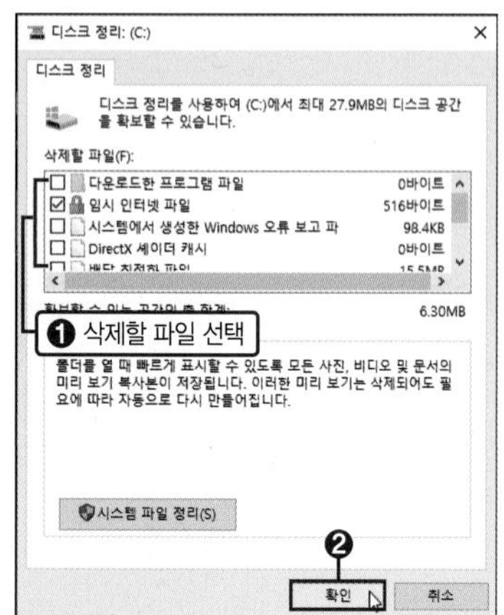

잠깐만요

각 항목을 클릭하면 선택한 파일에 대한 간단한 설명이 표시되므로 삭제할지 결정하는 데 도움이 됩니다.

05 확인 메시지 창이 나타나면 [파일 삭제]를 클릭하여 디스크 정리를 시작합니다.

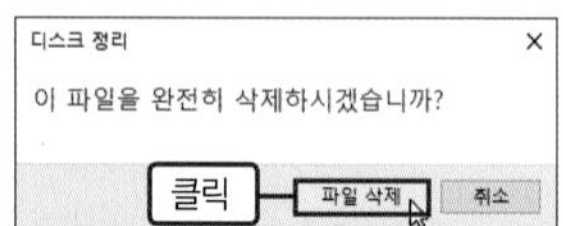

전문가의 조언 파일 탐색기에서 디스크 정리하기

파일 탐색기의 탐색 창에서 [내 PC]를 선택하면 오른쪽의 파일 영역에 사용 중인 하드 디스크 드라이브가 표시됩니다. 이 중에서 정리할 하드 디스크를 클릭하고 [드라이브 도구]의 [관리] 탭 - [관리] 그룹에서 [정리]를 선택하면 디스크 정리를 실행할 수 있습니다.

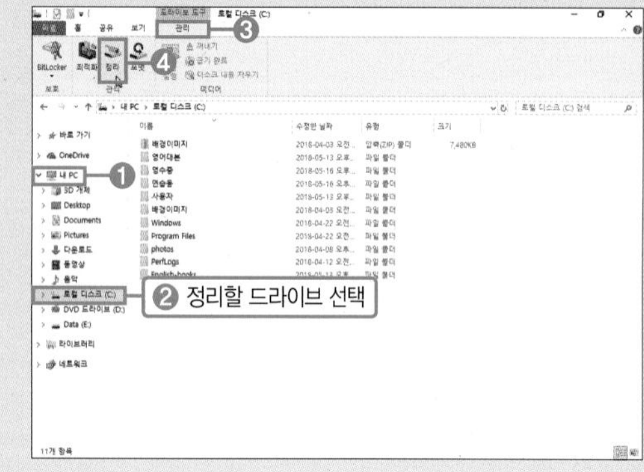

주요 Windows 10

03 드라이브 조각 모음 및 최적화하기

하드 디스크에 앱이나 자료가 저장될 때는 하드 디스크 공간에 순서대로 차곡차곡 저장되는 것이 아니라 빈 공간에 조금씩 나누어 저장됩니다. 그래서 삭제와 기록이 반복될수록 여기저기 새로운 데이터가 흩어져서 저장되므로 그만큼 자료를 처리하는 속도가 느려집니다. 이때 같은 자료가 서로 가까이 있도록 해 주는 것을 '드라이브 조각 모음'이라고 합니다.

최적화 시작하기

작업표시줄의 [Windows 검색] 상자에 '조각' 또는 '최적화'를 입력한 후 [드라이브 조각 모음 및 최적화]를 선택합니다.

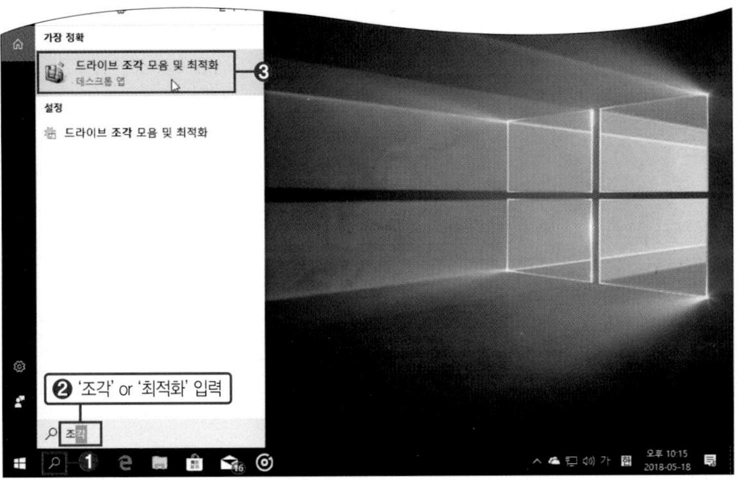

'드라이브 최적화' 대화상자가 나타나면서 시스템에 있는 디스크가 표시됩니다. 윈도우 10에서는 자동으로 조각 모음과 최적화를 실행하고 있어서 대부분 최근에 최적화되어 있습니다. 최적화가 필요하다고 표시된 드라이브가 있으면 해당 드라이브를 선택하고 [최적화]를 클릭합니다. 최적화하는 동안 하드 디스크의 용량이나 크기에 따라 소요 시간이 오래 걸릴 수도 있습니다.

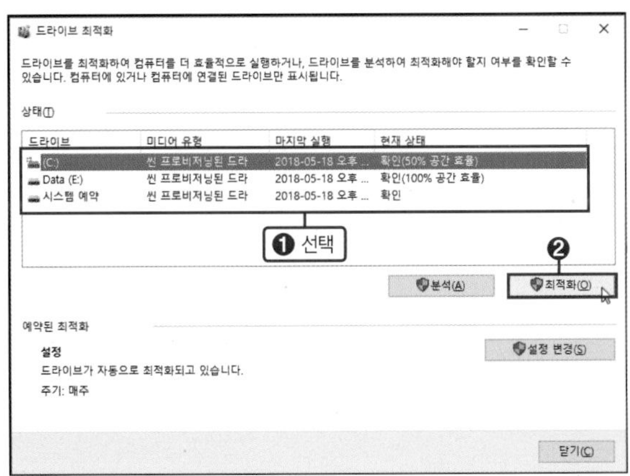

최적화 설정 변경하기

윈도우 10에서는 일정 기간마다 드라이브 조각 모음과 최적화를 예약해서 실행하는데, 관련 내용을 확인하려면 [설정 변경]을 클릭합니다.

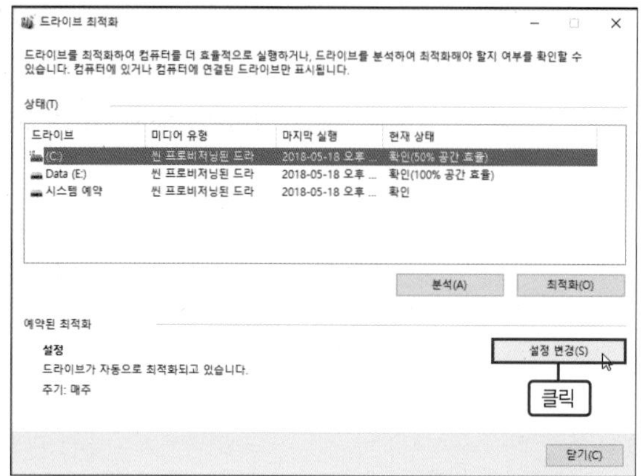

'드라이브 최적화' 창이 나타나면 최적화를 실행하기 위해 예약 빈도와 드라이브를 바꿀 수 있습니다.

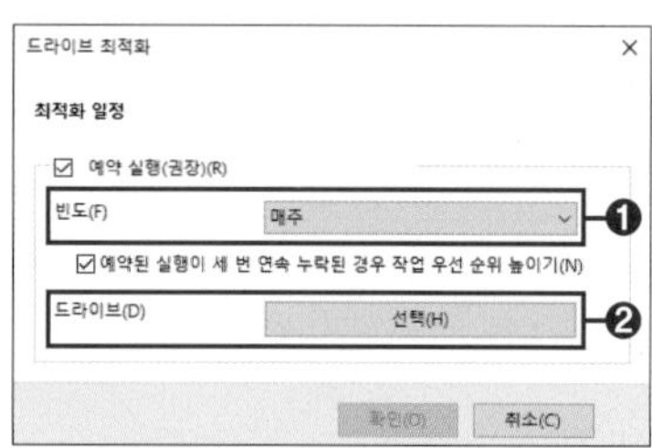

❶ **빈도** : 목록을 펼친 후 얼마 만에 한 번씩 최적화시킬 것인지 선택합니다.

❷ **드라이브** : 기본적으로 시스템의 모든 드라이브가 최적화 대상입니다. 일부 드라이브에만 실행하려면 [선택]을 클릭하고 최적화하려는 드라이브를 선택합니다.

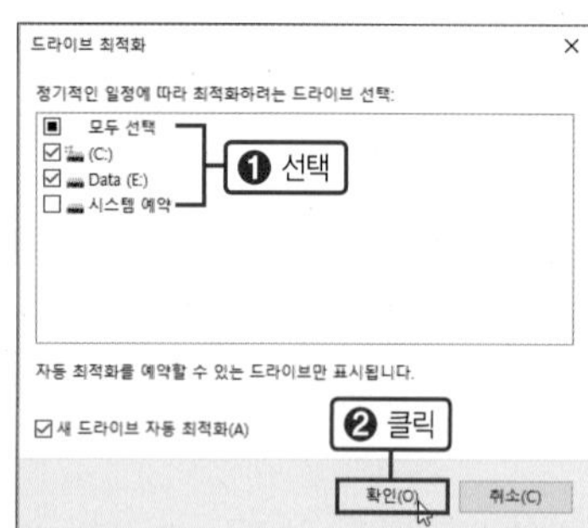

무따기 Windows 10

104 하드 디스크 분할하기

사용 중인 하드 디스크에 저장 공간이 많이 남아있으면 윈도우 10의 '디스크 관리' 기능을 이용해 두 개의 공간으로 분할할 수 있는데, 이것을 흔히 '파티셔닝(partitioning)'이라고 합니다. 단 관리자로 로그인했을 경우에만 하드 디스크의 분할이 가능합니다.

01 [시작] 단추를 마우스 오른쪽으로 클릭하거나 ⊞+X를 눌러 '모빌리티 센터' 메뉴가 나타나면 [디스크 관리]를 선택합니다.

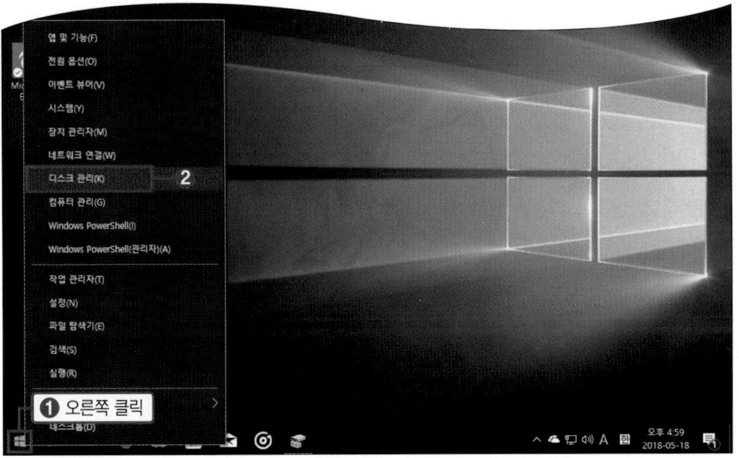

02 '디스크 관리' 창이 나타나면 하드 디스크의 남은 용량을 확인하고 어떤 하드 디스크를 분할할 것인지 결정합니다. 분할할 하드 디스크 영역에서 마우스 오른쪽 단추를 클릭하고 [볼륨 축소]를 선택합니다.

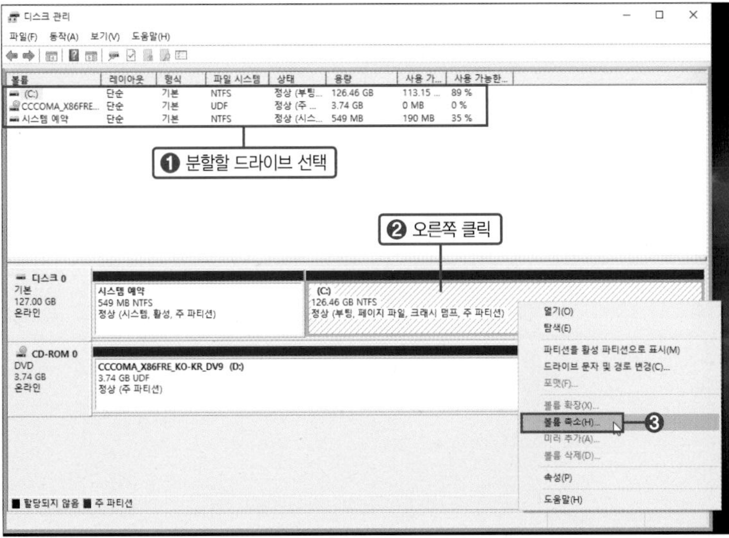

03 하드 디스크의 크기를 계산하는데 약간의 시간이 필요합니다. '축소' 대화상자가 나타나면 전체 크기와 사용할 수 있는 축소 공간 크기가 표시됩니다. 여유 공간을 모두 축소하거나 원하는 크기를 지정할 수도 있습니다. 축소할 공간을 입력했으면 [축소]를 클릭합니다.

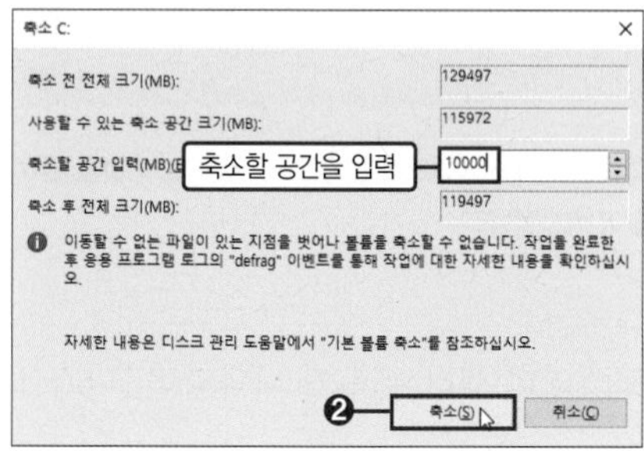

잠깐만요 1024MB는 1GB입니다. 대략 1000MB를 1GB로 생각하면 쉽습니다.

04 잠시 기다리면 선택했던 하드 디스크의 영역이 진한 파란색으로 표시된 '정상' 영역과 검은색의 '할당되지 않음' 영역, 두 개의 영역으로 분할되어 표시됩니다. '할당되지 않음' 영역은 파티션을 만들고 포맷해야만 사용할 수 있는 '정상' 영역으로 바뀌는데, '할당되지 않음' 영역에서 마우스 오른쪽 단추를 클릭하고 [새 단순 볼륨]을 선택합니다.

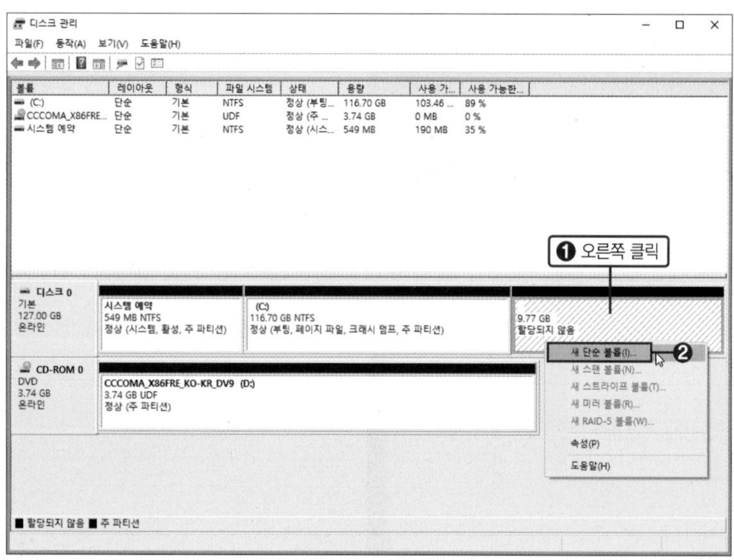

05 '단순 볼륨 만들기 마법사'가 실행되면 [다음]을 클릭합니다. 파티션의 크기를 지정하라는 대화상자가 나타나면 처음에 지정했던 크기만큼 최대 공간으로 지정된 것을 확인하고 [다음]을 클릭합니다.

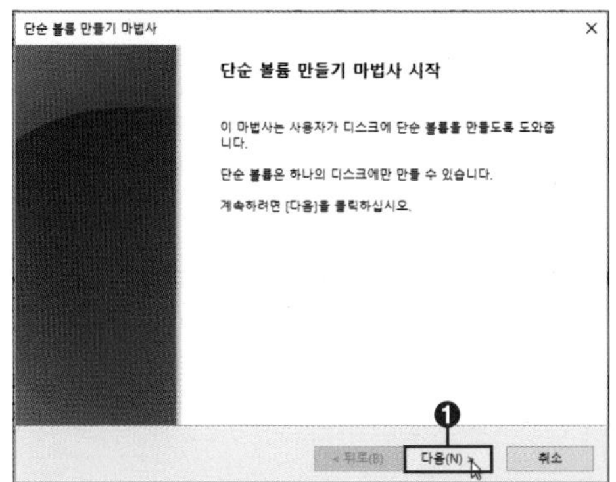

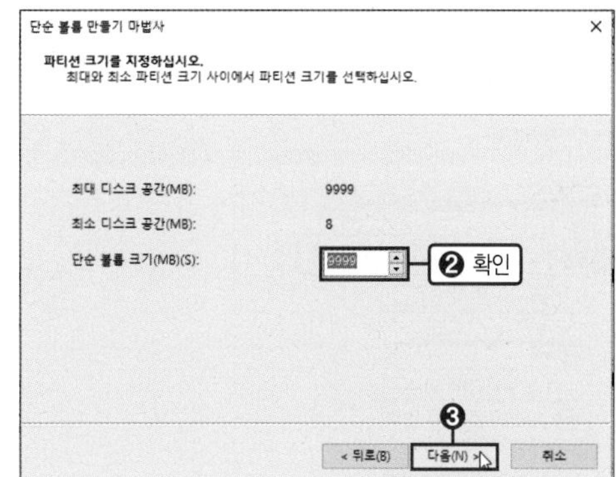

06 드라이브 문자나 경로를 할당하는 대화상자가 나타나면 [드라이브 문자 할당]이 선택되어 있는지 확인하고 [다음]을 클릭합니다.

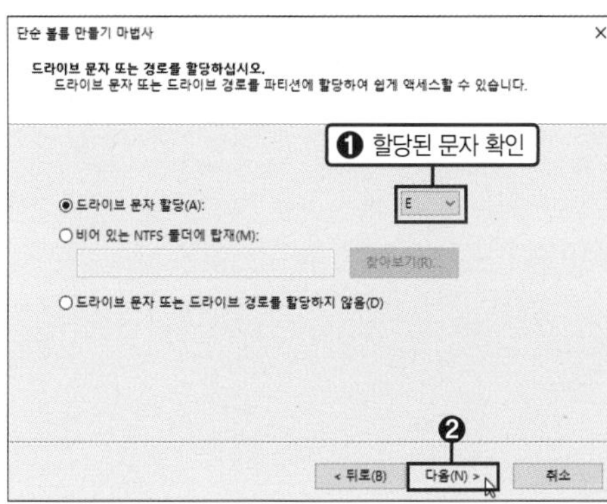

07 파티션 포맷을 지정하는 대화상자가 나타나면 파일 시스템과 할당 단위 크기가 자동으로 지정되는 [이 볼륨을 다음 설정으로 포맷]을 선택하고 '파일 시스템'에서 [NTFS]를 선택합니다. '볼륨 레이블'에 원하는 이름을 입력하고 [다음]을 클릭합니다.

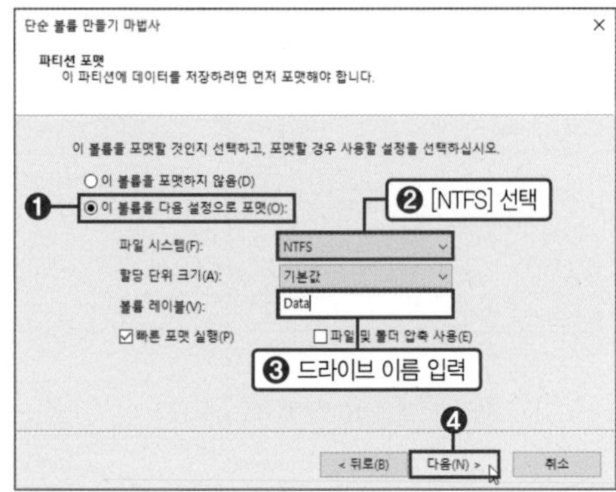

08 단순 볼륨 만들기 마법사가 완료되었으면 [마침]을 클릭합니다.

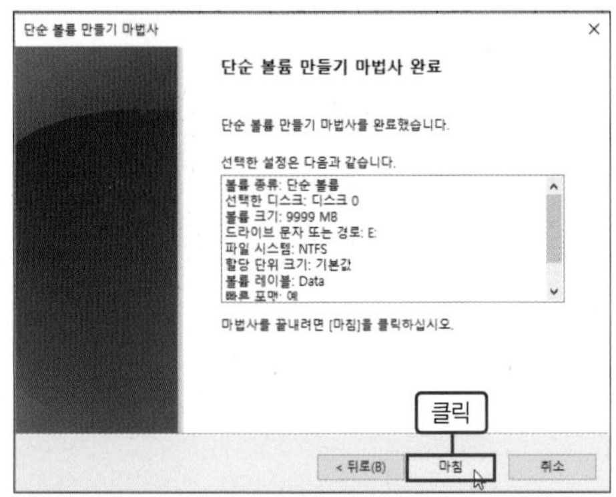

09 잠시 기다리면 파티션과 포맷이 끝나고 앞에서 지정한 볼륨 레이블이 표시됩니다.

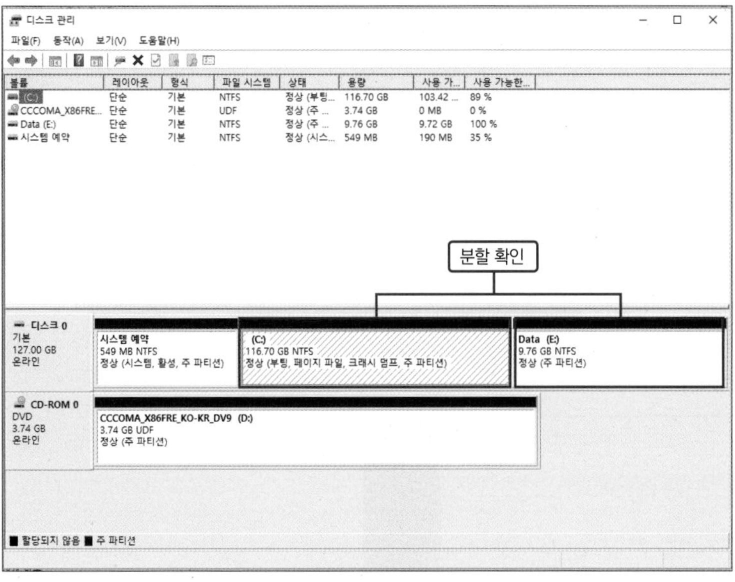

전문가의 조언 전 안되는데요?

만일 "팩 이름이 잘못되었습니다."라는 메시지와 함께 단순 볼륨 만들기 마법사가 완료되지 않는다면 컴퓨터 이름이 한글로 되어 있는지 확인해보세요. 컴퓨터 이름이 한글일 경우 이런 오류가 발생할 수 있습니다. 컴퓨터 이름을 바꾸는 방법은 353쪽을 참고하세요. 또한 하드 디스크의 종류에 따라 한 개의 하드 디스크를 4개 이상 분할 할 수 없으니 꼭 참고하세요.

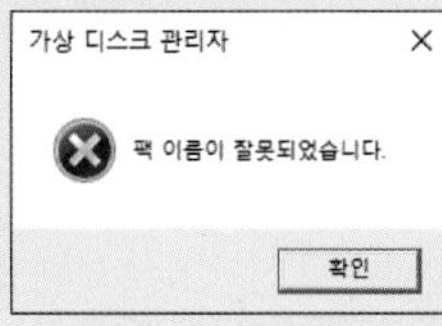

무따기 Windows 10

105 분할된 하드 디스크를 하나로 합치기

윈도우 10의 '디스크 관리' 기능을 이용하면 여러 개로 나누어서 사용하던 하드 디스크를 합쳐서 큰 공간을 만들 수 있습니다. 단, 파티션을 하나로 합치면 없어지는 파티션에 있던 자료가 모두 삭제되므로 파티션을 합치기 전에 중요한 자료를 미리 백업해야 합니다.

01 ⊞+X를 눌러 [디스크 관리]를 선택합니다. 합칠 하드 디스크 중 없앨 하드 디스크 영역을 마우스 오른쪽 단추로 클릭한 후 [볼륨 삭제]를 선택합니다.

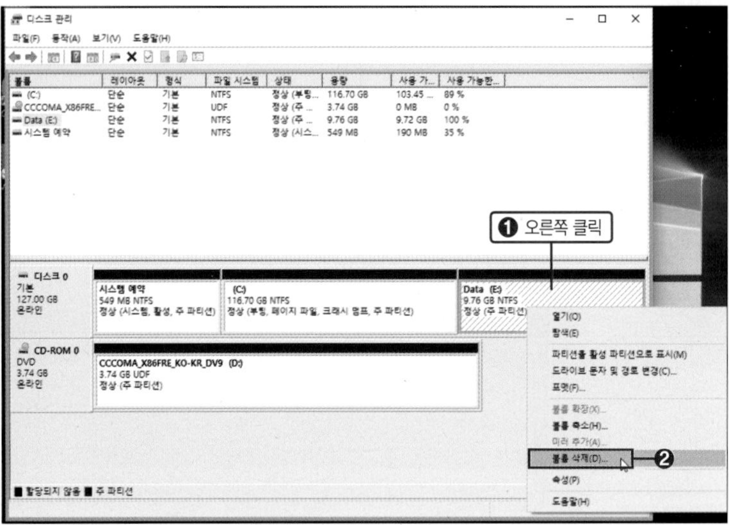

02 삭제할 볼륨에 있던 데이터가 모두 삭제된다는 메시지 창이 나타나면 [예]를 클릭합니다.

잠 깐 만 요

[볼륨 삭제]를 선택하면 해당 하드 디스크에 있던 모든 데이터가 삭제되니 합칠 하드 디스크 중 없앨 하드 디스크에 백업해야 할 데이터는 없는지 꼭 확인하세요.

03 선택했던 영역이 '할당되지 않음' 영역으로 바뀌면 합칠 디스크인 진한 파란색의 활성화 영역을 마우스 오른쪽 단추를 클릭하고 [볼륨 확장]을 선택합니다.

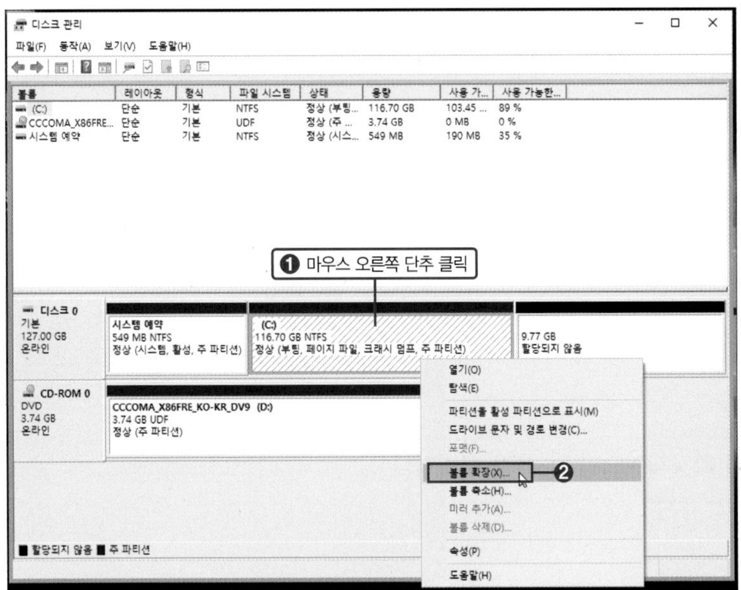

04 '볼륨 확장 마법사' 대화상자가 나타나면 [다음]을 클릭합니다.

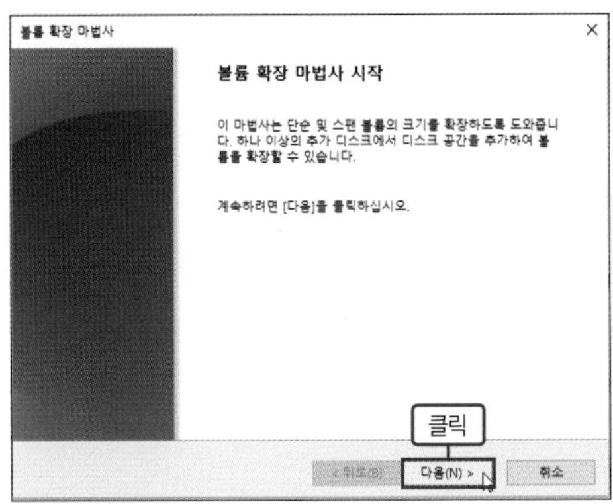

05 '선택' 항목에 표시된 디스크는 '볼륨 삭제'로 삭제된 디스크 입니다. 이 영역을 모두 삭제하려면 [다음]을 클릭합니다.

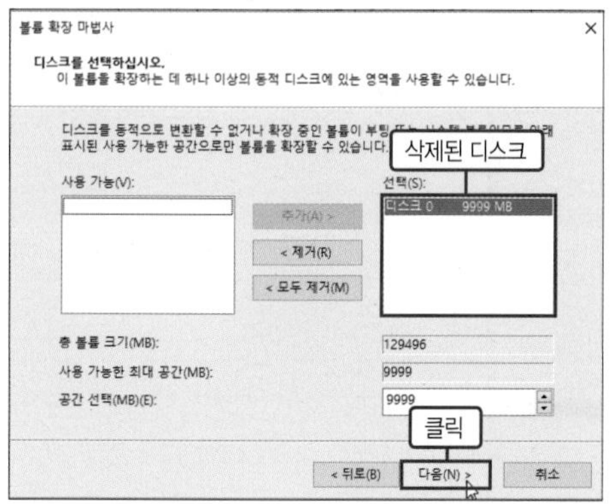

잠깐만요

'볼륨 삭제'로 삭제한 디스크의 일부만 합치려면 '공간 선택' 부분에 원하는 크기만큼 입력합니다. 이후 남은 디스크 영역은 '새 단순 볼륨'으로 분할할 수 있습니다.

06 선택한 영역을 삭제하고 볼륨이 확장되었으면 [마침]을 클릭합니다.

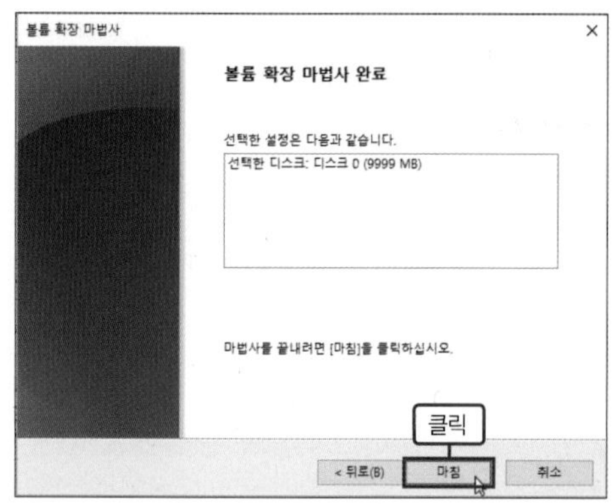

07 '디스크 관리' 창으로 되돌아오면 두 개로 분할되었던 하드 디스크가 하나로 합쳐진 것을 확인할 수 있습니다.

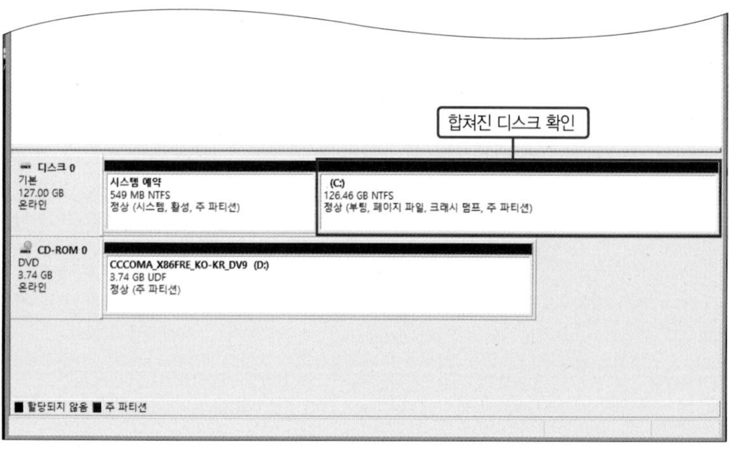

주요 Windows 10

06 작업 관리자 시작하기

'작업 관리자' 창에서는 현재 시스템에서 실행 중인 앱과 서비스 등을 보기 쉽게 표시해 줍니다. 이전 버전의 윈도우에 있던 작업 관리자와 달리 윈도우 10의 작업 관리자는 앱뿐만 아니라 리소스 사용이나 실행 중인 작업의 정보를 쉽게 찾을 수 있고 직관적인 표현으로 이해하기도 쉽습니다.

작업 관리자 시작하기

[시작] 단추(⊞)를 마우스 오른쪽으로 클릭한 후 [작업 관리자]를 선택합니다. '작업 관리자' 창은 이전 버전의 윈도우에서 보았던 창보다 매우 간단한 모습으로, 현재 실행 중인 앱들이 표시됩니다. '작업 관리자' 창에서 왼쪽 아래에 있는 [자세히]를 클릭하면 '작업 관리자' 창이 바뀌면서 여러 개의 탭이 함께 표시됩니다.

잠깐만요

Ctrl+Alt+Del를 눌러도 [작업 관리자]를 실행할 수 있습니다.

[프로세스] 탭 : 현재 실행 중인 앱이 사용하는 CPU와 메모리, 하드 디스크에서 차지하는 양, 사용하는 네트워크 등이 %로 표시됩니다. 각각의 열 이름을 클릭하면 클릭한 열 이름을 기준으로 오름차순이나 내림차순으로 정렬할 수 있습니다.

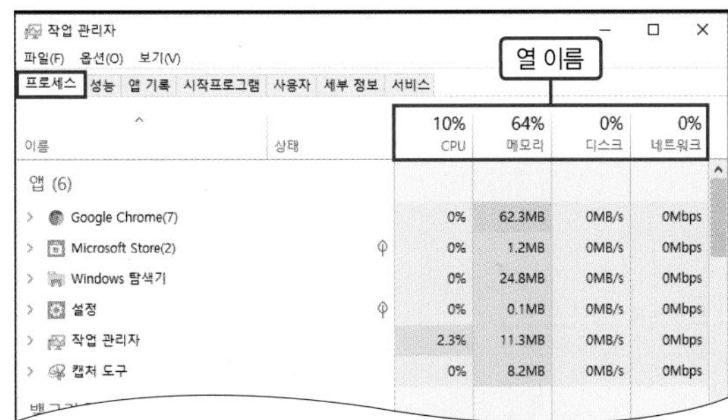

전문가의 조언 **'백그라운드 프로세스'와 'Windows' 프로세스**

'작업 관리자' 창의 메뉴 중 [보기] – [유형별 분류]를 선택하면 '앱', '백그라운드 프로세스', 'Windows 프로세스'로 구분된 목록이 표시됩니다. '백그라운드 프로세스'는 화면에 드러나지 않지만 컴퓨터나 앱을 실행하기 위해 실행되고 있는 프로그램들이고, 'Windows 프로세스'들은 윈도우를 사용하기 위해 필요한 프로그램들이므로 '백그라운드 프로세스'와 'Windows 프로세스' 부분은 건드리지 않는 것이 좋습니다.

[성능] 탭 : 현재 시스템의 CPU와 메모리, 하드 디스크 같은 시스템 자원을 얼마나 사용하는지 그래프로 확인할 수 있습니다. 시스템이 눈에 띄게 느려지면 '성능' 탭에서 CPU의 사용량과 메모리 사용량을 체크해 보는 것이 좋습니다.

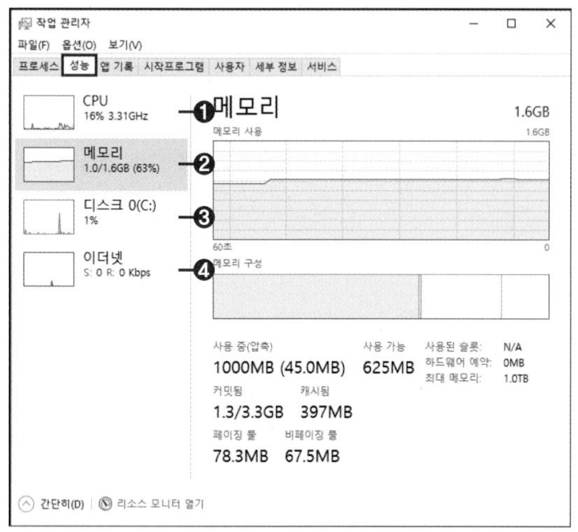

잠깐만요

페이징(paging)이란 시스템 메모리(RAM)를 보조하기 위해 하드 디스크의 일부를 메모리인 것처럼 사용하는 가상 메모리를 만드는 것입니다.

❶ **CPU** : 현재 CPU 사용량과 실제 CPU 사용 현황이 그래프로 표시됩니다.

❷ **메모리** : 메모리 사용량을 그래프로 표시하고 속도를 알려줍니다. 메모리 사용량은 페이징에 사용되는 크기와 페이징 되지 않는 크기로 나뉘어 표시됩니다.

❸ **디스크** : 연결된 외장 디스크를 포함하여 각 디스크의 용량, 응답 시간과 읽기 속도, 쓰기 속도 등이 표시됩니다. 화면 오른쪽 위에는 디스크의 제조업체와 종류가 표시됩니다.

❹ **이더넷 또는 Wi-Fi**: 이더넷(유선 랜)이나 Wi-Fi로 연결했을 경우 네트워크에서의 업로드 속도와 다운로드 속도 등이 표시됩니다. 이 밖에 블루투스(Bluetooth)가 연결되어 있으면 그 부분에 대한 정보도 표시됩니다.

[앱 기록] 탭 : 사용자 계정을 등록한 이후 특정 기간 동안 앱을 사용한 현황이 표시됩니다.

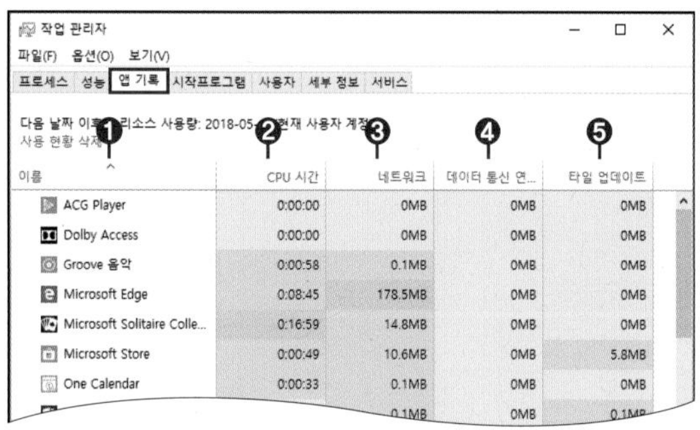

❶ **이름** : 앱 이름

❷ **CPU 시간** : CPU에서 앱 실행에 사용한 시간

❸ **네트워크** : 업로드와 다운로드를 포함해 네트워크를 사용한 양

❹ **데이터 통신 연결** : 3G로 접속하여 사용한 데이터 양

❺ **타일 업데이트** : 앱이 라이브 타일을 사용할 경우 라이브 타일에 사용한 데이터 양

[시작 프로그램] 탭 : 윈도우를 시작할 때 자동으로 함께 시작하는 프로그램입니다.

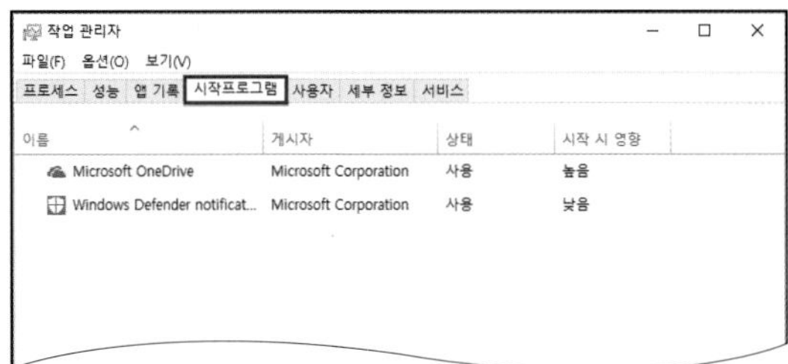

[사용자] 탭 : 현재 사용 중인 사용자 계정이 표시됩니다.

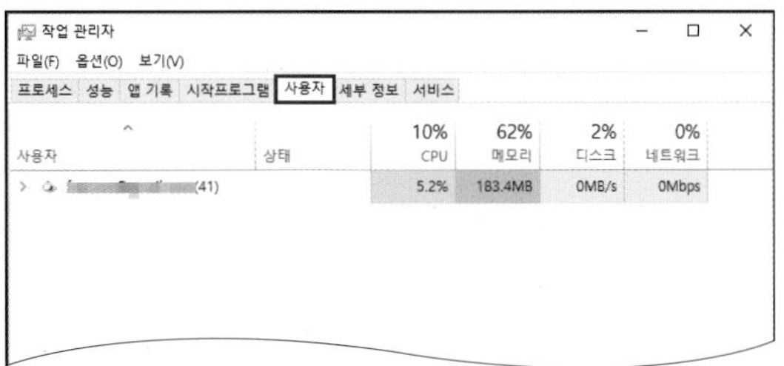

[세부 정보] 탭 : 현재 실행 중인 모든 프로세스와 사용 중인 자원 현황이 표시됩니다.

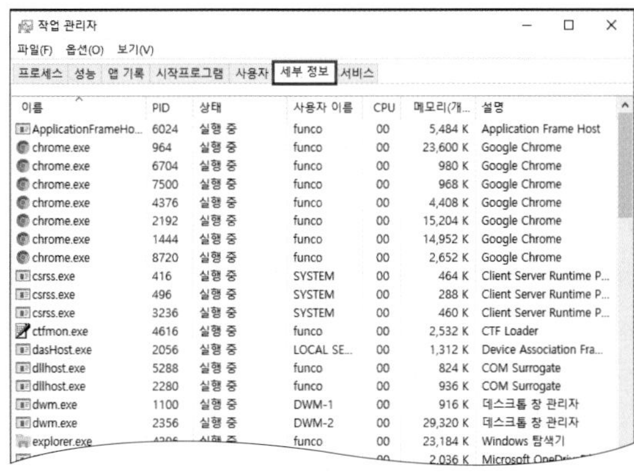

[서비스] 탭 : 윈도우에서 사용할 수 있는 서비스가 표시됩니다.

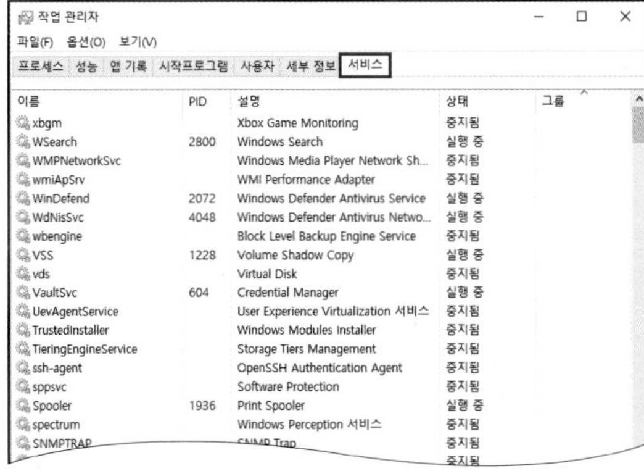

주요 Windows 10

07 실행 중인 앱 강제 종료하기

윈도우 10에서 앱을 사용하다 보면 갑자기 '응답 없음'이라는 표시와 함께 앱에서 어떤 명령도 사용할 수 없고 앱을 종료할 수도 없을 때가 있습니다. 이 경우에는 작업 관리자에서 앱을 강제로 종료해야 합니다.

방법 1 앱 이름을 알고 있을 때 종료하기

⊞+X를 누른 후 [작업 관리자]를 선택하면 현재 실행 중인 앱들이 표시됩니다. 종료할 앱을 선택한 후 [작업 끝내기]를 클릭합니다.

방법 2 메모리를 많이 사용하는 앱 종료하기

'작업 관리자' 창에서 [자세히]를 클릭합니다. '작업 관리자' 창의 위쪽에는 'CPU'나 '메모리', '디스크', '네트워크'의 열 이름은 각 앱이 차지하는 CPU 사용량, 메모리 용량 등을 나타낸 것입니다. 만일 메모리를 많이 차지하는 앱을 종료하려면 [메모리] 열 이름을 클릭해 사용하는 메모리 용량이 큰 것부터 정렬할 수 있습니다. 메모리를 많이 차지하는 앱 중에서 종료할 앱을 선택한 후 [작업 끝내기]를 클릭합니다.

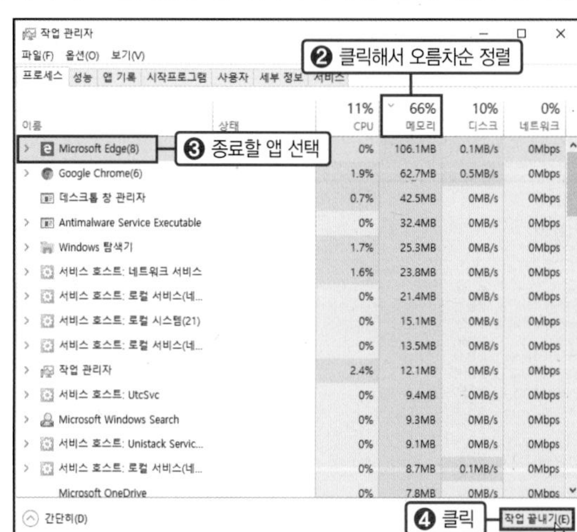

무따기 Windows 10

108 시작프로그램 실행 중지하기

윈도우를 부팅하고 사용자 계정으로 로그인하는 동안 자동으로 실행되는 프로그램을 '시작프로그램'이라고 하는데 다양한 앱을 설치하다 보면 사용자가 지정하지 않은 앱도 시작 프로그램에 계속 추가되어 부팅 시간이 오래 걸릴 수 있습니다. 이번에는 시작프로그램들 중에서 불필요한 프로그램의 실행을 멈춰보겠습니다.

01 '작업 관리자' 창에서 [시작프로그램] 탭을 클릭하면 윈도우가 부팅될 때 사용되는 다양한 앱이 나열되어 있습니다. '상태' 열은 현재 시작프로그램이 사용 중인지 아닌지를 나타내고 '시작 시 영향' 열은 윈도우 시작에 얼마나 영향을 미치는지 알려줍니다. 시작프로그램 중 중지할 프로그램이 있다면 시작 시 영향을 확인하고 중지할 프로그램을 선택한 뒤 [사용 안 함]을 클릭합니다

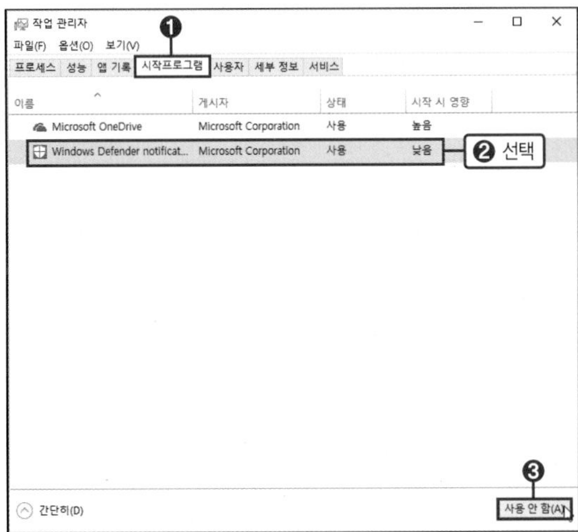

02 사용이 중지된 시작프로그램은 '상태' 열에 '사용 안 함'이라고 표시됩니다.

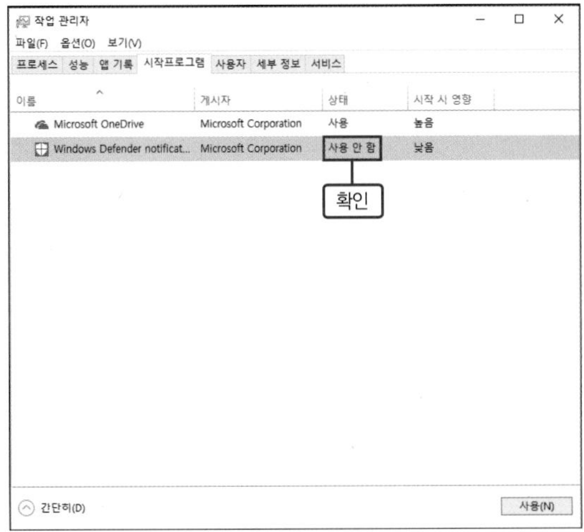

19장

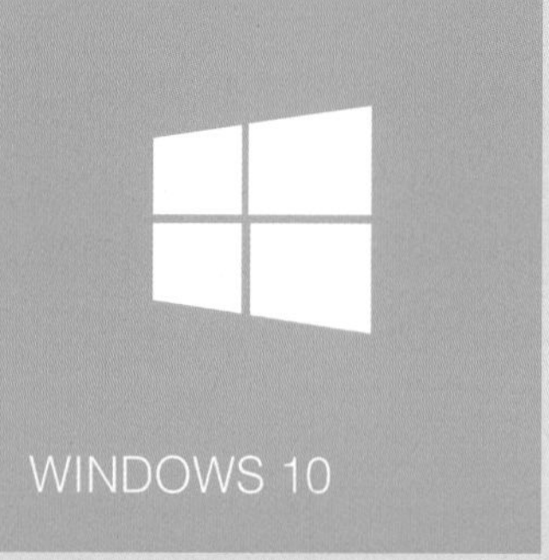

네트워크 및 보안 유지하기

업무용으로 들고 다니는 노트북과 집에 있는 데스크톱 컴퓨터, 이렇게 두 대 이상의 컴퓨터를 사용하는 사용자가 많아지고 있습니다. 게다가 무선 네트워크로 태블릿 PC까지 연결하면 한 집의 네트워크도 작은 규모가 아닙니다. 이번 장에서는 집 안의 네트워크를 통해 윈도우 10을 이용하는 노트북과 데스크톱 PC를 연결하는 방법과 네트워크 상의 컴퓨터와 파일과 폴더를 공유하는 방법에 대해 알아보겠습니다.

주요 Windows 10

09 윈도우와 네트워킹

두 대 이상의 컴퓨터를 연결하여 서로 정보를 교류하는 것을 '컴퓨터 네트워크(computer network)'라고 합니다. 회사나 학교에서는 여러 대의 컴퓨터를 사용하므로 모든 컴퓨터들이 네트워크로 연결된 경우가 많은데, 집에서도 이렇게 네트워크를 구축할 수 있습니다.

네트워크의 장점

새 컴퓨터를 장만했어도 이전에 사용하던 컴퓨터가 심하게 고장 나지 않았으면 대부분 연습용이나 문서 작성용으로 사용할 것입니다. 두 대의 컴퓨터를 따로따로 이용하는 것이기 때문에 한 쪽 컴퓨터에서 작업한 내용을 다른 컴퓨터에서 사용하려면 USB 같은 이동식 저장 장치에 담아 옮겨서 사용해야 합니다. 하지만 두 대의 컴퓨터를 네트워크로 연결하면 작업이 훨씬 쉬워집니다.

업무용으로 회사에서 사용하는 노트북을 집으로 가져오면 집 안에 구축된 네트워크에 연결한 후 집의 컴퓨터에 연결된 프린터에서 노트북의 파일을 인쇄할 수 있습니다. 윈도우 태블릿도 윈도우 운영체제를 사용하는 컴퓨터와 쉽게 네트워크로 연결할 수 있습니다. 그렇다면 네트워크를 이용했을 때 무엇이 편리할까요?

① 파일을 공유할 수 있습니다.

한 컴퓨터에 저장된 파일을 다른 컴퓨터에서도 사용할 수 있습니다. 거실에 있는 컴퓨터에 문서를 저장해 두었는데 다른 가족이 거실 컴퓨터를 사용하고 있다면 노트북으로 거실 컴퓨터에 접속해 작업하던 파일을 열어보고 수정할 수 있습니다.

② 주변 장치를 함께 사용할 수 있습니다.

프린터나 스캐너 등의 주변 장치를 하나의 컴퓨터에만 연결하면 네트워크에 있는 다른 컴퓨터에서도 그 주변 장치를 함께 사용할 수 있습니다.

③ 네트워크 방식 프로그램을 활용할 수 있습니다.

데이터베이스나 일정 프로그램에서 같은 정보를 여러 사람들이 동시에 수정할 수 있습니다. 각 사용자가 수정한 프로그램은 즉시 반영되어 다른 사용자가 사용할 수 있습니다.

④ 인터넷을 함께 사용할 수 있습니다.

허브와 공유기를 사용하면 여러 컴퓨터에서 동시에 인터넷을 사용할 수 있어서 경제적입니다.

간단한 네트워크 흐름도

가정에서 네트워크를 구성할 때는 집 안의 여러 컴퓨터를 연결해서 함께 사용하는 것과 모든 컴퓨터에서 인터넷을 사용할 수 있어야 한다는 조건을 모두 만족시켜야 합니다. 아직 직접 네트워크를 구성해 보지 않았다면 다음의 그림을 먼저 살펴보겠습니다.

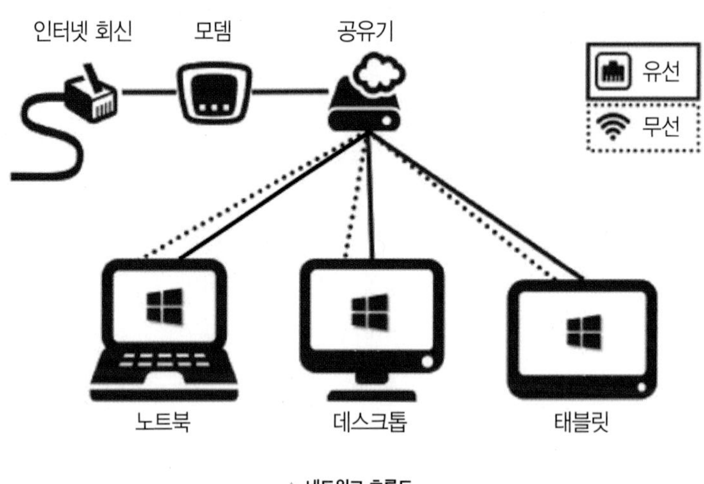

▲ 네트워크 흐름도

각 가정으로 연결된 인터넷 서비스는 '모뎀'이라는 장비를 통해 사용자 컴퓨터로 연결됩니다. 만약 컴퓨터를 한 대만 이용한다면 곧바로 모뎀과 컴퓨터를 연결하면 간단합니다. 하지만 컴퓨터가 두 대 이상이면 모뎀 외에 '인터넷 공유기'라는 장치가 필요합니다.

모뎀은 한 대의 컴퓨터만 연결하게 되어 있고 인터넷 서비스 업체에서 서비스 기간 동안 대여해 주기 때문에 여러 개의 인터넷 회선으로 나누어주는 공유기가 필요합니다. 모뎀과 공유기를 연결하면 모뎀에서 나온 인터넷 회선이 공유기로 들어가고 공유기에서는 해당 회선을 받아 세 개나 네 개 또는 그 이상의 회선으로 만들어 주는데, 이렇게 공유기에서 연결할 수 있는 회선을 '포트(port)'라고 합니다. 예를 들어 4포트 공유기는 네 개의 유선 연결이 가능한 공유기라는 의미입니다. 위의 그림의 경우 공유기에서 실선으로 연결된 데스크톱이나 노트북은 유선, 즉 네트워크 케이블로 연결된다는 뜻입니다.

최근에는 태블릿 뿐만 아니라 대부분의 노트북에 무선 랜카드가 내장되어 있어서 네트워크 케이블 없이도 공유기에 연결할 수 있습니다. 공유기를 통해 데스크톱 PC와 노트북, 태블릿을 연결하면 그 자체로 하나의 네트워크가 됩니다. 공유기를 중심으로 각 기기들이 연결되는 것이죠. 그리고 모뎀과 공유기가 연결되기 때문에 네트워크에 있는 컴퓨터들은 모두 인터넷에 접속할 수 있습니다.

가정에서도 두 대 이상의 컴퓨터로 네트워크를 만들려면 공유기가 필요합니다. 그것도 무선 네트워크와 유선 네트워크가 모두 가능해야 하는데, 이런 공유기를 '유무선 공유기'라고 합니다. 따라서 가정에서도 유무선 공유기만 있으면 쉽게 네트워크를 만들 수 있습니다.

네트워크 구성에 필요한 장비

가정용 네트워크는 크게 복잡한 것이 없기 때문에 이제부터 설명하는 몇 가지 장비만 있으면 간단히 네트워크를 만들 수 있습니다.

❶ **랜카드** : 네트워크는 크게 네트워크 케이블을 이용하는 '유선 네트워크('이더넷'이라고도 함)'와 케이블 없이 전파로 연결하는 '무선 네트워크'로 나뉘어집니다. 스마트폰이나 태블릿에서 사용하는 Wi-Fi 연결이 대표적인 무선 네트워크입니다.

❷ **인터넷 공유기** : 인터넷 공유기는 인터넷 서비스 회사에서 제공하는 하나의 인터넷 회선을 여러 개로 나눠주는 장비입니다. 인터넷 공유기와 각 컴퓨터의 랜카드를 연결하면 각 컴퓨터가 따로 인터넷을 사용할 수 있습니다. 최근에는 유선 네트워크와 무선 네트워크를 모두 지원하는 유무선 공유기를 주로 사용합니다.

❸ **네트워크 케이블** : 네트워크 케이블은 컴퓨터에 있는 랜 카드 공유기를 연결하는 통신선입니다. 'UTP (Unshielded Twisted Pair) 케이블'이나 '랜 케이블'이라고도 부릅니다.

인터넷 공유기로 컴퓨터 연결하기

인터넷 공유기를 이용하면 두 대 이상의 컴퓨터에서 인터넷을 사용할 수 있고 인터넷 공유기를 중심으로 네트워크가 만들어집니다. 따라서 여러 대의 컴퓨터를 네트워크로 구축하면서 인터넷도 공유하려면 인터넷 공유기를 사용하는 것이 가장 쉬운 방법입니다. 참고로, 윈도우 8.1까지 네트워크를 구성하기 위해 사용하던 '홈 그룹' 기능은 윈도우 10에서 더 이상 사용하지 않습니다.

인터넷 공유기에는 허브(hub)의 기능이 있어서 하나의 IP 주소를 받아 여러 개의 가상 IP 주소를 만들기 때문에 인터넷 공유기에 연결된 여러 대의 컴퓨터에서 동시에 인터넷을 사용할 수 있습니다.

잠 깐 만 요

국내 인터넷 서비스 업체에서는 하나의 인터넷 회선에 2대까지만 컴퓨터와 노트북을 사용할 수 있도록 제한하고 있습니다. 자세한 정보는 가입한 인터넷 업체 사이트에서 확인하시기 바랍니다.

IP 주소란, 인터넷에서 각 컴퓨터를 구별하기 위해 컴퓨터마다 부여하는 고유 번호입니다. 보통 가정에서 초고속 인터넷 서비스를 신청하면 각 가입자마다 한 개의 IP 주소를 부여받는데, 인터넷 공유기를 사용하면 하나의 IP 주소를 여러 개의 IP 주소인 것처럼 속여서 동시에 여러 대의 컴퓨터로 인터넷을 사용할 수 있게 합니다. WAN 포트에는 초고속 통신 모뎀을 연결하고 허브가 있을 경우에는 Uplink 포트에 연결합니다. 그리고 나머지 포트에는 각 컴퓨터의 랜 카드에 연결된 UTP 케이블을 연결합니다.

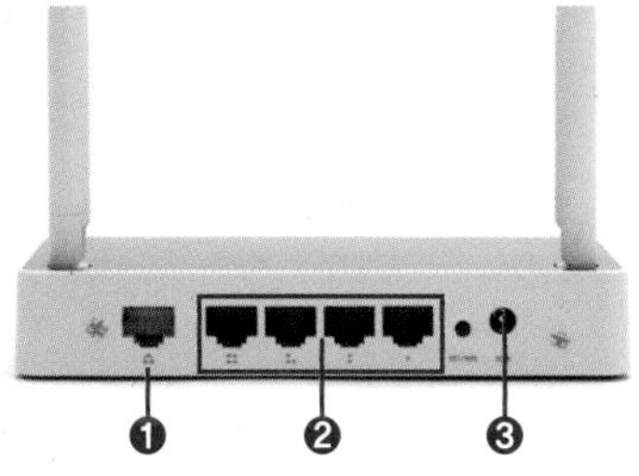

❶ **WAN** : 인터넷 통신 모뎀과 공유기를 연결합니다.

❷ **컴퓨터 연결** : 유선 랜카드가 설치된 컴퓨터와 공유기를 연결합니다.

❸ **전원** : 전원을 연결합니다.

무따기 Windows 10

10 인터넷 및 네트워크에 연결하기

무선 랜카드가 장착된 시스템은 주변에 무선 네트워크(Wi-Fi)가 있을 경우 자동으로 네트워크를 연결합니다. 유선 네트워크의 경우에도 랜 카드에 네트워크 케이블(랜 케이블)을 연결하면 시스템에서 알아서 연결해 주죠. 만일 자동으로 연결되지 않는다면 아래 과정을 따라하세요.

01 작업 표시줄의 오른쪽에 있는 알림 영역에는 네트워크의 연결 상태를 보여주는 아이콘이 있습니다. 만일 아이콘이 으로 표시된다면 인터넷에 연결되지 않았다는 뜻입니다. 네트워크 아이콘을 마우스 오른쪽 단추로 클릭한 후 [네트워크 및 인터넷 설정 열기]를 선택합니다.

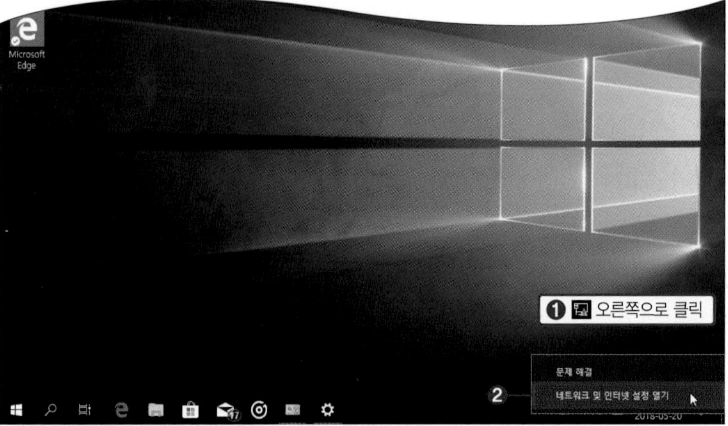

02 현재 네트워크 상태가 '연결되지 않음'으로 표시될 것입니다. 아래의 [사용 가능한 네트워크 표시]를 클릭합니다.

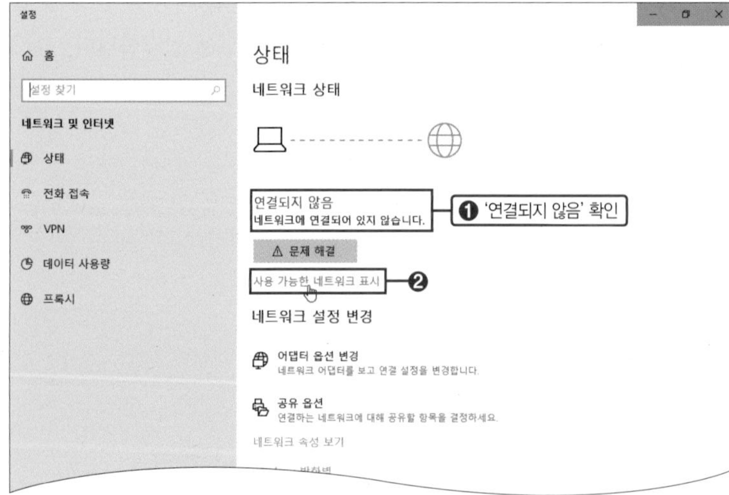

03 연결할 수 있는 인터넷 설정 이름이 표시됩니다. '자동으로 연결'에 체크한 후 [연결]을 클릭합니다. 성공적으로 인터넷에 연결되면 인터넷 설정 이름 아래에 '연결됨'으로 표시됩니다. 작업 표시줄에 있는 네트워크 아이콘도 ◢로 바뀌어 있을 것입니다. 이제부터 웹 브라우저나 메일 등 다양한 인터넷 서비스를 사용할 수 있습니다.

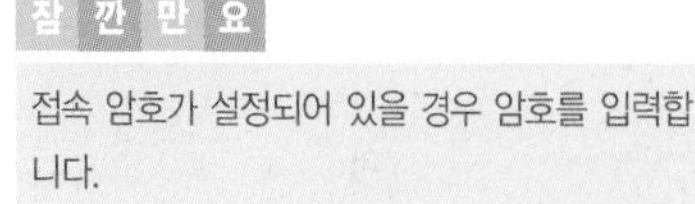

잠깐만요

접속 암호가 설정되어 있을 경우 암호를 입력합니다.

04 인터넷은 공유되었으니 네트워크가 만들어졌는지 확인해 보겠습니다. 파일 탐색기를 열고 왼쪽 탐색 창에서 [네트워크]를 클릭하면 현재 네트워크에 연결된 컴퓨터들이 표시됩니다.

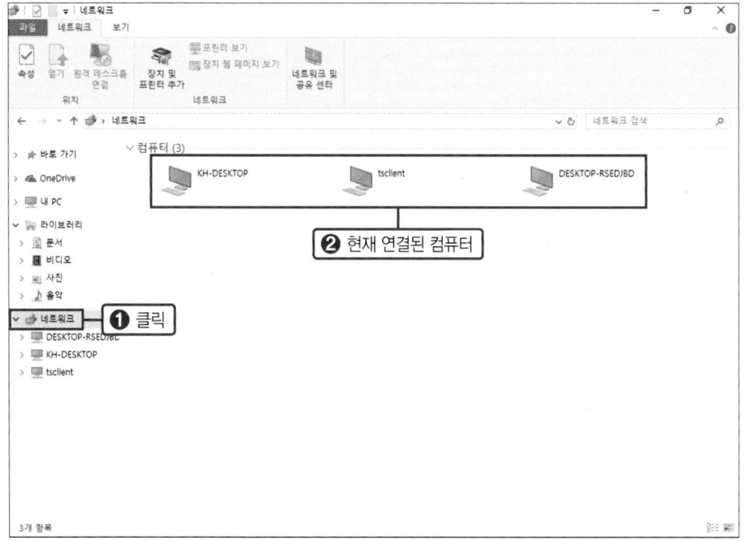

잠깐만요

가정에서 인터넷 공유기를 사용할 경우 가까운 곳에서 내가 사용하는 인터넷 공유기가 감지될 수 있습니다. 이럴 경우 인터넷 공유기에 암호를 지정해 놓는 것이 좋습니다. 암호 지정 방법은 인터넷 공유기의 메뉴얼을 참고하세요.

무따기 Windows 10

11 특정 파일이나 폴더 공유하기

인터넷 공유기를 통해 네트워크가 만들어졌지만 이것은 각 컴퓨터끼리 인터넷 회선을 통해 연결된 것일 뿐 실제로 각 컴퓨터의 파일이나 폴더가 공유된 것은 아닙니다. 네트워크에 있는 다른 컴퓨터의 파일이나 폴더를 사용하려면 '공유 설정'을 해야 합니다.

공유할 폴더나 파일이 있는 컴퓨터에서

01 파일 탐색기에서 공유할 폴더를 마우스 오른쪽 단추 클릭한 뒤 [속성]을 선택합니다.

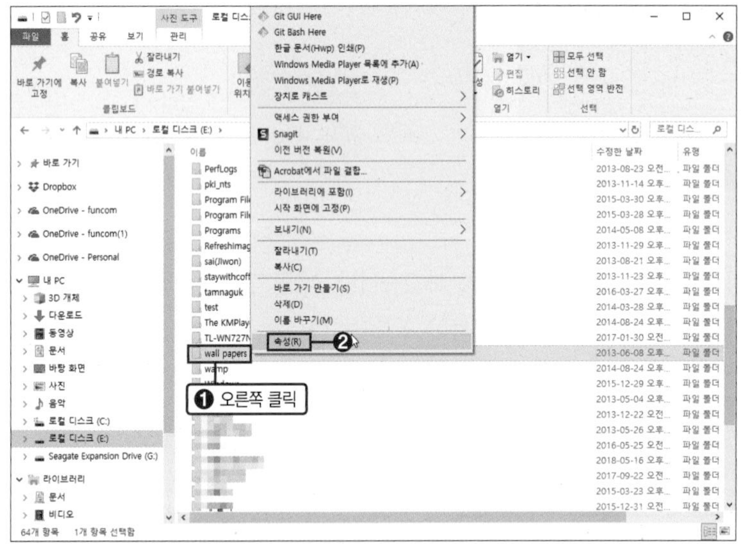

잠깐만요

파일 탐색기에서 공유할 폴더나 파일을 선택한 후 메뉴의 [홈] 탭 – [열기] 그룹에서 [속성]( )를 클릭해도 됩니다.

02 선택한 폴더의 '속성' 대화상자가 나타나면 [공유] 탭을 선택합니다. '네트워크 파일 및 폴더 공유'가 '공유 안 함'으로 되어 있습니다. 이 폴더를 공유하기 위해 [공유]를 클릭합니다.

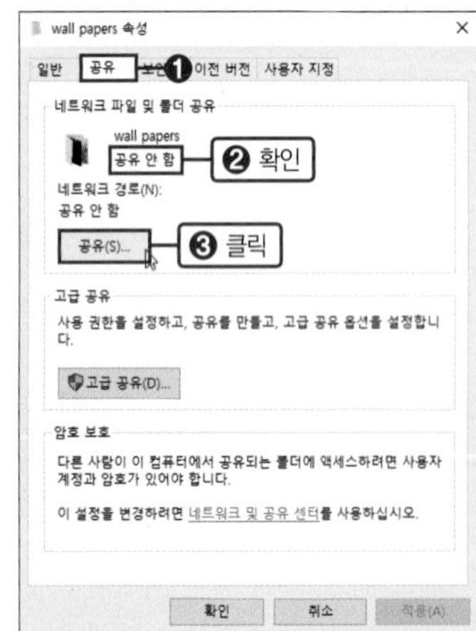

03 '파일 공유' 창이 나타나면 공유할 사용자 계정을 선택하거나 네트워크에 있는 모든 사람과 공유하겠다면 [Everyone]을 선택한 후 [추가]를 클릭합니다.

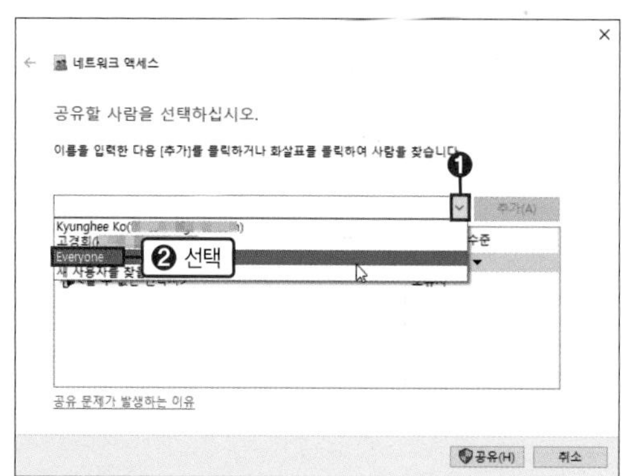

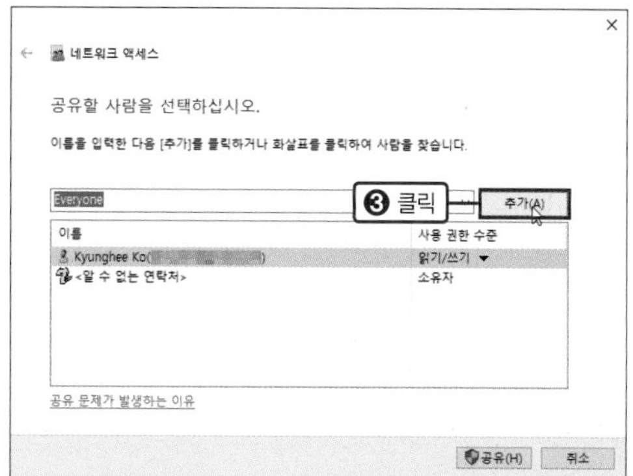

04 폴더나 파일을 공유할 때, '사용 권한 수준'을 지정할 수 있습니다. 'Everyone' 옆에 있는 '읽기'의 [▼]를 클릭한 후, 폴더 안의 공유 파일을 읽을 수만 있게 하려면 [읽기]를, 읽고 수정할 수 있게 하려면 [읽기/쓰기]를 선택합니다.

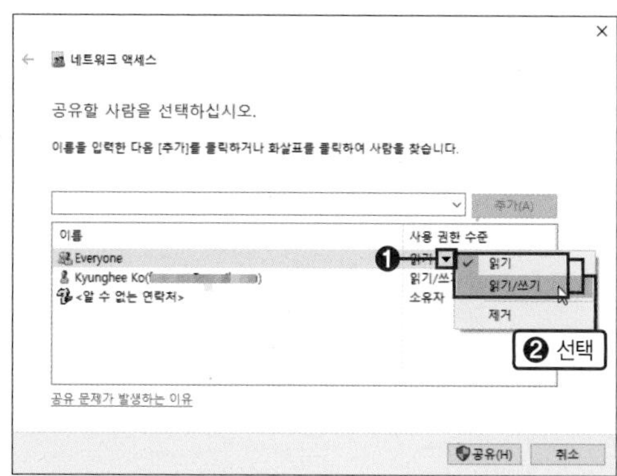

잠깐만요

인터넷 공유기에 암호가 지정되어 있고 가정에서 사용하는 네트워크라면 [읽기/쓰기]를 선택하는 것이 편리합니다.

05 공유된 폴더 이름과 링크가 표시되면 [완료]를 클릭하여 공유를 마칩니다.

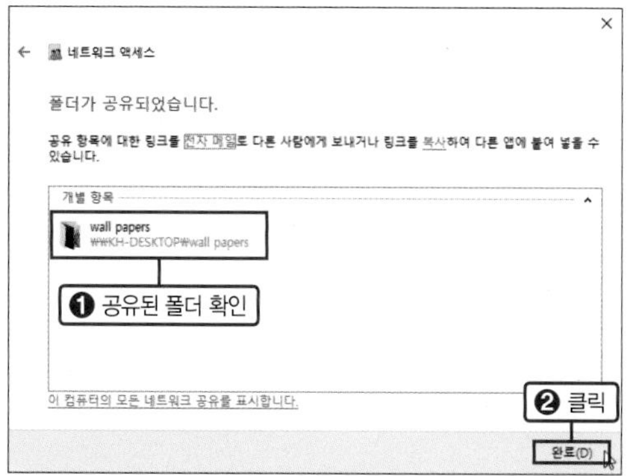

06 선택한 폴더의 '속성' 대화상자로 되돌아오면 [공유] 탭에서 '네트워크 파일 및 폴더 공유'가 '공유됨'으로 변경되고, 네트워크 경로가 새로 생긴 것을 확인할 수 있습니다.

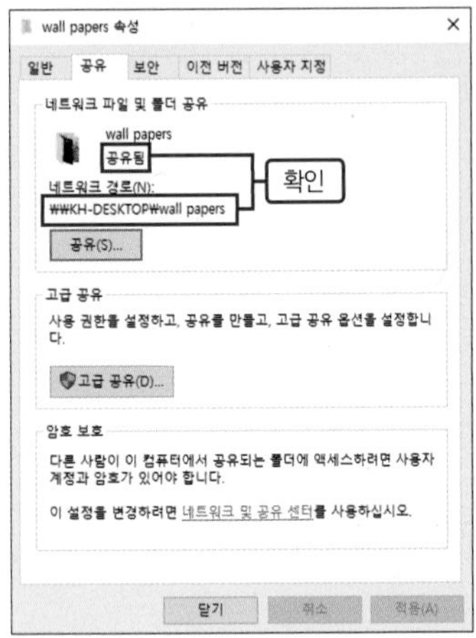

네트워크 상의 다른 컴퓨터에서 확인하기

01 공유가 잘 되었는지 확인해 보겠습니다. 파일 탐색기를 열고 왼쪽 탐색 창에서 [네트워크]를 선택하면 현재 네트워크에 연결된 여러 컴퓨터가 나타납니다. 그중 공유 폴더가 있는 컴퓨터를 더블클릭합니다.

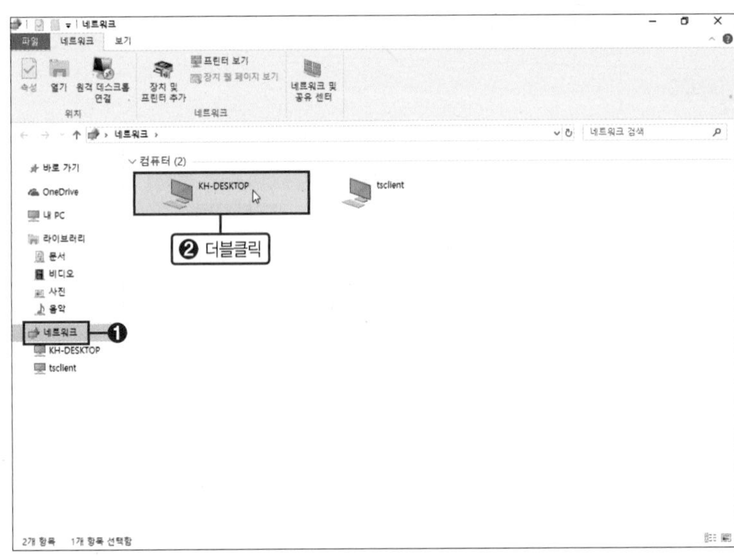

02 공유 폴더로 지정한 폴더들이 표시됩니다. 공유 폴더 아이콘은 폴더 아이콘 아래에 연결 파이프 그림이 추가되어 있습니다. 공유 폴더를 더블클릭합니다.

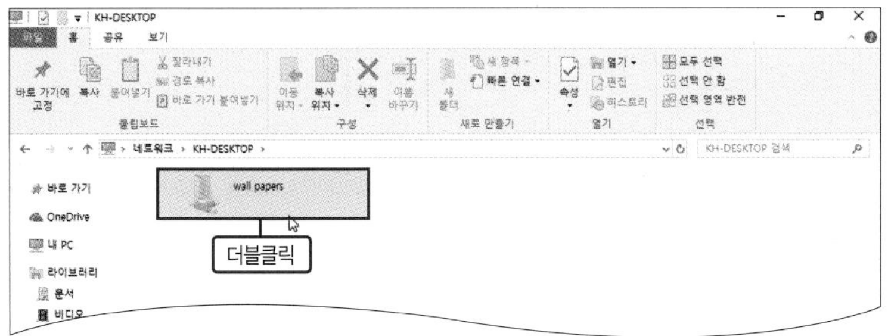

03 파일 탐색기의 경로를 보면 '₩₩KH-DESKTOP₩wall papers'와 같이 표시됩니다. 현재 컴퓨터는 'KH-DESKTOP' 컴퓨터가 아니지만 앞에서 'wall papers'폴더를 공유했기 때문에 'KH-DESKTOP' 컴퓨터의 'wall papers' 폴더를 열어 볼 수도 있고 그 파일을 열어 수정하고 저장할 수도 있습니다.

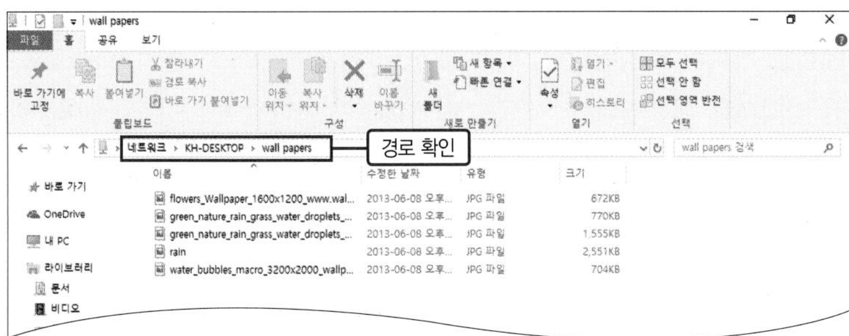

전문가의 조언

내 컴퓨터 이름은 뭘까?

네트워크 상에 여러 대의 컴퓨터가 연결되어 있다면 컴퓨터 이름으로 컴퓨터를 구별합니다. 그렇다면 내 컴퓨터 이름은 어디에서 확인할 수 있을까요?

[시작] 단추( )를 마우스 오른쪽 단추로 클릭하거나 ⊞+X를 누른 후 [시스템]을 선택합니다. 오른쪽 '디바이스 사양' 중 '디바이스 이름'이라는 부분이 바로 현재 컴퓨터의 이름입니다. 컴퓨터 이름을 바꾸고 싶다면 [이 PC의 이름 바꾸기]를 클릭합니다. 컴퓨터 이름은 숫자와 문자, 하이픈(-)을 사용해 만들 수 있습니다.

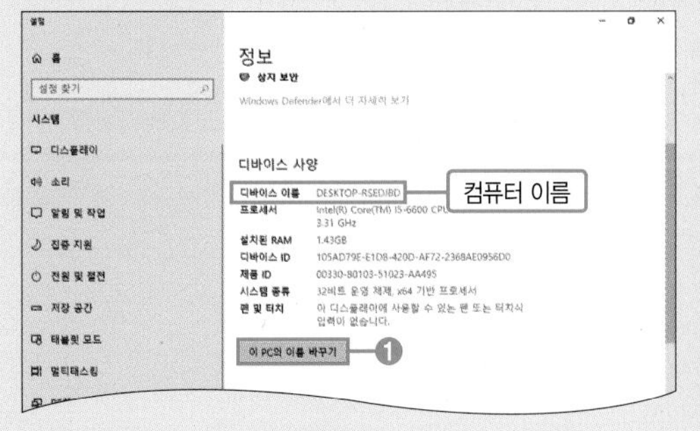

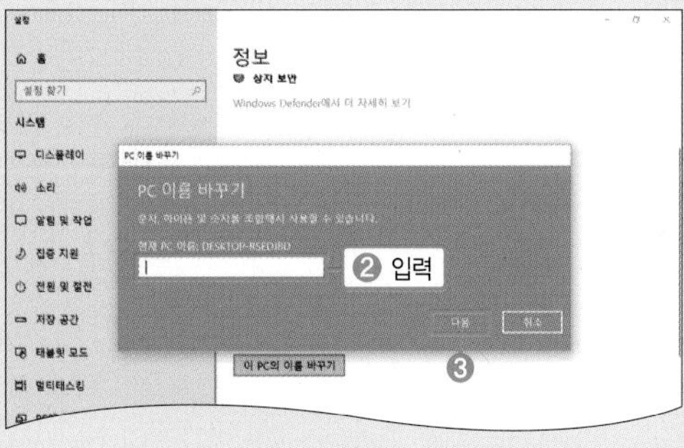

주요 12

Windows 10

Windows Defender 보안 센터

윈도우 10에는 바이러스 백신 프로그램이 포함된 'Windows Defender 보안센터'가 있어 컴퓨터를 항상 안전하게 보호할 수 있습니다. Windows Defender 보안 센터의 바이러스 백신은 항상 켜져 있는 상태로, 새로운 바이러스에 빠르게 대응합니다.

Windows Defender 보안 센터의 장점

Windows Defender 보안 센터는 컴퓨터 바이러스 뿐만 아니라 악성 소프트웨어(maleware, 맬웨어)에도 대응하는 앱입니다.

Windows Defender 보안 센터의 가장 큰 장점은 항상 최신의 바이러스 정보를 업데이트하고 즉시 대응할 수 있다는 것입니다. [설정] – [업데이트 및 보안] – [Windows 업데이트]를 차례로 선택한 후 [업데이트 기록 보기]를 클릭하면 윈도우 업데이트 기록이 표시됩니다. 이 중에서 '정의 업데이트' 부분이 Windows Defender 보안 센터의 바이러스 백신 업데이트 내용입니다. 새로운 바이러스가 나타날 때마다 그에 대응하기 위해 Windows Defender 보안 센터도 업데이트됩니다.

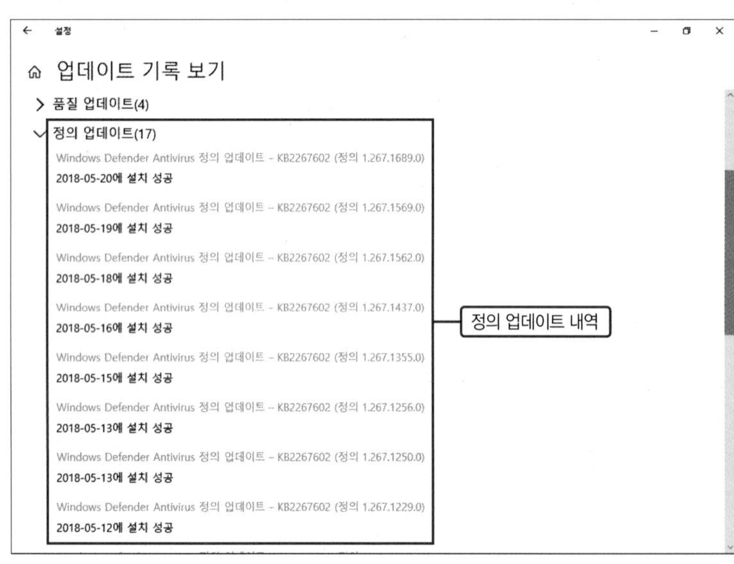

또한 실시간 보호 기능이 있어서 인터넷에서 파일을 다운로드하거나 컴퓨터에서 새로운 앱을 실행했을 때 위험한 요소가 없는지 확인합니다. 작업 표시줄 오른쪽 끝에 있는 [알림 센터] 단추(□)를 클릭하면 Windows Defender 보안 센터가 언제 검사하고 검사 결과는 어땠는지 알려주는 알림이 나타납니다.

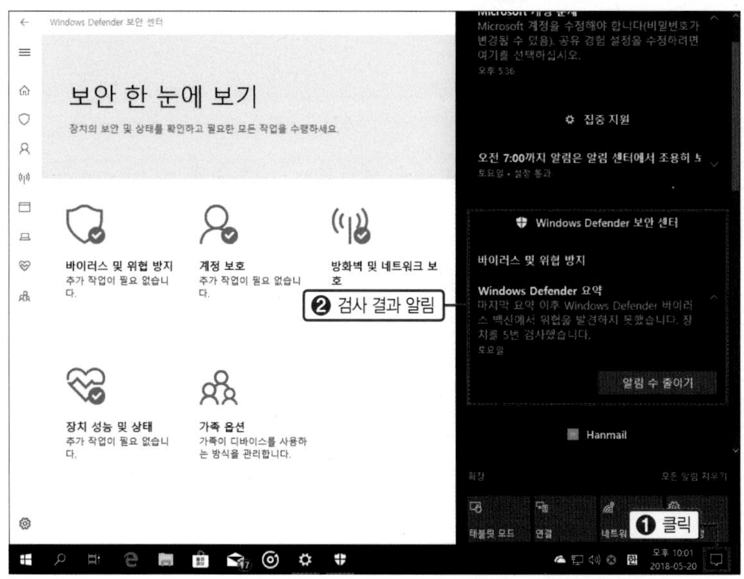

시스템 보안에 신경 쓰지 않으면서도 시스템을 항상 안전한 상태로 유지하고 싶다면 Windows Defender 보안 센터에 맡겨두면 됩니다. 단, Windows Defender 보안 센터를 최신 상태로 사용하려면 윈도우 업데이트 기능을 항상 켜놓아야 합니다.

잠깐만요 다른 바이러스 백신 프로그램이 설치되어 있다면 Windows Defender 보안 센터는 자동으로 꺼집니다.

Windows Defender 보안 센터 실행하기

Windows Defender 보안 센터의 바이러스 백신은 사용자가 따로 실행시키지 않아도 윈도우 시작과 동시에 실행됩니다. 작업 표시줄의 알림 영역에 있는 아이콘 중 ⛨를 클릭하면 Windows Defender 보안 센터 앱 화면이 표시됩니다.

Windows Defender 보안 센터 화면 살펴보기

Windows Defender 보안 센터는 왼쪽의 메뉴 부분과 오른쪽의 내용 부분으로 나뉘어 있습니다. 오른쪽에 있는 아이콘들은 Windows Defender 보안 센터에서 관리하는 분야들을 아이콘으로 표시한 것인데, 아이콘에 초록색 체크 표시(✔)가 되어 있으면 충분히 보호되고 있고 더 이상 추가 작업이 필요없다는 의미입니다.

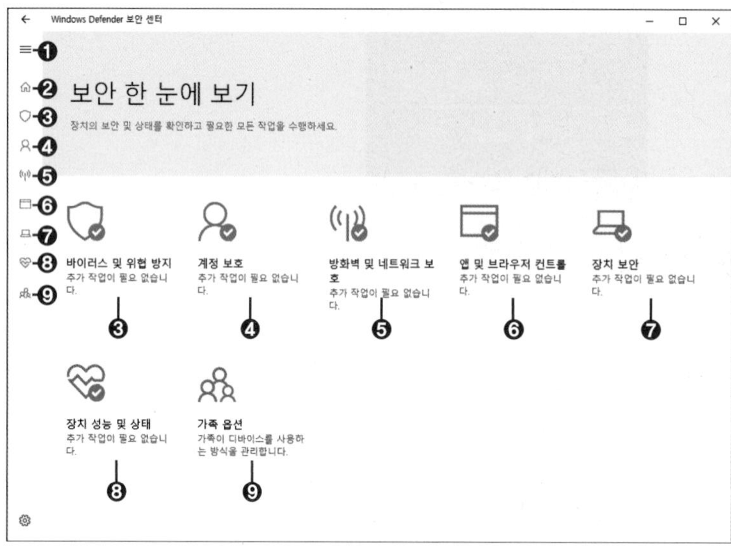

❶ **탐색 메뉴 열기** : 왼쪽 메뉴가 펼쳐지면서 작은 아이콘 옆에 설명이 함께 표시됩니다.

❷ **홈** : Windows Defender 보안 센터의 첫 화면으로 이동합니다.

❸ **바이러스 및 위협 방지** : 컴퓨터에 해를 끼칠 수 있는 바이러스나 위협을 검사하고 필요한 업데이트를 확인합니다.

❹ **계정 보호** : 윈도우에 로그인한 마이크로소프트 계정에 대한 정보를 확인할 수 있습니다.

❺ **방화벽 및 네트워크 보호** : 네트워크 연결을 확인할 수 있고 방화벽과 관련된 설정을 확인하거나 수정할 수 있습니다.

❻ **앱 및 브라우저 컨트롤** : 확인할 수 없는 앱이 있는지 확인하고, 엣지 브라우저를 사용할 경우 악성 소프트웨어가 있는 사이트에 접속할 때 알려줍니다.

❼ **장치 보안** : 시스템의 하드웨어를 보호하여 악성 소프트웨어가 설치되지 않도록 합니다.

❽ **장치 성능 및 상태** : 장치의 성능에 영향을 주는 문제가 있는지 확인할 수 있습니다.

❾ **가족 옵션** : 사용자 계정에 가족 사용자를 추가했을 경우 가족 계정의 컴퓨터 사용 기록 및 보안 상태를 확인합니다.

무따기 13

Windows 10

Windows Defender 보안 센터에서 직접 검사하기

Windows Defender 보안 센터에서는 정기적으로 컴퓨터를 검사해서 바이러스나 악성 소프트웨어가 있는지 살펴볼 수 있습니다. 바이러스나 악성 소프트웨어가 있지 않는지 의심스러울 경우 직접 컴퓨터를 검사할 수도 있습니다.

Windows Defender 보안 센터 실행하기

01 Windows Defender 보안 센터를 직접 실행하려면 작업 표시줄의 검색 단추(🔍)를 눌러 검색 창을 표시한 후 '보안'을 입력하고, 검색 결과 중 [Windows Defender 보안 센터]를 선택합니다.

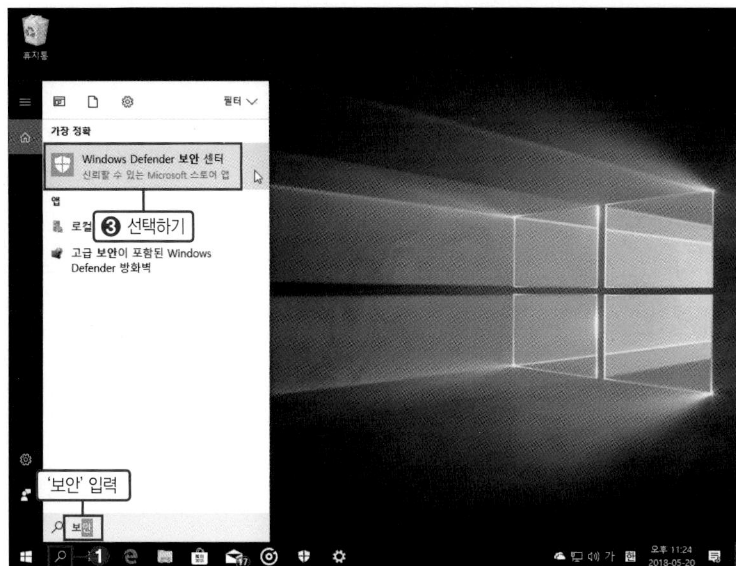

잠깐만요

Windows Defender 보안 센터가 아닌 다른 백신 프로그램이 설치되어 있을 경우 표시되는 화면이 다를 수 있습니다.

02 'Windows Defender 보안 센터' 창이 열리면 [바이러스 및 위협 방지]를 클릭합니다.

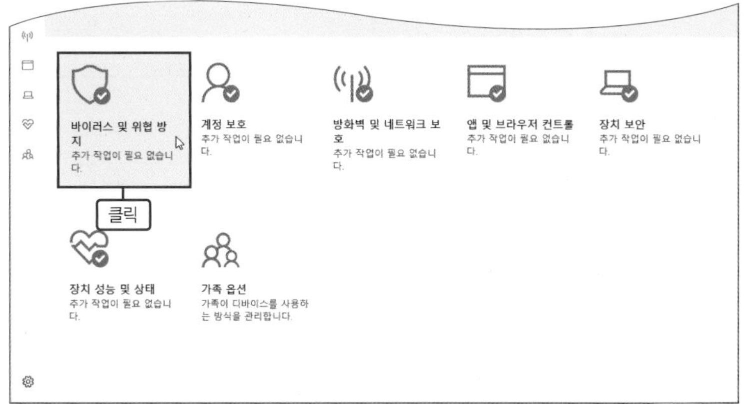

빠른 검사

01 마지막으로 검사한 날짜와 몇 개의 위협이 발견됐는지 표시됩니다. 즉시 검사를 실행하려면 [지금 검사]를 클릭합니다.

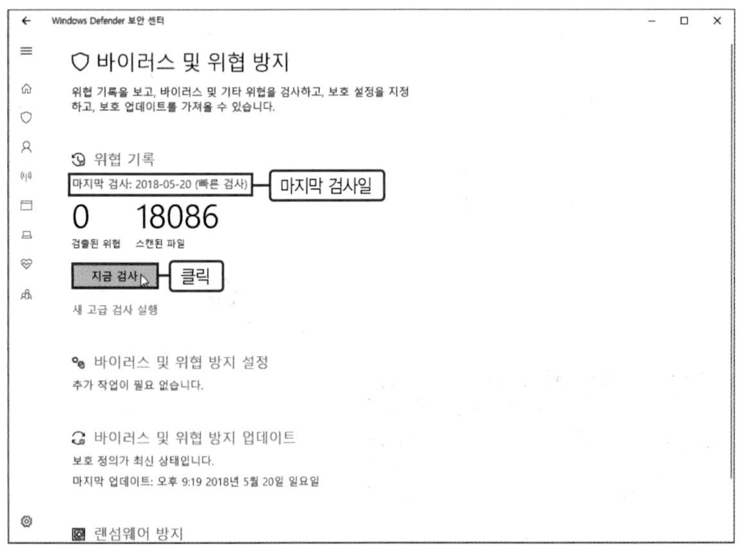

02 컴퓨터 안의 파일을 스캔하면서 바이러스나 악성 소프트웨어가 있는지 확인합니다. [지금 검사]는 빠른 검사 방법으로 컴퓨터에 있는 파일 중 바이러스가 감염될 만한 파일을 검사하는 것입니다.

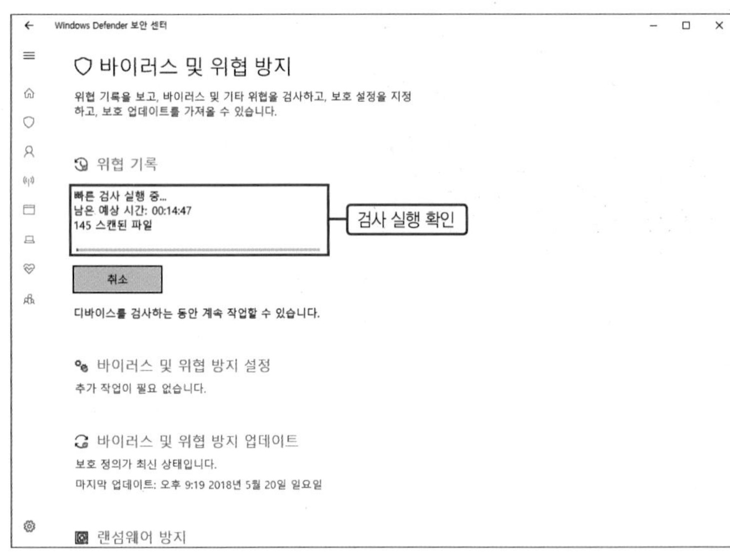

고급 검사

01 컴퓨터를 조금 더 세밀하게 검사하려면 '새 고급 검사 실행'을 클릭합니다.

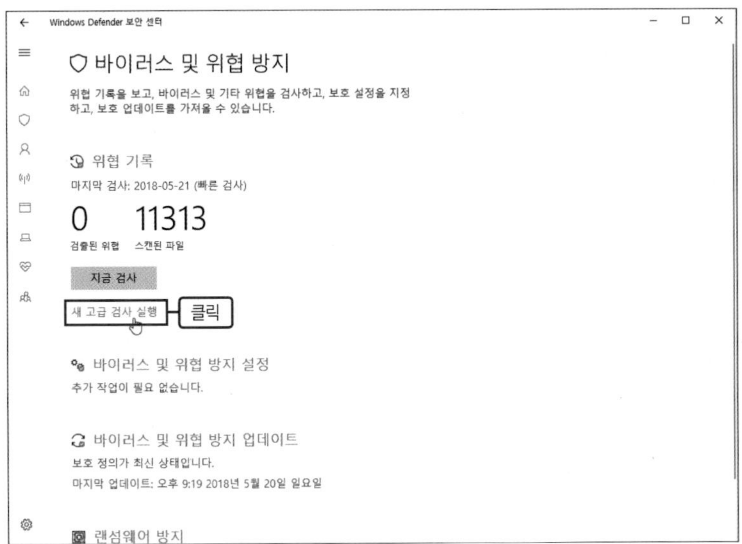

02 고급 검사에서 선택할 수 있는 옵션은 3가지인데, 이 중에서 원하는 옵션을 선택하고 [지금 검사]를 선택합니다.

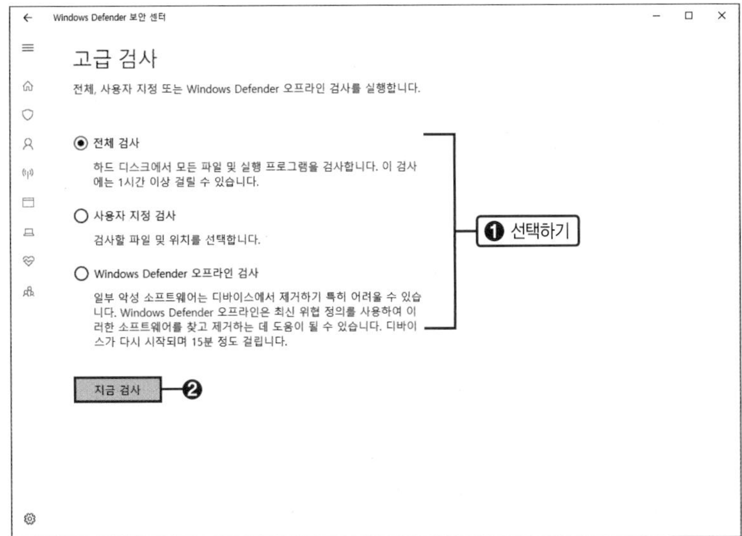

- **전체 검사** : 현재 컴퓨터에 있는 파일과 프로그램을 모두 확인합니다.
- **사용자 지정 검사** : 특정 파일이나 폴더를 지정해 검사합니다.
- **Windows Defender 오프라인 검사** : 컴퓨터가 바이러스에 감염되었다고 의심될 경우 인터넷에 연결하지 않은 상태(오프라인)에서 컴퓨터를 검사합니다.

무따기

Windows 10

14 실시간 보호 기능 켜고 끄기

Windows defender 보안 센터의 '실시간 보호' 기능은 항상 켜져 있기 때문에 인터넷을 사용하면서 바이러스나 악성 소프트웨어가 컴퓨터로 침입하면 즉시 발견하고 해결할 수 있습니다. 실시간 보호 기능을 일시적으로 중지할 수는 있지만 일정 시간이 지나면 자동으로 다시 켜집니다.

01 Windows Defender 보안 센터를 실행한 후 [바이러스 및 위협 방지]를 클릭합니다.

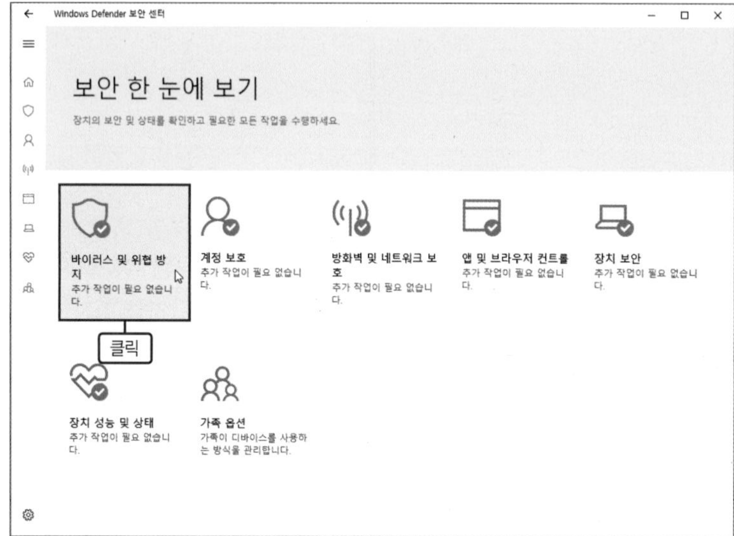

잠깐만요

Windows Defender 보안 센터가 아닌 다른 백신 프로그램이 설치되어 있을 경우 표시되는 화면이 다를 수 있습니다.

02 '바이러스 및 위협 방지' 창에서 [바이러스 및 위협 방지 설정]을 클릭합니다.

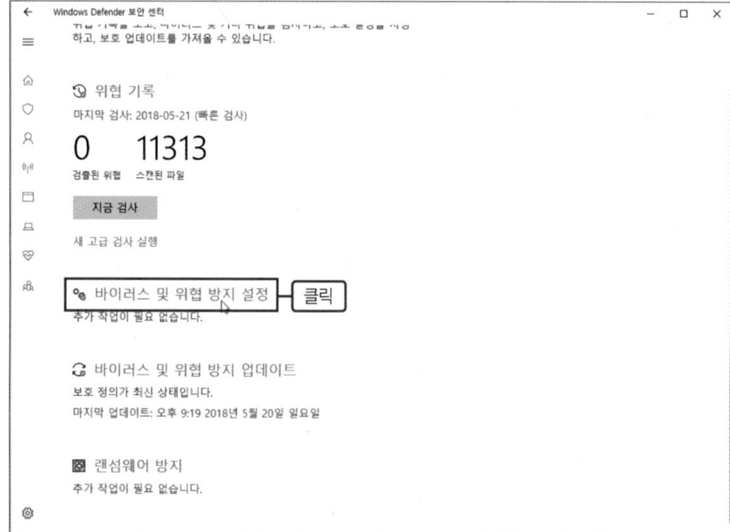

03 '실시간 보호' 항목의 [켬]( )단추를 클릭해 [끔]( )으로 변경합니다.

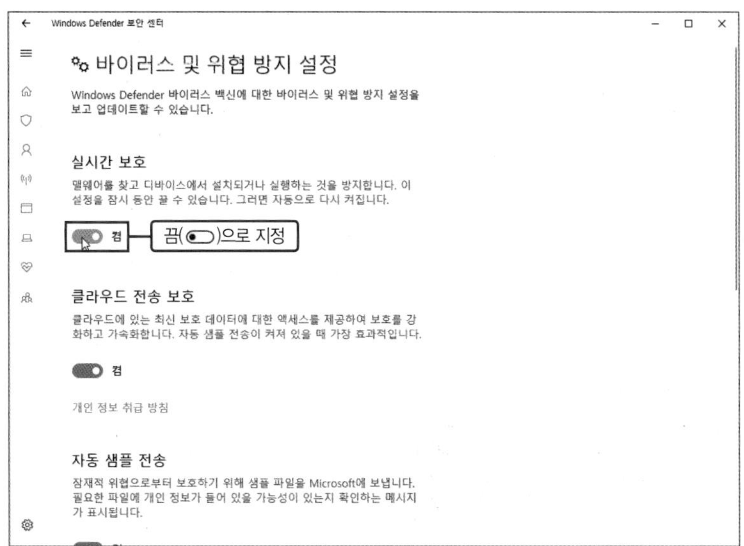

04 Windows Defender 보안 센터에서 시스템 설정을 변경을 바꾸는 것이 때문에 사용자 계정 컨트롤이 필요합니다. [예]를 클릭하세요.

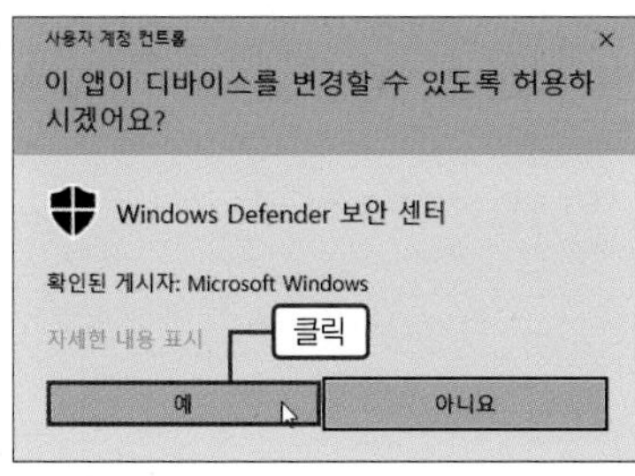

05 '실시간 보호' 항목이 [끔]( )으로 변경되면 실시간 보호가 꺼져 위험하다는 메시지가 나타납니다. 실시간 보호 기능은 꺼 놓더라도 나중에 자동으로 다시 켜지기 때문에 직접 켜지 않아도 됩니다.

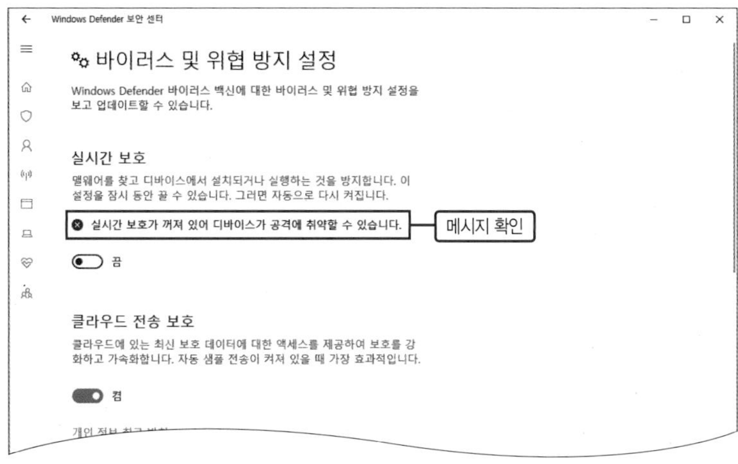

무따기 Windows 10

15 BitLocker로 드라이브에 암호 지정하기

분실 가능성이 높은 노트북에 개인 정보 같은 중요 데이터가 저장되어 있다면 윈도우 10의 'BitLocker' 기능을 이용해 암호를 지정해서 저장할 수 있습니다. 하지만 암호화하는 데 많은 시간이 걸릴 수 있고 암호를 잃어버리면 해당 자료에 접근할 수 없으므로 주의해야 합니다.

01 작업 표시줄의 검색 단추( )를 눌러 검색 창이 나타나면 'bit'까지만 입력해도 검색 결과에 'BitLocker 관리'가 표시됩니다. [BitLocker 관리]를 클릭합니다.

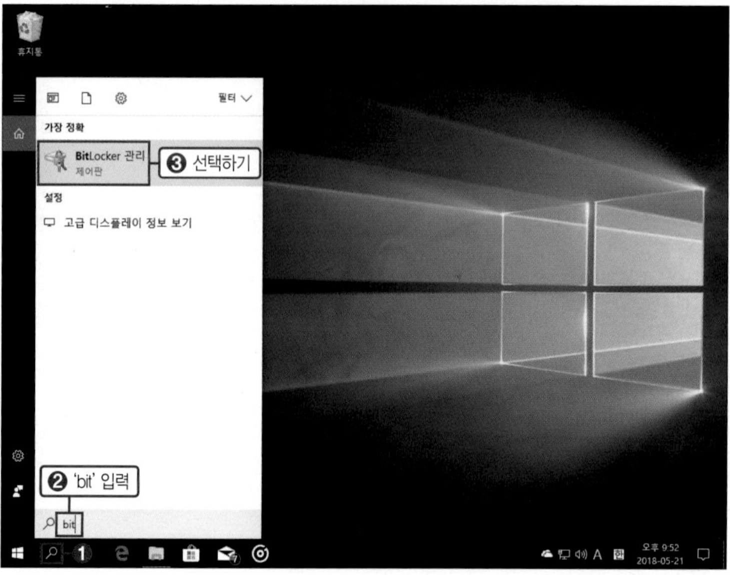

잠깐만요

'BitLocker'는 'BitLocker To Go' 같은 기능이지만 컴퓨터에 고정된 장치인지 이동 가능한 USB 등의 장치인지에 따라 이름만 다릅니다. 'BitLocker'와 'BitLocker Pro'는 윈도우 10 Pro에서만 지원합니다.

02 암호화 할 수 있는 장치들이 표시됩니다. BitLocker를 사용하지 않았다면 'BitLocker 끔'으로 표시되어 있습니다.

❶ **운영 체제 드라이브** : 윈도우 10이 설치되어 있는 하드 디스크 드라이브

❷ **고정 데이터 드라이브** : 컴퓨터에 고정되어 있는 하드 디스크

❸ **이동식 데이터 드라이브** : USB로 연결된 외장 하드 디스크나 플래시 메모리

03 BitLocker 암호를 적용할 드라이브에 있는 [BitLocker 켜기]를 클릭합니다.

04 [암호를 사용하여 드라이브 잠금 해제]에 체크하고 '암호 입력'과 '암호 다시 입력'에 사용할 암호를 입력한 후 [다음]을 클릭합니다.

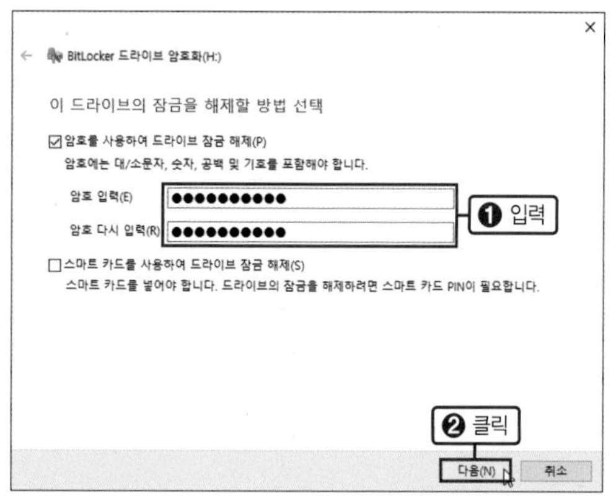

잠깐만요

암호는 영문자의 대문자와 소문자, 숫자, 공백, 기호 등을 이용하여 여덟 자 이상 입력해야 합니다.

05 암호를 잊어버렸을 때를 대비해서 복구 키를 보관해 두어야 합니다. 복구 키를 분실하면 드라이브에 있는 파일에 접근하지 못할 수도 있기 때문에 가장 안전한 방법을 사용하는 것이 좋습니다. 분실 염려가 적은 [파일에 저장]을 선택하고 [다음]을 클릭합니다.

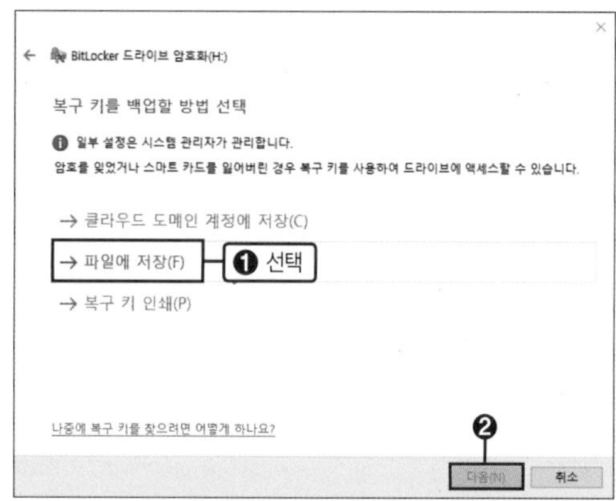

06 '다른 이름으로 BitLocker 복구 키 저장' 대화상자가 나타나면 저장할 폴더를 선택하고 [저장]을 클릭합니다. 복구 키를 저장할 것인지 묻는 메시지 창이 나타나면 [예]를 클릭합니다.

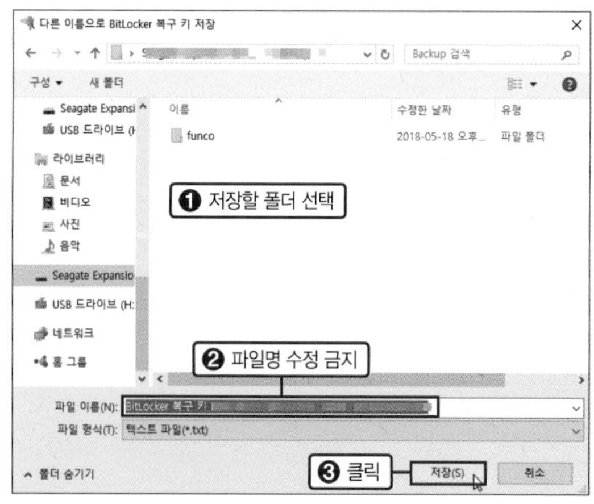

잠깐만요

'다른 이름으로 BitLocker 복구 키 저장' 대화상자에서 복구 키 파일명은 수정하지 마세요. 복구 키에 관한 내용은 369쪽을 참고하세요.

07 드라이브 전체를 암호화할 것인지, 사용하고 있는 공간만 암호화할 것인지 선택합니다. 새 드라이브이면 [사용 중인 디스크 공간만 암호화]를, 이미 사용 중인 하드 드라이브이면 [전체 드라이브 암호화]를 선택하고 [다음]을 클릭합니다.

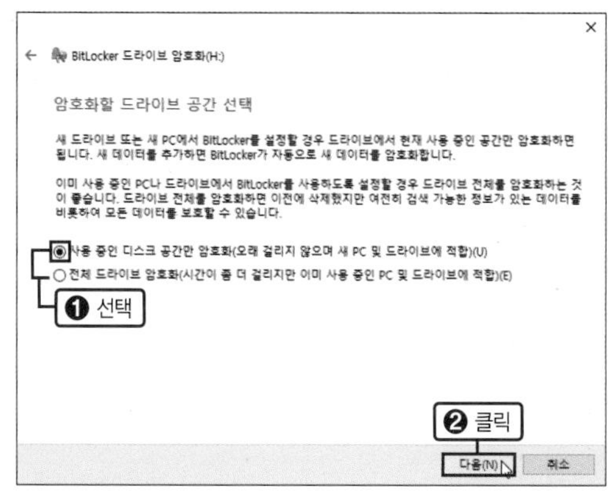

[사용 중인 디스크 공간만 암호화]를 선택하면 암호화 이후에 사용하는 공간에는 자동으로 'BitLocker' 암호화가 적용됩니다.

08 BitLocker는 고유의 암호화 모드를 사용합니다. 운영체제 드라이브나 고정 데이터 드라이브처럼 현재 컴퓨터에서만 사용하는 경우라면 [새 암호화 모드]를 선택하고, 다른 컴퓨터에서도 사용할 수 있는 이동식 데이터 드라이브라면 [호환 모드]를 선택하고 [다음]을 클릭합니다.

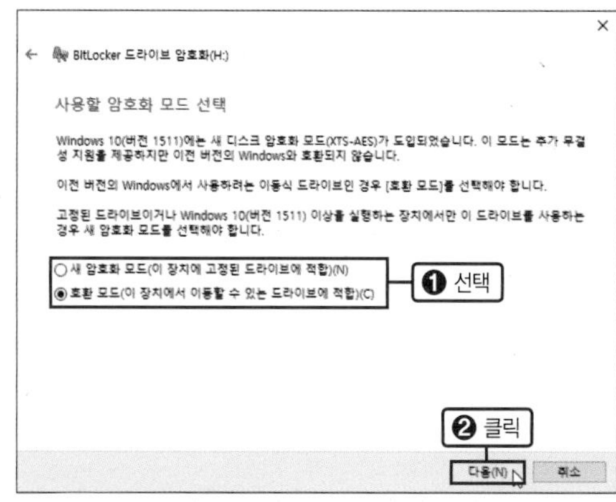

09 드라이브를 암호화할 준비가 끝났으면 [암호화 시작]을 클릭합니다.

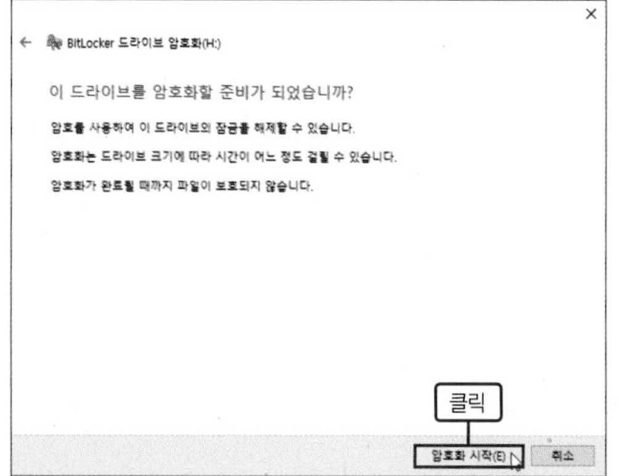

10 암호화하는 데 시간이 오래 걸리기 때문에 다른 작업을 할 수 있도록 '암호화 작업' 창이 최소화됩니다. 암호화가 끝나고 암호화가 완료되었다는 메시지 창이 나타나면 [닫기]를 클릭합니다.

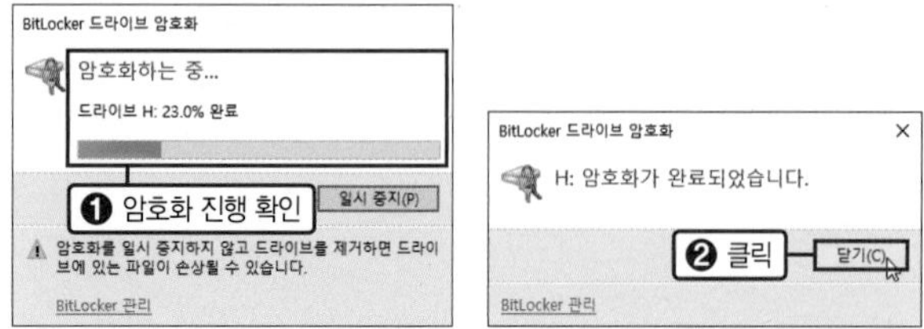

11 BitLocker로 암호화 된 저장 장치는 잠금 상태일 때는 잠긴 자물쇠 아이콘( )으로 표시되고, 잠금 해제 상태일 때는 열린 자물쇠 아이콘( )으로 표시됩니다.

12 이제부터 BitLocker 또는 BitLocker To Go가 적용된 드라이브를 사용하려면 암호를 입력한 후 [잠금 해제]를 클릭해야 합니다.

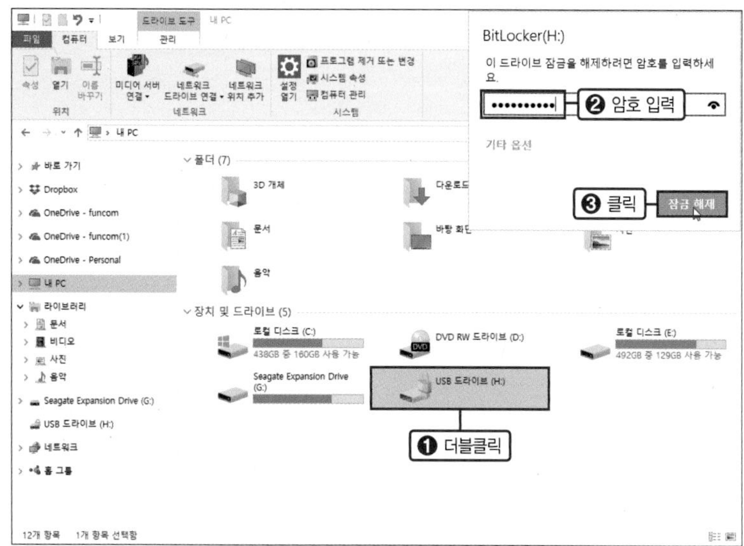

주요 16 Windows 10

BitLocker 관리하기

BitLocker로 암호화한 드라이브의 비밀번호는 언제든지 변경할 수 있습니다. 만약 암호화한 드라이브의 비밀번호가 기억나지 않는다면 복구 키로 잠금을 해제할 수도 있습니다. BitLocker와 관련된 여러 관리 기능들을 알아보겠습니다.

BitLocker 관리하기

BitLocker 관리의 암호화된 드라이브를 클릭하면 BitLocker를 관리할 수 있는 다양한 명령이 표시됩니다.

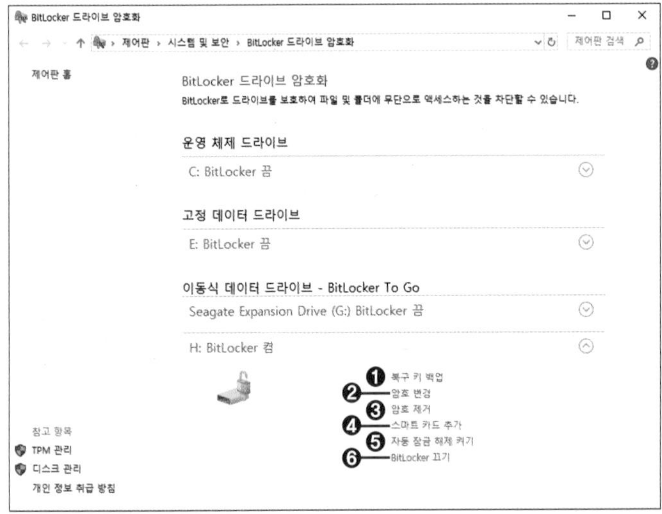

❶ **복구 키 백업** : 복구 키의 추가 복사본을 만들 수 있습니다.

❷ **암호 변경** : 암호화된 드라이브의 암호를 변경합니다.

❸ **암호 제거** : BitLocker 잠금 해제에 사용할 암호를 제거합니다. 암호가 드라이브의 유일한 암호 해제 방법일 경우 스마트카드나 PIN 등 다른 해제 방법이 있어야 암호를 제거할 수 있습니다.

❹ **스마트 카드 추가** : 스마트 카드를 이용해 BitLocker 암호를 해제할 수 있습니다.

❺ **자동 잠금 해제 켜기** : 운영체제 드라이브나 고정된 데이터 드라이브를 암호화하면 윈도우에 로그인할 때마다 잠금 해제를 위한 암호를 입력해야 하는데, 자동으로 암호가 해제되도록 설정합니다.

❻ **BitLocker 끄기** : 드라이브의 BitLocker를 해제합니다.

잠 깐 만 요 시스템의 메인 보드에 부착된 하드 디스크를 '고정 데이터 드라이브'라고 합니다.

BitLocker 복구 키 사용하기

BitLocker나 BitLocker To Go를 사용한 드라이브의 잠금을 해제할 때 사용했던 암호가 기억나지 않는다면 저장해 두었던 복구 키를 사용할 수 있습니다.

저장한 복구 키 파일은 텍스트 문서로 되어 있기 때문에 파일을 더블클릭하면 그 내용을 쉽게 확인할 수 있습니다. 복구 키 파일 안에는 2개의 숫자 묶음이 표시되는데, '식별자' 숫자들은 BitLocker를 사용한 장치가 맞는지 확인하기 위한 것이고, '복구 키' 숫자들은 말 그대로 복구하는데 필요한 키입니다.

BitLocker가 설치된 드라이브를 더블클릭하면 암호를 입력하라는 창이 나타나는데 암호가 기억나지 않는다면 [기타 옵션]을 클릭한 후 [복구 키 입력]을 클릭합니다.

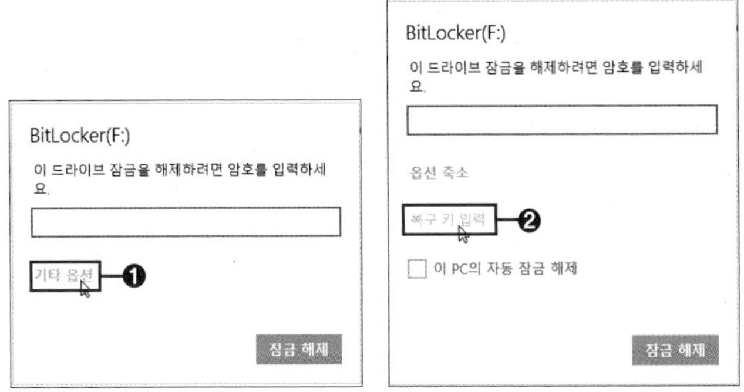

복구 키 파일에 있는 '식별자'의 숫자 앞부분이 복구 키 입력 창에 표시된 '키 ID'와 같은지 확인하고, 일치한다면 '복구 키'에 있는 숫자를 복사해 복구 키 입력 창에 붙여넣고 [잠금 해제]를 클릭합니다.

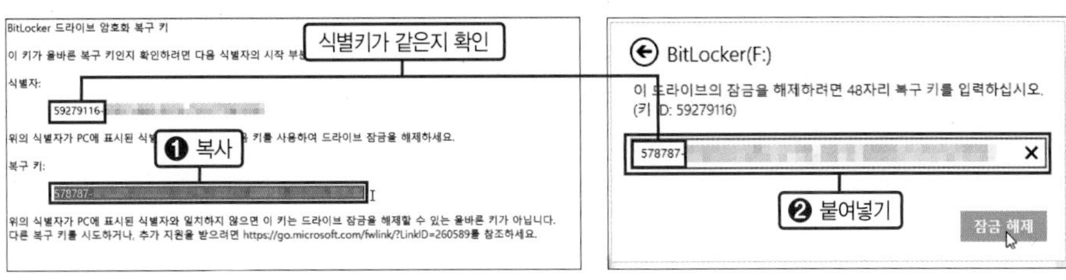

20장

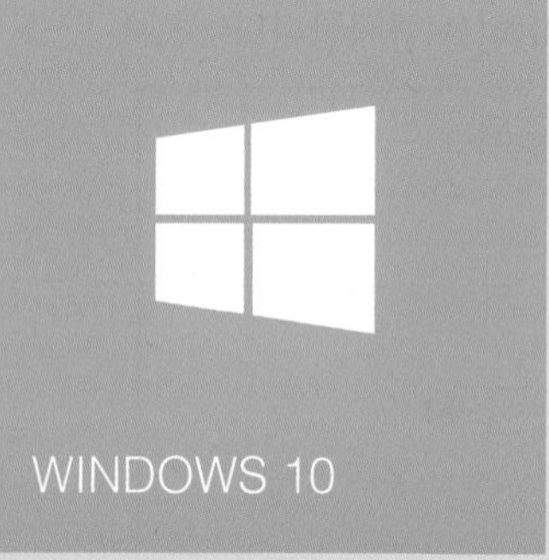

문제 해결 및 백업과 복구

윈도우 10을 사용하며 발생할 수 있는 문제에 대비해 꼭 필요한 자료나 시스템 파일을 백업해 두면 문제가 생겼을 때 원래 상태로 복구할 수 있습니다. 또한 윈도우 10은 윈도우를 사용하면서 발생할 수 있는 문제에 대한 여러 도움말이 제공됩니다. 도움말로 해결할 수 없는 문제는 '문제 해결 도구'를 이용해 해결할 수도 있습니다. 만약 여러가지 시도를 하고도 해결할 수 없는 문제는 '커뮤니티'에 질문을 올려 여러 전문가들의 답변을 받을 수도 있죠. 이번 장에서는 윈도우 10의 오류를 해결하는 여러가지 방법에 대해 살펴보겠습니다.

무따기 Windows 10

17 도와줘요, 문제 해결사

윈도우 10에서 문제가 발생했을 때 '문제 해결' 기능을 이용하면 문제가 발생한 부분을 점검해서 무엇이 문제인지 알려줍니다. 윈도우에서 오디오 녹음이 되지 않는 문제가 발생했을 때 문제 해결을 통해 원인을 찾고 해결해 보겠습니다.

01 작업 표시줄의 검색 단추(🔍)를 눌러 검색 상자가 나타나면 '문제'라고 입력한 후 [문제 해결]을 선택합니다.

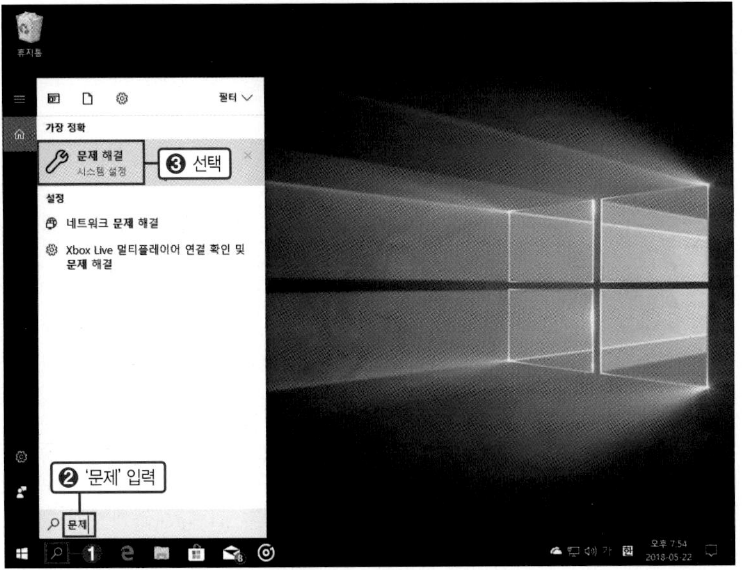

02 윈도우에서 발생하는 문제들을 해결할 수 있도록 여러 범주로 나누어져 있습니다. 예를 들어, 윈도우 10에 녹음과 관련된 문제가 발생했을 경우 [오디오 녹음]을 클릭하면 바로 아래에 '문제 해결사 실행' 단추가 표시됩니다. [문제 해결사 실행]을 클릭합니다.

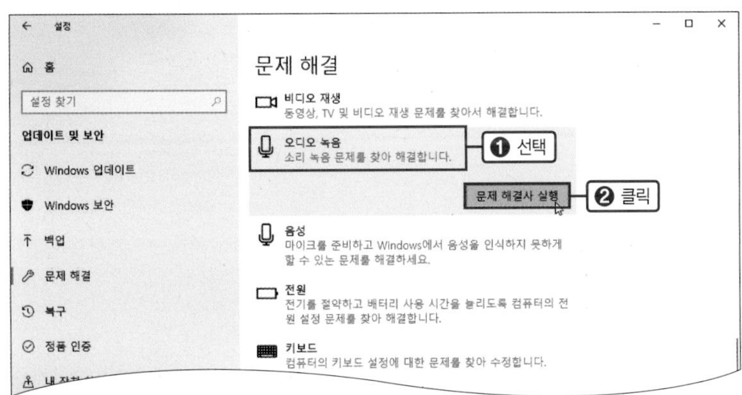

03 윈도우에서 '오디오 녹음'과 관련된 여러 설정을 검색합니다.

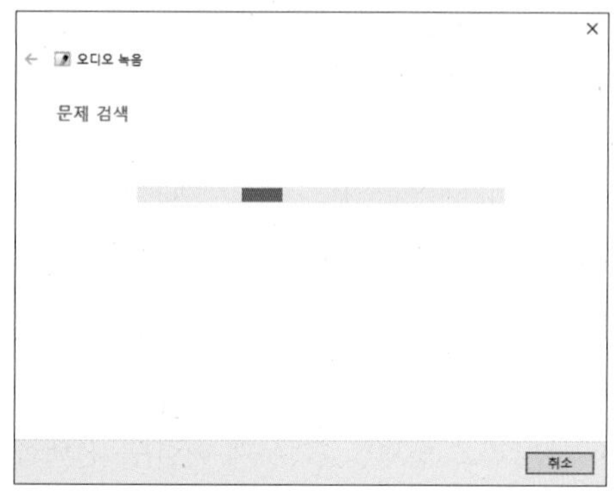

04 오디오와 관련된 여러 장치가 나열되면 문제가 발생한 장치를 선택하고 [다음]을 클릭합니다.

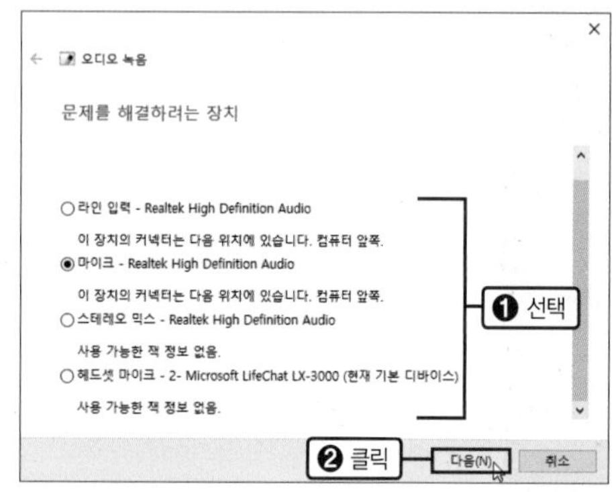

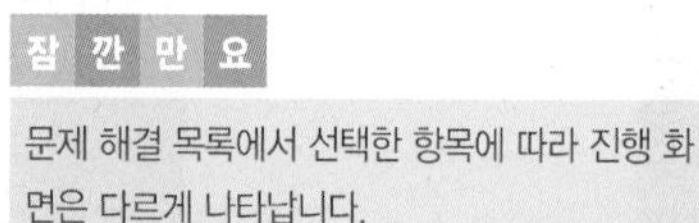

잠 깐 만 요

문제 해결 목록에서 선택한 항목에 따라 진행 화면은 다르게 나타납니다.

05 장치에 마이크가 연결되어 있지 않아서 발생한 문제라고 알려줍니다. 이외에도 선택한 문제에 따라 다양한 문제 해결 방법을 알려주기 때문에 화면에서 지시하는 대로 따라 진행하면 문제를 해결할 수 있습니다.

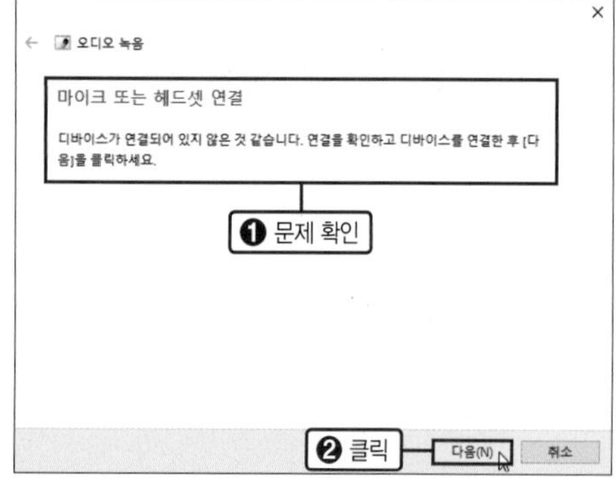

무따기 Windows 10

18 윈도우 10 도움말 찾아보기

윈도우 10의 '도움말' 앱을 이용하면 마이크로소프트에서 제공하는 윈도우 관련 도움말뿐만 아니라 다른 사용자가 질문하고 답변한 다양한 내용을 찾아볼 수 있습니다.

01 작업 표시줄의 검색 단추( )를 눌러 검색 상자가 나타나면 '도움말'이라고 입력한 후 [도움말]을 선택합니다.

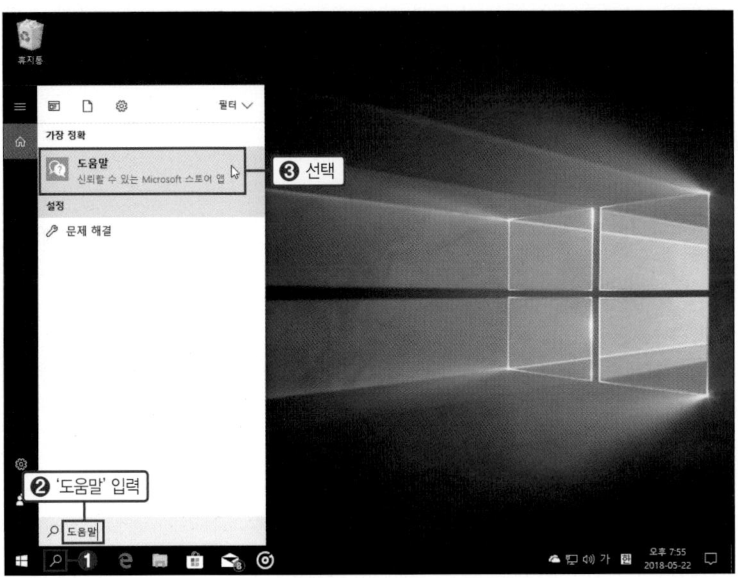

02 도움말 정보를 보고 싶은 내용을 입력한 후 [다음]을 클릭합니다. 예를 들어, 윈도우 10에서 소리 재생에 문제가 있다면 '소리'라고 입력합니다.

잠깐만요

꼭 정해진 입력 방법이 있는 것은 아니므로 정보를 찾고 싶은 주제를 간단히 입력하면 됩니다.

03 문제가 발생했거나 궁금한 내용이 있는 제품을 선택합니다. 윈도우에서 발생한 문제라면 'Windows'를 선택합니다.

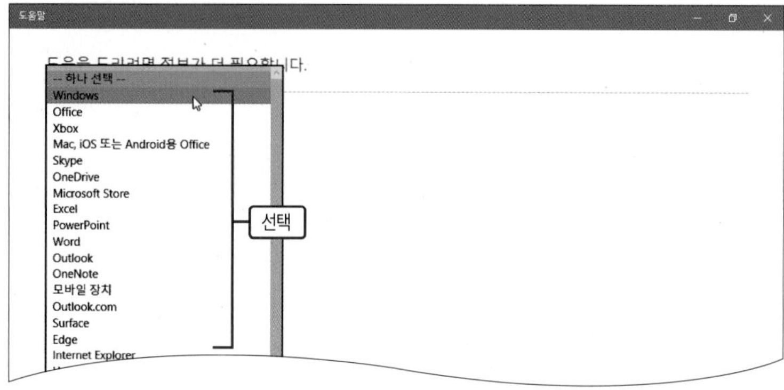

04 찾고자 하는 정보의 분류를 선택합니다.

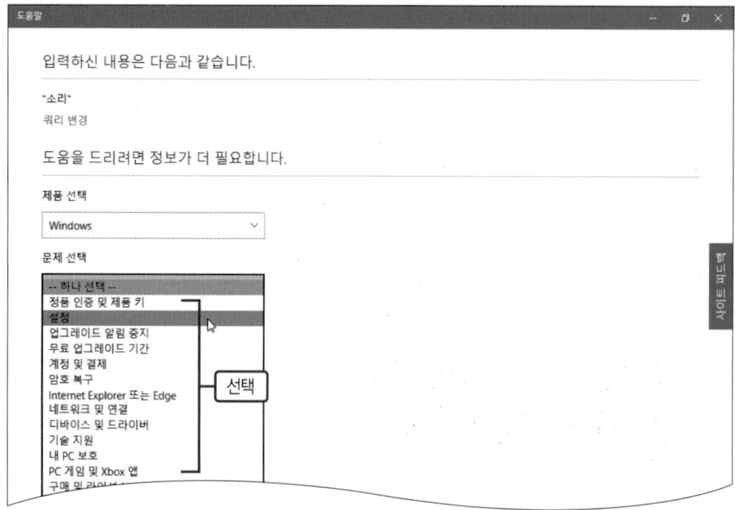

05 앞의 과정에서 선택한 내용에 맞춰 도움말의 질문과 답변 내용이 표시됩니다. [자세히 표시]를 클릭하면 더 많은 정보를 볼 수 있습니다.

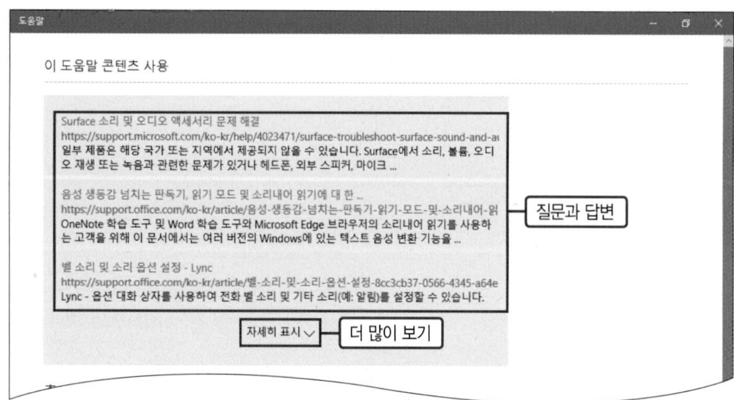

무따기 Windows 10

119 마이크로소프트 커뮤니티에 질문하기

'도움말' 앱에서 원하는 질문과 답변을 찾지 못했다면 '마이크로소프트 커뮤니티'에 직접 질문을 등록하고 다른 사용자에게서 도움을 받을 수 있습니다.

커뮤니티에 접속하기

01 웹 브라우저의 주소창에 주소(https://answers.microsoft.com/ko-kr)를 입력하면 '마이크로소프트 커뮤니티' 사이트로 이동합니다. 범주 찾아보기에서 [Windows]를 클릭합니다.

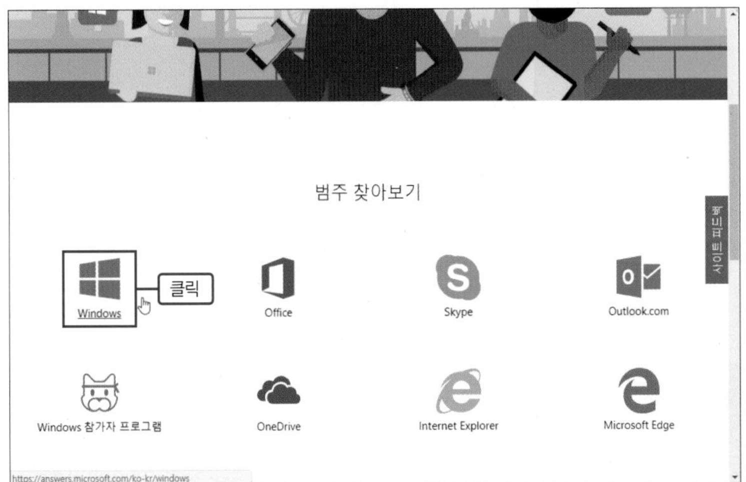

잠깐만요

'도움말' 앱의 검색 결과 화면의 아래쪽에 표시된 [커뮤니티에 질문하기]를 클릭해도 커뮤니티에 접속할 수 있습니다.

02 윈도우 버전별로 찾아볼 수도 있고, 질문하려는 항목별로 찾아볼 수도 있습니다. '항목별로 찾아보기'의 [Windows 업데이트, 복구 및 백업]을 선택해 보겠습니다.

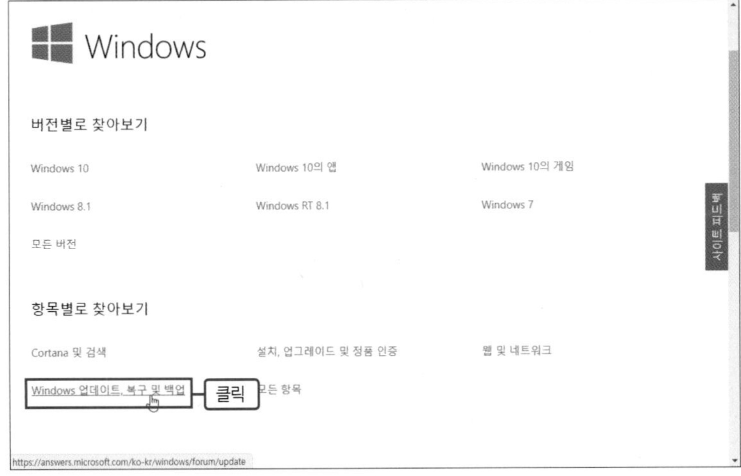

03 선택한 'Windows 업데이트, 백업 및 복구'와 관련된 다른 사용자의 질문이 표시됩니다. 비슷한 질문이 있는지 확인해 보세요. 질문 제목을 클릭하면 해당 질문 내용과 답변이 있을 경우 답변 내용도 함께 볼 수 있습니다.

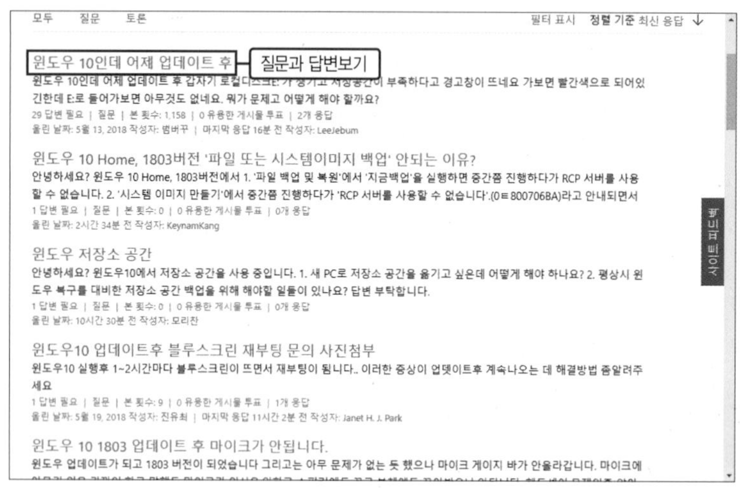

질문 하기

01 비슷한 질문이 없다면 직접 질문을 할 수 있습니다. 화면 위쪽에 있는 커뮤니티 메뉴 중 [참여하기] - [질문하기]를 선택합니다.

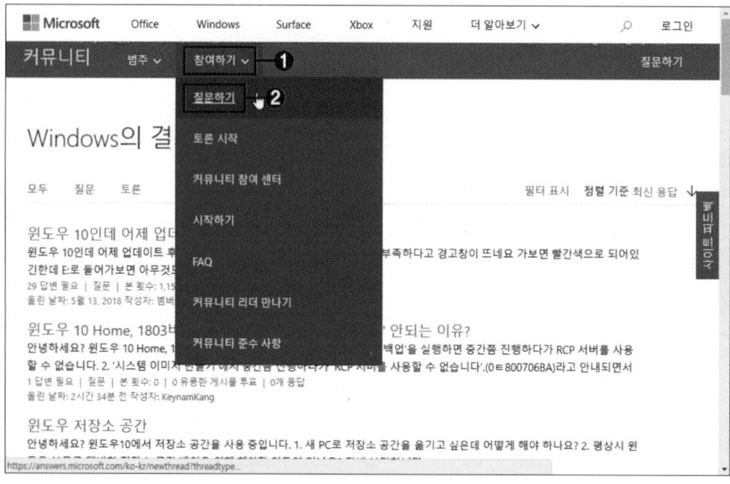

02 질문을 하려면 마이크로소프트 계정으로 로그인해야 합니다. [Microsoft 계정으로 로그인]을 클릭한 후 사용자 계정과 암호를 입력해 로그인합니다. 커뮤니티에 질문이 처음이라면 약관을 읽고 [등록]을 클릭합니다.

잠깐만요

마이크로소프트 계정에 대해서는 308쪽을 참고하세요.

03 질문 제목과 내용을 입력한 후 [질문 게시]를 선택합니다. 앞의 과정에서 'Windows'와 'Windows 업데이트, 복구 및 백업'을 선택했기 때문에 범주와 Windows 버전 부분이 자동 선택되어 있는데 필요하다면 수정할 수 있습니다. 작성이 끝났다면 [제출]을 클릭합니다. 질문한 글에 답변이 등록되면 마이크로소프트 계정으로 사용한 메일 주소로 알림옵니다.

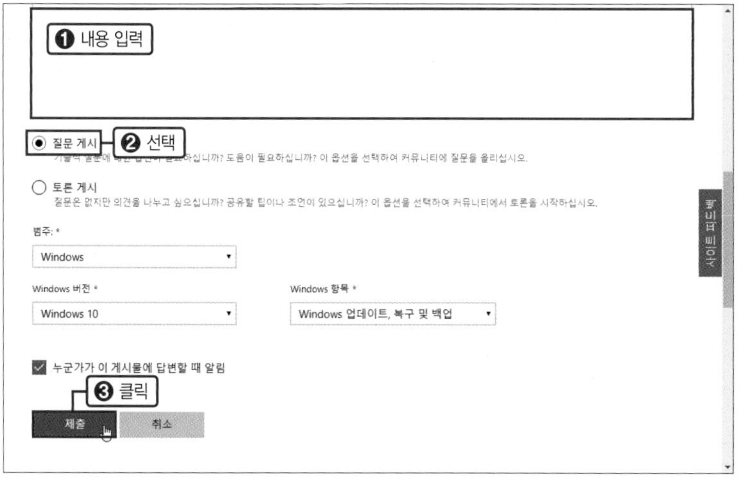

주요 20

Windows 10

윈도우에 문제가 생겼을 때 어떤 방법으로 복구해야 할까?

도저히 스스로 해결할 수 없는 문제가 발생했을 때 최후의 방법으로 윈도우를 복구할 수 있습니다. 윈도우 10에는 시스템을 복구하는 여러 가지 방법이 있는데, 어떤 경우에 어떤 방법을 사용할지 잘 모르겠다면 아래 그림을 참고해서 해결 방법을 찾아보세요.

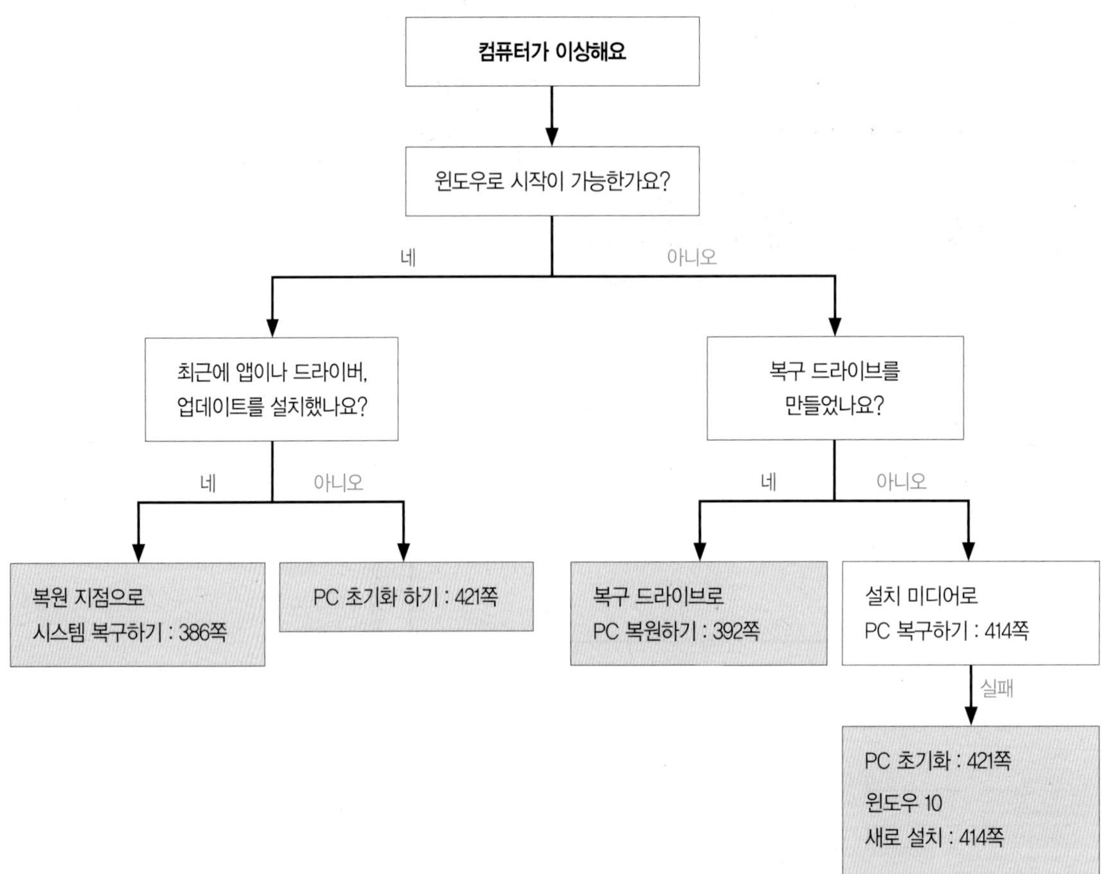

윈도우 10을 설치한 후 사용할 앱까지 모두 설치했다면 이 상태에서 '시스템 이미지'와 '복구 드라이브'를 만들어 놓으세요. '시스템 이미지'와 '복구 드라이브'를 이용하면 언제든 윈도우 10을 설치하고 프로그램 설치까지 복구할 수 있습니다. '파일 히스토리' 기능을 켜두면 시스템에 문제가 생겼을 때 파일 복사본을 이용해 필요한 파일들을 복구할 수 있습니다.

백업 방법

파일 히스토리를 사용해 백업하기 : 381쪽
복원 지점 만들기 : 383쪽
복구 드라이브 만들기 : 389쪽
시스템 이미지 만들기 : 394쪽
설치 미디어 만들기 : 407쪽

주요 21 Windows 10

파일 히스토리 사용해 파일 복사본 저장하기

'파일 히스토리'는 예상하지 못한 상황에서 파일을 복원할 수 있도록 파일의 변경 내용을 지정한 드라이브 공간에 저장해 두는 것입니다. 파일 히스토리로 복사본을 저장할 수 있는 것은 기본적으로 라이브러리와 연락처, 즐겨찾기, 바탕 화면에 있는 파일들이지만, 원하는 폴더를 선택해서 복사본을 저장할 수도 있습니다.

복사본 저장할 드라이브 선택하기

'파일 히스토리' 기능을 사용하려면 파일의 복사본으로 저장할 드라이브를 선택해야 합니다. [시작] 단추(⊞)를 클릭하고 [설정] – [업데이트 및 보안] – [백업]을 차례로 선택합니다. 파일을 저장할 드라이브를 선택하기 위해 [드라이브 추가]를 클릭합니다. 사용할 수 있는 드라이브 중에서 원하는 드라이브나 폴더를 선택한 후 [확인]을 클릭합니다.

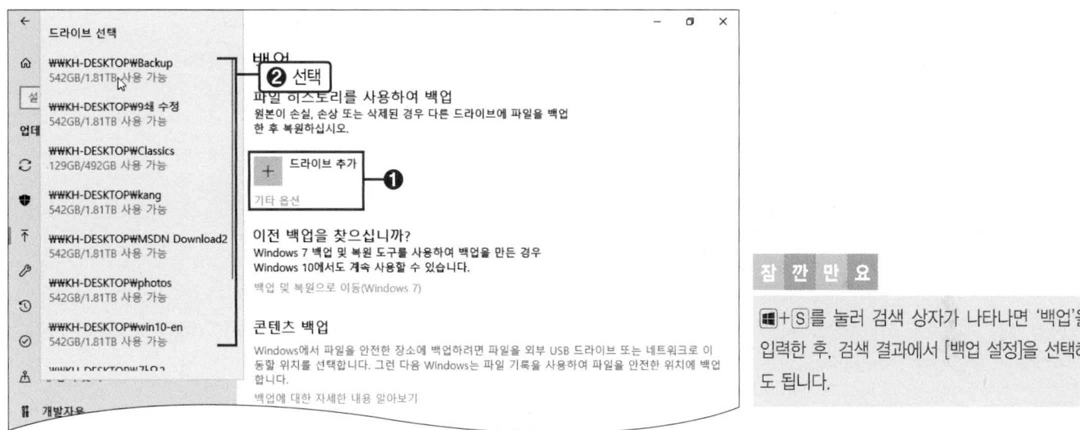

잠깐만요

⊞+S를 눌러 검색 상자가 나타나면 '백업'을 입력한 후, 검색 결과에서 [백업 설정]을 선택해도 됩니다.

백업 옵션 설정하기

'자동으로 파일 백업'이 [켬]으로 표시되면 그 아래에 있는 [기타 옵션]을 클릭합니다.

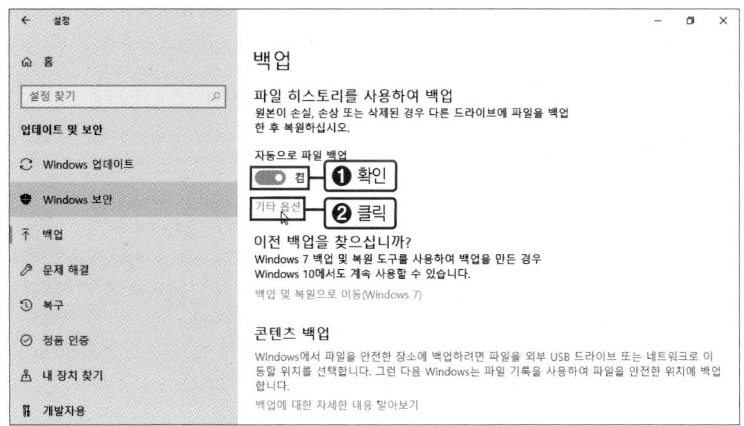

[백업 옵션] 창에서 설정할 수 있는 내용은 다음과 같습니다.

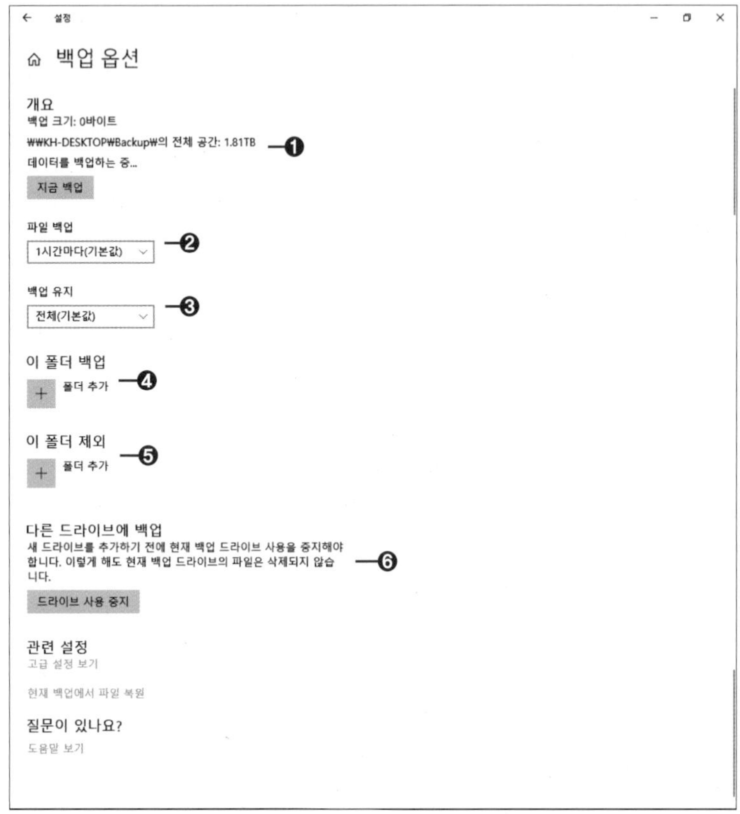

❶ **개요** : 현재 백업 상태를 표시합니다. [지금 백업]을 클릭하면 정해진 시간이 아니더라도 백업을 진행합니다.

❷ **파일 백업** : 자동으로 파일 백업할 시간을 지정합니다. 기본적으로 1시간마다 백업하는데, '10분마다'에서부터 '매일'까지 원하는 시간을 선택할 수 있습니다.

❸ **백업 유지** : 백업을 언제까지 보관할지 지정합니다. '전체'가 기본값이지만 다른 옵션을 선택할 수 있습니다.

❹ **이 폴더 백업** : 지정한 드라이브에 파일 복사본을 저장해 둘 폴더가 표시됩니다. 원하는 폴더가 포함되어 있지 않다면 [폴더 추가]를 클릭해 폴더를 추가할 수 있습니다.

❺ **이 폴더 제외** : [폴더 추가]를 클릭해 백업에서 제외할 폴더를 지정할 수 있습니다.

❻ **다른 드라이브에 백업** : 복사본 저장 드라이브를 바꾸려면 우선 현재 사용 중인 저장 드라이브의 사용을 중지해야 합니다. 드라이브를 바꾸려면 [드라이브 사용 중지]를 클릭한 후 다시 드라이브를 지정합니다.

전문가의 조언 **백업용 드라이브**

파일 히스토리를 사용한 백업을 저장하는 것은 윈도우 10에 문제가 생길 경우를 대비한 것이기 때문에 윈도우 10이 설치된 드라이브(보통 C: 드라이브)만 있을 경우에는 '사용 가능한 드라이브가 없음'이라고 표시됩니다. 파일 히스토리를 사용한 백업은 시스템에 C: 드라이브 외에 다른 하드 디스크 드라이브가 있거나 외장 하드 디스크 드라이브가 준비되어 있어야 합니다.

무따기 Windows 10

22 파일 히스토리 사용해 파일 복원하기

윈도우에 있는 파일은 내용을 수정하면 가장 최신 내용만 저장하지만 저장하기 이전의 예전 파일로 복원해야 할 경우가 있습니다. 이때 '파일 히스토리'를 통해 파일 복사본을 저장해 두었다면 예전 파일을 복원할 수 있습니다.

01 작업 표시줄의 검색 단추( )를 누른 후 '파일 복원'이라고 입력합니다. 검색 결과 창에 나타난 [파일 히스토리로 파일 복원]을 선택합니다.

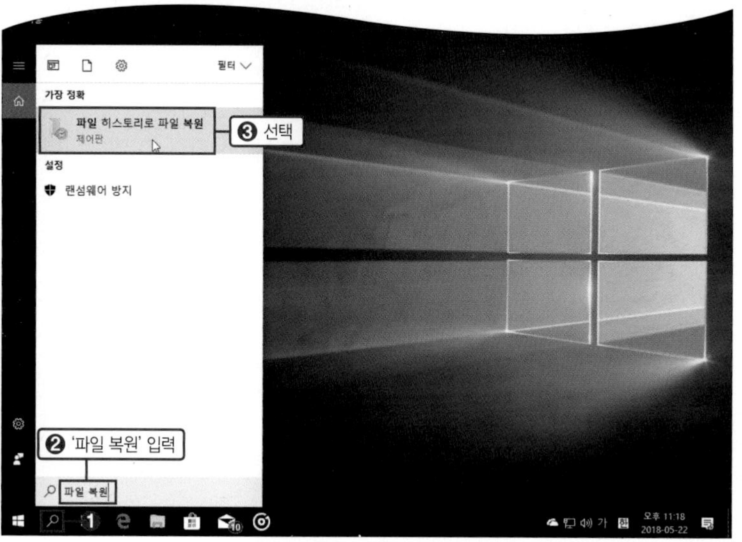

02 '파일 히스토리' 창이 나타나면서 가장 최근에 저장된 백업 폴더가 가장 먼저 표시됩니다. 그리고 화면의 아래쪽에 있는 [이전 버전] 단추( )와 [다음 버전] 단추( )를 클릭하면서 복원하려는 파일이 저장된 시점을 찾습니다.

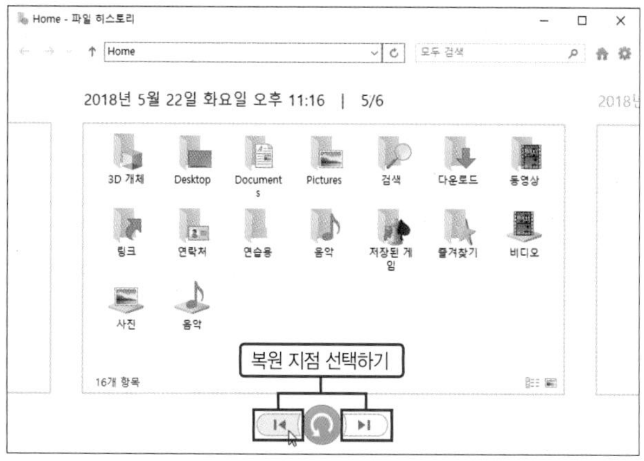

03 저장된 날짜를 찾았으면 파일 히스토리 안에 있는 폴더를 더블클릭하여 열고 복원할 파일을 선택한 후 [복원] 단추( )를 클릭합니다.

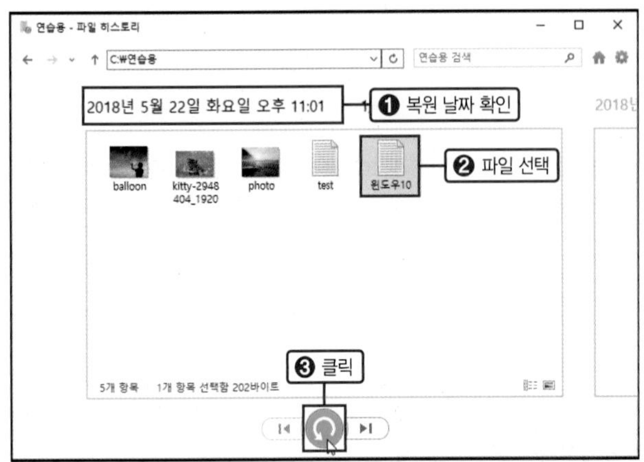

잠깐만요

폴더를 선택한 후 폴더 전체를 복원할 수도 있습니다.

04 선택한 파일이 원래 있던 위치에 복원되기 때문에 다음 세 가지 항목 중 하나를 선택할 수 있습니다.

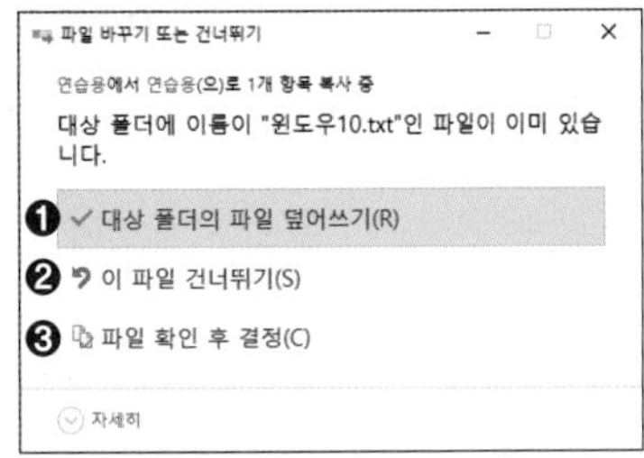

❶ **대상 폴더의 파일 덮어쓰기** : 기존 파일은 삭제하고 원본 파일로 복원됩니다.

❷ **이 파일 건너뛰기** : 파일을 복원하지 않습니다.

❸ **파일 확인 후 결정** : 기존 파일을 유지할 수 있는 방법으로, 기존 파일과 원본 파일 중에서 폴더에 남겨두고 싶은 파일만 선택하고 [계속]을 클릭합니다. 이때 기존 파일과 원본 파일을 모두 저장하려면 파일명이 같기 때문에 복원한 파일에는 파일명 뒤에 숫자가 붙어서 표시됩니다.

무따기 Windows 10

23 복원 지점 만들기

윈도우를 사용하며 발생한 문제가 잘 해결되지 않을 경우에 시스템이 정상적으로 동작한 최근 시점으로 시스템 상태를 돌려놓을 수 있습니다. '시스템 보호 기능'을 켜놓으면 새로운 앱이나 하드웨어가 추가될 때나 윈도우 업데이트가 실행되었을 때처럼 시스템에 중요한 변화가 있을 때 자동으로 '복원 지점'이 생성됩니다. 시스템 보호 기능을 켜는 방법과 필요할 때 수동으로 복원 지점을 만드는 방법에 대해 알아보겠습니다.

시스템 보호 기능 켜기

01 작업 표시줄의 [Windows 검색] 상자에 '복원' 이라고 입력하면 검색 결과 창에 '복원 지점 만들기'가 표시됩니다. [복원 지점 만들기]를 클릭하세요.

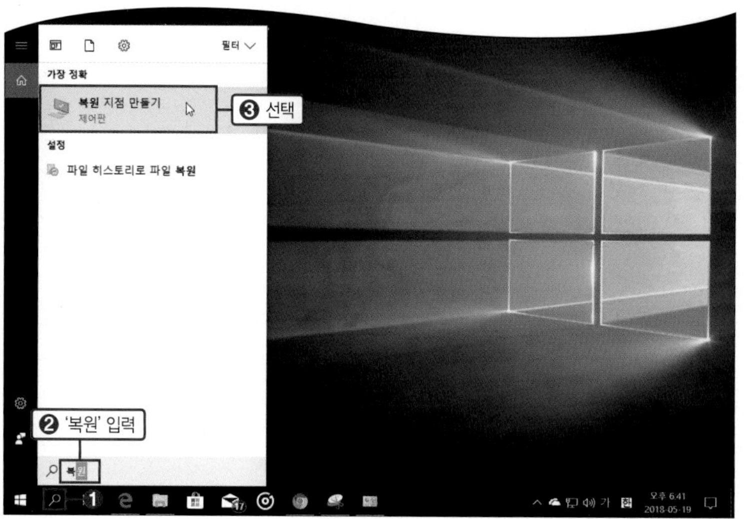

02 '시스템 속성' 창이 나타나면, '보호 설정' 항목에서 현재 연결된 하드 디스크 중 시스템 보호 기능을 사용할 디스크를 선택하고 [구성]을 클릭합니다.

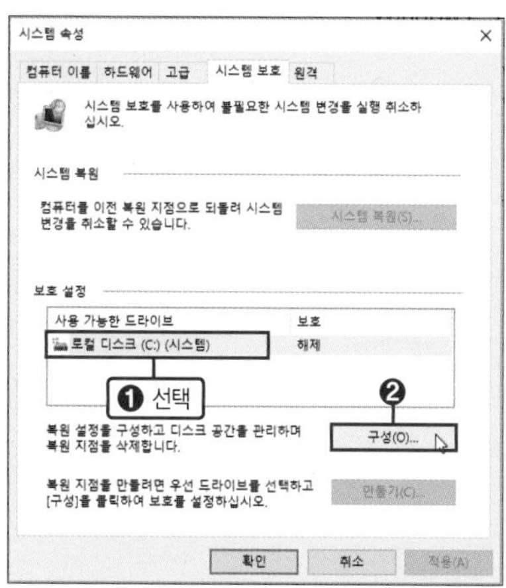

잠 깐 만 요

시스템 보호 기능을 사용할 하드 디스크는 윈도우가 설치되어 있는 하드 디스크입니다.

03 대화상자가 나타나면 '복원 설정'에서 [시스템 보호 사용]을 선택하고 아래의 '디스크 공간 사용'에서 슬라이드 막대를 움직여 복원 지점이 저장될 공간 크기를 지정한 후 [확인]을 클릭합니다.

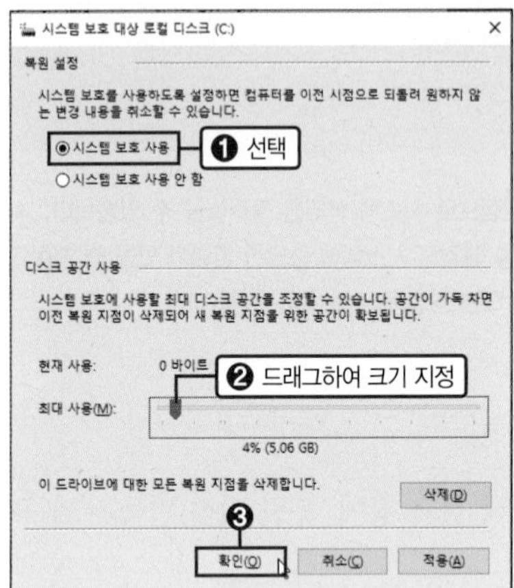

04 '시스템 속성' 대화상자로 되돌아오면 '보호 설정'에서 선택한 디스크의 오른쪽에 [설정] 표시를 확인한 뒤, [확인]을 클릭합니다.

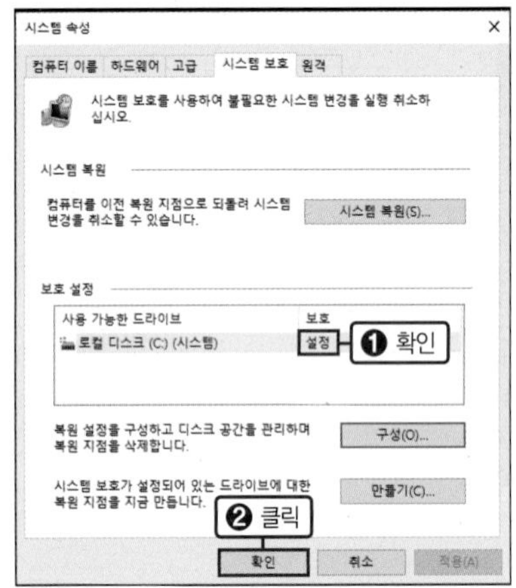

수동으로 복원 지점 만들기

05 '시스템 속성' 대화상자의 [시스템 보호] 탭에서 [만들기]를 클릭합니다.

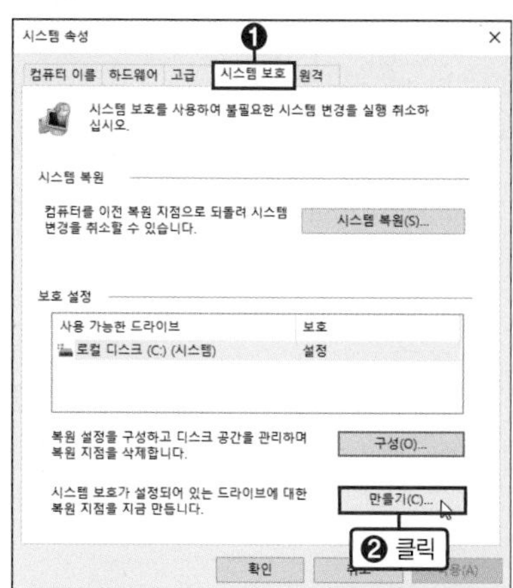

06 '시스템 보호' 대화상자가 나타나면 알아보기 쉬운 이름을 입력하고 [만들기]를 클릭합니다. 이때 날짜와 시간은 자동으로 입력됩니다.

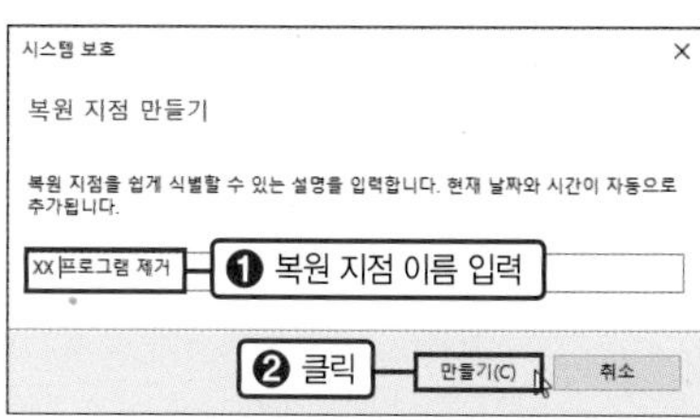

07 복원 지점을 만드는 데 약간의 시간이 걸리므로 잠시 기다려야 합니다. 복원 지점 만들기가 끝났으면 [닫기]와 [확인]을 차례로 눌러 마무리합니다.

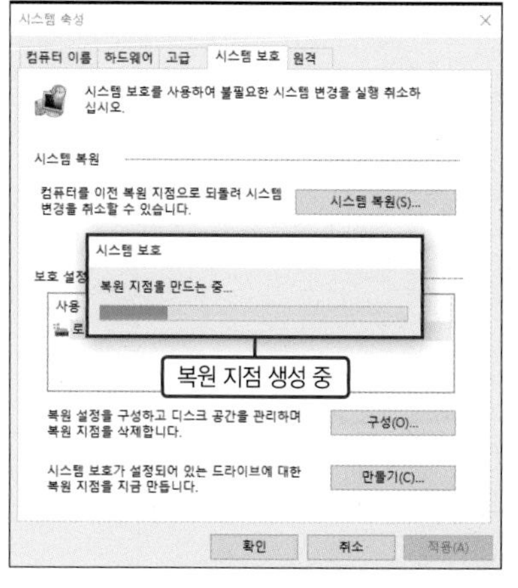

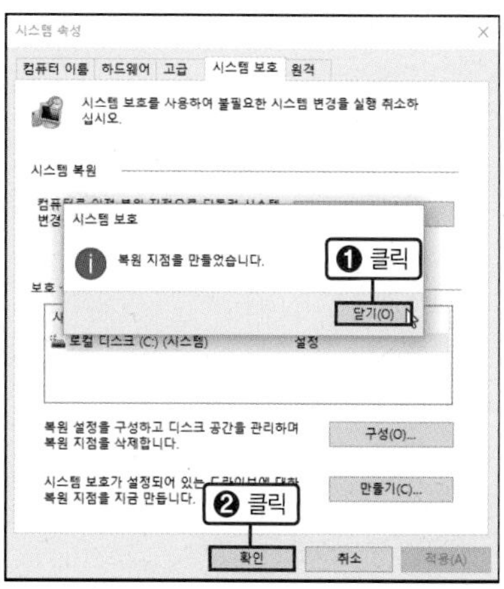

무따기 Windows 10

124 복원 지점 이용해 시스템 복구하기

복원 지점을 이용해 시스템을 복구하려면 우선 '시스템 보호 기능'이 켜져 있어서 자동으로 복원 지점이 저장돼 있어야 합니다. 시스템을 사용하다가 예전과 다르게 오류가 발생하거나 너무 느려진다면 시스템이 정상적으로 동작하던 복원 지점으로 복구할 수 있습니다.

01 ⊞+S를 눌러 검색 창이 나타나면 검색어 입력 상자에 '복원'을 입력한 뒤 검색 결과에서 [복원 지점 만들기]를 클릭하세요. '시스템 속성' 대화상자가 나타나면 [시스템 보호] 탭의 [시스템 복원]을 클릭합니다.

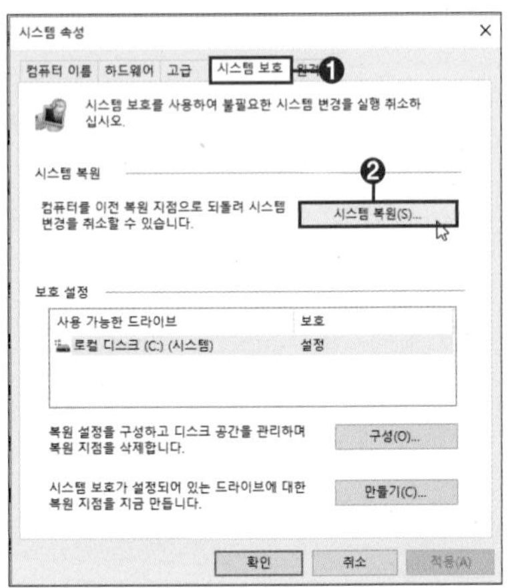

02 '시스템 복원' 대화상자와 함께 시스템 복원에 대한 안내글이 표시됩니다. 안내글을 꼼꼼하게 읽어본 후 [다음]을 클릭합니다.

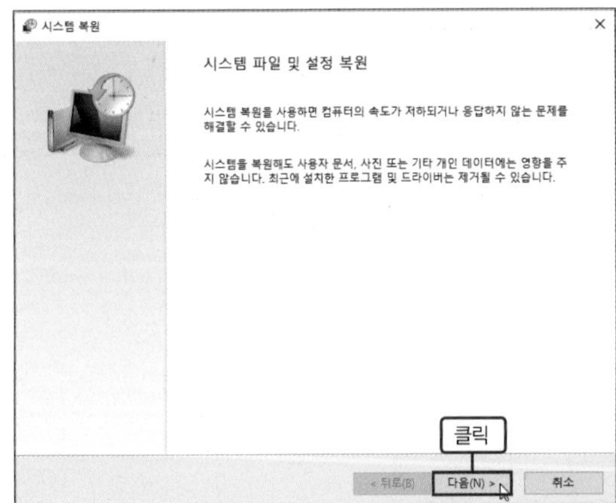

03 '시스템 복원' 대화상자에 복원 지점이 표시되면 복원하고 싶은 복원 지점 항목을 선택하고 [다음]을 클릭합니다.

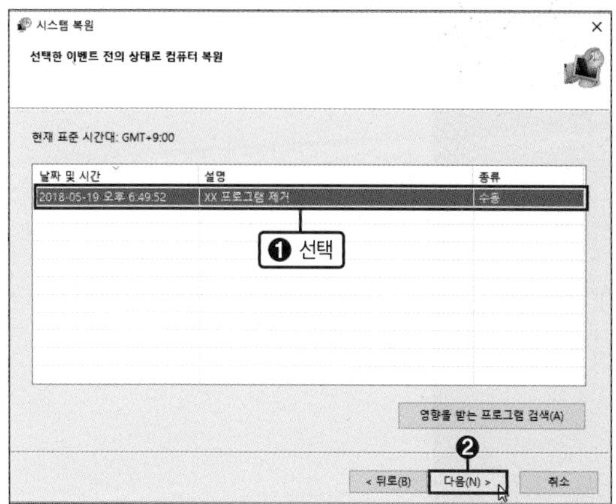

04 열려있는 앱 창이 있으면 안전하게 저장하여 종료한 뒤 [마침]을 클릭합니다.

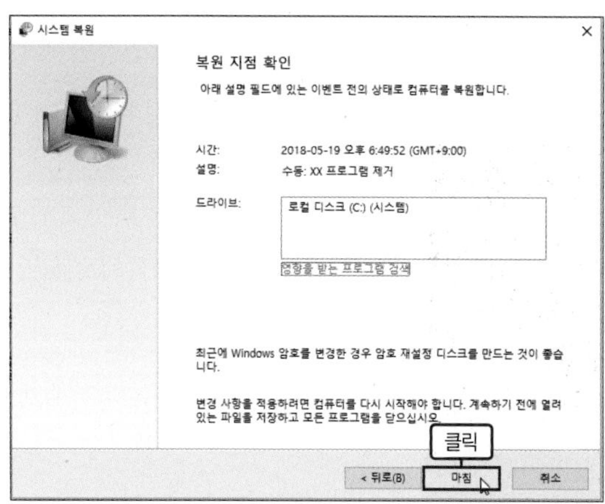

05 시스템 복원을 계속할 것인지 묻는 창이 나타나면 [예]를 클릭해서 복원을 진행합니다.

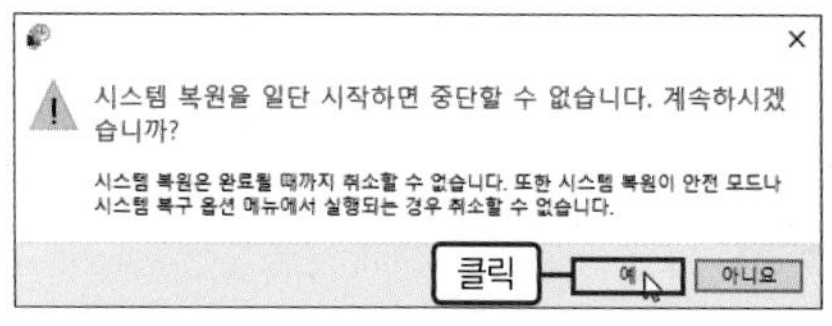

잠깐만요 시스템 복원은 시간이 많이 걸리고 중간에 취소할 수 없기 때문에 다른 작업을 하지 않아도 되는 시간에 하는 것이 좋습니다.

06 시스템 복원 준비 과정이 끝나면 윈도우가 다시 시작됩니다.

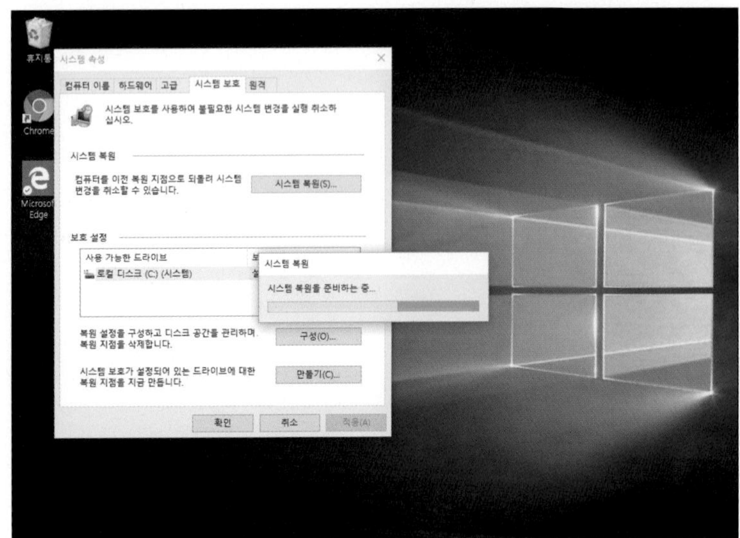

07 시스템 복원에는 시간이 많이 걸리므로 여유있게 기다리세요. 시스템 복원이 끝난 후 로그인하면 복원 지점의 시스템 상태로 돌아가 있을 것입니다.

무따기 | Windows 10

25 복구 드라이브 만들기

'복구 드라이브'를 만들어 놓으면 윈도우에 치명적인 문제가 생겼을 경우 복구 드라이브를 이용해 시스템을 복원할 수 있습니다. 복구 드라이브는 이동식 USB 메모리에 만드는 것이 좋은데 최소한 8기가 바이트 이상의 공간이 확보되어 있어야 하며 복구 드라이브를 만들면 복구 드라이브 장치에 있던 기존 자료는 삭제되므로 주의해야 합니다.

01 작업 표시줄의 [검색] 단추(🔍)를 누른 후 검색 창에 '복구 드라이브'를 입력하고 검색 결과 중 [복구 드라이브 만들기]를 클릭합니다.

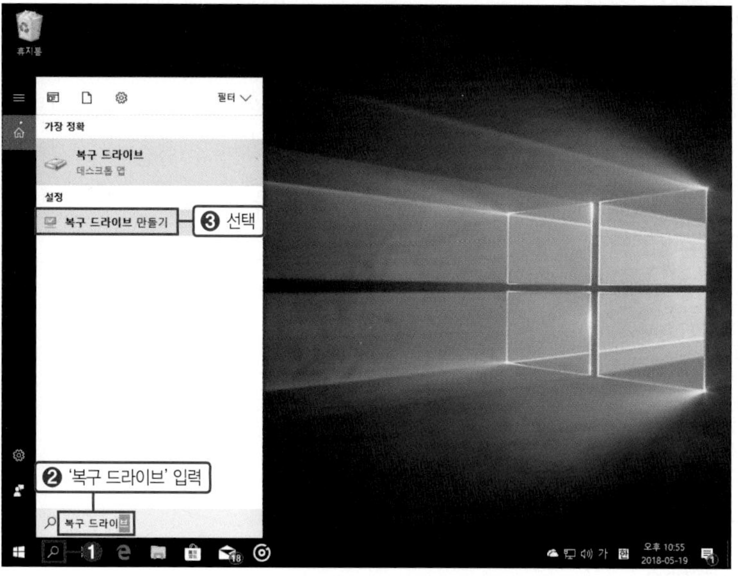

02 'Recovery Media Creator' 앱을 실행하면 시스템이 변경되기 때문에 사용자 계정 컨트롤을 허용할 것인지 묻는 창이 나타납니다. [예]를 클릭하세요.

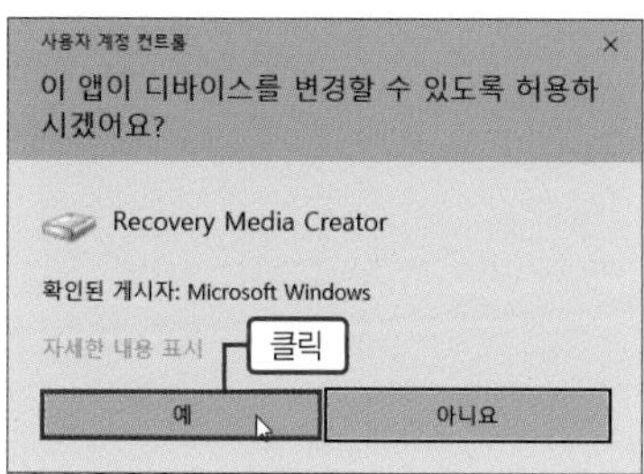

이 정도면 나도 파워유저

03 복구 드라이브에 대한 설명이 표시되고, 기본적으로 [시스템 파일을 복구 드라이브에 백업합니다] 항목에 체크 표시되어 있습니다. [다음]을 클릭하세요.

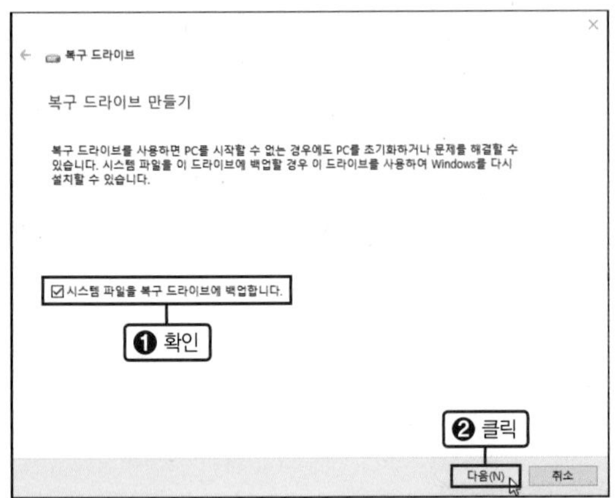

04 복구 드라이브로 사용할 수 있는 장치들이 나열됩니다. 윈도우가 설치된 드라이브는 복구 드라이브로 선택할 수 없고 그 외의 하드 디스크나 USB 플래시 메모리를 복구 드라이브로 선택할 수 있습니다. 선택한 장치의 내용은 모두 삭제되므로 다시 한번 확인한 후 드라이브를 선택한 뒤 [다음]을 클릭합니다.

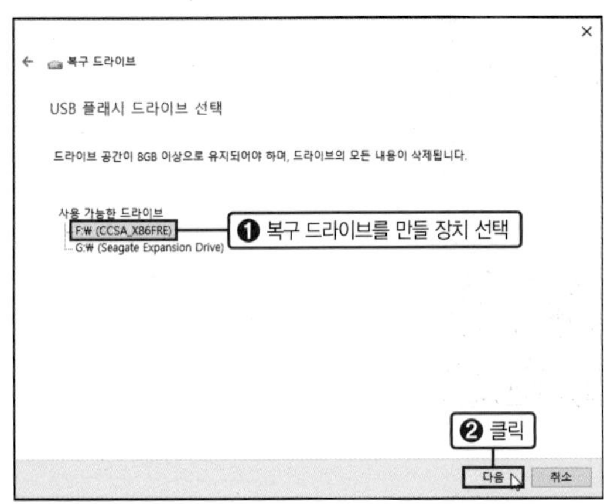

05 복구 드라이브를 만들 장치에 있던 파일들이 삭제된다는 안내문이 다시 한번 나타납니다. 확인했다면 [만들기]를 클릭합니다.

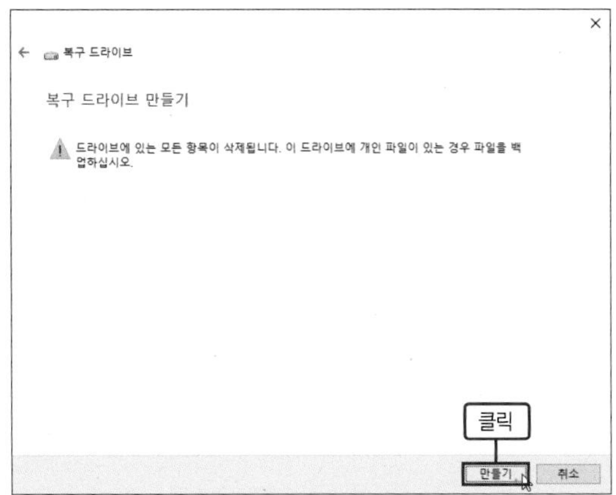

06 복구 드라이브가 만들어지면 드라이브 이름에 '복구'라고 표시됩니다. 복구 드라이버 장치에는 다른 파일을 저장하지 말고 안전한 곳에 보관해 두었다가 복원해야 할 경우 사용합니다.

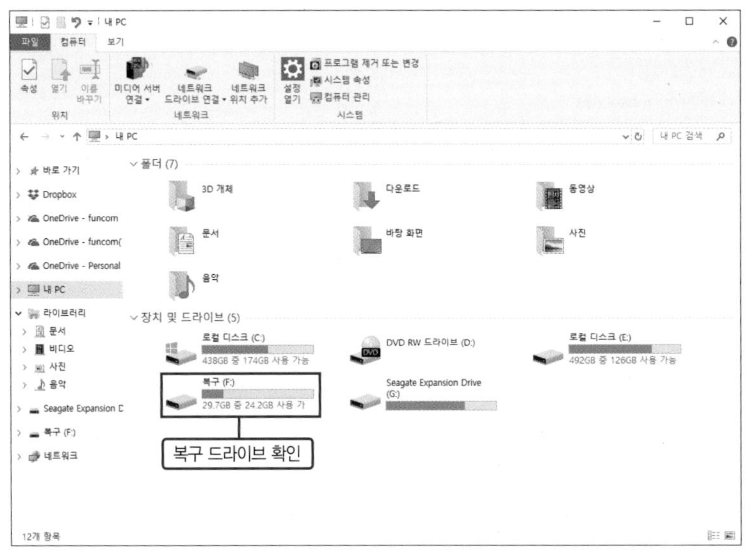

주요 26 Windows 10

복구 드라이브를 사용해 윈도우 복원하기

윈도우에 심각한 오류가 발생해 윈도우 부팅이 안된다면 복구 드라이브를 사용해 윈도우를 부팅하고 시스템을 복구할 수 있습니다. 이렇게 해서도 해결되지 않는다면 복구 드라이브를 통해 컴퓨터를 초기화할 수도 있습니다.

윈도우 부팅이 될 경우

윈도우로 부팅할 수 있는 경우라면 [설정] – [업데이트 및 보안]을 선택한 후 '고급 시작 옵션' 항목의 [지금 다시 시작]을 클릭합니다.

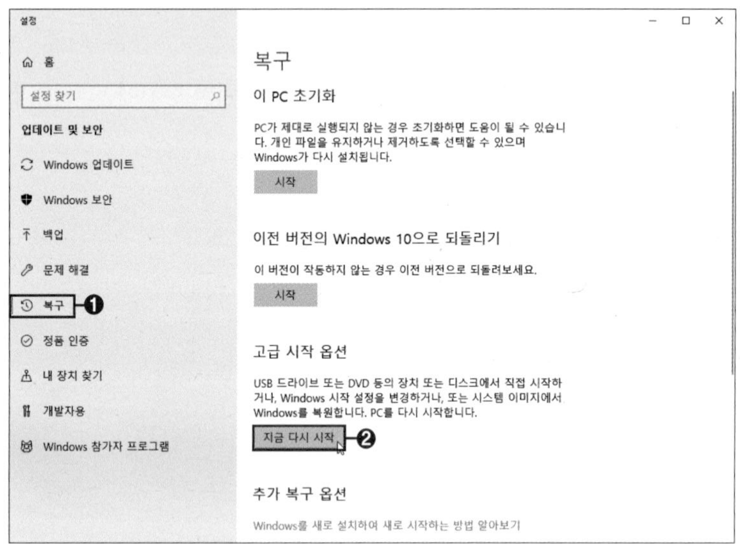

윈도우 부팅이 안 될 경우

윈도우로 부팅할 수 없다면 '복구 드라이브'나 부팅 가능한 '시스템 이미지'를 이용해 시스템을 부팅합니다. 복구 드라이브를 사용해 부팅하려면 USB로 부팅할 수 있게 시스템 설정을 바꿔야 합니다.

잠깐만요 USB 부팅 설정 방법은 사용하는 시스템에 따라 다르니 시스템 제조업체의 매뉴얼을 참고하세요.

복구 드라이브를 이용해 부팅했을 때 '키보드 레이아웃 선택' 화면이 표시되면 [Microsoft 한글 입력기]를 선택한 뒤, '옵션 선택' 화면에서 [문제 해결]을 클릭합니다.

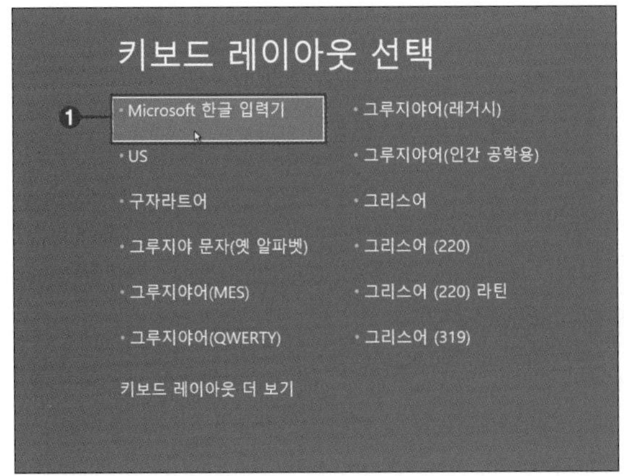

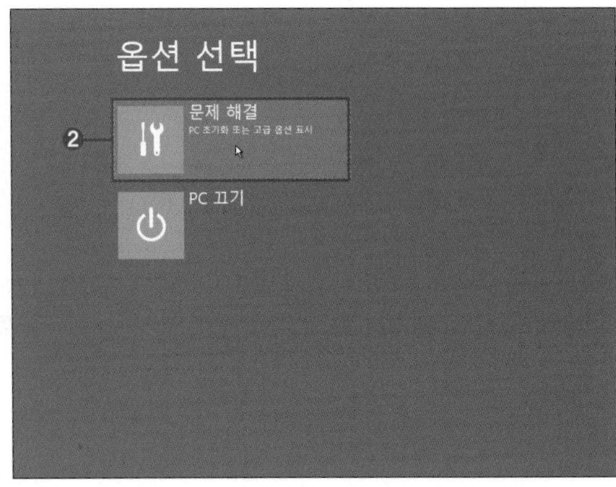

잠깐만요 시스템 이미지에 대한 내용은 394쪽을 참고하세요.

선택할 수 있는 옵션은 다음과 같습니다.

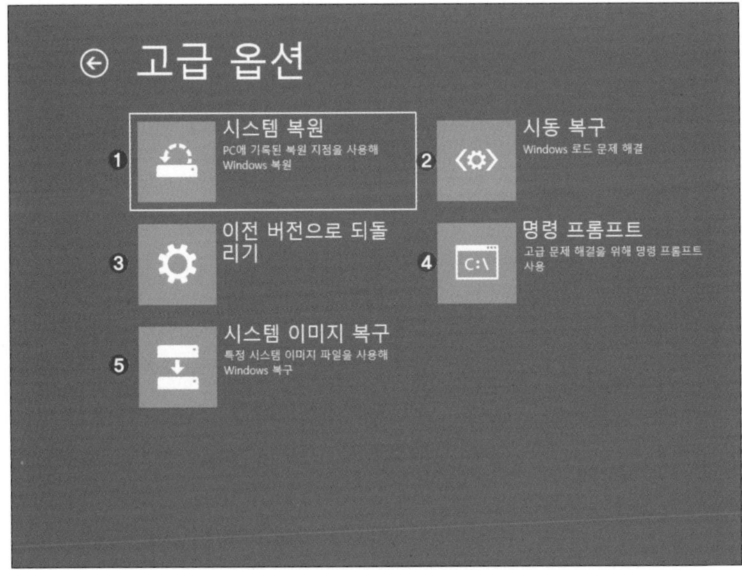

잠깐만요

복구 드라이브는 윈도우에 부팅할 수 없을 때 유용하게 사용할 수 있습니다. 하지만 윈도우 부팅은 되지만 시스템에 문제가 있다고 생각된다면 '설정' 앱에서 복구 드라이브를 시작할 수도 있습니다.

❶ **시스템 복원** : 컴퓨터가 자동으로 만들었거나 사용자가 만든 복원 지점으로 시스템을 복원합니다.

❷ **시동 복구** : 복구 드라이브를 사용해 시스템을 복구합니다. 복구에 많은 시간이 걸립니다.

❸ **이전 버전으로 되돌리기** : 현재 업데이트 이전의 윈도우 10으로 되돌립니다.

❹ **명령 프롬프트** : 프롬프트 창에 직접 명령어를 입력하여 시스템을 복구합니다.

❺ **시스템 이미지 복구** : 만들어 둔 시스템 이미지가 있을 경우 시스템 이미지를 이용해 시스템을 복구합니다. 자세한 복구 방법은 396쪽을 참고하세요.

무따기

Windows 10

127 시스템 이미지 만들기

'복구 드라이브'가 윈도우 시스템 파일을 백업해 두었다가 복구하는 방법이라면 '시스템 이미지'는 윈도우 시스템 파일 뿐만 아니라 현재 컴퓨터에 설치되어 있는 모든 앱을 사진 찍듯이 그대로 백업하는 것 입니다. 시스템에 문제가 없는 상태일 때 시스템 이미지를 만들어 놓으면 시스템 이미지를 만든 당시의 상태로 되돌릴 수 있습니다.

01 [설정] - [업데이트 및 보안] - [백업]을 차례로 선택한 후 [백업 및 복원으로 이동(Windows 7)]을 클릭합니다.

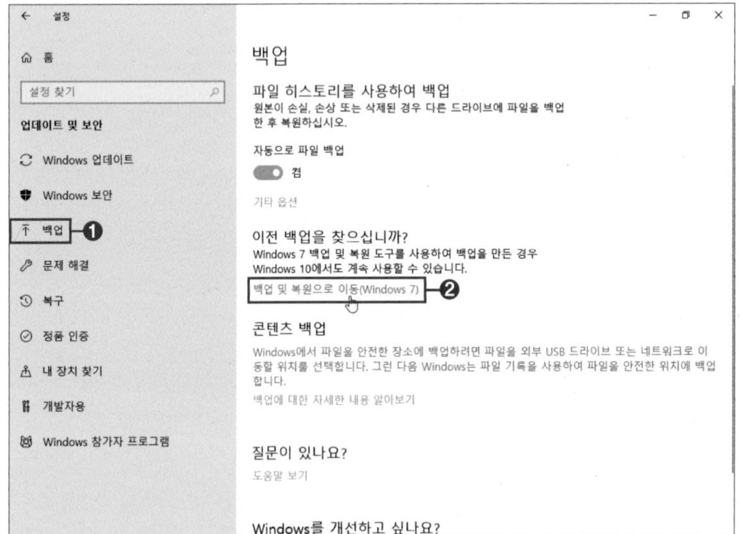

잠깐만요

윈도우 8에서 사라진 '시스템 이미지' 백업 기능이 윈도우 10에서는 '백업 및 복원으로 이동(windows 7)'과 같이 윈도우 7을 기반으로 한 시스템 이미지 백업으로 추가되었습니다.

02 '백업 및 복원(Windows 7)' 창이 나타나면 왼쪽 위 부분에 있는 [시스템 이미지 만들기]를 클릭합니다.

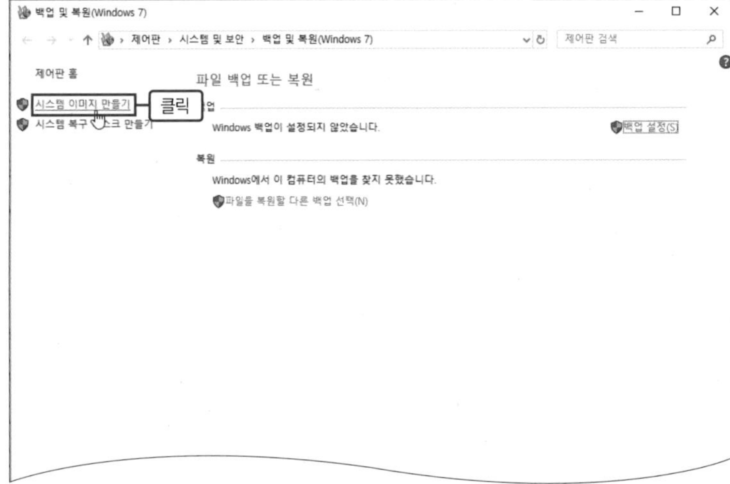

03 백업을 저장할 위치를 지정합니다. 외장 하드 디스크나 DVD, 네트워크 상의 다른 컴퓨터 폴더를 선택할 수 있습니다. 위치를 지정했다면 [다음]을 클릭합니다.

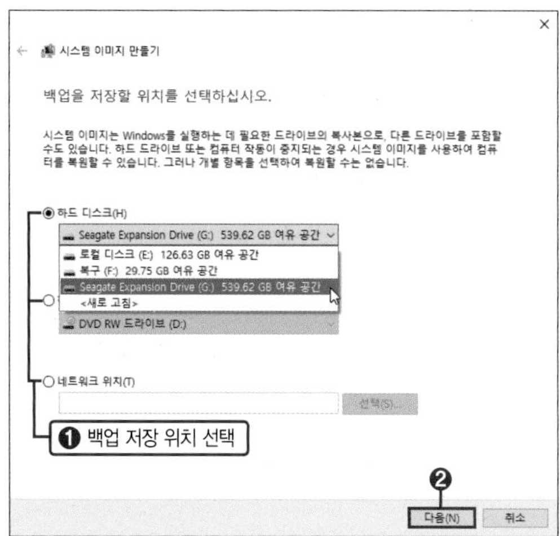

04 백업 대상을 선택합니다. 시스템 파일과 윈도우가 설치된 시스템 드라이브, 복구 환경은 기본적으로 선택되어 있습니다. 더 추가하고 싶은 항목이 있을 경우 선택한 후 [다음]을 클릭합니다.

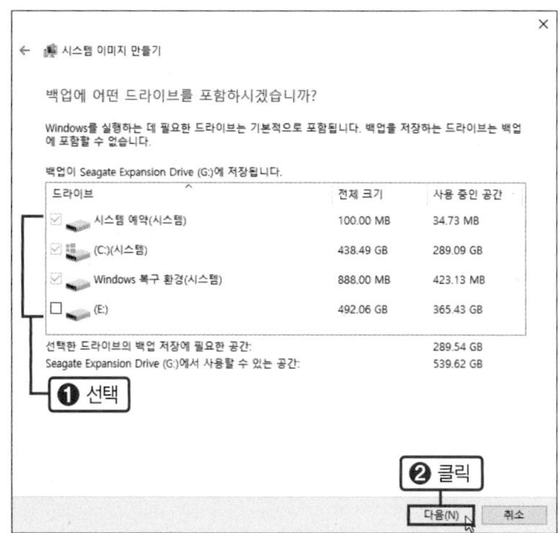

05 백업을 위해 어느 정도의 공간이 필요한지 계산해서 보여줍니다. 백업을 진행하려면 [백업 시작]을 클릭합니다.

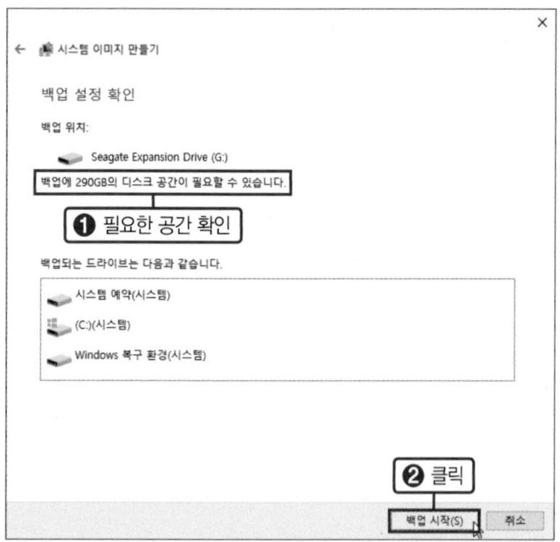

06 시스템 파일 뿐만 아니라 윈도우가 설치된 드라이브를 이미지로 만들기 때문에 많은 시간이 필요합니다.

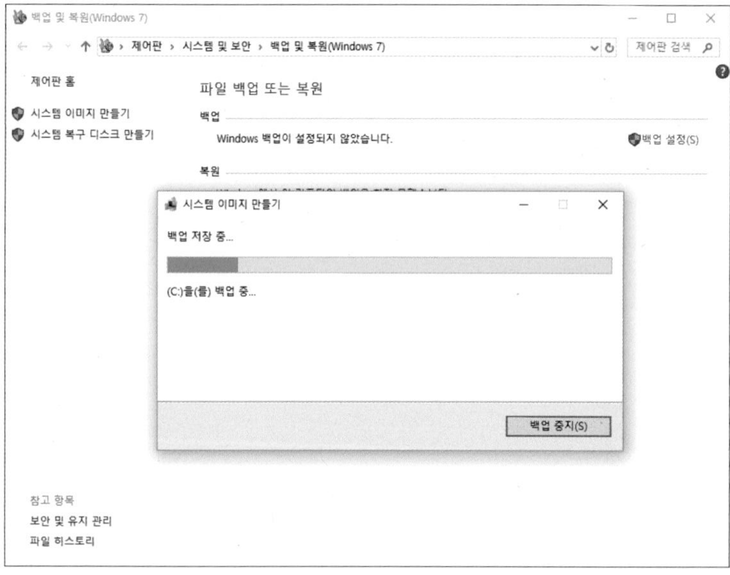

07 백업이 끝나면 시스템 이미지를 부팅 가능한 복구 디스크로 만들 것인지 묻는 창이 나타납니다. 복구 드라이브를 만들어 두었거나 부팅 가능한 USB 장치가 있다면 따로 시스템 복구 디스크를 만들지 않아도 되므로 [아니오]를 클릭하고, 시스템 이미지를 부팅 가능한 디스크로 만들어 윈도우로 부팅할 수 없을 때 사용하려면 [예]를 클릭합니다.

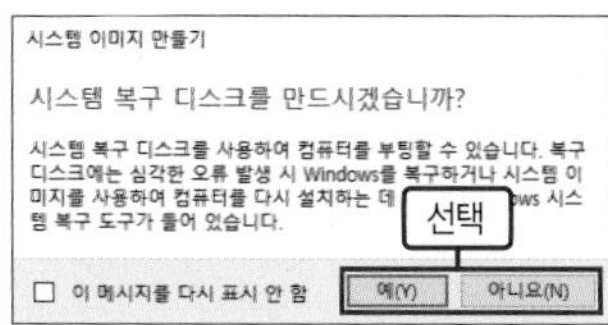

08 백업이 완료되면 [닫기]를 눌러 시스템 이미지 만들기를 끝냅니다.

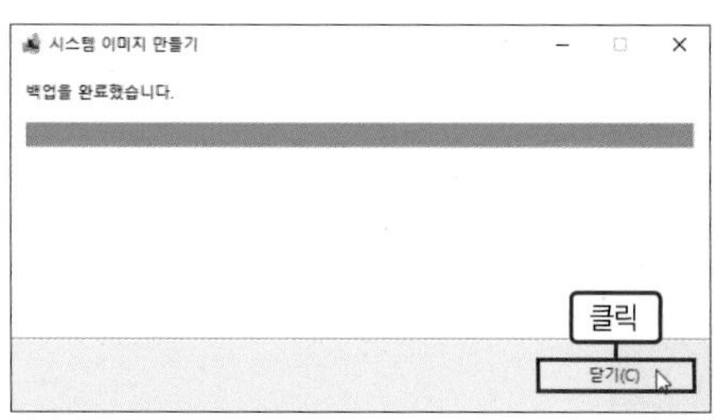

전문가의 조언 **복구 드라이브와 시스템 이미지**

복구 드라이브와 시스템 이미지 모두 부팅 가능한 상태로 만들 수 있습니다. 하지만 시스템 이미지는 윈도우가 설치된 드라이브 전체를 백업하기 때문에 저장 공간이 많은 외장 하드 디스크에 저장하는데, 외장 하드 디스크를 부팅 디스크로 만드는 것은 간단하지 않습니다. 따라서, USB 플래시 메모리는 부팅 가능한 복구 드라이브로 만들어서 윈도우에 문제가 생겼을 때 복구 드라이브로 부팅하고, 복구 메뉴 중 '시스템 이미지 복원'을 통해 운영체제를 비롯해 기존의 앱들과 자료를 복원하는 방법을 많이 사용합니다.

주요 Windows 10

시스템 이미지를 사용해 복구하기

시스템 이미지는 시스템이 정상적으로 동작할 때 윈도우의 시스템과 앱, 데이터들을 백업해 둔 것입니다. 윈도우를 새로 설치했거나 PC 초기화 진행한 한 후, 여러 앱들을 따로 설치하지 않아도 시스템 이미지를 복구하면 이전의 작업 환경을 그대로 되돌릴 수 있습니다.

복구 드라이브나 시스템 이미지를 사용해 시스템을 부팅한 후 '옵션 선택' 화면에서 [문제 해결]을 클릭합니다.

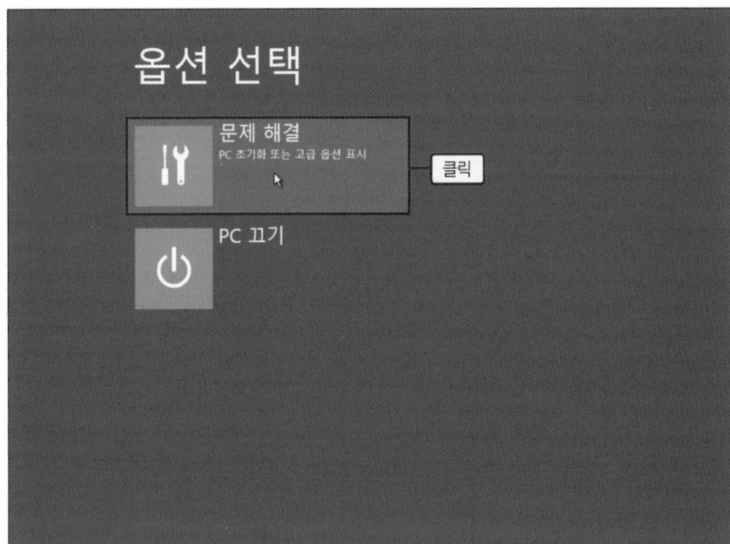

잠깐만요

윈도우 부팅이 안될 경우 복구 드라이브나 부팅 가능한 시스템 이미지로 부팅합니다. 윈도우 부팅이 된다면 [설정] – [업데이트 및 보안]을 선택한 후 '고급 시작 옵션' 항목의 [지금 다시 시작]을 클릭합니다.

'고급 옵션' 창에서 [시스템 이미지 복구] 를 클릭합니다.

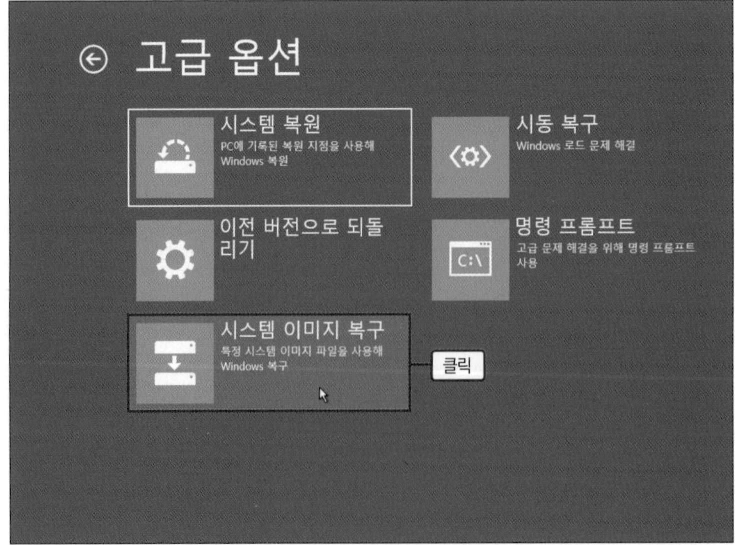

시스템 이미지를 찾으면 복구할 사용자 계정을 선택한 후 암호를 입력하고 [다음]을 클릭합니다.

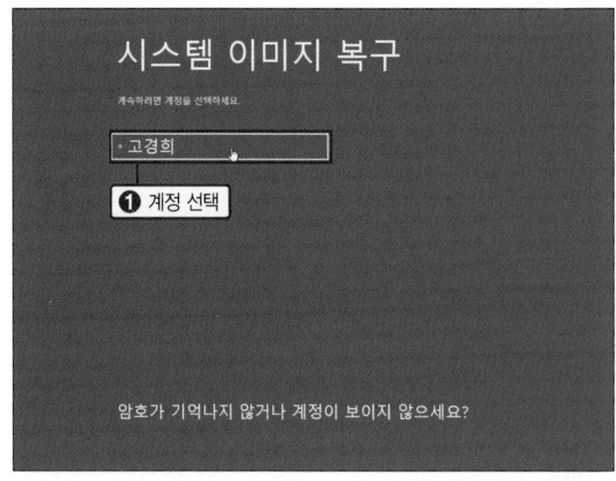

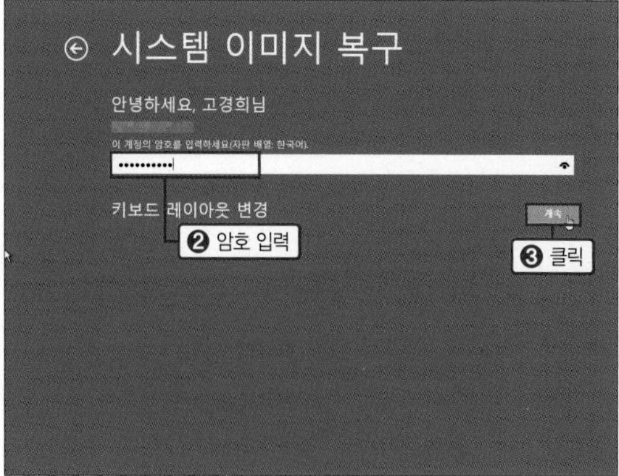

시스템 이미지 백업이 하나라면 자동으로 찾아서 '사용 가능한 최신 시스템 이미지 사용(권장)' 항목에 보여주고, 시스템 이미지 백업이 여러 개라면 '시스템 이미지' 선택을 클릭한 후 복구할 시스템 이미지를 선택합니다.

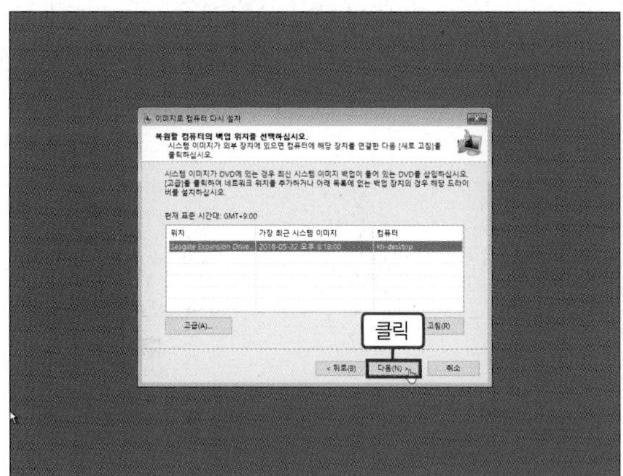

이후 화면의 지시를 따라 [다음] 버튼을 클릭하면 시스템 이미지에 있던 백업 자료를 이용해 저장한 시스템 환경 그대로 복구됩니다.

잠 깐 만 요

여러 가지 복구 방법을 사용해도 시스템 문제가 해결되지 않는다면 PC를 초기화할 수 있습니다. PC 초기화 방법은 421쪽을 참고하세요.

부록

윈도우 10 설치, 어렵지 않아요

윈도우 10은 데스크톱뿐만 아니라 태블릿과 스마트폰에 이르기까지 많은 기기에서 사용할 수 있도록 개발된 운영체제입니다. 윈도우 7과 같은 데스크톱 운영체제에 익숙했던 사용자에게는 다소 생소할 수 있지만, 몇 번만 사용해 보면 매우 편리하고 다양한 기능이 숨어있다는 것을 알 수 있을 것입니다.

아직 윈도우 7을 사용하고 있다면 기존 프로그램과 자료를 그대로 유지하면서 윈도우 10으로 업데이트할 수도 있고, 기존 자료를 완전히 삭제한 후 윈도우 10을 설치할 수도 있습니다. 윈도우 7이나 8을 사용하고 있다면 윈도우 자동 업데이트를 통해 자동 업그레이드되지만 윈도우 자동 업데이트 기능을 꺼놓고 있다면 윈도우 10으로 직접 설치할 수도 있습니다. 그리고 윈도우 10을 다시 설치하거나 매킨토시 운영체제에 윈도우 10을 설치해서 사용할 수도 있습니다. 윈도우 10을 설치하는 여러 가지 방법과 그 과정을 자세히 알아보겠습니다.

Windows 10

01 설치하기 전에 알아두세요

02 설치 전에 준비하세요

03 윈도우 10으로 업그레이드 설치하기

04 윈도우 설치 미디어를 사용해
윈도우 10 새로 설치하기

05 윈도우 10에서 PC 초기화 기능 사용하기

06 macOS 컴퓨터에 윈도우 10 설치하기

부록 Windows 10

01 설치하기 전에 알아두세요

윈도우 10은 2015년에 정식 출시되었습니다. 새로 구입한 컴퓨터라면 윈도우 10이 기본으로 설치되어 있지만 기존에 윈도우 7이나 윈도우 8을 사용하던 분들이라면 윈도우 10으로 직접 업그레이드해야 합니다. 윈도우 10을 설치하기 전에 아래 내용은 꼭 먼저 읽어보세요.

윈도우 10의 최소 사양

윈도우 10을 설치할 수 있는 최소 사양은 다음과 같습니다. 하지만 이것은 최소 사양이므로 사양이 더 높을수록 윈도우 10을 더욱 편리하고 빠르게 사용할 수 있습니다.

프로세서	1GHz 이상	**하드 디스크 공간**	최대 20GB
메모리 용량	1GB 램(32비트), 2GB 램(64비트)	**비디오 카드**	800*600 이상의 화면 해상도

윈도우 10 구입 방법

윈도우 10은 PC(노트북 포함)를 구입할 때 함께 구입하거나 마이크로소프트 홈페이지에서 구입할 수 있습니다. 이 때 제품 키를 이용해 정품 인증을 받게 되므로 제품 키는 따로 기록해서 보관하는 것이 좋습니다. 윈도우 10은 한 컴퓨터당 하나만 설치할 수 있습니다. 그래서 윈도우 10을 사용하는 동안 하드웨어를 교체한다면 다시 정품 인증을 받아야 합니다. 한 번 윈도우 10을 설치한 컴퓨터에는 다시 윈도우 10을 설치해도 제품 키가 저장되어 있기 때문에 자동으로 정품 인증을 받을 수 있습니다.

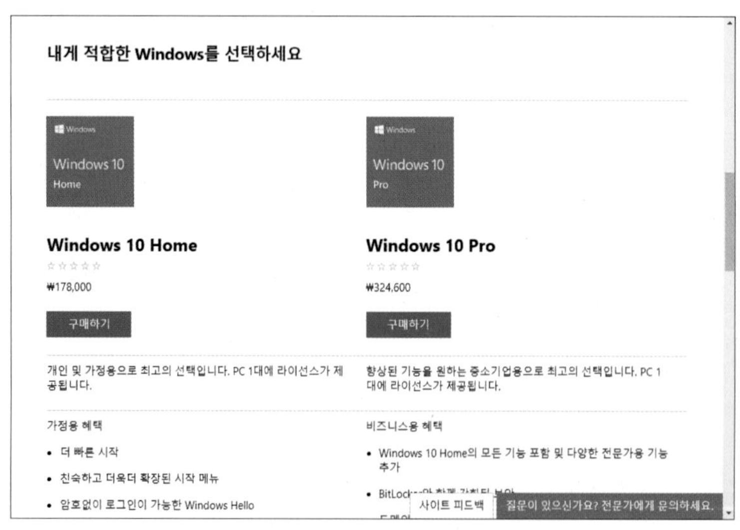

▲ Windows 10 구매 (https://www.microsoft.com/ko-kr/store/b/windows)

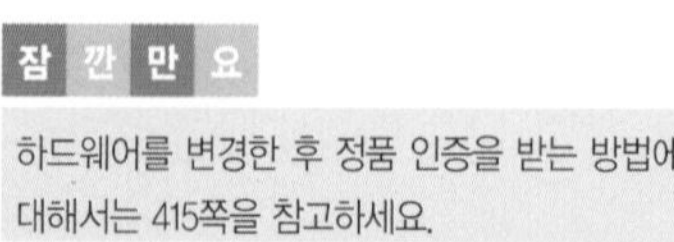

잠깐만요

하드웨어를 변경한 후 정품 인증을 받는 방법에 대해서는 415쪽을 참고하세요.

윈도우 10 설치 시 삭제되는 기존 프로그램

윈도우 10을 설치하면 기존의 윈도우 7이나 윈도우 8에 있던 일부 프로그램이 삭제될 수 있습니다.

대상 윈도우	삭제되는 프로그램
윈도우 7	바탕 화면 가젯과 카드놀이, 지뢰찾기 프로그램, 미디어 센터
윈도우 8.1	미디어 센터, OneDrive 앱이 동기화될 때 사용자 컴퓨터의 저장 공간을 차지함

윈도우 10, 클린 설치할까? 업그레이드할까?

윈도우 10을 설치는 방법에는 두 가지가 있습니다. 기존의 윈도우 정보를 완전히 제거한 후 설치하는 클린 설치 방법과 기존 윈도우에 윈도우 10 정보로 덮어씌우는 업그레이드 방법이 있죠.

① 클린 설치(새로 설치, Clean Install)

클린 설치란 기존의 윈도우를 완전히 제거한 후 깨끗한 상태에서 윈도우 10을 새로 설치하는 것입니다. 만약 윈도우 XP가 설치된 상태에서 윈도우 10을 설치하려면 클린 설치를 해야 합니다.

클린 설치를 하면 기존 윈도우 환경에 설치되어 있던 프로그램들까지 모두 삭제되기 때문에 윈도우 10을 설치한 후 필요한 프로그램을 다시 설치해야 합니다. 그만큼 시간도 더 걸리고 번거롭기까지 하죠. 하지만, 시스템이 불안정했다거나 오류가 자주 발생했다면 클린 설치를 선택하는 것이 좋습니다.

클린 설치를 하려면 윈도우가 설치된 하드 디스크를 포맷해야 하기 때문에 윈도우 자료 백업 뿐만 아니라 하드 디스크에 저장해 놓은 자료들도 모두 다른 저장 장치로 복사해 두어야 합니다

윈도우 10을 사용하던 중에 새로 설치할 경우에는 윈도우 10의 'PC 초기화' 기능을 이용하면 좀더 편리하게 윈도우 10을 재설치할 수 있습니다.

② 업그레이드 설치(Upgrade Install)

윈도우 7이나 윈도우 8.1을 사용하고 있고 정품 인증을 받았다면 윈도우 10으로 업그레이드할 수 있습니다. 윈도우를 업그레이드할 경우 사용자가 저장한 자료들과 프로그램이 거의 그대로 유지되면서 윈도우 환경만 바뀝니다.

업그레이드 설치는 클린 설치에 비해 간단하고 기존 프로그램을 그대로 사용할 수 있다는 장점이 있기 때문에 이 방법을 많이 사용합니다.

윈도우 설치 한 눈에 보기

시스템 상황에 따라 윈도우 10을 설치하는 방법이 다양하기 때문에 혼란스럽게 느껴지기도 합니다. 윈도우 10을 설치 과정을 간단하게 그림으로 표현하면 다음과 같습니다.

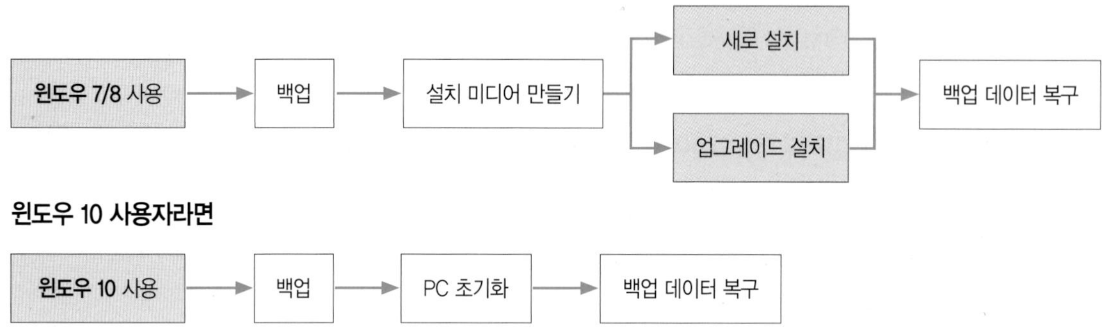

전문가의 조언 이전 버전의 윈도우로 되돌리기

클린 설치나 업그레이드 설치로 윈도우 10을 설치한 후, 사용하고 있는 윈도우 10을 예전 버전의 윈도우로 되돌릴 수 있습니다. 윈도우 7이 설치 되었던 컴퓨터를 윈도우 10으로 업그레이드 했는데 마음에 들지 않는다면 다시 윈도우 7로 되돌릴 수 있는 거죠. 윈도우를 이전 버전으로 되돌리려면 윈도우 10 설치 후 10일 이내여야 하며 이전 버전으로 돌아갔을 때 일부 프로그램이 동작하지 않을 수 있으니 참고하세요.

[설정] – [업데이트 및 보안] – [복구]를 차례로 선택하세요. 오른쪽 화면의 '이전 버전의 Windows 10으로 돌아가기' 또는 '이전 버전의 Windows로 돌아가기' 항목에 있는 [시작]을 클릭하면 이전 윈도우로 되돌아갈 수 있습니다.

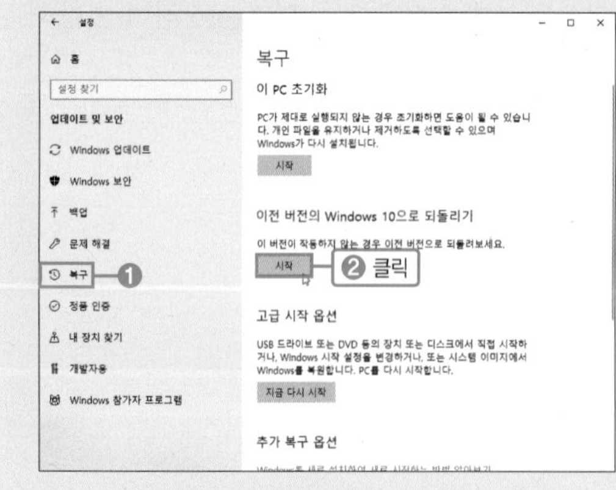

02 설치 전에 준비하세요

윈도우 7이나 윈도우 8을 사용하던 시스템에 윈도우 10을 새로 설치하거나 업그레이드 설치할 경우, 시스템이나 파일을 백업해 두는 것이 좋습니다. 그리고 윈도우 10 설치에 필요한 윈도우 설치 미디어도 미리 만들어 두면 좋습니다.

윈도우 7에서 파일 백업하기

01 '제어판'에서 [시스템 및 보안] – [백업 및 복원]으로 이동한 뒤, [백업 설정]을 선택합니다.

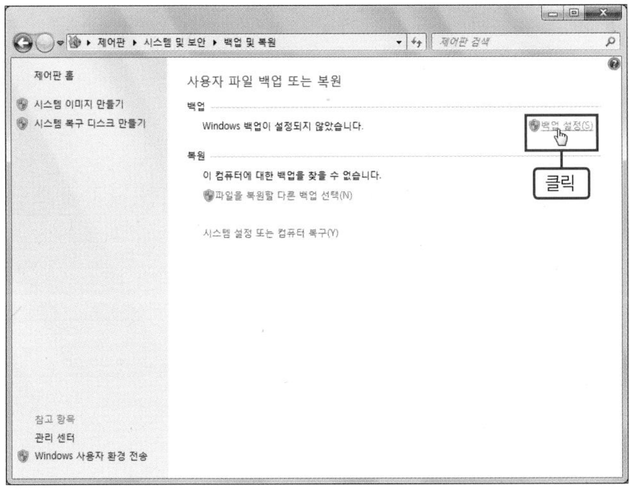

02 '백업 설정' 대화상자가 나타나면 '백업 저장 위치'에서 백업에 사용할 장치를 선택하고 [다음]을 클릭합니다.

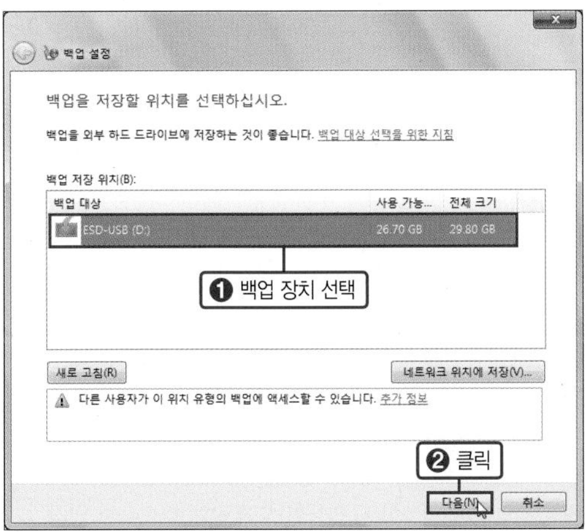

03 백업 대상을 선택하는 대화상자에서 [자동 선택(권장)]을 선택하면 윈도우 라이브러리와 바탕 화면, Windows 폴더에 있는 파일들이 백업되고 [직접 선택]을 선택하면 사용자가 백업할 폴더와 파일을 지정할 수 있습니다. 백업 대상을 선택했으면 [다음]을 클릭합니다.

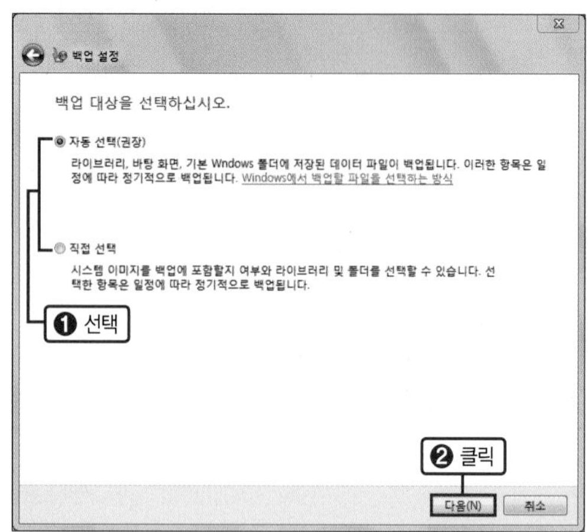

04 백업 설정을 검토하는 대화상자가 나타나면 [설정 저장 및 백업 실행]을 클릭하여 선택한 장치에 백업합니다.

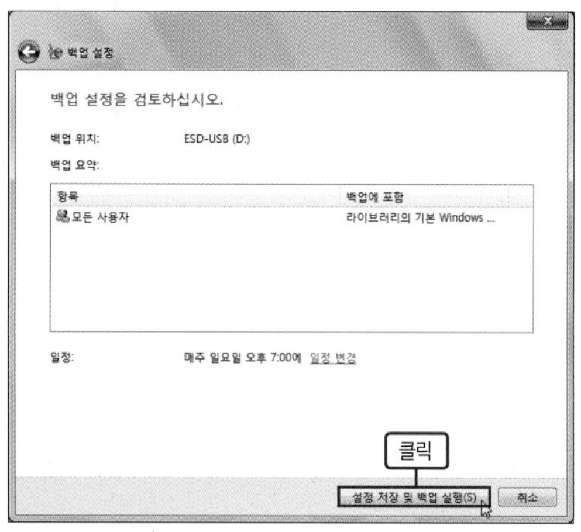

윈도우는 주로 C: 드라이브에 설치되므로 C: 드라이브에 중요한 파일이 있을 경우 백업해 둡니다.

전문가의 조언 윈도우 7에서 시스템 이미지 만들기

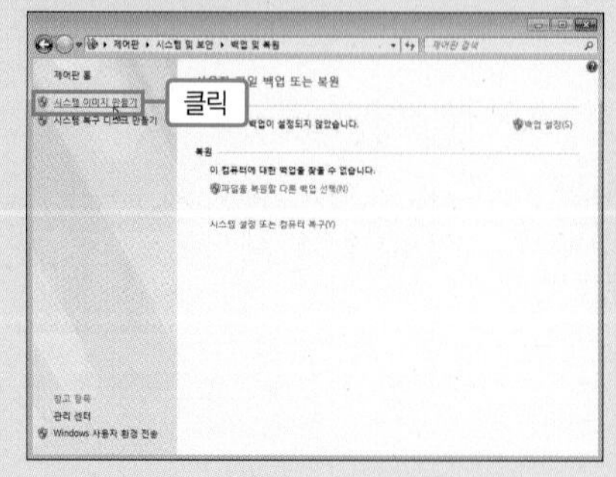

시스템 이미지는 현재 컴퓨터에 설치되어 있는 모든 프로그램을 사진 찍듯이 그대로 백업한 것입니다. 윈도우 7에서 시스템 이미지를 만들어 두면 윈도우 10 설치 후 기존 프로그램을 그대로 복구할 수 있습니다. 아쉽게도 윈도우 8에는 시스템 이미지 만들기 기능이 없습니다.

시스템 이미지 만들기는 [제어판] - [시스템 및 보안] - [백업 및 보안]을 차례로 선택한 후 화면 왼쪽 위의 [시스템 이미지 만들기]를 클릭하면 만들 수 있습니다. 시스템 이미지 만들기는 394쪽에도 자세히 설명되어 있으니 해당 페이지를 참고하세요. 윈도우 10을 설치한 후 파일 백업이나 시스템 이미지로 복구하려면 398쪽을 참고하세요.

윈도우 8.1에서 파일 백업하기

[PC 설정] – [업데이트 및 복구]를 선택합니다. '업데이트 및 복구' 창이 나타나면 [파일 히스토리]를 선택하고 오른쪽 창에서 '파일 히스토리'의 [꺼짐] 위치를 클릭하세요. '파일 히스토리'가 [켜짐]으로 바뀌면서 장치 선택 창이 나타나면 백업을 저장할 장치를 선택하여 즉시 파일 백업을 시작합니다.

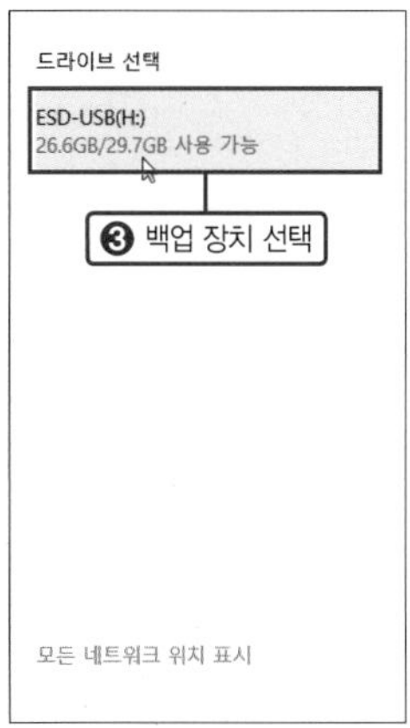

윈도우 10 설치 미디어 만들기

'윈도우 10 설치 미디어'가 있으면 윈도우 7이나 8에 윈도우 10을 새로 설치하거나 사용하고 있는 윈도우 10을 다시 설치해야 할 때 유용하게 사용할 수 있습니다. 윈도우 10 라이선스를 가지고 있을 경우 '윈도우 10 설치 미디어'를 한번만 만들어 두면 언제든 윈도우 10을 설치할 수 있기 때문에 편리하죠. 윈도우 10 설치 미디어를 만들려면 8 GB 이상의 USB 플래시 메모리가 필요합니다.

01 웹 브라우저에서 'https://www.microsoft.com/ko-kr/software-download/windows10' 페이지에 접속한 후 [지금 도구 다운로드]를 클릭합니다.

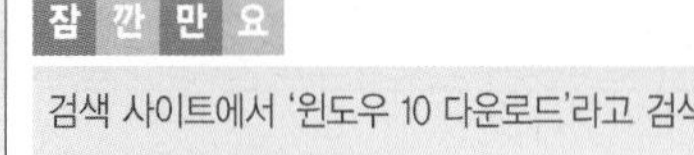

잠깐만요

검색 사이트에서 '윈도우 10 다운로드'라고 검색해서 이동해도 됩니다.

02 파일 다운로드가 끝나면 다운로드한 파일을 찾아서 실행합니다. 사용자 계정 컨트롤 창이 나타나면 [예]를 클릭합니다.

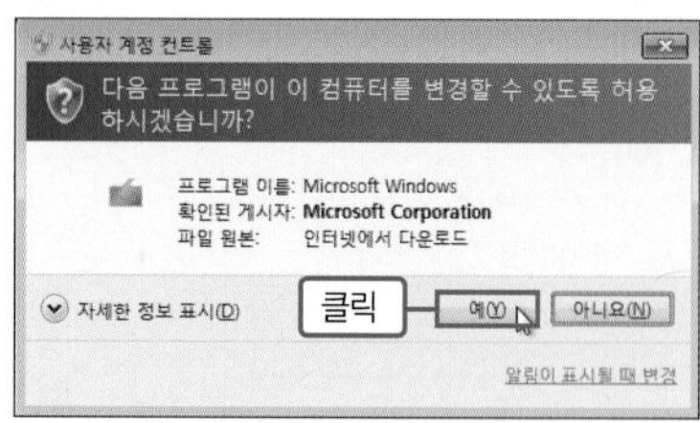

03 소프트웨어 사용자 계약서가 나타나면 [동의]를 클릭합니다.

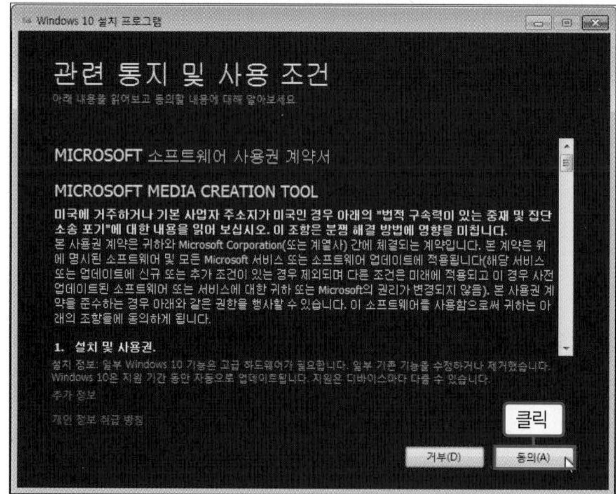

04 [다른 PC용 설치 미디어 만들기]를 선택한 후 [다음]을 클릭합니다.

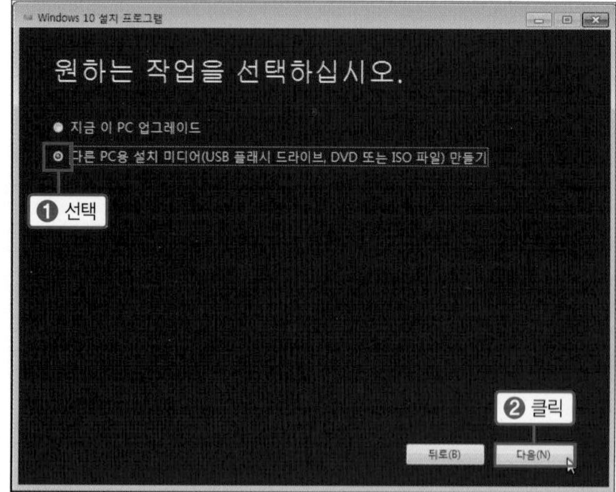

05 '언어, 아키텍처 및 버전 선택' 화면이 나타나면 [이 PC에 권장 옵션 사용]에 체크합니다. 자동으로 '언어'와 '버전' 그리고 시스템 유형인 '아키텍처'가 지정됩니다. [다음]을 클릭합니다.

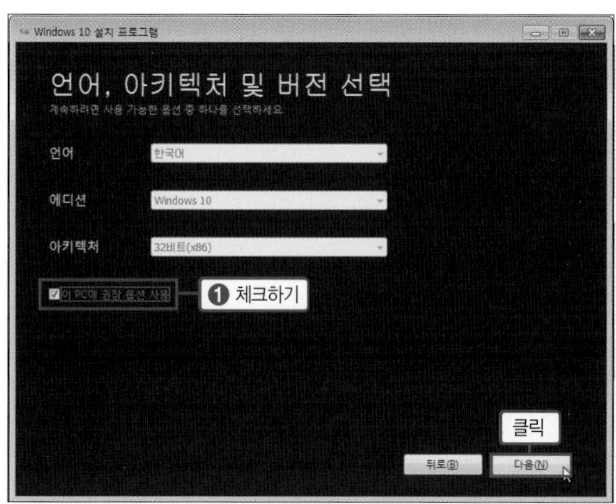

06 '사용할 미디어 선택' 화면이 나타나면 설치 미디어로 사용할 미디어 유형을 [USB 플래시 드라이브]로 선택하고 [다음]을 클릭합니다.

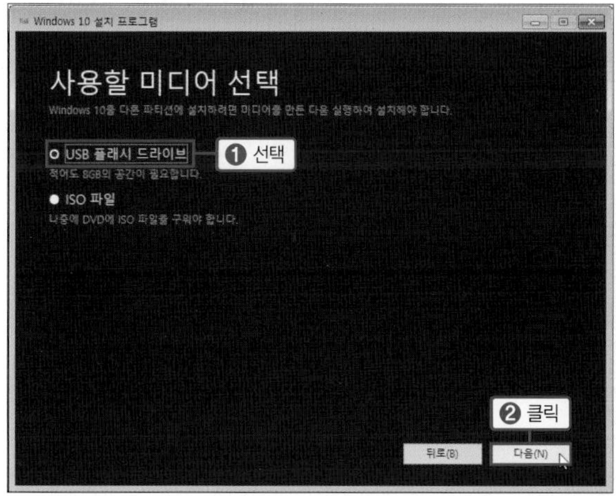

07 'USB 플래시 드라이브 선택' 화면이 나타나면 윈도우 10 설치 파일을 저장할 폴더를 선택합니다. USB 플래시 드라이브에 저장할 것이므로 USB 장치 이름을 선택하고 [다음]을 클릭합니다.

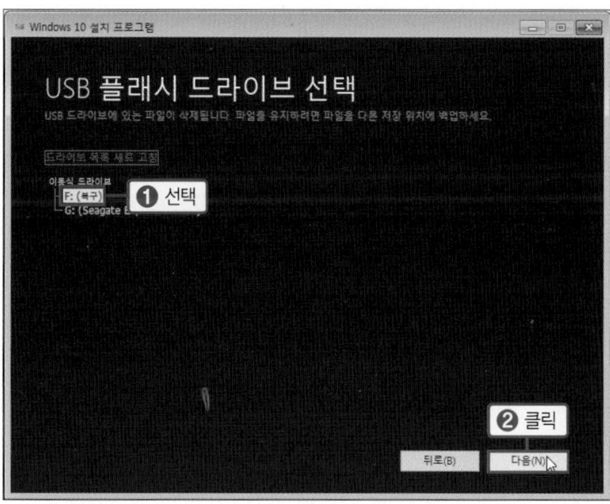

윈도우 10 설치, 어렵지 않아요

08 이제 선택한 미디어로 윈도우 10 설치 파일이 다운로드되기 시작하면 기다립니다. 파일들을 다운로드한 후 검사하고 미디어를 만드는 과정이 꽤 오래 걸립니다.

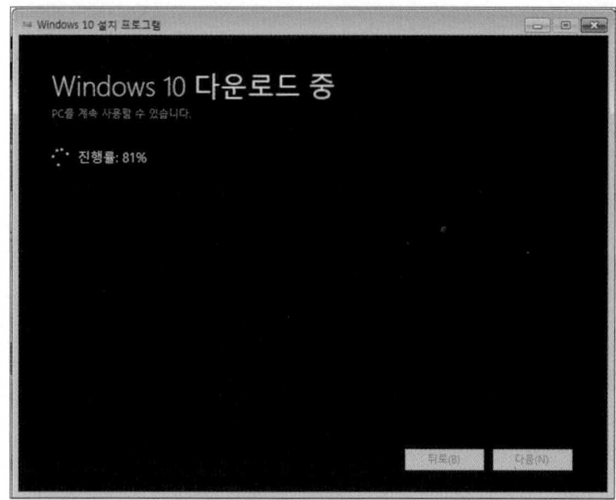

09 'USB 플래시 드라이브가 준비되었습니다.'라는 화면이 나타나면서 윈도우 설치 미디어가 완성되면 [마침]을 클릭하세요. 이렇게 만든 설치 미디어는 부팅이 가능하므로 윈도우 설치 미디어로 부팅한 후 윈도우 10을 설치할 수 있습니다.

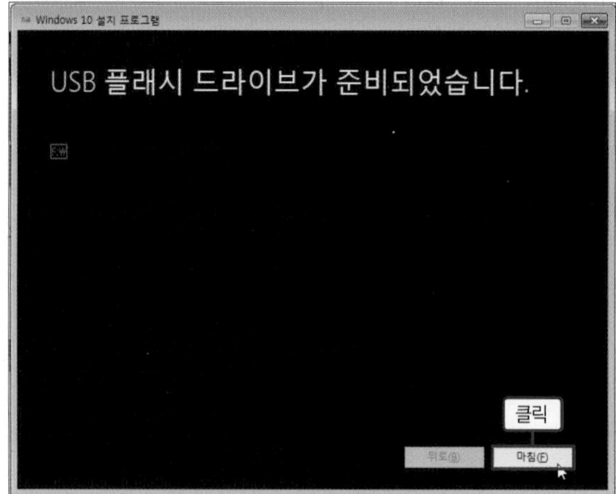

마이크로소프트 계정 만들기

설치를 진행하다보면 마이크로소프트 계정을 입력하라는 화면이 나타납니다. 마이크로소프트 계정은 윈도우 10을 비롯해 엑셀이나 파워포인트처럼 마이크로소프트 제품군에서 함께 사용하는 통합 계정입니다. 마이크로소프트 계정을 만들고 윈도우 10에서 마이크로소프트 계정으로 로그인하면 윈도우 10과 관련된 모든 설정이 계정에 저장되기 때문에 두 대 이상의 컴퓨터에서 같은 마이크로소프트 계정으로 윈도우 10을 사용하면 항상 같은 환경을 유지할 수 있습니다.

윈도우 10이나 MS 오피스의 여러 기능 중에는 마이크로소프트 계정이 필요한 경우가 많기 때문에 아직 마이크로소프트 계정이 없다면 마이크로소프트계정을 만들어 두는 것이 좋습니다. 윈도우 10을 설치하는 중간에 마이크로소프트 계정을 만들 수도 있지만 미리 만들어 둘 수도 있습니다.

01 'https://login.live.com/' 사이트에 접속한 후 [계정을 만드세요!]를 클릭합니다.

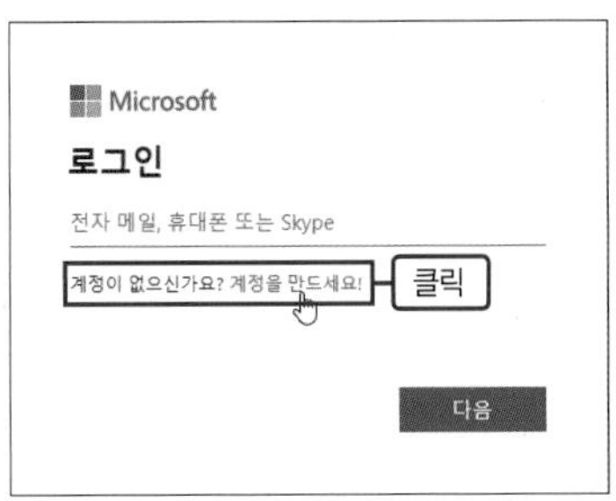

02 마이크로소프트 계정은 메일 주소를 새로 만드는 것이 아니라 이미 사용하고 있던 메일 계정을 마이크로소프트 계정으로 등록하는 것이기 때문에 자주 사용하는 국내 메일 계정을 입력한 후 [동의하고 계정 만들기]를 클릭합니다. 이후에는 화면에 나타나는 지시 사항을 따라가면서 사용할 암호와 국가, 생일 정보 등을 입력합니다.

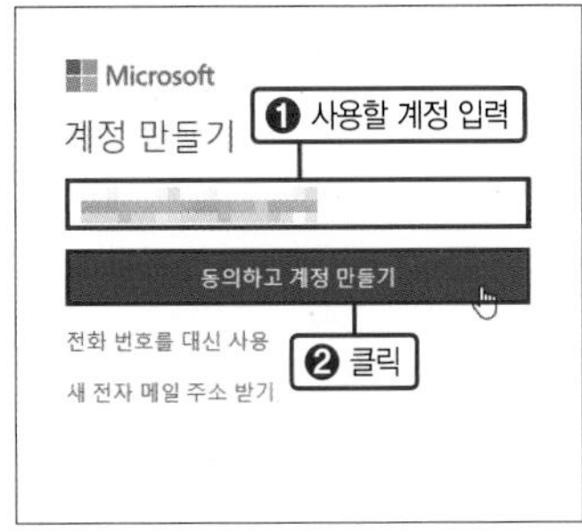

03 마지막으로 등록한 메일 계정으로 발송된 보안 코드 메일을 확인한 뒤, 보안 코드를 복사해 입력한 후 [동의하고 계정 만들기]를 클릭하면 마이크로소프트 계정 만들기가 끝납니다.

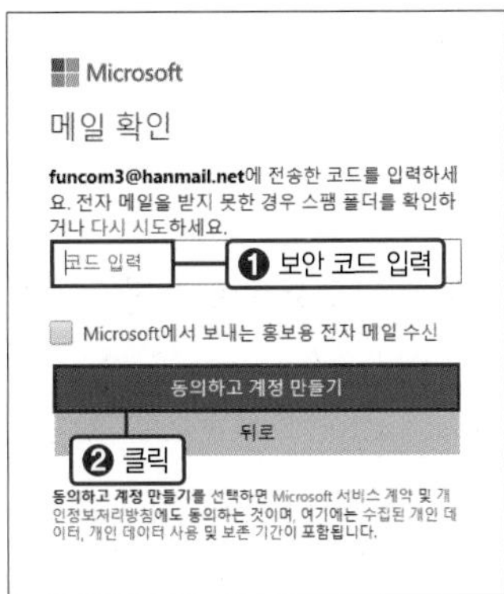

03 윈도우 10으로 업그레이드 설치하기

윈도우 7이나 8에서 윈도우 10으로 업그레이드 설치를 하면 기존 프로그램과 파일을 그대로 유지하면서 설치하는 것이기 때문에 비교적 과정이 단순합니다. 단, 업그레이드 설치를 위해서는 윈도우 7이나 윈도우 8이 최신 상태로 업데이트되어 있어야 합니다.

01 웹 브라우저에서 'https://www.microsoft.com/ko-kr/software-download/windows10' 페이지로 접속한 후 [지금 도구 다운로드]를 클릭합니다.

02 파일 다운로드가 끝나면 다운로드한 파일을 찾아 실행하세요. 소프트웨어 사용자 계약서에 동의한 후 [지금 이 PC 업그레이드]를 선택한 후 [다음]을 클릭합니다.

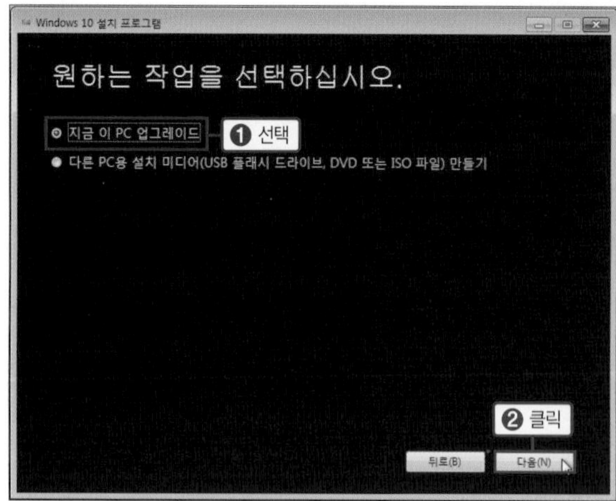

03 윈도우 10 업그레이드에 필요한 파일을 다운로드합니다. 다운로드가 완료되면 [설치]를 클릭합니다.

04 업그레이드 설치를 하면 기본으로 개인 파일과 앱(프로그램)은 유지됩니다. 설치가 진행되는 사이 컴퓨터가 여러 번 자동으로 재시동 된 뒤, 업그레이드 설치가 완료됩니다.

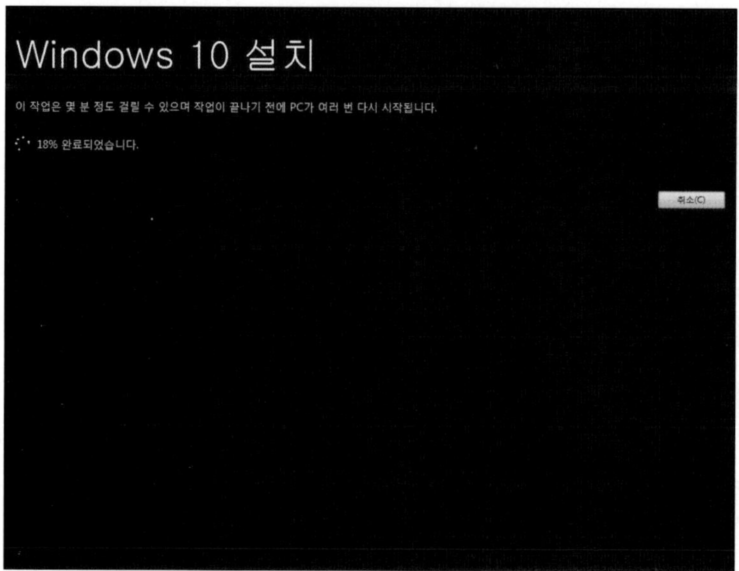

잠 깐 만 요

설치 과정 중 [유지할 항목 변경]을 클릭하면 개인 파일과 앱을 유지할지, 개인 파일만 유지할지, 아니면 아무것도 유지하지 않을지 선택할 수 있습니다.

부록

Windows 10

윈도우 설치 미디어로 윈도우 10 새로 설치하기

윈도우 10 설치 방법 중 '새로 설치'나 '클린 설치'는 기존의 윈도우 파일을 모두 삭제하고 드라이브를 깨끗이 비운 상태에서 윈도우 10을 설치하는 것입니다. 윈도우 7이나 8에서 윈도우 10을 새로 설치할 수도 있고, 윈도우 10을 사용하다가 시스템이 느려지거나 문제가 생겼을 때 윈도우 10을 새로 설치할 수 있습니다. 윈도우 10을 설치할 때는 윈도우 설치 미디어를 이용하면 편리합니다.

01 사용자 시스템의 CMOS SETUP을 수정하거나 부팅 순서를 변경하여 USB로 부팅할 수 있도록 설정한 뒤, 윈도우 설치 미디어로 부팅합니다.

잠깐만요

부팅 설정 변경은 시스템마다 다르기 때문에 시스템 제조업체나 사용하는 메인 보드의 매뉴얼을 참고하세요. 윈도우 설치 미디어를 만드는 방법은 407쪽을 참고하세요.

02 사용할 언어를 비롯해 기본 설정이 나타나면 선택 사항을 확인 한 뒤, [다음]을 선택합니다.

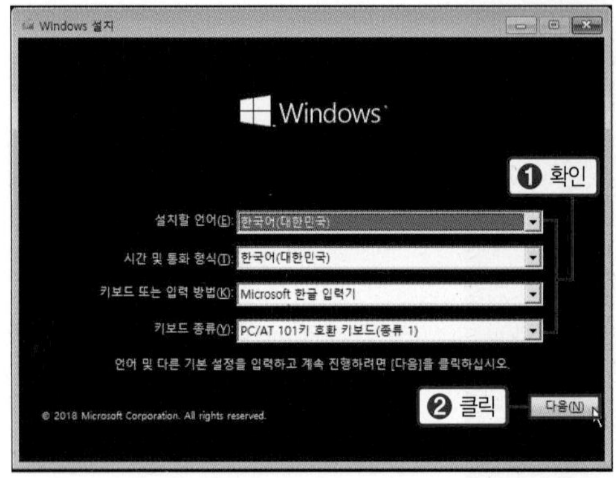

03 [지금 설치]를 클릭해 윈도우 설치를 시작합니다.

04 윈도우 10 제품 키를 입력한 후 [다음]을 클릭합니다.

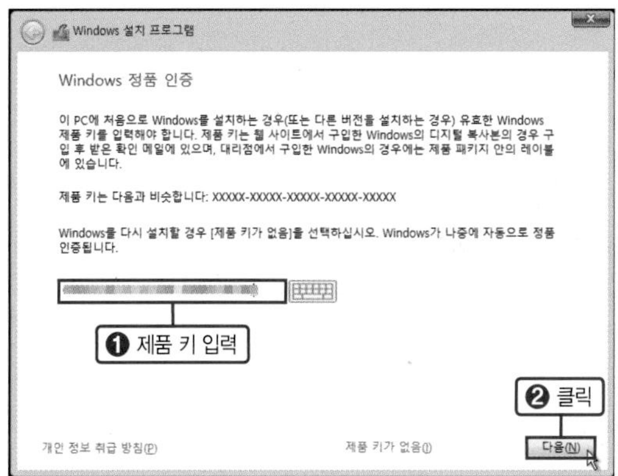

잠깐만요

윈도우 10을 재설치하는 경우에는 [제품 키가 없음]을 클릭하세요. 이 경우에는 윈도우 10 설치 후 자동으로 정품 인증이 됩니다.

05 사용권 계약서를 읽고 [동의함]에 체크한 후 [다음]을 클릭합니다.

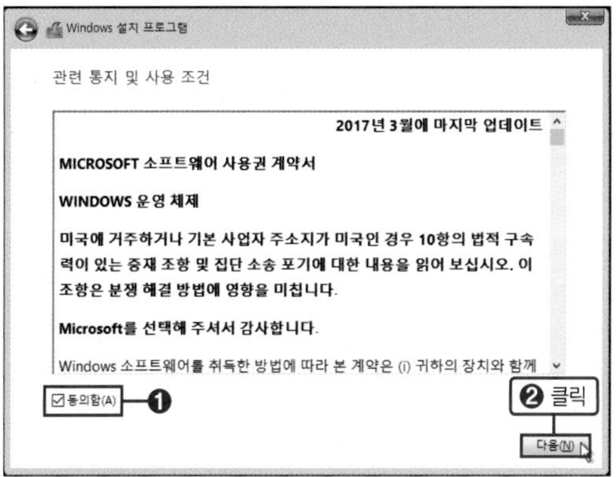

06 설치 유형은 [사용자 지정 : Windows만 설치(고급)]을 선택합니다.

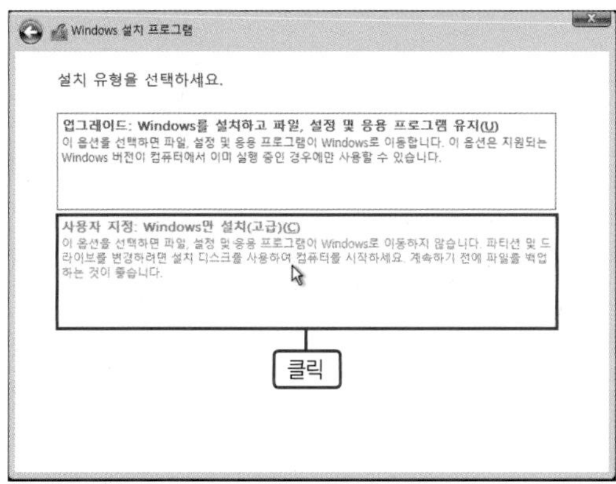

07 윈도우 10을 설치할 드라이브를 선택한 후 [다음]을 클릭합니다. 만약 선택한 드라이브에 기존의 윈도우가 설치 되어 있을 경우 해당 자료는 'Windows.old' 라는 폴더로 옮겨집니다.

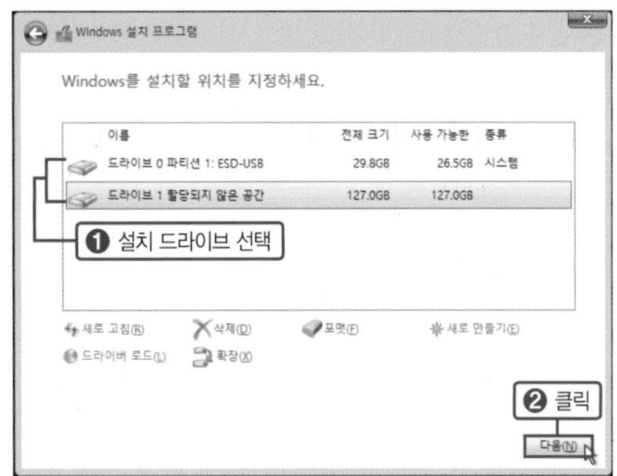

윈도우가 설치되어 있던 드라이브를 포맷한 후 설치하고 싶다면 드라이브 목록 아래에 있는 [포맷]을 클릭합니다.

08 잠시 기다리면 윈도우 파일을 설치하면서 시스템이 여러 번 재부팅 되며 윈도우가 설치됩니다.

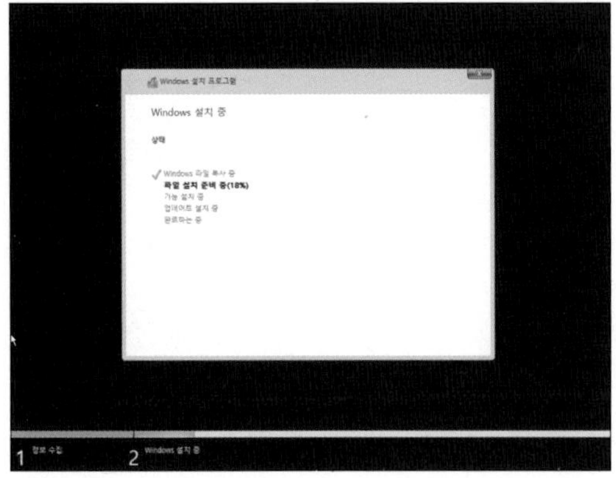

09 윈도우 설치가 끝나면 윈도우 환경을 설정하는 화면이 나타납니다. '지역'은 자동으로 [한국]으로 선택됩니다. [예]를 클릭합니다.

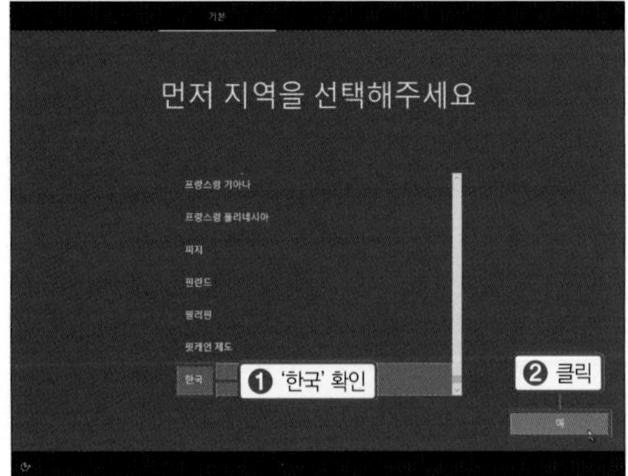

10 자판 배열은 기본적으로 [Microsoft 입력기]가 선택되어 있습니다. [예]를 클릭합니다.

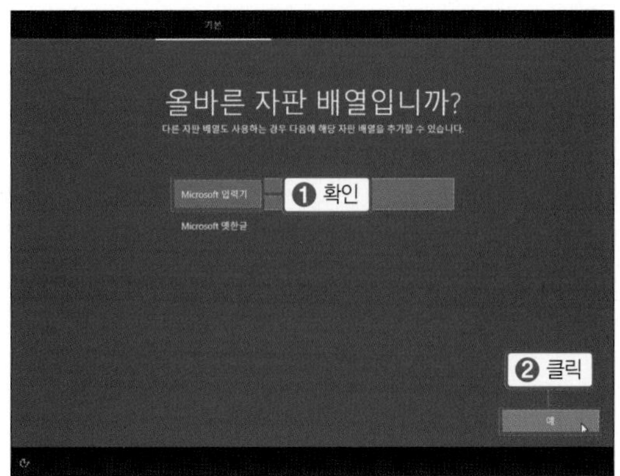

11 키보드 레이아웃을 추가할 수 있습니다. 따로 추가할 키보드 레이아웃이 없다면 [건너뛰기]를 클릭합니다.

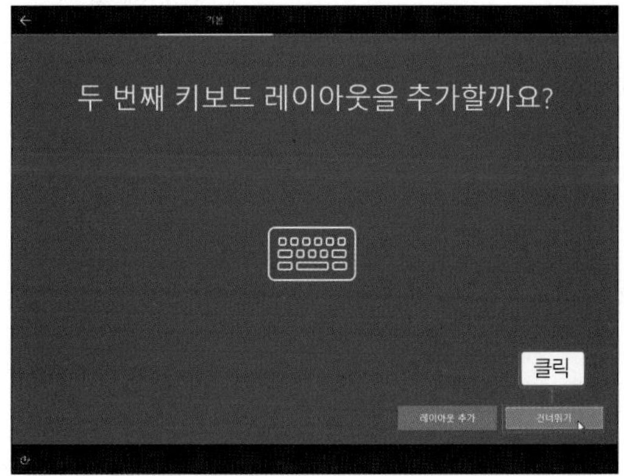

12 조직이 아닌 개인적인 용도로 사용하는 윈도우라면 [개인용 설정]을 선택한 후 [다음]을 클릭합니다.

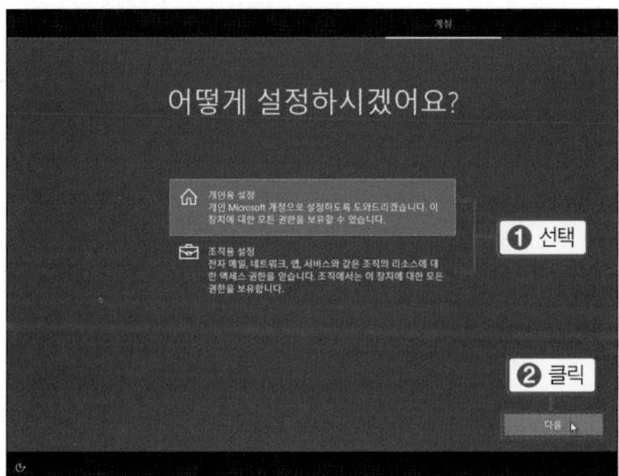

13 윈도우 10에서 사용할 마이크로소프트 계정을 입력한 후 [다음]을 클릭합니다. 마이크로소프트 계정을 사용하지 않고 오직 현재 컴퓨터 하나만 사용하겠다면 화면 왼쪽 아래의 [오프라인 계정]을 클릭합니다.

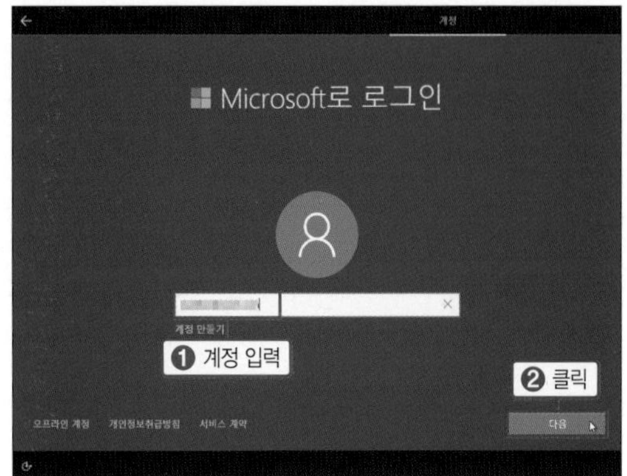

잠깐만요

마이크로소프트 계정이 없다면 [계정 만들기]를 클릭하여 계정을 만들 수 있습니다.

14 마이크로소프트 계정의 암호를 입력하고 [다음]을 클릭합니다.

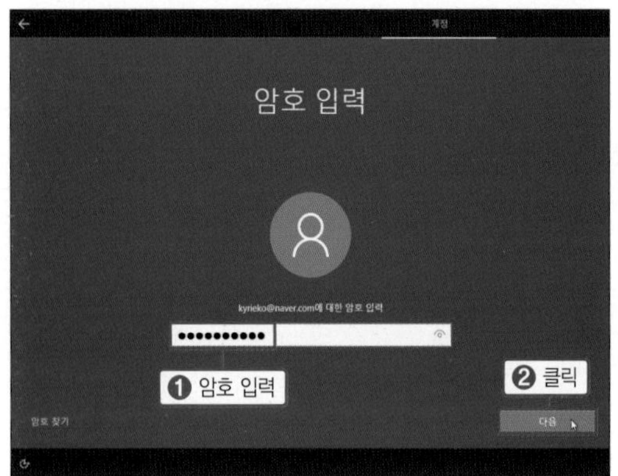

잠깐만요

마이크로소프트 계정의 암호를 잊었다면 화면 왼쪽 아래의 [암호 찾기]를 클릭하세요.

15 PIN을 이용하면 하나의 컴퓨터에서만 사용할 수 있는 암호를 만들 수 있습니다. PIN을 만들려면 [PIN 만들기]를 클릭합니다.

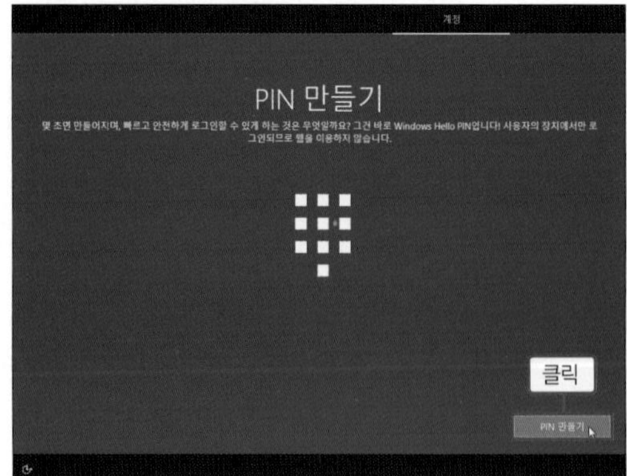

16 사용할 PIN 암호를 입력합니다. PIN 암호는 기본적으로 숫자를 사용하는데, 문자나 기호를 같이 사용하려면 [문자 및 기호 포함]에 체크한 후 사용합니다. PIN 암호를 입력했으면 [확인]을 클릭합니다.

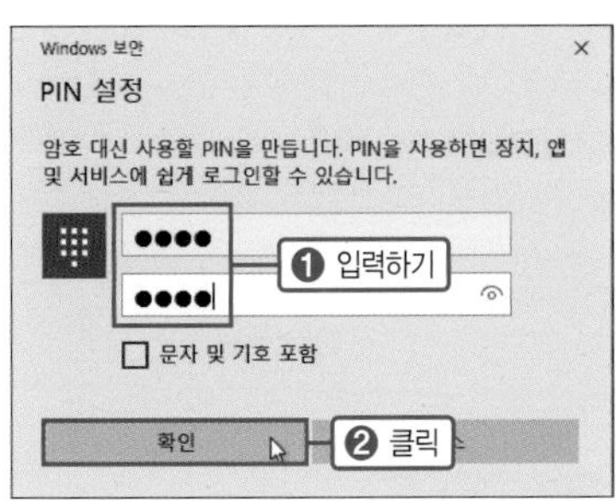

17 윈도우 10과 휴대폰을 연결해서 사진을 옮길지 선택할 수 있습니다. 휴대폰과 연결하지 않겠다면 [나중에 하기]를 클릭합니다.

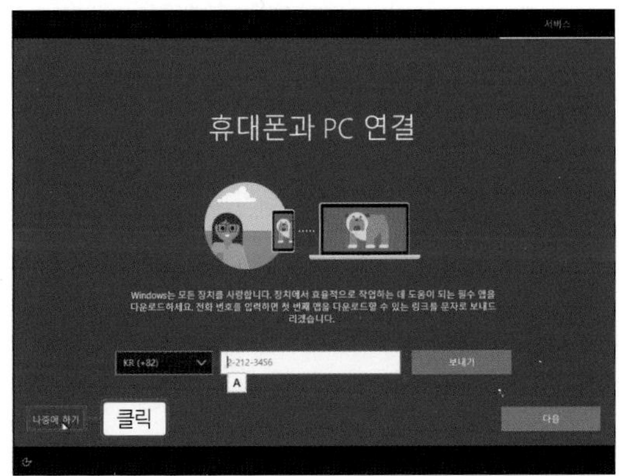

'휴대폰과 PC 연결' 화면에 휴대폰 전화번호를 입력하고 [다음]을 클릭하면 휴대폰으로 앱을 다운로드할 수 있는 링크가 전달됩니다.

18 'OneDrive'는 마이크로소프트에서 제공하는 클라우드 서비스입니다. OneDrive를 사용하지 않는다면 [이 PC에 파일 저장만]을 클릭합니다.

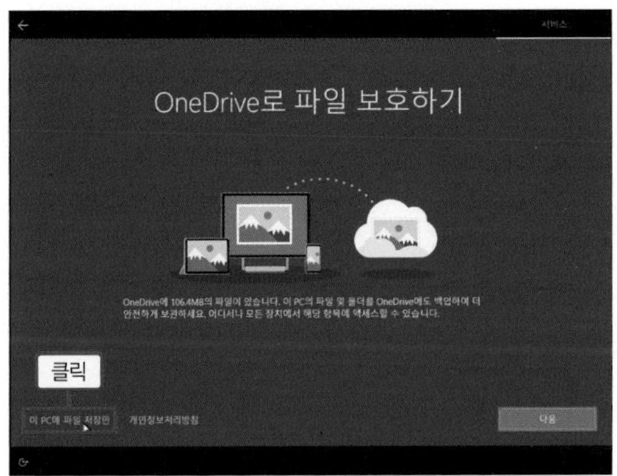

OneDrive에 파일을 저장하면 인터넷이 연결된 어디서나 파일을 공유할 수 있습니다. [다음]을 클릭하면 마이크로소프트 계정으로 OneDrive 공간이 생성되고, 파일 탐색기에 OneDrive 폴더가 추가됩니다.

19 개인 정보를 윈도우 10에서 사용할지 여부를 선택할 수 있습니다. 기본적으로 모든 정보를 사용하도록 허용되어 있습니다. 모두 설정했다면 [수락]을 클릭합니다.

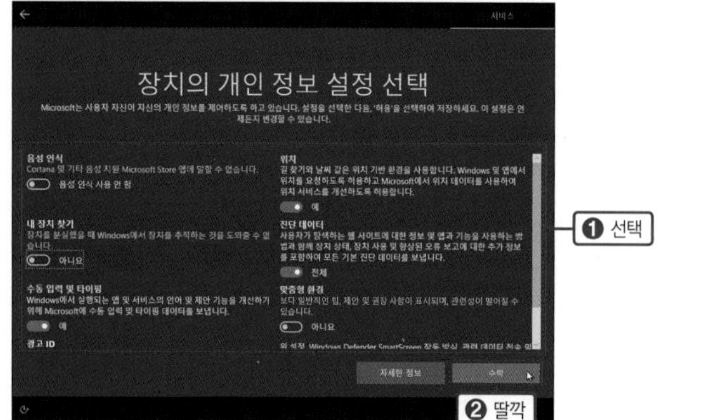

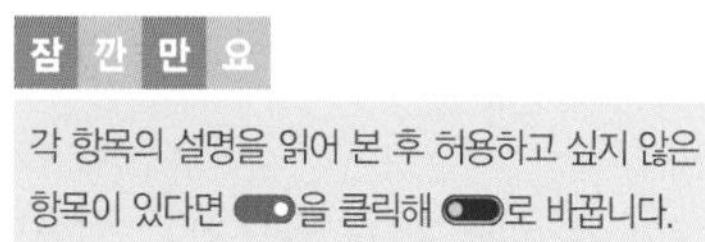
잠깐만요

각 항목의 설명을 읽어 본 후 허용하고 싶지 않은 항목이 있다면 [토글]을 클릭해 [토글]로 바꿉니다.

20 잠시 기다리면 윈도우 10 환경 설정이 진행됩니다. 로그인 화면이 나타나면 마이크로소프트 계정을 사용해 로그인합니다.

21 윈도우 10 설치가 끝나면 윈도우 10의 기본 브라우저인 엣지 브라우저가 실행되고 윈도우 10에 대한 설명이 나타납니다. 윈도우 10의 새로운 기능들을 간단히 훑어보세요 하나씩 살펴보면 윈도우 10을 사용하는데 도움이 될 것입니다.

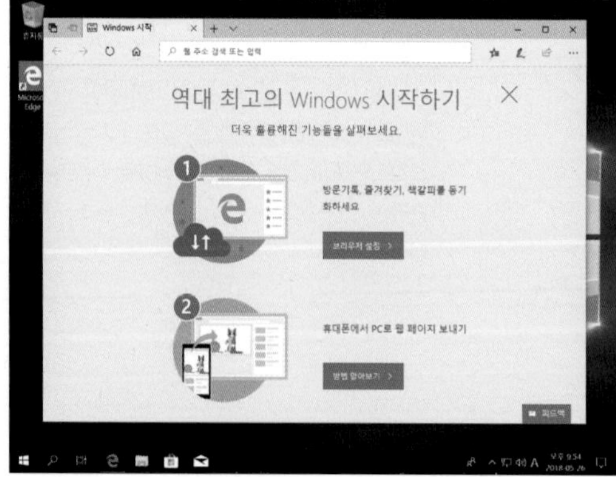

부록 05

Windows 10

윈도우 10에서 PC 초기화 기능 사용하기

'PC 초기화' 기능은 윈도우 설치 미디어 없이 윈도우 10을 재설치하는 용도로 사용합니다. 또한 사용하던 시스템을 다른 사람에게 넘겨줄 때 사용했던 흔적을 지우는 용도로도 사용하죠. PC 초기화 기능을 이용할 경우 윈도우 설치 미디어를 사용해 설치할 때보다 시간이 많이 걸립니다.

01 [시작] 단추를 클릭한 후 Shift 키를 누른 상태로 [전원] - [다시 시작]을 클릭하면 시스템이 재시작되면서 [문제 해결] 창이 나타나는데 여기서 [이 PC 초기화]를 선택합니다.

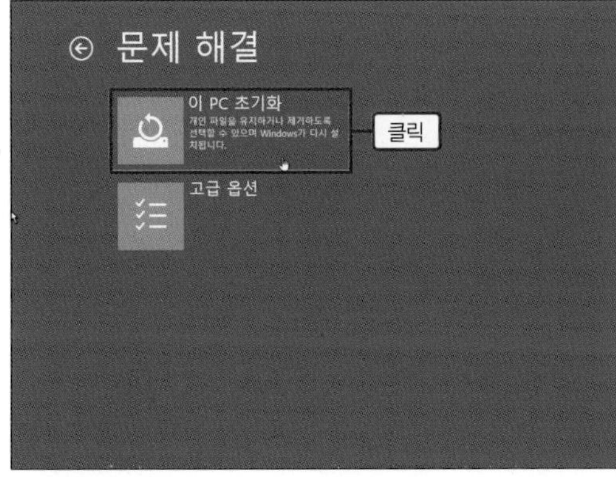

잠깐만요

[설정] - [업데이트 및 보안] - [복구]를 차례로 선택한 후 '이 PC 초기화' 항목의 [시작]을 클릭하고, [내 파일 유지]나 [모든 항목 제거]를 선택해도 됩니다.

02 [내 파일 유지]와 [모든 항목 제거] 중에서 선택합니다.

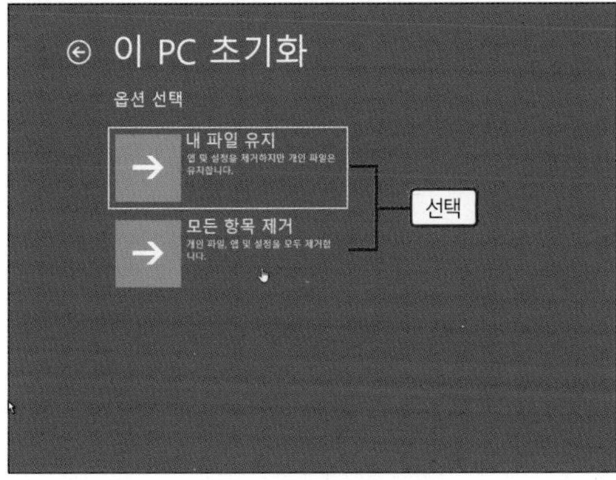

03 PC에 하드 디스크 드라이브가 2개 이상일 경우, [Windows 설치 드라이브에서만 제거하겠습니다.]를 선택합니다.

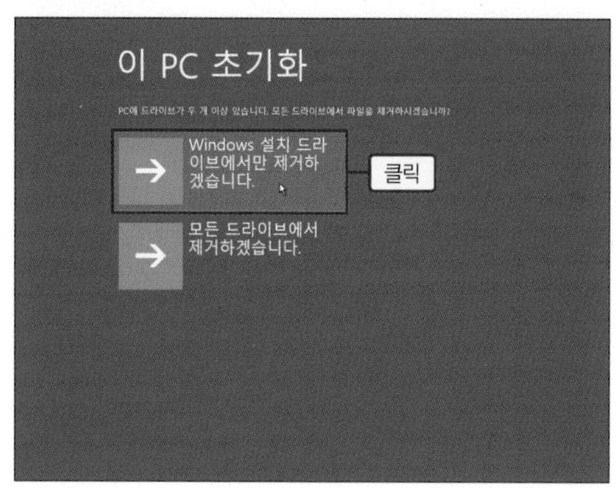

PC에 있는 모든 자료를 다 삭제하려면 [모든 드라이브에서 제거하겠습니다.]를 선택합니다.

04 파일만 제거할지, 드라이브를 정리할 것인지 선택할 수 있습니다. 드라이브 정리는 너무 많은 시간이 걸리므로 [파일만 제거]를 선택합니다.

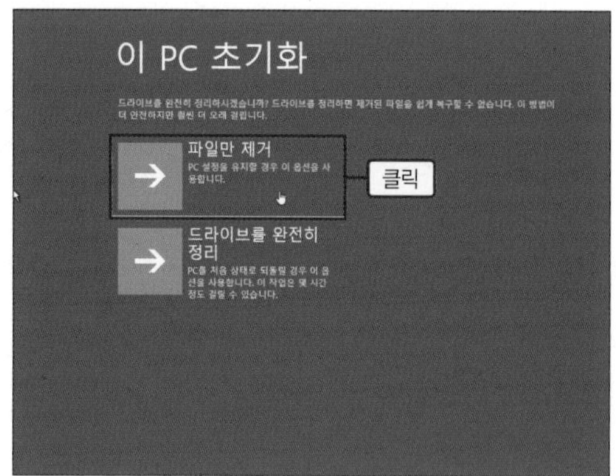

잠깐만요

시스템에 문제가 너무 많다면 시간이 걸리더라도 [드라이브를 완전히 정리]를 선택하는 것이 좋습니다.

05 PC 초기화에 필요한 설정이 끝났습니다. 어떤 항목들이 제거되는지 다시 한번 살펴보고 초기화를 시작하겠다면 [초기화]를 클릭합니다.

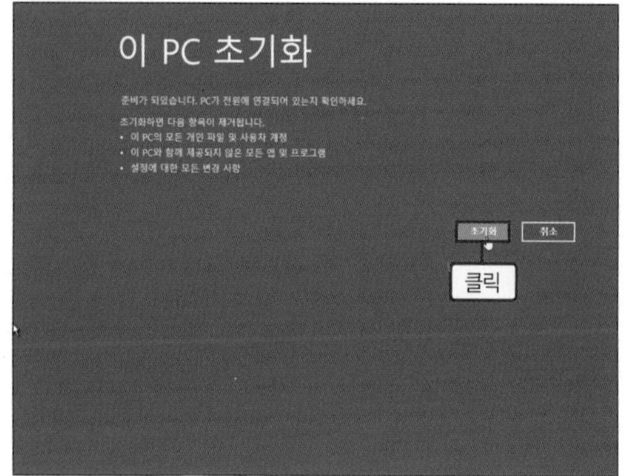

잠깐만요

여기에서 [취소]를 누르면 초기화를 취소할 수 있지만 [초기화]를 누르면 다음 과정부터는 취소를 할 수 없습니다.

06 PC를 초기화하기 시작합니다. 시스템이 몇 번 꺼지고 켜질 것입니다.

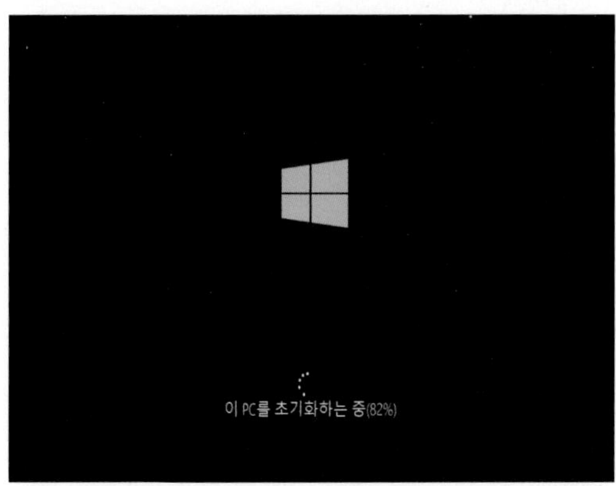

07 초기화 작업이 끝나면 윈도우 10 설치를 시작합니다. 이 과정부터는 윈도우 설치와 과정이 똑같으니 다음 과정은 414쪽을 참고하세요.

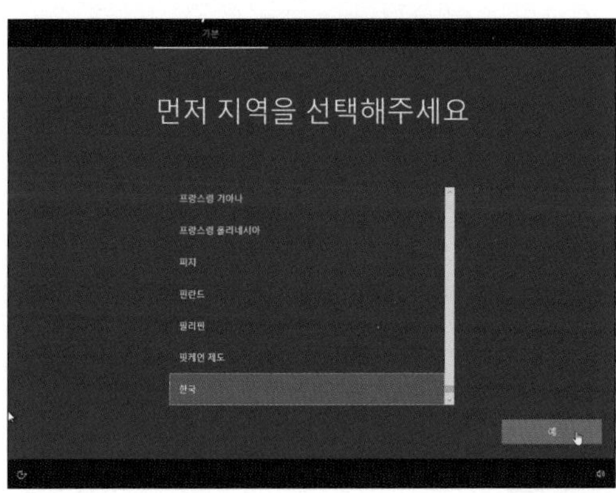

부록 Windows 10

06 macOS 컴퓨터에 윈도우 10 설치하기

최근에는 iMac이나 맥북 같은 macOS 운영체제의 사용자가 많이 늘고 있습니다. 하지만 국내 인터넷 환경의 제한이나 각종 프로그램의 호환 등의 이유로 꼭 윈도우를 사용해야 하는 경우가 많죠. macOS 운영체제에 윈도우 10을 설치하는 방법에 대해 알아보겠습니다.

윈도우 10 ISO 파일 다운로드하기

윈도우 10 라이선스는 한 컴퓨터에 하나만 설치할 수 있기 때문에, 이미 다른 컴퓨터에 윈도우 10을 설치했다면 macOS 컴퓨터에 설치할 윈도우 10은 별도의 라이선스를 가지고 있어야 합니다.

온라인에서 윈도우 10을 구입하면 ISO 파일로 제공되므로 그 파일을 사용하면 됩니다. 하지만 ISO 파일 없이 라이선스만 있다면 설치 미디어 파일을 사용해 ISO로 다운로드할 수 있습니다.

01 웹 브라우저에서 'https://www.microsoft.com/ko-kr/software-download/windows10' 페이지로 접속한 후 [지금 도구 다운로드]를 클릭합니다.

02 다운로드한 파일을 찾아서 실행합니다. [다른 PC용 설치 미디어 만들기]를 선택하고 [다음]을 클릭합니다.

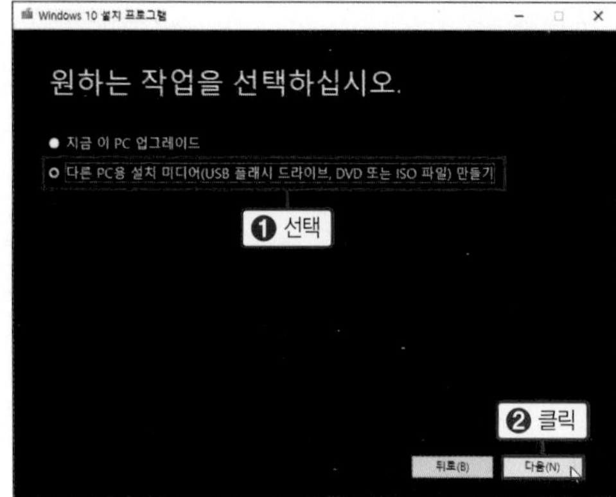

03 언어와 버전, 아키텍처는 자동으로 선택됩니다. [다음]을 클릭합니다.

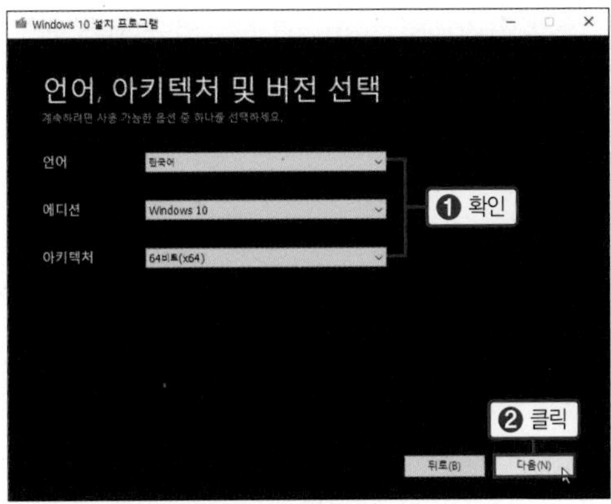

04 사용할 미디어를 [ISO 파일]로 선택하고 [다음]을 클릭합니다.

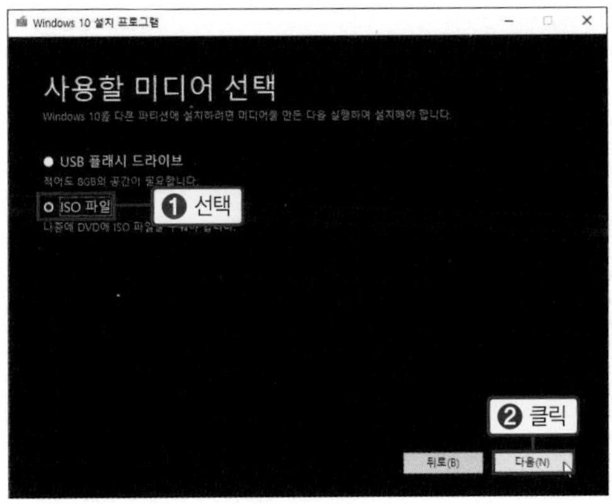

05 ISO 파일을 저장할 폴더를 선택한 후 [저장]을 클릭합니다.

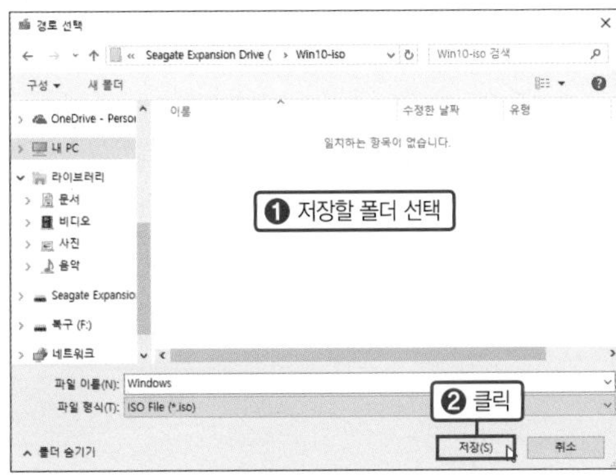

macOS 컴퓨터에 윈도우 10 설치하기

macOS 컴퓨터에는 윈도우 10을 같이 사용할 수 있게 하는 '부트캠프(Boot Camp)' 기능이 있습니다. 윈도우 10을 설치하기 전에 부트 캠프 지원 파일을 다운로드해야 하기 때문에 인터넷에 연결되어 있는지 확인한 후 설치를 시작하도록 합니다.

01 Dock에서 [Finder] 단추( )을 클릭해 'Finder'를 연 후 [유틸리티] – [Boot Camp 지원]을 클릭합니다.

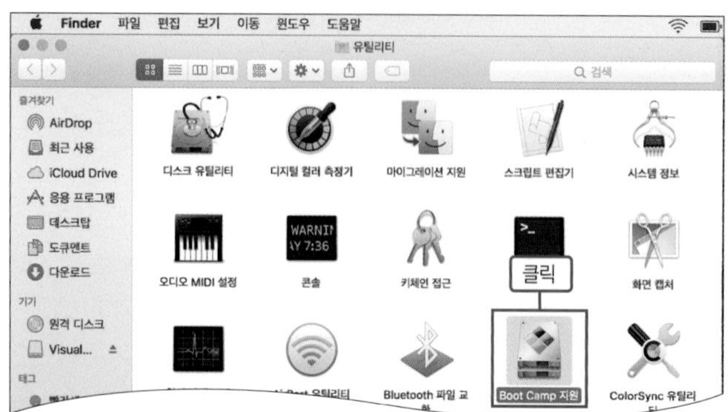

02 'Boot Camp 지원' 창이 나타나면서 부트 캠프에 대한 소개가 나옵니다. [계속]을 클릭합니다.

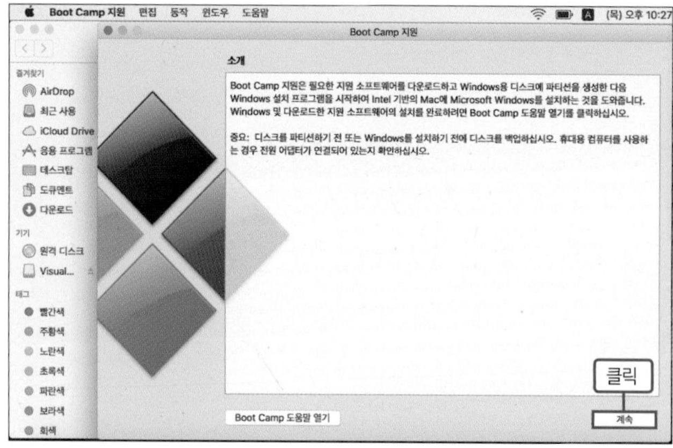

03 윈도우 설치 파일의 위치를 지정하기 위해 'ISO 이미지' 항목의 오른쪽에 있는 [선택] 단추를 클릭합니다.

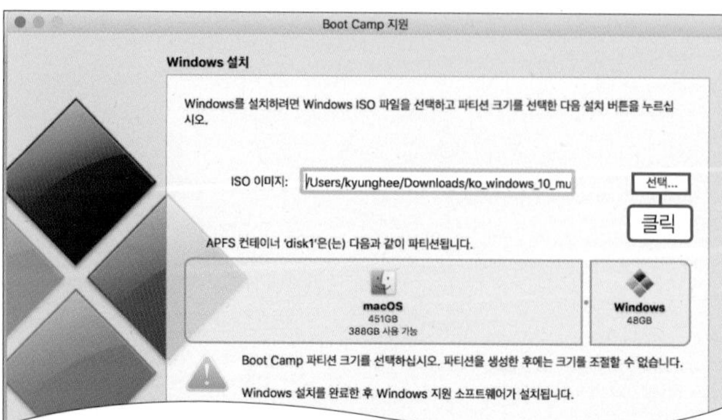

04 윈도우 10 설치 ISO 파일을 찾아 선택한 후 [열기]를 클릭합니다.

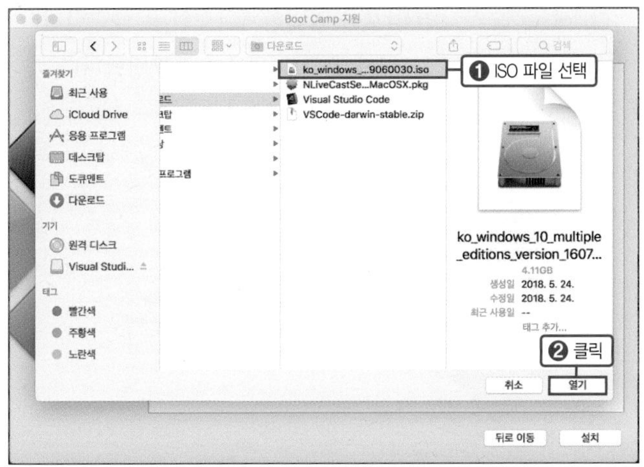

05 부트 캠프 파티션의 크기를 지정합니다. 왼쪽 영역은 macOS 영역이고 오른쪽 영역은 Windows 영역입니다. 두 영역 사이에 있는 회색점을 클릭한 후 좌우로 드래그하여 적당한 크기를 지정한 후 [설치]를 클릭합니다.

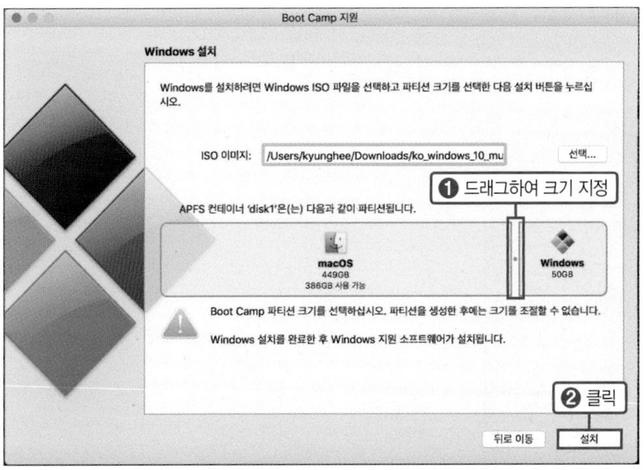

잠깐만요

윈도우 10 설치를 위해 필요한 하드 디스크 용량은 최소 20GB입니다. 윈도우 10에서 사용할 프로그램을 설치하고 데이터 저장 공간까지 고려하면 최소 30GB 이상의 공간을 확보하는 것이 좋습니다.

06 macOS 컴퓨터에서 윈도우를 사용할 수 있도록 하기 위해 지원 파일들을 다운로드하기 시작합니다. 파일 다운로드가 끝나면 암호 입력 창이 나타납니다. macOS 로그인 암호를 입력한 후 [승인]을 클릭합니다. 이후에는 일반 컴퓨터에서와 똑같이 윈도우 10이 설치가 진행되고, 설치가 끝나면 윈도우로 부팅합니다.

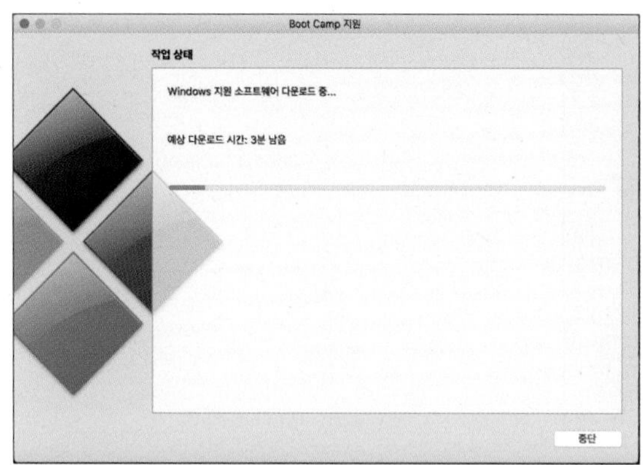

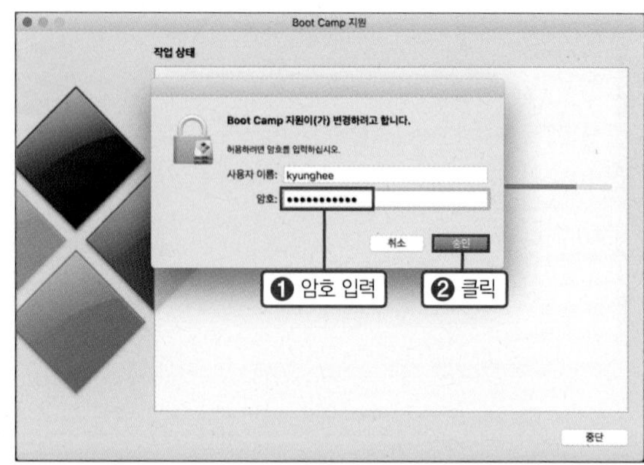

시동 디스크 선택하기

부트 캠프에 윈도우 10을 설치하면 컴퓨터를 켤 때마다 윈도우로 부팅됩니다. 컴퓨터를 부팅할 때 macOS로 부팅하도록 하려면 시동 디스크를 바꾸면 됩니다.

01 [시스템 환경설정] 단추( )를 클릭한 후 [시동 디스크]를 클릭합니다.

02 환경 설정을 바꾸는 것이기 때문에 로그인 암호를 입력해야 합니다. 암호를 입력하고 [잠금 해제]를 클릭합니다.

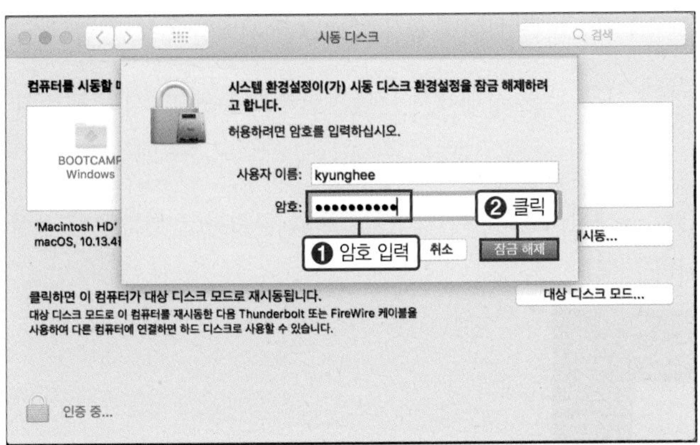

03 시동 디스크 설정 값을 바꾸기 위해 [자물쇠 단추]( )를 클릭합니다.

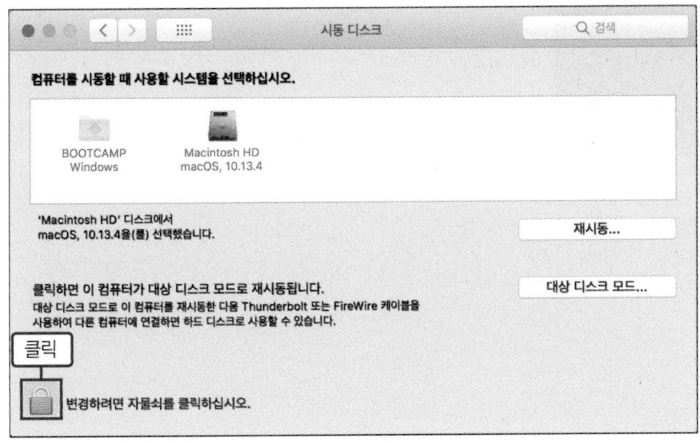

04 자물쇠 단추( )가 해제된 상태에서 창을 닫고 컴퓨터를 다시 켜면 선택한 시동 디스크로 부팅됩니다. 선택한 시동 디스크로 즉시 부팅하려면 [재시동]을 클릭합니다.

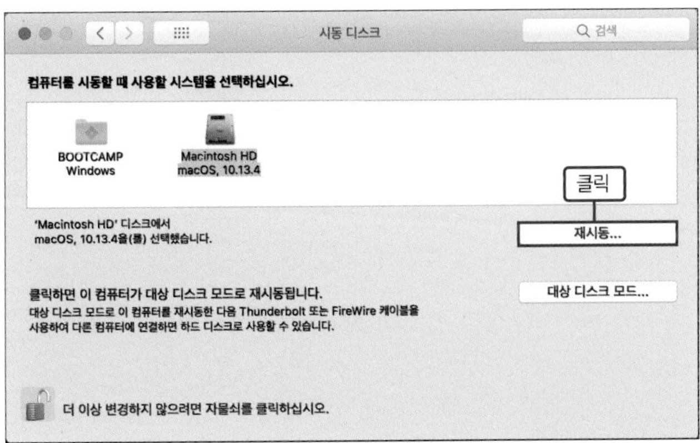

컴퓨터를 켤 때 시동 디스크를 선택하려면

macOS 로 사용하다가 윈도우로 부팅하거나, 윈도우로 사용하다가 macOS 로 부팅해야 할 경우, 그 때마다 시동 디스크를 변경하고 재시동하는 것이 번거롭다면 컴퓨터를 켜면서 시동 디스크를 선택할 수도 있습니다.

컴퓨터를 켜면서 Option 키를 누르고 있거나 Option 키를 누른 상태에서 [전원] 단추를 누르면 '시동 관리자' 화면이 나타납니다.

시동 관리자 화면에서 macOS 로 부팅하려면 [Macintosh HDD] 아래의 화살표를 클릭하고 윈도우로 부팅하려면 [Boot Camp] 아래의 화살표를 클릭합니다.

색인

ㅂ

ㅅ

ㅌ-ㅎ